Hermann Kopp

Die Alchemie in älterer und neuerer Zeit - Ein Beitrag zur Kulturgeschichte

Zweiter Teil: Die Alchemie vom letzten Viertel des 18. Jahrhunderts an

Hermann Kopp

Die Alchemie in älterer und neuerer Zeit - Ein Beitrag zur Kulturgeschichte
Zweiter Teil: Die Alchemie vom letzten Viertel des 18. Jahrhunderts an

ISBN/EAN: 9783743604162

Hergestellt in Europa, USA, Kanada, Australien, Japan

Cover: Foto ©ninafisch / pixelio.de

Hermann Kopp

Die Alchemie in älterer und neuerer Zeit - Ein Beitrag zur Kulturgeschichte

DIE ALCHEMIE

IN

ÄLTERER UND NEUERER ZEIT.

EIN BEITRAG ZUR CULTURGESCHICHTE

VON

HERMANN KOPP.

ZWEITER THEIL:

DIE ALCHEMIE VOM LETZTEN VIERTEL DES
18. JAHRHUNDERTS AN.

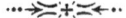

HEIDELBERG.

CARL WINTER'S UNIVERSITÄTSBUCHHANDLUNG.

1886.

Inhalt des II. Theils.

Anhang:

Beitrag zur Bibliographie der Alchemie.

Einleitung S. 308. Über die verschiedene Art der Darlegung alchemistischer Lehren: in Worten — in ungebundener oder gebundener Form — oder nur für das Hören oder nur für das Sehen S. 310, oder je nachdem Einer oder Mehrere als redend vorgeführt werden S. 318. Allgemeineres über das Äußerliche alchemistischer Bücher und deren Titel, und Angaben welcher Art hier gemacht werden sollen S. 324. Was häufiger dafür versucht wurde, dafs der Titel eines Buches dem letzteren zur Empfehlung gereiche: Bezugnahme auf eine bekannte Sage oder auf ältere Autoritäten oder früher zu Ansehen gekommene Werke u. A. S. 327, oder die Wahl eines marktschreierischen Titels S. 330 (über Lob und Tadel auf Büchertiteln S. 333). Wie Sammel-Werke, je nachdem sie 2, 3 oder mehr Schriften enthielten, betitelt wurden S. 334. Betitelung einzelner Bücher nach einer oder der anderen von den verschiedenen für die Alchemie gebräuchlichen Bezeichnungen S. 343, oder darauf hin, dafs ersichtlich sei, in welcher Richtung ein Buch geschrieben oder was als Hauptsächlichstes in ihm geboten sei S. 347, oder mit Hinweisung darauf, dafs es sehr viele und ungleich verlässige Anweisungen, wie das Ziel zu erreichen sei, gebe S. 348, oder darauf, dafs die richtige Ausübung der Alchemie ein Geheimnifs o. ein Räthsel o. dergl. der Gegenstand des Suchens etwas Vermummtes, S. 350, dafs die Darstellung des Steins der Weisen etwas Wunderbares und Unbegreifliches, aus einer Offenbarung, einer Vision, einem Traum, wie in einem Spiegel zu Erkennendes sei S. 352, oder unter Bezugnahme auf die Schwierigkeit der Aufgabe der Alchemie S. 354. Eine darüber belehrende Schrift wurde als ein Heiligthum, eine Schatzkammer, ein Schatz oder Kleinod bezeichnet S. 357. Anweisungen dazu wurden öfters betitelt als Testamente S. 358, als in Gräbern gefunden S. 359. Bezug genommen wurde für die Betitelung alchemistischer Schriften manchmal auf das Chaos oder auf den Himmel S. 361; der Eintritt in die verborgene Hermetische Weisheit wurde verglichen dem Eingang durch vorher verschlossene Thore o. Pforten in einen Palast o. eine Burg S. 362, zu welchen viele Schlüssel angeboten wurden S. 363. Der Mythologie entlehnte Namen figurirten oft auf Büchertiteln: Namen von Gottheiten S. 364, aus dem

Kreise der Heroen-Sagen S. 368. aber auch sonst berühmter Männer und Frauen S. 369. Wie für die Titel von Büchern Gegenstände verwendet wurden. welche einem oder dem anderen Naturreich zugehören S. 371: des Mineralreiches S. 373, des Pflanzenreiches S. 374, des Thierreiches S. 379. Häufig erinnerten Büchertitel an Vorkommnisse im menschlichen Leben S. 382, namentlich an das Unternehmen einer Reise oder das Zurücklegen eines Weges S. 383, oder daran, daſs für erfolgreiches Beschreiten der alchemistischen Bahn genügendes Licht erforderlich sei S. 385. Noch auf Anderes, hier nicht zu Specificirendes wurde auf den Titeln alchemistischer Bücher hingewiesen S. 390. namentlich auf die Beziehungen zwischen der Alchemie und anderen Zweigen des Wissens S. 391. Was an der Betitelung alchemistischer Bücher für verschiedene Zeiten charakteristisch ist S. 392.

Register S. 397.

Für das Verständnifs der erneuten Zunahme der Überzeugung, dafs die Aufgabe der Alchemie lösbar sei, und der hierauf gerichteten Bestrebungen in Deutschland in dem letzten Viertel des achtzehnten Jahrhunderts ist die Erinnerung daran nothwendig, auf welchen Grund hin und in welcher Weise seit dem ersten Viertel des vorausgegangenen Jahrhunderts an die Existenz eines Bundes geglaubt wurde, welcher zu seinen Mitgliedern Männer zähle, die neben anderem Geheimwissen auch das die künstliche Hervorbringung von edlem Metall betreffende erworben haben, und welchem anzugehören die Aussicht eröffene, gleichen Wissens theilhaftig zu werden.

An das Bestehen eines solchen Bundes liefs Viele glauben, was zwei Schriften enthielten, die von 1610 an handschriftlich zur Kenntnifs Mehrerer gekommen ohne Angabe des Verfassers 1614 gedruckt wurden: die als „*Fama Fraternitatis* oder Entdeckung der Brüderschaft des hochlöblichen Ordens des R. C.“ und die als „*Confessio Fraternitatis*, oder Bekenntnifs der löblichen Brüderschaft des hochgeehrten Rosenkreuzes“ betitelte; zu ihnen kam noch eine unter dem Titel: „Chymische Hochzeit Christiani Rosenkreutz“ 1616 zuerst gedruckte. — Verkündigt wurde in den ersteren zwei Schriften, in eingehendster Weise in der *Fama*, das Bestehen eines Bundes, welcher die Weltreformation, die Besserung der Menschen in Hinweisung derselben auf richtige Ziele. zur Aufgabe habe. Der Stifter dieses Bundes sei ein Deutscher, Christian Rosenkreuz gewesen, welcher 1388 geboren in seiner Jugend nach dem heiligen Lande gezogen, dann in Damascus, Aegypten und Fez mit geheimem Wissen vertraut geworden sei. Nach Deutschland zurückgekehrt habe er erst wenige, dann noch einige in gleicher Richtung Strebende, im Ganzen sieben mit sich zu

einer Brüderschaft des Rosenkreuzes vereinigt, welche für die beabsichtigte Weltreformation wirken sollte. Die Glieder dieses Bundes
seien für den Zweck desselben herumreisend thätig gewesen und hätten
in der jedes Jahr statthabenden Zusammenkunft über ihre Erfolge
berichtet. Die Regeln, deren Befolgung den Brüdern oblag, waren
mitgetheilt; vorgeschrieben war u. A., dafs Jeder eine geeignete Person
auswähle, welche nach seinem Tod für ihn in die Brüderschaft ein-
trete, und dafs das Bestehen der letzteren   hundert Jahre hindurch
geheim gehalten werde. Der Stifter des Bundes sei in einem Alter
von 106 Jahren gestorben; seinen Tod hätten die Brüder erfahren,
ohne zu wissen, wo Derselbe begraben sei. Die Brüderschaft habe
dann, nur acht Mitglieder zählend, 120 Jahre lang weiter gewirkt,
als Vereinigungsstätte immer noch das Gebäude benutzend, welches
Rosenkreuz selbst als Bundeshaus eingerichtet habe. In diesem
Gebäude habe man nach Ablauf der angegebenen Zeit das Grab des
Rosenkreuz aufgefunden, und dabei neben vielem anderem Mystischem
auch schriftliche Aufzeichnungen der Geheimnisse und Offenbarungen
des Ordens.   Für den Bund, welcher in solcher Weise gestiftet sein
und bis in den Anfang des siebzehnten Jahrhunderts bestanden
haben sollte, sei das hauptsächlichste Ziel die Verminderung des
Elends der Menschen durch Hinführung derselben zur wahren Philosophie und Religion, die Anleitung der ihm Angehörigen, wie sie zu
dem Besitz des höchsten Wissens gelangen, wie sie bei sittlich reinem
Leben frei von Krankheit und Schmerz bleiben können. Was bis
dahin nur in engerem Kreis bekannt und gelehrt worden sei, solle
jetzt der ganzen Welt zugänglich werden. In der *Fama* und in der
Confessio wurde zur Prüfung Dessen aufgefordert, was über die Absichten des Bundes angegeben sei; unter Anpreisung der Geheimnisse,
deren Kenntnifs innerhalb des Bundes erlangt und zu erlangen sei,
wurden Die, welche aufrichtig in dem Sinne des Bundes zu wirken
bereit seien, zu dem Anschlufs an denselben aufgefordert.

Wenn auch diese Schriften über Das, was die Rosenkreuzer-
Brüderschaft wolle und namentlich was an Geheimwissen sie als Hülfsmittel für ihr Streben besitze, nur sehr unbestimmte bez.-w. ungenügende Auskunft gaben, so fanden sie doch sofort grofse Beachtung.
Wiederholt aufgelegt kamen sie zu weiter Verbreitung, und zu un-
zähligen Publicationen gab ihr Inhalt Veranlassung. Überwiegend

wurde erörtert, was von der Thätigkeit eines solchen Bundes und dem Eintreten in ihn zu erwarten und welche Berechtigung demselben hiernach zuzugestehen sei. Dagegen trat die Prüfung der Fragen zurück, ob denn überhaupt ein solcher Bund bestehe, mit welchem Recht der ungenannte Verfasser jener Schriften Mittheilungen bezüglich des Bundes mache und zu dem Eintreten in denselben auffordere, und wer dieser Verfasser sei. Daſs Alles, was da über die Rosenkreuzer-Brüderschaft vorgebracht war, nur eine Erdichtung sei, fand wenig Glauben, als es Einige behaupteten. Unter Denjenigen, welche bald die ganze Sache für eine Täuschung erklärten, war auch Der, welcher dazu am Meisten berechtigt war, wenn er wirklich der Verfasser der Schriften gewesen ist, die so viel Aufsehen erregten, so viel Verwirrung hervorbrachten. Wenn auch erst spät ist doch mit stets steigender Sicherheit der Württembergische Theologe Joh. Val. Andreae (1586—1654) als der Verfasser dieser Schriften betrachtet worden, in welchen er zu seiner Zeit herrschende verderbliche Richtungen: Streben nach Geheimwissen und Leichtgläubigkeit, satirisch behandelt habe*). Aber wenn auch er nachher wiederholt versicherte, daſs die von der Rosenkreuzer-Brüderschaft die erste Kunde bringenden Schriften nur Erdichtungen seien, so unterlieſs er doch, was diese Behauptung zu einer wirksameren gemacht hätte: das Bekenntniſs, daſs diese Erdichtungen von ihm ausgegangen seien. Viele glaubten auch noch nach dem Vortreten solcher Behauptungen daran,

---

*) Daſs er die Chymische Hochzeit Christiani Rosenkreutz um 1602 o. 1603 als eine Jugendarbeit: ein Spiel mit den Abenteuerlichkeiten seiner Zeit, welches die Thorheiten der Neugierigen habe darstellen sollen, verfaſst habe, hat Andreae selbst später bekannt. Welche innere Gründe und Angaben von Zeitgenossen dafür geltend gemacht worden sind, daſs er auch der Verfasser der für das Aufkommen des Glaubens an den Rosenkreuzer-Bund vorzugsweise wichtigen Schriften: der *Fama* und der *Confessio* gewesen sei, findet sich in Will. Hoſsbach's „Joh. Val. Andreä und sein Zeitalter" (Berlin 1819) zusammengestellt. Daſs diesen Gründen sich auch äuſsere Beweise hinzufügen, hat G. E. Guhrauer in seinen „Kritischen Bemerkungen über den Verfasser und den ursprünglichen Sinn und Zweck der *Fama Fraternitatis* des Ordens des Rosenkreuzes" (in d. Zeitschr. f. d. histor. Theologie, Jahrg. 1852. S. 298 ff.) dargelegt. Bedenken, ob die Frage endgültig entschieden sei, sind übrigens doch auch nachher noch geäuſsert worden: so von E. Henke in der Allgemeinen Deutschen Biographie I. Bd. (Leipzig 1875), S. 444.

daſs ein derartiger Bund wirklich existire, obschon Nichts festzustellen
war, was für die Richtigkeit des über die Stiftung und das Fortbestehen desselben Erzählten einen Beweis abgegeben hätte.   Wie
gleich nach dem ersten Bekanntwerden jener Schriften wurde auch
noch späterhin das Bestehen dieses Bundes in weiten Kreisen, auch
auſserhalb Deutschlands, nicht in Zweifel gezogen.   Viele waren bereit,
ihm beizutreten, und an Solchen fehlte es auch nicht, die sich für
Mitglieder desselben ausgaben.   Was dieser Geheimbund Nützliches
leiste und biete, welche Nachtheile sein Wirken bringe, daſs theologische und medicinische Irrlehren durch ihn verbreitet werden, Das
wurde in einer übergroſsen Zahl von Schriften discutirt, und auch
Solche, welche gegen diesen Bund sich aussprachen, trugen dadurch,
wie sie es thaten, zur Bestärkung der Überzeugung bei, daſs ein
derartiger Bund bestehe.

Daran, wie der Glaube an die Existenz des Rosenkreuzer-Bundes
aufkam, war hier zu erinnern.   Nach verschiedenen Richtungen hin
übte dieser Glaube Einfluſs aus; nur in wie fern Dies in Beziehung
auf die Anerkennung und Betreibung der Alchemie der Fall war, ist
hier zu besprechen.

In den Schriften, welche zu diesem Glauben veranlaſsten, ist
auch die Alchemie als ein Theil des der Rosenkreuzer-Brüderschaft
bekannten Geheimwissens hingestellt, aber zunächst als einer, welchem
in Vergleich zu Anderem, was man da zu leisten wisse, doch nur
untergeordnete Bedeutung zukomme.   Die *Fama* verkündete: „Was
sonderlich zu unserer Zeit das gottlose und verfluchte Goldmachen
belangt, so sehr überhand genommen, daſs zuvorderst vielen ver-
laufenen henkermäſsigen Leckern groſse Büberei hierunter zu treiben,
und Vieler Vorwitz und Credulität sich zu miſsbrauchen, Anleitung
gegeben, als auch von bescheidenen Personen nunmehr dafür gehalten
wird, als ob die *Mutatio metallorum* der höchste *apex* und *fastigium*
in der *Philosophia* wäre — —, so bezeugen wir hiermit öffentlich,
daſs solches falsch, und es mit den wahren *Philosophis* also beschaffen,
daſs ihnen Gold zu machen ein Geringes und nur ein *Parergon* ist,
derengleichen sie noch wohl andere etliche tausend bessere Stücklein
haben"; Gold künstlich machen zu können sei doch nur ein Stück
der in der Erhebung zu Gott zu erlangenden Erkenntniſs der Natur.

Daſs übrigens die Alchemie an sich wenn richtig betrieben doch auch etwas sehr Schätzbares sei, war in der *Confessio* stärker betont: „Was in der *Fama* von den Betrügern, wider die Verwandlung der Metalle und höchste Medicin in der Welt gesagt worden, das wollen wir also verstanden haben, daſs diese so vortreffliche Gabe Gottes keineswegs von uns vernichtet oder verkleinert werde, sondern dieweil sie nicht allezeit der Natur Erkenntniſs mit sich bringet, diese aber sowohl die Medicin als auch sonst unzählig viel andere Heimlichkeiten und Wunder eröffnet, es billig sey, daſs man sich am allermeisten den Verstand und Wissenschaft der Philosophie zu erlangen befleiſse; und sollen demnach vortreffliche *Ingenia* nicht eher zur Tinctur der Metalle angeführet werden, bis sie zuvor in Erkenntniſs der Natur sich wohl geübet haben".

Das war hauptsächlich, auf was hin die Alchemie als zu Dem, was die Rosenkreuzer treiben und lehren können, gehörig betrachtet wurde. Denn einen bestimmteren Anhaltspunkt hierfür bot die (von Andreae schon in seinem sechzehnten Jahre, früher als die *Fama* und die *Confessio* verfaſste wenn auch erst später gedruckte) phantastische Erzählung an sich nicht, welche als „Chymische Hochzeit Christiani Rosenkreutz" betitelt ist. Daſs diese Schrift Alchemistisches allegorisch behandele, ist früher geglaubt, daſs sie eine Satire auf das Treiben der Alchemisten in jener Zeit sei, ist später behauptet worden, aber dazu veranlaſste wohl mehr der Titel als der Inhalt der Schrift und daſs die letztere zu einer Zeit veröffentlicht wurde, wo die Alchemie als zu Dem, was durch Chr. Rosenkreuz begründet sei, in näherer Beziehung stehend angesehen war. Ich bekenne, daſs mir der für diese Schrift gewählte Titel unverständlich ist und daſs ich den Inhalt derselben in eine nähere Beziehung zur Alchemie zu bringen nicht vermag. Was aber darin sich als auf Alchemie bezüglich deuten lieſs, wurde in diesem Sinne verwerthet. Für Diejenigen, welche dem Eintritt in den Rosenkreuzer-Bund zuneigten oder für denselben gewonnen werden sollten, konnte es lockend sein zu erfahren, daſs die in diesen Bund Aufgenommenen der Privilegien theilhaftig werden, welche nach der in Christ. Rosenkreuz Chymischer Hochzeit stehenden Erzählung von einem weisen König den Rittern des neugestifteten Ordens zugesichert wurden: des Freiseins von Unverstand, Armuth und Krankheit; und so fern die Kennt-

nifs des Steins der Weisen diese Begünstigungen verleiht und dieses
kostbare Präparat namentlich als lebensverlängerndes Mittel nach dem
Willen Desjenigen, der es besitzt, beliebig lange wirkt, hatte es guten
Grund und imponirte es gehörig, dafs jenen Rittern vor der Aufnahme
in den Orden auch das Gelöbnifs abgenommen wurde: „dafs ihr nit
wöllet lenger leben dann es Gott haben will". Das wurde weniger
beachtet, dafs in der genannten Schrift der Erzähler, welcher mit
unter den aufzunehmenden Rittern war, hinzusetzt: „Uber diesen
letzten Articul musten wir gnug lachen, mag auch wohl nur zum
Possen hinzu gesetzt worden sein".

An das Wenige, was zunächst über die Alchemie als einen Theil
des im Rosenkreuzer-Bund Betriebenen vorgebracht war, knüpfte sehr
bald bei Vielen die Vorstellung, bei Mehreren die Vorspiegelung an,
dafs die Alchemie eine Hauptsache in Dem, was dieser Bund leiste,
sei. Die Hoffnung, in das Geheimnifs der Goldmacherkunst eingeweiht
zu werden, liefs — mehr als das Streben nach anderer höherer Erkenntnifs — Viele wünschen, zu erfahren was Mitglieder desselben
zu lehren befähigt seien. Für Diejenigen, welche behufs der Verwirklichung dieser Hoffnung Mitglieder des Bundes zu werden beabsichtigten, fanden sich Solche, welche sich als dazu, sie in ihn aufzunehmen, berechtigt hinstellten, und auch aufserhalb des Bundes
Stehenden wurde durch angebliche Mitglieder desselben einige Auskunft gegeben, wie jenes Ziel zu erreichen sei; konnten doch gerade
solche Bücher auf günstige Aufnahme rechnen, deren Verfasser ihr
Wissen aus der Quelle rosenkreuzerischer Einsicht geschöpft zu haben
beanspruchten*). In gröfserer Zahl wurden jetzt alchemistische Schriften
veröffentlicht, deren Verfasser diesem Bunde zugehören wollten, und
auch Solche, welche mehr im Stillen durch Mittheilung handschrift-

---

*) Darauf, dafs die Zugehörigkeit zum Rosenkreuzer-Bund öfters von Un-
wissenden, die über Alchemie schrieben, als Aushängeschild zur Empfehlung
ihrer Schriften mifsbraucht worden sei, wurde bereits im siebzehnten Jahrhundert
von Solchen hingewiesen, welche in dieser Kunst sachverständig zu sein beanspruchten und den ächten Rosenkreuzern tiefere Einsicht in die Naturgeheimnisse nicht absprachen. So sagte der Freiherr Wilh. von Schröder in seinem
1684 veröffentlichten Nothwendigen Unterricht vom Goldmachen bei der Besprechung der Unzuverlässigkeit alchemistischer Autoren und der Schwierigkeit, wahre Philosophen und Sophisten zu unterscheiden: „Ich weifs auch nicht,
was ich von den *Fratribus Roseae Crucis* sagen und urtheilen soll. Ich mufs

licher Anleitungen, wie die Metallveredlung zu bewirken sei, oder
durch Ausführung dahin zielender Versuche auf Kosten Anderer der
Alchemie eine vortheilhafte Seite abzugewinnen suchten, gaben sich
mehr Ansehen, indem sie sich für Eingeweihte in diesen Bund ausgaben.   Aber während Viele, die sich Rosenkreuzer nannten, sich
Dessen rühmten, dafs sie die grofse Aufgabe der Alchemie zu lösen
verstehen und Andere darin unterrichten können, suchten wiederum
Rosenkreuzer von Solchen, die als in der Kunst der Alchemie weiter
vorgeschritten galten, Etwas von derselben zu lernen.   In der Lebensbeschreibung des als Besitzer des Steins der Weisen betrachteten, uns
schon wiederholt (u. A. S. 128 u. 198 f. im I. Theil) vorgekommenen
Polen Sendivogius, welche nach den Angaben seines vertrauten Dieners
Bodowski verfafst und u. A. in Lenglet du Fresnoy's *Histoire
de la philosophie hermétique* (*Paris* 1742), *T.* I, *p.* 350 *ss.* zu lesen
ist, wird umständlich berichtet, dafs der nach seinem Abenteuer in
Württemberg (Th. I, S. 199) auf seinem Gute Gravarna an der Schlesisch-
Polnischen Grenze lebende (da auch 1636 gestorbene) Sendivogius
— wie es scheint bald nach dem Aufkommen der Rosenkreuzerei —
durch Abgesandte des Rosenkreuzer-Bundes die Einladung zum Eintreten in denselben erhalten aber nicht angenommen habe; doch sei
in einem nachher in Deutschland unter dem Titel *Rhodostauroticum* *)
gedruckten Buch auf ihn als einen Bundesbruder mit vielen Lobeserhebungen Bezug genommen worden.   In einer ohne Angabe des
Verfassers, Verlag- oder Druckortes 1784 erschienenen Kurzgefafsten
Geschichte der Rosenkreuzer **) wird S. 28 f. erzählt, dafs der Raths-

glauben, dafs sie ihren Anfang einigen verständigen und in der Natur erfahrnen
Philosophis schuldig seynd; bin aber anbey der Beredung, dafs nachmahls allerhand Zigeuner-Gesindlein sich sothanen Tituls gebraucht und ehrliche Leute
betrogen haben, und weifs ich es mehr dann zu wohl".

*) Unter Verwerthung der Griechischen Worte für Rose und Kreuz auf dem
Titel sind in Deutschland verschiedene rosenkreuzerische Schriften pseudonym
oder anonym veröffentlicht worden von Theophil. Schweighardt (wahrscheinlich dem Magister Daniel Mögling zu Tübingen) ein *Speculum sophicum
Rhodo-Stauroticum* 1618, von einem Rhodophilus Staurophorus ein *Raptus
Philosophicus* 1619, von einem Irenaeus Agnostus (wahrscheinlich dem Gym-
nasial-Corrector Gotthard Arthusius zu Frankfurt a. M.) *Vindiciae Rhodo-
stauroticae* 1619,   *Prodromus Rhodo-Stauroticus Parergi Philosophici* 1620, *Collo-
quium Rhodostauroticum trium personarum* — — *de fraternitate R. C.* 1621 u. A.

**) Nach Klofs' Bibliographie der Freimaurerei (Frankfurt a. M. 1844) S. 197
ist diese Schrift ein besonderer Abdruck des 5. Stücks der Chemisch-Physikali-

kämmerer Joh. Thölde zu Frankenhausen in Thüringen, welcher in
den ersten Decennien des siebzehnten Jahrhunderts die unter dem
Namen des Basilius Valentinus gehenden Schriften veröffentlichte
(Th. I, S. 29) und daraufhin als im Besitz tiefen alchemistischen
Wissens angesehen war, von der Brüderschaft des Rosenkreuzes aufgefordert worden sei, geheimer Secretär derselben zu werden, und
auch eine Zeit lang in dieser Stellung für sie thätig gewesen sei.

Es kann hier nicht beabsichtigt werden, auch nur eine annähernde
Vorstellung zu geben von der Fülle der hauptsächlich oder nebenbei
über Alchemie handelnden Schriften, welche in der nächsten Zeit,
nachdem die Kunde von dem Bestehen eines Rosenkreuzer-Bundes
ergangen war, als von Mitgliedern des letzteren verfaßt besonders in
Deutschland veröffentlicht wurden und von welchen verhältnifsmäfsig nur
wenige in dem Anhang zu diesem Theil: „Beitrag zur Bibliographie
der Alchemie" angeführt sind. Für einen Theil dieser Schriften sind
die Verfasser genannt; unter Diesen sind einige in dem vorliegenden
Buch bereits Erwähnte: Jul. Sperber (S. 103), Mich. Maier (S. 220),
Mich. Potier (S. 236 im I. Theil) z. B. Die gröfsere Zahl solcher
Schriften erschien aber — wohl um das Gebot der Verschwiegenheit
wenigstens in so fern zu achten — pseudonym oder anonym (auch
für einige der letzteren kennt man übrigens die Namen der Verfasser,
so z. B. für die Th. I, S. 212 f. als von Aegid. Guthmann verfaßt
erwähnte). Gegen die Mitte des siebzehnten Jahrhunderts läfst die
Fluth derartiger Schriften nach, aber auch in der zweiten Hälfte
desselben träufelt es noch. Die Zahl Derer bleibt immer noch eine·
grofse, welche hofften, ihrem Streben nach Geheimwissen und namentlich nach Erkenntnifs des Weges zur künstlichen Hervorbringung der
edlen Metalle bringe Das Förderung, was Glieder des Rosenkreuzer-
Bundes wenn auch nur in vorsichtiger Zurückhaltung lehren.   In
den ersten Decennien des achtzehnten Jahrhunderts nimmt sogar in
Deutschland die Veröffentlichung von Büchern, welche der Verwirklichung dieser Hoffnung förderlich sein sollten, wieder zu.   Auch dieser
Zeit gehört eine gröfsere Zahl von Anleitungen zur Ausführung der
Aufgabe der Alchemie an, welche als von den alten Rosenkreuzern

schen Nebenstunden, oder Betrachtungen über einige nicht gemeine Materien
(Hof 1780), deren Verfasser (Jäger zu Nürnberg) sich Innocentius Liborius
ab Indagine nannte.

überkommen nicht gedruckt sondern weil wichtigste Geheimnisse enthaltend nur handschriftlich von Einem dem Andern mitgetheilt wurden. In der umfangreichen Sammlung derartiger Anleitungen, welche als einen Theil des Archives der später zu besprechenden Hermetischen Gesellschaft bildend auf der Universitäts-Bibliothek zu Giefsen aufbewahrt wird, findet sich auch eine ganze Reihe solcher, die in den 1720er Jahren je ein Rosenkreuzer einem anderen mitgetheilt habe, unter Nennung der Namen der Verfasser, welche theilweise recht vornehmen Familien angehörten*). Dann kamen auch Schriften vor, welche als aus viel früherer Zeit als der des Bekanntwerdens des Rosenkreuzer-Bundes stammend die ursprüngliche und ächte Geheimlehre desselben enthalten sollten; die Hofbibliothek zu Darmstadt z. B. besitzt ein sehr schönes, mit sorgfältig ausgeführten Bildern geziertes Manuscript eines gröfseren Deutschen alchemistischen Werkes — die Schrift ist die des vorigen Jahrhunderts —, welchem der Titel vorgesetzt ist: *Thesaurus Thesaurorum a fraternitate roscae et aureae crucis testamento consignatus, et in arcam foederis repositus suae scholae alumnis et electis fratribus. Anno* MDLXXX.

Die Fassung dieses Titels gehört vielleicht**). nach der da im Vergleiche zu früher etwas veränderten Bezeichnung der Brüderschaft, der zweiten Hälfte des achtzehnten Jahrhunderts an: einer Zeit, wo angebliche Nachfolger der alten Rosenkreuzer häufig unter der Bezeichnung der Gold- und Rosenkreuzer auftraten und hauptsächlich in Deutschland noch einmal zu bedeutendem Einflufs gelangten. Weniger in den Nachbarländern, speciell Frankreich und England; da war das Interesse für den Rosenkreuzer-Bund schon gegen die Mitte des achtzehnten Jahrhunderts ziemlich erloschen***) und auch

---

*) Unter diesen Anleitungen ist z. B. eine (nach da stehender Angabe) aus Utrecht von Friedr. Stein als *imperatore fraternitatis roscae et aureae crucis* 1722 einem Rosenkreuzer zugeschickte, eine von einem Baron von Riedt als einem Mitbruder *societatis roscae et aureae crucis* 1723 einem anderen Bruder insgeheim eröffnete, eine von dem de Ranzau als einem Mitglied der Rosenkreuzer-Gesellschaft 1724 einem andern zum Manipuliren mitgetheilte, eine vom Grafen von Reventklau als einem vornehmen Mitgliede der Fraternität 1725 einem Bruder zur geheimen Manipulation communicirte.

**) Vgl. die Anmerkung I am Ende dieses Theils.

***) Wesentlich auf Das, was er über die Beachtung des Rosenkreuzerbundes in Frankreich zu seiner Zeit wufste, bezieht sich doch wohl die Angabe Lenglet

später wurde es mindestens nur in geringerem Grade, auf enge Kreise beschränkt wieder zum Aufleben gebracht. Anders in Deutschland, wo für eine nochmalige Erstarkung des Glaubens an das von den Rosenkreuzern zu Leistende und an die Verwirklichung alchemistischer Hoffnungen einerseits der Boden noch günstig oder gerade jetzt besonders geeignet war, anderseits die Rosenkreuzer in eine ihrem Treiben Vorschub leistende Verknüpfung mit einer anderen geheimen Gesellschaft traten.

Hatte auch (vgl. S. 238 f. im I. Theil) um die Mitte des achtzehnten Jahrhunderts die Alchemie in Deutschland im Vergleiche zu früher bedeutend an der früher ihr gezollten Anerkennung eingebüßt, so war ihr doch noch damals und in der nächstfolgenden Zeit eine beträchtliche Zahl von Anhängern oder wenigstens von Gläubigen in den verschiedensten Schichten der Bevölkerung geblieben. Es gab doch noch recht Viele, welchen die künstliche Hervorbringung der edlen Metalle möglich zu sein schien, wenn sie auch den Erfolg von Versuchen zur Realisirung derselben als etwas Zweifelhaftes beurtheilten, große Vorsicht Dem gegenüber als angezeigt ansahen, was an Anleitungen für die Darstellung des Steins der Weisen geboten wurde, auch wohl sich spöttisch über Versuche äußerten, die zur Lösung dieser Aufgabe von gewöhnlichen Alchemisten unternommen waren *). — Wenn auch nicht mehr so viele fürstliche Persönlichkeiten als früher dadurch, daß sie selbst Alchemie trieben oder treiben

---

du Fresnoy's in Dessen *Histoire de la philosophie hermétique (Paris 1742) T. I, p.* 475: *Cette société imaginaire a fait beaucoup de bruit en Allemagne depuis* 1605 *jusqu'en* 1625. *Aujourd'hui à peine en est-il mention.*

*) In Beziehung auf Goldmachen und andere Bestrebungen der Hermetischen Kunst äußert sich Carl von Heister in dem Th. I, S. 258 angeführten Buche S. 35: „Man erstaunt, wenn man bis weit in die zweite Hälfte des achtzehnten Jahrhunderts dem Wundersamsten begegnet. — — Fast jeder Band der „Deutschen Bibliothek" enthält durchaus ernsthafte Recensionen darauf bezüglicher Schriften. Verworfen wird nur das Eigennützige, Betrügerische. — — Während Lichtenberg ohne skeptische Anmerkung einen Fall von Golddarstellung aus England anführt, heißt es an anderer Stelle (vermischte Schriften III, S. 12): „Den Schaden, den ein Mann leidet, kann man nach dem Product aus seiner Wichtigkeit und der Größe seines Unglücks schätzen. Man hat bemerkt, daß dieses Produkt schwindet, wenn ein Goldmacher den Hals bricht. Da nun das Halsbrechen gewiß nichts Geringes ist, so muß der andere Factor sehr gering sein." So schrieb er 1770".

liefsen, den Glauben an die Wahrhaftigkeit dieser Kunst unterstützten: immerhin waren noch in dem letzten Viertel des vorigen Jahrhunderts einige Fürsten Patrone der Hermetischen Kunst oder sie galten doch als solche. Der Prinz Ludwig Georg Karl von Hessen-Darmstadt (1749—1823) brachte 1776 aus Italien einen angeblichen Adepten Peter Christian Tayssen mit, welchen er in seinem Hofstaat unter dem Titel eines Oekonomierathes „zur Zeigung, Unterrichtung und Erklärung des grofsen Werks" anstellte; der Künstler, der sich des Besitzes vieler Arcana rühmte, scheint übrigens die ökonomischen Verhältnisse seines wenigstens etwas später an pecuniären Verlegenheiten laborirenden Protectors nicht verbessert zu haben (Allgem. Handb. d. Freimaurerei I. Bd., Leipzig 1863, S. 623; III. Bd., S. 359, nach Nachrichten, welche die in der Bibliothek zu Wolfenbüttel befindliche maurerische Correspondenz des Prinzen Friedrich August von Braunschweig enthält). Von dem König Stanislaus II. August von Polen berichtete im Mai 1785 der damals in Wilna lebende G. Forster an Heyne in Göttingen, dafs Derselbe „einen Alchymisten in geheim beständig auf den Stein der Weisen fortarbeiten läfst — vermuthlich weil eine Tradition in der Poniatowski'schen Familie sagt, der Vater des Königs habe ihn besessen, dafs man also die Möglichkeit desto weniger in Zweifel zieht" (Joh. Georg Forster's Briefwechsel, herausgegeben von Th. H., Leipzig 1829, I. Theil, S. 517). Von dem (nicht regierenden) Herzog Ferdinand von Braunschweig (1721—1792) wurde gesagt, dafs er auf seinem Schlosse Vechelde bei Braunschweig, wo er sich von 1766 an vorzugsweise aufhielt, alchemistisch laborire (Allgem. Handb. d. Freimaurerei I. Bd., Leipzig 1863, S. 132). Auch in anderen vornehmen Familien*) war der Hang zur Alchemie noch nicht ausgestorben. — Noch wurde manchmal von Solchen, deren Ausgaben weit über die für sie bekannten Einnahmen hinausgingen, behauptet, die Alchemie gewähre ihnen dazu die Mittel. Daran, dafs Dies für Beireis in Helmstädt geglaubt wurde, ist schon S. 256 im 1. Theil erinnert worden. 1791 starb der jüdische Sectirer und Abenteurer Jakob Frank (das über ihn bekannt Gewordene hat G. E. Steitz im VII. Bd. der Allgem.

---

*) So z. B. in der Familie Derer von Sickingen; vgl. die Anmerkung II am Ende dieses Theils.

Deutschen Biographie, Leipzig 1878, S. 250 ff. zusammengestellt) zu Offenbach, wo er von 1786 an mit ungemeinem Aufwand gelebt hatte; als nach Dessen Ableben Heyne sich nach Demselben bei dem zu dieser Zeit in dem unfernen Mainz lebenden G. Forster erkundigte, gab ihm Dieser u. A. die Auskunft: „Er soll auch viel laborirt haben als Alchymist" (J. G. Forster's Briefwechsel, S. 112 im II. Bd. der S. 11 angeführten Ausgabe). — Selbst in gelehrten Kreisen verschiedener Art fanden sich noch Solche, welche die Erreichung des Zieles der Hermetischen Kunst als möglich betrachteten, auch unter den Theologen, und zwar bezeugten sich unter Diesen als an Alchemie gläubig Männer von sehr verschiedenen Richtungen in ihrer Wissenschaft: der zuerst den Rationalismus vertretende und später stark nach Rechts zur Orthodoxie schwenkende Semler eben so wohl wie der von frühe an den Tag gelegtem Skepticismus aus immer weiter nach links in die Heterodoxie hineintreibende Bahrdt. Auf den Ersteren wird zurückzukommen sein; das den Letzteren Betreffende mag hierher gesetzt werden. Der bekannte Karl Friedrich Bahrdt (1741—1792, zeitweise Professor der Theologie zu Gießen und Docent zu Halle), bei welchem das Mißlingen einer von ihm in seiner Studentenzeit versuchten Geisterbeschwörung den ersten Keim der Aufklärung geweckt hatte, wendete sich in den 1780er Jahren, als er schon recht weit vorgeschritten in seiner Art des Aufgeklärtseins in bedrängten Verhältnissen zu Halle lebte, an Beireis (S. 256 ff. im I. Th.) mit der Bitte um ein Particular zum Goldmachen; Beireis schlug ihm die Erfüllung dieser Bitte ab, weil ein mit der Sache selbst nicht weiter Bekannter doch bei solchen Arbeiten leicht sich ruinire und er, nachdem er zu solchem Resultat Anlaß gegeben, sich fest entschlossen habe, es nicht wieder zu thun (diese Angaben finden sich in Gustav Frank's Aufsatz „Dr. K. Fr. Bahrdt" in Fr. v. Raumer's Historischem Taschenbuch, 4. Folge, VII. Jahrgang, Leipzig 1866, S. 205 ff.; den Wortlaut der betreffenden Stelle in Beireis' Brief an Bahrdt aus dem Juli 1787 hat C. v. Heister's Th. I, S. 258 in der Anmerkung angeführtes Buch S. 42, den vollständigen Brief S. 306 f.).

Aber nicht allein das Fortbestehen einer früher fast allgemein getheilten Überzeugung bei einer nicht geringen Anzahl Einzelner ließ in der Zeit, zu deren Betrachtung wir nun gekommen sind, den

Glauben an die Alchemie erhalten bleiben, sondern ein neues Motiv, der letzteren zugleich mit anderem Geheimwissen Interesse zuzuwenden, übte auch noch erheblichste Wirkung aus. In dem mit der Mitte des vorigen Jahrhunderts beginnenden s. g. Zeitalter der Aufklärung machte sich in der Theologie die negative Richtung als die vorherrschende geltend; die da erlangten Resultate liefsen das religiöse Bedürfnifs unbefriedigt. Dem Drange nach geistiger Beschäftigung zu genügen bot, was damals zunächst auf dem Gebiete der s. g. schönen Literatur veröffentlicht wurde, nicht Vieles, und was auf dem Gebiete der streng wissenschaftlichen Literatur erschien setzte doch dafür, verstanden zu werden, mehr Begabung und anstrengendere Beschäftigung mit der Sache voraus, als für die Meisten unter den nach einiger geistiger Anregung Verlangenden zutraf. Da wendeten sich Viele dem s. g. höheren Wissen zu, für dessen Erlangung schon früher herausgekommene Bücher hatten Anleitung geben wollen, dessen Erwerbung durch das Studium neu verfafster Schriften und den engeren Verkehr mit bereits Eingeweihten jetzt den Lernbegierigen wie etwas sicher zu Erwartendes versprochen wurde. Tiefere Erkenntnifs der Natur als sie die profane Naturlehre gewähre, die Bekanntschaft mit sicher wirkenden Heilmitteln und den Körper gesund, den Geist frisch erhaltenden Präparaten wie sie die gewöhnliche Medicin nicht kenne, die Erhebung des Menschen zu näherer Gemeinschaft mit Gott, die Gewinnung einer gewissen Herrschaft über das Geisterreich wurde Denen in Aussicht gestellt, welche durch die ihnen jetzt gebotenen Mittel einer aus alter Zeit stammenden, geheimnifsvoll behandelten und überlieferten Weisheit theilhaftig werden. Recht gebildete und selbst geistig hochstehende Männer waren unter Denen, die jetzt darauf ausgingen, wenigstens Einiges von derartigem Wissen sich anzueignen; auch Solche, die älter waren als Goethe in der Zeit (vom Herbst 1768 bis zum Frühjahr 1770), wo er in Frankfurt a. M. mit Fräulein von Klettenberg Hermetische Studien trieb, mit ihr alchemistische Schriften des Basilius Valentinus, des Paracelsus u. A. las, v. Welling's später zu besprechendes Werk doch schwer verständlich fand aber die *Aurea catena Homeri**) sich besonders wohl gefallen liefs, übrigens auch in der da eingeschlagenen Richtung selbst experimentirte.

---

*) Vgl. Anmerkung III am Ende dieses Theils.

Unter Denjenigen, die nach höherem Wissen um der Vervollkommnung ihres Charakters, um der Erreichung solcher idealer Ziele
willen strebten, waren doch höchstens nur Wenige, welchen es ein
Verächtliches gewesen wäre, wenn bei dem Eindringen in tiefere Naturerkenntnifs sich ihnen auch das Geheimnifs enthüllt hätte, wie Gold
künstlich zu machen sei. Jedenfalls war wohl die Zahl Derer, welche
die Sache entsprechend der schönen Lehre „Erwirb Dir Weisheit so
viel Du kannst, und Gold so viel Du brauchst" aufgefafst hätten,
viel kleiner als die Zahl Derer, welchen in der Umkehrung dieses
Spruches die praktisch richtigere Lehre enthalten zu sein schien.
Und zu Solchen, welchen Gold vor Allem wünschenswerth war, kamen
Andere, die in hinreichend günstigen äufseren Umständen waren um
allenfalls des Steines der Weisen für die Anfertigung von Gold entbehren zu können, die aber an dem Genufs des Lebens in der Art
hingen, dafs ihnen die Universalmedicin oder das Lebenselixir als
Das dastand, auf was es hauptsächlich ankomme. Allen Diesen
konnte geholfen werden, wenn sich die Hoffnungen erfüllten, welche
die Rosenkreuzer wieder in zuversichtlicher Weise in der zweiten
Hälfte des vorigen Jahrhunderts erregten, mit um so gröfserem Erfolg, als sie da zu engerem Zusammenhalt unter sich, so zu sagen
zu einer bisher ihnen mangelnden inneren Consistenz durch ihr Eindringen in den Freimaurer-Bund kamen, welchen sie namentlich in
Deutschland während einiger Zeit ihren Zwecken dienstbar zu machen
wufsten.

Wie viel und mit welcher Bestimmtheit auch von dem Bestehen
der Rosenkreuzer-Brüderschaft als einer in dem siebzehnten Jahrhundert und in den ersten Decennien des folgenden weit verbreiteten
aber einheitlich organisirten gesprochen wurde: weder bewiesen noch
irgend wahrscheinlich gemacht ist, dafs der Rosenkreuzer-Bund innerhalb des angegebenen Zeitraums jemals in dieser Weise organisirt gewesen sei. Es hatten sich bald nach der Zeit, wo bekannt wurde,
dafs ein derartiger Bund existire, einzelne Männer den nach der Aufnahme in ihn Begierigen als Solche hingestellt, welche als Repräsentanten des Bundes den von ihnen würdig Befundenen den Zutritt zu
demselben, zunächst die Aufnahme in die unteren Grade der Zugehörigkeit zu ermöglichen berechtigt seien; an einem oder einem

anderen Orte konnte eine Vereinigung Derer, welche darauf hin dem
Bunde zugehörig zu sein glaubten, zu Stande kommen*). Ein an
Einem Ort in der Rolle eines Repräsentanten der Bundesleitung auf-
tretender Mann konnte, für sich oder im Namen der mit ihm an
seinem Orte Zusammengetretenen, sich mit einem an einem anderen
Orte dieselbe Rolle Spielenden in Verkehr setzen; die Legitimation
zu solchem Verkehr konnte aber im letzteren Falle nur durch die
vermeintlichen Mitglieder des Bundes gegeben werden, welche noch
den unteren Graden angehörten, in keinem Fall von der Oberleitung
des ganzen Bundes, die nicht vorhanden war. Jeder dieser angeblichen Repräsentanten des Bundes oder Vertreter einer localen Vereinigung von Rosenkreuzern mochte einem anderen gegenüber sich so
stellen, als ob Er der Oberleitung näher stehe als Dieser, einen
höheren Rang in dem Bunde habe und Dem gemäfs tiefer in das
Geheimwissen desselben eingeweiht sei. Welcher von den Bundesbrüdern dem anderen imponirte, Das hing ab von der Zuversichtlichkeit und Gewandtheit des Auftretens und davon, welche Vorspiegelungen
der Eine oder der Andere geltend zu machen verstand. Die in den
unteren Graden Befindlichen standen unter dem Gelübde vorsichtigster
Verschwiegenheit; gerade von ihnen kannte meistens Jeder aufser
seinem Oberen nur die an demselben Ort in den Bund Aufgenommenen.
Was über Erkennungszeichen angegeben worden ist, welche an jedem
Ort einen Rosenkreuzer den da ihm begegnenden Bundesbrüdern bekannt werden lassen sollten (selbst öffentlich zu tragende sind beschrieben worden; vgl. die Anmerkung I am Ende dieses Theils), entbehrt für die frühere, bisher betrachtete Zeit der Begründung; es
sind Angaben, welche danach gemacht wurden, was Einer, der gut
unterrichtet zu sein behauptete, einem Anderen aufband, oder auch
nach blofsen Vermuthungen. Ein auf wirklich existirender Organisation
des Bundes beruhender Zusammenhang zwischen den Einzelnen, welche
ihm anzugehören vorgaben oder glaubten, oder zwischen den einzelnen
localen, vermeintlich als Zweige des Bundesstammes bestehenden Vereinigungen war für diese Zeit nicht vorhanden.

—

*) Die Alchemische Gesellschaft zu Nürnberg z. B., zu welcher Leibnitz in
seiner Jugend in Beziehung stand (Th. I, S. 232 f.), war eine rosenkreuzerische.

Gegen das Ende des zweiten Decenniums des vorigen Jahrhunderts kam in England der Freimaurer-Bund zu der jetzt noch
von ihm festgehaltenen Gestaltung. Was über die Vorgeschichte dieses
Bundes bekannt bez.-w. behauptet worden ist, gehört nicht hierher;
nur Das ist zu bemerken, daſs seine Genealogie keineswegs dafür
genügend festgestellt ist, darauf hin anderen unter geheimniſsvoller
Form ihren Zielen zustrebenden Gesellschaften, welche etwa Verwandtschaft mit ihm beanspruchen, die Anerkennung derselben zuzugestehen oder zu versagen. Daran ist aber zu erinnern, daſs, wenn
Förderung humaner Gesinnung und Bethätigung derselben ein Haupt-
zweck dieses Bundes schon in früherer Zeit war, der letztere doch
wiederholt in engste Beziehungen zu ganz andersartigen Bestrebungen
gebracht worden ist. In welcher Weise, unter welchen Formen er
seine Thätigkeit ausübte, ließ ihn oft als einen Geheimbund betrachten,
in welchem über das gewöhnliche hinausgehendes Wissen mannigfacher
Art zu finden, in welchem die Enthüllung eines wichtigen Geheimnisses zu hoffen sei; mit Bestimmtheit wurde bald von Angehörigen
dieses Bundes versichert, daſs in s. g. höheren Graden desselben
den dafür würdig Befundenen die Bekanntschaft mit Geheimnissen
der Magie, Theosophie, Alchemie u. A. in Aussicht gestellt sei: die
Eröffnung der Mysterien, in welche eingeweiht zu sein und einweihen
zu können bisher die Rosenkreuzer beanspruchten.

Derartiges geschah namentlich bald auſserhalb Englands, von wo
aus der Freimaurer-Bund in der da ihm gegebenen Gestaltung sich
rasch nicht nur nach Irland und Schottland sondern auch nach und
auf dem Continent verbreitete; hier — wo die Erinnerung an damals
Stattgehabtes sich auf Das zu beschränken hat, was später uns Vor-
kommendem zur Erläuterung dient*) — ist nur zu erwähnen, daſs

---

*) Aus diesem Grunde gehe ich auf Manches nicht ein, was nach anderen
Richtungen hin zu hier in Betracht Kommendem in naher Beziehung steht, u. A.
auch nicht auf den 1776 von Adam Weishaupt, Professor des Natur- und
Canonischen Rechts zu Ingolstadt, gestifteten Illuminaten-Orden, zu dessen Ge-
schichte — namentlich was die Einrichtung und die Schicksale desselben in
Bayern betrifft — in neuerer Zeit Aug. Kluckhohn (in den Beilagen Nr. 182,
185 u. 191 zur Allgemeinen Zeitung v. 1874) schätzbare Beiträge geliefert hat.
Einen Einblick in das Treiben in diesem Orden fördert auch der in der Aströa,
Taschenbuch für Freimaurer, XXI. Jahrg. f. 1859 u. 1860 (Sondershausen 1859),
S. 254—299 veröffentlichte Briefwechsel zwischen zwei Hannoverschen Officieren

in Frankreich von dem dritten, in Deutschland von dem vierten
Decennium des vorigen Jahrhunderts an dem Freimaurerbund zugehörige Vereinigungen: s. g. Logen errichtet wurden, deren Zahl innerhalb kurzer Zeit eine beträchtliche wurde. In Frankreich wurden
durch einen Schotten Mich. Andr. Ramsay um 1740 höhere Grade
des Eingeweihtseins in die ·Bundesgeheimnisse als vorhanden hingestellt: solche die über den bis dahin den Aufgenommenen eröffneten
(der Lehrlinge, der Gesellen und der Meister, welche Grade seit dem
dritten Decennium des vorigen Jahrhunderts unterschieden waren)
stehen sollten; in ihnen: den s. g. Schottischen Graden sollte den in
sie Zugelassenen das Eindringen in Geheimwissen zugänglich werden,
welches aus dem Orient stammend zur Zeit der Kreuzzüge durch die
Vermittelung der Johanniter-Ritter u. A. nach Europa gekommen
sei, und daran knüpfte dann an, was darüber behauptet und besonders
auch in Deutschland verbreitet worden ist, dafs das gleichfalls im
Orient erlangte Geheimwissen der Tempelherren noch erhalten und in
höheren Graden der Freimaurerei zugänglich sei, in welchen dieser
Orden noch fortexistire, Nachfolger der alten Tempelherren deren
Wissen bewahren und Würdige in es einweihen. In Deutschland
hatte um die Mitte des achtzehnten Jahrhunderts der in Paris mit
höheren Graden bekannt gewordene Sächsische Freiherr Karl Gott-
helf von Hund begonnen, dem Glauben an das Vorhandensein
solcher Grade dadurch Unterstützung zu geben, dafs bei den zu
seinem System — dem v. H.'schen Tempelherrn-System oder dem
der stricten Observanz, so genannt weil die Mitglieder geloben mufsten,
den Geboten der Oberen *strictam observantiam* zu leisten — sich
bekennenden Logen und an ihm beistimmende Freimaurer solche Grade
wirklich ertheilt wurden, namentlich der des Tempelritters unter Beilegung eines besonderen Ordensnamens an Jeden. Bald wurden noch
andere freimaurerische Systeme — darunter das von dem Chevalier
de Bonneville 1754 zu Paris gegründete s. g. Clermont'sche, für
dessen Verbreitung in Deutschland der seiner Stelle als Superinten-
dent in Anhalt-Köthen entsetzte Phil. Sam. Rosa besonders thätig
war — ausgedacht und einzuführen gesucht, alle zusammen mit einer

Greve und Richers und Diesen mit v. Knigge u. A. aus den Jahren 1779
bis 1783.

unübersehbaren Anzahl angeblicher höherer Grade. An letzteren
fehlte es auch nicht in der geheimen Gesellschaft, welche uns nun
vorzugsweise in Betracht kommt: dem aus der Verquickung der
Freimaurerei mit der Rosenkreuzerei hervorgegangenen Orden der
Gold- und Rosenkreuzer. Dieser Orden bildete sich zwischen 1756
und 1768 im südlichen Deutschland aus, wie es scheint hauptsächlich
unter der Leitung wenn auch nicht durch die Initiative des Dr. med.
Bernh. Jos. Schleifs von Löwenfeld in Sulzbach und des Dr.
Doppelmayer zu Hof, und verbreitete sich von da nach dem übrigen
Deutschland, auch nach Rufsland. Auch in diesem Orden war den
Oberen Seitens der Mitglieder unterer Grade unbedingter Gehorsam
zu leisten; die Mitglieder hatten hier gleichfalls ihre Bundesnamen
und die Oberen waren den Brüdern meist nur unter diesen Namen
bekannt; um die Erkennung der Oberen zu verhindern mufsten —
wenigstens später (von 1777 an) — alle von Denselben an Unter-
gebene gerichteten Erlasse nach genommener Einsicht zurückgeschickt
werden. — Diese verschiedenen Systeme standen nicht immer unter
einander auf gutem Fufse, so dafs sie sich als gleichberechtigte anerkannt hätten, sondern eines suchte gewöhnlich ein anderes in der
Behauptung zu überbieten, das ächte und das höchste Wissen zu besitzen und lehren zu können. Der Verband zwischen den verschiedenen
Systemen bez.-w. zwischen den ihnen Angehörigen war oft nur ein
lockerer, aber Alle einte Eins: die Zugehörigkeit zu der Freimaurerei.
Als Freimaurer hatten Alle Fühlung unter einander, gemeinsame Erkennungszeichen in Griff und Wort; Das gab auch Einzelnen, selbst
wenn sie gar nicht Einem dieser Systeme zugethan waren sondern
nach Bedarf eins oder ein anderes als durch sie vertreten hinstellten,
als Gliedern des Freimaurer-Bundes an jedem Ort, an welchem sie
ihre Thätigkeit ausüben, ihr Streben geltend machen wollten, einen
Anhalts- und Ausgangspunkt, dessen die s. g. älteren Rosenkreuzer
entbehrt hatten.

Zu Dem, was in den höheren Graden der so ausgebildeten geheimen Gesellschaften gekannt sein und gelehrt werden sollte, gehörte
neben vielem Anderen das von der Alchemie zu Leistende: die Bereitung des Steins der Weisen und Goldmachen mittelst desselben
oder auch in anderer Art, die Darstellung des als Universalmedicin

und als Lebenselixir wirkenden Präparates. Namentlich fand die Alchemie, wie hier gleich hervorgehoben werden mag, die dem von ihr Gehofften entsprechende Beachtung in Vereinen, die gemäfs dem System der stricten Observanz und gemäfs dem Clermont'schen System constituirt waren. Welchem Geheimbund bez.-w. System oder ob speciell Einem einzelne Männer angehört haben, die durch besondere Begabung ausgezeichnet waren, die Sachen in eigener Weise zurechtzulegen und sich in Ansehen zu bringen, Das mag dahingestellt bleiben.

Als ein Mann dieser Art steht vor Anderen der so sich nennende Graf Saint-Germain da, welcher nach Einigen ein Portugiese von jüdischer Herkunft, nach Anderen ein Spanischer Jesuit Aymar, nach einer Angabe ein Elsafser Jude Simon Wolff, nach der Behauptung Anderer der Sohn eines Steuereinnehmers Rotondo zu San-Germano in Savoyen war. Wohl am Ende des siebzehnten oder im Anfang des achtzehnten Jahrhunderts geboren trat er von 1750 an in den vornehmen Kreisen verschiedener Städte auf: in Venedig als Graf Bellamare oder Belmar, in Pisa als Chevalier Schöning, in Mailand als Chevalier Welldone (daran erinnernd auch noch einmal 1777 in Leipzig als Graf Wethlone oder Woeldone), in Genua als Graf Soltikow, liefs aber gelegentlich auch merken, dafs er eigentlich ein Fürst Racoczy sei. In Paris durch die Marquise von Pompadour dem König Ludwig XV. empfohlen wurde der Graf Saint-Germain 1760 zur Einleitung einer Friedensverhandlung nach London geschickt, aber eine in Paris gegen ihn angezettelte Intrigue liefs ihn in London als einen Russischen Spion bezeichnen und von der Auslieferung an Frankreich bedroht sein. Er flüchtete nach dem Festland, spielte in Petersburg 1762 bei dem da gewaltsam herbeigeführten Thronwechsel eine Rolle, kam dann nach Berlin, war 1772 in Nürnberg, hielt sich 1774 als Graf Tzarogy zu Schwabach in Franken auf, wufste den Markgrafen Karl Alexander von Ansbach so für sich einzunehmen dafs Dieser ihn auf eine Reise nach Italien mit sich nahm, ging nach Schwabach zurückgekehrt später über Dresden, Leipzig und Hamburg nach Eckernförde im Herzogthum Schleswig zu dem Landgrafen Karl von Hessen-Kassel, bei welchem er sich so in Gunst zu setzen wufste, dafs Derselbe ihn bei sich in Eckernförde und auf seinem Schlofs Gottorp bei Schleswig für den Rest des Lebens verpflegte; der Graf Saint-Germain starb da 1780

(diese Angabe des Todesjahres soll richtiger sein als die oft wiederholte 1795; auch 1784 findet man als Todesjahr angegeben). Nach
seiner Versicherung war Saint-Germain in die höchsten Grade der
Freimaurerei eingeweiht, verstand er Gold und nicht minder Edelsteine zu machen (welche letztere Kunst er 1755 auf einer zweiten Reise
nach Indien gelernt habe; doch starb er stark verschuldet), kannte
er die Bereitung eines Thee's, welcher dem Alter die Kraft und die
Schönheit der Jugend wiedergebe, einer siebzigjährigen Frau das
Aussehen eines siebzehnjährigen Mädchens zu Theil werden lasse,
auch die eines zu demselben Zweck diensamen Balsams, dessen über-
mäfsige Anwendung allerdings eine zu weit gehende Wirkung ausüben konnte*), und wufste er ein Lebenselixir darzustellen, welches
ihm selbst sein hohes Alter zu erreichen ermöglicht habe (je nach
der Gläubigkeit, die er bei seinen Zuhörern voraussetzen durfte,
gab er sein Alter bescheidener nur auf einige hundert Jahre an oder
versicherte er, mehrere tausend Jahre alt zu sein, Christus und
Dessen Apostel gut gekannt und Petrus wiederholt zur Mässigung
der Heftigkeit Desselben ermahnt zu haben) und welches auch
Anderen erspriefsliche Dienste leistete **).

—

*) *Il a un baume qui rajeunit; une dame agée qui s'en frotta plus qu'il
no falloit, fut réduite à l'état d'embryon.* (*Le Mémorial d'un Mondain par Mr.
le Comte* Max. Lamberg, *Cap Corse 1774, p.* 80.) Dies Citat giebt Möhsen
a. Th. I, S. 107, Anmerk. a. O., S. 22. Der Verfasser dieses *Mémorial*, Graf
Maximilian Lamberg — geboren zu Brünn 1730, Oesterreichischer Kammerherr und Württembergischer Geheimerath, gestorben in Brünn 1792 — besafs
nach einem in der Allgemeinen Literaturzeitung 1793, Intelligenzblatt Nr. 25
über ihn veröffentlichten Aufsatz die mannigfachsten Kenntnisse, besonders in
der Mathematik, Physik und Naturgeschichte; vgl. C. v. Heister's S. 258 im
I. Theil angeführte Schrift S. 370. Hierdurch wurde es mir doch sehr fraglich,
ob Graf Lamberg das von ihm Gesagte ernstlich gemeint habe. Ich habe mir
das Notizenbuch eines Weltkinds verschafft: recht interessante Erinnerungen und
Bemerkungen, niedergeschrieben auf einer Reise in Italien; der Verfasser, welcher
einen lesenswerthen Bericht über sein Zusammensein mit Saint-Germain in
Venedig giebt, äufsert da mit feinem Spott auch das Angegebene.

**) Als Saint-Germain in Dresden war, wurde sein Kutscher gefragt, ob
der Erstere wohl wirklich vierhundert Jahre alt sei; der Kutscher antwortete,
er wisse Das nicht genau, aber in den hundert und dreifsig Jahren, die er bei
seinem Herrn in Diensten stehe, habe Dieser immer so ausgesehen wie jetzt.
(Möhsen a. e. a. O., S. 23.)

Ihm stellt sich als gleichfalls hervorragend Derjenige an die Seite, welcher unter dem Namen des Grafen Alessandro Cagliostro am Bekanntesten geworden ist, eigentlich Giuseppe Balsamo hiefs, übrigens auch noch anderer Namen sich bediente, zu Palermo 1743 geboren schon frühe die Kunst, Menschen zu täuschen, sich zu eigen machte, in Arabien seine Jugendjahre verlebt, da und auf Reisen nach Aegypten, Syrien, der Türkei und Griechenland sich hervorragendes Geheimwissen erworben haben wollte, von 1770 an in verschiedenen Städten Italiens, Spaniens, Portugals, Englands, Frankreichs, der Niederlande und Deutschlands sein Glück versuchte, auch eine Zusammenkunft mit dem Grafen Saint-Germain in Schleswig gehabt haben soll, 1779 in Mitau, Petersburg, Warschau, noch in demselben Jahr in Strafsburg und Paris sich zeigte, nach längerem Aufenthalt in Italien, England und Süd-Frankreich 1785 nach Paris zurückgekehrt in die Halsband-Geschichte verwickelt und eine Zeit lang in der Bastille gefangen, dann wieder bis 1787 in England war, dann an verschiedenen Orten der Schweiz, Ober-Italiens und Tyrols verweilte, 1789 nach Rom ging, in welcher Stadt zu Ende dieses Jahres in die Engelsburg eingekerkert er 1791 von dem Tribunale des *Santo Ufficio* wegen der als freimaurerischer Ketzer begangenen Vergehen zum Feuertode verurtheilt aber von Papst Pius VI. zu lebenslänglicher Haft im Castell San-Leo unweit Urbino begnadigt wurde, wo er 1795 starb. Als Freimaurer, Mystiker, Geisterbeschwörer, Alchemist und Arzt, auch unter Mitbenutzung seiner schönen Frau für seine Zwecke, wufste er sich Ansehen und bedeutende Geldmittel zu verschaffen; in Paris vertrat er die von ihm gegründete oder seinem Vorgeben nach wiederhergestellte altägyptische Freimaurerei (deren Stifter Henoch und Elias gewesen seien) als Grofskophta derselben: namentlich der Kenntnifs, wie der Stein der Weisen zu bereiten sei, und des Besitzes einer Lebenstinctur*) und eines eben so unfehlbaren Schönheitsmittels rühmte er sich, und viele Gläubige fand er.

---

*) Wie bei Saint-Germain (S. 20) hatte sich auch bei Cagliostro die Wirkung des das Leben verlängernden Präparates namentlich an ihm selbst und den ihm Nächststehenden bewährt. Der Cardinal von Rohan, welcher freundschaftliche Beziehungen zu Cagliostro in Strafsburg angeknüpft hatte und in Paris fortbestehen liefs, wufste, dafs Dieser 300 Jahre alt sei. In Strafsburg

Dafs in den Hochgraden der Gold- und Rosenkreuzer höheres Wissen zu erlangen sei, wurde zunächst den noch in niederen Graden des Freimaurer-Bundes stehenden Mitgliedern des letzteren bekannt, bald aber auch weiteren Kreisen durch Druckschriften, welche etwas zurückhaltender oder auch sehr deutlich darauf hinwiesen. Wenig verbreitet scheint eine unter dem Titel *Tabula pro concordantia Fratrum Roseae et aureae Crucis* in Deutscher Sprache verfafste Schrift gewesen zu sein, welche als 1763 erschienen erwähnt wird; gröfsere Verbreitung fanden von 1777 an pseudonym oder anonym veröffentlichte Schriften: C. H. L. v. Plumenock's geoffenbarter Einflufs der ächten Freimäurerei*), der Compafs der Weisen**), (zu Amsterdam 1779 herausgekommene) Freymäurerische Versammlungsreden der Gold- und Rosenkreuzer***), und dann noch viele andere. Auch in Nachbarländern Deutschlands drang das Rosenkreuzerthum in die Freimaurerei ein, aber in keinem dieser Länder wurde so wie in Deutschland rosenkreuzerische Freimaurerei auf offenem Büchermarkte ausgeboten und dadurch zur Betheiligung an derselben angelockt.

----

hatte Cagliostro durch seinen Kammerdiener verbreiten lassen, er sei mindestens 150 Jahre alt und der Diener einige siebzig. Seine Frau, welche wie eine Zwanzigjährige aussah, wollte 70 Jahre alt sein und einen 40jährigen Sohn haben, welcher Capitän eines Holländischen Schiffes sei. Solche, die Das vertragen konnten, liefs man aber auch wissen, Cagliostro sei schon zur Zeit der Hochzeit von Kana am Leben gewesen und habe dort mit eigenen Augen die Verwandlung des Wassers in Wein mitangesehen. — Diese Angaben entnehme ich Eugen Sierke's interessantem Buch „Schwärmer und Schwindler zu Ende des achtzehnten Jahrhunderts" (Leipzig 1874) S. 425 f. Die da (S. 333 bis 462) gegebene Schilderung Cagliostro's ist eine sorgfältigste, möglichst auf die Quellen zurückgehend und auch schwer zugängliche benutzend: einige sonst sich findende und glaubwürdig erscheinende Angaben übergeht sie allerdings mit Stillschweigen ohne sie zu widerlegen. Über das Ende Cagliostro's ist in neuerer Zeit genauere Auskunft gegeben worden; vgl. Beilage zur Allgemeinen Zeitung Nr. 131 vom 11. Mai 1883. — Bezüglich belletristischer Behandlung Cagliostro's vgl. die Anmerkung VII am Ende dieses Theils.

*) Vgl. Anmerkung IV am Ende dieses Theils.

**) Vgl. Anmerkung V daselbst.

***) Darüber, wer diese einflufsreichen „Versammlungsreden" geschrieben habe, schweigen die meisten der über die Bibliographie der Rosenkreuzerei Auskunft gebenden Bücher. J. G. Findel's Geschichte der Freimaurerei, S. 399 d. 4. Auflage, nennt Hans Heinr. von Ecker und Eckhoffen (vgl. d. Anmerkung IV am Ende dieses Theils) als den Verfasser dieser Schrift.

Durch diese Lockung, mehr aber wohl noch durch die im Verborgenen betriebenen Agitationen Solcher, welche daraus für sich Vortheile zu ziehen gedachten, drang die Betheiligung an dem Streben, zu der Kenntnifs in Aussicht gestellten Geheimwissens zu gelangen, in die verschiedensten Schichten der s. g. gebildeten Klassen ein. War doch — wie bereits S. 13 erinnert wurde — Mannigfaltigstes als Das, was man auf diesem Weg erreichen könne, als Köder hingestellt: innere Befriedigung durch höhere Erkenntnifs und Erhebung zu Gott, eine gewisse Gewalt über die Geisterwelt, Eindringen in die verstecktesten Theile der Naturlehre, Ehre, Reichthum, Gesundheit und langes Leben; dem Einen wurde die Hoffnung erregt Eines. einem Anderen ein anderes von diesen Zielen zu erreichen. Wenigstens weitaus das gröfste Contingent zu der Zahl Derer, die in den höheren Graden der rosenkreuzerischen Orden ihnen zusagende Belehrung zu finden erwarteten, stellten die Freimaurer. An vielen Orten wurde den in die eigentliche Freimaurerei Eingeweihten es nahe gelegt, dafs über das in den s. g. symbolischen, Englischen oder blauen Graden derselben zu ihrer Kenntnifs kommende hinausgehendes Wissen in den höheren: den s. g. rothen Graden zu erwerben sei, mit so viel Erfolg, dafs Wissensdrang oder auch weniger edle Motive die Zulassung zu diesen Graden wünschenswerth sein liefsen. An manchen Orten schlofs sich an einen Verein, in welchem nach der Ansicht der Neuaufgenommenen die Maurerei nur in der ursprünglichen Richtung derselben gepflegt wurde, wie eine Selecta eine Anzahl wirklich repräsentirter oder vorgespiegelter höherer Grade an, in welchen es sich nicht mehr um Das handelte, was die Freimaurer wollten, sondern um Das, was die Rosenkreuzer suchten. Auch Das kam vor, dafs in einem reinen Freimaurer-Verein, der sich von Alchemie und Verwandtem fern hielt*), Einige waren, die gleichzeitig einem aufser Verbindung mit diesem an demselben Ort bestehenden rosenkreuzerischen Verein angehörten und für den letzteren unter ihren Brüdern im ersteren warben. Für jeden erst einmal in den Freimaurer-Bund Eingetretenen war damals, namentlich wenn er in angesehenen oder pecuniär günstigen Verhältnissen war oder sonst brauchbar zu sein

---

*) So wie es vor dem Eindringen der Rosenkreuzerei in die Freimaurerei allgemein in den Logen der letzteren und auch nachher noch in einem Theile derselben der Fall war. Der Gesinnung, die da herrschte, gab der jetzt noch

schien, die Gefahr eine grofse, dafür gewonnen zu werden, dafs er
aus den blauen Graden in die rothen, aus einer Freimaurer-Loge in
einen Rosenkreuzer-Zirkel übergehe, und von der harmlosen Beschäftigung mit Freimaurerei, an welcher sich zu betheiligen er zuerst
gedacht hatte, in die aufreibende, stets unterhaltene und nie befriedigte Erwartung der Einweihung in höheres Wissen und oft zu
moralischem und materiellem Ruin zu kommen.   Geradezu wurde
es von Solchen, welche als Vertreter der höheren Grade das Wort
führten, ausgesprochen, dafs die Freimaurerei nur eine Vorschule für
das erhabenere Wissen sei, zu welchem die dort tauglich und würdig
Befundenen zugelassen werden, und dafs, dafür zu dienen, die gewöhnliche Freimaurerei eingerichtet worden sei.   So in dem Compafs
der Weisen (1779): „In dem vierten, fünften und sechsten Jahrhundert
ist unsere Verbindung durch sieben weise Meister reformirt und endlich in gegenwärtige Verfassung gebracht worden.   Damit aber die
Obern ihre Absichten besser verbergen und die Wifsbegierde der
Menschen besser erfahren könnten, haben sie die drei untersten Klassen
der sogenannten Freimaurerei, als eine Pflanzschule zu höhern Wissen-

---

als Fabeldichter bekannte Magnus Gottfr. Lichtwer (1719—1783) Ausdruck
in der Erzählung

Der Weise und der Alchymist.

Gesund und fröhlich, ohne Geld
Lebt einst ein Weiser in der Welt.
Ein Fremder kam zu ihm und sprach: „Auf meinen Reisen
Hört ich von deiner Redlichkeit;
Du bist ein Phönix unsrer Zeit.
Nichts fehlt dir als der Stein der Weisen.
Ich bin der Trismegist*), vor dem sich die Natur
Stets ohne Schleier zeigt; ich habe den Merkur,
Dadurch wir schlechtes Blei in feines Gold verkehren —
Und diese Kunst will ich dir lehren".
„O dreimal gröfster Trismegist! —
Versetzt der Philosoph — du magst nur weiter reisen!
Der ist ein Weiser nicht, dem Gold so schätzbar ist.
Vergnügt sein ohne Gold, das ist der Stein der Weisen".

Lichtwer war 1742 in der Loge Minerva zu den drei Palmen zu Leipzig
in den Freimaurer-Bund aufgenommen worden (Allgem. Handb. d. Freimaurerei,
II. Bd., Leipzig 1865, S. 200). — So weise konnte Einer freilich namentlich so
lange gut denken, als der Versucher noch nicht an ihn selbst herangetreten war.

---

*) Vgl. S. 4 im I. Theil.

schaften, unter gewissen parabolischen Auszierungen errichtet; und
obwol selbige durch die Länge der Zeit mit vielen eitlen und unnützen
Nebendingen ganz profanirt und fast unkennbar geworden: so müssen
dennoch, von brüderlichen Rechtswegen, die tauglichsten Subjecte aus
ihrer Mitte geholt werden; und es kann kein anderer, denn ein
Meister vom Scheine des Lichts, den Grad des Juniorats der Rosenkreuzer erlangen" (als Meister vom Scheine des Lichts war Einer
bezeichnet, der in der gewöhnlichen Freimaurerei zu dem Meistergrad
gelangt war). In gleichem Sinne sagte Heliconus (Das war ein
Bundesname Wöllner's) in seiner Vorrede zu Chrysophiron's (auch
diesen Bundesnamen hatte aufser noch anderen Wöllner, in je einer
anderen Charge des Ordens) Schrift: „Die Pflichten der Gold- und
Rosenkreuzer alten Systems in Juniorats-Versammlungen abgehandelt"
(welche Schrift 1782 zu Berlin herauskam): „Jeder echte Rosenkreuzer
weifs es, dafs die Freimaurerei zu dem Ende von unseren höchsten
Ordensobern erfunden ist, dafs sie die Pflanzschule abgeben soll, in
welcher Menschen vorbereitet und zugezogen werden, um von dort
aus in den wahren hohen Orden zu gelangen. Die Freimaurerei ist
der Vorhof des Tempels, dessen verborgener Eingang nur den würdigen Freimaurern entdeckt und geöffnet wird". Und Aehnliches war
noch in anderen, als von berufenster Seite ausgehend betrachteten
Schriften der damaligen Zeit zu lesen. — Nicht zu verwundern ist
sich darüber, dafs bei diesem Stande der Dinge Freimaurerei und
Rosenkreuzerei Vielen — auch Solchen, die im Anfang nur der ersteren
ergeben und nachher in die letztere gekommen waren oder neben
der ersteren auch die letztere betrieben — gleichsam in einander
flossen und über die eine von beiden gefällte Urtheile wie für die
andere geltend ausgesprochen wurden.

Bis in vornehme, bis in höchste Kreise fand das Blendwerk der
Rosenkreuzerei Vertreter und Gläubige, namentlich in grofsen Städten
einen für seine Aufnahme und zeitweise erfolgreiche Vorführung
günstigen Boden. Weniger in Wien, wo zwar wie auch sonst noch
in Oesterreich bis um die Mitte des achtzehnten Jahrhunderts selbst
Solche, die den höheren Ständen angehörten, sich mit verschiedenen
Arten des Geheimwissens: aufser mit Alchemie auch mit Kabbala
und selbst noch Schlimmerem beschäftigten*); in dem Anfang des

---

*) Vgl. die Anmerkung VI am Ende dieses Theils.

letzten Viertels dieses Jahrhunderts scheint da das Interesse für
andere mysteriöse Wirkungen von Naturkräften, namentlich die des
thierischen Magnetismus vorgeherrscht zu haben. Aber besonders in
Berlin ging bald die Rosenkreuzerei hoch hinauf und weit; mit
grösserer Klugheit wurde da auch gepflegt, was vorher in plumperer
Weise in Leipzig getrieben worden war.

Joh. Georg Schrepfer aus Nürnberg, welcher 1768 ein Kaffee-
haus in Leipzig eröffnet hatte, trat da 1772 als Repräsentant der
ächten Gold- und Rosenkreuzer auf und legitimirte sich vor würdigen
Wissbegierigen namentlich durch Geisterbeschwörungen. Seine ziemlich
dunklen Beziehungen zu der Freimaurerei und Streitigkeiten mit damals bestehenden Logen kommen uns nicht weiter in Betracht; auch
bezüglich seiner Gaukeleien ist hier nur zu sagen, dass er vor seinem
1774 durch Selbstmord erfolgten Tode seine Apparate, um Geister
erscheinen zu lassen, und eine Tinctur, welche Jugendlichkeit und
die Kraft erhalten sollte, an einen eifrigsten Schüler vermachte.
Dieser war Joh. Rud. von Bischoffswerder (geboren 1741 in
Thüringen, gestorben 1803 in der Nähe von Berlin), ein begeisterter
Anhänger der Freimaurerei (dem v. Hund'schen System, vgl. S. 17, war
er unter dem Namen *Eques a grypho* 1764 beigetreten), in deren höheren
Graden er auch Aufschlüsse über die Geheimnisse der Alchemie und
der Magie zu erhalten hoffte; ein Mann, der im Preussischen Militär-
und diplomatischen Dienst hoch gestiegen ist. Durch Bischoffswerder wurde, wohl von 1773 an, ein noch einflussreicherer, vorher
schon in der Freimaurerei (im v. Hund'schen System von 1768
an unter dem Namen *Eques a cubo*) thätig gewesener Mann für die
rosenkreuzerischen Bestrebungen gewonnen: Joh. Christoph Wöllner
(geboren 1732 zu Döberitz bei Spandau), welcher zuerst Theologe,
dann der Landwirthschaft zugewendet 1770 zum Kammerrath des
Prinzen Heinrich von Preussen ernannt worden war und von dieser
Zeit an in Berlin wohnte. Etwa von der Mitte der 1770er Jahre
an wirkte Wöllner — bald von Bischoffswerder unterstützt,
welcher 1779 Berlin zum Aufenthaltsort nahm — dafür, die Rosenkreuzerei in die Freimaurerei eindringen zu lassen, die letztere der
ersteren in der von ihm gewollten Weise dienstbar zu machen; durch
die von ihnen angeknüpften Verbindungen förderten die Rosenkreuzer
in Berlin auch die Bildung rosenkreuzerischer Vereine in ihrem

Sinne in mehreren anderen Städten. Wöllner leitete unter verschiedenen Ordensnamen (Heliconus, Ophiron, Chrysophiron u. a.) das Ganze und speciell was in Berlin unternommen wurde; Bischoffswerder's (im Orden Farferus') besonderer Fürsorge war zeitweise die Direction des Zirkels zu Potsdam überwiesen. Viele einflußreiche Männer, den vornehmen Kreisen Preußens Zugehörige wurden in diese Richtung hineingezogen, von fürstlichen Personen u. A. der Prinz Friedrich August von Braunschweig und selbst der damalige Prinz von Preußen: der nachherige König Friedrich Wilhelm II. Des Letzteren Günstling war Bischoffswerder, sein vertrauter Rathgeber wurde bald Wöllner, welcher 1786 nach der Thronbesteigung des Prinzen geadelt und zum Geheimen Oberfinanzrath, 1788 zum Justizminister ernannt und mit der Leitung der geistlichen Angelegenheiten betraut wurde (nach dem 1797 erfolgten Tode des Königs, 1798 nahm er seine Entlassung; er starb 1800 auf seinem Gute bei Beeskow in der Provinz Brandenburg). Friedrich Wilhelm II. war 1781 unter dem Bundesnamen Ormesus in den Rosenkreuzer-Orden aufgenommen (den damals mit dem Berliner Verein in Verbindung stehenden Rosenkreuzer-Zirkeln wurde anläßlich dieses Ereignisses aufgetragen, für einen in den Orden getretenen Bruder, Namens Ormesus, zu beten, welcher dereinst für die Verbreitung des Reichs Christi und des Ordens viel beitragen könne). Dass Dies geschah, ist sicher; daß nicht bloß der gläubige Sinn des Prinzen dazu benutzt worden sei, Diesen zu fesseln, sondern daß der Orden seinem vornehmsten Mitglied auch die Mittel zu Reichthum und langem Leben versprochen habe, ist wahrscheinlich. Aber erzählt wird (so von J. G. Findel S. 396 f. d. 4. Aufl. seiner Geschichte der Freimaurerei, Leipzig 1878), daß zur Einwirkung auf den Prinzen auch die Geisterbeschwörung zu Anwendung gekommen sei: daß namentlich man ihm in Charlottenburg mittelst des Schrepfer'schen Apparates den Geist des Großen Kurfürsten habe erscheinen lassen und ihm dann noch in der Nacht in der Loge in Potsdam das Versprechen abgenommen habe, die Beziehungen zu seiner Maitresse, der nachherigen Gräfin Lichtenau abzubrechen*).

*) „Das Geistercitiren wurde in der Loge" (zu Potsdam oder Berlin?) „und einem andern dazu eingerichteten Gebäude noch fortgetrieben, nachdem das Goldmachen längst als nutzlos aufgegeben war", sagt Findel a. o. a. O. S. 398. Dar-

Die Einwirkung, welche die Rosenkreuzer auf das Staatsleben Preufsens ausgeübt haben, ist Gegenstand ernster historischer Forschung geworden*); den Einfluſs, welchen ihr Treiben auf gesellschaftliche Zustände und die Schicksale einzelner Personen ausgeübt hat oder habe, zu schildern, ist in verschiedenen mehr der Unterhaltungs-Literatur zugehörigen Schriften versucht worden**). Hier ist nur über Solches zu berichten, was zu der Alchemie in näherer Beziehung steht.

Zu dem, was in den Rosenkreuzer-Zirkeln, so wie diese bald nach dem Anfang des letzten Viertels des vorigen Jahrhunderts bestanden, getrieben wurde oder werden sollte, gehörte auch die Alchemie; vorgespiegelt wurde, daſs in den höheren Graden des Ordens das Geheimniſs der Alchemie: die Darstellung des Steins der Weisen bekannt sei und daſs dasselbe den bis in diese Grade Gelangenden mitgetheilt werde. Oeffentlich geschah Dies in zuverlässig von Solchen, die als in den Orden eingeweiht wenn nicht als Führer in demselben zu betrachten sind, verfaſsten Schriften von 1779 an***); wie es geschah, ist doch wenigstens an einigen Beispielen zu verdeutlichen.

über, daſs auch in Wöllner's Behausung in Berlin das Nöthige dafür eingerichtet war, Geister erscheinen zu lassen, berichtet M. Philippson in seiner Geschichte des Preufsischen Staatswesens vom Tode Friedrich des Grofsen bis zu den Freiheitskriegen, I. Bd., Leipzig 1880, S. 183. — Gegen die Zeit hin, wo das oben Berichtete spielte, war übrigens auch in anderen Verbindungen, in welchen geheimes Wissen gelehrt werden sollte, nicht verschmäht, durch Geistercitiren auf Gläubige einzuwirken. So z. B. bei den uns bald noch einmal vorkommenden Clerikern der Tempelherrn. Der Herausgeber von Schriftstücken, die auf diesen Geheimbund Bezug haben, aus Wöllner's Nachlaſs in dem I. Theil des noch mehrfach zu citirenden „Signatsterns" sagt da, wo den siebenten Grad des Ordens Betreffendes mitgetheilt wird (S. 213 der Ausgabe von 1803): „Was die Geisterscherei in diesem Grad betrifft, so kann ich unmöglich hier Alles abdrucken lassen, jedoch diesen Aufschluſs gebe ich: Durch Erhitzung der Einbildungskraft und optische Instrumente zeigen Manche wirkliche Geister". Einige hübsche Erzählungen von Geistererscheinungen, welche in diesem Orden aufgeführt wurden, finden sich aus gleicher Quelle in dem II. Theile desselben Buches (S. 135 ff. u. 149 ff.) mitgetheilt.

*) Namentlich in Philippson's vorerwähntem Buch, Bd. I, S. 83 ff.

**) Vgl. Anmerkung VII am Ende dieses Theiles.

***) Schon vorher, aber in einer Zeit in welcher die s. g. neueren oder Gold- und Rosenkreuzer sich zu verbreiten begannen, ist die Alchemie unter dem in den Hochgraden verwandter freimaurerischer Systeme angeblich zu Lernenden. So

In den bereits S. 22 erwähnten zu Amsterdam 1779 herausgekommenen Freymäurerischen Versammlungsreden der Gold- und Rosenkreutzer wurde (S. 11 ff. u. 197 ff. z. B.) den nach dem bei den
Letzteren zu erfahrenden Geheimwissen Begierigen die Alchemie als
ein wesentlicher Theil desselben hingestellt und zur Beschäftigung mit
dieser Kunst wurde unter Hinweisung auf die Vortheile angereizt,
welche dem Streben nach höherer Erkenntniſs in reiner Gesinnung
unternommene Hermetische Arbeiten gewähren. — In den rosenkreuzerischen Anmerkungen zu dem Compaſs der Weisen, mit welcher
diese wohl geraume Zeit vorher in Wien verfaſste ganz alchemistische
Schrift, zuerst 1779, herausgegeben wurde (vgl. Anmerkung V am Ende
dieses Theils), ist u. A. bei der Vertheidigung der Rosenkreuzer gegen
die Feinde derselben (S. 139 ff. d. 2. Ausg.) gesagt, mit Unrecht glauben
die meisten Profanen, daſs jeder Rosenkreuzer ein Adept sei. „Denn,
ob es wohl unstreitig ist, daſs alle Adepten, welche von Anbeginn
gewesen, noch sind, und bis ans Ende der Welt seyn werden, zu
dieser geheiligten Verbrüderung gehören, so folgt doch keinesweges,
daſs alle Rosenkreuzer Adepten seyn. — — Zudem ist die Absicht
unserer unschuldigen Gesellschaft keineswegs das Goldmachen: denn
man wird in keiner einzigen Verbrüderungsschrift — — eine einzige
Stelle finden, worinne den eintretenden Lehrlingen versprochen werde,
daſs man ihnen lehren wolle, Gold zu machen. Vielmehr benimmt
man ihnen diesen Wahn, wofern sie etwa damit angesteckt seyn sollten,
gleich auf der ersten Stufe des Tempels der Weisheit; man schärffet
ihnen dagegen ernstlich ein, daſs sie zuförderst das Reich Gottes
und seine Gerechtigkeit suchen müſsten. Der Endzweck unserer Gott
gefälligen Unternehmungen sey kein anderer, als Kunst, Weisheit
und Tugend zu erlangen, Gott zu gefallen, und dem Nächsten zu

---

z. B. findet sich in (des Baron Theod. Henri de Tschoudy, der sein eigenes
System Schottischer Maurerei hatte) L'Etoile flamboyante — welches Buch 1766
zu Frankfurt erschien, 1799 und dann noch wiederholt im Deutschen als „Der
flammende Stern" ausgegeben wurde; in der Stuttgarter Ausgabe der Übersetzung
von 1866 Bd. II, S. 174 ff. — ein ganz alchemistisch gehaltener „Catechismus,
oder Unterricht für den Adeptengrad, oder den Lehrling der erhabenen und unbekannten Philosophen", für welchen, auch nach den da zur Unterrichtung em-
pfohlenen Schriften, kaum anzunehmen ist, daſs alle die alchemistischen Bezeichnungen und Erörterungen nur symbolisch zu verstehen seien. Vgl. auch die
Anmerkung S. 34 ff.

dienen. Der Weg, zu oben angezeigter lobenswürdiger Vollkommenheit
zu gelangen, bestehe hauptsächlich darinne, dafs sie alle ihre Bemühungen lediglich und allein zur Ehre des lobenswürdigen Schöpfers
der schönen Natur, und zur nähern Erkänntnis desselben aus den
Werken der Schöpfung ableiten müfsten. Dieses würden sie durch
gründliche Erlernung der wahren, auf unsere unfehlbare Grundsätze
gebauten Naturlehre erhalten, und dadurch grofse Einsichten in — —
die ächte Scheidekunst — —. Es sey daher, und durch treuen
Unterricht unserer Weisenmeister, weit leichter, als einem, auch dem
unvergleichlichsten profanen Gelehrten, durch Gottes Gnade und
unsere brüderliche Belehrung, auch in der Verwandlungskunst der
Metallen unterweilen die herrlichsten Wahrheiten zu entdecken; indessen werden diese Entdeckungen bey uns für nichts anders, als
Nebensachen und unverdiente Gnadengeschenke des freygebigen höchsten
Wesens angesehen, und den Besitzern derselben unter den höchsten
Strafen und Ankündigung des göttlichen Fluches, eingeschärfet, niemals den geringsten schädlichen Mifsbrauch davon zu machen, sondern
das gröfste Theil desselben zur Ehre Gottes, Vortheil des Publikums,
und zu Hülfe des armen nothleidenden Nächsten zu verwenden“.

Aehnliche Vorspiegelungen enthalten Schriften der angegebenen
Art aus den folgenden Jahren. Von berufenster Seite (vgl. S. 35 f.)
stammen die rosenkreuzerischen Anmerkungen, mit welchen die zuerst
1723 veröffentlichte *Aurea catena Homeri* 1781 unter dem Titel
Annulus Platonis noch einmal herausgegeben wurde, und die Verfasser dieser den Inhalt jenes Buches stärker ins Alchemistische
ziehenden Anmerkungen: die Repräsentanten des Ordens wollen auch
in Beziehung auf Alchemie mit dem Geheimsten bekannt sein. Sie
wissen nicht nur (S. 35) bestimmt, dafs, wo in jenem Buch von
den in der Welt so lange vor sich gehenden Veränderungen aller
Dinge gesprochen wird, bis Gott den Klumpen der grofsen Welt in
einen Stein zusammenschmelze, was der Verfasser hier Stein nenne,
nichts Anderes sei, als jene neue wiedergeborene tincturalische Erde,
welche der Evangelist Johannes im 21. Capitel seiner Offenbarung
unter dem Bild einer Stadt uns so prächtig beschreibe. Sondern sie
kennen auch den Stein der Weisen: die philosophische Tinctur in
allen Graden der Vollkommenheit derselben: als universalste, als
universale und als particulare; öffentlich dürfen sie sich natürlich

über die Darstellung derselben nur etwas unverständlich äußern, so
wie S. 296 f., wo es heißt (♌ ist das Zeichen für Spiritus, ☿ f.
Mercurius, △ f. Feuer, ♃ f. Sulphur, ⊖ f. Salz): „Die *Tinctura
universalissima* wird aus einem astralischen *Subjecto*, worinn der
♌ *mundi* als ☿, das himmlische △ als ♃ und das *humidum
astrale* als ⊖ zusammen gehäufet ist, vermittelst der reinen Prim-
ordialvollkommenheit durch eine zweite Scheidung von dem Künstler
gemacht, die Materie aber *astralis* oder *universalissima* genannt.
Hingegen die Materie zur Universaltinktur hat zwar mit der *Materia
universalissima astrali* einen gleichwesentlichen Ursprung oder Anfang, ist aber nach Aushauchung des reinesten Lichts, durch das △
der Natur, d. i. einen specificirten ♃, zu einer determinirten Wesenheit gekommen. Solche kann ein geübter in unsern Schulen unter-
richteter Artist von ihrem Fluche reinigen, und zur Übervollkommenheit
in dem vom Schöpfer specificirten Reiche bringen" u. s. w. — Eben
so spielt die Alchemie eine wichtige Rolle in Dem, was eine als
Indiscretion, zuerst 1785 (zu Regensburg) veröffentlichte Schrift enthält, als deren Herausgeber Graf von Lehrbach in München genannt wird: „Die theoretischen Brüder oder zweite Stuffe der
Rosenkreutzer und ihrer Instruktion, das erstemahl ans Licht herausgegeben von einem Profanen, nebst einem Anhang aus dem dritten
und fünften Grad, als Probe; Athen 1785". Wie da (S. 65 der Ausgabe von 1789) in dem Ritual der Aufnahme eines Schottischen Alt-
meisters in den zweiten Grad des Rosenkreuzer-Bundes Symbole der
Freimaurerei alchemistisch gedeutet werden, weist darauf schon hin,
aber stärker noch tritt es (S. 98 ff.) in Dem hervor, was den „Theo-
risten" in dem Unterricht Derselben eingeprägt werden soll: einer
an den Lehren des Paracelsus und seiner Anhänger festhaltenden
Chemie mit zugefügten Belehrungen über den Samen der Dinge
(S. 146 ff.) und über die Gebärung der Metalle (S. 169 ff.), welche
ganz im Geschmack des uns noch vorkommenden J. G. Jugel gehalten sind. Für die in solcher Weise im zweiten Grade Vorgebildeten
war dann (S. 221 ff.) bestimmt eine „Verbesserte Specialinstruktion über
die Operationes vom dritten Grad oder der Practica", in welcher die
praktischen Arbeiten eingehend wenn auch unverständlich vorgeschrieben
sind, die auszuführen seien, um den Stein der Weisen zu erhalten.
Es waren auch noch gegeben „*Instructiones experimentales* oder

Nothwendige Vorbereitungsprocesse zum Philosophischen Werk, wie aus
dem mineralisch-, vegetabilisch- und animalischen Reich die Radical-
auch Universalmenstrua und Resolventia bereitet werden müssen"
(S. 251 ff.), und (S. 258 ff., gleichfalls in Deutscher Sprache) *Instructio mysterii magni, hoc est: lapidis mineralis praeparatio in via
sicca; ex philosophica disciplina cum concordia Fratrum Roseae
Aureae Crucis.* Für die in den fünften Grad Vorgerückten war
(S. 267 ff.) eine Französisch geschriebene, *De la dissolution de l'or*
handelnde Anweisung bestimmt, nach welcher arbeitend man schließs-
lich die Tinctur erhalte, die auf unedles Metall einwirkend dasselbe
zu Gold umwandle.

Unglaubwürdig erscheint hiernach nicht, was sich in noch
anderen Schriften der damaligen Zeit findet, welche über die Einrichtung des Rosenkreuzer-Bundes, über die Aufnahme von Mitgliedern
in ihn und darüber, mit was die in den Orden Eingetretenen beschäftigt wurden, Auskunft zu geben beanspruchten. So z. B., was
auch der 1788 veröffentlichte „Eingang zur ersten Classe des preis-
würdigsten Ordens vom goldenen Rosenkreuz" in der Beziehung ersehen läßt, daß die Chemie als etwas in dem Bund zu Treibendes und
für ihn zu Brauchendes hingestellt war, und was da darüber angegeben
ist, wie die Anfänger im Bund mit dem Studium der gemeinen Chemie
beginnen sollen, um dann in den höheren Graden vorzuschreiten zu der
Beschäftigung mit Dem, was die eigentliche Aufgabe der Chemie des
Ordens sei und von der gemeinen Chemie nie geleistet werden könne. —
Unglaubwürdig erscheint auch nicht, daß in dem Bund den Candidaten
für die höheren Grade desselben gegenüber mit sicherer Kenntniß
der Darstellung des Steins der Weisen so frech geprahlt worden sei,
wie es ein 1790 veröffentlichtes Schriftstück: „Die wahrhafte und
vollkommene Bereitung des Philosophischen Steins, der Brüderschaft
aus dem Orden des Gülden- und Rosen-Creutzes. Darinne die Materie
zu diesem Geheimniß mit seinem Namen genennet, auch die Bereitung vom Anfang bis zu Ende mit allen Handgriffen gezeiget ist.
Dabey angehänget die Gesetze oder Regeln, welche die gedachte
Brüderschaft unter sich hält, denen *Filiis Doctrinae* zum Besten
publiciret von S. R." anzeigt (im IV. Theil des Hermetischen Mu-
seums, Leipzig 5790, S. 1 ff.; der Herausgeber des Schriftstücks
glaubte in der Vorrede zu ihm angeben zu sollen, in demselben sei

„die wahrhafte Praxis der Brüderschaft des Rosen-Creutzes, zugleich
deren Ordnung, nebst denen zwey Orten, wo sie stets zusammen gekommen, benennet, welche sie aber jetzo verändert, weil keiner mehr
von denselben in Europa, sondern vor etlichen Jahren alle nach Indien
gegangen, um daselbst in besserer Ruhe zu leben"). Zu der Darstellung des Steins der Weisen soll — wie es scheint — als *Materia
remota* (d. i. *prima*) Gewitter-Regenwasser in Anwendung kommen,
eine für diesen Zweck damals noch oft empfohlene Substanz; auf die
für die Arbeit da gegebenen Vorschriften und die dazu dargelegten
Betrachtungen ist wiederum hier nicht weiter einzugehen. Aber
darüber sind doch ein paar Worte su sagen, was die am Schluſs
stehende „*Capitulatio:* Gesetz oder Regel, welche die Brüderschaft
des goldnen Kreutzes observiren müssen, nachdem sie die Profession
gethan haben, wie solches bey uns noch heut zu Tage üblich ist"
enthält, sofern dieses Gesetz, theilweise an schon vorher Bekanntes
anknüpfend, eine Reihe besonderer Bestimmungen hat, welche voraussetzen lassen muſsten, daſs die Bereitung des Steins der Weisen
etwas Wohlbekanntes sei. So z. B. die folgenden: „Man befiehlt ex-
presse, daſs nachdem ein Bruder in unsern Häusern ist acceptiret
worden, der Eid abgeleget, und denn mit dem *Lapide* abgefertigt
worden (dann man ihn allezeit so viel giebt, daſs er 60 Jahr reichlich davon leben kann), daſs er alsobald anfange zu arbeiten" u. s. w.
Es wird den Brüdern verboten, Etwas über das Geheimniſs drucken
zu lassen: wenn sie über letzteres reden wollen, soll es an einem
wohl verwahrten Ort sein. Es wird erlaubt, daſs ein Bruder dem
Anderen den Stein der Weisen mittheile, aber er muſs es umsonst
thun. Der Stein darf keiner schwangeren Frau gegeben werden, da
Dieselbe sonst gebären würde; er darf auch nicht auf der Jagd gebraucht werden. Es wird verboten, vor irgend einem der Brüderschaft
nicht Angehörigen Projection (vgl. Th. I, S. 9) zu machen; desgleichen,
pretiöse Steine oder Perlen, so gröſser als die ordinären sind, zu
machen. Auch soll der Stein in einem bestimmten Grad der Vollkommenheit (als Heilmittel) anderen Kranken als zur Brüderschaft
gehörigen nicht gegeben werden.

Daſs den zu dem Eintreten in den Bund der s. g. neueren oder
Gold- und Rosenkreuzern Verlockten wirklich Vorspiegelungen solcher
Art, wie die in den vorstehenden Bestimmungen enthaltenen, gemacht

wurden, ist auch glaubhaft nach Dem, was über das ganze System
der Brüderschaft eine später bekannt gewordene Übersicht desselben
aus dem Jahre 1767 kennen gelehrt hat (Allgem. Handb. d. Freimaurerei, 2. Aufl., III. Bd., S. 96; C. C. F. W. von Nettelbladt's
Geschichte freimaurerischer Systeme, Berlin 1879, S. 524 u. 764);
lediglich das auf Alchemie und nächstverwandtes Wissen Bezügliche
kommt uns daraus hier in Betracht. Hiernach sollten die aus dem
ersten Grad, dem der *Juniores* oder Lehrlinge, in den zweiten Grad
vorgerückten Brüder, wie bereits angegeben, *Theoretici* sein, mit der
Theorie der Alchemie und deren Charakteren vertraut gemacht
werden; in dem dritten Grad sollten die Brüder *Practici* sein, aus
der Praktik den ersten Nutzen zu schöpfen und das Chaos kennen
lernen; im vierten Grad werde ein Bruder zum *Philosophus*, kenne
er die Natur und tingire er auf Weifs (Silber); die in den fünften
Grad Gelangten, *Minores*, kennen die philosophische Sonne und verrichten Wunderkuren; die in den sechsten Grad Zugelassenen werden
da *Majores*, haben den *Lapidem mineralem* und tingiren auf Roth
(Gold); wer es bis zum siebenten Grad bringt wird *Adeptus exemptus*
und ihm werden der Stein der Weisen, die Kabbala und die *Magia
naturalis* bekannt; im achten Grad ist Einer *Magister* und im vollkommenen Besitz der drei Hauptwissenschaften; wer aber den neunten
Grad als den höchsten erreicht, Der ist *Magus,* ihm ist Nichts verborgen und er ist Meister über Alles wie M o s e s, A a r o n, Hermes
und H i r a m A b i f; die Zahl der in den verschiedenen Graden Einzuweihenden solle kleiner werden von neun in dem ersten bis zu Eins
in dem neunten Grad.   Und mit der weiteren Ausbreitung der
Gold- und Rosenkreuzer und der Gewinnung gröfseren Einflusses
wurden die Prätensionen Derselben in Beziehung darauf, wie weit
gehend ihr Wissen und was in ihrem Orden zu lernen sei, gewifs
nicht bescheidener sondern wo möglich noch frecher*).

---

*) Ich habe in den oben gegebenen Bericht bezüglich der Beschäftigung
der Gold- und Rosenkreuzer mit Alchemie aus der gröfseren Zahl von Angaben,
welche verläfsig oder angeblich von Mitgliedern dieses Ordens verfafste Schriftstücke enthalten, verhältnifsmäfsig nur wenige aufgenommen: nicht mehr als
was mir der Aufgabe des vorliegenden Buches gemäfs zur Verdeutlichung Dessen,
was da in jener Beziehung vorkam, nöthig erschien. Ich stehe auch davon ab,
hier mitzutheilen, wie die Anreizung zur Betreibung der Alchemie bei diesen
Rosenkreuzern den Letzteren von Gegnern Derselben damals zum Vorwurf ge-

Die Gold- und Rosenkreuzer hatten nicht nur das Streben, in der Alchemie Etwas zu kennen und zu leisten, sondern auch ein Interesse daran, für wohlunterrichtet in dieser Kunst wie in anderem Hermetischem Wissen zu gelten. Für das Letztere benutzten sie aufser Behauptungen von der im Vorhergehenden verdeutlichten Art auch das Hülfsmittel, solche Schriften, die bei den Hermetikern bereits in Ansehen standen oder sonst als dazu geeignet erschienen, als verfafst von Angehörigen ihres Ordens oder als doch mit Hauptlehren desselben in Einklang stehend hinzustellen; für das Erstere gingen sie darauf aus, Männer an sich heranzuziehen, welchen Kenntnifs der Kunst oder doch die Befähigung zugetraut wurde, zu dieser Kenntnifs zu gelangen, und aufserdem darauf, Mitglieder des Ordens für die Beschäftigung mit praktischer Alchemie vorzubilden und sie an der Bereitung des Steins der Weisen sich versuchen zu lassen.

Für die S. 13 erwähnte, zuerst 1723 veröffentlichte und in einer gröfseren Zahl von Ausgaben viel gelesene *Aurea catena Homeri* läfst

macht worden ist. Nur Das sei hier bemerkt, dafs in der zweiten Hälfte des vorigen Jahrhunderts auch in anderen an die Freimaurerei anlehnenden Geheimbünden die Alchemie eine Rolle spielte (vgl. die Anmerkung S. 28 f.). So schon bei der Ausbreitung des Clermont'schen Systemes in Deutschland durch Rosa (S. 17), welcher der Alchemie ergeben war und 1754 in Potsdam den geheimen Kämmerer Fredersdorf durch Betheiligung Desselben an Versuchen, zur Hervorbringung von Gold von dem Sonnenstaub als der *prima materia* auszugehen, um bedeutende Summen brachte (Findel's Gesch. d. Freimaurerei, S. 388 d. 4. Aufl.); namentlich für den auch in diesem System figurirenden Grad eines Ritters des heiligen Andreas von der Distel sollte die Bekanntschaft mit den Geheimnissen der Alchemie etwas Hauptsächliches sein (v. Nettelbladt's Geschichte freimaur. Systeme S. 117 ff., 146, 673). So schon etwas vor der Zeit, wo die Gold- und Rosenkreuzer mächtig wurden, bei den aus dem System der stricten Observanz (S. 17) hervorgegangenen Clerikern der Tempelherrn, welche die wahren Erben der von den Letzteren besessenen Kenntnisse in den geheimen Wissenschaften sein wollten. Was 1803 aus Wöllner's Nachlafs in dem „Signatstern" über das System dieser Cleriker: über die Aufnahme in die verschiedenen Grade desselben und das in jedem Grad zu Lernende veröffentlicht worden ist, läfst ersehen, dafs da nicht nur alchemistische Kunstausdrücke und Begriffe symbolische Anwendung fanden sondern auch eigentliche Alchemie — angeblich wenigstens — betrieben wurde: namentlich was im 1. Theil des Signatsterns, S. 213—276 der Ausgabe von 1803 als Das mitgetheilt ist, was zum Unterricht in dem siebenten Grad (worin Einer zum *Magus* und Ritter der Klarheit und des Lichts vorrückte) dienen sollte, ist rein alchemistischen In-

sich überhaupt nicht erkennen, dafs der Verfasser dem Rosenkreuzer-
Bund zugehört habe (besiehe meine *A. c. II.* S. 47 ff.).   Die s. g.
neueren Rosenkreuzer, welche dieses Buch unter dem Titel *Annulus
Platonis* 1781 noch einmal herausgaben, beanspruchten es als von
einem Mitglied ihres Bundes ganz in dem Sinne desselben geschrieben:
als von Einem, der in dem Bunde den Namen Homerus geführt
habe; das ganze Buch hindurch wird da in den dem Text desselben
zugefügten zahlreichen Anmerkungen der Verfasser als „unser Bruder
Homerus" vorgeführt und genaue Bekanntschaft mit seinen persönlichen Verhältnissen wird vorgegeben, während nicht einmal sein
eigentlicher Name den Herausgebern bekannt war.   Der wohl um
die Mitte des achtzehnten Jahrhunderts verfafste „Compafs der Weisen"
wurde (vgl. Anmerkung V am Ende dieses Theils) 1779 und 1782
mit Anmerkungen herausgegeben, die ganz im Sinne der s. g. neueren
Rosenkreuzer gehalten sind, und in diesen Anmerkungen wird der

---

halts.   Eine alchemistische Tendenz hatte auch das System der Ritter und
Brüder des Lichts, die sich um 1780 von den Gold- und Rosenkreuzern ab-
zweigten (welches Alter sie für ihren Orden beanspruchten, geht daraus hervor,
dafs sie nicht nach der sonst meist bei den Freimaurern üblichen Zeitrechnung
die Jahre von 4000 v. Chr. an als dem Jahr der Erschaffung der Welt zählten,
sondern von 40 n. Chr. an als dem Jahr der Reform des Ordens durch Johannes
den Evangelisten). Die Statuten dieses Systemes sind gleichfalls aus den von
Wöllner hinterlassenen Papieren im Signatstern (im II. Theil; ich citire wieder
nach der Ausgabe von 1803) bekannt geworden. Schutz der drei unteren Grade
der gewöhnlichen s. g. profanen Freimaurerei als der Pflanzschule des Ordens
war auch da vorgeschrieben (S. 58); der Hauptgegenstand der Beschäftigung
würdiger Bundesbrüder sei immer die Alchemie gewesen, welche die Freimaurer
nur mit Schaden bearbeitet oder gesucht hätten (S. 79). Auf das Betreiben der
Hermetischen Kunst wurde bei der Aufnahme in den ersten Novizengrad (S. 81,
85, 86), in den zweiten (S. 92) und in den dritten (S. 98) hingedeutet. — In
Frankreich wurde gegen 1770 ein auch Beschäftigung mit Alchemie einschliefsendes
System der Freimaurerei: das sog. Hermetische *(Rite hermétique)* zu Avignon
durch Ant. Joseph de Pernety gestiftet, einen 1716 zu Roanne im Dép. d.
Loire geborenen, 1801 zu Valence gestorbenen Geistlichen (er war Benedictiner,
eine Zeit lang Bibliothekar in Berlin, auch Abt des Klosters zu Burgel), welcher
ein eifriger Alchemist war und in Verbindung mit den damals noch in Montpellier thätigen Alchemisten stand, wohin sein System auch 1778 verpflanzt
wurde. Wie dieses System, welches zuerst in Frankreich einige Verbreitung
fand, bald umgebildet wurde, ist hier nicht zu verfolgen. (Vgl. Allgem. Handb.
der Freim. 2. Auflage, Leipzig 1863—1867, Bd. I, S. 12 u. 609 f., Bd. II, S. 550.)

Verfasser des Buches wie ein Mitglied dieses Ordens hingestellt, obgleich er nur erkennen läfst, dafs er an das von den s. g. älteren Rosenkreuzern Gelehrte glaubte; in den Anmerkungen selbst ist einmal (S. 143 der Ausgabe von 1782) darauf hinzuweisen, er habe zur Zeit wo er schrieb den Orden nur aus der *Fama* und der *Confessio* (vgl. S. 1 ff.) gekannt. In hohem Ansehen stand bei den Hermetikern das in der Anmerkung VI besprochene, zuerst 1735 veröffentlichte *Opus mago-cabbalisticum* des G. v. Welling, dessen Inhalt mit Rosenkreuzerei Nichts zu thun hat. Wenn auch die Herausgeber des *Annulus Platonis* (S. VII desselben) an diesem Schriftsteller Etwas auszusetzen hatten so fern sie meinten, er würde in allen Stücken untadelhaft sein, wenn er sich nicht mit dem Irrthum des Origenes beflecket hätte (was wohl auf die Art der Auslegung der Heiligen Schrift geht), so nahmen sie doch in ihren Anmerkungen oft genug auf von Welling Gesagtes als ihren Ansichten Entsprechendes Bezug, wie Dies auch vorher in den Anmerkungen zum Compafs der Weisen geschehen war (auch sonst noch wurde Welling's Werk in dem Gold- und Rosenkreuzer-Orden ausgiebig benutzt: die *Instructio pro junioribus* enthielt z. B. eine umfängliche Geogonie, die einfach aus diesem Werk abgeschrieben war; v. Nettelbladt's Gesch. freimaur. Systeme, S. 526).

Das Studium derartiger Werke, anderer älterer und neuerer Hermetischer, chemischer und speciell alchemistischer Schriften sollte die Glieder des Ordens in den unteren Graden desselben dafür vorbereiten, selbstständiger Kenntnifs der Metallveredlungskunst theilhaftig zu werden. Früher bereits erschienene Bücher wurden dazu empfohlen, auch für die Abfassung Dessen benutzt, was als Geheimwissen des Ordens den Einzuweihenden anvertraut wurde (die chemische Instruction für die Brüder vom Grade der Theoretiker war z. B. der unter dem Titel *Novum laboratorium medico-chymicum* 1677 ausgegebenen Deutschen Übersetzung von Chr. Glaser's zuerst 1663 herausgekommenem *Traité de la chymie* entnommen; vgl. bei Nettelbladt a. c. a. O.). Aber auch neue alchemistische Tractate wurden als zur Bekanntschaft mit solchem Geheimwissen hinführend verfafst; ein erheblicher Theil der in den 1780er Jahren — meist anonym — veröffentlichten alchemistischen Schriften giebt sich als von rosenkreuzerischen Freimaurern ausgehend (dafs einzelne derselben Producte

der literarischen Industrie waren, für welche Dies zur Erzielung besseren
Absatzes ohne jede Berechtigung geschah, ist möglich). Was da als
Chemie vorgebracht wurde, war eine übele Reproduction schon längst
überwundener Ansichten, die in der phantastischen Deutung der letzteren noch stärker gegen das zu jener Zeit erlangte chemische Wissen
abstach*).

In den Rosenkreuzer-Zirkeln sollte die Alchemie auch praktisch
betrieben werden. Das ist eben so gewiß, als daß die von dem Einzelnen zu erlangenden Resultate dem Orden mitgetheilt werden sollten.
(D. h. dem ihm unmittelbar Vorgesetzten. Denn der Organisation
des Ordens gemäß hatte jedes Mitglied desselben von seinen Oberen
nur den direct über ihm stehenden persönlich zu kennen; die höheren
sollten ihm nur den Bundesnamen nach bekannt sein, mit ihnen fand
der Verkehr nur durch die Vorsteher der mittleren Grade statt,
welche die Aufgabe hatten, bei den Mitgliedern der unteren Grade
den Glauben an das unbegrenzte Wissen und auch an die unbegrenzte
Macht der Leiter des Ordens zu unterhalten. übrigens der Verehrung
entsprechend, zu der sie nach oben hin auch für alles ihnen Unver-
ständliche verpflichtet waren, unbedingte Verehrung für jede auch un-
verständliche Weisung beanspruchten, die sie nach unten hin gaben.)
Ein in den Orden Eintretender mußte u. A. auch beschwören, „seinen
Obern niemals etwas Heimliches zu verschweigen“, und die den Zirkel-
Directoren bezüglich dieses Eidespunktes zur Belehrung der Neophyten
gegebene Instruction lautete dahin: „Da weder ein Natur-Geheimniß
noch ein Geheimniß in der wahren Kunst in der Welt möglich ist,
das sich nicht schon bei dem Orden befinden und den höchsten Obern
bekannt sein sollte, und also der Orden eigentlich keinen Nutzen von
solchen Anzeigen, sondern bloß der anzeigende Bruder selbst hat,
— — so findet kein Grund statt, warum ein Bruder damit zurückhaltend sein könnte“ u. s. w. (bei Nettelbladt a. a. O. S. 525). Den
Oberen, nicht aber den in gleichem Grad Arbeitenden sollte ein Bruder
ein erzieltes Resultat mittheilen; wo der noch zu den älteren Rosenkreuzern haltende Verfasser des Compaß der Weisen für die Darlegung alchemistischer Operationen Bedenken trägt, „allen und jeden
Brüdern ohne Ausnahme Gottes *mysteria* zu offenbaren“, macht der

---

*) Vgl. Anmerkung VIII am Ende dieses Theils.

den s. g. neueren Rosenkreuzern zugehörige Herausgeber (S. 143 der Ausgabe von 1782) die Anmerkung, bei der jetzigen Verfassung des Bundes sei solche Besorgniſs überflüssig, „denn obzwar ein jeder Mitverwandter, kraft Eidespflicht, schuldig ist, dem erlauchten Orden kein Naturgeheimniſs zu verschweigen, so ist er doch nicht gehalten, seinen Mitbrüdern aus einem niedrigen Grade Sachen, die in einen höhern gehören, vor dessen Erhebung in denselben, zu entdecken; ja es ist solches vielmehr auf das schärfste verboten". Als so zugehörig zu Dem, was die Rosenkreuzer des neueren Systemes treiben, galt denn auch bald auſserhalb des Ordens die Alchemie, daſs Vertreter des letzteren öffentlich (vgl. S. 29) der als die der meisten Profanen anerkannten Meinung entgegentraten, jeder Rosenkreuzer sei ein Adept. Und daſs etwas dieser Meinung nahe Kommendes sich noch in unser Jahrhundert herübergetragen habe, hat vielleicht auch Antheil daran, daſs da ein diesem Orden ganz fremder angeblich erfolgreicher Alchemist als ein Mitglied desselben betrachtet worden ist *).

Aber auch für die s. g. neueren Rosenkreuzer scheinen sich namhafte Erfolge der auf Grund Dessen, was in Büchern stand und aus Büchern zusammengestellt werden konnte, betriebenen alchemistischen Arbeiten nicht ergeben zu haben. Wohl mochten die Theoretiker in dem zweiten Grad dem Gebote genügen, „gottesfürchtig, einfältig und geduldig" zu sein, aber Das war ihnen doch zu viel zugemuthet, ‚daſs sie Erkleckliches für die spätere experimentale Beschäftigung mit Alchemie sich aneignen sollten aus der ihnen mitgetheilten Lehre vom Dasein und Entstehen aller Dinge und vom Chaos, oder aus Dem, was die Instruction für diesen Grad über den Charakter des Goldes, Silbers, Kupfers, Eisens, Zinns, Blei's. Quecksilbers mit den widersinnigsten chemischen Erklärungen, über den Samen der Dinge als den Naturbalsam, über die Gebärung, die Erhaltung, die Zer-

—

*) Es wird später eines in den 1780er Jahren Aufsehen erregenden Englischen Alchemisten Dr. J. Price zu gedenken sein, welcher *Fellow* der *Royal Society* zu London war und Dies auf seinen Publicationen in üblicher Weise durch Beisetzung von *F. R. S.* zu seinem Namen ersehen lieſs. Schmieder hat in seiner Geschichte der Alchemie S. 581 f. angegeben, daſs, wie der Titel *F. R. S.* andeute, Price zur Gesellschaft der Rosenkreuzer gehört habe, deren Grundsätze mit denen der Londoner Societät im Widerspruche gestanden hätten.

störung, über die Wirkung der oberen Gestirne enthielt. Ungenügend
war wohl auch die den Praktikern im dritten Grad gebotene Instruction,
welche Anleitung gab zur Bereitung des mineralischen, des vegetabilischen, des animalischen Radical-Menstrui und auch des Universal-
Menstrui. in welcher enthalten war *Descriptio magni mysterii, hoc est
lapidis mineralis praeparatio in via sicca ex philosophica disciplina,*
und welcher später noch hinzugefügt war eine Verbesserte Special-
Instruction über die Operationes des grofsen Mineralwerks vom dritten
Grade der Praktiker (vgl. bei Nettelbladt a. a. O., S. 527). Für
die noch höheren Grade scheint das Material zur Anfertigung von
Instructionen gerade in Betreff des alchemistischen Arbeitens immer
dürftiger geworden zu sein oder es sind die Instructionen weil ja auch
da immer Wichtigeres enthaltend verborgen geblieben. Schon das
für den vierten Grad, den der Philosophen meines Wissens bekannt
Gewordene enthält nichts Specielleres darüber, wie die da (vgl. S. 34)
in Aussicht gestellte Operation, auf Weifs zu tingiren, auszuführen
sei, und für die darüber stehenden Grade verhält es sich bezüglich
Dessen, was die zu ihnen Gelangten kennen lernen sollten, eben so.
Was schon für die unteren Grade galt trat für die höheren noch
mehr hervor: dafs die Oberen nur im Versprechen, wohl auch in der
Kenntnifs der Schwächen der dem Orden Zugetretenen und der Benutzung dieser Kenntnifs zum Festhalten der Letzteren stark waren,
die Untergebenen aber sich in unterwürfigem Glauben und Hoffen
üben und stark zeigen mufsten. Noch im achten Grad sollte das
Glauben auch in alchemistischen Dingen das Wissen ersetzen; wenn
da u. A. die Anweisung gegeben wurde, wie aus gekochten Eiern
Hühner auszubrüten seien und dem Bruder Sacerdos (so hiefs im
Bunde Einer von den mehreren Freiherren von Schröder, die damals
in der Freimaurerei und anlehnender Geheimbündelei eifrig waren)
die Möglichkeit der Sache doch fraglich vorkam, mufste Derselbe von
dem Oberen Heliconus (das war Wöllner) mit einem ernsten Ver-
weis für seinen Zweifel die Belehrung hinnehmen: einem vollendeten
Maurer müsse Dies durch Gottes Gnade möglich sein, denn bei der
allgemeinen Regeneration würden auch die gekochten Eier zur Tinctur
(vgl. bei Nettelbladt a. a. O., S. 529 u. 766).

Wie hoch und wie tief aber auch die Einsicht des Ordens sein
mochte: immerhin blieb die Hoffnung, auf solchem Wege in den Be-

sitz der metallveredlenden Tinctur zu gelangen, eine entfernte. Und fruchtlos blieb auch der Versuch, von einem Profanen Das zu erfahren, was der Orden kennen wollte; der im Rufe der Meisterschaft in der Alchemie stehende Beireis (Th. I, S. 256 ff.) wies, wie die von ihm hinterlassenen Briefe ergeben, die an ihn gekommenen Verlockungen der Rosenkreuzer wie die anderer Geheimbündler mit Indignation zurück (vgl. C. v. Heister's S. 258 im I. Theil angeführte Schrift S. 37). So war doch der Orden darauf angewiesen, das Glücksspiel der Alchemie durch ihm Angehörige in der Art treiben zu lassen, in welcher sich in demselben schon unzählig viele Andere versucht hatten: nach dieser oder jener Anweisung, so wie dieselbe verstanden wurde, zu laboriren und zuzusehen, ob Etwas dabei herauskomme. In Berlin nicht nur sondern auch auswärts geschah Dies. In Marburg z. B. setzte der uns im vorliegenden Buch auch sonst noch begegnende dortige Professor der Medicin Friedr. Jos. Wilh. Schröder, welcher als ein der Alchemie schon vorher ergebener Mann durch geheimnißvolle anonyme Briefe dafür vorbereitet von einem ihn besuchenden angeblichen Adepten in den Rosenkreuzer-Bund aufgenommen worden war, im Dienste dieses Bundes, der ihm auch eine pecuniäre Unterstützung zukommen ließ, seine Hermetischen Arbeiten fort, leistete jedoch dem Orden mehr durch Das, was er für die Ausbreitung desselben that, als durch werthvolle Erfolge dieser Arbeiten. Wie und von wem etwas später (Schröder starb schon 1778) in dem zu Kassel bestehenden Rosenkreuzer-Zirkel Alchemie getrieben wurde, haben wir bald ausführlicher zu betrachten.

Aber namentlich am Sitze der Ordens-Leitung, in Berlin versuchte man sich an der Darstellung des Steins der Weisen. Die Zahl der da dem Rosenkreuzer-Bund Beigetretenen war eine beträchtliche; doch waren die Meisten zu praktischer Beschäftigung mit dem großen Hermetischen Werk oder auch nur dazu, auf Grund ihrer Belesenheit in Hermetischen Schriften beachtenswerthe Winke für die Ausführung desselben zu geben, wenig befähigt. Um Deß willen, daß sie auch sonst noch in dem vorliegenden Buche vorkommen, oder weil sie als den Naturwissenschaften näher stehend wegen ihrer Betheiligung an alchemistischen Arbeiten Beachtung verdienen, sind hier Einige von den Vielen zu nennen, welche als besonders eifrige Rosenkreuzer in Berlin aus jener Zeit bekannt sind. (Diese gehörten meist

als Freimaurer der 1767 gestifteten Schottischen Loge Zum rothen
Löwen bez.-w. Friedrich zum goldenen Löwen an, deren Obermeister
Wöllner war, und — theilweise wie es scheint gleichzeitig — der
schon länger bestehenden Loge Zu den drei Weltkugeln, welche von
1776 an ein Hauptsitz der Rosenkreuzer in Deutschland war; hierüber, und welche Männer sich in ihrem Eifer für den Orden hervor-
thaten, findet sich Mehreres in v. Nettelbla'dt's Geschichte freimaur.
Systeme S. 202 ff., 225, 542.)   Von den bereits S. 26 f. besprochenen im Orden einflufsreichsten Personen: v. Bischoffswerder
und Wöllner*) ist mir darüber Nichts bekannt, dafs und wie sie
sich selbst praktisch in der Alchemie versucht haben.   Gerade in
dieser Richtung erwarb sich wohl auch der Buchhändler Decker**)

------

*) Der Briefwechsel zwischen G. Forster und S. Th. Sömmerring
(Braunschweig 1877; im Nachstehenden *F.-S.* citirt) enthält Manches, was als
Beurtheilung hier in Betracht kommender Personen mitgetheilt werden mag.
F. schrieb im Mai 1784 aus Leipzig bei der Mittheilung über den Orden er-
haltener Nachrichten an S. (*F.-S.* S. 32), „dafs sich Pr. Fr." (Prinz Friedr.
Aug. von Braunschweig? vgl. S. 27) „und Wöllner nicht etwa figürlich sondern
im eigentlichen Verstand die Hände küssen liefsen von ihren Untergebenen".

**) Georg Jakob Decker, 1732 geboren, starb 1799 als Geheimer Ober-
hofbuchdrucker zu Berlin. Vorher dem v. Hund'schen System (S. 17) unter
dem Namen *Eques a plagula* beigetreten kam er unter die Rosenkreuzer.
Forster, welcher nach seinem Zurückziehen von Diesen im Frühjahr 1784 mit
ihm in Leipzig zusammentraf, schrieb von da aus am 14. Mai (*F.-S.* S. 32) an
Sömmerring: „Decker, der auch hier ist, frug wie es" (mit der Ordensthätigkeit, an welcher F. und S. betheiligt gewesen waren) „stünde, und ich antwortete,
wir lebten in Hoffnung der Dinge die da kommen sollten und in Geduld; mit
dieser unbestimmten Antwort liefs er sich auch genügen; als wir Eck und Hofr.
Bode" (dem als Professor zu Leipzig 1808 gestorbenen Joh. Georg E. und
dem als Hessen-Darmstadt'scher Geheimerath 1793 in Weimar gestorbenen Joh.
Joachim Christoph B.; beide gehörten als Freimaurer dem v. Hund'schen
System an, aber nicht zu den Rosenkreuzern) „begegneten, embrassirte er sie,
sagte mir aber hernach: Das sind nicht von unseren Leuten; aber das thut
nichts, es sind Bbr. und sind Menschen: eine ehrliche alte Haut. Er ist übrigens nicht anders als er war, ehrlich, grad, trinkt sich zuweilen ein kleines
Haarbeutelchen und erlaubt sich sein Späfschen, in der Sache *quaest.*" (der
Rosenkreuzer-Sache) „überläfst er sich vermuthlich blindlings auf Führung. Es
ist mir lieb, dafs er mich aus Gewissenhaftigkeit mit Fragen ungeschoren läfst".
Bald nachher (*F.-S.* S. 45 f.) schrieb F., dafs auch D. zu Denen gehöre, welche
ehrlich aber eitel und schwach seien, und: „Dem alten guten D. möchte ich
keinen Kummer, und mir keinen Verdrufs machen; daher evitirte ich die letzten

nicht die Verdienste um den Orden, welche ihn in demselben angesehen sein liefsen, aber als ein nützlicher Bruder erwies er sich auch
dadurch, dafs er rosenkreuzerische Schriften bereitwillig verlegte.
Werkthätiger war die Betheiligung des Generalchirurgus Theden*),
welcher nicht blofs selbst für die Darstellung des Steins der Weisen
arbeitete sondern auch der Betreibung der Magie nicht fremd blieb.

Auch der Letztgenannte gehörte wohl nicht zu Denen unter den
Rosenkreuzern in Berlin, welche als in der Naturwissenschaft und
speciell in der Chemie bewandert angesehen waren, als Auskunfts-
personen bezüglich der zu probirenden Vorschriften befragt wurden
oder sogar Autoritäten waren. Als ein Solcher galt bei den Leitern
des Bundes oder wurde wenigstens von Denselben benutzt Joh. Gottfr.
Jugel: ein Mann, von welchem die Geschichte der Chemie Nichts
weifs, von Dessen Schriften und Ansichten Kenntnifs zu nehmen aber
doch eine Vorstellung davon vermittelt, welcher Unsinn damals in

Tage die Gelegenheit mit ihm allein zu sprechen, welche er suchte. Ist so recht
gut". Im März 1788 fragte Sömmerring seinen Freund Forster, der in
Berlin gewesen war und von welchem er gern Etwas über die Rosenkreuzer dort
erfahren hätte: „Wie denkt Decker? Hält er's noch mit ihnen?" (F.-S. S. 497).

*) Joh. Christian Anton Theden, geboren 1714 in Steinbeck bei Wis-
mar, war zuerst Schneider, ging dann zu einem Chirurgen in Bützow in die
Lehre und trat zu Danzig als Escadronchirurgus in das Preufsiche Heer ein,
in welchem er rasch bis zu der höchsten Stufe im Militärmedicinalwesen auf-
rückte, um dessen Verbesserung er sich Verdienste erwarb; er starb in Berlin
1797. Als Freimaurer trat er 1765 dem System der stricten Observanz unter
dem Namen Eques a tarda zu; von 1784 bis 1794 war er Meister vom Stuhl
der Loge Zu den drei Weltkugeln in Berlin, und noch andere hohe Stellungen
in dem Freimaurer-Bunde bekleidete er. Als ein sehr angesehenes Mitglied
des Rosenkreuzer-Ordens (in welchem er Neaster hiefs) wurde er in dem Briefwechsel zwischen Forster und Sömmering öfters besprochen. Der Erstere
gedachte seiner 1784 (F.-S. S. 32 u. 45) als eines eitelen und egoistischen aber
redlichen Mannes, und auch der Letztere hielt ihn 1788 (F.-S. S. 497) für ehrlich.
Als F. in den ersten Monaten dieses Jahres in Berlin war, versuchte er ihn zu
sprechen und theilte er an S. Einiges über den Charakter Th.'s, was weniger
vortheilhaft für Diesen ist, und darüber mit, in welcher Gunst Derselbe bei dem
König stehe (F.-S. S. 491 u. 493). Darüber, wie Theden an praktischen
alchemistischen Arbeiten betheiligt war, vgl. die Anmerkung zu S. 45 und die
Anmerkung XI am Ende dieses Theils; „Theden war Dir herzlich gut und von
der Magie, hörte ich doch, dafs er ganz zurückgekommen sein soll", schrieb
Sömmerring an Forster im Februar 1788 (F.-S. S. 487).

gewissen Kreisen als Naturwissenschaft betrachtet wurde*). Und
im Gegensatze zu ihm war ein Mann mitbetheiligt, dessen Namen
die Geschichte der Chemie mit der gröfsten Achtung nennt: Martin
Heinr. Klaproth (1743—1817; nach der Gründung der Universität
Berlin 1810 erster Professor der Chemie an derselben). Unter
welchen Umständen Klaproth von der Freimaurerei her, welcher er
begeistert anhing, eine Zeit lang in das Netz des rosenkreuzerischen
Treibens hineingezogen war, wird nicht genauer berichtet, und wie
weit er sich in dasselbe einliefs, ist aus dem mir bekannt Gewordenen
um so weniger zu ersehen, als gleichzeitig mit ihm auch ein 1812
als Geheimer Kriegsrath gestorbener Christ. Aug. Ludw. Klaproth
unter den Freimaurern Berlins eine bedeutende Stellung einnahm,
der in den mir vorliegenden Angaben nicht immer von dem Ersteren
unterschieden ist. Jedenfalls ist Das wohl nicht zu behaupten, dafs
M. H. Klaproth jeder Zeit gesucht habe, die Freimaurerei vor dem
Eindringen rosenkreuzerischer Verirrungen ganz rein zu halten**).

---

*) Über Jugel, seine Schriften und Ansichten finden sich in der Anmer-
kung VIII am Ende dieses Theils einige Angaben.
**) E. G. Fischer rühmt in seiner Denkschrift auf Klaproth (Abhand-
lungen der K. Akademie der Wissenschaften in Berlin aus den Jahren 1818—
1819, S. 24), dafs Derselbe bei Ausübung eines grofsen und wohlthätigen Einflusses auf die Freimaurerei, in welche im vorigen Jahrhundert Alchemie, Geister-
seherei, rosenkreuzerische Schwärmerei u. dergl. eingedrungen gewesen seien,
kräftig und muthig solchen Verirrungen entgegen getreten sei. Nach dem
Aufhören des zu Berlin bis nach der Mitte der 1780er Jahre von den Rosenkreuzern ausgeübten Zaubers scheint Klaproth allerdings energisch dafür gewirkt zu haben, dafs solche Ausschreitungen der Freimaurerei, wie sie vorgekommen waren, in den Berliner Logen völlig ausgemerzt werden und einer
Wiederkehr derselben vorgebeugt sei. Das bestätigt auch eine bei den Papieren
der später zu besprechenden Hermetischen Gesellschaft auf der Universitäts-
Bibliothek zu Giefsen befindliche Zuschrift, welche 1806 ein Prediger E. Chr.
F. Mayer in Königsberg i. Pr. im Auftrag eines damals dort noch existirenden
rosenkreuzerischen Vereins an einen Herrn von Sternhayn in Karlsruhe als
den Vertreter der Hermetischen Gesellschaft richtete; Mayer, welcher dem
Berliner Zirkel selbst angehört hatte, macht da den (als eifrigsten Freimaurer
bekannten) Consistorialrath Zöllner und den Medicinalrath und Chemiker
Klaproth ausdrücklich unter Denjenigen namhaft, die durch Beseitigung von
allem an Ordens-Thätigkeit Erinnerndem aus den Freimaurer-Logen dieselben so
de- und reformirt hätten, dafs die wie Mayer noch an der Rosenkreuzerei Festhaltenden eine Loge nur noch als einen Club betrachten könnten.

Er stand in Beziehungen zu der Grofsloge Zu den drei Weltkugeln
(Allgem. Handb. der Freimaur., 2. Aufl., III. Bd., S. 116), welche
sich um die Mitte der 1780er Jahre den Rosenkreuzern völlig über-
liefert hatte, und unter den in dieser Richtung besonders eifrigen
Brüdern derselben wird ein Klaproth genannt (v. Nettelbladt's
Gesch. freimaur. Systeme S. 542). Hätte M. H. Klaproth dem
Orden nicht angehört, so wäre er wohl schwerlich zu dem letzten
Act der praktischen alchemistischen Thätigkeit desselben zugezogen
worden, über welchen als um 1787 spielend das Allgemeine Handbuch der Freimaurerei, 2. Aufl., III. Bd., S. 95 berichtet: „In Berlin
erfolgte der Schlufs der Arbeiten, als dem neunten Grade von den
weisen Vätern ein chemischer Procefs vorgeschrieben war, und glück-
licherweise der Chemiker Klaproth zugegen war, welcher bewies,
dafs das ganze Gebäude, in dem sich das Laboratorium befand, in
die Luft gesprengt werden müsse, wenn man den Procefs unternähme.
Prinz Friedrich von Braunschweig, in dessen Palaste das Laboratorium war, wurde nun überzeugt, dafs er es mit Leuten zu thun
habe, welche sich Kenntnisse auf Anderer Kosten und Gefahr verschaffen wollten; er liefs das Laboratorium niederreifsen und der
Zirkel wurde aufgelöst" *).

Aber als merkwürdigste hierhergehörige Erscheinung steht doch
die da, dafs zwei so berühmte Männer wie der Weltumsegler Georg
Forster und der Anatom Samuel Thomas Sömmerring mehrere
Jahre hindurch in Kassel an dem Unwesen der Rosenkreuzer und
namentlich auch an der Betreibung der Alchemie thätigen Antheil
nehmen konnten. Darauf specieller einzugehen veranlafst sowohl die
Bedeutung der beiden eben Genannten als auch der Umstand, dafs

---

*) In dem Berliner Rosenkreuzer-Zirkel scheinen die sehr würdigen Brüder,
wie sich die Mitglieder desselben gegenseitig nannten, in der Unternehmung und
Ausführung chemischer Arbeiten höchst unvorsichtig gewesen zu sein. Die in
der vorhergehenden Anmerkung erwähnte Zuschrift enthält auch die Mittheilung,
dort seien die nach Ordens-Processen von dem Vitriol aus unternommenen alchemistischen Arbeiten nicht richtig fortgegangen, aber nach einem von Mayer
communicirten Verfahren habe Theden eine Antimonial-Tinctur erhalten, „die
herrliche Wirkung that, bei deren Bereitung aber zwei Menschen das Leben
verloren".

diese Besprechung nach mehreren Richtungen hin einen sonst nicht
in ähnlicher Weise sich bietenden Einblick in den Rosenkreuzer-Bund
gewinnen läfst. — Betrachten wir zunächst, zur Orientirung für
später Anzugebendes, die Lebensverhältnisse Beider nach den wesent-
lichsten Umrissen.

Samuel Thomas Sömmerring war 1755 zu Thorn in West-
Preufsen geboren, wo sein Vater Arzt war. Er studirte von 1774
an in Göttingen Medicin und promovirte daselbst 1778. Zu weiterer
Ausbildung reiste er nach Holland, England und Schottland; 1779 nach
Deutschland zurückgekommen wurde er als Professor der Anatomie
am Collegium Carolinum in Kassel angestellt. 1784 folgte er einer
Berufung als Professor der Anatomie und Physiologie an die Universität Mainz. Von der 1792 nach seiner Verheirathung mit Marg.
El. Grunelius von Frankfurt a. M. angetretenen Reise nach Wien
dahin zurückgekehrt nahm er seine Lehrthätigkeit in dem inzwischen
von den Franzosen bedrohten und bald besetzten Mainz zunächst
nicht wieder auf. Das Ende des Jahres 1792 und das Jahr 1793
brachte er in Frankfurt zu, überwiegend auch die nächstfolgende Zeit
bis 1805; er hatte sich hier unter die praktischen Ärzte aufnehmen
lassen, war bis 1797 zeitweise in Mainz, in welchem Jahr er da
seine letzten Vorlesungen hielt, dann aber seine Entlassung nahm.
1805 verliefs er Frankfurt, um als Mitglied der Bayerischen Akademie
der Wissenschaften nach München zu gehen. Hier blieb er bis 1820; in
diesem Jahr siedelte er wieder nach Frankfurt über, wo er 1830 starb.

Johann Georg Adam Forster war 1754 in dem damals
Polnischen Dorfe Nassenhuben bei Danzig geboren, wo sein Vater
Prediger war. Der Letztere, Johann Reinhold F. war ein Mann
von vielseitigem Wissen, reizbarem und störrigem Charakter und ohne
haushälterischen Sinn; er bereiste 1765 im Auftrage der Russischen
Regierung die Colonien bei Saratow an der Wolga; 1766 ging er
nach England, wo er 1767 Lehrer der Französischen und Deutschen
Sprache und der Naturgeschichte an der Dissenter-Akademie zu
Warrington in Lancashire wurde, und nachdem er diese Stellung
1768 aufgegeben hatte, ertheilte er noch an demselben Ort und in
der Umgegend Unterricht; er kam 1770 nach London gelockt durch
die Aussicht, in die Dienste der Indischen Compagnie treten zu können,
und lebte da nach der Vereitelung dieser Hoffnung in dürftigen Ver-

hältnissen von dem Ertrage literarischer Arbeiten; 1772 bis 1775
war er einer der Begleiter Cook's auf dessen zweiter Weltreise;
nach der Rückkehr gerieth er wegen der Herausgabe der Reisebeschreibung mit der Englischen Admiralität in Differenzen und bald
in mißlichste pecuniäre Verhältnisse, selbst in Schuldhaft; nach Über-
windung der Schwierigkeiten, ihn aus diesen Verhältnissen zu lösen,
kam er 1780 als Professor der Naturgeschichte nach Halle, wo er
1798 starb. — Georg Forster — auf welchen der Charakter
und der Lebensgang des Vaters von so großem Einfluß gewesen sind,
daß darüber hier etwas eingehender berichtet werden mußte — war
1765, bis dahin nur von seinem Vater unterrichtet, der Begleiter des
Letzteren auf der Reise nach Süd-Rußland und nach der Ausführung
derselben mit Diesem bis zum Sommer 1766 in Petersburg, wo ihm
geregelter Schulunterricht zu Theil wurde. Mit dem Vater ging er
dann nach England, war da, selbst schon bevor er den Knabenjahren
entwachsen war, für literarischen Erwerb als Übersetzer thätig,
außerdem auch nach kurzer Beschäftigung als Lehrling bei einem
Kaufmann in London dem Vater in der Ertheilung von Sprachunter-
richt behülflich. 1772 auf die zweite Entdeckungsreise Cook's
als Gehülfe seines Vaters mitgenommen und 1775 nach England
zurückgekehrt verfaßte er, als durch die Englische Admiralität dem
Vater die Berechtigung zur Herausgabe einer vollständigen Reisebeschreibung abgesprochen wurde, diese selbst; unter seinem Namen
wurde sie 1777 in Englischer Sprache, in ergänzter Deutscher Bearbeitung 1779 u. 1780 veröffentlicht. In den peinlichsten Geldverhältnissen ließ Forster den Vater und die anderen Glieder seiner
Familie 1778 in London zurück, als er nach Deutschland reiste um
seinen Angehörigen Rettung aus solcher Bedrängniß zu verschaffen.
Auch für sich fand er bald eine Anstellung als Lehrer der Naturgeschichte am Collegium Carolinum zu Kassel. Diesen Ort vertauschte
er 1784 mit dem damals noch Polnischen Wilna, wohin er als Professor der Naturgeschichte an der Universität berufen war; dahin
führte er 1785 als Gattin Therese Heyne, die Tochter des berühmten
Göttinger Philologen Christian Gottlob II., mit welcher er sich
noch vor seiner Abreise aus Deutschland verlobt hatte. Aus den für
Wilna eingegangenen Verpflichtungen wurde er 1787 durch die Russische
Regierung dafür, daß er an einer projectirten Entdeckungsreise Theil

nehme, losgekauft. Diese Reise wurde nicht ausgeführt; Forster hielt sich in Göttingen auf, bis er 1788 zum Bibliothekar in Mainz ernannt wurde. Von der Besetzung Mainz' im Herbst 1792 durch die Franzosen an kam er mehr und mehr dazu, der Partei der Letzteren anzugehören; im März 1793 war er Einer von Denen, welche als Abgeordnete des National-Convents des Rheinisch-Deutschen Volkes die Bitte um Vereinigung des in dieser Versammlung angeblich vertretenen Stückes von Deutschland mit der Französischen Republik an den National-Convent in Paris brachten. Er kehrte von dieser Reise nicht mehr zurück; er lebte in Paris, war von ,da aus im Spätsommer 1793 eine Zeit lang in Nord-Frankreich, wohin er sich in einem ihm von der Französischen Regierung ertheilten Auftrag begeben hatte, im November einige Wochen in Pontarlier nahe der Schweizergrenze, jenseits deren er noch einmal in Travers für wenige Tage mit seiner schon gegen das Ende des vorausgegangenen Jahres von Mainz abgereisten Familie und deren Beschützer, dem schon vorher Forster's Gattin nahe getretenen und später mit ihr verheiratheten Ludw. Ferd. Huber zusammen war; er starb in Paris im Januar 1794.

Das sind in thunlichster Kürze vorgeführt die Lebensverhältnisse der beiden Männer, deren Betheiligung an rosenkreuzerischer Thätigkeit jetzt zu besprechen ist. Auf Mehreres, was diese Männer betrifft, ist in dem Nachstehenden noch näher einzugehen; über das dafür benutzte Material Einiges zu sagen ist hier wohl der Platz. — Sömmerring's wissenschaftliche Verdienste und die vielen guten Seiten seines Charakters haben einen begeisterten Lobredner in Rud. Wagner gefunden, dessen Werk „S. Th. v. S.'s Leben und Verkehr mit seinen Zeitgenossen" (2 Abtheilungen, Leipzig 1844; es ist im Folgenden wo auf es verwiesen wird mit *W.* bezeichnet) auch in zahlreichen Briefen an und von S. dem Leser schätzbare Anhaltspunkte für eigene Beurtheilung des da zur Sprache Gebrachten bietet. — Das da über Sömmerring Gebrachte findet Vervollständigung in mehreren von den zahlreichen Schriften, auf welche als Schilderungen G. Forster's, als Mittheilungen von ihm und an ihn, als Beiträge für die Kenntniß Desselben überhaupt enthaltend Bezug zu nehmen ist. Am Frühesten erschienen unter den von mir eingesehenen ist „J. G. F.'s Briefwechsel; nebst einigen Nachrichten von seinem Leben;

herausgegeben von Th. H[uber], geb. H[eyne]" (2 Theile, Leipzig 1829; im Folgenden mit *Th. H.* bezeichnet). Später wurden veröffentlicht „G. F.'s sämmtliche Schriften, herausgegeben von Dessen Tochter und begleitet mit einer Charakteristik F.'s von G. G. Gervinus" (9 Bände, Leipzig 1843. Hier kommen der VII., VIII. und IX. Band, die von Gervinus geschriebene Charakteristik F.'s und des Letzteren Briefwechsel enthaltend, in Betracht; sie werden unter der Chiffre *G.* citirt). Von den zahlreichen und wichtigen Briefen F.'s an Sömmerring war aus später anzugebendem Grund bis dahin keiner bekannt geworden; R. Wagner nahm von ihnen „fast die Hälfte" in sein S. 48 angeführtes, 1844 herausgekommenes Buch auf. Heinr. Koenig's „Haus und Welt; eine Lebensgeschichte" sollte „heiter und umständlich" F.'s Leben erzählen (2 Theile, Braunschweig 1852. Ich citire nach dieser Ausgabe — *H. K.* —; eine zweite erschien 1858 zu Leipzig). Zur Säcularfeier der Geburt F.'s wurde von Jac. Moleschott „G. F., der Naturforscher des Volks" geschildert (Frankfurt a. M. 1854: *M.*; eine zweite Ausgabe kam zu Berlin 1862 heraus). Ausführlich wurde F. besprochen in Cl. Th. Perthes' „Politische Zustände und Personen in Deutschland zur Zeit der französischen Herrschaft" (I. Band, Gotha 1862, S. 31 —137: *P.*), noch ausführlicher namentlich in Betreff seines Verhaltens in Mainz in Karl Klein's „G. F. in Mainz 1788 bis 1793" (Gotha 1863: *K. K.;* kürzer hatte Klein diesen Gegenstand schon zwei Jahre vorher in seiner „Geschichte von Mainz während der ersten französischen Occupation 1792—93" behandelt). Eingehend beschäftigte sich mit F. zunächst wieder Herm. Hettner in seiner „Geschichte der deutschen Literatur im achtzehnten Jahrhundert" (III. Theil, III. Buch, 2. Abth., Braunschweig 1870, S. 353—373: *H. H.*): als von Hettner herausgegeben ist auch „G. F.'s Briefwechsel mit S. Th. Sömmerring" (Braunschweig 1877: *F.-S.*) gedruckt worden, „soweit er sich erhalten hat, vollständig" nach der Angabe im Vorwort (darüber, auf was hin hier doch einige Vervollständigung gebracht wird, vgl. die Vorrede zum vorliegenden Buch). Eine gedrängte aber Viel enthaltende Besprechung F.'s gab Alfr. Dove in dem VII. Band der Allgemeinen Deutschen Biographie (Leipzig 1878), S. 172—181 (*D.*). Das Vorstehende lehrt die Forster-Literatur nicht vollständig kennen, konnte Dies zu thun auch nicht beabsichtigen, so wenig wie eine oder

die andere im Folgenden noch vorkommende literarische Hinweisung
dafür, daſs Solches hier geleistet sei, gemacht wird. Wie umfang-
reich diese Literatur ist, lassen Klein a. a. O. S. 13—30 und (ohne
Unbedeutenderes in gleichem Maſse zu berücksichtigen) Dove a. a. O.
S. 181 ersehen*).

Es ist später anzugeben was dafür spricht, daſs die Betheiligung
der jetzt in Besprechung stehenden beiden bedeutenden Männer an
rosenkreuzerischer Thätigkeit von Forster ausgegangen, Sömmerring

---

*) Auch dem gröfseren Publicum sind Forster's Schicksale öfters vorge-
führt worden. Für es war bestimmt die in H. Koenig's oben erwähnter Schrift
„Haus und Welt" 1852 gegebene Erzählung des Leben F.'s, welche Dove (D.
S. 181) mit Recht als unkritisch, Moleschott (vgl. S. 51) mit einiger Ueber-
treibung als einen Roman bezeichnet: auf unzureichendes Quellenstudium ist sie
allerdings basirt, in Vielem parteilich für Forster und in Koenig's Manier
geschrieben, mit der Hingabe an die Neigung zu Wortwitzen, die in Dem, was
Koenig schrieb und in der Unterhaltung sprach, stets so stark hervortrat.
Forster's politische Thätigkeit und seine häuslichen Verhältnisse in der letzten
Zeit seines Aufenthaltes in Mainz sind mehrfach in Romanen behandelt worden.
In dem 1847 (zu Leipzig in 3 Theilen) veröffentlichten Roman H. Koenig's
„Die Clubisten in Mainz", der in jener öden Zeit mit grofser Anerkennung auf-
genommen wurde. ist unter den damals wirklich gelebt habenden Personen
Forster in den Vordergrund gestellt. In anziehender Weise geschrieben ist
auch der in dem Feuilleton der Kölnischen Zeitung 1878 (Nr. 142 bis 185) er-
schienene Roman Aug. Hesse's (Oberlandesgerichtsraths zu Naumburg a. d. S.)
„Dame Lucifer" (mit welchem Namen Caroline Böhmer bezeichnet ist, deren
Einfluſs auf Forster's Verhalten in Mainz einen Hauptpunkt der Erzählung
abgiebt); auch in ihm ist natürlich viel Erdachtes mit einigem Wahrem gemischt,
übrigens auch Manches mit Unrecht wie historisch Begründetes vorgebracht. —
Auch die Verherrlichung Forster's auf der Bühne ist versucht worden. Nur
aus einer Anführung ist mir bekannt „Weltbürger und Patriot", Trauerspiel in
5 Aufzügen von L. Eckardt (Jena 1862; K. K. S. 26 mit der Bemerkung erwähnt, daſs die Hauptcharaktere ganz falsch aufgefaſst seien und der Held des
Stücks dem wirklichen Forster nicht im Geringsten gleiche),   und nur aus Zei-
tungs-Nachrichten des Landraths Alfr. Jachmann Tragödie „Georg Forster"
(aus d. Frankfurter Journal Nr. 120 v. 14. Februar 1884, daſs diese Tragödie
kurz vorher in München ohne Erfolg aufgeführt wurde, und aus d. Beilage z.
Allgem. Zeitung Nr. 46 v. 15. Februar 1834 Einiges über die künstlerischen
Fehler des — da abfällig beurtheilten — Stückes, in welchem in der That
starke Verzerrungen der Charaktere, namentlich auch in der Auffassung der
Gattin Forster's begangen zu sein scheinen).

der durch Diesen Hineingezogene gewesen sei. Schon um Defs willen
ist gleich hier über den Ersteren noch Einiges zu sagen.

Sehr ungleich ist G. Forster's Charakter beurtheilt worden,
einmal je nach Dem was für die Würdigung Desselben als besonders
mafsgebend in Betracht gezogen worden ist, dann je nach dem von
den Beurtheilern eingenommenen Standpunkt: dem mehr kosmopoli-
tischen oder einem, welcher den Vertretern des ersteren als ein mehr
kleinbürgerlicher erscheinen mag. — Mehrere unter Denen, welche
über Forster sich öffentlich äufserten, haben ihn hoch erhoben.
nicht nur nach der Stelle in der Deutschen Literatur, die als ihm
gebührend anerkannt ist, oder darauf hin, was er als Naturforscher
gewesen sei, sondern auch sofern er danach, wie er sich in Dem, was
er im privaten und im öffentlichen Leben gedacht und gethan, als
Einer der edelsten Männer bewähret habe. Diese stützten sich ganz
überwiegend auf das von Forster selbst Mitgetheilte, ohne auch nur
Das vollständig zur Bestimmung ihres Urtheils zu benutzen; auch in
diesen Mittheilungen sind viele unrichtige Angaben, nicht nur sub-
jectiv beeinflufste sondern auf Hörensagen beruhende, die selbst wenn
unwahrscheinlich ohne weitere Prüfung hingenommen worden sind.
Die auf dieser Seite Stehenden oder ihr Zuneigenden sind übrigens
auch darin nicht einig, in welcher Vorführung Forster's die Bedeutung Desselben überhaupt oder in einem einzelnen Stadium seines
Lebens richtig aufgefafst sei, und Solche, die nicht auf dieser Seite
stehen, denken bezüglich einer und derselben Schilderung Forster's
verschieden nicht nur den Ersteren gegenüber sondern auch unter
einander. II. Koenig schrieb über Forster doch in wohlwollender
Gesinnung für Denselben, aber nach Moleschott wird in den „Clubisten in Mainz" ein Zerrbild Forster's gegeben und ist „Haus und
Welt" ein Roman (vgl. K. K. S. 23); Klein bespricht die von
Gervinus gegebene Charakteristik Forster's als geistreich, lebendig
und mit Wärme geschrieben, rühmt dafs sie ihren Helden öfters
richtig und wahr beurtheile, und vermifst nur in der Darstellung der
letzten Handlungen F.'s die nicht nur einem Geschichtschreiber sondern auch einem Biographen geziemende Parteilosigkeit und Gerechtigkeit (K. K. S. 21 f.), während Dove diese Charakteristik
kurzweg als eine tendenziöse und einflufsreiche Lobschrift auf F.
bezeichnet (D. S. 181; mir erscheint dieselbe im Vergleiche zu an-

derem von Gervinus Geschriebenem als recht leicht gearbeitet). —
Solchen Schriften über Forster steht die von Klein gegenüber als
eine vollständiger Das, was Auskunft über Denselben geben kann,
zusammenstellende und es zu einer Beurtheilung benutzende, die
durchweg streng, öfters hart ist, gehässige Vermuthungen einfliefsen
läfst, welche doch nur unbewiesene Vermuthungen sind, und bei der
Anerkennung guter Seiten Forster's doch so zu sagen mit Vorliebe
die schlimmen behandelt; Klein's Arbeit ist beeinflufst durch das
Gefühl des Mainzers, über dessen Stadt schwerstes Unglück zu bringen
Forster ein Stärkstbetheiligter war*), und durch Entrüstung über
allzuweit gehende Erhebung Forster's und die Beschönigung auch
des Schlimmsten, was Derselbe gethan hat. — Andere Charakter-
schilderungen Forster's halten sich zwischen diesen Extremen; wohl-
thuend berührt durch gröfsere Objectivität und Gründlichkeit, als
einzeln oder zusammen bei den übrigen S. 49 genannten Schriftstellern zu finden ist, die von Dove gegebene.

Der Ruhm Forster's als Forschers und speciell als Naturforschers
ist laut gepriesen worden. Kenner der Wissenschaftsgebiete, in welche
seine Arbeiten gehören: der Ethnographie und Anthropologie, der
Botanik, der Zoologie o. a. haben darüber zu urtheilen, in welchen
Fächern oder in welchem Fach er Das geleistet hat, was einen Mann
in der Geschichte einer Wissenschaft dauernd als einen ruhmwürdigen
nennen läfst, auch dann noch, wenn der Einflufs zufälliger Umstände:
dafs z. B. günstige Lebensstellung zusammen mit Interesse für eine

---

*) In noch neuerer Zeit ist das Verhalten Forster's in Mainz da wieder in
Besprechung gekommen anläfslich der Discussion der Frage, ob diese Stadt der Erinnerung an F. einen Denselben ehrenden öffentlichen Ausdruck geben solle. Schon
1854, in welchem Jahre seit F.'s Geburt 100 Jahre verflossen, und noch einmal
1862 bei der Enthüllung der Schiller-Statue in Mainz hatte Moleschott zu
der Errichtung eines Forster-Denkmals in dieser Stadt aufgefordert, beide
Male ohne Erfolg (K. K. S. VI). 1880 wurde da in wirksamerer Weise angeregt, dafs zum Gedächtnifs Forster's eine Strafse der Neustadt nach ihm benannt werde; dafs die Thätigkeit Desselben in Mainz eine solche Auszeichnung
nicht rechtfertige und wenig passend sein lasse, hat in einer Broschüre „Georg
Forster in Mainz" (Mainz 1880) K. G. Bockenheimer dargelegt, welcher
schon vorher (1868 u. 1873) in zwei Schriftchen „Zwei Sitzungen der Mainzer
Clubisten vom 10. und 11. Januar 1793" und „Die Mainzer Patrioten in den
Jahren 1793—1798" zu genauerer Kenntnifs der damaligen Zustände beigetragen
hatte.

Disciplin Einen seinen Zeitgenossen wie eine Größe in der letzteren
erscheinen läßt, sich nicht mehr geltend macht, wenn die Begabung
Eines, wichtige Resultate Anderer so darzulegen und zu verbreiten
wie wenn er an der Gewinnung derselben betheiligt wäre, nicht mehr
wirkt und wenn das Lob der Clique verstummt ist; Das ist Solches,
bei dessen Fehlen die Entwickelung seiner Wissenschaft im Wesentlichen zurückgeblieben wäre oder was als ein wichtiges Ergebniß
seiner Forschung wenigstens später als richtigerer Einsicht entsprechend
anzuerkennen war. — Hohes Lob spendet an Forster als Be-
obachter der Natur und Reisebeschreiber Alex. von Humboldt in
seinem Kosmos (Stuttgart u. Tübingen 1845—1862). Humboldt,
fünfzehn Jahre jünger als Forster, mit welchem er im Frühjahr
und Sommer 1790 von Mainz aus durch Belgien und Holland nach
England und Frankreich reiste, erkennt (Kosmos I. Bd., S. 345) es
an, daß er Diesem die lebhafteste Anregung zu weiten Unternehmungen verdankte; von dem beredten und dabei jeder Verallge-
meinerung der Naturansicht zugewandten G. Forster (II. Bd., S. 65),
dem Schriftsteller, welcher in unserer vaterländischen Literatur nach
seinem Gefühle den Weg zu der besseren Richtung der Naturbe-
schreibung eröffnet habe, seinem berühmten Lehrer und Freund sagt
er: „Durch ihn begann eine neue Aera wissenschaftlicher Reisen,
deren Zweck vergleichende Völker- und Länderkunde ist. Mit einem
feinen ästhetischen Gefühle begabt, in sich bewahrend die lebensfrischen
Bilder, welche auf Tahiti und anderen, damals glücklicheren Eilanden
der Südsee seine Phantasie erfüllt hatten, schilderte G. F. zuerst
mit Anmuth die wechselnden Vegetationsstufen, die klimatischen Verhältnisse, die Nahrungsstoffe in Beziehung auf die Gesittung der
Menschen nach Verschiedenheit ihrer ursprünglichen Wohnsitze und
ihrer Abstammung. Alles, was der Ansicht einer exotischen Natur
Wahrheit, Individualität und Anschaulichkeit gewähren kann, findet
sich in seinen Werken vereint. Nicht etwa blofs in seiner trefflichen
Beschreibung der zweiten Reise des Capitän Cook, mehr noch in
den kleinen Schriften liegt der Keim zu vielem Großen, das die
spätere Zeit zur Reife gebracht hat" (II. Bd., S. 72). Lassen wir
dieses Lob ganz gelten, wenn auch bemerkt und begründet worden
ist (D. S. 173 f.), daß jene 1777 veröffentlichte Reisebeschreibung
des damals 23jährigen Jünglings formell unstreitig seine Leistung

ist, materiell dagegen ihm davon, zumal von dem wissenschaftlichen
Inhalt nur wenig zugerechnet werden darf. — Doch Das dürfen
wir nicht gelten lassen, dafs Forster Naturforschung als seinen
eigentlichen Beruf in sich gefühlt habe. Er war den Naturwissenschaften zugewendet durch natürliche Anlagen für dieselben und die
ihm für die Ausbildung dieser Anlagen von seinem Vater gewordene
Unterweisung, durch die mit Diesem gemachten Reisen und namentlich die 1772 bis 1775 ausgeführte Weltumsegelung, welche er als
Gehülfe seines diesem Unternehmen als Naturforscher beigegebenen
Vaters mitmachte. Als der Repräsentant der naturwissenschaftlichen
Ergebnisse dieser Reise stand derjenige Theilnehmer an ihr da, welcher
dieselben veröffentlichte: der junge Forster, und berühmt wurde er
dadurch namentlich in dem Lande, das ihn und dem er dann sich
als zugehörig betrachtete: in Deutschland, welchem Einer, der eine
solche Reise mit solchem Erfolg ausgeführt, neu war. „Wir machen
uns" — so schrieb seine Wittwe 1829 in der Erinnerung an die Zeit,
wo F. nach Deutschland gekommen war — „bei unserer jetzigen
Überhäufung mit berühmten Männern, mit wissenschaftlichen Notizen
und der Sattheit des gebildeten Publicums keinen Begriff von der
Theilnahme, der Neugier, mit welcher Forster in jeder Stadt, wo er
damals verweilte, aufgenommen wurde" (*Th. II.* I, S. 60). Der Berühmtheit, die er durch diese Reise sich erworben, blieb Forster
sich stets bewufst; darauf, dafs er mit Cook die südlichen Meere
durchschifft und unverwelkliche Lorbeern gesammelt habe, fufste er
im März 1792 in einem an den damaligen Staatsrath Johannes
von Müller in Mainz gerichteten Schreiben bei der Vertheidigung
gegen Klagen, welche in Betreff seiner Verwaltung der dortigen Bibliothek erhoben worden waren (*G.* VIII, S. 179 f.), und als Anfangs
Januar 1793 die von dem Pariser National-Convent abgeschickten
Commissäre in Mainz angekommen waren, schrieb F. an seine Frau
bei der Mittheilung, er werde Dieselben nicht aufsuchen sondern sich
suchen lassen: „Ich weifs nicht, ob die Commissarien die Leute sind,
die mich finden können; wahrscheinlich haben sie in ihrem Leben
nicht von Cook und Weltumsegeln reden gehört" (*G.* VIII, S. 314).
Aber zu den auf diese Berühmtheit hin zu erhebenden Ansprüchen
standen in Mifsverhältnifs Forster's Kenntnisse in den Fächern, in
deren Vertretung er die Möglichkeit dafür hätte finden können, als

Naturforscher weiter zu arbeiten und sich auszuzeichnen. Er hatte vor der Weltreise keine hierfür genügende Schulung erhalten, wie er selbst einsah*), und nachher war er nicht in der Stimmung, Zeit auf die Erwerbung einer solchen zu verwenden. Er suchte den Grund dafür nicht in sich, sondern mit Unrecht in den äufseren Verhältnissen, in welchen er lebte. Kassel liefs ihm viel freie Zeit, die er statt zu der Ergänzung seines Wissens zu der Verfolgung rosenkreuzerischer Ziele anwendete, Wilna so viel, dafs er u. A. ernstlich daran denken konnte, als praktischer Arzt Geld verdienen zu wollen**); darauf, dafs und warum für Forster an jedem Aufenthaltsort das Übersetzen fremder Schriften als Erwerbsarbeit die Zeit beschränkte, welche selbstständiger Thätigkeit und Forschung hätte gewidmet sein können, ist zurückzukommen. Wir dürfen wohl hierin einen Grund dafür sehen, dafs Forster's Leistungen in den Fächern, deren Vertretung er übernahm, nur mäfsige waren, so wohl was die Lehre als was das Weiterbringen der betreffenden Theile der Naturwissenschaft betrifft (so viel mir bekannt hat kein competenter Beurtheiler für eines von diesen Gebieten des Wissens einen fördernden Einfluf Forster's in einer Humboldt's Lob für ein anderes Gebiet ähnlichen Weise anerkannt). So mufste die in den von ihm eingenommenen Stellungen zu betreibende Beschäftigung mit den Naturwissenschaften für ihn eine unbefriedigende sein, und Das machte ihn geneigt, auch in andere Stellungen als die diese Beschäftigung gewährenden einzu-

---

*) So schrieb er von Wilna aus im April 1786 an Sömmerring (F.-S. S. 297): „Vielleicht ist eine Hauptursache meiner hier ausgebrochenen Kleinmüthigkeit die, dafs ich jetzt sehr vieles in meinem Fache lese, welches mir jetzt zeigt, wie unendlich weit ich darin zurück war, und freilich sind das immer abschreckende Entdeckungen für den Mann, von dem schon Arbeiten gefordert werden, der also wenig Zeit hat erst zu lernen, und am allerwenigsten gleichsam, wie mir so nöthig wäre, wieder von vorn anzufangen".

**) Nach den übereinstimmenden Mittheilungen Forster's aus Wilna an seine Braut Therese Heyne (Th. II. I, S. 509 f. u. 529 f.) und an Sömmerring (W. I. S. 174 f. u. 181; F.-S. S. 207 u. 226) vom März und Mai 1785 ging er auf den ihm von einem dortigen Collegen gegebenen Rath ein, die einträgliche Heilkunst auszuüben, dafür sich privatim vorzubereiten und den defshalb auswärts honoris causa zu erlangenden Grad als Doctor der Medicin zu benutzen. Diesen Grad erhielt er in Halle im Herbst 1785 (Th. II. I, S. 522); im Januar 1786 (F.-S. S. 267) fand er, dafs es mit der sonstigen nöthigen Vorbereitung doch sehr langsam vorangehe.

treten. Perthes (*P*. S. 47) ist der Ansicht: „Ohne eigene innere
Neigung, nur durch äußeres Bedürfniß getrieben, ward er in Cassel
und Wilna Professor, in Mainz Bibliothekar und erklärte sich bereit,
nach Düsseldorf als Zolladministrator, nach Mitau als Professor der
Philosophie, nach dem Haag als Vorsteher des Cabinets zu gehen
und in Wilna als praktischer Arzt aufzutreten" (was 1730 geplant
war: daß Forster Zolladministrator in den damals Pfalz-Bayern
zugehörenden Herzogthümern Jülich und Berg werde, wird *H. K.* I,
S. 78 f. erzählt). Aber dafür, Forster zu dem Eintreten in so ver-
schiedenartige Ämter bereit sein zu lassen, wirkte noch etwas mit:
daß wie er selbst ausgesprochen hat, seine Neigung zu den Naturwissenschaften eine kleinere war, wie die zu Anderem; als es sich
gegen das Ende des Jahres 1787 für Forster darum handelte, in
Spanische Dienste zu treten, schrieb er (*Th. H.* I, S. 659; *G.* VII,
S. 400) an Den, der bei ihm diesen Plan angeregt hatte und die
Realisirung desselben vermitteln sollte: an d'Elhuyar: *Votre amitié
m'enhardit même au point de vous révéler mon penchant pour les
affaires, de préférence aux sciences.*

Was im Vorhergehenden in Erinnerung gebracht wurde ist mit
in Betracht zu ziehen für die Prüfung, welches von den verschiedenen
über Forster als Naturforscher ausgesprochenen Urtheilen das
richtigere, welches über Das, was dem Sachverhalt entspricht, hinausgehend sei: dem von Humboldt in Beschränkung auf ein bestimmtes
Gebiet der Naturkunde abgegebenen, dem daran anknüpfend von
Hettner (*H.* S. 361) geäußerten, allgemeiner klingenden, daß auf
Grund der kleineren naturwissenschaftlichen Schriften Forster's die
neuere Naturwissenschaft in Diesem einen ihrer genialsten Bahnbrecher
sehe, dem von Perthes (*P*. S. 68) ausgesprochenen, daß Forster
angewiesen gewesen sei, Ungewöhnliches zu leisten, aber in der
Wissenschaft nicht über das Vielen Vergönnte hinauszugehen vermocht
habe. — Eine ganz besondere Auffassung Forster's ist von
Moleschott vorgebracht worden, welcher ihn als den Naturforscher
des Volkes gefeiert hat. Ich habe mir bei bestem Willen nicht klar
zu machen vermocht, daß bez.-w. warum Forster gerade Das gewesen, nicht einmal was das charakteristische und die Beilegung
dieses Prädicats rechtfertigende Merkmal desselben sein soll oder was
unter dem Volk eigentlich gemeint sei. Denn darüber belehrt doch

nicht, was von Moleschott (*M.* S. 1 f.) als F.'s Bedeutung kenn-
zeichnend hervorgehoben ist: „Um Forster streiten Kunst und
Wissenschaft, Natur und Staat, weil seine Ziele über die Grenzen
einer jeden Anlage und eines jeden Fachs hinausreichen, weil er frei
blieb von dem Banne einer gelehrten Zunft, von jeder Innung, die
der Handwerksneid vergiftet, von jenen Schranken, durch welche halb-
weise Schulmeister den Staat von der Natur oder des Menschen natur-
wüchsiges Dasein von der Geschichte zu trennen sich bemühen. Ein
Puls belebte ihm die Kunst und das Wissen, den Staat und die Natur:
diesen Puls hat er allerwärts zu kräftigen gesucht: er war ihm Anfang und Ende des Lebens. Die Menschheit war sein Gott und
Menschlichkeit sein Streben. Darum gehört er Allen". Keine der
vorhin gestellten Fragen findet hier ihre Beantwortung, auch nicht
wenn man annimmt, alles da Ausgesprochene sei zutreffend, was es u. A.
bezüglich des Freibleibens F.'s von dem Bann einer gelehrten Zunft
nicht ist, wenn er auch die mit dem Eintreten in eine solche übernommenen Verpflichtungen leicht nahm. Darüber belehren auch nicht
solche Aussprüche wie z. B. der (*M.* S. 140): „Darin liegt eine der
Zauberformeln, die G. Forster vor allen anderen zum Naturforscher
des Volkes weihen: seine Darstellung der Natur ist überall dichterisch
und wahr", oder der (*M.* S. 246 f.): „Was Goethe zum ersten
Dichter macht, daſs er nämlich auch der erste und vielseitigste Denker
war, das stellt Forster in den höchsten Rang unter allen Volks-
lehrern. Das Volk verlangt Weisheit und Geschmack, Kenntnisse
und Gestaltungskraft, es verlangt Leben und Ruhe, Liebe und Ge-
dankenmuth. Das Volk bedarf aber überdies der Vielseitigkeit, und
da es keine grofsen Büchersammlungen in seinen Werkstätten und
Erholungskammern anlegt, so kann der eine Forster eine grofse,
bänderreiche Bücherreihe entbehrlich machen. Er steht überdies dem
Volke so nahe, wie keiner, durch seine rührende Bescheidenheit".
Forster der Naturforscher des Volkes? Welches Volkes? könnte
man fragen, und die Antwort hätte dem gleich zu Erinnernden gemäſs
zu lauten. Oder des Volkes, von welchem er schon im März 1782
in einem Brief an seinen Vater (*Th. II.* I, S. 286; *G.* VII, S. 159) im
Anschluſs an die Bemerkung „Europa scheint auf dem Punkt einer
schrecklichen Revolution" urtheilte: „Wirklich, die Masse ist so verderbt, daſs nur Blutlassen wirksam seyn kann. Vom Throne bis zum

Bauer sind alle zwischen inne liegende Stände von dem, was sie seyn
sollten, herabgesunken"?

Forster's Begabung für das Wirken in öffentlichen Angelegenheiten ist hoch gestellt, sein politisches Handeln, wo es ihm zum
Vorwurf gemacht worden, entschuldigt, vertheidigt, selbst gelobt
worden.   Gervinus' Behauptung (G. VII, S. 9): „In diesem Manne,
der dem deutschen Volke, in Erwartung der Sache selbst, das Wort
Gemeingeist erst geschaffen hat, war ein Schatz von praktischem
Talente, von Staatseinsicht und grofsem Überblicke der Weltlage an-
gesammelt, reich genug, um ihn zum Lenker des gröfsesten Gemein-
wesens zu befähigen", dürfte doch mindestens als eine sehr weit
gehende bezeichnet werden, auch bei Berücksichtigung, dafs F. nicht
einmal sein Hauswesen in Ordnung zu erhalten vermochte; Perthes
kommt wohl der Wahrheit näher mit dem Ausspruch (P. S. 84):
„Um ein politischer Mann zu sein, fehlte Forster kaum weniger als
Alles".   Darüber, wie Volksglück zu fördern sei, scheint Forster
zu verschiedenen Zeiten verschiedener Meinung gewesen zu sein.   In
seinen „Ansichten vom Niederrhein" u. s. w. — der Frucht der mit
A. von Humboldt 1790 gemachten Reise — suchte er (G. VII, S. 56
unter Bezugnahme auf das von F. S. 109 der 1791 zu Berlin veröffentlichten Ausgabe der „Ansichten" Gesagte) das Zeichen eines
freien Regimentes in dem guten Willen und der Selbstverläugnung,
„nicht zur Unzeit wirken zu wollen, sondern sich mit der Wegräumung
der Hindernisse zu begnügen, welche der freien, willkürlichen, unbedingten Thätigkeit des Bürgers entgegenstehen", aber 1793 betheiligte er sich bei den härtesten Mafsregeln bez.-w. hiefs er dieselben gut, die der Französischen Sache abgeneigten Einwohner des
Kurfürstenthums Mainz und anderen Deutschen Gebietes zur Bethätigung des Eingehens auf Das, was die jetzt von ihm ergriffene
Partei wollte, zu zwingen (vgl. die K. K. S. 310 bis 329 berichteten
Thatsachen: „Forster hat sich leider überall mit fürchterlicher Härte
betragen" schrieb Anfangs Juni 1793 Sömmerring — W. II. S. 206 —
an Heyne).

Hindernd dafür, dafs Forster hätte patriotisch wirken können,
war bei ihm der Mangel an Vaterlandsgefühl.   Dieses Gefühl war
ihm in seiner Jugend, unter den Umständen unter welchen er dieselbe
verlebte, fremd geblieben und in Wirklichkeit von ihm auch in reiferen

Jahren nicht empfunden worden. Es wäre sich nicht darüber zu
wundern, wenn der einer ursprünglich Englischen Familie entstammte,
in dem damals noch Polnischen Dorfe Nassenhuben geborene Forster,
im zwölften Jahre nach England gekommen und da lebend bis zu der
unter Englischer Flagge ausgeführten Weltreise, sich nach der Rückkehr von derselben als Engländer betrachtet hätte (sein Tagebuch
über eine im Herbst 1777 von London aus nach Paris gemachte
Reise war in Englischer Sprache geführt — *Th. II.* I, S. 23, und
mehrere zunächst nach dem Verlassen Englands, im October bis Dezember 1778 an seinen Vater gerichtete Briefe waren in derselben
Sprache geschrieben — *Th. II.* I, S. 151 u. 176). In Kassel gab
er sich dann als Deutschen. Von dem längeren Aufenthalt in Wilna
in Polen — der Bruder des damaligen Königs dieses Landes, Graf
Michael Poniatowski, Bischof von Plock und Präsident der Studien-
Commission, setzte bei der Berufung Forster's dahin voraus, *qu'il
ne peut manquer de revenir avec plaisir en Pologne, et de se rendre
avec empressement aux invitations que lui fait la Patrie (Th. II.* I,
S. 367; *G.* VII, S. 218) — nach Deutschland zurückgekehrt schrieb
F. im Dezember 1787 von Göttingen aus, als es sich um das Eintreten in Spanische Dienste handelte (vgl. S. 56), an den Spanier
d'Elhuyar: *Si le sort veut, que je travaille un jour pour votre
patrie, de quelle manière que ce soit, je m'y livrerai à corps perdu,
et je deviendrai Espagnol dans l'ame (Th. II.* I, S. 661 f.; *G.* VII,
S. 401). Jetzt in Deutschland von dem Kurfürsten von Mainz angestellt
nannte er wieder — z. B. 1789, wie S. 63 f. zu erinnern — dieses
Land sein Vaterland. Im November 1792, als ihm der vorherige
Preußische Minister Graf von Hertzberg durch Vermittelung des
Buchhändlers Voß in Berlin eine Unterstützung unter Aussprache
der Hoffnung angewiesen hatte, daß F. immer ein ächter Deutscher
und auch ein guter Preuße bleiben werde (*Th. II.* II, S. 314), spielte
sich Forster, nur auf das Letztgesagte*), von Voß in Überein-

---

*) Zu dessen richtigem Verständniß daran zu denken ist, daß F. zwar
niemals in Preußen angestellt gewesen war, Aussicht auf eine Anstellung in
diesem Lande aber gerade zu der Zeit, wo er zu der Französischen Partei über-
trat, vorhanden gewesen zu sein scheint. Schon im Februar 1788 hatte er von
Berlin aus an Sömmerring (*W.* I, S. 265; *F.-S.* S. 491) geschrieben: „Der
Geh. Rath Mayer" (Joh. Christoph. Andr. M., damals Professor der Botanik

stimmung mit dem Grafen Gewünschte eingehend in seiner an V. gerichteten Antwort als geborenen Polen auf: darüber, dafs er ein
Preufse bleiben solle, könne er sehr Vieles antworten; er sei in Polen
eine Stunde von Danzig geboren und habe seinen Geburtsort verlassen,
ehe derselbe unter Preufsische Botmäfsigkeit gekommen, sei also in
so fern kein Preufsischer Unterthan: er habe als Gelehrter in England gelebt, die Welt umreist, in Kassel, Wilna und Mainz sich bemüht, seine Kenntnisse mitzutheilen (*Th. H.* II, S. 327 f.; *G.* VIII,
S. 274). Wenige Tage nachher schrieb er (*Th. H.* II, S. 332; *G.* VIII,
S. 276), gleichfalls von Mainz aus, an seinen Vater: „Ich bin jetzt
Unterthan, — nein, das Wort ist hier verbannt, — Bürger der französischen Republik"; aber nachdem er in Frankreich gesehen hatte,
wie die Lenker dieser Republik dachten und handelten, im August
1793 von Arras aus an seine Frau, welche damals mit Huber in
Neufchatel lebte, (*Th. H.* II, S. 549; *G.* IX, S. 80): „Hätte ich vor
10 Monaten, vor 8 Monaten gewufst, was ich jetzt weifs, ich wäre
ohne allen Zweifel nach Hamburg oder Altona gegangen, und nicht
in den Klub" (in Mainz, mit dem Eintritt in welchen sich seine Zugehörigkeit zu der Französischen Partei entschied; vgl. darüber, wie
Forster im Herbst 1793 über seine Stellung zu Frankreich dachte,
auch das in der Anmerkung IX am Ende dieses Theiles aus seinem
Brief an Huber vom 8. October dieses Jahres Mitgetheilte). —
Wie Forster seine Nationalitäts-Confession wechselte bez.-w. zu dem
Aufgeben einer, zu der Annahme einer anderen Nationalität bereit
war, entspricht weniger dem stolzen Wahlspruch *Omne solum forti*

---

und Arzneimittellehre zu Berlin) „hat die Expectanz auf Cothenius Stelle.
Alsdann glaubt man, werde er die Professur der Botanik niederlegen, und Leute,
die mir wohl wollen, meinen, ich könnte mir wohl einige Hoffnung dazu machen.
Indessen mufs man darauf noch keine Häuser bauen, denn dies ist alles in
weitem Felde", und im März 1788 nach dem Aufenthalt in Berlin an Denselben (*W.* I, S. 266; *F.-S.* S. 494): „Der Minister Hertzberg hat mir wiederholt versprochen, er wolle an mich denken, wenn etwas bei der Akademie vor-
fiele. Allein diese Aussicht ist doch im weiten Felde, und dann noch ungewifs,
wie auch gar gering, wegen der schlechten Besoldungen". Ein Brief Forster's
an seine Frau vom 28. Januar 1793 (*Th. H.* II, S. 392; *G.* VIII, S. 316) beginnt: „Dein Vater schreibt mir in einem Brief vom 18ten; ich hätte in dieser
Zeit ein schönes, mir bestimmtes Glück in Berlin verloren"; F. betrachtete jetzt
diese Nachricht als aus der Luft gegriffen, scheint aber doch auf etwas Derartiges
gewartet zu haben (vgl. S. 68).

patria, welchen der wegen seiner Betheiligung an der Hinrichtung des Königs Karl I. im Exil in der Schweiz lebende Engländer Ludlow seinem Haus in Vevey zur Inschrift gab, als dem minder stolzen *Ubi bene, ibi patria;* Anstand wäre daran zu nehmen, mit diesem trivialen Wort als eine ihm entsprechende die Gesinnung eines so bedeutenden Mannes wie G. Forster's zu kennzeichnen, hätte nicht F. selbst in seinem vorhin erwähnten Brief an Voſs dem da aus demselben Berichteten hinzugefügt: „Wo ich jedesmal war, bemühte ich mich ein guter Bürger zu seyn, wo ich war, arbeitete ich für das Brod, welches ich erhielt. *Ubi bene, ibi patria,* muſs der Wahlspruch des Gelehrten bleiben; er bleibt es auch des freien Mannes, der in Ländern, die keine Verfassung haben, einstweilen isolirt leben muſs". Für Forster galt bezüglich des hier besprochenen Punktes schon viel länger, was er im Juli 1793 als um diese Zeit für ihn eingetreten seiner Frau schrieb (*Th. H.* II, S. 495; *G.* IX, S. 47): „Ich habe keine Heimath, kein Vaterland, keine Befreundeten mehr". Schön gesagt aber der Wahrheit wohl nicht entsprechend ist was Hettner berichtet (*H. H.* S. 369): „Er sah das Vaterland nur da, wo nach seiner Meinung die Freiheit war".

Daſs Forster'n in seiner Jugend das Gefühl nicht eingeflöſst wurde, dessen Empfindung ihm dann stets versagt blieb: das Vaterlandsgefühl, giebt einen mildernden Umstand ab bei der Beurtheilung der That, die ihm zum schwersten Vorwurf gereicht, um deren willen er zwar nicht so wie gewöhnlich angegeben wird in Deutschland geächtet*) aber von den Besten seiner Zeitgenossen in diesem Lande geringer geachtet**), bei den Franzosen nicht höher angesehen

---

*) Von Späteren ist mehrfach hervorgehoben worden, was Forster von Paris aus im Juli 1793 an seine Frau nach Neufchatel — wie es scheint auf eine ihm von Dieser, die schon lange von Mainz entfernt war, gemachte Mittheilung hin darüber schrieb, daſs ein General einen Preis von 100 Ducaten auf seinen Kopf gesetzt habe. Wenn Dies wirklich stattgehabt hätte, wäre zu erwarten, daſs diese Maſsregel bekannt gemacht worden sei, oder jedenfalls doch, daſs ihrer in einem der vielen, damals über die Mainzer Ereignisse geschriebenen Berichte erwähnt werde; aber nirgends findet sich einer solchen oder auch nur einer ähnlichen Ächtung gedacht (vgl. *K. K.* S. 7 f.).

**) Darüber, wie sich die Deutschen von Forster abwendeten nachdem Dieser zu den Franzosen übergegangen war, sind Gervinus (*G.* VII, S. 5 f.; erst einer etwas späteren Zeit gehört an, was Dieser da in Beziehung auf An-

war*). Entschuldigen oder gar rechtfertigen läfst sich nicht, welche
Rolle er bei dem Verrath eines Theiles von Deutschland an Frankreich
spielte. Mit so viel Erfolg, dafs er zur Nachahmung reizte, ist Das
versucht worden, namentlich von Gervinus, welcher bei unvollstän-
diger Berücksichtigung des von und über F. Vorliegenden (G. VII,
S. 67) sich aussprach: „F. war sich selbst treu und so in sich über
alle Vorwürfe erhaben, aber er war dem Vaterlande untreu, sagt man,
und glaubt ihm hierüber desto gerechtere Vorwürfe machen zu dürfen.
Sie fallen im Grunde in sich zusammen, wenn man sich erinnert,
dafs Forster kein Deutscher war, und eigentlich kein Vaterland
hatte. — — Und wenn wir den weltbürgerlichen Freigeist übrigens
als einen geborenen Deutschen vor unser vaterländisches Gericht ziehen
könnten und dürften, welches Recht hätte denn dies Vaterland überhaupt zu Recht zu sitzen? dies Land" dessen damalige Zustände nun
zur Begründung des eben Gesagten skizzirt werden. Und (S. 65)
bezüglich der Frage, was Forster bewogen haben konnte, als Ab-

------

erkennung F.'s bemerkt: „Die einzelne Stimme Friedr. Schlegel's, der ihm
in seinen guten Jahren, 1801, ein Denkmal setzte, verhallte ungehört") und
Klein (K. K. S. 9 f.) einig. Auch in den im Musenalmanach für 1797 veröffentlichten Schiller-Goethe'schen Xenien ist F.'s Übertritt zu den Franzosen (von dem Ersteren: E. Boas' Schiller und Goethe im Xenienkampf, 1851,
I, S. 185 f.; E. J. Saupe's Schrift: Die Schiller-Goethe'schen Xenien, 1852,
läfst ungesondert, welche Distichen von dem einen, welche von dem anderen
Dichter herrühren) gegeifselt. Ich setze die beiden darauf gehenden Distichen
hierher, auf deren eines später noch Bezug zu nehmen ist:

347. *Phlegyasque miserrimus omnes admonet.*

O, ich Thor! Ich rasender Thor! Und rasend ein jeder,
Der, auf des Weibes Rath horchend, den Freiheitsbaum pflanzt!

348. Die dreifarbige Cocarde.

Wer ist der Wüthende da, der durch die Hölle so brüllet,
Und mit grimmiger Faust sich die Cocarde zerzaust?

*) Forster sah sich in Mainz von den durch den Französischen National-
Convent dorthin gesendeten Commissären zurückgesetzt (Th. H. I, S. 120; F.'s
Wittwe bemerkt zu dieser Angabe: „Um ganz wahr zu seyn, mufs ich noch
mehr sagen: — der Fremde, welcher in einer fremden Sache als Revolutionair
auftritt, flöfst als solcher immer eine Art Mifsachtung ein"). Dafs er, nach
Frankreich gegangen, da nicht so, wie für ihn vorauszusetzen gewesen sei, behandelt und beschäftigt wurde, lassen doch auch Gervinus (G. VII, S. 66 u. 73 f.)
und Moleschott (M. S. 263) erkennen.

geordneter das (angebliche) Verlangen der Rheinprovinz nach einer
Vereinigung mit Frankreich in Paris zu vertreten: „Heute wird man
es ruhiger fragen, aber man wird es noch immer mit Bedenken fragen,
was F. zu diesem Schritte bewog. Wie, wenn man die Frage um-
kehrte: was in aller Welt sollte ihn bewegen, diesen Schritt nicht
zu thun?“ was nun weiter ausgeführt wird. — Daſs Forster
kein Vaterlandsgefühl hatte, ist gewiſs, aber das Fehlen dieses Ge-
fühles spricht doch nicht frei von den Pflichten gegen das angeborene
und bewahrte oder gegen das gewählte Vaterland, und als Deutscher
betrachtete sich F. in Mainz und muſste er sich gerade bei jenem
Schritte betrachten.   Auch abgesehen von dem zum Nachweis Vorgebrachten (vgl. *K. K.* S. 33), daſs F. sich immer als Deutschland
zugehörig angesehen habe (im October 1779 machte er sogar in einem
Brief an Fr. Jacobi, den er da als einen alten Deutschen bezeichnet,
unter Bezugnahme auf seine Genügsamkeit auch „Anspruch auf diesen
Ehrentitel“; *Th. H.* I, S. 226 f.; *G.* VII, S. 128 f.),   auch davon,
daſs er — wie Dove (*D.* S. 174) ausspricht — erst 1778 mit der
Einkehr in Deutschland zugleich mit der Bestätigung seiner ursprünglichen Nationalität seine volle Eigenthümlichkeit gewann, daſs er wenn
in der Literatur Eines Landes in der Deutschen sich das Bürgerrecht
erworben hat: mit dem Eintreten in den Dienst des Kurfürstenthums Mainz übernahm er Verpflichtungen diesem Deutschen Staat
und damit Deutschland gegenüber, welche ihm auch bei aller Kläg-
lichkeit der Regierung des ersteren so lange oblagen, als er nicht
aus dem ihm da anvertrauten Amt ausgetreten war. Durch die Anstellung in Mainz sah er sich, wie er selbst bekannt hat, Deutschland
als seinem Vaterland zurückgegeben: in der Zueignung seiner Übersetzung von Wilson's Nachrichten von den Pelewinseln an den Kurfürsten von Mainz*) sprach Forster 1789 aus: „Erhabene Begriffe

---

*) Die Zueignung ist abgedruckt *K. K.* S. 90 f. Darüber was Forster
dazu bestimmte, diese Übersetzung dem Kurfürsten zu widmen, sagte er im
März 1789 in dem Schreiben an Joh. v. Müller (*G.* VIII. S. 75), in welchem
er Diesen bat die Genehmigung der Widmung zu vermitteln: *Vous savez qu'il
me tarde de donner à S. A. quelque témoignage de ma vive reconnoissance, pour
les bontés dont Elle m'a comblé en m'appelant ici,* in einem Brief an Heyne
im August 1789 (*Th. H.* I, S. 829; *G.* VIII, S. 88): „Die Dedication an den
Kurfürsten hatte weiter keinen Endzweck, als dem hiesigen Publikum einen Gesichtspunkt anzugeben, unter welchem es meine Herberufung ansehen kann. Hier-

sowohl vom Werth der Wissenschaften, als vom Wirkungskreis des
Gelehrten und menschenfreundliche Gefühle bewogen Eure Kurfürst-
lichen Gnaden sich meiner huldreichst anzunehmen und mir mein
Vaterland wieder zu schenken. Es ist das Werk Eurer Kurfürstlichen
Gnaden, dafs ich in Deutschland zufrieden lebe". Aber namentlich
bei dem Verrath Deutschen Gebietes an Frankreich mufste sich
Forster als einen Deutschen, als einen Angehörigen des Deutschen
Landes betrachten, für dessen Einverleibung in die Französische
Republik er wirkte, Namens dessen er die Bitte um Vereinigung
desselben mit dieser Republik nach Paris brachte. Er selbst war
am 28. Januar 1793 sich Dessen bewufst, wie sein Thun vom Deutschen Standpunkt aus zu beurtheilen war; an diesem Tage schrieb
er an seine Frau nach Neufchatel (*Th. H.* II, S. 392; *G.* VIII,
S. 316), Bezug nehmend darauf, dafs ihn Heyne zur Umkehr auf
der eingeschlagenen Bahn aufgefordert, ihm zur Niederlegung der in
der Französischen Administration von Mainz übernommenen Stelle
gerathen hatte: [Dein Vater meint,] „Ich möchte doch vernünftig
handeln, und was dergleichen Sprüchelchen mehr sind, die doch jetzt
gar nichts sagen wollen, als dafs ich ein doppelter Schurke seyn soll,
nachdem ich in den Augen der Leute jenseits des Rheins an ihnen
einer geworden bin". Am nächstfolgenden Tage schrieb er an
Buchhändler Vofs nach Berlin (*Th. H.* II, S. 273); „Ich glaube so
gehandelt zu haben, dafs alle Parteien mir Achtung schuldig sind".

Es ist hervorgehoben worden, dafs Forster's Handlungsweise
stets Grundsätzen entsprechend gewesen sei, an welchen er unent-
wegt festgehalten habe. Nach Gervinus (*G.* VII, S. 5) beging F.
auch mit seinem Übertritt zu den Franzosen einen Act der consequentesten Handlungsweise und wirkte und lebte er nach Grundsätzen,
die man vorher wohl in seinen Schriften gelobt und bewundert aber
dann in der That verdammt habe; bezüglich Dessen, was F. da that,
sagt Moleschott (*M.* S. 256), dafs F. nach Grundsätzen, die vorher als von dem Letzteren von Dessen frühester Jugend an gehegt
angegeben werden, gehandelt habe, und auf die Festigkeit des Charakters F.'s wird (*M.* S. 281) ausdrücklich Bezug genommen,

in und in dem Wunsch, dem Kurfürsten ein kleines Vergnügen zu machen,
glaube ich, meinen Endzweck erreicht zu haben".

und nach Hettner (*II. II.* S. 370) blieb F. auch in Frankreich, als
da der Gang der Revolution immer trostloser und entsetzenvoller
geworden sei, unerschütterlich fest bei seinen Grundsätzen. In
Wahrheit hat Forster unerschütterliche Festigkeit in seinen Grundsätzen nicht bewährt; eher kann sein Charakter als ein inconse-
quenter bezeichnet werden. Dem, was schon das Vorhergehende in
dieser Beziehung ausweist, mag hier noch Einiges zugefügt werden.

Gewiss ist Forster'n Das nicht zum Vorwurf zu machen, dafs
er im Verlaufe der Jahre auch in Betreff wichtiger Fragen zu ab-
geänderten Ansichten kam und wie vorher den früher, so nachher
den später ihm als richtigere erscheinenden offenen Ausdruck gab.
Aber bei ihm war auch für wichtigste Fragen die Aenderung seiner
Ansichten eine recht rasche, und sie ging dann weit. So z. B. in
Betreff religiöser Überzeugung. Wie er zu Ende des Jahres 1781
dachte, läfst ein da von ihm aus Halle an Sömmerring gerichteter
Brief ersehen, in welchem er (*W.* I, S. 127; *F.-S.* S. 15) wünschte:
„Gott erhalte Dich, theuerster, innigstgeliebtester Br. und segne das
Werk Deiner Hände. Ich bange mich unendlich, dafs ich daran Theil
nehme, auf dafs G. u. s. W. m. u. s. — Der Geist Jesu leite uns
in Demuth, Geduld und Liebe. Amen! — — Nochmals lebe wohl
und bete für mich; denn bis auf die Augenblicke, die ich Ihm sonst
weihte, bleibt mir nichts von Zeit zu eigen. — — Unser lieber Herr
sei mit uns allen!“; wie noch am Ende des Jahres 1783, was er
da in einem Brief an Joh. von Müller (*G.* VII, S. 212) bekannte:
„Ich mache noch täglich die Erfahrung, dafs keine einzige Bewegung
zum Reinguten in mir aus eigenem Antriebe entsteht und ich folglich
keinen Augenblick darauf rechnen kann, in eigener Tugend standhaft
zu beharren. Das glaube ich aber, dafs ich es Alles vermögen werde
durch den, der uns mächtig macht, Jesum Christum“. Mit der
Erkenntnifs, dafs die in Kassel betriebene Beschäftigung mit Rosenkreuzerei eine Täuschung gewesen war, mit dem Abwenden von derselben vollzog sich in Forster auch die Wandlung seiner Ansichten
in Glaubenssachen. Im März 1784 schrieb er an Jacobi's Schwester
(*Th. II.* I, S. 380; *G.* VII, S. 226 f.), in seinem Denken sei eine
Revolution vorgegangen, die, wie er hoffe, sehr zu seiner Zufriedenheit
in Zukunft beitragen werde; eine gute Portion Schwärmerei habe er
noch fahren lassen. Auf der Reise nach Wilna, von Dresden aus

schrieb er im Juni 1784 (*F.-S.* S. 61) an Sömmerring darüber, aus welchen Beweggründen er in Kassel so tapfer für sein Glück gekämpft habe. „so lange ich den lieben Glauben hatte, dessen Erfindung Gott den Menschen verzeihen wolle! Amen!": im August von Wien aus (*Th. II.* I, S. 426; *G.* VII, S. 260) an seine Braut: „Ich habe Alles geglaubt. Die Überzeugung, dafs diejenigen, die mich zu diesem Glauben verführten, keine moralisch guten Menschen wären, öffnete mir die Augen, ich glaubte nun das ganze aufgethürmte Glaubensgebäude auf einer Nadelspitze ruhend zu sehen, und wie ich die untersuchte, fand ich sie auch verrostet und unsicher". Von Wilna aus schrieb er im Dezember 1785 an Sömmerring (*F.-S.* S. 252): „Ich bin Dir jetzt so ruhig, so zufrieden, ohne Gott und ohne Gebete, als ich es ehedem mit aller Kraft und Aengstlichkeit des Glaubens nie sein konnte". und im März 1786 (*F.-S.* S. 290): „Mag doch die Welt glauben, was sie will, wenn ich nur wissen darf, was ich will, und nichts glauben darf". Nach dem Weggang von Wilna schrieb er im November 1787 von Göttingen aus (*F.-S.* S. 448) an Denselben: „In Rücksicht auf Religion, halte ich dafür, kann keine bessere Lage sein, als die eines Protestanten unter Katholiken, die ihm über den Punkt keinen Verdrufs machen. — — Sobald ich die ersten paar Sätze einräumen muls, welche doch beide, Protestanten und Katholiken, ebenmäfsig fordern, so ist mir gar nicht begreiflich zu machen, wo ich stille stehen soll; denn aus einer gegebenen Absurdität fliefsen alle möglichen Absurditäten, und der räsonnirt wenigstens am consequentesten, der sie alle annimmt. Der Fehler liegt darin, dafs man die erste zugiebt. — — Die allerheillosesten und mir allerunerträglichsten Theologen sind die neueren Reformatoren der Protestanten, die ein sogenanntes vernünftiges Christenthum predigen, eine *Contradictio in adjecto!*" (Über Forster's Verhältnifs zur Religion verbreitet sich eingehender Perthes' Charakteristik Desselben, welche Dove als eine feine, christlich accentuirte bezeichnet.)

Rascher ging die Aenderung der Ansichten Forster's in anderen Dingen unter dem Druck äufserer Verhältnisse vor sich. „Die Sicherheit und Ruhe, mit der" nach Gervinus (*G.* VII, S. 68) „F. seinen Übergang zur Revolution machte", zeigt sich doch Demjenigen nicht, welcher das vollständigere Material zur Beurtheilung benutzt, wie F. sich in dieser Sache verhielt. Nach dem Einzug der Franzosen in Mainz am 21. October 1792 bethätigte er nicht sofort die nachher ihn leitende Gesinnung. Weshalb er nicht alsbald der Französischen Partei beitrat, erschien im folgenden Jahr in Mainz als ein Räthsel (*K. K.*, S. 238). Stufenweise kam er in allerdings kurzer Zeit dazu; wo seine Gattin (*Th. II.* I, S. 88) davon spricht, „wie er von einer Veranlassung zur andern sich endlich bestimmt für die Losreißung des Landes vom Deutschen Reichsverband und dessen Einverleibung mit der französischen Republik erklärte", sagt sie auch (S. 90): „er hatte sich den Umständen preisgegeben, weil sie mit seinen Neigungen zusammenstimmten, und so rief ein Schritt den andern hervor und führte die Begebenheiten viel weniger herbei, als diese jene veranlaßten". „Vierzehn Tage lang" (nach der Einnahme von Mainz) — so schrieb Forster am 21. November an Voß nach Berlin (*Th. II.* II, S. 269 f.) — „stand ich zurück und nahm an Nichts Antheil, ausgenommen daß ich auf Verlangen der Universität mit einer Deputation zum General ging und um Schutz für ihre Besitzungen ansuchte. Allein nun war es nicht länger möglich zu zweifeln, welche Partei man ergreifen müsse, da der Volkswille sich immer deutlicher entwickelte — — und endlich die entschiedene Übermacht der Republik in dem ganzen Kampfe keine Hoffnung mehr übrig ließ, daß diese Gegend zurückgegeben werden könnte". In dieser Zeit hatte er erwogen, was er zu thun habe. Am 27. October hatte er an Voß geschrieben (*Th. II.* II, S. 257): „Das allgemeine Wohl des Orts, wo man sich befindet, muß man wollen, dem Willen der Mehrheit muß man folgen. oder seine bürgerliche Existenz und seine Familie einer blinden Anhänglichkeit an Leute opfern, die für sich selbst nichts zu thun im Stande sind, vielweniger ihre Clienten oder diejenigen, die um ihretwillen ins Unglück gerathen, unterstützen wollen und können"; am 26. October an Huber bezüglich der Frage, ob er in Mainz bleiben oder weggehen solle (*Th. II.* II, S. 288; *G.* VIII, S. 258): „Bei jeder Unternehmung muß gewagt werden, ich weiß es wohl; nur kommt es darauf an, wo Wahrscheinlichkeit hindeutet. Auch Das wäre gewagt, mit Brand*) nach Italien zu reisen: freilich nicht die Haut, aber die bürgerliche Existenz". Noch

---

*) Thomas Brand, später Lord Dacres, welchen Forster 1790 aus England als Pensionär mitgebracht hatte.

Anderes scheint Forster's anfängliche Zurückhaltung und dann sein
Hervortreten bestimmt zu haben: Umstände, auf welche noch zurückzukommen ist: mifslichste pecuniäre Lage und Frauen-Einfluſs, aber
namentlich auch die Aussicht auf eine Anstellung in Berlin und daſs
diese Aussicht keine Bestätigung fand. Im Anschluſs an das S. 60 in
der Anmerkung Angegebene schrieb er am 28. Januar 1793 an seine
Frau (*Th. H.* II, S. 392; *G.* VIII, S. 316): „Habe ich nicht ruhig
auf einen Wink gewartet? War es länger möglich, räthlich, ja nur
menschlich zu warten? Hätte ich nicht alles gewagt?"   Keineswegs
trat F. in Sicherheit und Ruhe zu der Revolution über; seine Stimmung
war in den Tagen der Entscheidung wenigstens zeitweise eine sehr
erregte.   Unter Bezugnahme darauf, wie er sich da in Briefen zu
Gunsten der Französischen Partei ausgesprochen hatte („Die Heftigkeit Ihrer letzten Briefe erschreckt mich; man sollte denken, Sie
wären bereits schon mit Leib und Seele Jacobiner" schrieb ihm
Heyne am 31. October 1792; *Th. H.* II, S. 295),   entschuldigte er
sich bei Voſs am 10. November (*Th. H.* II, S. 261) damit, daſs sein
Brief in einem Augenblick von heftiger Spannung und mitten in dem
Gefühl des Verdrusses über alles Dasjenige, was der Einnahme der
Stadt voranging,   bei Heyne an demselben Tage (*Th. H.* II, S. 306 f.)
damit, daſs sein Brief im Moment des Unwillens und Miſsvergnügens
über die Urheber des nunmehr nach Deutschland gebrachten Kriegs-
unglücks geschrieben worden sei.   Am 5. November 1792 trat
Forster dem Club der Französisch-Gesinnten zu, am 19. November
in die von dem General Custine eingesetzte Administration des bisherigen Kurfürstenthums Mainz als Vice-Präsident derselben; „Diese
Gelegenheit, französischer Bürger zu werden, halte ich auf jeden Fall
fest", schrieb er am 10. November an Voſs (*Th. H.* II, S. 267).
Und auch als er sich entschieden hatte wird seine Erregung manchmal eine sehr heftige gewesen sein, wenn auch Das übertrieben sein
mag, was Sömmerring am 19. März 1793 (*W.* II, S. 196; *F.-S.*
S. 612) von Frankfurt aus an Heyne berichtete: „Wie sehr es mich
jammert, Forster so verführt zu sehen, kann ich Ihnen nicht beschreiben. Hofkammerrath Molitor, Weidmann, Gichtel u. s. f.
können mir kaum stark genug den Grad seiner Heftigkeit schildern. —
Man glaubt, er sei nicht ganz bei sich".

Nach Empfang der Nachricht, daſs ihm Graf von Hertzberg
eine Unterstützung in der Form eines Vorschusses angewiesen habe
(vgl. S. 59), schrieb Forster am 21. November 1792 (*Th. II.* II,
S. 326 ff.; *G.* VIII, S. 273 ff.) an Voſs: „Zugleich mit Ihrem letzten
Brief kam einer von . . . der mich benachrichtigte, ich könne über
die . . . Thlr. verfügen. Anstatt diese Summe zu beziehen, schrieb
ich ihm heute, daſs ich erst von neuem Antwort aus Berlin abwarten
muſs. Im Grunde aber hätte ich ihm geradezu schreiben können,
daſs ich von dem Gelde keinen Gebrauch machen würde. Denn Sie
schreiben mir die merkwürdigen Worte: „stimme in des Gr. . Wunsch
ein, daſs Sie ein guter Preuſse bleiben mögen! Das müssen Sie auch,
lieber F., weil ich sonst offenbar in Gefahr käme, durch die so angenehmen Geschäftsverhältnisse mit Ihnen Verdruſs zu erfahren".
Vorerst also, l. F., thue ich gänzlich Verzicht auf die edle Unterstützung, weſshalb Sie sich meiner so freundlich angenommen haben.
Ich kann und will Ihnen keinen Verdruſs machen durch eine Handlung,
die Sie in der groſsmüthigsten Absicht für mich unternahmen. — —
Ich mag lieber alles Elend über mich ergehen lassen, als meinen
Grundsätzen ungetreu werden. Wie könnte ich unter solchen Be-
dingungen einen Vorschuſs von . . . Thlr. annehmen, da ich ein
Geschenk einer halben Million als Bestechung ausschlagen würde! — —
Überflüssig ist nun Alles, was die Vorschuſssache betrifft". „Mit
schnöder Verwerfung läſst er (in einem Augenblicke wo er ärmer war
als je, wo er sich aufs äuſserste einschränken muſste, um bei seiner
moralischen Unabhängigkeit nicht ökonomisch zu Grunde zu gehen)
an Herzberg, der ihm zu spät einen Vorschuſs anbot, durch Voſs
bestellen: „Ich mag lieber — ausschlagen würde". — — Forster
war sich selbst treu in dieser Handlungsweise, und dies war es, was
ihm hernach seinen innern Halt gab"; so meinte Gervinus (*G.* VII,
S. 67). Am 4. Dezember 1792 schrieb Forster an Huber
(*Th. II.* II, S. 339; *G.* VIII, S. 280): „Es gereut mich, daſs ich auf
das von Berlin wirklich schon in Frankfurt für mich zahlbar gemachte
Geld nicht vor acht Tagen die Hand gelegt habe. Alle Bedenklich-
keiten wegen der Wünsche, die man in B. über meine politische
Laufbahn äuſserte (waren's doch nur Wünsche!), fallen jetzt weg; die
Nothwendigkeit gebietet herrisch. In sechs Jahren zahle ich oder liege
unter der Erde verscharrt, und da können die Leute, die zu dem

Vorschufs beigetragen haben, eben nicht viel an mir verlieren". Er
schrieb Das, bevor er die Mittheilung aus Berlin hatte, auf welche
er in seinem Brief an Huber vom 10. Dezember (*Th. H.* II, S, 350;
G. VIII, S. 287) anläfslich der Frage, wie und wo das Geld in Empfang zu nehmen sei, Bezug nahm: „Ich werde nun mein Glück hier
versuchen, indem V. mir schreibt, dafs mir auch nicht im entfern-
testen Verstande die Hände gebunden sind, und dafs seine sowohl
als H. Aeufserung ganz unschuldig gewesen, und nicht jene beun-
ruhigende Bedeutung habe. Das war also ein günstiger Wurf des
Schicksals; noch etliche ist es uns schuldig und ich glaube fast, es
wird nicht banquerott an uns werden wollen". An Denselben, der
von F. ein zur Eincassirung des Geldes legitimirendes Zettelchen erhalten und es zurückzuschicken versäumt oder nicht gerathen gefunden
hatte, schrieb er am 23. Dezember (*Th. H.* II, S. 366; *G.* VIII,
S. 297): „Gott! Alles hing an dieser — freilich nur sehr temporairen
— Unabhängigkeit, die ich mir durch die Annahme jenes Geldvor-
schusses verschaffen wollte ; und nun war mir Alles durchkreuzt und
ich wufste nicht, wie täglich und stündlich ich in den Fall kommen
konnte, wo diese Mafsregel das Einzige war, was mich von der Verzweiflung retten würde. Dazu kam, dafs ich das Geld längst vor
der Einnahme von F. [Frankfurt], den Tag als Th. hinreiste, ohne
die geringste Schwierigkeit hätte heben können ; nun machte ich mir
Vorwürfe über meine übertriebene Delicatesse, nun ärgerte michs
doppelt, als V. zur Erläuterung schrieb, es sey nun und nimmermehr
die Absicht gewesen, mich in Betreff meiner politischen Grundsätze
einzuschränken, und mich flehend bat, das Anerbieten anzunehmen"
(das betreffende Schreiben von Vofs ist meines Wissens nicht veröffentlicht worden). Am 18. Dezember hatte Forster an seine Frau
mittheilen können (*Th. H.* II, S. 357; *G.* VIII, S. 291): „Ich habe
jetzt das Geld, bin also ruhig, es mag gehen wie es will", an Huber
am 20. Dezember (*Th. H.* II, S. 360; *G.* VIII, S. 293), er oder
vielmehr des Kaufmanns eigenes Interesse habe Diesen dahin gebracht,
das Geld ohne Rücksicht auf das berüchtigte Zettelchen auszuzahlen.

Forster's Grundsätze waren nicht so feste, nicht so sein Handeln
bestimmende, wie Dies von Mehreren geschildert worden ist. F. war
dem Gleiten ausgesetzt, wobei er weiter nach unten kam; aber
für die neue Position, widersprach sie einem früher geäufserten

Grundsatz, machte er sich wieder einen Grundsatz, mit dem sie in Einklang stand.

Unrichtiges ist aber auch mehrfach vorgebracht worden über Forster's Gewissenhaftigkeit: darüber, dafs er stets gethan habe, was seine Pflicht gewesen sei. Pflichtgefühl besafs F. nur in mäfsigem Grade. Das zeigte Forster in jeder der Berufsstellungen, welche er annahm. Wo er als Professor war:. in Kassel und in Wilna arbeitete er in seinem Lehramt für das Brod, welches er erhielt (vgl. S. 61), so viel bez.-w. so wenig, dafs ihm möglichst viel Zeit für andere Beschäftigung blieb. Er war sich Dessen bewufst, nahm jedoch die Sache leicht; „am Ende, wär' ich nicht Prof. *hist. nat.* in Wilna, so wäre es ein anderer, der sein Brod eben so, und vielleicht noch mehr in Sünden verzehrte. Ich habe wenigstens den Trieb, meine Amtspflichten so gut und vollkommen als möglich zu erfüllen", schrieb er im Januar 1786 an Sömmerring (*W.* I, S. 194; *F.-S.* S. 266), aber zur Bethätigung dieses Triebes kam es nicht, sogar seine Gattin wufste zu sagen (*Th. II.* I, 38), was er in Wilna seiner Instruction gemäfs wohl hätte thun können aber nicht that. Daran, dafs ihm das Interesse für solche Thätigkeit abging, hatte Antheil was S. 54 f. erinnert wurde: dafs seine Kenntnisse in den Fächern, welche er zu vertreten hatte, nicht so waren wie zu wünschen gewesen wäre. Das wufste er selbst; von Wilna aus schrieb er im Juli 1786 an Heyne (*Th. II.* I, S. 560: *G.* VII. S. 349): „Keine Idee werde ich hier in meinem Fache durch Umgang gewinnen, folglich mufs Lecture Alles ersetzen. Aber mich selbst in Kenntnifs meines Faches fester setzen, nachholen, wozu meine bisherige Lage mir nicht Zeit liefs, dies werde ich hier können, und so hoffe ich einst für eine andere Lage mich geschickt zu machen". Doch auch hier blieb es bei dem Vorsatz; was er in Kassel nicht gethan hatte, wo ihn die Rosenkreuzerei in Anspruch nahm, that er auch nicht in Wilna; da wie vorher und nachher war es, abgesehen von kleineren Arbeiten welche auf der Weltreise gewonnene Resultate behandeln oder an sie anknüpfen, die Anfertigung von Übersetzungen, welche sich ihm als das Dringendere hinstellte. Der nämliche Umstand mufste auch seine Vorträge beeinflussen, welche er in Wilna noch 1786, nachdem er schon sieben Jahre gelehrt hatte, Wort für Wort ablas, wegen einer Art Schüchternheit, wie er selbst sagte (vgl. *P.* S. 68): „seine Ungeschicktheit zum

Vortrag, von der er sich seltsamer Weise überzeugt hatte, war beinahe unglaublich bei seiner Leichtigkeit in der Discussion und im wissenschaftlichen Gespräch" fand seine Frau (*Th. II.* I, S. 35). Daſs der Nutzen, welchen er als Professor in Wilna stiften könne, „unendlich klein" sei, fand Forster (in dem vorerwähnten Brief an Sömmerring) in den äuſseren Verhältnissen begründet: er könne eine ganze Nation nicht umschaffen. Aber er sprach sich auch die natürliche Anlage zum Professor ab. Von Wilna aus hatte er im April 1787 an Sömmerring geschrieben (*W.* I, S. 231; *F.-S.* S. 374 f.): „Es giebt nur Ein Göttingen. — — Ich weiſs die Nachtheile von Göttingen, aber so sehr zuwider, wie mir das Professorenleben ist, und insbesondere so lästig das Collegienlesen, woran ich mich nun gewöhnen werde. — — würde ich doch lieber dort, als irgend anderwärts Professor sein, wegen der Bequemlichkeit, ungehindert zu studiren"; von Göttingen aus schrieb er im November 1787 an Denselben (*W.* I, S. 258; *F.-S.* S. 462): „Ohne allen Zweifel ist die Versetzung von Wilna nach Göttingen offenbarer Gewinn für meinen Kopf und meine innere Ruhe, ob ich gleich immer mehr fühle, daſs ich zum Lehrer kein Talent habe, folglich als Professor hier immer eine unangenehme Lage haben würde". Und zudem war er der Meinung, daſs eine Universität nicht der rechte Platz für einen Naturforscher sei; von Kassel aus äuſserte er sich im Juli 1779 an Fr. Jacobi (*Th. II.* I, 212) nach Erinnerung daran, daſs er sich schon vorher ein paar akademische Jahre frei von allen Geschäften gewünscht hatte: „Ich fühle täglich, seitdem ich hier das Lehramt angetreten habe, wie richtig dieser Wunsch auf meine übrigen Kenntnisse paſste; denn die Routine, die systematische, einmal angewöhnte Art zu lehren und zu dogmatisiren, die so unentbehrlich ist, und wozu viele theoretische Kenntnisse gehören, ist mir völlig ein Geheimniſs. Vielleicht aber würde selbst ein zweijähriger Aufenthalt auf irgend einer Universität (so sehr ich für meine Person an Wissenschaft gewönne) mir diese Routine nicht geben, weil ich — mich genug zu kennen glaube, um sagen zu dürfen, daſs ich mich fürs Lehramt gar nicht schicke. Naturkunde ist eine Wissenschaft, in der man durchaus fortgehen muſs, wenn man Vergnügen davon haben will; das kann der Professor eigentlich nicht, ich muſs gestehen, daſs es mir durchaus nicht im mindesten schmeicheln würde,. auf der

besten Universität Professor zu werden. Aber eine Lage, wo ich
viele Muſse hätte, in meiner Wissenschaft fortzuarbeiten, und wobei
meine Amtsgeschäfte den Kopf nicht angriffen, kurz, etwan eine Civil-
bedienung — — würde ich mit beiden Händen ergreifen". Trotz
dieser Ansichten sagte Forster für Kassel und für Wilna zu, als
Professor zu wirken, und gerne würde er nach dem Weggang von
Wilna dieselbe Zusage für Mainz gegeben haben: als ihm im Dezember 1787 mitgetheilt wurde, es könne sich ihm eine Aussicht
eröffnen, an der Universität der letzteren Stadt angestellt zu werden,
schrieb er an Heyne (*Th. II.* I, S. 667; *G.* VII, S. 404) im Anschluſs an die Bemerkung, sich anzubieten sei riskirt: „Sonst wäre
Mainz wohl ein ganz guter Ort für mich. — — Ich würde wenigstens
arbeiten können, und das eigentliche Professorenleben, wozu ich doch
einmal nicht die rechte Anlage und das rechte Geschick habe, möchte
dort mir am wenigsten lästig fallen, da Ein Collegium wohl Alles ist,
was man dort fordert, oder auch was sich dort zu Stande bringen
lieſse". Was in dem Vorstehenden in Erinnerung gebracht wurde
schlieſst nicht aus, daſs Forster auf einen oder den anderen jüngeren
Mann, dem er auch Lehrer war, anregend gewirkt habe; doch bestätigt es nicht Moleschott's Ausspruch (*M.* S. 75): „Die sittliche
Bedeutung des Lehramts, die gerade von den Lehrern höherer Anstalten so selten in ihren Gesichtskreis gezogen wird, wurde tief und
heilig von ihm erfaſst". — Aber nicht als Professor sondern als
Bibliothekar kam Forster 1788 nach Mainz. „Sein Amt als Bibliothekar, für das er nicht besser befähigt war, als für die früheren
Professuren, behandelte er eben so lässig wie jene und beruhigte sich
darüber leicht bei der in dem geistlichen Kurstaat herrschenden
Schlaffheit und Sorglosigkeit"*) sagt Dove (*D.* S. 178). — Die

---

*) Nachrichten über Forster's amtliches Verhalten als Bibliothekar in
Mainz hat Klein (*K. K.* S. 75 ff.) gesammelt. Zu dem auch von Dove ge-
machten Vorwurf der Lässigkeit F.'s in der Erfüllung seiner Amtspflichten kam
noch Anderes: der Vorwurf egoistischer Verwendung des für die Anschaffung von
Büchern bestimmten Geldes. Die letztere Anschuldigung wurde namentlich im
Frühjahr 1792 gegen F. erhoben und von Diesem beachtet. Bockenheimer
(*G. F.* in Mainz, 1880, S. 4) sagt: „War doch selbst ein Collega und späterer
Gesinnungsgenosse, Prof. Hofmann" (Andr. Jos. II., Professor der philosophischen Geschichte und des Naturrechts in Mainz) „genöthigt, bei Revision
einer Bibliothekrechnung Forster den Vorwurf zu machen, „daſs er nichts, als

Disposition Forster's in Beziehung auf Pflichterfüllung im Amt erkannte Heyne wohl schon frühe, und dann ist Das doch sehr begreiflich, was F.'s Wittwe später (*Th. H.* I, S. 35) unbegreiflich
war: dafs ihr für die Heranziehung tüchtiger Kräfte an seine Universität so besorgter Vater nie den Gedanken gefafst zu haben scheine,
Forster für Göttingen zu gewinnen, ihn da nicht bei sich darbie-
tender Gelegenheit zum Bibliothekar empfahl.

. Forster blieb, nachdem die Franzosen Mainz besetzt hatten und
er zu der Partei Derselben übergegangen war, ohne Weiteres in dem
Genufs des ihm von dem Kurfürsten übertragenen Amtes.   Sein
Schwiegervater fand, nachdem F. in die Französische Administration
eingetreten war (vgl. S. 68), dafs Dieser gegen den Kurfürsten
anders als er es that hätte handeln sollen. Heyne schrieb am
1. Dezember 1792 an seine Tochter (*Th. H.* II. S. 334): „Dafs
Forster die Stelle angenommen hat, läfst sich freilich unter den
Umständen auch bei Andersdenkenden entschuldigen*). Was ich indessen wünschen mufs, wäre ein gutes *procédé* gegen seinen eigenen
Fürsten, an diesen hätte er billig, ehe er den Schritt that, schreiben
müssen, sonst bleibt es ein Schritt, von dem der Fleck der Undank-
barkeit nicht abzuwaschen ist. Auf allen Fall müfste es noch geschehen und wenigstens an den Coadjutor geschrieben und Bericht
erstattet werden, was unter den Umständen nöthig war, aber ohne
Darlegung von jenen Gesinnungen, die wenigstens hier ihre schickliche
Stelle nicht haben würden". Meines Wissens geschah Nichts von Dem,
was Heyne als geboten betrachtet hatte. —   „Was mich betrifft",
schrieb Forster am 10. November 1792 an Vofs (*Th. H.* II, S. 263 f.),

was ihm in seinen Kram passe, — englische Reisebeschreibungen — angeschafft
habe, um von dem Übersetzungshonorar seine Einkünfte ohne Auslagen zu vermehren, während er alle anderen Fächer nicht bedacht habe". Was F. in
dem schon S. 54 erwähnten an Joh. von Müller gerichteten Schreiben (*G.* VIII,
S. 179) in Betreff dieser Anschuldigung vorgebracht hat, widerlegt dieselbe nicht
ganz: *Serais-je donc si fort à blâmer si parmi les achats que je dois faire,
j'aurois en de temps à autre quelques égards à mes propres besoins litéraires,
si, comme il conste par le fait, je lis réellement ce que j'achete pour cet objet,
et que je me vois en état par là de fournir des ouvrages utiles au public?*

*) Am 30. Dezember 1792 sprach sich aber doch Heyne an Sömmerring
aus: „Dafs ich den Namen Forster's unter dem Decret der Administration
sehen soll, thut mir weh" (*W.* I, S. 87).

„so hätte ich entweder emigriren, oder hier bleiben und mich in
nichts mischen müssen, oder aber es blieb nur das Dritte übrig, in
so weit, wie es von mir gefordert wurde, zu wirken. Vor der Capi-
tulation auszuwandern hiefs" (die an Anderen verabscheute) „Feigheit
beweisen; nachher war es·ohne eine Verleugnung aller meiner bisher
geäufserten Grundsätze und meiner ganzen Denkungsart durchaus
nicht möglich". Seine Amtspflicht habe ihm geboten, zu bleiben;
„An eine Flucht von meinem Posten ist noch auf keine Weise zu
denken, am wenigsten zu einer Zeit, wo ich nicht weifs, wovon Frau
und Kind leben sollten" schrieb er am 26. October an Huber
(*Th. H.* II, S. 288), „Auch ich wünsche in Mainz zu bleiben und
mein Amt bindet mich einstweilen auch an diesen Ort" am 21. November an Vofs (*Th. H.* II, S. 270). Aber besonders die Pflicht
gegen seine Mainzer Mitbürger habe ihn bestimmt, in Mainz bleibend
so wie er es gethan thätig zu sein: „Was denken Sie wohl, dafs in
einer solchen Lage zu thun sey? Mein Haus und Ameublement, das
heifst: was ich in der Welt habe, zu verlassen und aufs geradewohl
mit Frau und Kind umher zu irren, bis es uns an Mitteln zu unserer
Erhaltung fehlt, — oder hier zu bleiben, die Universität aufrecht zu
erhalten suchen, sich der Bürgerschaft anzunehmen, sie auf ver-
nünftigem gemäfsigtem Wege so zu führen, dafs ihnen bei dem Frieden
die Wiedervereinigung mit dem deutschen Reiche, wenn sie nothwendig
seyn sollte, nicht nachtheilig wird, und bei dieser Laufbahn zu wagen,
was zu wagen ist?" fragte er Vofs am 27. October (*Th. H.* II,
S. 258; *G.* VIII, S. 240). „Es giebt keine Verbindlichkeit, die ich
mir denken kann (ich spreche sehr ernsthaft, vor Gott), welche mich
bewegen könnte, an meinen hiesigen Mitbürgern zum Verräther zu
werden. — — Ich erhalte die Habe und den Wohlstand der Einwohner, hernach bekomme das Land wer will, so hat er es in guten
Umständen" schrieb er an Vofs am 21. November (*Th. H.* II,
S. 267 f.), nachdem er schon am 10. November an Heyne (*Th. H.* II,
S. 309) geschrieben hatte: „Es ist, glaube ich, jedes rechtschaffenen
Einwohners Pflicht, wenn er aufgefordert wird, jetzt für die Erhaltung des Wohlstandes und des Privateigenthums der Einwohner zu
sorgen; denn es mag hernach Mainz in Hände kommen, welche man
will, so mufs es dem jedesmaligen Regenten lieb seyn, ein nicht er-
schöpftes, im Genufs seiner Kräfte bestehendes Land zu haben. Einen

anderen Grundsatz des Handelns habe ich nicht, und er ist so einfach
als wahr" und am 16. November an Joh. von Müller (*Th. H.* II,
S. 320; *G.* VIII, S. 269) in gleichem Sinn. Daſs jedoch Forster's
Entschluſs, in Mainz zu bleiben, auch durch Anderes, namentlich die
Rücksicht auf die Sicherung seines Eigenthumes (ein Haus besaſs er
übrigens nicht) und der Subsistenz seiner Familie beeinfluſst wurde,
geht aus dem Vorstehenden und dem S. 67 f. Angeführten hervor,
auch aus Dem, was er in dem Brief an Voſs vom 10. November im
Anschluſs an das S. 74 f. aus demselben Mitgetheilte schrieb: „Nehmen
Sie meine Privatumstände hinzu: ich hätte meine Meubeln fast um
nichts hergeben müssen, weil niemand jetzt kauft; ich hätte bis nach
Altona gehen müssen — —. Welch eine lange Reise mit Weib und
Kind, welch ein theurer Aufenthalt und welch eine neue Ausgabe,
ehe ich mich von vorne wieder einrichtete! Also muſste ich in jeder
Rücksicht hier bleiben". (Klein hat zusammengestellt, was er als
den Beweis dafür abgebend betrachtet, daſs Geldverlegenheit die Ursache von Forster's Übertritt zu der Französischen Partei gewesen
sei; *K. K.* S. 231 ff.)

Vor und nach der Weltreise hatte Forster in England redlich
sein Theil dafür gearbeitet, seiner Familie in den traurigen ökonomischen Verhältnissen derselben beizustehen, dem durch Schulden hart
bedrängten Vater zu helfen. Nach Deutschland ging er 1778, um
für die Zusammenbringung der zur Befreiung seines Vaters aus
drückendster Lage erforderlichen Geldmittel zu wirken; noch von
Kassel aus ließ er einen groſsen Theil seiner literarischen Erträgnisse
seiner Familie zugehen. Aber mehr wohl als Dies ließ ihn, der
an Einhaltung eines Gleichgewichtes zwischen Ausgaben und Einnahmen nicht gewöhnt war, in Kassel — wo er nach seinem eigenen
Ausspruch (in einen Brief an seinen Vater aus dem Dezember 1778;
Th. H. I, S. 190; *G.* VII, S. 105) gut leben konnte und für
welchen Ort er (in einem Brief an Fr. Jacobi; *Th. H.* I, S. 279;
G. VII, S. 154) im October 1781 seinen Gehalt als schon etwas
Ansehnliches befand — die Betheiligung an der Rosenkreuzerei in
Überschuldung gerathen. Vorschüsse der Polnischen Regierung, welche
er von dieser unter Verpflichtung zur Rückzahlung in kleinen Raten
und zu achtjährigem Verbleiben in Wilna erhalten hatte, ermög-
lichten ihm 1784 die Übersiedelung an den letztgenannten Ort, wo

ihm wiederum pecuniäre Schwierigkeiten erwuchsen. Von diesen und
von den gegen die Polnische Regierung eingegangenen Verpflichtungen
wurde er 1787 durch die Russische befreit (vgl. S. 47 f.). „Forster
war ganz schuldenfrei, in die Mitte von Deutschland zurückgeführt,
und hatte noch eine so ansehnliche Summe Geldes in Händen, dafs
er eine sichere Versorgung abwarten konnte" (*Th. II.* I, S. 58).
Diese fand er 1788 in Mainz, aber bald gerieth er auch hier wieder
in Schulden.   Schon auf der Reise nach Wilna, bei der Überlegung,
welche äufsere Verhältnisse er seiner Verlobten werde bieten können,
hatte er von Nordhausen aus im Mai 1784 an Sömmerring (*W.* I,
S. 132; *F.-S.* S. 30) geschrieben: „Das verdammte Geld! oder vielmehr das Unglück, dafs ich nicht damit haushalten kann! Doch ich
will's lernen, mag's kosten was es will". Er lernte es nie. Überall
gab er mehr Geld aus, als er auszugeben hatte, auch für seine äufsere
Lebensweise aber namentlich für Gegenstände seiner wissenschaftlichen
Interessen und Liebhabereien: theure Bücher, Landkarten, Kupfer-
stiche (vgl. *Th. II.* I, S. 70; *P.* S. 65; *K. K.* S. 116). Relativ
grofsartige Ausgaben erlaubte er sich bei Einnahmen, die für anständig einfache Art des Lebens und bei Beschränkung auch der
wissenschaftlichen Bedürfnisse auf das Nothwendige ausreichend waren,
und nur einen Theil dieser Ausgaben konnte der dagegen kleinlich
zu nennende Gelderwerb durch Übersetzungen decken, zu welchem F.
schon in früher Jugend angehalten worden war und welchen er auch
von der Weltreise zurückgekehrt wieder in England, dann in Kassel,
in Wilna und auch noch in Mainz*) betrieb.

Daran, dafs wirthschaftliche Unordnung bei Forster ständig
blieb, hatte seine Frau keinen Antheil; Alles, was über Diese bekannt
geworden ist, spricht für die Wahrheit Dessen, was sie (*Th. II.* I.
S. 40) berichtet: „Sie sah Sparen, Schaffen, Erhalten als ihren ersten
Beruf an, und so ging es gut in ihrem kleinen Kreise: allein nie
bekam sie mehr Geld in die Hände, als für den laufenden Tag, und

---

*) Forster übersetzte da viel, so viel dafs seine Gegner diese Thätigkeit
zum Gegenstand ungünstiger Bemerkungen machten. „Mufste er es sich doch
gefallen lassen, dafs in einer Zeit, in welcher er durch sein rücksichtsloses Be-
nehmen die öffentliche Meinung herausgefordert hatte, eine Reihe von Flugblättern sich über die in seinem Hause betriebene Übersetzungsfabrik lustig
machten" (Bockenheimer's G. F. in Mainz, 1880, S. 1).

so lernte sie ihres Mannes ökonomische Lage nicht kennen. — —
Bei der offenen Mittheilung derselben, jetzt" (in Wilna) „und später,
würde sie wahrscheinlich darauf gedrungen haben, neben dem Streben
nach gröfserer Einnahme, das gröfste Ebenmafs zwischen seiner jetzigen
und seiner Ausgabe herzustellen. — — In spätern Zeiten blieb seine
Frau nicht ohne Unrecht in dieser Sache — nicht als habe sie je
viel Geld ausgegeben — sondern weil nach und nach seine Aengstlichkeit, mehr zu erwerben, ihr sichtbar wurde, hätte sie sollen jedes
unstatthafte Zartgefühl beiseite setzen und eine totale Beschränkung
der Bedürfnisse erzwingen. Das wäre für sie gar kein Opfer gewesen
— —. Allein Forster selbst hätten diese Beschränkungen hart getroffen — er hätte müssen seine Reisen, sein Bücherkaufen, seine
Wohnung aufgeben, und das von ihm zu fordern, hatte diese Frau
nicht mehr den Muth, wie ihre Mittel, ihn glücklich zu machen, nicht
mehr ausreichten". — Den Mangel an Offenheit, welchen Forster
bezüglich seiner pecuniären Verhältnisse seiner Frau gegenüber gezeigt
hat, als eine Verletzung der Derselben schuldigen Pflichten zu be-
tonen, wäre kleinlich, namentlich da ungleich schwererer Verschuldung
Forster's gegen seine Frau und gegen sich als Ehemann gedacht
werden mufs. Auch wenn F. nicht selbst dazu Veranlassung gegeben
hat, dafs das Herz seiner Frau nicht mehr so wie vorher für ihn
schlug: als dieses Herz sich einem Anderen zuwendete hatte F. für
seine Frau die Verpflichtung, von der ersten Erkenntnifs an dafs Dem
so sei, in jeder nur möglichen Weise der Herstellung und der Unterhaltung eines Verhältnisses entgegenzutreten und ein Ende zu machen,
von dem er einsehen mufste bis zu welchem Grade es zu einem com-
promittirenden werden könne, oder aber seiner Frau die Freiheit
zu verschaffen, mit ihrem Herzen auch ihre Hand zu vergeben,   für
sich die gleiche Verpflichtung und die zur Abwendung des Verdachtes,
wissentlich der Freund des Liebhabers seiner Frau geblieben zu sein.
Nach beiden Seiten hin ist Forster seiner Verpflichtung nicht nach-
gekommen*).

Noch eines Mangels an Pflichtgefühl in Bezug auf seine Ehre
ist Forster zu zeihen: dafs er um sein eigenes, ihm bedroht er-
scheinendes Leben zu retten kein Bedenken trug, das eines für ihn

---

*) Vgl. Anmerkung IX am Ende dieses Theils.

Unschuldigen opfern zu wollen (*Th. II.* I, S. 136 ff.). Er besorgte,
durch das Überschreiten der Grenze Frankreichs ohne Erlaubnifs der
Machthaber des s. g. freien Landes, als er im Anfang des Novembers
1793 nach Travers die Seinen wiederzusehen und seinen Kindern
die letzte ihnen von ihrem Vater gewordene Geldunterstützung zu
überbringen ging, und dadurch, dafs er erheblich weniger Geld zu-
rückbringe als er in dem Französischen Grenzort bei dem Verlassen
desselben angegeben hatte, der Gefahr einer Anzeige und der Folge
davon, als verdächtig behandelt zu werden, ausgesetzt zu sein. In
Travers theilte ihm Huber ein Diesem im Vertrauen auf Geheim-
haltung übergebenes Schriftstück mit, welches den Beweis dafür enthielt, dafs der damals in Paris unter der Anschuldigung der Theilnahme an einem Complot für die Wiederherstellung des Königthums
eingekerkerte alte General (Graf Nik.) Luckner sich wirklich als
Bürger der Französischen Republik eines Verrathes schuldig gemacht
habe. Forster nahm mit Huber's Beihülfe von diesem Schriftstück
eine Copie, um diese, bei der ersten Wahrscheinlichkeit zur Verant-
wortung gezogen zu werden, als den Gegenstand seiner Reise über
die Grenze und seines dort gelassenen Geldes ausgeben zu können.
Er konnte vermuthen aber nicht wissen, dafs Luckner's Procefs bis
dahin schon entschieden sein werde (Forster kam unbelästigt am
26. November nach Paris zurück; erst am 6. Januar 1794. sechs Tage
vor F.'s Tod, fiel das greise Haupt des Generals unter die Guillotine).

In dem Vorhergehenden ist versucht, G. Forster nach den
verlässigsten über ihn vorliegenden Nachrichten, so weit als möglich
nach den von ihm selbst hinterlassenen zu schildern. Ein sehr von
dem da sich ergebenden Bilde dieses Mannes abweichendes haben
Andere entworfen. Forster, ausgestattet mit vorzüglichen Anlagen,
mit hoher Begabung für die Auffassung und Schilderung der Natur
von Gegenden und der Sitten ihrer Bewohner, wie auch des Schönen
und Charakteristischen von Gegenständen der Kunst, in der Deutschen
Sprache des Styles Meister, ein guter Sohn, sehr liebenswürdig im
Umgang — Forster ist auch geschildert worden als ausgezeichnet
durch Vorzüge, die ihm nicht zukamen, und als frei von Fehlern,
die er besafs: von Forster ist construirt worden ein Bild, welches
das Original Diejenigen kaum wiedererkennen läfst, die mit dem letzteren vertraut zu werden sich gewissenhaft alle Mühe gegeben haben.

Es ist für diese andersartigen Schilderungen zuzugestehen, daß sie in vollster Überzeugung geschrieben wurden, der durch sie gefeierte Mann sei wirklich so gewesen, wie er da gezeichnet ist. Es wird aber auch spätere, vielleicht noch eingehendere Behandlung dieses Gegenstandes für sie anzuerkennen haben, daß der Enthusiasmus, welcher sich in ihnen ausspricht, ein nicht genügend begründeter, daß der in einigen aufgewendete Reichthum an Phrasen ein vergeblich verschwendeter ist und die Thatsachen, so wie sie aus jenen Nachrichten zu ersehen sind, ihre Geltung behaupten.

Dove hat (D. S. 175) Forster richtig beurtheilt in dem Ausspruch: „Ihm war unter dem wohlmeinenden, aber despotischen Regiment des Vaters die Energie des Willens auf die Dauer geknickt worden, so daß ihn jedes Hemmniß entmuthigte, anstatt seine Kraft zu reizen". Aber eben so wichtig ist für die Charakterisirung Forster's die Erinnerung daran, daß er an ihn tretenden Versuchungen Widerstand zu leisten sich oft allzu schwach erwies. Das war u. A. der Fall in der eben erzählten, Luckner gefährdenden Sache, vorher in Mainz Frauen-Einwirkung gegenüber*), noch früher in Kassel bei der Betheiligung am Rosenkreuzer-Unwesen, an deren eingehendere Betrachtung wir jetzt kommen.

Das Streben nach dem Geheimwissen, welches den in den Rosenkreuzer-Bund Eingetretenen in Aussicht gestellt war, und speciell die Beschäftigung mit Alchemie war in Kassel in dem Anfang des letzten Viertels des vorigen Jahrhunderts nicht durch locale Verhältnisse begünstigt, wie sie etwa die Hinneigung eines da residirenden Fürsten zu dieser Richtung oder wie sie eine bei den Bewohnern dieser Stadt vorhandene besondere geistige Regsamkeit, die in anderer Weise keine Befriedigung gefunden hätte, abgeben zu können im Stande gewesen wäre. Der 1720 geborene, von 1760 bis 1785 regirende Landgraf Friedrich II. von Hessen-Kassel war frei von Schwärmerei in dieser Richtung; für äußeren Glanz, prachtvolle Bauten u. dergl. hatte er viel Sinn und wendete er sehr bedeutende Summen auf, auch die Kunst und die Wissenschaften liebte er (er legte das *Museum Fridericianum* in Kassel an und das Gymnasium dieser Stadt war

.

---

*) Vgl. Anmerkung X am Ende dieses Theils.

nach ihm *Lyceum Fridericianum* genannt), aber dafür, dafs er zu
geheimem Wissen Neigung gehabt habe, liegt keine Anzeige vor*)
und nicht als von ihm ererbt darf die bei dem Einen seiner Söhne
so stark hervorgetretene Neigung zu solchem Wissen angesehen werden
(bei dem Zweiten der zu reiferem Alter gekommenen: dem 1836 zu
Louisenlund in Schleswig im 92. Jahr gestorbenen Landgraf Karl,
welcher sich nur wenig in Kassel aufgehalten aber sein ganzes Leben
hindurch hauptsächlich und angelegentlich mit geheimem Ordenswesen,
Freimaurerei, Rosenkreuzerei und Illuminatismus sowie mit Theosophie, Alchemie, Astrologie und anderen geheimen Wissenschaften
abgegeben hat). Selbst Ed. Vehse, welcher einen einem Fürsten zu
machenden Vorwurf nicht leicht übersicht, erhebt gegen Friedrich II.
da, wo er über ihn schreibt (Geschichte der Deutschen Höfe seit der
Reformation, XXVII. Bd., Hamburg 1853, S. 161 ff.), nicht den, dafs
Derselbe Alchemie getrieben habe. Dieser Landgraf hatte auch zur
Bestreitung seiner grofsartigen Ausgaben aufser dem Lotto noch eine
ergiebigere andere Geldquelle: dafür, Gold zu machen, dienten ihm
als *Materia prima* die Körper seiner Unterthanen, welche er mit
unermefslichem pecuniärem Vortheil für sich an England zur Krieg-
führung gegen Nordamerika überliefs. — Es war auch in Kassel
keine geistige Strömung, welche in eine falsche Richtung hätte ein-
lenken können, in hervortretender Weise vorhanden. Der Sinn für
Das, was geistige Thätigkeit leiste, war da im Allgemeinen gewifs
nicht über, nach Dem was wir wissen eher unter dem in jener Zeit
in kleineren Deutschen Residenzen durchschnittlich zu findenden.
Ganz so arg, wie es wohl angegeben worden ist, stand es jedoch
damals auch in Kassel in dieser Beziehung nicht. Wenn G. Forster

---

*) Jüngst (Frankfurter Journal Nr. 704 v. 30. Oct. 1885) ist von Kassel
aus anläfslich der Erinnerung daran, dafs am 31. October 1885 seit dem Todes-
tag Friedrich's II. ein Jahrhundert verflossen ist und dieser Fürst doch auch
Verdienste um sein Land und Volk gehabt habe, auf Dessen Toleranz in religiösen Dingen hingewiesen worden, die auch schon daraus erhelle, dafs Derselbe
Mitglied des Freimaurer-Ordens gewesen sei. Das Allgemeine Handbuch der
Freimaurerei (2. Aufl., Leipzig 1863—1867) weifs davon Nichts, sondern nennt
(Bd. I, S. 616) Friedrich II. nur als der Maurerei (der Errichtung von Logen)
günstig gesinnt; auch A. Wyfs' Lebensbeschreibung dieses Landgrafen in
der Allgemeinen Deutschen Biographie (Bd. VII, Leipzig 1878, S. 524 ff.) enthält Nichts darüber, dafs Derselbe dem Freimaurer-Bund zugehört habe.

von Kassel aus im August 1781 an **Friedr. Jacobi** (*Th. H.* I, S. 270; *G.* VII, S. 152) schrieb: „Ich bekomme hier kein Buch zu sehen und zu lesen, wenn ich es nicht kaufe. Niemand liest in Cassel", so war dieses Urtheil jedenfalls so, wie es uneingeschränkt ausgesprochen war, ein übertreibendes. Die Minister von **Waitz** und von **Schlieffen** waren hochgebildete, für geistigen Fortschritt überhaupt wie für das Vorschreiten des Wissens auf einzelnen Gebieten desselben sich interessirende Männer, und ganz vereinzelt werden sie in den s. g. höheren Kreisen der eigentlichen Kasselaner wohl nicht gestanden haben. Aber namentlich an der höheren Lehranstalt, an welcher **Forster** 1778 und **Sömmerring** 1779 als Lehrer angestellt waren: dem von dem 1730 gestorbenen Landgraf **Karl** errichteten Collegium Carolinum hatten sich geistig thätige und wirklich bedeutende Männer zusammengefunden. Unter den schon früher an diese Anstalt Gekommenen fand **Forster** vor als Professor der Rechte und der Reichsgeschichte **Just. Friedr. Runde**, als Vertreter der klassischen Sprachen und Literatur den nachher durch seine Arbeiten auf dem Gebiete der Philosophie bekannt gewordenen **Dietr. Tiedemann**, als Lehrer der Kriegswissenschaften **Jak. Mauvillon**, als Professor der Cameral- und Finanzwissenschaften **Christ. Konr. Wilh. Dohm**, welcher jedoch bald nach Berlin ging, als Professor der Medicin, Chirurgie und Entbindungskunst **Georg Wilh. Stein** d. Ä.; dazu kamen während **Forster's** Aufenthalt in Kassel aufser **Sömmerring** für Anatomie noch 1781 **Johannes Müller** für Geschichte und 1782 **Ernst Gottfr. Baldinger** für Medicin. Das war ein Kreis von Männern, die so weit sie nicht damals schon berühmt genannt werden konnten, doch daran waren, es zu werden. Neben diesen Bedeutenderen unter den Lehrern an dem Collegium Carolinum gab es natürlich auch weniger Bedeutende, und unter den Letzteren war der 1781 im 55. Jahr gestorbene Professor der Chemie **Karl Prizier** aus Kassel, dessen Name zwar in Fr. W. **Strieder's** Hessischer Gelehrten- und Schriftsteller-Geschichte (XI. Bd., Kassel 1797, S. 176 f., woher ich das Nachstehende entnehme) aufgeführt ist aber in der Geschichte der Chemie nie genannt war. „Landgraf **Friedrich II.** pflegte sich öfters mit chemischen Prozessen die Zeit zu vertreiben; höchstderselbe brauchte hiezu **Prizier'n**, und man konnte Diesen also eher im Laboratorio in einem schwarzen Kittel als auf dem

Katheder antreffen, wo er jedoch von Schülern eben nicht vermisset wurde, weil deren wenige oder gar keine vorhanden waren." Nichts deutet darauf hin, dafs diese unter Beihülfe Prizier's, welcher die Rechte studirt und sich hernach mehr auf Bergwerks- und Cameral-wissenschaften gelegt hatte, vorgenommenen Operationen alchemistische gewesen seien.

Nicht in der Art Prizier's beschäftigten sich Forster und Sömmerring in Kassel mit Chemie, und für Das, mit was als ihnen Hauptsächlichstem sie sich da abgaben, wählten sie ihre Vertrauten nicht unter den eben genannten Bedeutenderen ihrer Collegen im Lehramt. Ins Geheim trieben sie da in einem Rosenkreuzer-Zirkel Alchemie und noch Schlimmeres.

Das Geheimnifs dieses Treibens ist gut bewahrt worden. Zu meiner Kenntnifs wenigstens ist aus dem vorigen Jahrhundert und aus den ersten zwei Decennien dieses Jahrhunderts Nichts gelangt, was auch nur darauf hindeute, dafs um 1780 in Kassel Derartiges vorgekommen sei. Selbst Einer aus dieser Zeit, welcher mit den in dieser Sache handelnden Personen und Dem, was sie sonst thaten, gut bekannt war, hat da, wo darüber Etwas zu sagen nahe lag, sich nicht geäufsert, weil er Nichts wufste oder weil er Verschweigen für angezeigt hielt: „Einige Betreffnisse und Erlebungen Martin Ernsts von Schlieffen" enthalten Nichts darüber*). Auch noch später findet man in Schriften, welche die Schilderung der Verhältnisse zu Kassel in jener Zeit zum Gegenstand haben und in denen man wohl eine Erwähnung der uns jetzt in Betracht kommenden Begebnisse er-warten möchte, Nichts darüber; so z. B. in den „Erinnerungen aus meinem Leben und aus meiner Zeit" von Chr. von Rommel (in „Geheime Geschichten und räthselhafte Menschen, herausgegeben von

---

*) Das „nur für die Familie bestimmte und defshalb auf eigene Kosten herausgegebene" Buch ist aus diesem Grund wenig verbreitet und schwerer zu-gänglich als andere ähnliche Werke von eben so grofser oder auch geringerer Bedeutung. Da wo (S. 175 ff. im I. Bd. des in Berlin 1830 u. 1840 in zwei Bänden erschienenen Buches) der 1825 verstorbene Verfasser dieser Memoiren mit Befriedigung seines Antheils an der Anstellung bedeutender Gelehrten, auch Forster's und Sömmerring's an dem Carolinum in Kassel und Dessen, was Dieselben ausgezeichnet habe, gedenkt, berührt er auch nicht mit einer Sylbe oder einer Andeutung die Theilnahme der beiden eben Genannten an einem Geheimbund.

Friedr. Bülau", V. Bd., Leipzig 1854, S. 421 ff.), in Dessen Jugendjahre (er war 1781 geboren) recht gut auch noch eine Erinnerung
an diese Begebnisse hätte streifen können (er erwähnt S. 425 Forster's,
Sömmerring's und Anderer, deren Anstellung in Kassel dem Minister
von Schlieffen zu verdanken gewesen sei). Und so ist es auch
noch mit anderen derartigen Schriften; nur in einem S. 93 zu erwähnenden Aufsatz Heinr. Koenig's, welcher auch in „Haus und
Welt" (vgl. S. 49) dieser Verirrung Forster's gedacht hat, wird
auf diese Sachen etwas näher eingegangen.

Die erste Kunde davon, daſs Forster sich an solchem Treiben
betheiligt hat, brachte die 1829 veröffentlichte Lebensbeschreibung
Desselben durch seine Wittwe. Wo Therese Huber davon sprach,
daſs Forster in Kassel geringere Einnahmen als Ausgaben gehabt
und an der pecuniären Bedrängniſs seiner Familie Antheil genommen
habe, sagte sie (*Th. H.* I, S. 26): „Da er nicht die Charakterkraft
hatte, ohne Mifsmuth zu entbehren, da er sich nicht über seinen
theilnehmenden Kummer, über die Bedrängnifs seiner Aeltern empor-
schwingen konnte, ergriff er den überirdischen Trost und die Aussicht
auf wunderthätige Hülfe, welche der Rosenkreuzerorden ihm bot, mit
sehnsüchtigem Eifer. Er betete, hoffte mit Geistern in Verbindung
zu kommen und war unaufhörlich mit chemischen Arbeiten beschäftigt,
die zur Entdeckung des Steins der Weisen führen sollten". Aber
was da angegeben war, fand nur geringe, und gerade da, wo es hätte
beachtet werden sollen, gar keine Berücksichtigung. Zeugnifs hierfür
— auch dafür wie in Kassel die da vorgekommene rosenkreuzerische
Beschäftigung mit Alchemie immer noch unbekannt geblieben war —
legte ab der von 1812 an, wo er Director der Bürgerschule und
Schulinspector zu Kassel geworden war, in dieser Stadt lebende Professor Karl Christoph Schmieder; Dieser hatte einerseits sich mit
der Geschichte der Rosenkreuzer*) beschäftigt, anderseits und besonders eingehend mit historischen Arbeiten über die Alchemie, aber
in der auch in dem vorliegenden Buche so oft citirten, von ihm 1832

---

*) Von Schmieder verfaſst ist die unter dem Titel „Allotrien zur Unter-
haltung in Feierstunden; von S. Ch. M. Jeder" zu Berlin 1824 herausgekommene
Schrift, welche im Anschluſs an eine recht unkritische Geschichte der Freimaurerei (S. 118 ff.) eine Geschichte der Rosenkreuzer (S. 204—342) in vorzugs-
weiser Behandlung der älteren Rosenkreuzerei enthält.

veröffentlichten „Geschichte der Alchemie" erwähnt er mit keinem
Worte, dafs unter Betheiligung von Forster und Sömmerring in
einem Rosenkreuzer-Zirkel zu Kassel um 1780 an der Darstellung
des Steins der Weisen eifrig gearbeitet wurde. — Die Schriftsteller, welche speciell über Forster schrieben, mufsten allerdings
von Dem Notiz nehmen, was Therese Huber angegeben hatte. So
zunächst Gervinus 1843 in seiner Charakteristik Forster's, welcher
noch Manches dahingestellt sein liefs (G. VII, S. 23: „Wie weit
Verirrung oder Betrug in dieser" — der Rosenkreuzer — „Gesellschaft ging, wie weit Forster irre geführt und betrogen ward,
ob man wirklich dort den Stein der Weisen und die Kunst der
Goldmacherei suchte, hat man keine Quellen zu entscheiden") aber
ausgesprochen hat (a. e. a. O.), dafs Sömmerring und wie es scheine
auch Johannes Müller mit Forster in Kassel Dessen Verirrung
theilten (dafs der von Therese Huber — Th. H. I, S. 27 — erwähnte „vertraute Freund F.'s, der während des Letzteren Ordenseifer seine Beschäftigungen getheilt hatte", Sömmerring gewesen sei,
war unschwer zu errathen). Ausführlicheres darüber, auf was diese
Verirrung hinausging, brachte 1844 die von R. Wagner, welcher die
da noch im S.'schen Nachlafs befindliche Correspondenz F.'s und S.'s
eingesehen hatte, geschriebene Biographie Sömmerring's (W. II,
S. 40): „Unzweifelhaft gehen folgende Thatsachen aus den vorhandenen
Papieren Beider hervor: 1) man beschäftigte sich mit alchymistischen
Arbeiten, an denen Forster und Sömmerring lebhaften Theil
nahmen; beide hielten sogar in dieser Zeit es noch für möglich, dafs
man es so weit werde bringen können, Gold zu machen. Es scheint,
dafs beide dabei mifsbraucht wurden und dafs man ihnen nicht un-
beträchtliche Summen abnahm, wodurch sie in Schulden geriethen.
2) Beide hielten einen Verkehr mit den Todten für möglich, und
hofften, auf diesem Wege eine Kenntnifs von dem Leben nach dem
Tode und andren überirdischen Dingen zu erlangen. 3) Beide geriethen in einen Zustand von Exaltation und religiöser Schwärmerei,
indem entschieden in dem Bunde pietistische Elemente waren und ein
Cultus stattfand, über dessen Natur nähere Nachweisungen fehlen, in
dem es aber auf gewaltsame Gebetserregung und einen näheren Verkehr mit Gott, durch Mifsbrauch der christlichen Religion, abgesehen
war."

Diejenigen, für welche in noch späterer Zeit Forster der Gegenstand besonderer Betrachtung war, haben alle — eingehender oder
mehr nebenbei — der Betheiligung Desselben an rosenkreuzerischem
Treiben in Kassel gedacht; in Beziehung auf Das, was dabei thatsächlich statthatte, war ihrerseits dem von Wagner Angegebenen
Nichts hinzuzufügen.   Sehen wir zu, was namentlich aus Forster's
Briefen uns eine etwas deutlichere Vorstellung von diesem Treiben
vermitteln kann; die Briefe Sömmerring's an F. würden den zu
erhaltenden Aufschluss gewifs wesentlich vervollständigen, sind aber,
so weit sie diese Angelegenheit betreffen, nicht veröffentlicht und
meines Wissens nicht mehr vorhanden.   So knapp resumirt, wie in
der vorstehenden Angabe Wagner's, ist allerdings in den Forster'-
schen Briefen nicht, was in dem Rosenkreuzer-Zirkel in Kassel getrieben wurde, aber dafs das von Wagner Angegebene da getrieben
wurde, geht aus vielen in Verknüpfung mit Anderem gemachten
Aeufserungen hervor. Ich stelle, um Wiederholungen möglichst zu
vermeiden, diese Aeufserungen hier nicht alle zusammen, so fern
mehrere in dem Zusammenhang, in welchem sie vorgebracht wurden,
in dem Folgenden doch mitzutheilen sind, und hebe zunächst nur
unter Zufügung weniger Bemerkungen die Hauptpunkte der geheimen
Ordens-Thätigkeit Forster's und Sömmerring's hervor.

Dafs die Darstellung des Steins der Weisen das eigentliche Ziel
ihrer Arbeiten war, ist gewifs; dafs sie dieses kostbare Präparat von
s. g. Sternschnuppen-Substanz ausgehend bereiten wollten, ist mir
wenigstens sehr wahrscheinlich*). — Beide waren eifrig im Glauben
und im Arbeiten; namentlich für Sömmerring scheint es, dafs er
sich der Sache in recht bedenklicher Weise hingab. An Diesen schrieb
später Forster von Leipzig aus, wo er auf der Reise nach Wilna
mit dem von solchen Geheimnissen auch unterrichteten Buchhändler
Joh. Karl Phil. Spener aus Berlin zusammen war, am 14. Mai
1784 (*F.-S.* S. 31 f.): „Seine" (Sp.'s) „Freude darüber, dafs Du
und ich von einer gewissen Sache curirt sind, ist unbeschreiblich.
Es war fast das erste wonach er frug, denn alles, was Du ihm gesagt
hattest, war ihm sehr frisch im Gedächtnifs, und er beklagte Dich
über den Punkt erstaunlich und sagte, Du wärest damals so weit *in*

---

*) Vgl. Anmerkung XI am Ende dieses Theils.

extremo gewesen, dafs er für rathsam erachtet hätte, nachzugeben und nicht *directe* zu opponiren". Und von Halle aus am 27. Mai 1784 (*F.-S.* S. 51, nach meiner Abschrift des Briefes etwas vervollständigt): „Mit Spener'n konnte ich über den Punkt nicht zu weit gehen. Deine Stimmung, wie Du letzt in B. mit ihm gesprochen hast, ist ihm so entsetzlich im Kopf herumgegangen, dafs er sich einmal vorgenommen hatte, defsfalls an Camper'n*) zu schreiben, damit er Dich doch, als Freund, von der Schwärmerey rette und zurückzubringen suchen möchte. Er glaubte nicht, es sei möglich von selbst wieder zurückzukommen, wenn man so weit drinnen wäre, wie Du ihm vorgekommen wärst, und sein gröfstes Wunder war, wie uns denn endlich die Augen aufgegangen wären! Wie würde er sich noch mehr gewundert haben, wenn er alles gewufst, gewufst hätte, wie tief wir drinnen gesteckt haben, wie emsig wir in Kohle gesudelt, gebetet, Reden gehalten und auf allerley Art und Weise geschwärmt haben". In seiner Heftigkeit scheint damals Sömmerring selbst Forster'n zu weit gegangen zu sein; im October 1790 schrieb S. (*F.-S.* S. 555) von Pempelfort bei Düsseldorf aus, wo er damals bei Fr. Jacobi zu Besuch war, an F.: „Aenderte sich meine Liebe zu Dir als Du strenge aber gerecht gegen mich im Orden warst? War ich nicht froh, wenn Du mich auf meine Heftigkeit aufmerksam machtest?" — Dazu, dafs das angestrebte Ziel der alchemistischen Arbeiten erreicht werde, sollte Übernatürliches ganz wesentlich mithelfen, und die Gewinnung dieser Beihülfe sollte durch inbrünstiges Gebet bewirkt werden; wefshalb Forster und Sömmerring, so lange sie mit der Lösung der Hermetischen Aufgabe beschäftigt waren, sich sehr fromm zeigten (es ist darauf alsbald zurückzukommen).

Studirt wurden alchemistische und theosophische Schriften vom reinsten Wasser: Schriften wie des unter den Alchemisten berühmten Philaletha (vgl. S. 200 im I. Theil) Tractat *Introitus apertus ad occlusum regis palatium* oder G. von Welling's *Opus mago-cabbalisticum et theosophicum* (vgl. Anmerkung VI am Ende dieses Theils). Von Hannover aus schrieb Forster (wie *F.-S.* S. 11 nur unvollständig mitgetheilt ist) am 7. September 1780 an Sömmerring

---

*) Peter Camper, den berühmten Holländischen, damals in Francker privatisirenden Anatomen, welchem der um 33 Jahre jüngere Sömmerring befreundet worden war.

nach Kassel: „Ich bin erst gestern Morgen hier angekommen; mein
erstes war zu unserm Freund Falcke*) zu gehen, und da habe ich
für Sie des Philaletha *Occlus. Regis Palat.* geborgt.   Allein die
conditio sine qua non ist, daſs Sie das Buch innerhalb 14 Tagen
zurückschicken.   Auf die Bedingung, glaube ich, würde Ihnen F.
wohl dann und wann mehr Bücher leihen; er hat eine ziemliche Anzahl. — Welling's *Opus* hat er verliehen; die bewuſste Stelle wird
er Ihnen abschreiben, sobald er das Buch wieder erhält".   Auch die
Aurea catena Homeri (vgl. S. 13) wurde studirt; von Freiberg aus,
auf der Reise nach Wilna, schrieb Forster im Juli 1784 an Sömmerring (*F.-S.* S. 100): „Zu meinem Erstaunen las ich in Töplitz
einen Band von Buffon (Einleitung zur Mineralogie) und glaubte
die *Aurea Catena* zu lesen, wenn sie ein Mann von groſser profaner
Einsicht geschrieben hätte". —   Forster'n wurden bei seiner Beschäftigung mit der Hermetischen Kunst in Kassel die alchemistischen
Zeichen so geläufig, daſs er, wie er im November 1783 an Lichtenberg schrieb (*Th. H.* I, S. 356; *G.* VII, S. 207 f.), damals in einer
für eine von Diesem herausgegebene Zeitschrift bestimmten Übersetzung statt der Worte Luft, Wasser, Spiritus, Quecksilber, Blei,
Gold u. a. die entsprechenden alchemistischen Zeichen gesetzt hatte.
Erinnerungen an diese Jahre und die in ihnen ihm vertraut gewordenen Vorstellungen tauchten in Forster noch in der letzten Zeit
seines Lebens auf; von Pontarlier aus schrieb er im November 1793
an seine Frau nach Neufchatel (*Th. H.* II, S. 613 f.; *G.* IX, S. 121):
„Das Wetter ist freilich hier so arg, vielleicht ärger als dort; ich
denke mir immer, nach meinem alchymistischen kreuzerischen Sauer-
teig, den Teufel unter den beiden leidenden Elementen, Wasser und

---

*) Der 1809 gestorbene **Ernst Friedr. Hektor Falcke** — Hofrath,
Consistorialrath und Bürgermeister zu Hannover, später Geh. Justizrath —
war im letzten Viertel des vorigen Jahrhunderts hoch angesehen in der Freimaurerei und eifrig für Alles, was mit derselben zusammenhing. Dem System
der stricten Observanz (vgl. S. 17) gehörte er unter dem Namen *Eques · a rostro*
an, dem der Asiatischen Brüder (vgl. Anmerkung IV am Ende dieses Theils)
unter dem Namen **Ebal**; aber seine Wiſsbegierde trieb ihn auch zu den Illuminaten (vgl. S. 16, Anmerk.), in deren Bund er den Namen **Epimenides** führte.
(Näheres über Denselben hat das Allgem. Handb. d. Freimaurerei, I. Bd., Leipzig
1863, S. 323 f.) Er kommt uns noch einmal vor, da Forster auch noch später
mit ihm in Beziehung stand.

Erde, daher habe ich eine so entschiedene Abneigung vor Regen und Strafsenkoth".

So wie Dies in dem Rosenkreuzer-Bund sonst auch der Fall war, hatten die Mitglieder des Zirkels zu Kassel Bundesnamen, und nur mit Diesen wurden sie in Ordens-Angelegenheiten genannt. Ich bedauere, hierüber nur sehr wenig Näheres mittheilen zu können; für Diejenigen, von welchen wir wissen welche Namen sie in der Profanwelt führten, sind uns die Bundesnamen unbekannt, mit einer einzigen Ausnahme: dafs Forster im Orden Amadeus hiefs*), während anderseits für eine Anzahl von Mitgliedern die Bundesnamen bekannt sind aber nicht die Namen, welche ihnen in der bürgerlichen Gesellschaft zukamen. Was über die Mitglieder des Kasseler Zirkels angegeben ist oder sich ersehen läfst, werde ich in einer besonderen Anmerkung besprechen **). — Dem gemäfs, was S. 38 bezüglich der Organisation des Rosenkreuzer-Bundes erinnert wurde, kannten Forster und Sömmerring nur die ihnen unmittelbar Vorgesetzten, nicht die leitenden Oberen des Ordens. Auch später noch, nach dem Aufgeben der Betheiligung an dem Treiben desselben, war Forster's Kenntnifs in Betreff dieses Gegenstandes eine recht unsichere. Bald nach seiner Lossagung von diesem Treiben, auf der Reise nach Wilna schrieb er

---

*) Dafs Forster im Orden Amadeus hiefs, erhellt aus Dem, was er von Wilna aus im Spätjahr 1786 (W. I, S. 215; F.-S. S. 351) an Sömmerring in Beziehung darauf schrieb, dafs Einer der Theilnehmer an dem Treiben zu Kassel sich von den Ordensoberen immer noch durch Vorspiegelungen hinhalten lasse: „Selbst die armselige Finte, dafs Tagobon nicht mehr in Europa sein soll, merkt er nicht. Wer weifs, welchen Popanz unsere Ordensnamen jetzt noch bei Obrn." (Ordensbrüdern), „die nur diese, und nicht unsere weltlichen kannten, noch abgeben müssen! Wie manchem Bbr." (Bundesbruder) „mag gesagt werden, Br. Amadeus ist nicht mehr in Europa! und der denkt sich dann wohl gar, dafs ich zur Versammlung der Weisen gereiset bin". Dafs Forster's Ordensname Amadeus gewesen war und dafs ihn nachher noch seine Freunde scherzhaft so nannten, hat F.'s Wittwe (Th. II. II, S. 558; G. IX, S. 86) zur Erklärung dafür erinnert, wie in den von F. in seinem letzten Lebensjahr aus Frankreich geschriebenen Briefen dieser Name vorkommt; F. schrieb da an seine Frau als Amadeus betreffend Dasjenige, was er als auf ihn selbst sich beziehend bei etwaigem Oeffnen der Briefe durch die Französischen Sicherheitsbeamten nicht erkannt haben wollte (so z. B. in den Th. II. II, S. 557, 560, 576; G. IX, S. 86, 87, 97 mitgetheilten Briefen).

**) Vgl. Anmerkung XII am Ende dieses Theils.

von Leipzig aus im Mai 1784 an Sömmerring (*F.-S.* S. 45): „Dafs
der dirigirende Obere für Norddeutschland in Warschau sitzt, ist eine
Neuigkeit, die frappiren kann!! Mehr davon künftig!" Nur mit Bezugnahme auf Berlin schrieb er von Wilna aus im September 1786
an Heyne (*Th. II.* I, S. 572; *G.* VII, S. 355): „Prinz Friedrich von
Braunschweig und ein gewisser Kammerdirector Wöllner stehen an
der Spitze der Rosenkreuzerei daselbst". Erst 1788 erfuhr er über
das Aufkommen des Bundes, dem er angehört hatte, etwas mehr, und
Das war nicht viel; im Januar 1788 schrieb er von Göttingen aus
an Sömmerring (*F.-S.* S. 475 f.; ich verbessere einiges da unrichtig
Stehende nach meiner Abschrift des Briefes): „Mit Hofrath Falcke
in Hannover habe ich von alten Zeiten viel gesprochen. Er sagte,
der O." (Orden) „sey *indigne* mit uns verfahren. Alle sein Zutrauen
sey auf unsern Zirkel gegründet gewesen. Noch nie habe ein Zirkel
aus solchen Leuten bestanden. Tagobon soll ihnen sehr derbe
Wahrheiten gesagt haben, und hat sich ganz zurückgezogen. Wer
er sey, konnte ich durchaus nicht von ihm erfahren. Er ist aber
kein sehr alter Mann. Die Stifter des ganzen Ordens sind Keller
in Regensburg und Phoebron (dessen ganze Ausstofsung Spiegel-
fechterei gewesen, um aller Nachspürung ein Ende zu machen), und
Eckard's Schwiegervater. Ich wufste auch Phoebron's weltlichen Namen, hab' ihn aber vergessen"*). Ende Januar 1788, wo
Forster in Berlin war, schrieb er von da aus an Sömmerring
(*F.-S.* S. 486): „Von dem, was *in puncto* der ☾" (Rosenkreuzerzirkel)
„-Sachen hier vorgeht, habe ich noch nichts erfahren. Indessen werde
ich bald etwas wissen", und Sömmerring antwortete im Februar
(*F.-S.* S. 488): „Schreib mir doch, wenn Du Mufse erhältst, etwas von

---

　*) Über Phoebron (Schleifs von Löwenfeld) vgl. S. 18 und die An-
merkung IV a. E. d. Th. Keller war wohl Joh. Christoph Chrysost. von K.,
Kurfürstlich Mainzischer Geheimerath und Gesandter in Wetzlar, von welchem
bekannt ist, dafs er 1767 in Frankfurt unter dem Namen *Chrysostomus Eques
a lapide rubro* dem Tempelherren-Orden beitrat, von dem aber auch (v. Nettelbladt's Geschichte Freimaurer. Systeme S. 534) berichtet wird, dafs er 1773 in
Regensburg an der Spitze der da sich regenden Rosenkreuzerei stand. Von
Eckard weifs ich nur (aus Nettelbladt's c. a. Buch, S. 200), dafs 1764
Einer dieses Namens ein dem System der stricten Observanz zugeneigter Bruder
der Loge Amitié in Berlin war, und von Dessen Schwiegervater gar Nichts.

◯-Sachen, man muſs das Ding doch ganz kennen lernen. Sicher war unser Hauptdirectorium dort".

Wie kamen diese beiden Männer dazu, sich an solcher Thätigkeit des Rosenkreuzer-Bundes, wie sie im Vorhergehenden skizzirt ist, zu betheiligen? Denn man darf doch darüber erstaunen, daſs sie, mit der ihnen zustehenden Bildung, sich auf ein Unternehmen einlieſsen, welches ihnen jedenfalls als ein schwierigstes erscheinen muſste und bezüglich dessen sie so wenig darüber wuſsten, von wem es eigentlich ausgehe und wer die Wahrscheinlichkeit eines günstigen Erfolges verbürge; ich wenigstens kann Gervinus' Ausspruch (*G.* VII, S. 23) nicht zustimmen: „Forster's Verkehr mit diesem Geheimorden wird Niemanden befremden, der die innere Geschichte jener Zeit kennt, wo alles schwärmte". Auf welche äuſsere Veranlassung hin, durch welche innere Beweggründe bestimmt nahmen Forster und Sömmerring an diesem Treiben Antheil?

Wiederholt (*G.* VII, S. 23; *P.* S. 51 z. B.) ist die Ansicht geäuſsert worden, Forster sei durch die Freimaurer mit dem Rosenkreuzer-Orden bekannt, mit dem letzteren in Verbindung gebracht worden, so wie wenn sein Eintreten in den letzteren eine Folge seines Zutretens zu dem Freimaurer-Bund gewesen sei. Forster selbst hatte etwas diese Ansicht Unterstützendes von Wilna aus im September 1786 (*Th. II.* I, S. 572; *G.* VII, S. 354) an Heyne geschrieben: „Ich bin selbst durch die Freimaurerei mit den Rosenkreuzern genau bekannt geworden, und weiſs am besten, was sie Uebles wirken. In Cassel hat mir die Erfahrung, die ich über diesen Punkt einsammeln muſste, manchen Tag und manche Stunde geraubt". Aber F. hatte da nicht die Absicht, seinen Schwiegervater wissen zu lassen, wie er wirklich zu den Rosenkreuzern gestanden hatte und unter sie gekommen war*). Was zu meiner Kenntniſs gelangt ist, läſst mich glauben, daſs F. nicht durch die Freimaurerei zu den Rosenkreuzern geführt worden ist, wenn er auch durch Einen, welcher wie er der

_____   ___

*) Wie Forster namentlich in der seinem Weggang von Kassel und seiner Verlobung mit Therese Heyne nächstfolgenden Zeit es als wichtig betrachtete, daſs der Vater der Letzteren Nichts von F.'s Beziehungen zum Rosenkreuzer-Bund erfahre, lassen seine wiederholten Bitten an Sömmerring (*F.-S.* S. 58 u. 63), Heyne Nichts darüber mitzutheilen, ersehen.

ersteren angehörte, und — dem S. 18 u. 23 f. Gesagten entsprechend —
unter Beihülfe dieser gemeinsamen Zugehörigkeit an einen Geheimbund für den Zutritt zu einem, aber ganz für sich bestehenden Rosenkreuzer-Zirkel gewonnen werden konnte. Diese Auffassung steht auch
ganz in Einklang mit Dem, was zur Einleitung der Besprechung von
Sömmerring's Betheiligung an der Rosenkreuzerei R. Wagner (*W.*
II, S. 38) angiebt, welchem noch weitere, unveröffentlichte Correspondenz S.'s zu Gebote stand: „Wie früher schon bemerkt wurde, so
war Sömmerring in London durch Forster mit der Freimaurerei
bekannt worden, und es scheint, daſs er dort selbst Maurer wurde.
Aus einer noch vorhandenen Correspondenz mit Sunderberg*), ebenfalls Maurer, geht hervor, daſs beide in dieser Gesellschaft das nicht
fanden, was sie suchten, oder daſs sie wenigstens in den Logen und
unter den Bundesbrüdern manches fanden, was sie allmälig veranlaſste,
sich ganz davon zurückzuziehen. In den siebziger Jahren des vorigen
Jahrhunderts war dagegen der Bund der sogenannten Rosenkreuzer,
dessen Ursprung in das 17te Jahrhundert zu fallen scheint, zu einer
neuen Thätigkeit gekommen, und viele Freimaurer scheinen lebhaften
Anteil daran genommen zu haben".

Forster war, als Sömmerring im August bis October 1778 sich
in London aufhielt, unter die Freimaurer aufgenommen und veranlaſste, daſs da auch der ihm bekannt und bald vertraut gewordene
S. Denselben zutrat (*W.* II, S. 31 u. 38). Als Forster im November
1778 nach Deutschland gekommen war, hielt er sich zur Verwirklichung der Absicht, in welcher er diese Reise unternommen: Hülfe
zu finden für seinen im Schuldgefängniſs verlassenen Vater, an die
Freimaurer**). In Kassel trat er 1778 der Loge von der stricten

---

*) Sunderberg war (*W.* II, S. 29) ein in London im Spätsommer 1778
mit Sömmerring bekannt gewordener Deutscher, mit welchem Dieser auch
später noch in Correspondenz blieb. Der Name kommt auch in Briefen Forster's
an Sömmerring vor: *F.-S.* S. 33, wo er Sundenbug, und S. 59, wo er Sunders-
berg gedruckt ist.

**) „Es war Herzog Ferdinand von Braunschweig, der durch freimaurerische
Beihülfe der armen Forster'schen Familie Rettung brachte", berichtete G. F.'s
Wittwe (*Th. H.* I, S. 23). Joh. Reinh. Forster gehörte dem Freimaurer-
Bunde an; bei Deutschen Logen wurde damals und später noch (vgl. auch die
zweitnächste Anmerkung) für ihn gesammelt. (..Als die Logen in ganz Deutsch-
land vom Herzog Ferdinand von Braunschweig aufgefordert wurden, einen

Observanz Zum gekrönten Löwen*) zu, ohne sich aber an den Arbeiten derselben besonders eifrig zu betheiligen**); in dieser Loge trieb Forster nicht Das, was vorhin als ihn in Kassel beschäftigend

Beitrag zu geben, um meines Vaters Schulden in England zu bezahlen, waren Hannover und Göttingen die einzigen Orte, die keinen Pfennig hergaben," schrieb Georg F. im Februar 1792 an Heyne; *Th. H.* II, II, S. 134; *G.* VIII, S. 176.) Aber auch von Fürsten, die meines Wissens nicht im Bunde waren, vermittelte Georg F. Unterstützungen für seinen Vater: so im Dezember 1778 50 Ducaten von dem Landgrafen Friedrich II. von Hessen-Kassel (*Th. H.* I, S. 179; *G.* VII, S. 99; auf dieses Geschenk scheint sich zu beziehen, was G. F. kurze Zeit nach der betreffenden Mittheilung bei der Zusendung einer Assignation auf 20 Pf. St. an seinen Vater nach London — *Th. H.* I, S. 189; *G.* VII, S. 105 — schrieb) und im März 1779 100 Louisd'or von dem Fürsten Leopold Friedrich Franz von Anhalt-Dessau (*Th. H.* I, S. 198; *G.* VII, S. 110).   Die an J. R. F. auch nachher noch von seinen Brüdern im Freimaurer-Bunde geleistete Beihülfe befriedigte Denselben nicht; „die traurige Unordnung, welche in seinen Geldverhältnissen immer geherrscht hat, und welche ihn zu fortdauernden Ansprüchen an die Brüder veranlafste, nöthigte ihn 1792 zum Austritt, weil er die Ablehnung in einem sehr verletzenden Tone gemifsbilligt hatte" (Allgem. Handb. d. Freimaurerei, I. Bd., Leipzig 1863, S. 358).

*) Nicht, wie H. Koenig bei der Besprechung G. Forster's in seinen „Althessischen Silhuetten" in dem Hessischen Jahrbuch für 1854 (Cassel 1854), S. 42 f. angiebt, der damals gleichzeitig in Kassel bestehenden Loge Friedrich von der Freundschaft, welche von der die Tradition der Freimaurerei im Ganzen reiner bewahrenden Preufsischen Grofsloge Royal-York anerkannt war (nur dieser Loge als der in Kassel zu jener Zeit existirenden gedenkt auch Vehse a. S. 81 a. O., S. 173).

**) Aus zuverlässiger Quelle weifs ich Folgendes. In den Protokollen der Loge Zum gekrönten Löwen in Kassel wird G. Forster's Name in den Jahren 1778 bis 1783 mehrmals erwähnt; F. ist da zuerst als besuchender Bruder genannt, später wiederholt zusammen mit Sömmerring und von Knigge, von 1780 an als vorbereitender Bruder und Redner. Seines und Sömmerring's Ausbleibens wird auch manchmal gedacht (Beide blieben weg aus der Loge, als der Prinz Friedrich von Hessen-Kassel, der jüngere Bruder des S. 81 erwähnten Prinzen Karl, an derselben Theil nahm). Wiederholt kommt Forster's Name vor in Rechnungsacten bei Gelegenheit von Geldsammlungen, die für Joh. Reinh. F. in London nach Anordnung des Herzogs Ferdinand von Braunschweig in allen dem System der stricten Observanz zugeneigten Logen veranstaltet wurden (für die zum Zweck einer Sammlung im Februar 1780 abzuhaltende Loge wurde G. F.'s Anwesenheit nicht gewünscht); die Summe von 269 Thalern aus den Logen zu Kassel, Hanau und Marburg wurde am 12. April 1780 in Braunschweig quittirt, nachdem bereits im Januar 1780 die Gläubiger J. R. Forster's in London behufs Liquidation ihrer Forderungen citirt worden waren.

besprochen wurde. Als die da auf die Beschäftigung mit Alchemie gesetzte Hoffnung gescheitert war, verwarf er zugleich mit der Rosenkreuzerei auch die Freimaurerei. Auf der Reise nach Wilna schrieb er von Dresden aus im Juni 1784 an Sömmerring (*F.-S.* S. 61 f.): „Ich bin davon zu fest überzeugt, daſs die —maurerei eine schlechte Sache ist, als daſs ich mir ein Gewissen daraus machen sollte, von ihr in diesem Lichte zu sprechen, sobald ich es für nothwendig erachte". Aber nach Wien gekommen trug er im August 1784 den Umständen, namentlich der Rücksicht auf den als Mineralog bekannt gewordenen Hofrath Ignaz von Born Rechnung und trat er der von Diesem geleiteten Loge Zur Eintracht zu; eine Reihe verschiedenartiger Gründe für diesen Schritt zählte er da an Sömmerring auf (*F.-S.* S. 117).

Ein Mitglied (später Vorsitzender) der Loge Zum gekrönten Löwen in Kassel war in den ersten Jahren, welche Forster und Sömmerring in dieser Stadt verlebten, ein Major Wilh. von Canitz. Ich werde auf Denselben (in Anmerkung XII am Ende dieses Theiles) zurückkommen; hier ist nur anzugeben, daſs dieser Mann Derjenige gewesen zu sein scheint, durch dessen Vermittelung die beiden Erstgenannten — zunächst Forster und dann wohl unter Dessen Mitwirkung Sömmerring — für die Rosenkreuzerei gewonnen wurden (R. Wagner fand in Sömmerring's Tagebuch von 1780, daſs Derselbe sich in diesem Jahr in Kassel mit mehreren Männern, namentlich mit einem Major v. Canitz öfters über den Rosenkreuzer-Bund unterhalten hat; *W.* II, S. 39). Aber noch eines Anderen ist hier zu gedenken, der dafür thätig war, daſs Forster neben seiner Zugehörigkeit an die Freimaurer-Loge in Kassel noch eine geheime Verbindung einging, die vielleicht im Anfang anders geplant war als sich der dortige Rosenkreuzer-Zirkel factisch gestaltete, aber doch für das Eintreten in den letzteren die Vorbereitung abgab.

Wer die Geheimbündelei in Deutschland in der zweiten Hälfte des vorigen Jahrhunderts auch nur einigermaſsen kennt, fragt sich doch unwillkürlich bei jedem um 1780 herum dahin einschlagenden Vorkommniſs: Wo ist Knigge? Denn dieser Mann war damals ziemlich bei allem Derartigem betheiligt, *pro* oder *contra* oder auch in beiderlei Weise. Kassel, wo Kn. in den Jahren 1772 bis 1776 als Hofjunker und Kammerassessor gelebt und Aufnahme in eine Freimaurer-Loge der

stricten Observanz gefunden hatte, war zwar zu der Zeit, in welcher
Forster dahin kam, nicht mehr sein Wohnort, aber ich hatte, als
ich mich mit dem Letzteren zu beschäftigen anfing, doch bald eine
Ahnung — das bestimmt erfaßte Resultat einer unbewußt vorge-
gangenen Gedankencombination —, daß Knigge auch für das Hinein-
ziehen Forster's in den Kasseler Geheimbund die Hand im Spiele
gehabt habe.   Was ich zunächst über Knigge erfahren konnte,
von dessen Betheiligung an Ordenswesen die an dem Illuminaten-
Orden ganz bekannt ist, bestätigte allerdings diese Ahnung nicht.
In K. Gödeke's (unter dem zweifachen Titel: Knigges Leben und
Schriften   und: Adolph Freiherr Knigge   zu Hannover 1844
herausgekommener) Biographie Kn.'s fand ich nichts dafür Sprechendes
(darauf, daß Kn. sich schon in Kassel, auch nachher noch in Frankfurt a. M. wohin er 1780 zog, mit Alchemie beschäftigte, ist übrigens
da S. 23 u. 34 hingewiesen*).   Auch Nichts in den mir bekannt ge-

---

*) Darüber, daß v. Knigge an die Alchemie geglaubt und auch sich in
ihr praktisch versucht hat, möge hier doch noch Einiges beigebracht werden
(bezüglich anzuführender Citate und zu nennender Personen vgl. S. 97 ff.). — Kn.
schrieb zwar im Sommer 1779 an den Prinzen Karl von Hessen-Kassel, daß
er gar Nichts von Geheimkünsten wisse, daß er Den vor Gericht belangen würde,
der ihn das Goldmachen lehren wollte, daß er nur daran arbeite, ein guter
Mensch zu werden (Asträa XVI. Jahrg., S. 180). Aber so weit ging seine Abneigung gegen die Alchemie nicht. An Wendelstadt hatte er im August 1778
von Kassel aus, wo er auf einer Reise war, geschrieben (Asträa XVII, S. 298 f.):
„Die Manuscripte werde ich schwerlich bekommen. Der Herzog" (Ferdinand
von Braunschweig) „hat nach den darin enthaltenen Processen arbeiten lassen,
und der Prinz Carl hat sie in Braunschweig aufspüren wollen, also komme ich
zu spät, um sie aus dem Rachen der str. Obs. zu reißen". Unter den diesem
Briefe beigelegten „R†ischen Vorbereitungs- oder Probe-Fragen" (Kn. bemühte
sich damals für sich und W. um die Aufnahme in den Rosenkreuzer-Bund) sind
(a. e. a. O. S. 304) direct auf Alchemie bezügliche, in Betreff der Vermehrung des
Goldes nur die Schwierigkeit, nicht die Unmöglichkeit anerkennende. An Greve
schrieb Kn. im Januar 1779 (Asträa XVII, S. 313 f.) von Hanau aus: „Wir arbeiten (Wendelstadt und ich) alle die kleinen Processe durch — Keiner ist
ächt"; und in Beziehung auf ihm durch G. gemachte Mittheilungen: „Aber, mein
Bester, geben Sie sich nicht die Mühe des Abschreibens. Alle solche Processe
(o wie viele hätte ich in Wolfenbüttel abschreiben müssen!) sind von keinem
Werthe. Schulze (der Buchtrödler) hat ein R† Manuscript, wofür er 30 Fl.
verlangt und welches vielleicht nicht Einen werth ist — . . . . Das kann ich
nicht leugnen, lesen möchte ich doch herzlich gern die Processe — Es ist ein

wordenen früher veröffentlichten Schriften Knigge's oder den „Aus
einer alten Kiste" 1853 zu Leipzig von Klencke herausgegebenen
Briefen und anderen Schriftstücken Desselben.   Im Gegentheil hätte
mich daran irre machen können, wie Kn. in seinem „Roman meines
Lebens" (vier Theile, Riga u. Frankfurt 1781—1783) in einer Anmerkung (II. Theil, S. 176) jede religiöse oder andere Vereinigung
und namentlich jede geheime Gesellschaft, die zuerst ihre Zöglinge
zu Schwärmern macht, als zuverlässig auf Betrug beruhend hinstellt,
und wie er in seinem bekanntesten, zuerst 1788 zu Hannover ausgekommenen Buch (ich habe nur den 1796 zu Wien u. Prag
erschienenen Nachdruck: Uiber den Umgang mit Menschen   zur
Hand; da im III. Theil S. 425 ff.) vor Geistersehern, Goldmachern
und andern mystischen Betrügern warnt, Vorsichtsmafsregeln für
den Verkehr mit solchen Männern giebt und für den Fall, dafs Einer
sich von derartigen Abenteurern habe fangen lassen („o! wer ist
mehr in dieser Leute Händen gewesen, wie ich?" fragt da Kn.)
und seine Verirrung eingesehen habe, rücksichtlose Veröffentlichung
des Vorfalls zur Warnung anderer ehrlicher leichtgläubiger Menschen
als Pflicht dringend empfiehlt.   Derartige schöne Redensarten wollen
bei Knigge nicht allzu ernstlich genommen sein, und das letzterwähnte
Buch schrieb er zudem in einer Zeit, in welcher er von voraus-
gegangener eifrigster Betheiligung an Geheimbündelei schon merklich
— noch nicht ganz — erschöpft war.   Einen erheblicheren Einwand
gegen meine Vermuthung schien abzugeben, dafs der Kasseler Geheimbund, wenn er es auch nicht von Anfang an gewesen sein sollte, doch
bald zu einem rosenkreuzerischen wurde, und dafs Knigge niemals
dem Bunde der Rosenkreuzer angehört und sogar — pseudonym —
Dieselben 1781*) heftig angegriffen hat.   Aber ein solcher Proteus
wie Kn. — welcher allerdings niemals in den Rosenkreuzer-Bund
aufgenommen worden war aber doch einmal aufgenommen werden

gar zu verführerisch Ding um das Forschen nach Wahrheit — Aber noch ist
unsre Mühe, und wie viel haben Sie Sich nicht schon gegeben! schlecht belohnt.
Könnte man nicht den ganzen Bettel kaufen?"   Praktisch wollte Kn. die Alchemie nicht stark getrieben haben; „ein halbes Dutzend silberner Kaffeelöffel",
sagte er, „ist alles, was ich, so viel ich mich erinnere, daran gewendet habe"
(vgl. bei Gödeke a. S. 95 a. O. S. 34).   Viel hatte er auch freilich nicht dafür
zuzusetzen.

*) Vgl. Anmerkung XIII am Ende dieses Theils.

wollte*) — wußte auch öffentlich an der Rosenkreuzerei noch Anerkennenswerthes zu finden. Er war in der Zeit seines Aufenthaltes zu Kassel mit dem zuletzt S. 41 als eifrigster Rosenkreuzer erwähnten Marburger Professor F. J. W. Schröder bekannt geworden; in seiner 1788 zu Hannover veröffentlichten Vertheidigungsschrift „Philo's endliche Erklärung und Antwort auf verschiedene Anforderungen und Fragen, die an ihn ergangen, seine Verbindung mit dem Orden der Illuminaten betreffend" sagte er S. 22, daß er mit Schröder in Bekanntschaft gekommen sei, „der auch den kältesten Mann für Theosophie, Magie und Alchemie in Bewegung zu setzen fähig war", und S. 24: „Nie bin ich zum Rosenkreuzer aufgenommen worden — die deutschen Rosenkreuzer hielt ich für unecht und unwissend — aber diese alte Verbrüderung war mir seit Schröder's vertraulichen Eröffnungen äußerst werth geworden"**).   Bei allem

---

*) Im August 1778 war Knigge, wie er damals von Marburg an Greve (vgl. S. 99) schrieb, bei Prof. Schröder und von der Bekanntschaft mit Demselben ganz entzückt (Asträa XVII. Jahrg., S. 295). Eben so äußerte er sich in einem, gleichfalls noch im August 1778 von Kassel aus an Wendelstadt gerichteten Brief (daselbst S. 296 ff.) über S. (er berichtete da auch, daß der „göttliche" Schröder ein artiges Mittel habe, den flammenden Stern — das in vielen Logen figurirende Symbol des höchsten Wesens — mit Oelpapier zu machen, was freilich den W. zu einigem Spott reizte). In diesem Brief an Wendelstadt benachrichtigte Kn. Diesen, welcher sich offenbar bei Schröder um die Aufnahme in den Rosenkreuzer-Bund beworben hatte, daß S. von den zur Prüfung behufs der Aufnahme auf gestellte Fragen eingegangenen Beantwortungen W.'s nicht zufrieden gestellt sei und dem Letzteren die vorgängige Fortsetzung geistiger Übungen anrathe; S. wolle aber „uns Allen" Vorschub leisten und Knigge bei Dessen Rückkehr über Marburg da in seinem Hause unterrichten, wodurch Kn. wohl in den Stand gesetzt werde, eine genügende Beantwortung der Fragen zu geben. Über den Rosenkreuzer-Orden äußert sich Kn. da sehr anerkennend; „nur dieser Orden", sagt er, „wird einst die ganze Welt theokratisch regieren, wie es Gott verheißen hat". — Wendelstadt, im Orden der stricten Observanz *Eques a serpente*, wird als Dr. Med. zu Wetzlar, Frankfurt a. M., dann zu Neuwied genannt (Asträa XVI, S. 177; XVII, S. 295, 307; XXI, S. 271).

**) Meines Wissens ist unerwiesen, was Forster im August 1784 von Wien aus als von dem Meister vom Stuhl der dortigen Loge Von der Wohlthätigkeit, Freiherrn von Gemmingen erfahren an Sömmerring schrieb (F.-S. S. 118): „Er erzählte mir, wer die Illuminaten so haarklein an die R. C. verrathen hat. Rathe einmal — es ist der Herr Baron von Knigge, der sich, seit sie so auf

Dem blieb mir jene Ahnung gegenwärtig, so oft ich von Zeit zu Zeit wieder an diesen Gegenstand ging; und habe ich in den Weihnachtstagen 1827, wo mir durch Dr. G. L. Jerrer's „Teutschlands berühmte Männer" (Leipzig 1827; II. Theil, S. 228 ff.) der Freiherr Adolph Franz Friedr. Ludw. von Knigge (geboren 1752 auf dem väterlichen Gute Bredenbeck unweit Hannover, gestorben 1796 als Hannoverscher Oberhauptmann und Scholarch in Bremen) zuerst bekannt wurde, mir nicht träumen lassen, daſs ich noch einmal so lange und so beharrlich nach Demselben ausschauen werde, ob er mir nicht unter bestimmten Umständen begegne.   **Endlich hatte ich ihn.**

In Kassel war Knigge in dem untersten Grade der Freimaurerei stehen geblieben (nach einer Angabe in Asträa, Taschenbuch für Freimaurer, XV. Jahrg. f. 1850, Sondershausen 1850, S. 160 war er noch in einer Liste der Loge Zum gekrönten Löwen — derselben, welcher v. Canitz und Forster angehörten — vom Ende August 1778 als Lehrling aufgeführt). Nach dem Austreten aus seiner dortigen Stellung lebte er kurze Zeit auf einem Gute bei Nentershausen in Niederhessen, dann 1777 bis 1780 in Hanau, wo er in eine 1778 neu gestiftete Loge eintrat und zu höheren Graden in der Freimaurerei befördert wurde. Von dieser und namentlich den oberen Stufen des Systemes der stricten Observanz, in welchem er *a cygno albo* hieſs, wuſste er selbstständig wenig, hatte aber Mehreres darüber gelesen und von angeblich Eingeweihten erfahren (vgl. bei Gödeke a. S. 95 a. O. S. 28). Auf Das hin, was er zu wissen glaubte, und wohl auch angeeifert durch das Fehlschlagen der Erwartung, durch Prof. Schröder in Marburg unter die Rosenkreuzer aufgenommen zu werden (vgl. S. 97), faſste er 1779 den darauf, daſs die reiner Strebenden zu einer engeren Vereinigung zusammentreten sollten, hinauskommenden Plan, das Freimaurerthum zu reformiren. In dieser Absicht trat er im Frühjahr 1779 mit dem Prinzen Karl von Hessen-Kassel (S. 81), zunächst ohne sich zu nennen, in brieflichen Verkehr; die Correspondenz ist veröffentlicht in der Asträa, XV. Jahrg., S. 160 ff.: XVI, S. 180 ff., und bietet es Interesse zu lesen, wie Jeder von den Beiden

---

ihn geschimpft haben, ganz mit ihnen ausgesöhnt haben und ihnen alles von den Illuminaten gesagt haben soll. Ein schöner neuer Zug in seinem Charakter! Ich glaube er hat das dadurch effectuirt, daſs er die ganze Illuminatenverbindung gesprengt hat".

unter dem Gewande grofser Bescheidenheit mit Geheimwissen, das ihm nicht zustand, dem Anderen zu imponiren und von ihm Etwas zu erfahren suchte. Im October 1779 schrieb Kn. dem Prinzen (Asträa XVI, S. 182), dafs er seinen Plan *) an einige Freunde mit dem Ersuchen, sich schriftlich über denselben zu äufsern, mitgetheilt habe: „der Cammerherr von Canitz und der Professor Forster in Cassel haben mir versprochen, dieses zuerst zu erfüllen". — In Hanau regierte damals der Erbprinz — der nachherige Landgraf Wilhelm IX. (als Kurfürst Wilhelm I.) — von Hessen-Kassel, der in Folge des Katholischwerdens seines Vaters, des Landgrafen Friedrich II. (S. 80 f.) 1760 schon bei Lebzeiten Desselben die Grafschaft Hanau erhalten hatte; seine Mutter, die 1772 gestorbene Landgräfin Maria, die sich von ihrem Gemahl nach dem Bekanntwerden der Convertirung Desselben getrennt hatte, war eine Tochter des Königs Georg II. von Grofsbritannien, und zum Schutze der eigenthümlichen Verhältnisse hatte England ein Bataillon Hannoveraner nach Hanau gelegt. Mit zwei Hannoverschen Officieren Greve und Richers, welche bald nachher nach Münden und Hedemünden kamen**), knüpfte Knigge in Hanau vertraute Bekanntschaft an; Beide waren noch jung — der Eine Lieutenant, der Andere Fähnrich —, in den Freimaurer-Orden eingetreten und nach höherem Wissen begierig. Zwischen diesen drei Männern gewechselte Briefe sind in der Asträa Jahrg. XVI, S. 177 ff.; XVII, S. 295 ff.; XXI, S. 254 ff. zusammen mit der vorerwähnten Correspondenz durch Friedr. Voigts in Hannover bekannt gemacht worden. Dieser Briefwechsel läfst gleichfalls ersehen, dafs Knigge

---

*) Die von Knigge da — im October 1779 — mitgetheilte „Summarische Wiederholung und Erläuterung meines Plans" ist in der Asträa XVI, S. 183 ff. zu lesen. Sie enthält Manches, was ganz den, wie alsbald zu berichten, im September 1779 ihm von Canitz dargelegten Ansichten entspricht. So z. B. — abgesehen davon, dafs auch Kn. „als Zweck der Maurerei die Absicht, die hohe Würde der Menschheit wieder herzustellen," voraussetzt —, dafs zu der Erreichung des vorgesteckten Zieles von der Vervollkommnung des Körpers ausgegangen werden müsse. Diejenigen Auserwählten, „welche von äufseren Verbindungen sich losmachen können, müssen beisammen wohnen. — — Bei dem Körper mufs unser Anfang gemacht werden. Eine eigne Diät und der Rath weiser Ärzte mufs uns vorbereiten".

**) Nach einer in der Asträa XVI, S. 176 enthaltenen Notiz betrieb Greve 1799 sehr eifrig die Gründung einer Loge in Münden und lebte Richers um 1811 als Generalmajor in Cunningham in Schottland.

im Anfang des Herbstes 1779 mit Canitz und durch Diesen mit
Forster in Verkehr stand, mit diesen Beiden zur Bildung eines Geheimbundes in Verbindung war. Im September 1779 theilte Kn.,
der damals auf einer Reise auch in Kassel gewesen war, den zwei
genannten Officieren in einem an sie gemeinsam gerichteten Schreiben
(Asträa XXI, S. 258 f.) vertraulich mit, dafs er mit Canitz ein sehr
langes maurerisches Gespräch gehabt und welche Ansichten Dieser
ihm dargelegt habe über die wahre Aufgabe der Freimaurerei: „die
Würde der Menschheit oder das Ebenbild Gottes wieder herzustellen",
über die irrigen in den Freimaurer-Bund gebrachten Vorstellungen
und Einrichtungen und über die zunehmende Verderbnifs, und „dafs
es die höchste Zeit sei, einen ächten Priesterstand wieder herzustellen".
„Er glaubt auch, man solle nicht länger die vollkommenen Leute
vergebens suchen, sondern nur die besseren, fühlbaren Mr. sollten
jetzt in eine engere Verbindung treten und sich stufenweise vervoll-
kommnen, und zwar mit dem Körper anfangen, und er zweifelt nicht,
man könne es nach und nach wieder dahin bringen, zu der hohen
Würde und Gemeinschaft mit der Gottheit und Geisterwelt zu kommen, und dann, wäre es auch erst in hundert Jahren, eine grofse
Reform zu machen. Jetzt sei es nicht möglich, den grofsen Strom
des Verderbnisses aufzuhalten. Wenn wir eine solche engere Verbindung zu Stande bringen können, so will er und der Professor
Forster, der einzige Mann, den er kennt, der noch fähig ist, sich
und die Welt ohne Vorurtheile zu betrachten, und den Werth und
die Bestimmung des Menschen zu fühlen, hinzutreten". Im October
1779 schrieb Knigge an Dieselben, wiederum an Beide gemeinsam
(Asträa XVI, S. 178), dafs Canitz ihm seine Manuscripte nicht zurück-
gesendet habe, und ein Jahr später, im October 1780 — zu einer
Zeit, wo Kn. schon ganz von dem Illuminaten-Orden in Anspruch
genommen war und C. schon dem Rosenkreuzer-Zirkel in Kassel angehörte — an Greve (Asträa XXI, S. 272): „Mit Canitz habe ich
mich weiter nicht einlassen können. Er sucht nur, um zu wissen".

Fassen wir zusammen, was sich aus dem Vorstehenden bei Zuziehung von anderem zu unserer Kenntnifs Gekommenem ergiebt, mit
Unterscheidung des als nachgewiesen und des nur als wahrscheinlich
zu Betrachtenden. Knigge und Canitz beabsichtigten 1779 Beide,
Etwas für die Reform der Freimaurerei zu thun und dafür die Wür-

digeren unter den Brüdern zu einer engeren Verbindung zu vereinigen. Im Anfang des Herbstes 1779 standen sie in Verkehr; Beide rechneten auf die Mitwirkung des mit Canitz bekannt gewordenen und wie es scheint durch Diesen damals bereits für einen solchen Plan gewonnenen Forster's. Dafs unter dem in der neu zu stiftenden Verbindung zu Treibenden auch Alchemie sei, wird nicht erwähnt, nicht einmal angedeutet. Von Sömmerring, welcher im Juni 1779 in Kassel angestellt worden und im August zum Besuch seines Vaters nach Thorn gereist war (W. II, S. 32 u. 34), ist da in Betreff der Zuziehung zu dieser Verbindung nicht die Rede. In freimaurerischen Beziehungen stand Derselbe aber damals wieder mit Forster und schon mit Canitz, und auf der Reise nach Thorn sprach er in Berlin bei Freimaurern vor, welche auch eifrige Rosenkreuzer waren, wie namentlich bei dem Geh. Rath Joh. Wilh. Bernh. Hymmen, auch bei Wöllner*). Die von Canitz geplante engere Verbindung innerhalb des Freimaurer-Bundes kam nicht zu Stand. Es kann sein, dafs gerade dann Dieser mit Denen, welche ihm anhingen, sich den Rosenkreuzern in die Arme geworfen habe; macht doch Manchen das Fehlschlagen des Wunsches nach einer bestimmten Verbindung geneigt, sofort eine andere Verbindung ähnlicher Art einzugehen. Im September 1780 waren (vgl. S. 87 f.) Forster und Sömmerring in dem Alchemie treibenden Kasseler Rosenkreuzer-Zirkel. Als darauf hinweisend, dafs Sömmerring während eines Theils des Jahres 1780 noch nicht dahinein gerathen war, ist vielleicht anzusehen, dafs in seinem Nachlasse, in welchem alle auf seine Zugehörigkeit zu dem Rosenkreuzer-Orden bezüglichen Papiere und Partien seines Tagebuches fehlten (W. II, S. 37), doch noch einige Fragmente des letzteren aus dem Jahre 1780: wohl denkbarer Weise aus demjenigen Theile dieses Jahres, in welchem er noch nicht eingetreten war, sich vorfanden:

---

*) Bald nach der Abreise Sömmerring's von Kassel, am 22. August 1779 schrieb Forster an Diesen (F.-S. S. 7): „Grüfsen Sie den Geheimen Rath Hymmen von mir auf das allerbeste. Grüfsen Sie den guten Decker (.·.), wenn Sie ihn sehen; und alle Bbr., die sich etwa meiner erinnerten. — Gott, der allmächtige Baumeister der Welten, erhalte und segne Sie". Am 6. September (F.-S. S. 10) dankt Forster seinem Freunde für durch Diesen an ihn bestellte Grüfse Wöllner's und übermittelt er Empfehlungen „unseres vortrefflichen Canitz" an S.

Fragmente, nach welchen er sich mit mehreren Männern, namentlich mit dem Major von Canitz öfters über den Rosenkreuzer-Bund unterhalten hatte. Dafs Forster mit dem Eintreten in diesen Bund voranging, ist mir sehr wahrscheinlich, und auch dafs sein Beispiel für Sömmerring's Eintreten mitbestimmend war. Es ist daran zu denken, dafs F. damals der Berühmtere war; an den Antheil, welchen F. 1779 an S.'s Anstellung in Kassel hatte, wie des Ersteren Briefe an den Letzteren *W.* I, S. 122 ff.; *F.-S.* S. 1 ff.) erweisen; daran, dafs noch 1787, als F. von der Russischen Regierung für eine beabsichtigte Entdeckungs-Expedition gewonnen wurde und er S.'s Betheiligung an derselben befürwortete, die in dieser Sache zwischen Beiden gewechselten Briefe (*F.-S.* S. 381—474) ein Übergewicht von F. über S. nicht verkennen lassen, und zwar nicht blofs danach, dafs Jener für die Expedition in erster Linie in Aussicht genommen war.

Was sich jetzt noch als mehr äufsere Veranlassung für das Eintreten Forster's und Sömmerring's in den Rosenkreuzer-Bund abgebend erkennen läfst, ist wenig, und dieses Wenige beizubringen war eine etwas weitere Abschweifung nöthig, welche aber doch auch zur Vervollständigung des Berichtes über Beschäftigung mit Alchemie und Verwandtem in dem letzten Viertel des vorigen Jahrhunderts diente. Betrachten wir jetzt, welche innere Zustände und Beweggründe die Genannten, und namentlich Forster, zu dem Eintreten in diesen Bund bestimmt haben mögen.

Forster selbst hat sich in Briefen an Sömmerring darüber ausgesprochen. Auf der Reise nach Wilna, in Leipzig schrieb er am 14. Mai 1784 (*F.-S.* S. 35, mit Berichtigung in Einzelnem nach meiner Abschrift) unter Bezugnahme auf ihm von seinem Freunde gemachte Mittheilungen, welche ihn wohl über manches in Kassel Erlebte aufklärten: „Danke Dir herzlich für Deine trefflichen Bemerkungen über das Spüken, den Aberglauben und die Kunst zu täuschen. Ich glaube, bei uns conspirirte alles, uns hineinzuziehen, Mangel an Erfahrung, Geist der Wifs- und Neugierde, blindes Zutrauen zu gut und ehrlich scheinenden Characteren, und Unbestimmtheit unserer eigenen Gedanken vom Wahrscheinlichen und Unwahrscheinlichen, vom Möglichen und Unmöglichen. So vorbereitet mufsten wir in's Garn — wie wir so lange drin geblieben sind, ohne das Loch wieder heraus zu finden, ist freilich auffallender, aber doch auch erklärbar. Es ging uns ja wahrhaftig wie den armen Enten auf einem Entenfang, hat man sie einmal in den mit Netz bedeckten Graben gejagt, so stehen hinter jeder Coulisse Leute und jagen sie immer vorwärts, und immer vorwärts, und so können die armen Thiere es nicht gewahr werden, dafs der einzige Weg, sich zu befreyen, da liegt, wo ihre Nachsteller Posten gefafst haben". Und dann von Dresden aus am 5. Juni 1784 (*F.-S.* S. 61): „Wahrheitsliebe, brennender Durst nach Gewifsheit und Überzeugung von gewissen Wahrheiten, mit etwas schwärmerischem Hange, sie gern für möglich und wahr zu halten, — das war's ja einzig, was mich bewegen konnte, 4 Jahre lang in C. zu laboriren, mit mehr Ehrlichkeit als unsere Brüder P. und M. an meiner vermeintlichen Geistesreinigung zu arbeiten, mich zu kasteien, allen unschuldigen Freuden des Lebens zu entsagen, herzlich, andächtig, inbrünstig und mit vollem redlichem Enthusiasmus in unseren Versammlungen zu reden, zu den Bbrn. die Runde zu gehen, sie zu ermahnen, anzufeuern, Geld und Ruhm in die Schanze zu schlagen, kurz alle Kräfte aufzubieten, um das Ziel zu erringen, welches man mir als erreichbar gezeigt hatte". — Aber alles Das, was Forster da bezüglich der ihn bestimmenden Beweggründe angiebt, als zutreffend vorausgesetzt: Eins wirkte doch gewifs auch noch mit zu der Betheiligung und der Ausdauer F.'s und S.'s an und in diesem Treiben, und Das war die Aussicht auf die pecuniären Vortheile, welche erfolgreiche Beschäftigung mit Alchemie bringen werde. Forster war — wozu die seiner Familie nach England gesendeten Unterstützungen wesentlich beitrugen — in Kassel bald in peinlicher Geldverlegenheit; schon im Februar 1780 hatte er in einem Brief an Fr. Jacobi (*Th. II.* I, S. 247; *G.* VII, S. 141) über drückende Schulden zu klagen; im Januar 1781 bot, um ihm aus dieser Bedrängnifs zu helfen, Jacobi ihm einen jährlichen Vorschufs von 25 Pistolen an, welchen F. als zur Regulirung seiner Schulden nicht ausreichend befand, im Sommer 1781 aber doch annahm, und einen zinsenfreien Vorschufs gewährte ihm im October dieses Jahres auch der Landgraf von Hessen-Kassel, welcher bereits im Frühjahr 1780 sein Einkommen erhöht hatte (darauf Bezügliches in F.'s Briefen an J. *Th. II.* I, S. 249, 256 f., 261, 279; *G.* VII, S. 142, 145, 148, 154). Auch Sömmerring, wenn er auch nicht so wie F. Sorge um das Auskommen in seiner Jugend durchzumachen gehabt hatte, war von seinem Vater wiederholt knapp

gehalten worden und hatte gelernt, den Werth des Geldes stets zu
schätzen.   In Betreff Forster's urtheilte Dessen Wittwe (*Th. II.* I,
S. 25 f.): „Seine fortgesetzte Bemühung, die Bedürfnisse seiner Familie
zu decken, hinderte ihn, hauptsächlich nach seiner Anstellung in Cassel,
Ordnung in seine Angelegenheiten zu bringen, denn der Gewinnst
seiner literarischen Arbeiten blieb ihr zum gröfsten Theil gewidmet.
Bald gerieth er auf den traurigen Irrthum, seinen Wohlstand auf die
Gröfse seiner Einnahme, nicht auf die Beschränkung seiner Ausgaben
gründen zu wollen — ein Irrthum, den er nie berichtigen lernte und
der ein Hauptgrund seiner unaufhörlichen Unstättheit und Unzufriedenheit mit seiner Lage blieb.   Es ist seltsam, dafs diese Beschränkung
einem stets in Nahrungssorgen aufgewachsenen Mann so schwer ward
und so verhafst blieb.   Jedesmal dafs er, bis an seinen Tod, von
Entsagung spricht, ist diese immer relativ, und Entbehrung des Über-
flusses, nie des Nothwendigen, in einem vernünftigen Sinn.   Dieses
Streben nach Überflufs mochte wahrscheinlich auch seine Ordensverbindungen herbeiführen und ihn in das Labyrinth von religiöser
Schwärmerei verwickelt haben, die einige Jahre seines Aufenthalts
in Cassel in Anspruch nahm.   Da er nicht die Charakterkraft hatte"
u. s. w. (vgl. S. 84).   Ferner (a. a. O. S. 30) nach Erwähnung, dafs
ihm aus den Ordensverbindungen in Kassel Zeitverlust und baare
Kosten erwachsen seien: „Das Mifsverhältnifs seiner Ausgabe und
Einnahme ward dadurch jährlich gröfser, und die quälende Verlegenheit, die daraus entstand, verstrickte ihn wieder fester in dem heil-
losen Bestreben, durch müfsiges Gebet Trost, und durch mystisches
Forschen nach den Naturkräften Gold und höhere Weisheit zu erhalten".   Und noch (a. a. O. S. 32): „Von der Bedrängnifs seiner
Familie leidend, durch seine schlechtrechnende Weichherzigkeit in
Schulden verwickelt, bot ihm jene Verbrüderung Nahrung für seine
Gefühlsfrömmigkeit und Hoffnung, auf dem Wege der Wissenschaft
das Mittel zu finden, welches ihn dem Druck der Umstände entzöge,
und er ergriff beides mit der Sehnsucht der Hülflosigkeit".   Etwas
wird auch auf Forster und Sömmerring eingewirkt haben, was
der Erstere in seinem Brief an den Letzteren aus Kassel vom 9. November 1787, wo er die früheren Bundesbrüder noch in alter Weise
fortarbeitend fand, als die Thätigkeit Derselben anregend selbst genannt hat (*W.* I, S. 257; *F.-S.* S. 451): „*Auri sacra fames!*"

Dem Treiben in dem Geheimbund in Kassel gaben sich Forster und Sömmerring während mehrerer Jahre vertrauensvoll hin. War Einer auswärts unter Profanen, so konnte bei ihm die Wahrnehmung, wie Diese anders und seiner Meinung nach irrig dachten, das Gefühl des Beglücktseins steigern, daſs er diesem Bunde angehöre, in ihm wie zu Hause sei. Als Forster am Ende des Jahres 1781 nach Halle gereist war, da seine Familie zu besuchen, schrieb er an Sömmerring (W. I, S. 125 ff.; F.-S. S. 13 ff.): „Unsere Träume, womit wir uns zu tragen pflegten, sind bei mir alle aus den Augen gewischt. Ich finde bei — nicht die mindeste Receptivität für Be- griffe, welche unsere Glückseligkeit und einzige Freude ausmachen; und wäre sie auch von einer Seite, nämlich von der physikalischen, noch am leichtesten zu gewarten, so würde demohngeachtet das andre nicht den mindesten Eingang finden, weil nicht sowohl Mangel an Begriffen, als viel gefährlichere Hartnäckigkeit in einmal gefaſsten Irrthümern, die den Sinnen und der Vernunft schmeicheln, eine un- überwindliche Hinderniſs verursachen. — — Ich bin ganz aus meinem Centro verrückt, und Du kannst Dir vorstellen, wie mich nach Dir und unsern lieben Bbrn. verlangt. — — Ich habe seit den 4 Tagen meines Hierseins Ursach genug gehabt zu bedenken, wie unbeschreib- lich glücklich wir in jedem Betracht, und vorzüglich in unserem be- sondern Verhältnisse sind. Zugleich aber auch immer lebhafter ge- fühlt, daſs es *in puncto* der Verschwiegenheit kein Übermaſs giebt. Man kann nie zu verschlossen sein. Gott sei Dank; bis jetzt ahndet man auch nicht einmal etwas von mir". Und am Schlusse dieses Briefes auſser dem bereits S. 65 Angeführten: „Grüſse unsere lieben Bbr. bestens. Ich kann Dir nicht schreiben, wie mirs hier ums Herz ist, so eng, und so gedrückt, weil ich keiner Seele nur ganz von fern einen Blick hinein thun lassen darf. Unter den besten Freunden fremd zu sein, ist eine eigene traurige Lage".

Aber im Jahre 1783 erlitt das Vertrauen, welches bisher die zwei uns in Betrachtung stehenden Männer auf die in dem Rosen- kreuzer-Zirkel getriebene Beschäftigung und die von ihr zu erwar- tenden Erfolge gesetzt hatten, eine Störung; Zweifel daran, ob in diesem Verein das Angestrebte erreicht werden könne, machten sich geltend und führten bald zur Ablösung jener Beiden von demselben. Wir wissen nicht genau, wann die Trübung des bisher bestandenen

Verhältnisses begann, auch nicht durch was sie veranlafst war: ob
das Fehlschlagen der in Kassel angestellten alchemistischen Versuche
vor dem Beharren auf dem eingeschlagenen Wege warnte, ob der
im Anfang August 1783 erfolgte Selbstmord eines schon einmal (S. 39)
genannten und später eingehender zu besprechenden Alchemisten,
welcher bis dahin als ein neuer und sicherer Zeuge für die Möglichkeit erfolgreicher Betreibung der Hermetischen Kunst angesehen worden
war: des Dr. Price in London Eindruck gemacht, oder was sich sonst
das Vertrauen erschütternd ereignet hatte. Nichts über die nächste
Veranlassung zum Irrewerden an dem so lange festgehaltenen Glauben,
wohl aber dafs derselbe wankend wurde, läfst sich aus einigen am
Ende August 1783 geschriebenen Briefen Forster's ersehen. Am
29. August sprach Dieser sich an Jacobi aus (*Th. II.* I, S. 342 f.;
G. VII, S. 196): „Ruhe des Geistes, freudige, heitere Empfindung des
Daseyns sind so von mir verscheucht, dafs ich in meinen trüben
Stunden darum traure, wie man um Freunde trauert, die man nie
wieder zu sehen hofft! Ich wende mich auf alle Seiten, und werde
nur dunkle Aussichten gewahr; es ist schrecklich, aber wahr, dafs
auch das einzige Gefühl, welches mich sonst bei meinen Leiden stärkte
und tröstete, welches mich zum Stoiker, und mehr als Stoiker, zum
christlichen Helden umzuschaffen pflegte, jetzt so erkaltet, so leise
und schwach ist, dafs alle meine Anstrengung es nicht anfachen kann.
Muthlosigkeit, Trübsinn und Zweifel haben sich meiner Seele be-
meistert, bald kann ich nicht mehr dawider kämpfen. — Das Einzige,
was ich dabei gewonnen zu haben glaube, ist Toleranz, das ist, ein
inniges, wehmüthiges Gefühl eigner Schwäche, Unvollkommenheit und
Dependenz von einem unaufhaltsamen Schicksal!" Aber am 20. Dezember an Denselben (*Th. II.* I, S. 363 ff.; *G.* VII, S. 216 f.): „Ich
bin schon, Gott sey Dank! wieder sehr über alles, was ich Ihnen
Trübes von meiner Gemüthslage schrieb, beruhigt. — — Was mich
betrübte, war mehr als leere Einbildung, mein Bester! Ich fühlte
mich in der That von einer gewissen Strenge gegen mich selbst, die
mein ganzes Glück sonst ausmachte, zurückgekommen mit unmerk-
lichen Schritten, und ich erschrak wirklich sehr über diese Demüthigung. — — Kein Wunder, dafs ich eine Zeitlang dadurch ganz
zerrüttet wurde. Das Nähere hiervon läfst sich nicht schreiben. —
Doch ich fafste mich, und mich tröstete der Gedanke an meine

Kinderjahre, wie oft ich da gefallen, und doch wieder aufgestanden und gelaufen wäre, bis ichs endlich gelernt hätte. Darauf folgte nun noch ganz kürzlich eine Aussicht, welche für meine künftige Laufbahn viel verspricht und mich in diejenige Thätigkeit zu versetzen das Ansehen hat, welche ich mir nach Maſsgabe meiner Kenntnisse und Studien wünschen muſs. Noch kann ich mich nicht weiter darüber auslassen, denn noch ist es bloſse Aussicht, die sich wieder verwehen läſst. — — Hier" (in Kassel) „würde ich, den einzigen Fall einer Heirath ausgenommen, nur mit äuſserster Mühe aufs Reine, frei von Schulden, und in eine Lage gekommen seyn, meine wissenschaftlichen Kenntnisse praktisch zu erweitern".

An dem Ende des Jahres 1783 war Forster in der That über den Werth solcher geheimer Verbindungen wie die, in welche er sich eingelassen hatte, ziemlich aufgeklärt. An Joh. von Müller, welcher gleichfalls dem Rosenkreuzer-Zirkel zu Kassel angehört zu haben scheint*) aber schon im Sommer 1783 diese Stadt verlassen hatte und nach der Schweiz zurückgegangen war, schrieb er, auch am 20. Dezember dieses Jahres (*G.* VII, S. 210 ff.) nach Genf: „Ich bin diesen Sommer hindurch nicht so glücklich gewesen, wie Sie einige Schritte weiter zu kommen; ich bin vielmehr einige Schritte zurückgekommen, und diese Demüthigung ist mir heilsam gewesen. — — Das ist gewiſs die höchste Weisheit, immer die Gegenwart des lieben Schöpfers vor Augen haben! Lassen Sie, mein Bester, sich immer dies und die Liebe des Gekreuzigten genügen, und trachten Sie nicht nach hohen Dingen. Wissen macht nicht glücklich, auch selbst göttliche Weisheit nicht, ohne die Liebe, wie 1. Corinth. 13. steht. Daher bleiben Sie bei Ihrem Entschluſs, geheime Gesellschaften und Wissenschaften nicht zu suchen. Ich lasse die Frage unentschieden, ob es wahre geheime Wissenschaften gebe oder nicht; aber das ist doch ausgemacht, daſs das Meiste, was von dieser Art in der Welt herumgetragen wird, falsche Vorspiegelung, Lug und Trug, oder, wenn wir das Gelindeste glauben, fromme Selbstverblendung ist. Wenn der Glaube, auf den so viel, ja Alles ankommt, nicht Ergebung und liebevolles Vertrauen auf das Dasein und die Güte Gottes wäre, wenn dazu gefordert würde, Dinge für wahr zu halten, die, wenn sie auch

---

*) Vgl. Anmerkung XII am Ende dieses Theils.

wahr wären, doch unmittelbar keine Beziehung auf unsere Seligkeit haben, dann stünde es wahrlich übel um alle diejenigen, von denen Glaube gefordert wird. Wahrhaftig, lieber Freund, ich kann mir nicht vorstellen, dafs die Frage: glaubst du, dafs es Gespenster und Geistererscheinungen gibt? eine von denen sein wird, nach welchen wir gerichtet werden sollen. Vor allen Dingen rathe ich Ihnen, nicht Ihr Geld so ganz unnütz anzuwenden und Freimaurer zu werden. Was unter diesem Namen Gutes geschieht, konnte eben so wohl ohne denselben auch geschehen; und, was Böses geschehen ist und noch geschieht, dazu bedürfte es ebenfalls keiner eigenen Verbindung. — — Vielleicht ruft mich die Vorsehung von hier weg. Doch davon sprechen Sie noch nicht, weil es noch gar nicht gewifs ist. Sömmerring grüfst Sie herzlich, und ist auch wohl. — — Canizen sprach ich schon seit langer Zeit nicht mehr, am wenigsten über solche Sachen, wie unsere Correspondenz, die Niemand zu sehen bekommt".

Das zuletzt Angeführte weist darauf hin, dafs Forster und wohl auch Sömmerring sich vor dem Ablauf des Jahres 1783 von dem Rosenkreuzer-Zirkel in Kassel zurückgezogen hatte, und damit stimmt auch, was des Ersteren Wittwe (*Th. H.* I, S. 30) bezüglich der Zeit der Abwendung von demselben angiebt: „Das Thörichte der Mittel klärte F. endlich über die Thorheit des Zweckes auf, und er trennte sich in dem Jahre, eh' er Cassel verliefs, von jener Verbindung". Zur vollständigeren Trennung kam Forster dadurch, dafs er im April 1784 von Kassel wegging, um der Berufung nach Wilna zu folgen, und da wurde ihm immer deutlicher, in welcher Gesellschaft er gewesen war. Etwas von der bisherigen Gläubigkeit hing ihm allerdings zunächst noch an. Von Zellerfeld aus schrieb er am 6. Mai an Sömmerring (*W.* I, S. 130 f.; *F.-S.* S. 28 f.), dafs er mit Tr.*) viel von M** (Maurerei) gesprochen habe, namentlich von Schrepfer (vgl. S. 26) und dafs manches von Diesem Aufgeführte doch unerklärbar sei („man mufs, um Wahrheit kennen zu lernen, alles an sich kommen lassen, anhören, und prüfend das Beste behalten" war F.'s Ansicht); auch meine Tr., M** müsse sich doch auch auf die wichtige

---

*) Friedr. Wilh. Heinr. von Trebra, damals Viceberghauptmann in Zellerfeld, dem System der stricten Observanz unter dem Namen *Fridericus Eques a metallis* zugehörig.

Lehre der Fortdauer des Lebens nach dem Körpertode beziehen, und es müsse noch irgendwo Menschen geben, die hier Aufschlufs mittheilen können. „Sei es wie es sei, so ist soviel wenigstens bei allen würdigen einsichtsvollen Menschen ausgemacht, dafs Geldschneiden nicht dazu gehören kann — folglich halte ich fest dafür, dafs jener Weg, den wir kannten, nicht der rechte war". Von Leipzig aus schrieb er an Denselben am 14. Mai (*F.-S.* S. 32): Decker, der auch hier ist, frug wie es stünde, und ich antwortete, wir lebten in Hoffnung der Dinge die da kommen sollten und in Geduld; mit dieser unbestimmten Antwort liefs er sich auch genügen. — — Spener vertröstet mich auf Rosenstiel's*) Ankunft, die morgen sein wird; der könne mir viel Zeug's daher erzählen, entrire auch nichts und sei *hautement* dagegen, rühmt ihn erstaunlich als einen sehr rechtschaffenen Menschen, guten Kopf und edles Herz. Er lache oft mit ihm über diese Leute, und sei Mannes genug, es ihnen in's Gesicht zu sagen, dafs ihre Sachen nichts taugen. Ich habe Sp. gesagt, dafs wir gar an dieser Sache nicht mehr hingen, und dies so offenherzig als ich konnte; es war ihm psychologisch wichtig und unbegreiflich, wie zwei Leute, wie wir beide, hätten hingerissen werden können. Das erklärte ich ihm. — — Ich für mein Theil will nichts mit ihnen" (den Rosenkreuzern) „zu schaffen haben, wenn sie auch verwandeln können. Ich finde ihre Grundsätze für mein Gewissen zu beunruhigend". Und gleichfalls noch von Leipzig am 22. Mai 1784 (*F.-S.* S. 44, nach meiner Abschrift vervollständigt): „Eine Hauptursache meines Hierbleibens bis itzt war N—**). Ich habe jetzt mit ihm gesprochen. Er kennt alle Systeme, und unsere Leute nicht ausgenommen, ist sogar in dieses System aufgenommen, und hält alle Arten von Systemen und Secten, ja die ganze weite 𝄢 für ein Gebäude der Leute, die

---

*) Friedr. Phil. Wilh. Rosenstiel war 1781 zum Bergrath in Berlin ernannt worden (er starb da als Director der K. Porcellanfabrik 1832 im 78. Jahre). Er gehörte der Grofsloge Zu den drei Weltkugeln in Berlin an.

**) Der bekannte Berliner Buchhändler und Schriftsteller Christoph Friedr. Nicolai (1733 1811); dafs er mit Diesem eine eingehendere Unterredung über den Rosenkreuzer-Orden haben werde, hatte Forster an Sömmerring schon vorher (*F.-S.* S. 42) geschrieben. Nicolai war in der Freimaurerei (er gehörte der Grofsloge Zu den drei Weltkugeln in Berlin an) ein Feind aller Mystik und des Eindrängens der Jesuiten, deren Einflufs auch hier von ihm befürchtet und bekämpft wurde.

ich nicht nennen mag und die alles Böse in der Welt anrichten. Er hat mir darüber ein MS zu lesen gegeben, welches er selbst geschrieben aber nie herausgeben wird, welches alles auf die befriedigendste Art darthut, auch gab er mir die Erlaubnifs, gute Bbr. davon etwas merken zu lassen, um sie aus diesen Teufelsklauen zu retten, wenn ich's der Klugheit gemäfs fände, sonst *sub sigillo*. Besonders aber verbot er mir, je gegen irgend jemand von dem MS etwas zu sagen, und er hat bei solchen Leuten wohl Recht. — W— — in B." (Wöllner in Berlin ist wohl gemeint) „ist in seinen Augen der abgefeimteste Heuchler und Spitzbube, der bei seiner Schwiegermutter schlief um die Tochter heirathen zu können, der von allem sehr wohl weifs und das jetzige Schema so weit treibt als es gehen will. Rosenstiel, der gewifs nicht mit N— conferirt hat, denkt genau so von W—, ist aber noch nicht im System, sondern blofs +"*). (Das sich in diesem Brief an das vorstehend Mitgetheilte Anschliefsende s. S. 121 f.). — In dem Mafse gleichsam, wie Forster auf der Reise nach Wilna weiter ostwärts und von Kassel weg kam, wurde sein Urtheil über die Rosenkreuzer und verwandte Geheimbünde, über seine in dem Kasseler Zirkel getriebene Beschäftigung bestimmter. In dem von Dresden aus am 5. Juni 1784 an Sömmerring gerichteten Brief sagte er (*F.-S.* S. 61) nach der S. 103 mitgetheilten Aeuſserung darüber, was er dort Alles zur Erringung eines ihm als erreichbar gezeigten Zieles gethan habe: „Nun ich sehe, nun ich weifs, dafs diese Aussicht ein Phantom ist, das meine Einbildungskraft über Stock und Stein irregeführt hat, ist es aus damit", von Freiberg schrieb er Demselben am 10. Juli (*F.-S.* S. 100): „Von M** höre ich auf keiner Seite etwas Vortheilhaftes, am wenigsten etwas, das mich glauben machen könnte, an den vorgeblichen höheren Wissenschaften sei doch etwas reelles", und von Wilna am 12. Dezember (*F.-S.* S. 155): „Ich bin von allem, was die ♯ in P." (Polen?) „angeht, genau unterrichtet und weiss nunmehr, dafs es mit Freund Nicolai's Behauptung so ziemlich blauer Dunst ist. Die ♯ sind

---

*) Nach der mir von meinem Collegen Friedr. Meyer gegebenen Belehrung bedeuten das Zeichen + und das (bald uns begegnende) Zeichen ♯ höhere Grade, wie sie in einigen Systemen der Freimaurerei vorkamen (vgl. S. 17).

arme Sünder und wissen, wie wir längst geglaubt haben, nichts; so weit sind in P. den meisten Mitgliedern nun auch die Augen offen".

Aus dem nach der Erkenntniſs, daſs die Betheiligung an der Rosenkreuzerei in Kassel eine Verirrung gewesen war, belästigenden Verkehr mit den bisherigen Bundesbrüdern herauszukommen, war Weggehen aus dieser Stadt das einzige Mittel, und dieser Beweggrund war für Forster und für Sömmerring wenn auch nicht der einzige doch ein stark bestimmender, einer sich bietenden Berufung nach einem anderen Orte zu folgen. F. schrieb zwar im Mai 1784, bald nach dem Verlassen Kassels, von Leipzig aus an S. (*F.-S.* S. 34): „Den Reg.-Rath kannst Du immer in seiner Verlegenheit lassen, die mich nicht gewundert hat, weil er sie schon in Cassel persönlich gegen mich selbst äuſserte, und mir sagte, es wäre ihm hinterbracht worden, unsere ehemalige Verbindung würde von mir als Ursache des Weggehens ausgegeben; dies habe ich ihm ausgeredet, und da es eine Lüge ist, und ich es nicht gesagt habe, kann ich nun ruhig sein, und es ihm überlassen, ob er mir glauben will oder nicht. Er fühlt wohl, daſs dies mit ein Beweggrund bei mir sein könnte und müſste, und denkt seine Vermuthung dadurch bestätigt zu hören, wenn er vorgiebt, man habe es ihm schon als gesagt wieder erzählt", aber von Wilna aus im April 1787 (*F.-S.* S. 373): „Wäre nicht der Ekel und Abscheu gegen den Orden gewesen, so wär' ich doch nicht von Cassel weggegangen, und folglich auch Du nicht. Es muſste sein und es war uns gut, aber es hat doch auch viel Unannehmlichkeiten für uns gehabt". Sömmerring wurde durch Forster's Abreise im April 1784, jetzt in Kassel allein allen Folgen der Verirrung ausgesetzt, schwer betroffen, und Forster fühlte Das mit ihm; von Zellerfeld aus schrieb er am 24. April „noch betäubt von allen Erschütterungen unserer Trennung" dem Freund, am 26. dem „lieben, armen, verlassenen Bruder". Die Aussicht auf eine Anstellung in Mainz, welche für Sömmerring bereits im Mai 1784 vorhanden war (Forster schrieb damals — *F.-S.* S. 30 u. 33 — an ihn: „Wie ist's mit Mainz? Du muſst vorerst aus Cassel, damit Du Athem holen kannst", und wie er wünsche, „daſs die Anerbietungen aus Mainz recht annehmlich sein mögen, damit Du aus diesem Teufelsneᴀᴄᴜ kommst, der unsern Geist, und unser Herz wahrhaftig auch, so lange an Ketten gelegt hatte"), verwirklichte sich doch erst im Herbst

desselben Jahres. Für die Zeit bis dahin berichtet R. Wagner
(*W.* II, S. 41): „Nach Forster's Abgang brachte Sömmerring
seine Furcht und isolirte Lage fast der Verzweiflung nahe"; F. selbst
fühlte sich bezüglich seines Freundes erst beruhigt, als er Diesem im
October 1784 von Warschau aus schreiben konnte (*W.* I, S. 142;
F.-S. S. 140): „Es freuet mich unendlich, dafs Du nun sowohl als
ich Cassel verlassen hast, und dadurch allen den unangenehmen Scenen
entgangen bist, die unsere Verbindung mit ⚹ uns bereitet hatte".

Der Gedanke daran, was bei der Betheiligung an der Rosenkreuzerei herausgekommen war, konnte allerdings Einen, der noch
der Nachwirkung unmittelbar unterlag, der Verzweiflung nahe bringen.
Forster hat nach einigen Richtungen hin in Briefen an Sömmerring das Facit gezogen. „Zuviel ist's", schrieb er am 14. Mai 1784
(*F.-S.* S. 33), „was wir schon erlitten; unser Beutel geschnitten, unsere Zeit verderbt, unsere Denkkraft geschwächt und gelähmt, unser
Verstand verarmt, unser Gedächtnifs mit unnützem Plunder angefüllt,
unsere Grundsätze untergraben und angesteckt". Und am 5. Juni
desselben Jahres (*F.-S.* S. 62), im Zusammenhang mit dem da über
Freimaurerei, d. i. auch über die von ihr eingeleitete Rosenkreuzerei
Geäufserten (vgl. S. 94): „So oft ich fühle, dafs sie mich 500 Thlr.
baar, 1500 Thlr. an verschwendeter Zeit, unschätzbare Summen an
Kenntnifs, die ich mir in den vier Jahren hätte erwerben können,
und soviel an verlornen Freuden des Lebens, an Dingen, die meinen
Kopf hätten aufhellen und meinem Herzen Schwung geben müssen,
gekostet hat, ohne mir eine kleine Wahrheit einzubringen, die ich
nicht auf anderen Wegen auch hätte erlernen können, so oft ist es
in mir entschieden und erlaubt, eine schlechte Sache schlecht zu
nennen und der Schwärmerei zu fluchen, dafs ich bös über das sein
könnte, was Du für mich in der besten treuesten Absicht gethan
hast?" *)   Von den Folgen der Verirrung war es eine verhältnifs-

---

*) Das oben aus F.'s Brief vom 5. Juni 1784 so, wie es in Hettner's
Ausgabe des Briefwechsels F.'s mit S. steht, Aufgenommene hat in dem letzten
Theile keinen Sinn. Ich habe von diesem Brief keine Abschrift, aber es ist
mir wahrscheinlich, dafs in H.'s überhaupt nicht sorgfältig zu nennender Ausgabe übersehen worden ist, wo ein neuer Satz anfängt, und dafs zu lesen ist:
— — „der Schwärmerei zu fluchen. Dafs ich bös über das sein könnte, was
Du für mich in der besten treuesten Absicht gethan hast?" Aus dem Zusammen-

mäfsig untergeordnete, welche Forster in einem Brief vom 10. October 1784 mit Bezugnahme auf ein von v. Schlieffen erhaltenes Schreiben berührte (*W.* I, S. 143; *F.-S.* S. 141): „Dieser Brief enthält so viel herzlich freundschaftliches, dafs es mich täglich mehr schmerzt, durch die traurigen intoleranten Begriffe, die uns ⚛ eingab, von ihm so entfernt geblieben zu sein"; eine schlimmere hielt er in Wilna im April 1786 für möglich, als es ihm vorkam, als ob seine Geisteskräfte dahin wären, er frühzeitig altere: „Wäre das, mein Bruder, so hätte die Ungerechtigkeit der Engländer gegen meinen Vater und mich mir den ersten Stofs versetzt, und die Rosenkreuzerei den zweiten" (*F.-S.* S. 297).

Forster hätte noch Etwas nennen können, was ihm durch die Betheiligung an der Rosenkreuzerei und die Erkenntnifs, welchen Abweg er da eingeschlagen habe, verloren gegangen sei; Das war der Glaube: mit dem Glauben an die Möglichkeit, in s. g. höherem Wissen das gewünschte Ziel zu erreichen, auch der religiöse. Beide Arten von Glauben waren ihm in der Zeit jener Betheiligung in Eins verschmolzen worden, und das Abstehen vom Einen liefs auch dem anderen entsagen. Dafür, in welchem Grad fromm nicht nur sondern frömmelnd Forster sich in den Jahren seiner Zugehörigkeit zu dem Rosenkreuzer-Zirkel aussprach und wie rasch er dann vom Paulus zum Saulus umschlug, sind schon S. 65 Belege gegeben worden. Hier darf nicht unbemerkt gelassen werden, dafs er zu einer Zeit — im Dezember 1783 —, wo er bereits am Ende seiner Theilnahme an der Rosenkreuzerei war, in den S. 65 u. 107 f. erwähnten Briefen an Joh. von Müller sich noch recht fromm, so zu sagen gebetsüchtig gegeben hat; aber bald nachher zeigte er von solcher Gesinnung Nichts mehr, wohl aber das Gegentheil. Da war auch die Askese in Wegfall gekommen, welcher er sich bis dahin unterzogen hatte („Bei den seinem Herzen so naheliegenden Gründen zu diesem Forschen" — nämlich nach dem Stein der Weisen — „mufs das Spannende der Hoffnung sehr peinigend gewesen seyn, und die frömmelnden Übungen, welche er von seinen Obern erhielt, waren gewifs eine sehr

<hr/>

hang geht hervor, dafs S. einigen Herren in Kassel etwas die Ordensbeziehungen Betreffendes gesagt hatte und entschlossen war, mit einem als der Präsident Bezeichneten frei und offenherzig zu sprechen, und dafs er besorgte, F. möge dadurch beunruhigt und ihm bös sein.

nothwendige Mafsregel, um die Ansprüche der Vernunft durch die
mysteriöse Thätigkeit der Phantasie abzuwehren", sagte seine Wittwe;
Th. II. I, S. 26).   In einer fieberhaften Erregung scheint Forster
in der Zeit gewesen zu sein, in welcher er das Geheimnifs der Darstellung des Steins der Weisen zu ergründen suchte und damit in
Verknüpfung den Verkehr mit dem Überirdischen cultivirte; dafs
dabei das bei Alchemisten öfters vorkommende s. g. Goldfieber mit-
wirkte, ist nicht unwahrscheinlich.   Hoffen wir, dafs die Frömmigkeit
Forster's und seiner Genossen bei den Versuchen Gold zu machen
eine aufrichtigere war, als die vom König August II. von Polen und
dem Minister Desselben bei gleicher Beschäftigung angeblich em-
pfundene (vgl. S. 131 im I. Theil); wir dürfen hoffen, dafs wenigstens
bei den beiden uns hier beschäftigenden Männern Selbsttäuschung
vorhanden war, auch nach Dem, was Forster am 14. August 1784
von Wien aus an Sömmerring schrieb (*F.-S.* S. 119; ich setze den
Passus nach meiner in Einzelheiten von dem da Stehenden abweichen-
den Abschrift hierher): „Lange genug habe ich den Glauben gehabt,
der unerwiesene Dinge annimmt, nun nicht mehr.   Kann ich was
dafür? Die Schwärmer sagen, es ist Gabe Gottes, darum man beten
soll.   Und freilich bekommt man ihn, wenn man darum betet; denn
natürlich macht man sich weifs, man hätte ihn, und dann hat man
ihn wirklich, das heifst: vor lauter Verlangen unsichtbare Dinge zu
sehen, fängt man an, seiner eignen Vernunft und seinen Sinnen nicht
mehr zu trauen.   Das ist dann der wahre Glaube". —   Die religiöse Stimmung, in welche Forster in jener Zeit versetzt war,
schimmerte damals auch in Mittheilungen an Andere als an Mitglieder
des Geheimbundes hindurch, doch mit Auswahl.   „Der Einflufs der
ihm damals eigenen Denkart, vom Jahre 1779 bis 1783, ist in seinen
Briefen an seine Familie und an Jacobi sichtbar, und es ist be-
merkenswerth, dafs seine Briefe an Lichtenberg, in eben diesem
Zeitpunkt, keine Spur von jener religiösen Exaltation haben. Bannte
Lichtenberg's klare Vernunft diesen frommen Dämon, oder wollte
er mit ihr, als einer höllischen Macht, nicht in Berührung kommen?"
— so bemerkte und fragte Forster's Wittwe (*Th. II.* I, S. 26). —
Dafs Sömmerring wenigstens eine Zeit lang der Frömmigkeit eben
so beflissen war wie Forster, läfst sich daraus, wie Dieser an ihn
schrieb (vgl. u. A. S. 65), schliefsen und wird durch einen Brief S.'s

an seinen Vater vom 14. Dezember 1780 (*W.* II, S. 45) bestätigt: „Da Forster mein intimster Freund ist, so können Sie leichtlich glauben, dafs wir über Religion gleich denken müssen, denn sonst kann Freundschaft nicht halten. Wir sind überzeugt, dafs der nur das Unglück hat, ein Freigeist zu sein, der die Bibel nicht versteht; leider gehören aber jetzt grofse sogenannte Theologen dahin. Man räsonnirt fast Alles aus der Bibel, so auch Vieles aus der Physik, warum? Weil die Vorsehung dergleichen nicht mit näherer Kenntnifs zu beschenken uns für würdig befunden hat. Zwar verstehe ich das göttliche Buch nicht ganz, doch schon so viel, dafs mir Niemand meinen Glauben zu mindern im Stande sein wird. Mein Vater! auch hierin bin ich vielleicht glücklicher als viele tausend Christen". Aber nach der Abwendung von der Rosenkreuzerei war Sömmerring in Glaubenssachen indifferent, und gegen Gläubige toleranter als Forster. An Diesen schrieb er am 21. März 1788 (*F.-S.* S. 497): „Aber, liebster Bruder, wie kömmt's? Sonst waren Dir die Ungläubigen zuwider (wie hafstest Du Lichtenberg), jetzt die Gläubigen. Mir sind beide gleich recht, ich gönne gern jedem sein Vergnügen, weil die Ordnung der Natur es für Verschiedene verschieden bestimmte".

Aber wenn Forster von frühe im Jahr 1784 an eingesehen hatte, der in Kassel eingeschlagene Weg zur Darstellung des Steins der Weisen sei nicht der rechte gewesen: der Glaube an die Möglichkeit, Gold künstlich entstehen zu lassen, blieb ihm doch. Darauf Hinweisendes enthält, was S. 109 aus seinem Brief an Sömmerring vom 14. Mai 1784 mitgetheilt ist, und in bestimmtester Weise legt dafür Zeugnifs ab, was er an Denselben am 14. August 1784 von Wien aus schrieb (*F.-S.* S. 118 f., im Nachstehenden nach meiner Abschrift berichtigt und vervollständigt): „Nun aber: der Graf Stampfer, der an der Spitze der Bergwerkssachen oder des Collegii ist, wo Born Hofrath ist, ein guter ältlicher Mann, weder F.M. noch R.C., der sein ganzes Leben mit Bergwerks- und Schmelzsachen zugebracht hat, laborirt. Der Grund dazu ist dieser, den er Born erzählt hat, aus dessen Mund ich's habe. Ein Mensch kommt zu ihm, wird Copist in seinen Diensten, sieht dafs er laborirt, sagt ihm er verstünds nicht, giebt ihm ein Fläschchen ℞ " (d. h. Tinctur: verflüssigten Stein der Weisen). „Sie machen einen grofsen Zayn ächtes Gold. Der Mann geht fort (*NB* Stampfer hatte ihm alte Kleider

geschenkt, weil er so armselig aussah); St. will ihm Geld zur Reise
geben, aber er zeigt ihm ein Taschenbuch ganz voll Wechsel, hinterläfst ihm den Schlüssel seines Koffers, mit Bitte den Koffer nach-
zuschicken. St. macht den Koffer auf, findet ihn voll schöner Kleider,
besser als die er ihm geschenkt hatte. Über eine Zeit macht St.
für sich allein mit dem Überrest des Fläschchens einen zweiten
Versuch, erhält wieder einen grofsen Zayn ächtes Gold und giebt's
in die Münze wo es ächt befunden wird. — Was sagst Du dazu?
Ich glaube nunmehr, ohne dafs Du, wie Du fürchtetest, mein Urtheil
schief leiten solltest, auf Deine Frage, was ich zu Meta's*) Schreiben
sage, antworten zu können: Entweder sie foppen den leichtgläubigen
—gogus mit dem Versprechen, das ihm so gut ist als hätte er's
gesehen — oder — der Procefs ist richtig den sie haben, weswegen
ich ihnen aber, und wenn er 10 mal richtig ist, doch nicht wieder
trauen kann. Denn meines Erachtens kann man wohl ⊙ machen
und doch ein Schurke sein! Dafs R.C. und Jesuiten völlig zusammenhängen, bestätigen alle, die ich hier habe von fern her ausholen
können"**). „Möglichkeit der Projection kann ich nicht geradezu
bezweifeln. Man verwandelt doch nicht sehr heterogene Körper in
⊙, sondern ♀, ♄, ☿, ☾ u. d. gl. Die Zunahme an specifischer Schwere
kann ja vielleicht auf solche Art bewirkt werden, dafs das sich ver-
wandelnde Metall, sobald die ℞ es im △ auflöst, eine erstaunliche
Menge Theile aus der △ und aus dem △ selbst, worin die Operation
geschieht, anzieht und mit sich figirt. Wie die Natur Metalle hervor-
bringt, ist unbegreiflich. Aber gewifs, dafs, wo sich ein Gang mit

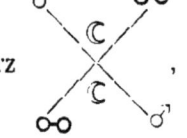

∞ und einer mit ♂erz kreuzen, da ist im Kreuz ☾erz

so ist's ausgemacht in Ungarn. *Item*, wo ein Eisengang auf Kiesel-

---

*) Wer der als Meta Bezeichnete gewesen sei, ist mir nicht sicher. Viel-
leicht der 1825 als K. Sächsischer Staatsminister gestorbene Graf Peter Karl
Wilh. von Hohenthal, welcher in jener Zeit als Freimaurer dem System der
stricten Observanz angehörte und in diesem *Eques a meta* hiefs (Allgem. Handb.
d. Freimaurerei I. Bd., Leipzig 1863, S. 639).

**) Das Folgende, von hier ab bis zu dem nächsten Anmerkungszeichen, ist
in Hettner's Ausgabe des Briefwechsels G. Forster's mit Sömmerring aus-
gelassen.

erde, z. B. Quarz, Jaspis, Feuerstein u. s. w. trifft, wird er ☉haltig.
Tempora mutantur et nos mutamur in illis"*).   „Ehedem glaubte
ich, man könne die Transmutation nicht annehmen, ohne zugleich an
die Existenz der Geisterwelt und die Möglichkeit der Communication
mit ihr zu glauben; jetzt ist mir die Natur alles, und ich sehe wirklich
noch nicht ab, wie man auf immaterielle Dinge schliefsen könne.
wenn auch die Transmutation wahr wäre.   Denn immateriell bleibt
immer etwas, wovon kein Mensch einen Begriff haben kann.   Sobald er von etwas **einen Begriff** hat, so ists nicht mehr immateriell sondern es ist materiell für ihn, denn es hat Eigenschaften,
wodurch es mit bekannten Dingen vergleichbar ist; Eigenschaften, die
in die Sinne fallen.   Was wir mit nichts vergleichen können, kennen
wir nicht; es ist so gut als obs nicht da wäre.   Schwere und Anziehungskraft, was es eigentlich sei wissen wir nicht, denn wir könnens
mit nichts vergleichen, daher sagen wir auch blofs, es sei Eigenschaft
der Materie.   Kraft, was es absolute sei kennen wir nicht; wir kennens
nur insofern sie mit der Materie unzertrennlich ist.   Hab' ich Recht
oder Unrecht?   Ich will mich sehr gern belehren, sehr gern Wahrheit,
so weit meine Einsicht und Beurtheilungskräfte gehen, annehmen;
nur nichts **annehmen und glauben**, was nicht aus gewissen unum-
stöfslichen Axiomen fliefst; nichts, wovon ich keine Erfahrung haben
kann".   (Hier schliefst sich der S. 114 aus diesem Brief vom
14. August 1784 mitgetheilte Passus an.)

Zu den unangenehmen Nachwehen der Betheiligung an der Rosenkreuzerei gehörte nach der Abwendung von derselben für **Forster**
und **Sömmerring** die Besorgnifs, dafs die mächtigen Oberen des
Bundes sie als abtrünnige Wissende verfolgen.   Dafs der Letztere, so
lange er nach **Forster**'s Abgang von Kassel noch dort war, Furcht
empfand, wurde bereits S. 112 berichtet; aber auch der von dem Ort

---

*) Die Erklärung der hier vorkommenden alchemistischen Zeichen mag —
für einen Theil derselben nochmals — gegeben werden. ☉ bedeutet Gold,
☾ Silber, ♀ Kupfer, ♄ Blei, ☿ Quecksilber, ♂ Eisen, ⚬–⚬ Arsenik, △ Feuer,
▵ Luft. So gewöhnliche und leichtverständliche alchemistische Ausdrücke, wie
Laboriren für praktisch Alchemie treiben, Projection für die Ausführung der
Metallveredlung mittelst des Steins der Weisen, Transmutation für Metallver-
wandlung würde ich hier nicht noch einmal erläutern, wenn nicht in der Wieder-
gabe des oben mitgetheilten Briefes in der **Hettner**'schen Ausgabe das Wort
Transmutation jedesmal zu Transmundation verunstaltet wäre.

der Antheilnahme an dem Geheimtreiben entfernte Forster glaubte Grund zu Befürchtung zu haben. Darauf, daſs in der That Drohungen gegen die abtrünnig Gewordenen ergingen, weist hin, was Forster von Leipzig aus am 14. Mai 1784 an Sömmerring schrieb F.-S. S. 32 f.): „Die unausbleiblichen Brandbriefe habe ich wohl vermuthet. Thut mir doch leid, bester Br., daſs Du Mggo*) schriftlich geantwortet hast. Hättest müssen mündlich sagen, ich habe nicht Zeit, kann mich nicht mehr damit befassen, lasse übrigens die Sache in ihrem Werth. — — Ich bin mehr als je entschlossen, alles was F.M. und R.C. heiſst, der ewigen Vergessenheit zu übergeben, und wünschte längst, daſs eine Menge unnützer Wust in meinem Gedächtniſs besseren Sachen Platz gemacht hätte. Sollte an mich geschrieben werden, so will ich nicht directe antworten sondern bloſs Dir sagen, Daſs Du Mggo sagen mögest, ich hätte jetzt keine Zeit. Und wie Sunderberg" (vgl. S. 92) „sagt — damit Holla. An Mggo wundert mich bei seiner abergläubischen Schwärmerei nichts mehr, kann also wohl denken, wie er wieder gegen Menschenliebe und Freundschaft gesündigt haben mag — — um einen Judengenossen zu machen". Und am 15. Mai (F.-S. S. 40): „Eben erhalte ich Deinen Brief mit der zurückgehenden Anlage. Ich kann nur darauf antworten, daſs es mit den O⁰ eine desto miſslichere Bewandtniſs hat, je furchtbarer sie sich uns machen wollen. Drohungen und Feindseligkeiten sind mir unläugbare Beweise ihrer Unächtheit, wenn's daran noch fehlen könnte. Sag ihnen das aber nicht, sondern zu unserer eigenen Beruhigung schweige und beobachte sie, sie werden's schon noch schlimmer machen. Ich habe es mir zur Regel gemacht, ihnen nie eine Zeile schriftlich mehr zukommen zu lassen, und ihnen nie anders als categorisch mit ja und nein mündlich antworten zu lassen". Die Besorgniſs, daſs der Orden sie verfolgen könne, scheint Forster und Sömmerring nach der Ablösung von demselben bestimmt zu haben, mit Anderen über den Rosenkreuzer-Bund zu sprechen (vgl. S. 109 f. u. 112 f. Anm.) um darüber klarer zu werden, wie weit die Macht der Oberen reiche, und daſs sie Das gethan hatten, erschien dann wiederum als unvorsichtig; aus Freiberg schrieb F. am 23. Juni 1784 an S. (F.-S. S. 87): „Über ♯ und R.C. soll niemand weiter von mir er-

---

*) Manegogus hieſs im Rosenkreuzer-Bund Einer der Oberen des Zirkels zu Kassel. Vgl. Anmerkung XII am Ende dieses Theils.

fahren. Leid ist mir's, daſs wir, ein jeder für sich so viel schon davon gesprochen haben, aber was thut man nicht in der Angst! Nun weiter nichts als Aug' und Ohr darauf und sonst nichts gesagt". Noch einige Jahre später hielt S. für die Besprechung von Ordens-Angelegenheiten groſse Vorsicht für geboten; am 26. Juli 1788 schrieb er an F. (*F.-S.* S. 519): „Von R.C. mag ich nichts dem Papier anvertrauen", zu einer Zeit, wo F. antworten zu können glaubte (*W.* I, S. 271; *F.-S.* S. 522): „Ich begreife Deine Besorgniſs nicht, über R.C. nichts dem Papier anzuvertrauen". — In der ersten Zeit nach der Lossagung von dem Bunde war auch Forster recht ängstlich; an Sömmerring schrieb er am 22. Mai 1784 (*F.-S.* S. 45): „Ich habe mehr Ursache als Du noch glaubst, um auf der Hut zu sein", und gleichfalls in Beziehung auf den Orden und die Oberen desselben am 1. Juni (*F.-S.* S. 54): „Auf das, was Du von ✠ weiter sagst, und von dem Einfluſs desselben auf mein Schicksal, sowie überhaupt von den dawider zu ergreifenden Maſsregeln, antwortete ich schon vorher. Ich werde auf der Hut sein und mich verbergen; am wenigsten mich gegen sie zu stellen suchen. Immer bereit zu hören, werde ich wenig hören lassen von mir". Ganz ernstlich faſste er damals auf der Reise nach Wilna in's Auge, daſs ihm dort von dieser Seite her Gefahr drohen könne. Am 27. Mai 1784 schrieb er an S. (*F.-S.* S. 51 f.): „Deine Sicherheitsmaſsregeln sind sehr gut. Ich glaube nicht, daſs es ✠ sind, die mich berufen haben, am wenigsten daſs sie es in dieser Rücksicht gethan haben sollten; aber es ist gut zu wachen und auf der Hut zu sein. Auch ich habe schon an *Retraite* gedacht. Die preuſsische Grenze ist nahe, kaum 12 Meilen. Königsberg liegt ungefähr 30 bis 35 Meilen von Wilna. Auch bei Spener in Berlin bin ich willkommen, wenn das ärgste zum ärgsten kommt. Ich hoffe aber, es wird nicht nöthig sein. Meine Regel ist Schweigen, und auf allen Fall, da wo es nothwendig ist, mehr zu glauben und zu trauen scheinen, als ich wirklich thue. — Mit einem litthauischen Klepper, den ich mir gleich anfangs kaufen werde, kann ich im Preuſsischen sein, ehe man mich vermiſst. Auch ist mir keineswegs für Unterkunft und Auskommen bange". Und am 5. Juni (*F.-S.* S. 58 f.) etwas beruhigter oder zur Beruhigung Sömmerring's, welcher damals sehr besorgt gewesen zu sein scheint: „Du hast, liebster bester Bruder, *successive* mit Deiner Besorgniſs immer zugenommen, dergestalt, dafs Dein letzter lieber Brief ordentlich Spuren von Allarme enthält, die mich sehr geschmerzt haben. — — Nun zur Beantwortung und Beruhigung, so gut ich kann. Ich glaube fürs erste nicht, dafs — die sind, die mich berufen haben. — — Es folgt also daraus, dafs die — — —, wenn sie mir ja zu schaden Lust hätten, mir doch nur *indirecte* schaden könnten, nicht unmittelbar selbst meine Vorgesetzte sind. Wären sie es aber dennoch, so bleibt mir ja noch immer Zeit, alles zu thun, wenn ich dort gewesen bin, wenn ich gehört, gesehen habe, wefs Geistes Kinder meine Vorgesetzte sind, und aus welchem Ton sie sprechen. Es werden ja auch nicht gerad alle Teufel sein. Was können sie mir thun, wenn ich ehrlich mein Amt versehe? Die Grenze, wenn ich Unrath merke, ist nicht weit, in einem Tage reit' ich in's Preufsische. Ich bin ihnen ja nicht gefährlich, nicht im Wege, wenn ich gleich nicht mit ihnen ziehe. Was hat Naturgeschichte mit — — — zu thun?" Aber in dem nämlichen Briefe weiterhin (*F.-S.* S. 60) mit Bezugnahme darauf, dafs v. Schlieffen, wenn ihm von der Forster'n drohenden Gefahr gesprochen würde um die Zurückberufung des Letzteren nach Kassel zu veranlassen, niedrige Motive für diesen Wunsch vermuthen könnte: „Lieber, mein Bruder — wenn wirklich die Gefahr dabei wäre, die nicht dabei ist — dem Märtyrertod entgegengegangen für die gute Sache der gesunden Vernunft als so einem Verdacht mich ausgesetzt. Schönern Todes kann man nicht sterben. Bist Du nicht da, alles Übel, was mir widerfahren könnte, der Welt und der Vernunft zum Besten, in einem solchen Falle deutsch und ausführlich heraus zu erklären? Eine andere Rache als die, dafs die Leute ihres Zwecks verfehlen müfsten, würde ich nicht wünschen". — Wie Forster damals sich und Sömmerring als vom Rosenkreuzer-Bund überwacht betrachtete, geht aus der Sorge für seine Correspondenz mit Diesem hervor; er erbittet und schickt im Juni 1784 von Dresden und Freiberg aus Briefe unter der Adresse an einen Anderen (*F.-S.* S. 79: „wer weifs, wer unter den Postbedienten in oder aufser der Verbindung ist, vor der wir uns so sicher hüten müssen"; *W.* I, 134 f. u. *F.-S.* S. 82 f.: es könne sein, dafs ein Ordens-Oberer in Kassel da die Briefe auffangen lasse).

Forster's Glaube an eine weitgehende Macht des Rosenkreuzer-Bundes hing wohl wesentlich mit der Ansicht zusammen, dafs in diesem die Jesuiten thätig seien. In dieser Ansicht, welcher er noch

im September 1786 in einem Brief an Heyne im Zusammenhang
mit schon früher (S. 91) aus demselben Mitgetheilten Ausdruck gab
(*Th. H.* I, S. 572; *G.* VII, S. 354: „Die Rosenkreuzer kann ich unmöglich vom Jesuitismus freisprechen, so wenig als manche andere
Freimaurersecte"), scheint F. ganz besonders durch Das bestärkt
worden zu sein, was er im Mai 1784 auf der Reise nach Wilna in
Leipzig von dem überall Jesuiten witternden Nicolai*) erfuhr. Von
da aus schrieb Forster an Sömmerring am 20. Mai (*W.* I, S. 133;
F.-S. S. 42): „Diesen Augenblick erst kam Nicolai zu mir, mit mir
zu sprechen. Wenig sagte er mir, und versprach, heut' Abend die
Unterredung fortzusetzen. Alle unsere Vermuthungen sind völlig
richtig. *Superiores incogniti* oder *S. J.* ist von jeher eins und dasselbe gewesen *(Societas Jesu).* Überall in allen Secten ohne Ausnahme stecken sie, und sind das *primum mobile.* Mehr davon im
nächsten Briefe auf den Du gut passen mußt. Wohl uns, theuerster
Bruder, daß wir entronnen sind. Gegen niemand laß Dich was
merken".   Und am 22. Mai anschließend an das S. 109 f. seinem Brief
von diesem Tage bezüglich ihm durch Nicolai gemachter Mittheilungen Entnommene, (*F.-S.* S. 44 f., im Nachstehenden nach meiner
Abschrift berichtigt): „Alle Hieroglyphen bedeuten die J—, alle Paß-
worte beziehen sich auf sie, alle Teppiche**) gehen dahin, mit einem
Schlüssel, den man im Augenblick lernt, versteht man den ganzen
Plunder *des Erreurs et de la Verité,* des Buches *des Rapports qui*

---

*) Bekanntlich ist es Nicolai, welcher von Goethe im I. Theil des Faust:
im Walpurgisnachtstraum als „Neugieriger Reisender" mit den Versen
    Sagt wie heißt der steife Mann?
    Er geht mit stolzen Schritten.
    Er schnopert, was er schnopern kann.
    „Er spürt nach Jesuiten."
berücksichtigt worden ist. — Schon für die älteren Rosenkreuzer war übrigens in Betracht gezogen worden, ob nicht die Jesuiten hinter ihnen stecken;
so bereits in der zu Prag 1620 ausgegebenen Schrift „*Rosa Jesuitica,* oder
Jesuitische Rottgesellen, das ist eine Frag ob die zween Orden der genandten
Ritter von der Heerscharen Jesu, vnd der Rosenkreutzer ein einiger Orden sey,
darinnen der Vrsprung aller beeden Orden, auch ihr thun vnd vorhaben klärlich für Augen gestellet wird, von *J. P. D.*"
    **) Der in den Freimaurer-Logen und den Zirkeln verwandter Geheimbünde
aufgelegte Teppich enthält oder enthielt einen Abriß des Salomonischen Tempels
bez.-w. eine sinnbildliche Darstellung Dessen, an was gearbeitet werden solle.

existent entre Dieu (dem General), *l'homme* (dem J—) *et l'Univers*
(der übrigen Welt), des Buches *Diadême des Sages*. Starke*) sei
ebenfalls von Allem wohl unterrichtet, ein Erzspitzbube, der überall
alles hinter Doppelsinn versteckt, und gleichwohl denen die es wissen
verständlich ist. Alle so vielfältige, so widersprechend scheinende ♯
Sectenstifter, Thaumaturgen, und Gaukler und Schwärmer in der ℰℒ
seien von ihnen ausgesandt, und würden von ihnen je nachdem es
ihre Absicht erforderte dirigirt, unterstützt oder fallen gelassen u. s. w.
Ich habe einen solchen Abscheu vor diesen eingefleischten Teufeln,
daſs ich mich scheue alles, was er mir sagte, dem Papier anzuvertrauen. Auch von den Ill." (Illuminaten) „glaubt er, daſs sie auf
eben die Art Maschine wären, doch ist er's nicht gewiſs und bekennt,
daſs ihm diese Secte unter allen noch die unschuldigste scheine. —
Es ist unsäglich, mit wie vieler Mühe und Fleiſs und Belesenheit er
alles zusammengetrommelt hat, alles verglichen und in allem Spur
und Beweis seines Satzes gefunden hat. Ich habe mich wohl gehütet,
ihm merken zu lassen, daſs ich auch im — System wäre, sondern
läugnete alle andere als durch Hörensagen erlangte Kenntniſs davon
ab; sonst hätte er mir nicht getraut und mir nichts mehr gesagt.
Hinterher ihm etwas zu sagen wäre noch weit gefährlicher, dann
würde er mich für den listigsten Teufel halten, der ihn erst ausge-
forscht hätte, und mir gar nicht trauen, auch wohl gar in Ängsten sein
Ich merke wohl, daſs er von dem ☉ in Cassel was weiſs, denn die
Berliner haben nicht reinen Mund gehalten und vermuthlich mit Dir
geprahlt; doch nannte er niemand und ich durfte nicht fragen, ohne
mich zu verrathen". Damit in Übereinstimmung schrieb er einige
Tage später, am 27. Mai 1784 an S. (*F.-S.* S. 51): „Auch wirst Du
jetzt sehen, was ich von der gesammten M*** halten muſs. Da sie ganz
und gar, mit allen Branchen, Secten und Systemen ein Werk der
J — — ist, so ist sie auch ganz und gar verwerflich, und ich mache
mir gar kein Bedenken, dies bei solchen Leuten, wo es gut angebracht ist, und bei Gelegenheit, wo es mir nicht schaden kann, mit
aller Aufrichtigkeit zu behaupten. Weg mit dem Allem!", und am

---

*) Der 1816 als Oberhofprediger zu Darmstadt gestorbene Joh. Aug.
v. Starck, welcher von 1767 an ein besonderes auf Erkenntniſs in höherem
Wissen, namentlich in Theosophie, Alchemie und Magic ausgehendes System:
das der Cleriker der Tempelherrn zu verbreiten gesucht hatte.

5. Juni (*F.-S.* S. 62): „Selbst der jesuitische R.C.-Orden hat mir die Kniffe, die er mir in den Kopf setzen wollte, nicht ins Herz bringen können". Dafs, was er im August 1784 in Wien hörte, in ihm diese Ansicht befestigte, geht aus dem S. 116 Mitgetheilten hervor. — Am Ende des Jahres 1784 dachte F. in Wilna doch schon etwas anders; im Anschlufs an das in seinem Brief an S. vom 12. Dezember (vgl. S. 110 f.) darüber, dafs die Rosenkreuzer Nichts wissen, Ausgesprochene äufserte er (*W.* I, S. 152; *F.-S.* S. 155): „Aber mit den J** stehen sie doch schwerlich in unmittelbarem Nexu". Und im März 1788 schrieb er von Göttingen aus (*F.-S.* S. 494) über Nicolai und den im Bunde mit dem Letzteren den auch in der Rosenkreuzerei verkappt wirkenden Jesuitismus in der Berlinischen Monatsschrift bekämpfenden Bibliothekar Joh. Erich Biester an S.: „Nicolai, Biester und diese Leute beurtheilst Du doch sehr unrichtig. In der Sache, glaube ich, haben sie Unrecht; denn es hat mit dem Jesuitismus lange nicht soviel zu sagen, als sie daraus machen wollen. Allein rechtschaffene aufgeklärte Menschen sind es, die ein wahres, unauslöschliches Verdienst um deutsche Literatur haben"; Sömmerring meinte im August 1788 (*F.-S.* S. 525): „Scheint es Dir denn nicht, dafs Biester und Nicolai in ihrer Thorheit gegen die R.C. zu weit gehen?"

In ihrer Besorgnifs, nach ihrer Abwendung von dem Rosenkreuzer-Bund als abtrünnige Mitglieder der Verfolgung durch die Oberen desselben ausgesetzt zu sein, betrachteten es Forster und Sömmerring als wichtig, dafs die Lösung ihrer bisherigen Beziehungen zu dem Orden Seitens der Oberen durch die Ernennung zu Exemten gleichsam legalisirt werde. Dabei handelte es sich wohl nicht um die Beförderung in den Grad des *Adeptus exemptus* (vgl. S. 34), sondern um die Lossprechung von gewissen Verpflichtungen, namentlich der des unbedingten Gehorsams gegenüber Weisungen der Oberen. Die Letzteren scheinen in der Gewährung dieses Wunsches wenigstens gegen Sömmerring zuvorkommend gewesen zu sein. Am 7. Juni 1784 schrieb F. von Dresden aus an S. (*F.-S.* S. 70 f.; nach meiner Abschrift vervollständigt): „Nun zu unseren Angelegenheiten. Ganz richtig, meiner Meinung nach, urtheilst Du, dafs das Exemptions-patent soviel als *Captationem Benevolentiae* bedeutet. Sie wissen, dafs wir ehrliche Leute sind. Dafs doch der T. selbst der Tugend ein Zeugnifs geben mufs! Ja dafs Leute, die selbst betrügen, doch noch auf anderer Leute Ehrlichkeit trauen, das ist paradox und doch vielleicht gerade feinste Bemerkung des Ganges menschlicher Seele. — Also das wissen sie, dafs bei unserer Wahrheitsliebe, unserer Ehrlichkeit, unserem Ruf und unserer Liebe, die wir in der Welt haben, wir der Verbindung durch unser Urtheil sehr schaden können, weil wir so tief bis ☿ *) in die Charte geguckt haben. Das wissen sie auch, dafs sie sich auf uns verlassen können, wir werden sie in Frieden lassen, wenn sie nicht Ursache geben, uns nicht reizen und verfolgen. Sie lassen uns also unseren Willen, mit der Sache weiter nichts zu thun zu haben, sehen uns für das was wir sind, aufgeklärte aber ehrliche Leute an, die ihr Spiel merken und denen man mit guter Manier am ersten den Mund stopfen kann. Sie ehren uns gar mit einem *Fr. Exemptus*, ohnerachtet unsre sonderheitliche Verdienste jetzt gar wohl in einer Linie mit Exions**) seinen stehen, der dafür mit Donner und Zorn belohnt wurde. Hätte E. bis zum ☿ ausgedauert, wer weifs ob man ihn nicht auch zum *Exempto* gemacht hätte. Nimm noch hinzu, dafs sie von uns wissen, wir sind als Naturforscher und mit etwas chymischer Kenntnifs *judices competentes*, welches E. nicht sein konnte. In jedem andern Fall müfste ja Bannstrahl und Verdammungsurtheil erfolgt sein; Tagobon***) fieng ja selbst, und das O. G. D. vom erschrecklichen Vorfall an zu sprechen! Und nun besinnen sie sich auf einmal, und werden gar freigebig mit Ehrenbezeugungen. Indessen — *timeo Danaos, et dona ferentes!* — Sie werden uns sicher auflauern, um zu wissen, was für Wirkung dieser Schritt hat und ob wir das Maul halten. Ich glaube, wir sind es uns schuldig vorerst zu schweigen und auch nicht das mindeste gegen irgend jemand weiteres merken zu lassen. Den Beruf dazu haben wir nun einmal nicht, und können ihn nicht eher haben, als bis sich unsere Vermuthungen und Probabilitäten — freilich sind sie schon sehr stark — in Gewifsheit etwa verwandelten, und

---

*) Welchen Grad im Rosenkreuzer-Bund dieses Zeichen bedeutet, ist mir unbekannt.

**) Ich weifs nicht, wer den Bundesnamen Exion (in Hettner's Ausgabe des Briefwechsels F.'s mit S. ist Enion gedruckt) führte.

***) Dieser war eben so, wie der nachher genannte Manegogus, einer der Ordens-Oberen in Kassel; vgl. Anm. XII am Ende dieses Theils.

es uns dann zur Pflicht machten, unsere Freunde zu warnen, wenn wir sie in Gefahr sehen. Du hast sehr Recht gehabt, das Patent anzunehmen, und ich bitte Dich, mir auch eins zu verschaffen. Doch müssen wir nicht zu ängstlich darum thun, sonst merken sie mit ihren feinen Nasen etwas. Kannst Du von einliegendem Zettel Gebrauch machen, so zeige ihn Manegogus, oder gieb ihn ihm, wie Du für gut findest. Ist's nicht nöthig, so sag's ihm blofs mündlich. Mich dünkt mein Zettel sagt nichts unwahres und doch auch nichts beleidigendes". Ferner am 17. Juni 1784 (*F.-S.* S. 80): „Auf das versprochene Exemptionspatent bin ich sehr begierig; und nicht weniger auf die Antwort, die —gog. kriegen wird, wenn er angefragt hat, ob wir aller Prärogativen des Exemte theilhaftig worden sind?"; und noch einmal drängte F. von Freiberg aus am 23. Juni (*F.-S.* S. 87): „Vergifs nicht die Besorgung des Exempt.-Patents". — So weit der Besitz eines solchen Patentes Schutz vor Verfolgung gewähren konnte, war Sömmerring gedeckt (an ihn schrieb Forster von Warschau aus am 10. October 1784 — *W.* I, S. 143; *F.-S.* S. 141 —: „Nie lafs uns heftig gegen diese ⌘ werden, sie lassen uns sicher in Ruh, zumal Dich, der Du *exemptus* bist und dadurch einen Beweis erhalten hast, dafs sie Dich respectiren"), aber das Forster betreffende Document kam nicht in Dessen Hände. Von Kassel aus, wo er im Herbst 1787 wieder war, schrieb Dieser am 9. November an S. (*W.* I, S. 257; *F.-S.* S. 451): „M—gogus sagte mir, auf mein ehemaliges Ansuchen beim O., *Exemptus* zu werden, sei damals geantwortet worden, dafs man es bewillige, und die gehörigen Certificate desfalls durch die Behörde in jenen Landen (in Polen) an mich ergehen lassen würde. Dies ist entweder nicht geschehen, oder irgendwo liegen geblieben, denn ich habe nie wieder etwas davon gehört".

Es mag noch Einiges darüber angegeben werden, wie Forster und Sömmerring später über ihre Betheiligung an der Rosenkreuzerei und die letztere überhaupt dachten. Beiden mochte wohl bezüglich jener Betheiligung zeitweise zum Troste gereichen, was F. im October 1784 an S. (*W.* I, S. 142 f.; *F.-S.* S. 140 f.) zugleich mit der Freude, dafs jetzt auch Dieser durch den Weggang von Kassel der unangenehmen Berührung mit den früheren Bundesbrüdern entzogen sei (vgl. S. 112), aussprach: „Wohl uns! Denn wir können nun mit Ruhe auf das Meer zurücksehn was wir durchschifften, und uns freuen, dafs, weil uns einmal diese Art Erfahrung zur Züchtigung und Belehrung nöthig war, wir glücklich alles überstanden haben, und dann doch das davon haben, dafs wir viel Menschen- und etwas Sachkenntnifs uns erworben haben". Neigung, die aufgegebenen Beziehungen wieder anzuknüpfen, war wenigstens bei Forster damals schwerlich vorhanden, und wenn Dieser im Dezember 1784 aus Wilna an Sömmerring (*W.* I, S. 152; *F.-S.* S. 155) mittheilte: „Den Brief aus Paris habe ich empfangen, war allerdings ⌗ Inhalts, eine Einladung zu einem Convent. Ich habe kürzlich erst ihn beantwortet", so ist anzunehmen, dafs die Antwort eine ablehnende war. In einem Brief an S. aus dem Februar 1785 (*W.* I, S. 166; *F.-S.* S. 192 f.) gedenkt F. der gemeinsamen Spaziergänge bei Kassel, „wo wir so manchmal philosophirten, und das wurden, was wir sind, uns herauswandten aus dem Schlamm von Schwärmerei, worin uns der Teufel geführt hatte", und in einem aus dem Dezember 1786 (*W.* I, S. 215; *F.-S.* S. 351) meint er „Seit ich mich mehr auf theoret. Chymie gelegt habe, erkenne ich doch immer mehr und mehr, mit welcher groben Vorspiegelung man uns hinzuhalten gesucht hat". — An Sömmerring mufs im Anfang des Jahres 1787 eine Anfechtung herangetreten sein, sich mit den Rosenkreuzern wieder einzulassen, denn Forster schrieb ihm im Februar 1787 (*W.* I, S. 225; *F.-S.* S. 363) unter Bezugnahme darauf, dafs doch S. wohl wie F. den höchsten Werth darauf lege, nur so zu handeln wie es mit der Achtung vor sich selbst verträglich sei: „Weil ich Dies weifs, kann ich durchaus nicht zugeben, dafs Du mit meiner Einwilligung Dich dem Orden wieder näherst. Mir schaudert vor der Idee; denn nur der erste Schritt ist schwer. Alles oder nichts. Wer kennt die Tiefen dieser Plane der Bosheit, um hoffen zu können, darin als Mitarbeiter Gutes stiften zu können, oder, indem er sich ganz an ihre Spitze schwänge, sie vernichten und unschädlich machen zu können. Wenn Jesuitismus das wahre Ziel des Ordens ist, so wissen wir, dafs selbst der General des Todes ist, der dem Zweck dieser Gesellschaft nicht getreu bliebe. Also besser ganz aus ihrem Wirkungskreise geblieben". Aber als Forster im November 1787 in Kassel war, verkehrte er doch wieder mit den früheren Bundesbrüdern (vgl. Anmerkung XII am Ende dieses Theils). — Auf

Forster hatten wohl die in Kassel früher gemachten Erfahrungen einen nachhaltigeren Eindruck ausgeübt als auf Sömmerring, bei welchem noch 1788 nicht aller Glaube an die Rosenkreuzerei erloschen gewesen zu sein scheint. Im Januar 1788 schrieb F. an S. nach der Mittheilung von Einigem, was er über die Leiter des Bundes (vgl. S. 90) und die Aussichten desselben erfahren habe, (*F.-S.* S. 476): „Zur Warnung war es recht gut, in dieser Verbindung gewesen zu sein", und im März dieses Jahres, von einem Besuche Berlins nach Göttingen zurückgekehrt, (*F.-S.* S. 493): „Die allmächtigen Leute, wie Du sie nennst, habe ich dort nicht sprechen, noch weniger sondiren können, ohne meinen Charakter als rechtschaffener Mann zu verleugnen. Hätte ich an ihnen Leute gefunden, die, wie Cicero's Auguren, über ihre eigene Geheimnifskrämerei lachten, so wäre es möglich gewesen, mich mit ihnen einzulassen; aber heucheln, und etwas hoch und ehrwürdig nennen, was ich nie wieder dafür halten kann, das ist mir unmöglich; und diese Leute sind so intolerant, so ganz im Geist ihres abscheulichen Ordens wie je". Sömmerring meinte in seiner Antwort auf den letzteren Brief nach Erwähnung eines Gegners der Berliner Rosenkreuzer (*F.-S.* S. 498): „Etwas recht hat er — wer weifs ob die anderen nicht auch etwas recht haben, denn ganz bodenlos ist einmal das Ding nicht — und so geradezu betrügen sie den König auch nicht. Kennte ich die Leute nicht persönlich, so glaubte ich's eher; und hinhalten läfst er sich auch schwerlich". Als der uns S. 12 vorgekommene Bahrdt 1788 die Deutsche Union: angeblich eine mit dem Freimaurer-Bund in Verbindung zu setzende Vereinigung zur Ausbreitung der Aufklärung zu Stande bringen wollte, wurde auch Sömmerring zur Betheiligung an derselben eingeladen; er schrieb im Sommer 1788 an F. (*F.-S.* S. 519): „Es wird mir offerirt, der deutschen Union beizutreten, allein ich declinirte es höflichst. Von R. C. mag ich nichts dem Papier anvertrauen. Wir müssen das Ding noch einmal überlegen. Man geht auch in der Thorheit dagegen zu weit". Darauf antwortete Forster (*W.* I. S. 271; *F.-S.* S. 522 f.): „An der Spitze der deutschen Union ist Dr. Bahrdt in Halle, der damit Geld schneiden soll. Ich begreife Deine Besorgnifs nicht, über R. C. nichts dem Papier anzuvertrauen; und weifs auch nicht, wie man in der Thorheit dagegen zu weit geht, oder auf wen Du dieses meinst, denn ich sage weiter nichts als, die

Leute wissen das nicht, was sie vorgeben, und sind übrigens wie alle
F. M.-Gesellschaften auf ihren eigenen Nutzen erpicht. Das verdenk'
ich ihnen nicht einmal. Ich würde sogar, wenn sie sich mir auf eine
cordiale und liberale Weise in Berlin genähert hätten, nichts dagegen
gehabt haben, sie zu besuchen, und mich zu ihnen zu halten; allein
sie vermieden mich, und ich sehe wohl, dafs, wer nicht aus allen
Kräften alle und jede grobe Lüge glaubte, und die blindeste Unter-
würfigkeit unter die Obern hegte, keine Hoffnung hätte, von ihnen
geduldet zu werden". Und bald nachher schrieb er (F.-S. S. 527):
„Alles, was in Berlin über, für und wider Geheimnifskrämerei und
R. C. geschieht, ekelt mich an. Auf einer Seite sehe ich Aberglauben,
Schwärmerei, Dummheit und Schurkerei, auf der andern unbefugte
Richter, Voreiligkeit und Suffisance, auf beiden Seiten zugleich In-
toleranz und blinden beinahe wüthenden Eifer und Verhetzung. Ich
lasse mich auf alles das nicht ein, und spreche nicht einmal gern
davon".

Im Herbst 1788 kam Forster nach Mainz, wo Sömmerring
bereits seit einigen Jahren angestellt war, und an diesem gemeinsamen
Wohnort konnten nun beide Freunde in mündlicher Unterhaltung sich
darüber aussprechen, wie sie jetzt von dem Orden dachten, dessen
Mitglieder sie gewesen waren. Die letzte Bezugnahme auf die frühere
Zugehörigkeit an denselben enthält ein von F. am 6. October 1792,
als die Franzosen Mainz bedrohten, an den damals von dieser Stadt
abwesenden S. gerichteter Brief: „Die Ordenspapiere habe ich zu mir
genommen" (W. I, S. 277; F.-S. S. 563). Was mir über die Schicksale
der von Forster bei seiner Abreise von Mainz im März 1793 zurück-
gelassenen Schriften bekannt geworden ist (Th. H. I, S. 125 ff.), giebt
keine Auskunft über den Verbleib dieser Papiere.

Zu dieser Zeit löste sich das Freundschaftsband, welches bisher
Forster und Sömmerring geeint hatte. Die politische Thätigkeit,
welcher der Erstere sich bald nach dem Einzug der Franzosen in
Mainz hingab, entsprach nicht den Ansichten des Letzteren und be-
dingte wohl eine innere Entfremdung; die über das zulässige Mafs
hinausgehenden Ansprüche, die S. am Ende des Jahres 1792 bezüglich der Sicherung seiner in Mainz befindlichen Habe an F. stellte
und welche am 6. Januar 1793 so wie er es (W. I, S. 278 ff.; F.-S.
S. 569 ff.) that zurückzuweisen Dieser Grund hatte, brachten das

Verhältnifs zum Bruch; wie mit einem schrillen Mifston schliefst dieser Brief die Correspondenz zwischen F. und S. ab, aus welcher für einen Zeitraum vieler Jahre Harmonie der Gesinnungen Beider den Leser anklingt.

Ein Blick auf die spätere Lebenszeit der beiden fast gleichalterigen Männer (Sömmerring war nur um wenige Wochen jünger als Forster) mag hier noch geworfen werden, die wir für die Zeit, in welcher sie gleich gerichtete Bahnen wandelten, nach Dem, was sie als uns hier zunächst in Betracht kommend trieben und wie sie später darüber dachten, so eingehend verfolgt haben. Sehr ungleich gestalteten sich ihre Lebenswege nach der Zeit, bis zu welcher Dies in dem Vorstehenden geschehen ist; sehr ungleich war das Lebensende des Einen und des Anderen. Forster empfand nach Frankreich gegangen bald Enttäuschung und Reue; ein der Verzweifelung nahe kommendes Gefühl spricht aus einzelnen in den letzten Monaten vor seinem Tode von ihm geschriebenen Briefen*). Er war da in einer Lage, welche ihm kaum mehr Etwas für die Seinigen zu thun erlaubte, deren Versorgung er einem Anderen hatte anvertrauen müssen; seinem Ende nahe konnte er sich denken, dafs Dieser bald der Gatte seiner Frau sein, mufste er hoffen, dafs durch Diesen seinen noch im zartesten Alter stehenden und schon geraume Zeit von ihm getrennten Kindern der Vater ersetzt werde. Noch nicht 40 Jahre alt starb er einsam in der Fremde, *sa femme absente*, wie in dem über sein Ableben aufgenommenen Act (*Th. II.* I, S. 146) steht; ihm war nicht beschieden, dafs sich verwirkliche, was er seiner Frau während des Brautstandes im August 1784 (*Th. II.* I, S. 434; *G.* VII, S. 265) als frohe Aussicht ausgesprochen hatte: „von Ihrer Hand gepflegt einst ruhig und gutes Muthes zu entschlafen". Seine Freunde in Deutschland hatten sich

---

*) So aus dem an Huber vom 8. October 1793 (vgl. Anmerkung IX am Ende dieses Theils). So aus dem in seiner letzten Krankheit am 19. Dezember 1793 an seine Frau geschriebenen (*Th. II.* II, S. 642; *G.* IX, S. 139): „Wenn es nicht die so dunkle und nun so oft getäuschte Hoffnung wäre, Euch noch etwas nützen zu können, und weifs es der Himmel, wenn man sich so jeden Arm und jede Stütze abgehauen fühlt, vergeht einem wohl oft das Hoffen, — so hätt' ich doch nun nichts mehr hier zu suchen und wäre wohl berechtigt, meinen Abschied zu fordern. Für mich selbst, sehe ich wohl, kann weiter nichts noch sein, als Arbeit und Mühe — um was? um elende Selbsterhaltung von einem Tag zum andern, in einem genufs- und freudeleeren Dasein".

nach seinem Übertritt zu Frankreich von ihm abgewendet und waren
dadurch für Trauer um seinen Tod weniger empfänglich geworden.
Selbst in seinem Vater scheint die Zuneigung zu ihm so erloschen
gewesen zu sein, dafs er ihm einen schimpflichen Tod gewünscht
hätte; „Dieser" — so schrieb Heyne bald nach F.'s Tod an Sömmerring (*W.* I, S. 91 f.; *F.-S.* S. 644 f.) „hat sich auch in der letzten
Zeit noch unmenschlich geäufsert, wenn die Rede von seinem Sohn
war. Der Narr ist stockaristokratisch oder königlich, und erklärte
öffentlich, es solle ihn freuen den Sohn am Galgen zu sehen. Un-
geheuer!" Bei Forster's Wittwe mufste sich der schmerzlichen Theilnahme, welche sie das Hinscheiden des Mannes dem sie angehört hatte
empfinden lassen mochte, das Gefühl zumischen, wie ihr Verhältnifs zu
ihm ein abnormes geworden war (vgl. Anmerkung IX am Ende dieses
Theils). Fast der Einzige, welchen Forster's Tod zu inniger und
reiner Trauer bewegte, war sein Schwiegervater, der humane Humanist
Heyne; davon, wie Dieser ergriffen war, geben seine Briefe an Huber
(*Th. H.* II, S. 662) und an Sömmerring (*W.* I, S. 91; *F.-S.* S. 643 f.)
Zeugnifs. Sömmerring, zu stets wachsendem Ruhm und in be-
häbigste Verhältnisse gekommen, treu gepflegt in dem Alter von seinen
Kindern (seine Frau war ihm 1802 vorangegangen), entschlummerte
sanft, sicher dafs bei Denselben das Gedächtnifs an ihn durch Nichts
getrübt sein werde, von ihnen und vielen Anderen aufrichtig betrauert,
im 76. Lebensjahr.

Von sich aus hat Sömmerring in der späteren Zeit, so weit
mir bekannt ist, nur einmal daran erinnert, wie er und Forster früher
an dem Streben nach Ergründung von Geheimwissen betheiligt gewesen waren. Das war in der Zeit, als der alte Glaube an die
Wirkungen der Wünschelruthe wieder bei Mehreren, auch Naturforschern Anklang gefunden hatte (ich habe darüber in einem Aufsatz
„Zur Genealogie des Tischrückens" in der Deutschen Vierteljahrs-
Schrift 1853, Heft III, S. 1 ff. Einiges mitgetheilt). Bei der Beantwortung einer darauf bezüglichen Frage, welche Joh. Gottfr. Ebel
an S. gerichtet hatte, sprach Dieser im Juni 1813 aus (*W.* II, S. 241):
„Forster und ich haben sich in den 80er Jahren wahrhaft redlich
um diese Gegenstände bekümmert, aber leider gar nichts festes finden
können, so dafs ich wahrlich wünschte, die Zeit auf etwas positivere
Resultate und Aufklärung lieferndes damals verwendet zu haben".

Von anderer Seite her war einige Jahre früher Sömmerring
an seine und Forster's Zugehörigkeit zu dem Rosenkreuzer-Bund
erinnert worden.   In der Biographie des Letzteren schrieb Therese
Huber 1829 (*Th. II.* I, S. 27 f.): „Als Forster's Wittwe im Jahre
1821 (?*) dessen Briefe zum Zweck der Herausgabe zu sammeln begann, bat sie einen seiner vertrauten Freunde um Mittheilung eines
Theils derer, die er von Forster in Händen haben mußte. Der
wackere Mann, der während Forster's Ordenseifer seine Beschäftigungen getheilt hatte, schien bei seinem langen Umgang mit dem
Verstorbenen dessen Zartgefühl, diesen Gegenstand zu behandeln,
nicht kennen gelernt zu haben, denn er gerieth bei dem Gedanken,
daß der Herausgeber der Forster'schen Briefe auch seine Ordens-
verhältnisse erwähnen möchte, in ein panisches Schrecken, und beschwor die Wittwe mit Drohen und Bitten, dieses Punktes in Forster's
Lebensnachrichten gar nicht zu erwähnen. — — Er suchte sie zu
bereden, daß die Rache einer unsichtbaren Macht sie und ihre Kinder
treffen würde, wenn sie die ihr von Forster anvertrauten Geheimnisse
bekannt machte".

Zum Verständnis des da Gesagten dient das Nachstehende aus
einem von Sömmerring aus München am 30. Mai 1807 an Therese
H. geschriebene Brief**), einer Antwort auf ein Schreiben der Letz-
teren; aus dem Eingang des Briefes geht hervor, daß es sich um
Notizen bezüglich der Lebensverhältnisse Forster's und darum, daß
Briefe von S. an F. dem Ersteren zurückgegeben werden, handelte.
„Den Punkt seiner Ordens-Verbindungen rathe ich entweder ganz zu

---

*) Diese Zeitangabe 1821 kann nicht richtig sein, wenn — woran ich nicht
zweifle — das oben gleich Folgende sich auf den alsbald (S. 131 ff.) mitzutheilenden
Brief Sömmerring's an Therese H. bezieht. Dieser Brief ist nach meiner
Abschrift desselben datirt „München 30. Mai 1807" (aus 1807, nicht aus 1821
konnte wohl auch bei dem Abdruck dieses Briefes in der Hettner'schen Ausgabe des Briefwechsels G. F.'s mit S. — *F.-S.* S. 673 — die unrichtige Jahreszahl 1780 werden). 1821 war S. nicht mehr in München, von wo er 1820 weg-
zog. Der Brief war adressirt „An Frau Landesdirectionsrath Huber, geb. Heyne
zu Stoffenried bei Ulm"; da wohnte Therese H. 1821 nicht mehr.

**) Vollständig ist derselbe *F.-S.* S. 673 ff. veröffentlicht; vgl. die vorher-
gehende Anmerkung. Die gegenüber dem da Gedruckten in dem oben Stehenden
sich findenden Varianten entsprechen der von mir genommenen Abschrift des
Briefes.

übergehen, oder so leise und kurz als möglich anzudeuten. Ich warne Sie ernstlichst, denn Sie machen sich dadurch viele und sehr bittere Feinde, die Ihnen desto gefährlicher sein möchten, weil sie nicht nur ungekannt sondern mitunter von grofsem Einflusse sind. Ich selbst hatte mir durch meine treuen Warnungen an meinen sel. Freund sehr geschadet, weil ich ihn von manchem zurückhielt, es aber erst nach seinem Tod erfahren. Auf jeden Fall mufs ich mir auf's Nachdrücklichste verbitten, meiner in irgend einer seiner Ordens-Verbindungen zu gedenken. Ich lege eine Probe bei, wie ich darüber schon 1789 dachte — diese Erklärung zog mir viele heimliche Anfeindungen zu, anonyme Warnungen, Drohungen u. s. f., so dafs ich des Zeuges satt hatte. Sie schaden durch diese Bekanntmachung, besonders in unseren Zeiten, wo der Aberglauben so überhand nimmt, weil er von Einem Mächtigen begünstigt wird — z. B. ein junger Mensch, der so etwas in F.'s Leben lieset, wird denken: konnte der grofse Forster sich in solche Verbindungen einlassen, warum nicht auch ich? allein wer kann dem Jüngling sagen und ihn überzeugen: Forster that dies als Mann blofs *connivirend*, mufste es wohl thun um ein Schilf zur Rettung seiner damals äufserst bedrängten Familie zu ergreifen. — Sie schänden seine Asche, weil er denn doch versprach zu sorgen, dafs dies alles Geheimnifs bleiben sollte. — Bedenken Sie, dafs noch zwei Töchter von ihm leben, denen Sie durch Bekanntmachung seiner verabsäumten versprochenen beschworenen Pflicht der Vernichtung schaden. Man wird die Kinder diesen Fehler des Vaters entgelten lassen. — (Dies schreibe ich Ihnen im engsten Vertrauen, mit der Bitte so wie beiliegendes gedrucktes Blatt auch diese Zeilen zurückzusenden, wo möglich mit umlaufender Post, denn würde dies bekannt, so hätte ich nur Verdrufs und Schaden.) Über ihn ist ja sonst so viel Stoff, dafs Sie dieser Connivenz, denn mehr war es nicht im Grunde, nicht zu gedenken brauchen. Für's Publicum gehört schlechterdings dieser Gegenstand nicht — und damit ich's Teutsch heraussage: Niemand kann Ihnen die Befugnifs dies bekannt zu machen ertheilen. Sie scheinen zu glauben, dafs ich F.'s sämmtliche geheime Verbindungen kannte — über ein paar sprach ich wohl mit ihm, allein ich vermuthete Verbindungen, über die ich nie von Weitem mit ihm sprach — über die ich gar nicht forschen mochte. Wie sehr es mir schadete, für ungläubig gehalten zu werden, werden Sie sich wohl noch erinnern, aus der Clermont-schen Geschichte*). — Den guten Forster brachte sein Nach-geben um Freunde, um Frau und Kinder, Gesundheit und Leben. — Sollten Sie noch irgend eine Zeile von Forster's oder von meiner Hand über irgend eine Ordens-Verbindung finden, so lege ich es Ihnen an's Herz, mir solche zu extradiren — damit ich meine Pflicht erfüllen kann. Ich werde dagegen Ihnen auch Sachen vielleicht zu-stellen, die gleiches Interesse für Sie haben könnten. Übrigens war Forster selbst über Manches sehr Wesentliche, was diesen Punkt betraf, nicht im Klaren; wie können Sie es sein! Wird nicht mancher Betrüger sagen, wenn er werben will — „Forster gehörte auch dazu, allein seine Frau hat nur die Sache entstellt, weil sie solche nicht verstand". Also rathe ich über diesen Punkt so zu schweigen, dafs Sie Niemanden weiter darüber einmal befragen".

Nach allen in dem Vorhergehenden gegebenen Darlegungen ist es unnöthig, zur Charakterisirung Dessen, was Sömmerring da schrieb, auch nur Ein Wort zu sagen. Aber zur Erklärung, wie er dazu kommen konnte, in solcher Weise die Wittwe seines früheren Busen-freundes anzugehen, mag an Einiges erinnert werden. Es würde gegen das Ende des ersten Decenniums unseres Jahrhunderts, bei der da in den gebildeten Kreisen schon allgemeiner verbreiteten Aufklärung über den Werth sogenannten Geheimwissens, Jedem die Befürchtung höchst unangenehm gewesen sein, öffentlich als Einer hingestellt und Verspottung ausgesetzt zu werden, der an der Bereitung des Steins der Weisen gearbeitet, sich an Geisterbeschwörung und Anderem, was in dem Rosenkreuzer-Zirkel zu Kassel getrieben worden war, betheiligt habe. Doppelt unangenehm mufste aber diese Befürchtung für Söm-merring sein, nach der Stellung, die er sich in der Naturwissenschaft erworben hatte und in der Gesellschaft einnahm, und danach, dafs

---

*) Sömmerring suchte im Jahr 1790 eine der Töchter des Fabrikbesitzers von Clermont zu Vaals bei Aachen, des Schwiegervaters Fr. Jacobi's, zur Frau zu erhalten; darauf Bezügliches, auch dafs Forster's Frau um die Sache wufste, enthält des Letzteren Briefwechsel mit S. (*F.-S.* S. 538—557). R. Wagner sagt in seiner Biographie S.'s (*W.* II, S. 94) bei der Erwähnung der Bekannt-schaft Desselben mit der Clermont'schen Familie: „Es war nahe daran, dafs ihn ein noch engeres Band an diese Familie knüpfen sollte; eine Differenz in den religiösen Ansichten liefs es nicht zu Stande kommen".

bei ihm der Sinn auch für äufsere Wohlanständigkeit sehr beträchtlich
ausgebildet war. Das zeigte sich bei ihm schon in Kassel; als er um
Bekannte bei sich sehen zu können seinen Vater um ein kleines
Service mit sechs silbernen Messern und Gabeln gebeten und es nicht
erhalten hatte, schrieb er Demselben, es sei ihm durch Dessen Weigerung
irreparabeler Schaden zugefügt worden, da er jetzt Niemanden die
mindeste Höflichkeit erweisen könne; er habe defshalb einige Con-
nexionen gänzlich negligiren müssen, um nicht als ein Bettelhund zu
erscheinen (*W.* II, S. 45). Das zeigte sich 1787, als für ihn und
Forster die Theilnahme an der dann nicht zu Stande gekommenen
Russischen Entdeckungs-Expedition in Aussicht war, wo er in der
bezüglich der Vorbereitungen für die Reise mit dem Freunde ge-
pflogenen Correspondenz (*F.-S.* S. 397 f., 399 f., 419) darauf ein starkes
Gewicht legte, äufserlich anständig ausgestattet zu sein, um überall
zu Hofe gehen zu können, und die Fragen, ob und für welche Orte
das schwarzseidene (*Gros de Tours*) Kleid oder der Degen mitzunehmen
sei, zu Überlegung brachte. Dieser Sinn wird mit zunehmendem Alter
sich noch gesteigert und die Unannehmlichkeit der Besorgnifs ver-
gröfsert haben, es könne frühere Betheiligung an Solchem bekannt
werden, dessen Betreibung für einen Mann wie er es war als gänzlich
unpassend galt. Wenn Forster Antheil daran hatte, dafs Sömmerring sich in derartiges Treiben überhaupt einliefs (vgl. S. 102), so
konnte auch die Erinnerung daran den Letzteren wohl gereizter machen
und dazu beitragen, dafs er mit allen Mitteln Dem, was ihm drohte,
vorzubeugen suchte.

Die an Forster's Wittwe ausgesprochene Warnung und Drohung,
dafs eine die Ordens-Verbindung betreffende Veröffentlichung an ihr
und ihren Kindern gerächt werden würde, schüchterte Dieselbe übrigens
nicht ein; wohl aber ersah diese Frau, dafs Sömmerring für sich
Besorgnisse hege, welche sie nicht rechtfertigen und nicht fortbestehen
lassen wollte. Was sie (*Th. II.* 1, S. 28 f.) ihm auf seinen Brief er-
wiederte, war entschieden würdiger gehalten als dieser Brief. Sie
schrieb ihm, dafs Forster mit ihr nur von der Wirkung des Ordens
auf seine intellectuelle Bildung und sein Schicksal, nie von dessen
Wesen und allgemeiner Wirksamkeit gesprochen habe, und dafs sie
in den Nachrichten über F.'s Leben des Ordens lediglich in der
ersteren Beziehung gedenken werde. S.'s Befürchtung, dafs durch

ihre Publication ehemalige Ordensbrüder beunruhigt und zur Verfolgung gereizt werden könnten, theile sie nicht; in allen so wechselnden Lagen ihres Lebens habe sie überhaupt nie Ursache gefunden, sich zu fürchten. „Sie haben andre Erfahrungen gemacht, die ich ehre, denen zufolge ich Ihnen sogar alle Ihre Briefe, auch Ihren letzten an mich, zu Ihrer Beruhigung zurücksende; ich habe, um meinem Gedächtnifs nachzuhelfen, eine Abschrift davon behalten, die Ihren Namen nicht trägt". — In dem durch Therese H. 1829 veröffentlichten Briefwechsel Forster's und den von ihr da gegebenen Nachrichten von Dessen Leben kommt meiner Erinnerung nach Sömmerring's Name nicht vor. In dem Nachlafs des Letzteren fanden sich von seinen Briefen an Forster, die ihm durch Dessen Wittwe zurückgegeben worden waren, die auf den Orden bezüglichen nicht mehr vor (W. II, S. 37), aber der Sammlung der Briefe F.'s an S. war das S. 131 ff. dem Hauptinhalt nach mitgetheilte Schreiben S.'s an die Wittwe F.'s beigelegt. Erst durch R. Wagner wurde, wie bereits S. 49 anzugeben war, 1844 ein Theil dieser Briefe veröffentlicht, jedoch keiner von S. an F.; die vollständigere Ausgabe der ersteren Briefe durch Hettner (1877) brachte aber auch eine Anzahl doch erhalten gebliebener Briefe Sömmerring's an Forster, welche immerhin noch einiges Material für die Kenntnifs der Beziehungen Beider zu dem Rosenkreuzer-Bund enthalten.

Wir nehmen die Betrachtung des auch die Beschäftigung mit Alchemie einschliefsenden Rosenkreuzer-Treibens da wieder auf, wo wir sie (S. 45) für die eingehendere Berichterstattung über Forster's und Sömmerring's Betheiligung an demselben unterbrochen haben.

Schon in den ersten Jahren des neunten Decenniums des vorigen Jahrhunderts kam Manches vor, was das Ansehen und den Bestand des Gold- und Rosenkreuzer-Ordens erschüttern mufste. — Viele dem Freimaurer-Bund Angehörige sahen zu dieser Zeit ein, dafs die in denselben eingedrungene Richtung, die Erlangung verborgener Weisheit in höheren Graden zu versprechen, und der dominirende Einflufs, den gerade in dieser Richtung die an jenen Bund sich anlehnenden und ihn für sich ausnutzenden Rosenkreuzer gewonnen hatten, nicht nur dem wahren Zweck der Freimaurerei nicht ent-

spreche sondern für diese verderblich sei. Das zeigte sich namentlich
auf dem im Spätsommer 1782 zu Wilhelmsbad bei Hanau abgehaltenen
Freimaurer-Convent, auf welchem auch das den Rosenkreuzern hauptsächlich vorarbeitende v. Hund'sche System der Tempelherren oder
der stricten Observanz (S. 17) mit dem Versuch, es auf neue Grundsätze zurückzuführen, seinem Ende zugeführt wurde und die von verschiedenen Seiten her — von der Berliner Schottischen Loge Friedrich
zum goldenen Löwen mit der Berufung auf unbekannte Obere, der
Verheifsung durch Diese zu gestattender beglückender Eröffnungen
an die Freimaurer und der Warnung vor dem Einschlagen anderer
Wege — erhobenen Ansprüche der Rosenkreuzer Zurückweisung
fanden. — Zu Dem, dafs in dem Freimaurer-Bund das Streben
nach Purification desselben, wenn auch zunächst noch unter mehr-
facher Spaltung der ihm Zugehörigen, sich geltend machte und die
von ihm dem Rosenkreuzer-Orden bisher gewährte Unterstützung
nachliefs, kamen zunehmende Zerwürfnisse unter den in diesen Orden
Eingeweihten, Anschuldigungen gegen den letzteren Seitens Solcher,
die in ihm gewesen waren, und aufserhalb desselben Stehender.

Mehrere bis in höhere Grade Gelangte sahen sich durch Das,
was ihnen da statt des verheifsenen Geheimwissens geboten wurde,
enttäuscht und wurden als Enttäuschte dem Orden gefährlich.   Wohl
lag es in dem Interesse der Meisten, darüber zu schweigen, wie
leichtgläubig sie gewesen waren.   Wo Das angebracht schien wurden
auch Einige so wie Forster und Sömmerring (S. 123 ff.) durch die
Ausstellung von Exemtions-Patenten an sie beschwichtigt bez.-w. noch
nach ihrer Ablösung von dem Orden in einer gewissen Beziehung zu
ihm erhalten.   Das war auch Alles, was von seiner Betheiligung an
der Rosenkreuzerei der 1800 im 75. Jahr zu Dresden als Kursächsischer Minister gestorbene Friedr. Ludw. von Wurmb schliefslich
davontrug, welcher wirklich Vieles gethan hatte, zu dem von ihm
angestrebten höheren Wissen zu gelangen, 1755 als *Eques a sepulcro*
dem v. Hund'schen System beigetreten, mit Schrepfer (S. 26) intim
war, 1777 bei dem damals in Leipzig lebenden Grafen Saint-Germain (S. 19 f.) Belehrung suchte und von 1776 an mit Ausdauer im
Rosenkreuzer-Orden, in dem er Colurus hiefs, auf Einweihung in
die höchsten Geheimnisse hoffte.   Er selbst hat Mittheilungen darüber
hinterlassen (vgl. v. Nettelbladt's Geschichte Freimaurerischer Sy-

steme S. 540 ff.), wie er in den unteren Graden des Ordens selbst
für einen in den Naturwissenschaften nur mittelmäfsig Unterrichteten
anstöfsige Behauptungen als tiefe Weisheit lernen und Nichts ver-
sprechende chemische Processe ausarbeiten sollte, wie er 1782 zu der
siebenten Stufe, der des *Adepti exempti* (S. 34) geführt, wo er nach
dem Fundamentalplan auf Bekanntschaft mit dem Stein der Weisen,
der Kabbala und *magia naturali* rechnen durfte, Nichts erfuhr als
einige unvollständige chemische Processe, und ihm von seinem Meister,
dessen äufsere Glücksumstände ebenfalls keine Erkenntnifs vom Stein
der Weisen vermuthen liefsen, eröffnet wurde, ein Mehreres könne
im Orden von keinem Menschen gegeben sondern müsse von der
Gnade Gottes erwartet werden. Nachdem er seine Unzufriedenheit
mit diesem Ergebnifs vor den versammelten Brüdern seines Zirkels
(in Dresden) geäufsert hatte, wurde er von den Oberen an seine
Pflicht erinnert und zu schuldigem Gehorsam ermahnt; auf sein ent-
schiedenes Verlangen nach Zurückgabe des mit seiner Namensunter-
schrift seiner Zeit eingereichten Aufnahmegesuches und Entlassung
in Frieden erhielt er endlich nur ein angeblich auf Ordre des Hoch-
deutschen Generalats ausgestelltes Exemtions-Patent. Noch mehrere,
namentlich vornehmere Mitglieder des Ordens, die mit dem in ihm
ihnen Gebotenen unzufrieden geworden waren, suchten die Oberen in
dieser Weise abzufinden; gegen andere gingen sie mit Ausschliefsung
vor. — Nicht immer blieb eine Differenz zwischen den Oberen
und einem enttäuschten Mitglied des Ordens so der Oeffentlichkeit entzogen wie in dem eben in Erinnerung gebrachten Fall. Schon 1781
machte der früher eifrige, dann wegen seiner Zweifel und der daraus
hervorgegangenen Widerspenstigkeit excludirte Bruder Hans Heinr.
von Ecker und Eckhoffen pseudonym, unter dem Namen Magister
Pianco in seinem „Rosenkreuzer in seiner Blöfse" so viel und so Un-
günstiges über den Orden bekannt, dafs alsbald einer der Dirigenten
des letzteren, Dr. Schleifs von Löwenfeld (S. 18) unter seinem
Bundesnamen Phoebron in dem „im Lichte der Wahrheit strahlenden
Rosenkreuzer" (vgl. Anmerkung IV am Ende dieses Theils) die Widerlegung der da erhobenen, auch der die Betreibung der Alchemie betreffenden Anschuldigungen versuchte. — Andere, selbst recht einflufsreiche Mitglieder des Ordens kamen bald in gleiche Stimmung,
wenn sie dieser auch nicht öffentlich Ausdruck gaben. So der im

Rosenkreuzer-Bund Sacerdos genannte Herr von Schröder aus
Mecklenburg*), einer der in Rußland wirkenden Emissäre des Ordens
und von 1784 an als Legat desselben Hauptdirector zu Moskau,
welcher im Frühjahr 1786 ein Schreiben voll Vorwürfen an Wöllner
richtete, den er geradezu der Betrügerei beschuldigte; allen Versuchen des Letzteren, diesen zu richtigerer Einsicht in das Ordens-
treiben gekommenen Bruder durch Einschüchterung und durch güt-
liches Zureden wieder umzustimmen, gegenüber blieb Derselbe standhaft, und in seiner Vertheidigungsschrift führte er solche Thatsachen
an, daß am Ende des Jahres 1787 die Oberen für gut fanden, das
gegen ihn eingeleitete Verfahren auf sich beruhen zu lassen (vgl. bei
v. Nettelbladt a. a. O. S. 548 f.).

Selbst solche Mitglieder des Bundes, die wirklich noch Interesse
für ihn hatten und eben deshalb jede öffentliche Besprechung desselben ungern sahen und möglichst vermeiden wollten, hielten es um
diese Zeit für ihre Pflicht, an die Oberen ihre Ueberzeugung auszusprechen, daß es mit der Zukunft des Ordens mißlich aussehe. So,
gleichfalls im Frühjahr 1786, der um diese Zeit nach Potsdam über-
gesiedelte Mecklenburger Georg Christoph von Röpert, welcher
früher dem System der stricten Observanz unter dem Namen *Eques
a torpedine* zugetreten war, von 1780 an unter dem Namen Ortho-
sophus als einer der Eifrigsten zu den Rosenkreuzern gehörte. In
einem damals an die hochwürdigsten und hochweisesten O.O. erstatteten Berichte (vgl. a. e. a. O. S. 549 ff.) glaubte dieser „acht-
gradige Bruder", wie er sich wiederholt in demselben nennt, sich
ganz offen äußern zu sollen, „da die von allen Seiten auf den Orden
Losstürmenden seine Lage dergestalt kritisch gemacht haben, daß
er sich aller Wahrscheinlichkeit nach wohl seit seiner Entstehung
nicht so dichte auf dem Fuße nachgespürt befunden haben mag.
Mir will es einleuchten, daß der h. O. und dessen Obern bei dieser
Aufdeckungssucht des jetzigen Publicums wohl schwerlich zu ver-

---

*) Nach Dem, was sein Landsmann C. C. F. W. v. Nettelbladt a. o. a. O.
S. 771 ohne die Vornamen zu nennen über diesen v. Schröder angiebt, ist
Derselbe nicht — was im Allgem. Handb. d. Freim. Bd. III, Leipzig 1867, S. 202
als möglich betrachtet wird — mit einem der Brüder Joach. Heinr. und
Christian Nikol. v. S. identisch, welche im v. Hund'schen System Beide den
Namen *Eques a grue* — I und II — führten.

meiden im Stande sind, dafs nicht manche ihrer Absichten und die
treuesten Beförderer derselben in ein furchtbares Gedränge kommen
werden. Und obgleich das seit 9 Jahren ausgebreitete und mit so
anlockenden Winken auf Alchymie, Magie, Theosophie, Staatskunst
und Frömmigkeit versehene System, der Absicht seiner Stifter gemäfs, mehrern, geschwindern und zugleich nützlichern Eingang erhalten
hat, als die aus der nehmlichen Schule vorangeschickten Emissarien
sich verschaffen konnten, so siehet man doch, dafs diese Periode ihrem
Ende nahe sei, indem, wenn ich dem Gange menschlicher Verfallen-
heiten nachdenke und mir analogische Schlüsse zu machen erlaube,
es ausgemacht zu sein scheint, dafs jene geheimen Wissenschaften,
womit die Obern den grofsen Haufen 9 Jahre lang in eitel Erwartung
zusammen zu halten vermogten, kaum bis zum nächsten Decennio
den Kitt der Gesellschaft ausmachen und als Mittel zur Vereinigung
hinreichend sein würden: ob es gleich auf der andern Seite nach
meiner Erfahrung ebenso gewifs ist, dafs der Mutterorden, aus dem
die R. K. entstanden, seine Absichten nicht aufgeben, sondern vielmehr
hinter einem neuen Vorhang hervortreten und eine neue maskirte
Scene eröffnen werde". Es werde doch sehr unangenehm sein, wenn
das Publicum Beweise für diese Wahrheiten selbst aufsuchen oder
öffentlich in die Hand bekommen sollte; Alles könne zusammenbrechen,
„woferne es den hochw. Os. Vätern nicht gefällig sein sollte, gelinde
und ihrem Endzwecke entsprechende Mittel vorzukehren, die ebenso
das Publicum besänftigen als die Vorsteher gegen die sie bedrohenden
Gefahren schützen könnten". Bezüglich Dessen, was zu thun sei, erlaubte sich v. Röpert nur Eine Bemerkung: dafs den hochwürdigen
P. P. S. J. — den Jesuiten, welche er offenbar als die eigentlichen
Leiter des Rosenkreuzer-Ordens ansah und von welchen er meinte,
dafs durch sie ohnehin die Gesinnungen der katholischen Bundesbrüder leichter gelenkt werden könnten — ihre protestantischen Bundes-
genossen zu einer besonders wirksamen und schnellen Fürsorge an-
zuempfehlen seien. Aber selbst dieses im Sinne des Ordens gut
intentionirte Mitglied desselben erklärte am Schlusse seines Berichtes
den Oberen: „Sollte ferner hartnäckiges, verächtliches Stillschweigen
zum Mifsvergnügen Veranlassung geben, dann bliebe kein anderes
Mittel zur Eröffnung Ihres Mundes übrig, als durch öffentliche Druckschriften mit Ihnen zu reden".

Von aufserhalb des Ordens Stehenden war zur Bekämpfung desselben dieses Mittel damals auch schon in Anwendung gebracht worden. Knigge hatte in einzelnen im südlichen Deutschland vertheilten Flugblättern gegen die Rosenkreuzer gewarnt*); wie er in der unter dem Namen Jos. Alois. Maier 1781 veröffentlichten Schrift „Über Jesuiten, Freymaurer und deutsche Rosencreutzer" gegen die Letzteren vorgegangen war, ist in Anmerkung XIII am Ende dieses Theils angegeben. In Nord-Deutschland, am Hauptsitz des Ordens: in Berlin selbst waren gegen diesen besonders die schon S. 123 Genannten: Nicolai und Biester, mit ihnen u. A. der Gymnasial-Director Friedr. Gedike in der von den beiden Letzteren von 1783 an herausgegebenen Berlinischen Monatsschrift thätig und schadeten ihm durch ihr Angehen gegen den auch unter der Maske der Rosenkreuzerei drohenden Jesuitismus.

Nach allem Diesem war um die Mitte der 1780er Jahre das Ansehen des Ordens und der Fortbestand desselben in der bisherigen Weise mehrfach gefährdet, und dafür bot ein genügendes Gegengewicht nicht, dafs (vgl. S. 27) namentlich in Berlin vornehmste Männer den Rosenkreuzern zugetreten waren, dafs nach der 1786 stattgehabten Thronbesteigung des Königs Friedrich Wilhelm II. von Preufsen die Leiter des Bundes in hohe Stellungen kamen und bedeutenden Einflufs ausübten. Die Ordens-Obersten waren sich der Bedenklichkeit der Situation bewufst, wenn auch sie und die ihnen zunächst untergebenen Stellen noch mit dem Schein gröfster Zuversichtlichkeit und festen Vertrauens für die Zukunft auftraten. So u. A. 1785 in dem von dem Süd-Deutschen Grofs-Priorat an das Oberhaupt-Directorium über die in Bayern durchgeführte Unterdrückung des Illuminaten-Bundes, der den Rosenkreuzern entgegengewirkt hatte, erstatteten Bericht, welcher von Berlin aus allen Zirkel-Directoren und den Brüdern des achten Grades mitgetheilt wurde; „Dem Allmächtigen zum ewigen Danke stehet unter so vielen Stürmen — — unser heiliger O. wieder aufrecht, und auch die Verläumdung nährt sich an keinem unserer Brbr." (bei v. Nettelbladt a. a. O. S. 547). So 1786 in der hochfahrenden Antwort Wöllner's (a. e. a. O. S. 552)

---

*) Nach der Angabe v. Nettelbladt's a. a. O. S. 539; in G. Klofs' Bibliographie der Freimaurerei und der mit ihr in Verbindung gesetzten geheimen Gesellschaften finde ich keine solche Druckschriften als von Knigge verfafst aufgeführt.

auf den S. 138 f. erwähnten Bericht v. Röpert's, in welcher Dieser belehrt wurde, er werde den Orden nie richtig beurtheilen, wenn er sich
nicht mit seinen Betrachtungen bis zu der Höhe der Annahme empor-
schwinge, dafs es noch jetzt Auserwählte Gottes unter dem Menschen-
geschlechte gebe, welche durch Reinigkeit der Seele über den Rest
der Sterblichen erhaben und daher mit dem Hauptschlüssel der Natur
versehen zur verborgenen Oekonomie Gottes in der Welt gehörten;
bei dieser einzig wahren Idee vom Orden fielen alle elenden Vorspiegelungen von Jesuiten, Katholicismus u. s. w. als das armselige
Modesystem weg und würden lächerlich.   Die Leiter des Bundes
wufsten, dafs es nicht in ihrer Macht stand, auch nur Einem von
den Vielen, welchen die Bekanntschaft mit dem Hauptschlüssel der
Natur im Orden zu machen in sichere Aussicht gestellt worden war,
das Versprochene zu leisten; die in dem Schreiben (a. c. a. O. S. 772 ff.),
mit welchem v. Röpert seinen Bericht an Wöllner gesendet hatte,
von dem Ersteren gestellte Frage: „Von wem mögten Sie wohl mit
Gewifsheit behaupten, dafs er den *Lapis* zu Stande gebracht?" un-
beantwortet zu lassen, hatte der Letztere vollen Grund.   Dafs bei
allen Versuchen, in die Naturgeheimnisse einzudringen, Nichts herausgekommen war, mufste die Ordens-Oberen, waren sie auch gläubig
in die ganze Sache eingetreten, doch für diese besorgt machen, und
dafs sie es schon am Ende des Jahres 1785 waren, glaubten ihre
Gegner zu wissen.   G. Forster, der damals in Berlin gewesen war,
schrieb von Wilna aus im Dezember 1785 an Sömmerring (*W.* I,
S. 185; *F.-S.* S. 251):   „Von der Gegenpartei erfuhr ich, dafs alle
Arbeiten jetzt suspendirt wären, dafs die R. C. scelzagten, und dafs
wahrscheinlich die Jesuiten eine andere Hülle suchen würden, indem
diese zu ihrem Endzweck nichts mehr tauge".

Eine Frucht dieser Stimmung war vielleicht der 1785 ausgegebene
„Hirtenbrief an die wahren und ächten Freimaurer alten Systems",
in welchem die Vergeblichkeit der Bemühungen, Diejenigen, an welche
er gerichtet war, auf den rechten Weg zu bringen, und die Ausartung
Mehrerer Derselben beklagt wurde; aber es ist ungewifs, von wem
und namentlich ob von den Oberen des Rosenkreuzer-Bundes dieses
seiner Zeit viel Aufsehen erregende Schriftstück ausging*), welches

---

*) Es ist meines Wissens durch Nichts glaubhaft gemacht worden, dafs der
als der Verfasser dieses Hirtenbriefes vermuthete Christian Heinr. Kurt von

mehrfach so aufgefafst worden ist, dafs es auf eine Beschränkung
der Thätigkeit dieses Bundes habe vorbereiten sollen. Dazu, eine
solche eintreten zu lassen, forderte aber noch dringender auf, dafs
1786 mehrere bis dahin eifrige und zudem angesehene Stellungen im
Orden einnehmende Brüder so wie die S. 136 ff. erwähnten renitent wurden und die Zahl Derer wuchs, von welchen öffentliche Darlegung der
ihnen im Orden gewordenen Täuschung und Behandlung zu besorgen war.
Die noch treu gebliebenen Brüder zu sichern und die schwankenden
wenigstens hinzuhalten stellten die Ordens-Oberen in Aussicht, es
solle Ende 1787 eine neue General-Convention abgehalten und Jedem
vollständiger Beweis und Aufklärung gegeben werden. Aber dazu
kam es nicht: während die Gläubigen noch von dem verheifsenen
neuen Generalplan die weitestgehenden und wichtigsten Aufschlüsse
erwarteten, schrieben die hohen Oberen 1787 ein allgemeines *Silanum*,
d. h. Stillstand aller Arbeiten und Versammlungen*) aus. Forster
schrieb im November 1787 von Kassel aus, wo er die Genossen seiner
früheren rosenkreuzerischen Thätigkeit wiedersah, an Sömmerring,
welchem er darüber wie er Diese getroffen habe berichtete, (*W.* I,
S. 257; *F.-S.* S. 451): „Übrigens ist es seit dem Januar *Silanum***),
und jemand hat M—gogo***) geschrieben: Hinter dem Vorhang†)
ist alles stille, und wie ich glaube auch leer".

Im Januar 1788 — zu einer Zeit, wo er noch nicht wufste, dafs
die ganze Leitung des Rosenkreuzer-Ordens sich schon länger in den
Händen Wöllner's und der Demselben Nächststehenden in Berlin

———　—

Haugwitz (1792 bis 1803 Preufsischer Minister des Auswärtigen, gestorben
1832 im 80. Jahr) Dies gewesen sei. Er hatte in jüngeren Jahren in verschiedenen Systemen und wohl auch bei den Rosenkreuzern Belehrung in höherem
Wissen gesucht, aber es ist Nichts darüber bekannt, dafs er bei den Letzteren
in eine der oberen Stellungen gekommen sei.

*) Vgl. bei v. Nettelbladt a. a. O. S. 553, in Betreff der Bedeutung von
Silanum auch Allgem. Handb. d. Freim. III. Bd., Leipzig 1867, S. 92 u. 202.

**) R. Wagner hat richtig *Silanum* gelesen: *Silentium* in der Hettner-
schen Ausgabe des Briefwechsels F.'s mit S. ist eine unglückliche Verbesserung.

***) Manegogus hiefs Einer der Oberen des Kasseler Zirkels in diesem; vgl.
Anmerk. XII am Ende dieses Theils.

†) Dem Vorhang der Stiftshütte nämlich als der Stätte der geheimen Ordens-
thätigkeit; „nicht hinter dem Vorhang gewesen sein" bedeutet nicht eingeweiht
worden sein.

befand — schrieb Forster (*F.-S.* S. 476) an Sömmerring im Anschluſs an Das, was er Diesem aus einem mit Falcke gehabten Gespräch über die Ordens-Oberen mittheilte (S. 90): „F. meint, die ganze Sache würde liegen bleiben, wenn nicht etwa die Berliner die Führung übernehmen sollten, und alsdann mit neuen Blendwerken die Mitglieder des Ordens und insbesondere den König hinzuhalten. Sie haben alle Schröpferianer nunmehr an sich gezogen, um sich durch diese zu verstärken". Der Zuzug Derer, welche damals noch Anhänger Schrepfer's (S. 26) und nicht ohnehin schon bei den Rosenkreuzern waren, würde den Letzteren wenig geholfen haben. Die Rosenkreuzer in Berlin hielten sich stille hinter dem Vorhang, aber leer war es da doch nicht geworden. Noch wurde in Berlin laborirt, aber mit dem Erfolge, dafs auch bisher noch in Täuschung Befangenen die Augen aufgingen (vgl. S. 45). Auch dann noch blieb in Berlin ein Kern von Rosenkreuzern geeint und für die dortigen Verhältnisse von Einflufs. War doch in dieser Stadt nach Allem was vorgekommen die Leichtgläubigkeit Vieler noch grofs genug, einem in Oesterreich des Landes verwiesenen Gauner Matth. Grossinger, der seinen Namen zu Franz. Rud. von Grossing abgeändert hatte und auch als Rosenkreuzer genannt wird (Allg. Handb. d. Freimaur. Bd. I, Leipzig 1863, S. 563), von 1786 bis 1788*) einen geeigneten Ort zu bieten, wo er Geld erschwindeln konnte, und galt doch damals dort die Zugehörigkeit zu den Rosenkreuzern auch noch für Andere als zu Begünstigung empfehlend.**). „Die allmächtigen Leute", wie

---

*) Über das Leben und Treiben dieses Mannes bis zu dem letzteren Jahre giebt nähere Auskunft Friedr. Wadzeck's „Leben und Schicksale des berüchtigten Fr. R. v. Grossing", Frankfurt u. Leipzig 1789.

**) Im Februar 1788 schrieb Forster an Sömmerring von Berlin aus (W. I, S. 265; *F.-S.* S. 491): „Mr. Grosett" (so W.: Grossek *F.-S.*), „der Abenteurer, den Lichtenberg unterstützte und den ich her empfahl, ist hier Geheimer Commerzrath und hat 1200 Thlr. Besoldung; man sagt, er gehöre auch zu den R.C. so wie der Geheime Finanzrath Simson, der ebenfalls auf diesem Wege gestiegen ist". Ich erinnere mich nicht, wo mir ein Mann des ersteren Namens, nach welchem sich Sömmerring nachher (*F.-S.* S. 497) noch einmal erkundigte, vorgekommen ist; dagegen, in ihm Grossing zu vermuthen, spricht aufser Anderem auch, dafs er nach Berlin durch Forster empfohlen wurde, mit Dessen Vater Grossing in Halle 1785 in Differenzen gerathen war, die zu einem Procefs führten (vgl. bei Wadzeck a. a. O. S. 105 ff.).

im Frühjahr 1788 Sömmerring (*F.-S.* S. 492) und darauf eingehend Forster (vgl. S. 127) die vornehmen Rosenkreuzer in Berlin:
Wöllner, Theden u. A. nannte, fand der zu dieser Zeit nach Berlin
gekommene Forster (*W.* I. S. 264; *F.-S.* S. 491) „sehr geheim, und
natürlicherweise gegen alles, was nicht mit ihnen ist, sehr verschlossen".
An ihn, der dort für seinen Vater hatte wirken wollen, schrieb Sömmerring im März 1788 (*F.-S.* S. 497): „Ich mufs Dir gestehen,
dafs es mir leid thut, dafs Du die Leute nicht genutzt hast. Du
warst ja doch um Geschäfte willen da, nun ist's ja nicht unsere Sache,
die Leute anzuordnen, sondern wir müssen durch die gehen, die da
stehen. Ich glaube nicht, dafs die Leute verlangen, dafs man denken
soll wie sie; dafs sie es mit dem Orden ernstlich meinen, ist mir just
das, warum ich sie noch am ersten ausdauern könnte. Dumm ist
weder W. noch Th., und ich mufs Dir gestehen, Beide halte ich für
meine Person für ehrlich". Wie Forster über das Benutzen „der
Leute" dachte, ist S. 127 mitgetheilt.

Aber wenn der Einflufs der Leiter des Rosenkreuzer-Bundes,
namentlich durch das Vertrauen welches der König Friedrich
Wilhelm II. ihnen schenkte (vgl. S. 27), in Berlin noch grofs war:
die Kraft des Ordens war durch die Vielen klar gewordenen Mifserfolge seiner Bestrebungen gebrochen und Mifstrauen gegen Das,
was er wolle und könne, war vorherrschend geworden. Was ab und
zu von einem Wiederaufleben desselben erzählt wurde[*]), war gänzlich unbegründet. Die Leiter des Bundes hatten erreicht oder in
sicherer Aussicht, was sie für ihre Personen nur wünschen konnten;
sie waren nicht so unklug, der durch ihr Wirken in amtlichen Sachen
bereits bei den Meisten der Gebildeten hervorgerufenen Opposition[**])
auch noch durch nachweisbares Festhalten an der Rosenkreuzerei

---

[*]) So, was Forster im Juli 1788 an Sömmerring schrieb (*F.-S.* S. 517):
„In England verbreitet sich die R.C-ei unglaublich schnell; der König soll selbst
von diesen Ideen sehr eingenommen sein, und seitdem sollen die genauen Verbindungen mit Preufsen entstanden sein!!!"

[**]) Schon vor dem Erlafs des einen so ungünstigen Eindruck machenden
s. g. Wöllner'schen Religions-Edictes (im Juli 1788): im März 1788 schrieb
Forster, damals von einem Besuche Berlins nach Göttingen zurückgekehrt,
an Sömmerring (*F.-S.* S. 493): „Den Herrn v. Wöllner habe ich zweimal in Gesellschaft gesehen; zu Hause trifft man ihn nie an, er ist im
äufsersten Grade zurückhaltend und verschlossen, gegen jedermann, bis zur

lästige Angriffspunkte zu bieten und ihre Stellungen zu gefährden, sondern sie zogen sich mehr und mehr von der bisher im Geheimbund auch nach Aufsen hin ausgeübten Thätigkeit zurück. Schon an dem Ende der 1780er Jahre — beträchtlich früher als (nach dem 1797 erfolgten Tode des Königs Friedrich Wilhelm II.) Bischoffswerder und dann Wöllner aus ihren einflufsreichen Stellungen ausschieden und damit nicht mehr in der Lage waren, so wie früher für den Orden wirken zu können — waren die Rosenkreuzer sehr stille geworden, namentlich im Vergleiche dazu, wie sie im Anfang dieser Jahre laut und anmafsend gewesen waren. — Auch der so wie zu Berlin an noch mehreren Orten vorher durch Freimaurer-Logen gewährten Unterstützung wurden die Rosenkreuzer damals verlustig. Selbst für die Loge Zu den drei Weltkugeln in Berlin, in welcher, (vgl. S. 42) seit 1776 der Orden eine Hauptstätte seines Treibens gefunden hatte, wird (von Nettelbladt a. a. O. S. 205) berichtet, dafs „gegen das Ende der Regierung Friedrich Wilhelm II. die Häupter der Loge immer stiller und stiller wurden, die rosenkreuzerischen Akten bei Seite legten, weder mehr vom Geistersehen und Citiren, noch vom Goldmachen, noch vom rothen Astralpulver und dem Schemhamphorasch*) sprachen, sondern als kluge Leute ihre Mafsregeln nahmen". Selbst Mitglieder des Freimaurer-Bundes, die früher eifrige Rosenkreuzer gewesen waren, thaten sich jetzt als Solche hervor, welche alles an das Eindringen dieses Ordens in ihre Logen Erinnernde zu beseitigen suchten (vgl. S. 44). — An dem Ende des vorigen Jahrhunderts war der Rosenkreuzer-Bund wohl von Denjenigen, die zuletzt noch an seiner Leitung betheiligt gewesen waren, und von den Meisten, die auf ihn ihr Vertrauen gesetzt hatten, aufgegeben. Einige blieben noch in dem Glauben an Das befangen, was der wenn auch zuletzt mifsleitete Orden leisten könne, und dafs von der Zugehörigkeit zu ihm namentlich in Betreff der Alchemie Etwas

---

Aengstlichkeit; affectirt den grofsen wichtigen Mann, hält abwechselnd mit Bischofswerder und oft zugleich mit ihm den König belagert, und häuft durch seine Einrichtungen das Maafs des Unwillens im Publicum auf sich".

*) Schemhamphorasch bedeutet den Unaussprechlichen, aber auch ein diesen Namen u. A. enthaltendes, wie ein Amulet wirkendes Brustschild (v. Nettelbladt a. a. O. S. 50, 544, 770; Allgem. Handb. d. Freim. III. Bd., Leipzig 1867, S. 151).

zu hoffen sei. Solche schlossen sich unter Zuziehung anderer Anhänger dieser Kunst an einander und laborirten weiter; noch in dem
ersten Decennium unseres Jahrhunderts bestand zu Königsberg i. Pr.
ein alchemistischer Verein, welcher sich als aus dem zertrümmerten
Rosenkreuzer-Orden hervorgegangen betrachtete und in den letzteren
vor dem Verfall desselben aufgenommene Männer unter seinen Mitgliedern hatte*). In einem derartigen Verein mochte es damals noch
Etwas bedeuten, in den Orden in gültiger Weise recipirt worden zu
sein. Aber die Zahl Derer, welche ihre Zugehörigkeit zu dem Orden
noch geltend machten, war zu dieser Zeit bereits sehr klein; fast
Alle, die in dem vorigen Jahrhundert in denselben aufgenommen bis
in das unsrige hinein gelebt haben, fanden es rathsam, jede Erinnerung
an die frühere Verirrung zu vermeiden.   Meines Wissens weist dann
Nichts mehr darauf hin, daſs noch eine mit den Rosenkreuzern des
vorigen Jahrhunderts zusammenhängende, den Bund Derselben fort-
pflanzende Vereinigung bestanden habe, wenn auch — wie ich ver-
muthe — noch in späterer Zeit Einer oder der Andere geglaubt
haben mag, durch einen einzelnen dazu Berechtigten in diesen Bund
aufgenommen zu sein.

In dem Anfang der 1780er Jahre hatten die zuversichtlichen
Verheiſsungen der Rosenkreuzer, auch zu erfolgreicher Beschäftigung
mit Alchemie anleiten zu können, bei Manchen das Vertrauen auf
die Wahrhaftigkeit dieser Kunst geweckt und gestärkt; als an dem
Ende jener Jahre diese Verheiſsungen sich als citele erwiesen und alle
auf sie hin unternommenen alchemistischen Arbeiten nur Miſserfolge
ergeben hatten, war der Glaube an die Möglichkeit der künstlichen
Hervorbringung von Gold noch mehr erschüttert als vorher. In dem
nämlichen Jahrzehend kam noch Anderes vor, was zuerst Beweise für
die Wahrhaftigkeit der Hermetischen Kunst zu erbringen schien und
was dann als Täuschung erkannt um so mehr dazu beitrug, diese
Kunst als eine nur angebliche und betrügerische verwerfen zu lassen.
Das waren namentlich Price's Versuche über die Umwandelung von

---

*) Nähere Angaben über diesen Verein enthält die Aumerkung XIV am
Ende dieses Theils.

Quecksilber in edle Metalle und Semler's Behauptungen über die
Erzeugung von Gold.

1782 wurde zu Oxford veröffentlicht *An account of some experiments on mercury, silver and gold, made at Guildford in May
1782 in the laboratory of James Price M. D. F. R. S.* In diesem
Schriftchen war eine Reihe von Versuchen beschrieben, welche Dr.
Price in Guildford vor einer zuerst kleineren, bald aber ziemlich
grofsen Zahl von Zeugen über die Einwirkung zweier von ihm be-
reiteter Präparate: eines weifsen und eines rothen Pulvers auf erhitztes
Quecksilber mit dem Erfolg angestellt habe, dafs durch das erstere
Pulver bis zu dem 50fachen seines Gewichtes von dem Quecksilber
zu Silber, durch das letztere bis zu dem 60fachen seines Gewichtes
von dem Quecksilber zu Gold umgewandelt worden sei. In zwei Versuchen sollte auch das rothe Pulver auf geschmolzenes Silber einwirkend eine erhebliche Menge des letzteren zu Gold umgewandelt
haben. Dieses Schriftchen — von welchem 1783 eine zweite Ausgabe in England und eine Deutsche Übersetzung zu Leipzig herauskam — erregte grofses Aufsehen, und sein Inhalt machte auf Viele
einen für die Alchemie günstigen Eindruck. Die Versuche, und welche
Vorsichtsmafsregeln zur Ausschliefsung einer Täuschung in Anwendung
gekommen seien, waren allen Einzelheiten nach beschrieben; die
Zeugen waren genannt: ihren Stellungen nach reputirliche, zum Theil
recht vornehme Männer, unter ihnen auch Solche, die ihrem Beruf
nach wohl befähigt sein mochten, edle Metalle von Anderem zu unterscheiden, aber Keiner von den damals in England in Ansehen stehenden Chemikern. Die zu den Versuchen Zugezogenen waren davon,
dafs die von Price dargestellten Pulver metallveredlende Wirkung
ausüben, offenbar überzeugt; wie fest daran geglaubt wurde, dafs
Silber und Gold hier wirklich künstlich hervorgebracht worden seien,
geht auch daraus hervor, dafs die bei den letzten Versuchen erhaltenen Mengen dieser beiden Metalle als künstlich dargestellt dem
König Georg III. zur Besichtigung vorgelegt wurden, welcher — wie
in dem Bericht gesagt ist — die Gnade hatte, Seinen Königlichen
Beifall zu bezeugen. Aber nicht blofs Laien in den Naturwissenschaften, glaubten mit den damals noch der Alchemie Ergebenen
daran, dafs für die Wahrhaftigkeit der letzteren durch diese Versuche
sichere Beweise erbracht seien, sondern auch Solche, die als Natur-

kundige, als Chemiker einen guten Namen hatten. G. Forster
meldete im September 1782 seinem Vater (G. F.'s Briefwechsel,
herausgeg. von Th. H. I, S. 291 f.): „Lichtenberg schreibt mir mit
der letzten Post, dafs ein Dr. Price eine Verwandlung von Quecksilber in Gold bewirkt hat, in Guildford, vor einer so grofsen Anzahl
competenter Richter, dafs er nicht mehr an der Thatsache zweifelt.
— — Ein Gran röthliches Pulver verwandelt zwanzig Gran Quecksilber in Gold, welches die specifische Schwere von 20 zu 1 hat,
wenn das Wasser 1 ist; mithin einen bessern Gehalt als Gold. Ich
weifs nicht, was ich von der Geschichte denken soll“. Joh. Friedr.
Gmelin, welcher 1783 in dem von Lichtenberg und Forster
herausgegebenen Göttingischen Magazin der Wissenschaften und Litteratur (III. Jahrg., 3. Stück, S. 410 ff.) einen Auszug aus Price's
Schriftchen gab, leitete diesen mit der Bemerkung ein, dafs gewifs
die Versicherungen der meisten Alchemisten in Betreff durch sie aus-
geführter Umwandlungen anderer Metalle zu Gold betrügerische gewesen seien, dafs aber Andere doch zu weit gegangen seien in der
nie zu beweisenden Behauptung, jede solche Umwandlung sei unmöglich und jede Erzählung, nach welcher eine stattgefunden habe, un-
wahr; was über einige wenn auch nur wenige Fälle von Metallveredlung berichtet sei, habe eben so viel Glaubwürdigkeit als nur irgend
eine historische Thatsache haben könne, und von dieser Art sei auch
— abgesehen davon, dafs die Bereitung des goldmachenden Pulvers
nicht angegeben sei —, was Price bekannt gemacht habe.   Doch
hatte bereits bei der Veröffentlichung dieses Auszugs Lichtenberg
die Bemerkung hinzuzufügen, dafs man in London an der Richtigkeit
der Sache stark zu zweifeln anfange.   Price hatte sein Schriftchen
und Proben des dargestellten Goldes und Silbers auch der *Royal
Society* zu London, deren Mitglied er war, vorgelegt und damit diese
gelehrte Gesellschaft veranlafst, sich über Das, was an der Sache sei,
genauer zu unterrichten.   Die Prüfung seiner Angaben wurde von ihr
dem damals als Chemiker berühmten Kirwan übertragen.   Die Aufforderung, vor Diesem und anderen Chemikern die Versuche zu wiederholen, lehnte Price ab, weil er von den metallveredlend wirkenden
Pulvern Nichts mehr habe und er sich zu nochmaliger Ausarbeitung
derselben nicht entschliefsen könne (schon in seinem Schriftchen
hatte er angegeben, zu den da beschriebenen Versuchen sei die ganze

Menge metallveredlender Materie, die er besessen habe, verbraucht
worden, und davon, die letztere noch einmal darzustellen, müsse er
wegen der Langwierigkeit und der Mühsamkeit der Arbeit, auch weil
diese der Gesundheit nachtheilig sei, abstehen); aber er wollte auch
nicht mittheilen, wie er diese Pulver bereitet habe. Als Price am
Ende des Jahres 1782 sich in London aufhielt, war ihm bereits von
den dortigen Naturforschern deutlich gemacht worden, daſs er sicherere
Beweise für die Glaubwürdigkeit der von ihm behaupteten Thatsachen
zu geben verpflichtet sei, und da versprach er schlieſslich, die beiden
Pulver noch einmal darzustellen. Im Januar 1783 begann er auch,
in seinem Laboratorium in Guildford zu arbeiten, aber die Zeit ver-
strich, bis zu welcher er mit dem Nachweis der Richtigkeit seiner
Angaben nach London zurückzukehren in Aussicht gestellt hatte.
Der Verdacht, daſs bei seinen Versuchen eine Täuschung stattgefunden
habe, nahm zu, und unter dem Einfluſs desselben fühlten Diejenigen
sich compromittirt, welche er als Zeugen für die Zuverlässigkeit der
Versuche öffentlich genannt hatte, und auch Diese gaben ihm jetzt zu
verstehen, daſs sie ihm nicht mehr trauten. So bloſsgestellt ver-
giftete er sich Anfangs August 1783 im 31. Lebensjahr. Dadurch
schien es bestätigt zu sein, daſs er sich absichtlicher Täuschung
schuldig gemacht habe. Daſs er dabei materielle Vortheile im Auge
gehabt habe, wurde als weniger wahrscheinlich betrachtet (er war
vermögend), als daſs er durch die Sucht, als Adept zu glänzen, verleitet zum Betrüger geworden sei; der herrschend gewordenen Ansicht
gab dann auch Joh. Friedr. Gmelin Ausdruck, welcher 1799 (im
III. Bd. seiner Geschichte der Chemie S. 247) ihn den unglücklichen
Märtyrer seiner Eitelkeit nannte.

Ein weniger tragisches Ende nahm das andere S. 146 f. erwähnte,
einige Jahre später spielende Stück vermeintlicher künstlicher Hervorbringung von Gold, welches um des in ihm als Hauptperson auftretenden berühmten Professors der Theologie zu Halle Joh. Sal.
Semler (1725—1791) willen in Deutschland ein besonderes Aufsehen
erregte. — In dem vorigen Jahrhundert versprach man sich noch
für Hermetische Arbeiten und namentlich für die Darstellung eines
Universal-Heilmittels viel von einem der Atmosphäre abzugewinnenden
Ding, das als Luftsalz bezeichnet wurde*). Ein in Böhmen auf Gestein

---

*) Von dem Glauben an es blieb selbst Goethe nicht frei, als er während
seines Aufenthaltes zu Frankfurt a. M. vom Herbst 1768 bis zum Frühjahr 1770

gefundenes Salz, welches unter dieser Bezeichnung als Arzneimittel
theuer verkauft worden war, wurde zwar von dem nachberigen Prager
Professor Jos. Zauschner schon 1768 als ausgewittertes Bittersalz
erkannt, aber der Glaube an die Existenz eines ähnlich und in jeder
Beziehung auf den menschlichen Organismus wohlthätig wirkenden
Luftsalzes blieb und wurde durch einen in Dresden lebenden Baron
von Hirsch ausgebeutet, welcher 1786 einen „Unterricht zum Gebrauch des Luftsalzes und Beweis von der Möglichkeit der hermetischen
Universalarzney aus Naturgründen und Thatsachen" veröffentlichte
und an die nach solcher Arznei Verlangenden die von ihm darge-
stellte gern zu vertrauenerweckend hohem Preise abliefs. Sein Luft-
salzwasser, von welchem 16 Loth 1 Ducaten kosteten, erwies sich bei
den Untersuchungen W. J. G. Karsten's in Halle, J. K. F. Meyer's
in Stettin und Klaproth's in Berlin als im Wesentlichen Bittersalz
und Glaubersalz in wechselnden Verhältnissen zusammen mit einer
organischen Substanz enthaltend, welche der Erstere für Honig hielt,
die Letzteren als dem zur Darstellung der Lösung angewendeten
Urin zugehörig betrachteten: nach dem Bekanntwerden dieser Untersuchungen bot v. Hirsch auch ein trockenes Luftsalz feil, in welchem
Meyer ein Antimonialpräparat fand.   An dem Streit, ob das Luft-
salzwasser eine Lösung sehr gewöhnlicher Substanzen oder etwas
Besonderes sei, betheiligte sich Semler als ein leidenschaftlicher
Bewunderer dieses Geheimmittels; zur Vertheidigung desselben veröffentlichte er 1786 in rascher Folge drei Stücke „Von ächter hermetischer Arzney" und als Anhang zu denselben 1788 ein „Schreiben
an Herrn Baron von Hirschen zu Vertheidigung des Luftsalzes".
In diesen Schriften sprach er sich auch für die künstliche Hervorbringung von Gold aus und behauptete er, dafs sie ihm mittelst des
Luftsalzwassers gelungen sei; darüber, welche Substanzen sonst noch
in Anwendung zu bringen seien, um Gold in einem feucht und warm

---

sich mit Fräulein von Klettenberg dem Studium Hermetischer Schriften und
auch der Anstellung von Versuchen in dieser Richtung hingab; er erzählt in
„Dichtung und Wahrheit": „Weil in allen uns bekannten Schriften das Luftsalz,
welches herbeigezogen werden mufste, eine grofse Rolle spielte, so wurden zu
diesen Operationen Alkalien erfordert, welche, indem sie an der Luft zerfliefsen,
sich mit jenen überirdischen Dingen verbinden und zuletzt ein geheimnifsvolles
trefliches Mittelsalz per se hervorbringen soliten".

erhaltenen Gemenge derselben zum Entstehen und zur Ausbildung von Blättern zu bringen, äußerte er sich übrigens nicht deutlich. In der Berlinischen Monatsschrift wurde 1787 seine Behauptung von Einem, der sich da Thomas Akatholikus nannte, in sehr verständiger Weise besprochen und angezweifelt, und er selbst aufgefordert, Andere Zeugen des Vorgangs sein zu lassen. Semler ließ durch seinen Collegen, den Chemiker Gren in Halle die Identität von Metallflittern, welche in einer dem Letzteren übergebenen feuchten Salzmasse neben (wie S. glaubte gleichfalls erst da gebildeten) Sandkörnern und Steinchen enthalten waren, mit Gold bestätigen, und schickte solches s. g. Luftgold auch an Klaproth mit der Versicherung, daß es im Glase gewachsen, nicht etwa dem übrigen Inhalt desselben beigemengt worden sei; er ließ dem Letzteren auch eine Flüssigkeit zugehen, welche den Samen des Goldes enthalte, und eine krystallinische Salzmasse, in welcher das zu erzeugende jungfräuliche Gold als in einer Matrix ausgeboren werden solle, aber Klaproth fand in dieser Salzmasse bereits eingemengte Goldflitterchen und daß Gold entstehe konnte er nicht sehen. Semler blieb bei seiner Überzeugung. gab dieser 1788 auch in den „Hermetischen Briefen wider Vorurtheile und Betrügereyen" Ausdruck und versuchte 1789 noch einmal, durch Übersendung solarischer Erde und eines das *Sperma* oder *Semen Solis* enthaltenden Liquors Klaproth zum Zeugen für die Richtigkeit der Sache zu machen; „Sie sollen und müssen *vegetationem auri* in großen *foliis* sehen", schrieb er Diesem da, aber der Letztere konnte ihm wieder nur antworten, daß er in der Erde schon Goldflitterchen gefunden habe, ein Wachsen des Goldes nicht zu beobachten gewesen sei. Klaproth müsse Etwas versehen haben, meinte Semler noch. „Ich bin viel weiter", versicherte er; „2 Gläser tragen Gold; alle 5 bis 6 Tage nehme ich es ab, immer über 12 bis 15 Gran; 2 bis 3 andere Gläser sind schon wieder auf dem Wege und das Gold blühet unten durch; oben sammelt sich weißes Salz mit einzelnen blaßgrünen Stükken, worauf, nach stetem Imbibiren, endlich *Folia Solis* emporwachsen". Er legte „Etwas von diesem *auro physico, philosophico, aëreo* oder *aurac*" bei und bemerkte dazu: „Freilich kostet mich bis itzt jedes Gran 2 bis 3 Thaler, auch wohl 4, weil ich noch keine Vortheile weiß, die es giebt, wie ich selbst lerne". Semler hatte erwartet, daß Klaproth das in der Form großer Blätter beigelegte

Metall als Gold erkennen werde, welches reiner sei als das gewöhnliche, da es noch nicht im Feuer gewesen und noch seine *animam* und *spiritum* bei sich habe; die von diesem Chemiker vor Zeugen ausgeführten Versuche stellten aber aufser Zweifel, dafs es nur aus Tombak bestehendes unächtes Blattgold war. In diesem Falle getäuscht worden zu sein erkannte nun auch Semler an. Nach Dem, was er jetzt mittheilte, hatte er mit der Pflege seiner Goldcultur-Gläser einen Mann beauftragt, welcher als Soldat nach Magdeburg einberufen seine Familie für diesen Dienst instruirt hatte, und von dieser war das unächte Blattgold in die Gläser gebracht worden, um Semler'n eine Freude zu machen und einen Beweis dafür zu geben, wie sorgsam die Gläser gepflegt werden. Auch Dies wurde alsbald durch die Berlinische Monatsschrift veröffentlicht, durch welche vorher bekannt geworden war, was Klaproth früher und was er zuletzt gefunden und wie Semler Diesem gegenüber seine vorgefafste Meinung aufrecht zu halten gesucht hatte. Dafs Semler eine Täuschung nur für den letzten Fall anerkannte und dabei blieb, Gold könne so wie er es gesehen haben wollte entstehen, verhinderte nicht, dafs jetzt alle seine Angaben als auf Täuschung beruhend auch von den der Chemie ferner Stehenden beurtheilt wurden und sein Versuch, für die Wahrhaftigkeit der Hermetischen Kunst einzutreten, dazu beitrug, diese zum Gespötte werden zu lassen.

Nach diesen Mifserfolgen der Alchemie und unter dem Eindruck der dadurch verstärkten ungünstigen Stimmung bezüglich dieser Kunst wurden die noch vorhandenen Anhänger derselben zurückhaltender; etwa von der Mitte der 1780er Jahre an wurde die Zahl der noch erscheinenden alchemistischen Schriften im Vergleiche zu früher sehr klein, und bald erlosch diese Art von Literatur fast ganz. Aber namentlich in Deutschland wurde doch noch von nicht Wenigen an die Möglichkeit der künstlichen Hervorbringung von Gold geglaubt, an der Darstellung des Steins der Weisen gearbeitet. Das zeigte sich daran, wie Viele um das Ende des vorigen Jahrhunderts mit einer angeblich existirenden Hermetischen Gesellschaft in Beziehung zu treten suchten.

Von dem Bestehen dieser Gesellschaft brachte die erste Kunde eine damals in einem grofsen Theile von Deutschland als Intelligenz-

Blatt verbreitete. übrigens einen wissenschaftlichen Charakter nicht beanspruchende Zeitschrift: der in Gotha herausgegebene Reichs-Anzeiger. Im October 1796 (Nr. 234) veröffentlichte derselbe unter der Rubrik „Nützliche Anstalten und Vorschläge" einen „Höhere Chemie" überschriebenen und „Die Hermetische Gesellschaft" unterzeichneten Aufsatz, welcher sich mit der Hinweisung darauf einleitete, daſs in dem Reichs-Anzeiger, der doch sonst alles für Deutschland Wichtige zur Besprechung bringe, ein Gegenstand unberührt geblieben sei, der Tausende von Deutschen beschäftige: die Alchemie. Es werde sehr verdienstlich für den Reichs-Anzeiger sein, wenn durch ihn den Vielen, die den Stein der Weisen darzustellen suchen, der rechte Pfad gezeigt oder nachgewiesen werde, daſs sie einem Irrlicht nachgehen. Die Chemie sei jetzt so weit vorgeschritten, um beurtheilen zu können, was die Alchemie behaupte und wolle. Eine Gesellschaft, deren Mitglieder Kenner der Scheidekunst und durchaus vertraut mit den Hermetischen Lehren seien, habe sich zum Zweck der Prüfung der Frage vereinigt; sie sei überzeugt, daſs, wenn der ihr bekannte Weg nicht zu dem Ziele der Alchemie führe, die Metallverwandlung überhaupt unmöglich sei. Die Namen der Mitglieder werde das Publicum nicht erfahren, aber die Gesellschaft werde offen von der Sache sprechen und nichts Bedenkliches darin finden, wenn auch wirklich die Goldkunst etwas Bekanntes werden sollte. Alle der Geschichte und der Autorität entnommene Beweise für die Alchemie sollten nicht anerkannt werden, sondern nur die auf Erfahrung oder philosophischchemische Grundsätze gestützten. Zunächst sollten einige Hauptsätze zur Discussion gestellt werden, über welche einsichtsvolle Chemiker sich in dem Reichs-Anzeiger oder durch Vermittelung der Expedition des letzteren in Briefen an die Hermetische Gesellschaft äuſsern möchten; eine Einigung über diese Sätze müsse einem weiteren Vortreten der Gesellschaft vorausgehen. Es folgten neun darauf, ob und wie die Metallveredlung ausführbar sei, bezügliche Sätze, in welchen — wenn auch in allgemeinster Weise — angedeutet war, wie nach der Ansicht der Gesellschaft die Sache möglich sei. — Bald begann nun in dem Reichs-Anzeiger die bis 1802 sich hinziehende Veröffentlichung von Antworten der Hermetischen Gesellschaft auf Briefe, die an sie eingegangen waren, von Aufsätzen, in welchen die Bestrebungen der Gesellschaft ungünstig beurtheilt waren, von Verthei-

digungen der letzteren und anderen sie betreffenden Erklärungen; als
etwas noch ernstlich Betriebenes war die Alchemie in dieser Zeit
wieder ein Gegenstand der Besprechung auch in weiteren Kreisen.

Daſs die Hermetische Gesellschaft wirklich als ein Verein einer
gröſseren Zahl von Alchemisten existirt habe, wurde auf das eben
Berichtete hin damals und auch noch später geglaubt. So meinte
Schmieder 1832 in seiner Geschichte der Alchemie S. 596 f., das
Aufhören der alchemistischen Literatur um die Mitte der 1790er
Jahre zeige nicht an, daſs da die Alchemie vernichtet gewesen sei,
sondern daſs dieselbe sich in eine concentrirte Stellung zurückgezogen
habe; die noch immer zahlreichen Freunde dieser Kunst hätten gewünscht, sich einander mitzutheilen ohne sich dem Hohn der Verächter auszusetzen, und dieser Absicht habe die Bildung der Hermetischen Gesellschaft entsprochen, welche ganz Deutschland habe
umfassen sollen. Thüringen scheine, wenigstens anfänglich, der Mittel-
punkt der Gesellschaft gewesen zu sein, für welche der 1795 entworfene Plan in den folgenden Jahren zur Ausführung gekommen sei;
über sie sei gerade nur so viel der Welt mitgetheilt worden, als
dafür erforderlich, Gleichgesinnten Kunde von ihrem Bestehen und die
Möglichkeit des Zutretens zu geben, und die Veröffentlichung sie be-
treffender Aufsätze in dem Reichs-Anzeiger habe aufgehört, als der
Zweck erreicht gewesen sei.   Doch hatte schon 1802 der als Physiker und Astronom namhaft gewordene Joh. Friedr. Benzenberg
(in Gilbert's Annalen der Physik, XII. Bd., S. 493 ff.) „Nachrichten
über die Hermetische Gesellschaft" gegeben, nach welchen dieselbe
nur aus zwei in der Grafschaft Mark wohnenden Mitgliedern, Dr.
Kortum in Bochum und Pastor Bährens in Schwerte bestand; unentschieden wurde da noch gelassen, in welcher Absicht diese Männer
in der von ihnen gewählten Weise aufgetreten seien. Die Richtigkeit
jener Behauptung Benzenberg's und genauere Bekanntschaft mit
dem Treiben der Hermetischen Gesellschaft ergab sich mir bei der
Benutzung der der Universitäts-Bibliothek zu Gieſsen zugekommenen
Papiere derselben; ich habe die Resultate der Durchsicht dieser Papiere in dem II. Theil meiner Geschichte der Chemie (1844), S. 256 ff.
zusammengestellt und eingehender in einem im Januar 1845 vor der
Gesellschaft für Wissenschaft und Kunst in Gieſsen gelesenen Aufsatz
„Über den Verfall der Alchemie und die Hermetische Gesellschaft",

welcher in den Denkschriften jenes Vereins (I. Bd., 1. Heft, Gießen 1847, S. 1 ff.) gedruckt worden ist*). K. Birnbaum hat nachher denselben Papieren und den Acten des Hof-Archivs zu Karlsruhe, wohin die Vertretung der Hermetischen Gesellschaft im Anfang unseres Jahrhunderts gekommen war, noch Mehreres, namentlich für das letzte Stadium des Auftretens derselben, entnommen und in einem Aufsatz „Ein Stück Alchemie aus dem Anfange des 19. Jahrhunderts" (in der von Bruno Meyer redigirten Deutschen Warte, Bd. IV, Leipzig 1873, S. 449 ff.) veröffentlicht.

In der That waren es die von Benzenberg genannten zwei Männer, welche den Glauben an das Bestehen eines größeren alchemistischen Vereins hervorriefen und verhältnifsmäfsig lange dauern zu lassen wufsten. der Eine, Kortum, als der versteckt bleibende Leiter des ganzen Unternehmens, während der Andere, Bährens, das von dem Ersteren Gewollte oder Gebilligte ausführte und mit seinem Namen da eintrat, wo ein Vertreter des Vereins genannt werden mufste. Über die persönlichen Verhältnisse dieser beiden Männer braucht hier nur wenig gesagt zu werden. Karl Arnold Kortum war 1745 zu Mühlheim an der Ruhr geboren, von 1770 an Arzt in Bochum in Westphalen, wo er 1824 starb. Von seinen sehr zahlreichen Schriften verschiedenartigsten Inhaltes, welche die in dem Neuen Nekrolog der Deutschen, II. Jahrg. 1824, S. 832 ff. enthaltene Biographie aufzählt, hat sich nur Eine dauernde Beachtung gesichert: das zuerst 1784 anonym veröffentlichte satirisch-komische Epos, die Jobsiade. Joh. Christian Friedr. Bährens war 1765 in Meinershagen in Westphalen geboren, lebte von 1789 an als Rector und Pfarrer in Schwerte unfern Dortmund und starb da 1833; auch er (Näheres über ihn hat der N. Nekrolog d. Deutschen im XI. Jahrg. 1833, S. 600 ff.) hat über Mannigfaltigstes: Theologisches, Philosophisches, Pädagogisches, Landwirthschaftliches, Medicinisches (den

---

*) Das einzig gebliebene Heft der Denkschriften des oben genannten Giefsener Vereins, welches diesen Aufsatz enthält, hat nur geringe Verbreitung gefunden. Da der Aufsatz Das, was ich nach dem mir jetzt, auch nach nochmaligem Durchgehen der Papiere der Hermetischen Gesellschaft Bekannten oben über die letztere berichte, in vielen Einzelheiten vervollständigt, lasse ich den diese Gesellschaft betreffenden Theil desselben unverändert so, wie er 1847 erschien, in der Anmerkung XV am Ende dieses Theils abdrucken.

Grad eines Doctors der Heilkunde erwarb er 1799) u. A. sehr viel geschrieben.

Kortum glaubte an die Alchemie, gegen deren Verächter (vgl. Th. I, S. 234) er auch unter Nennung seines Namens auftrat; 1789 veröffentlichte er: „K. A. Kortum vertheidigt die Alchymie gegen die Einwürfe einiger neueren Schriftsteller, besonders des Herrn Wiegleb" und 1791 „Noch ein paar Worte über Alchymie und Wiegleb". Auch daran glaubte er, dafs es noch Solche gebe, welche den rechten Weg für die Ausübung dieser Kunst kennen. Er sammelte und studirte viele alchemistische Schriften, beschäftigte sich auch eine Zeit lang selbst mit Versuchen, Gold zu machen, zog es aber dann vor, Andere arbeiten zu lassen und mit Dem, was sich dabei ergebe, bekannt zu werden. Er kam zu der Überzeugung, dafs die wahre *Materia prima* für die Ausarbeitung des Steins der Weisen die Steinkohle sei. Diese Ansicht scheint bei ihm durch eine in einer rosenkreuzerischen Schrift (ich weifs nicht in welcher) gefundene Angabe angeregt, dann durch die Deutung älterer Angaben über diese Materie, durch die Vergleichung der von alchemistischen Autoritäten derselben zugeschriebenen äufseren Eigenschaften mit denen der Steinkohle befestigt worden zu sein. Auf den Vorsetzblättern zu den von Kortum angelegten Sammlungen alchemistischer Vorschriften finden sich Notizen von seiner Hand, welche 1795 datirt darauf hinweisen, dafs er damals zu dieser Ansicht gelangt war*). — In dem Sommer des nämlichen Jahres war Kortum mit Bährens in eine, durch Anfragen des Letzteren in Betreff einiger älteren Alchemisten veranlafste Correspondenz gekommen; er sondirte den Letzteren, welcher sich als einen Freund der Alchemie zu erkennen gab, ob Derselbe diese Kunst auch praktisch treibe, rieth ihm zwar ab, so Schwieriges zu unternehmen, lockte ihn aber gleichzeitig dazu an, indem er für den Fall, dafs B. es doch thun wolle, Diesem sein wie er glaube sicheres Wissen zur Verfügung stellte.

*) Vor dem I. Fascikel dieser Sammlungen steht die Notiz: „*Verum subjectum propinquius lapidis philosophici est lithantrax; remotius, sal aëris ex influxu syderum ortus. Cum lithantrace fere pari passu ambulat pro alchimistico usu fuligo splendens. K. 1795*"; vor dem II.: „Nach der Rosencreutzer Behauptung ist der Stof des *lap. phil.* nichts anders als die gemeine Steinkohle. Die räthselhafte Beschreibung, welche die Alchimisten von diesem Stof geben, lassen sich auch würklich auf die Steinkohle am besten appliciren. — — K. 1795".

Bährens, welcher sich in der That schon an der Darstellung des Steins der Weisen aus Speichel versucht hatte, ging auf das ihm gemachte Anerbieten ein; im August 1795 theilte ihm Kortum mit, daſs die Steinkohle das von den Hermetikern geheimniſsvoll beschriebene Subject sei, dessen Bearbeitung den Stein der Weisen ergebe, unter besonderer Berufung darauf, diese Substanz sei auch durch ein auf die wahre *Materia prima* bezügliches altes Griechisches Sylbenräthsel angezeigt*). Mit diesem Material nach den ihm von Kortum gegebenen Weisungen zu laboriren unternahm nun auch Bährens; über den Fortgang seiner Arbeiten berichtete er an den Ersteren, von welchem er Rath und Ermunterung erhielt. In dem Briefwechsel zwischen Beiden kam bald auch zur Sprache, daſs die Alchemie in Deutschland noch viele Anhänger habe, und im Sommer 1796 warf Bährens die Frage auf, ob es nicht gerathen sei, diese Kunst einmal in einer vielgelesenen Zeitschrift zur Besprechung zu bringen. Kortum

---

*) Dieses Räthsel, welches dem es Errathenden wichtiges Wissen in Aussicht stellt, steht in den Sibyllinischen Weissagungen, die in den ersten Jahrhunderten unserer Zeitrechnung geschrieben oder in die jetzt vorliegende Form gebracht sind. So weit es Kortum in Betracht zog (vgl. Anmerkung XV), sagt es aus, daſs das die Lösung abgebende Wort neun Buchstaben, worunter fünf Consonanten, und vier Sylben habe, von welchen die drei ersten aus je zwei Buchstaben bestehen; K. ließ unberücksichtigt, daſs das vollständige Räthsel auch die Summe der Zahlenwerthe der Buchstaben angiebt. Darauf, daſs dieses Räthsel ein Geheimniſs der Alchemie verhülle, ist von Solchen mehrfach hingewiesen worden, welche in Aegypten in Griechischer Sprache über diese Kunst geschrieben haben (vgl. S. 3 im I. Theil); ganz bestimmt wird auf es in diesem Sinne Bezug genommen in der von der Goldbereitung handelnden Schrift eines in das siebente Jahrhundert gesetzten Stephanos. Mit diesem Räthsel haben in mannigfachster Deutung desselben sich Viele beschäftigt; auch Diejenigen, welche voraussetzten, daſs durch es eine für die Ausübung der Alchemie wichtige Substanz angezeigt sei, haben auf sehr verschiedene Stoffe gerathen (eine Zusammenstellung Dessen, was Alles über das Räthsel vorgebracht worden ist, habe ich im II. Stück meiner Beiträge zur Geschichte der Chemie S. 506 ff. gegeben). Daſs die richtige Lösung des im alchemistischen Sinne genommenen Räthsels das Wort ἀρσενικόν sei, ist seit dem sechszehnten Jahrhundert gewöhnlich geglaubt und noch im Anfang des vorigen Jahrhunderts durch Leibnitz behauptet worden; Kortum meinte, sie in ἀμπελῖτις gefunden zu haben und daſs unter diesem Wort (welches bei den Alten eine zum Schutze der Weinstöcke vor Ungeziefer angewendete Erde, vielleicht erdigen Asphalt bedeutete) Steinkohlentheer und Steinkohle selbst zu verstehen sei.

stimmte zu, und der Gedanke wurde Dem gemäfs verwirklicht, wie
Dieser es als dafür dienlich betrachtete, zu erfahren, mit welchen
Stoffen und mit welchen Resultaten andere Alchemisten arbeiten; im
Herbst 1796 wurde in der S. 153 angegebenen Weise die Existenz
einer Hermetischen Gesellschaft im Reichs-Anzeiger angekündigt.

Der Erfolg dieser Ankündigung zeigte, dafs in Deutschland
wirklich die Zahl Derer noch eine sehr beträchtliche war, für welche
sie Kortum bestimmt hatte. Unter der Menge von Zuschriften,
welche an die Hermetische Gesellschaft sofort und später eingingen,
waren zwar die meisten anonym oder pseudonym, aber diejenigen,
deren Verfasser sich genannt hatten, wiesen genugsam nach, wie damals in den verschiedenen Gegenden Deutschlands — besonders in
Württemberg, Sachsen und Thüringen — die Beschäftigung mit
Alchemie noch in den verschiedensten Ständen vertreten war: unter
Freiherren, höheren Beamten, pensionirten Officieren, Leibärzten von
Fürsten und Chirurgen in kleinen Städten, ehemaligen Professoren
und Dorfschulmeistern, Handlungs- und Apothekergehülfen, Fabrikanten
und Handwerkern mannigfachster Art. — Diese Zuschriften brachten
für Kortum mehr Unterhaltung als Belehrung. Viele waren in allgemeinster Weise gehalten nicht dazu bestimmt, die Geheimnisse der
Verfasser an die Hermetische Gesellschaft mitzutheilen, sondern nur
darauf berechnet, die letztere zu dem Herausrücken mit Dem was sie
wisse zu bestimmen. Andere enthielten aufrichtige Angaben über die
unternommenen Arbeiten, für welche vorzugsweise dem menschlichen
Organismus entstammende Substanzen: Speichel, Nasenschleim, Excremente u. A. angewendet worden waren (von einem war sogar unreifer menschlicher Fötus als die wahre *Materia prima* betrachtet
worden). Von einem günstigen Enderfolg hatte Keiner von Denen,
welche sich an die Hermetische Gesellschaft wendeten, zu berichten,
die Meisten glaubten aber auf dem rechten Wege und nur durch
Erschöpfung ihrer Mittel oder durch Schwierigkeiten in Nebensachen
an der Erreichung des Zieles gehindert zu sein. Alle hofften, bei
der Gesellschaft Unterstützung und Belehrung zu finden.

In den durch den Reichs-Anzeiger veröffentlichten Antworten auf
eine grofse Zahl von Zuschriften rieth die Hermetische Gesellschaft
nur Wenigen, als unfähig zur Betreibung der Alchemie von dieser
ganz abzustehen; die Meisten wurden dadurch, wie ihren theoretischen

Kenntnissen Anerkennung gezollt und nur in Zweifel gezogen wurde, ob sie die richtige Substanz bearbeiten, eher zum Beharren bei ihrem Vorhaben angereizt, und um das Vertrauen auf günstigen Erfolg der Betreibung der Alchemie zu erhöhen wurde auch im Frühjahr 1797 ein fingirter Correspondent beglückwünscht, dafs er die wahre *Materia prima* gefunden habe. Während die Gesellschaft in ihrer ersten Ankündigung als ihre eigentliche Aufgabe die Prüfung der Wahrhaftigkeit der Alchemie hingestellt hatte, liefs sich ihrem späteren Auftreten nur entnehmen, dafs sie der Leistungsfähigkeit dieser Kunst sicher und im Besitze der Geheimnisse derselben sei. Das sprach auch eine im April 1797 abgegebene Erklärung deutlich aus: nach den vielen an die Gesellschaft eingegangenen Zuschriften seien die von ihr bezüglich der Verwandlung anderer Metalle in Silber und Gold zur Discussion gestellten Sätze als zugestanden zu betrachten, und wenn überhaupt ein Körper existire, von welchem aus das Mittel zur Realisirung dieser Verwandlung sich erhalten lasse, sei derselbe der Gesellschaft bekannt; sie kenne die Substanz, auf die alles von den ächten Hermetikern über die wahre *Materia prima* Angegebene, auch das bisher irrig gedeutete S. 157 erwähnte alte Griechische Sylbenräthsel passe und von welcher aus leicht zu den Zwischenstufen bei der Ausführung des grofsen Hermetischen Werkes: der Darstellung der Jungfernmilch, des grünen Löwen, des Blutes des rothen Löwen u. s. w. zu gelangen sei (dafs die Steinkohle gemeint sei wurde natürlich nicht gesagt). Aber in dem Mafse, wie die Tendenz der Gesellschaft unverhüllter hervortrat, als sachkundig in der Alchemie und als befähigt zu der Einweihung in dieselbe zu gelten, mehrten sich auch die Angriffe gegen sie, die Warnungen vor ihr, und dem Reichs-Anzeiger selbst wurde vorgeworfen, dafs er verderblichem Treiben Vorschub leiste. Schon 1798 erkannte es Kortum als gerathen, sich von dem bisher betretenen Wege öffentlicher Besprechung der Alchemie zurückzuziehen; in dem Reichs-Anzeiger, dessen Redaction damals auch erklärte dafs sie nicht mehr Briefe an die Hermetische Gesellschaft besorge, wurden die Beantwortungen einzelner Zuschriften seltener und hörten sie bald ganz auf.

Kortum stand jedoch noch nicht davon ab, durch die Vorspiegelung der Existenz einer Hermetischen Gesellschaft in Verbindung mit Alchemisten zu bleiben, um auf die Arbeiten derselben einen

leitenden Einfluſs auszuüben und von den Resultaten der Arbeiten
Kenntniſs zu erhalten. Denjenigen unter den mit der Gesellschaft in
brieflichen Verkehr Getretenen, die er als brauchbar für diesen Zweck
betrachtete, wurde jetzt eröffnet, daſs die Steinkohle das richtige
Material für die Bereitung des Steins der Weisen sei, und Diplome
wurden ihnen zugestellt, durch welche sie zu Ehrenmitgliedern der
Hermetischen Gesellschaft ernannt wurden; ohne daſs sie bestimmte
Zusicherung erhalten hätten glaubten nun Diese, in den untersten
Grad eines Vereines aufgenommen zu sein, dessen Geheimwissen sich
ihnen bei dem Vorrücken in einen höheren Grad erschlieſsen werde,
und diese Aussicht spornte zu eifrigem Arbeiten an. Auf weitere
Kreise sollte eine unter dem Namen der Gesellschaft herauskommende
Zeitschrift wirken, von welcher versprochen wurde, daſs sie die Her-
metik wissenschaftlich behandeln werde. Es fanden sich auch immer
noch Solche, welche Aufnahme in die Hermetische Gesellschaft und
Belehrung durch dieselbe wünschten. Ein zu Wien aus einigen Me-
dicinern und Beamten gebildeter alchemistischer Verein suchte 1799
Anschluſs an sie; von damals bekannteren Männern bewarb sich in
demselben Jahr der bald noch einmal zu erwähnende v. Eckartshausen um Aufnahme in sie, und 1801 ließ Professor Wurzer zu
Bonn hoffen, daſs er bei dem Laboriren mit der Steinkohle besseren
Erfolg haben werde, als die Anderen, welche auf die Bearbeitung
dieser Substanz hingewiesen worden waren; auch von Wurzer und
dem geradezu als Mitglied der Gesellschaft genannten Professor
Kastner in Heidelberg wird noch die Rede sein.

Bald aber wurde es schwieriger, die Fiction der Existenz der
Hermetischen Gesellschaft aufrecht zu erhalten. Als das I. Stück der
schon 1799 angekündigten Zeitschrift: des „Hermetischen Journals
zur endlichen Beruhigung für Zweifler und Sucher" 1801 erschien
und nur wortreiche und inhaltleere theoretische Darlegungen nebst
einigen älteren alchemistischen Processen brachte, mit welchen auch
Nichts zu machen war, sank das Vertrauen bedeutend, daſs die Gesellschaft den Alchemisten wirklich Nützliches mitzutheilen habe oder
beabsichtige. Zu öffentlichen Vorwürfen gegen sie gab dann Veranlassung, daſs die von den Subscribenten vorausbezahlte Fortsetzung
der Zeitschrift ausblieb. Jetzt wurde auch die Unzufriedenheit Einzelner laut, welchen die Gesellschaft private Belehrung versprochen

und nicht gegeben hatte, und Mehrere von den zu Ehrenmitgliedern
Ernannten drangen darauf, wirkliche Mitglieder zu werden und Näheres
über die Gesellschaft und ihre Leistungsfähigkeit zu erfahren.
Kortum suchte jetzt sich ganz von ihr zurückzuziehen, und Bährens
hielt es auch nicht länger für rathsam, sie so wie bisher zu repräsentiren. Beide versuchten hierfür einen Anderen vorzuschieben; als
dafür tauglich betrachteten sie einen Baron L. F. von Sternhayn.
Dieser *) war 1801 nach Karlsruhe gekommen, wo er für mancherlei
industrielle Projecte staatliche Unterstützung zu erhalten suchte; einen
gewissen Halt scheint ihm in dieser Stadt, in welcher noch im Anfang
dieses Jahrhunderts in höheren Kreisen lebhaftes Interesse für Alchemie vorhanden war, auch seine eigene Beschäftigung mit derselben
gegeben zu haben, die ihn anderseits in Beziehungen zu der Hermetischen Gesellschaft brachte. Auch Sternhayn hatte sich an diese
Gesellschaft gewendet, um für seine von dem Galmei ausgehenden
alchemistischen Versuche Belehrung zu erhalten; von ihr war er 1804
zum Ehrenmitglied ernannt und zu der Fortsetzung seiner Bemühungen
ermuntert worden. In demselben Jahr erging an ihn Seitens der
bisherigen Leiter der Gesellschaft die Aufforderung, als Vertreter der
letzteren das ins Stocken gerathene Journal fortzusetzen. Nach
längerem Zögern entschloß er sich am Ende des Jahres 1804 dazu,
die Herausgabe eines neuen Organes der Gesellschaft zu übernehmen
und anzukündigen; von diesem erschienen 1805 unter dem Titel
„Hermes, eine Zeitschrift in zwanglosen Heften zur endlichen Beruhigung für Zweifler und Sucher" zwei Lieferungen, welche so wenige
Abnehmer fanden, daß an eine Weiterführung des Unternehmens
nicht zu denken war. In einer diese Zeitschrift eröffnenden Erklärung
forderte Sternhayn als Vertreter der Gesellschaft noch einmal alle
Hermetiker auf, sich offen an ihn zu wenden um für ihr Streben die

— —

*) Über Sternhayn's persönliche Verhältnisse ist nur bekannt, was für
die Zeit des Aufenthaltes Desselben im Badischen Lande Birnbaum a. S. 155
a. O. aus den Acten des Hof-Archives zu Karlsruhe mitgetheilt hat. 1801 in
diese Stadt gekommen wurde St. 1806 zum Director der Badeanstalten in Baden-
Baden ernannt; wahrscheinlich politischer Intriguen wegen wurde er 1808 verhaftet und 1809 zu neunjähriger Festungshaft verurtheilt; in demselben Jahr
entwich er von dem Dilsberg bei Heidelberg, wohin er gebracht worden war,
und blieb seitdem verschollen.

nach bestem Wissen zu gebende Auskuuft zu erhalten; aber das Vertrauen auf die Gesellschaft war fast bei allen noch an die Alchemie
Gläubigen erloschen und es wurde durch Das, was die Zeitschrift
brachte, nicht wiederbelebt. Dafs ein in Königsberg i. Pr. bestehen-
der alchemistischer Verein (vgl. die Anmerkung XIV am Ende dieses
Theils) um die Aufnahme in die Gesellschaft nachsuchte, war der
einzige Erfolg des erneuten Versuches der letzteren, beachtet zu
werden; Nichts ergab sich, was dafür verwerthbar gewesen wäre,
gegenüber dem gröfseren Publicum die Vorspiegelung der Existenz
einer Hermetischen Gesellschaft zu unterhalten, und bald war von
dieser öffentlich nicht mehr die Rede.   Von Denjenigen, welche zu
Ehrenmitgliedern ernannt worden waren, bewahrten übrigens Mehrere
das Vertrauen zu ihr und sie blieben zunächst mit Sternhayn,
Einige auch und länger mit Bährens in Briefwechsel; am Längsten
(bis 1819) ein Oberzollrath von Seelle, welcher hier defshalb genannt werden mag, weil die zwischen ihm und der Gesellschaft gepflogene Correspondenz unter dem Titel „Über die mögliche Fortpflanzung der Metalle durch das analoge Mittel ihrer Auflösung. Aus
dem Nachlafs eines Hermetikers" zu Berlin 1826 — in einer Zeit,
wo die Publication alchemistischer Schriften schon selten geworden
war — herausgegeben worden ist.

Was hier über die Hermetische Gesellschaft berichtet wurde
zeigt, dafs die Zahl der Anhänger der Alchemie an dem Ende des
vorigen und in dem Anfang unseres Jahrhunderts in Deutschland
doch noch eine beträchtliche war. Wenn auch nicht mehr so verbreitet wie bis um die Mitte des achtzehnten Jahrhunderts war doch
noch die Überzeugung, dafs die künstliche Hervorbringung von Gold
möglich und Einigen bekannt sei oder wahrscheinlich bekannt werde,
bei nicht Wenigen vorhanden, bei welchen sie zu finden überrascht,
und bei Diesen findet sich noch dieselbe Leichtgläubigkeit, welche
früher Einzelne als Meister in der Hermetischen Kunst oder doch als
weit vorgeschritten in derselben betrachten liefs.   Kortum hatte
aufrichtigen Glauben an die Wahrhaftigkeit der Alchemie und hoffte,
Beziehungen zu einem Adepten anzuknüpfen; Bährens zweifelte nicht
daran, dafs Kortum viel mehr wisse, als Dieser ihm mitgetheilt hatte,
und Sternhayn setzte sein volles Vertrauen darauf, dafs Bährens
in die Geheimnisse der Alchemie eingeweiht sei.   Sternhayn's Be-

deutung wurde in Karlsruhe anerkannt, wo in dem ersten Decennium unseres Jahrhunderts die Hermetik warme Verehrer hatte, namentlich Hofrath G r o o s und Leibmedicus S c h r i c k e l*) sich praktisch mit Alchemie beschäftigten (B i r n b a u m hat a. S. 155 a. O. angegeben, an welchen Orten in Karlsruhe der Letztere unter hoher Protection laborirte) und noch andere einflufsreiche Männer den Bestrebungen der Hermetischen Gesellschaft geneigt waren, bei welchen S t e r n h a y n auch den von ihm bewunderten B ä h r e n s zu empfehlen wufste; wurde Dieser auch nicht Professor an der Heidelberger Universität, wie er 1805 wünschte und Veranlassung hatte zu hoffen, so wurde ihm doch nachher durch Verleihung des von ihm erbetenen Hofraths-Titels Anerkennung zu Theil.

Aber derartige Kundgebungen, dass der Glaube an die Alchemie noch vorhanden sei, kommen in dem ersten Decennium unseres Jahrhunderts mehr nur vereinzelt, auf kleinere Kreise beschränkt vor, und

*) F r i e d r. G r o o s' Lebensverhältnisse sind bekannt: 1768 geboren war Derselbe von 1805 an in Karlsruhe und dann an anderen Orten Badens Physikus; 1814 wurde er Arzt der Irrenanstalt in Pforzheim und siedelte mit dieser 1824 nach Heidelberg über; seit 1836 pensionirt starb er 1842 in Eberbach im Odenwald. Er schrieb verschiedenes Philosophisches, mehr noch Psychologisches und Psychiatrisches. Was mir von dem Ersteren zur Ansicht gekommen ist widerspricht nicht Dem, dafs er sich alchemistischem Arbeiten hingegeben haben könne; ob er über dieses in seiner Selbstbiographie (herausgegeben von J. B. F r i e d r i c h, Ansbach 1849) Etwas mitgetheilt hat, kann ich nicht nachsehen. Bezüglich des Dr. S c h r i c k e l weifs ich nichts Näheres: ebenso wie F r. G r o o s ist er in den von F r. v o n W e e c h herausgegebenen Badischen Biographien (Heidelberg von 1875 an) nicht besprochen. In den 1840er Jahren habe ich in dem Hause eines Karlsruher Arztes, welcher noch S c h r.'s College war, Anekdotenhaftes darüber gehört, welcher Schabernack dem Letzteren bei seinen Versuchen, dem Mercur (Quecksilber) Gold abzugewinnen, gespielt worden sei: die Erzählung ist unanständig. doch nicht in dem Mafse, dafs sie der Vergessenheit überlassen bleiben sollte. S c h r. habe eines Morgens in seinem Laboratorium auf die weifsgetünchte Wand desselben mit Kohle gezeichnet gefunden einen Ofen, darauf einen Tiegel, über diesem M e r c u r, als Solcher an den Flügelschuhen erkennbar aber eine Narrenkappe statt des Petasos tragend, in unschicklichster Verrichtung schwebend, und aus des Götterboten Munde seien ausgegangen die Worte:

Ich schwinge mich empor auf meinem leichten Flügel
Und ...... Dir als Hanswurst die Goldsubstanz im Tiegel.

was da so wie eben berichtet vorkam, hielt den gänzlichen Verfall
der Alchemie nicht länger auf. Mehr und mehr drang in die verschiedenen Volksschichten, in welchen vorher dieser Glaube sich noch
erhalten hatte, die Überzeugung ein, daſs praktische Erfolge bei der
Beschäftigung mit dieser Kunst nicht zu erwarten seien; den bedeutenderen Vertretern der Naturwissenschaft erschien es kaum noch als
nöthig, die Möglichkeit der Darstellung des Steins der Weisen, der
Umwandlung unedler Metalle zu -edlen überhaupt ausdrücklich zu
verneinen, und wirkungslos blieb, daſs ein oder ein anderer Chemiker
von untergeordneter Bedeutung vertheidigen wollte, daſs Gold künstlich hervorgebracht werden könne.

Von dem Ende des siebzehnten bis zu dem letzten Viertel des
achtzehnten Jahrhunderts war in der Chemie die durch G. E. Stahl
(vgl. S. 69 im I. Theil) begründete s. g. Phlogistontheorie herrschend
gewesen, nach welcher die Metalle noch als zusammengesetzte Körper
angesehen wurden; wie namhafte Vertreter der Chemie innerhalb dieses
Zeitraums die Alchemie anerkannten, dann überwiegend als aussichtslos
oder geradezu als nur eine Täuschung betrachteten, wurde im I. Theil
S. 69 ff. und 234 besprochen.   Dann stürzte Lavoisier diese
Theorie und brachte bezüglich der Metalle die Ansicht zur Geltung,
daſs diese Körper unzerlegbare seien. Der Gedanke daran, daſs die
Umwandlung eines Metalls in ein anderes möglich sei, lag ihm so
fern, daſs er ihn meines Wissens nicht einmal verwerfend berührt
hat. Die Französischen Chemiker, welche Lavoisier's Ansichten
zutraten und für die Ausführung und Ausbreitung derselben thätig
waren, begünstigten den Glauben an die Alchemie eben so wenig*);

---

*) Fourcroy, welcher unter ihnen wohl am Besten mit der älteren Chemie
bekannt war, gedenkt in seinen *Leçons élémentaires d'histoire naturelle et de
chimie* (*Paris* 1782) und eben so in den unter dem Titel *Elémens* — — (1786
und 1791) veröffentlichten späteren Auflagen dieses Werkes nur in der historischen Einleitung zur Chemie — und da wegwerfend — der Alchemie. Auch in
dem *Systéme des connaissances chimiques* (*Paris* 1801 u. 1802) erwähnt Fourcroy
der Alchemie darüber hinaus, daſs er von ihrem Streben und ihrer Verbreitung
in der geschichtlichen Einleitung Kenntniſs giebt, gelegentlich nur in der Art,
daſs er (z. B. *T. V, p. 5 s.*) die Arbeiten der Alchemisten als Narrheiten und
chimärische Unternehmungen bezeichnet, bei deren Verfolgung übrigens auch
wichtige Thatsachen aufgefunden worden seien, und in dem Artikel *Alchimie* in
dem von Fourcroy bearbeiteten, *Chimie, pharmacie et métallurgie* betitelten

Einer von ihnen, Guyton de Morveau, hatte zwar 1786 mitgetheilt (Crell's Chemische Annalen 1786, Bd. II, S. 427), dafs von ihm angestellte Versuche die Angabe eines Apothekers Cappel zu Kopenhagen bestätigt haben, bei wiederholter Einwirkung von Arsenik auf Silber werde von diesem ein wenn auch nur kleiner Theil zu Gold umgewandelt, aber nach der bald (1787) durch v. Born gegebenen Berichtigung, dafs nur solcher Arsenik, welcher bereits etwas goldhaltig ist, das Silber goldhaltig werden läfst, hielt sich auch Guyton de Morveau davon fern, dem Glauben an die Alchemie Unterstützung zu gewähren. Und eben so wenig Beachtung, wie diese älteren Forscher, schenkte der Alchemie in Frankreich die während und nach der Geltendmachung der Lavoisier'schen Lehre aufgekommene jüngere Generation von Chemikern.

Etwas anders war es in Deutschland. Hier war zunächst nach dem Sturz der Phlogistontheorie die Zahl Derjenigen nur eine kleine, für welche auch in späterer Zeit anerkannt worden ist, dafs sie selbstständig mit erheblichem Erfolg zu der Ausbildung der Chemie beigetragen haben. Unter diesen war von dem letzten Decennium des vorigen Jahrhunderts an Keiner, der sich noch zu Gunsten der Alchemie ausgesprochen hätte; wenn auch der Hervorragendste: Klaproth sich früher an Hermetischen Bestrebungen betheiligt hatte (vgl. S. 44 f.), war er doch wohl um die angegebene Zeit von dieser Verirrung ganz zurückgekommen. Die gröfsere Zahl der Chemiker in Deutschland in der nächsten Zeit nach der Ersetzung des Stahl'schen Systems durch das Lavoisier'sche stand nicht auf der Höhe des Wissens, welche für die Chemie damals erreicht war, und Das war der Fall auch für Solche, die dem letzteren System zugetreten waren, mehr noch natürlich für Solche, die sich mit demselben nicht zu befreunden vermochten. Gegen das Ende des vorigen Jahrhunderts trat da auch an manche minder Begabte die Versuchung, dem Beispiel geistreicher Männer zu folgen und auf Grund Dessen, was sie von Erfahrungsresultaten in der Chemie wufsten — es war meistens wenig —, durch Speculation zu der Entscheidung wichtigster Fragen und der Erkennt-

Theile (Paris 1792 der *Encyclopédie méthodique* wird die Alchemie zwar eingehender besprochen aber nicht besser beurtheilt, und es wird erörtert, dafs es ganz unvernünftig sei, sich in ihr zu versuchen.

nifs neuer Wahrheiten zu gelangen. Dazu kam nun noch, dafs gerade in Deutschland der Glaube an die Alchemie bei immerhin noch Vielen mehr zurückgedrängt als wirklich aufgegeben war. An der Schwelle unseres Jahrhunderts und in demselben hat in diesem Land noch Einer oder der Andere darauf hin, was jetzt die Chemie wisse oder zu leisten verspreche, sich zu Gunsten der Alchemie ausgesprochen: ein Afterchemiker oder Einer, den man allerdings den Chemikern, wenn auch nicht denen von höherem Rang, zuzurechnen hat.

Kein besseres Prädicat als das erstere konnte Karl von Eckartshausen (geboren 1752 auf dem Schlosse Haimhausen in Bayern, gestorben 1803 als Geheimer Hausarchivar in München) beanspruchen, welcher sich mit gleicher Leichtigkeit wie im Lustspiel, in geistlicher Literatur (ein von ihm verfafstes Erbauungsbuch „Gott ist die reinste Liebe" wurde oft, zuerst 1790, neubearbeitet zuletzt 1840 aufgelegt) und manchem Anderen auch in der Production chemischer Schriften versuchte. 1799 scheint er noch auf Belehrung durch die Hermetische Gesellschaft ausgegangen zu sein (vgl. S. 160); von dem folgenden Jahr an trat er selbst als Lehrer auf. Neues und Wahres sollten lehren sein „Entwurf zu einer ganz neuen Chemie durch die Entdeckung eines allgemeinen Naturprinzips, wodurch sich das phlogistische System der Alten und das antiphlogistische System der neuern Chemiker als zwei Extreme in einem Mittelsystem vereinigen lassen" (Regensburg 1800), seine „Chimische Versuche über die Radicalauflösung der Körper, besonders der Metalle" (Regensburg 1801), seine Schrift „Die Wolke über dem Heiligthum, oder etwas wovon sich die stolze Philosophie unsers Jahrhunderts nichts träumen läfst" (München 1802). Eben so Abgeschmacktes wie die letzte Schrift (in welcher z. B. gelehrt wird: „In unserm Blute liegt eine zähe Materie, Gluten genannt, verborgen, die mit der Animalität nähere Verwandtschaft als mit dem Geiste hat; dieses Gluten ist der Sündenstoff, die Materie der Sünde. Diese Materie kann durch sinnliche Reize verschieden modificirt werden, und nach der Art der Modification dieses Sündenstoffs unterscheiden sich im Menschen die bösen Neigungen zur Sünde. In ihrem höchsten Ausdehnungszustande bewirkt diese Materie Hochmuth, Stolz; in ihrem höchsten Attractionszustande Geiz, Selbstliebe, Egoismus; in ihrem Repulsionszustande Wuth, Zorn; in der Cirkelbewegung Leichtfertigkeit, Geilheit; in ihrer Excentricität Frafs, Völlerei; in ihrer Concentricität Neid; in ihrer

Essentialität Trägheit") — eben so Abgeschmacktes enthalten auch
die vorher genannten Schriften; aus dem darin enthaltenen Unsinn
durch einen Auszug eine Vorstellung zu geben ist unmöglich. Eine
Probe von Dem, was die Chimischen Versuche über die Radicalauflösung der Körper brachten, sei: „Die Metalle sind in sich nichts
anders als: durch einschränkende, oder talkähnliche Erde gebundener
Phosphorus"; dafs aus der Einwirkung von Phosphorsäure auf Kohle
Gold oder Silber — jedes allerdings nicht ganz mit dem gewöhnlich
so bezeichneten Metall übereinstimmend — entsteht, ist eine andere
der vielen absurden Angaben, die sich da finden; die Möglichkeit der
Existenz von Metalltincturen wird aus Vernunftgründen und durch
Erfahrungen über die Zerlegung der Metalle erwiesen; zu angeblichen
chemischen Erfahrungen kommen rein alchemistische Behauptungen
und Vorschriften.   Es ist begreiflich, dafs v. Eckartshausen's
Schriften mehr Anklang fanden bei den Alchemisten (in einem rosen-
kreuzerisch-alchemistischen Verein zu Königsberg wurde 1805 v. E.'s
Entwurf einer neuen Chemie geeignet befunden, dem theoretischen
Unterricht in der Chemie zu Grunde gelegt zu werden; vgl. Anmerkung XIV am Ende dieses Theils), als bei den eigentlichen Chemikern.

Aber auch Einer von den Letzteren nahm im Jahr 1800 keinen
Anstand, seine Überzeugung auszusprechen, dafs die künstliche Hervorbringung von Gold und Silber allerdings möglich sei und dafs man
sie bald als etwas ganz Gewöhnliches practiciren werde. Das that
Christoph Girtanner, welcher 1760 zu St.-Gallen geboren von
1787 an in Göttingen privatisirte, viel reiste und dadurch mit vielen
Gelehrten in Beziehungen trat, und 1800 in Göttingen starb. Er
hatte die Heilkunde studirt, schrieb auch mehreres Medicinisches,
aufserdem Naturwissenschaftliches und viel Politisches. Um die Chemie
hat er sich als Schriftsteller wirkliches Verdienst erworben durch Das,
was seine „Anfangsgründe der antiphlogistischen Chemie" (Berlin,
1. Aufl. 1792, 3. Aufl. 1801) für die Verbreitung des Lavoisier'schen
Systems in Deutschland genützt haben; hauptsächlich durch dieses
Buch war er seiner Zeit ein unter den Chemikern berühmter Mann.
Seine Publicationen enthalten kaum irgend etwas Erhebliches von
selbständigen Untersuchungen; auf Versuche Anderer gestützt brachte
er aber ihm eigene, kecke und unrichtige Behauptungen vor (so 1795
die, dafs das Radical der Salzsäure aus Wasserstoff und Sauerstoff

bestehe. und 1800 die, dafs auch der Stickstoff aus diesen beiden
Elementen — gleichfalls nach anderem Verhältnifs als das Wasser —
zusammengesetzt sei). Die keckeste von seinen Behauptungen war
doch wohl die, zu welcher er gleichsam berauscht von den Hoffnungen,
zu denen die neueren Fortschritte der Chemie seiner Ansicht nach
berechtigten, in Scherer's Allgemeinem Journal der Chemie Bd. IV,
Leipzig 1800, S. 247 f. sich hinreifsen liefs. Hier, bei der Besprechung,
dafs es viele längst verworfene Meinungen gebe, die man wohl später
wieder annehmen müssen werde, sagte er: „So ist z. B. die Meinung
von der Verwandlung der Metalle eine längst verworfene Meinung.
Allein welcher Chemiker dürfte heut zu Tage die Möglichkeit dieser
Verwandlung leugnen? Die Verwandlung eines Metalles in ein anderes
mufs doch wahrlich weit weniger schwer erscheinen, als die Verwandlung des süfsesten Körpers (des Zuckers) in den sauersten (Sauerklee-
säure). als die Verwandlung des härtesten Körpers (des Diamants) in
den weichsten (das kohlensaure Gas), als die Verwandlung des durchsichtigsten (des Diamants) in den undurchsichtigsten (die Kohle).
Und welche erstaunungswürdige Entdeckung ist nicht die Verwandlung
des Eisens in Stahl durch den Diamant! Im XIX. Jahrhundert wird
die Verwandlung der Metalle allgemein ausgeübt werden; jeder Chemiker wird Gold machen; das Küchengeschirr wird von Silber, von
Gold sein. Nichts so sehr als dieses würde dazu beitragen, uns vor
mancher Krankheit zu bewahren, und unser Leben zu verlängern.
Ist erst das Gold- und Silbermachen eine gemeine Kunst, so giebt
es keine andere Reichthümer mehr als die natürlichen, d. i. die Erzeugnisse des Bodens. Aller künstlicher Reichthum von Gold, Silber
und Papier wird sich in den Händen seines Besitzers vernichten.
Welch' eine Revolution in der menschlichen Gesellschaft. Und dennoch ist diese Revolution, wie jeder aufgeklärte Chemiker zugeben
wird, nicht nur wahrscheinlich, sondern in Kurzem bevorstehend".

Diese Voraussagung ist nicht eingetroffen; auch haben sich in
der nachfolgenden Zeit die Chemiker — mit wenigen und wenig erheblichen Ausnahmen (vgl. S. 172 ff.) — dahin ausgesprochen, dafs nach
Allem, was man wisse. die künstliche Hervorbringung edler Metalle,
die Umwandlung unedler Metalle in edle nicht möglich sei. Und die

Überzeugung, dafs Dem so sei, wurde auch in anderen und weitesten Kreisen jetzt dauernd eine so gut wie allgemeine. Man kann sagen, dafs mit dem achtzehnten Jahrhundert auch die Alchemie zum Ende kam, in dem Sinne, dafs ihr nachher nicht mehr die Bedeutung zustand, welche sie für die frühere Zeit für die Beurtheilung des Culturzustandes eines Volkes hat (vgl. S. 1 f. im I. Theil).

Dafs die Alchemie die vorher ihr zukommende Bedeutung verlor, beruhte aber nicht lediglich darauf, wie in relativ neuerer Zeit die Chemiker sie beurtheilt haben, sondern auch darauf, dafs der Glaube an Wunderbares — und als etwas Wunderbares war doch die künstliche Hervorbringung von Gold und namentlich die Wirkung des Steins der Weisen zu betrachten — überhaupt zurückgegangen war. Dazu trugen Berichtigungen des Wissens auf den verschiedensten Gebieten des letzteren bei. Für jedes Gebiet übt darauf, wie der Stand dieses Glaubens zu einer gewissen Zeit ist oder wird, der Stand desselben innerhalb anderer Gebiete einen Einflufs aus. In dem vorigen Jahrhundert wurde der Glaube an Wunderbares mannigfacher Art beseitigt oder erschüttert; die Gewinnung besserer Einsicht auf dem naturwissenschaftlichen Gebiet liefs auf anderen Gebieten. dem der Rechtspflege zur Grundlage dienenden z. B.*) Beschränkung in Dem, was man lange irriger Weise geglaubt hatte, eintreten und trug noch nach anderen Richtungen hin dazu bei, dafs man kritischer, skeptischer, vernünftiger dachte als bisher. Anderseits hat die Beseitigung des Glaubens an die Anzeigen der Wünschelruthe, an Werwölfe und Wechselbälge, an Zauberei. an das Beschwören oder Bannen von

---

*) Es bietet doch einiges Interesse. wie in den ersten Decennien des achtzehnten Jahrhunderts wenn auch nur relativ richtige Resultate der Naturforschung für die rechtliche Beurtheilung einer Sache: eines Zauberei betreffenden Falles bei den Kieler Juristen z. B., Anhaltspunkte abgaben (Joh. Nicol. Martii. Med. Dr. und Practici zu Braunschweig Unterricht von der *Magia*, Franckfurt u. Leipzig 1719, S. 12): „Von Hervorbringung der Flöhe hat die *Juristische Facultät* zu Kiel vor diesem also erkannt: Das Flöhmachen anlangend. weilen sonst unter denen *Physicis* gewifs, und aus der Erfahrung bekandt, dafs aus der Fäulung allerhand kleine Thierlein hervor kommen, wovon *Aristoteles* in den Büchern *de Historia Animalium* nachgesehen werden kan. so liefs sich von der Erkäntnifs der Zeugung eines oder des andern Thierleins zur Zauber-Kunst gar nicht *argumentiren.* Siehe *Eric. Mauritii Consil. Kiloniens. specim. in append. Cons.* XI. *p.* 805".

Geistern oder des Teufels*) u. A. vorbereitet und wesentlich dazu beigetragen, daſs auch der Glaube an die Alchemie im Allgemeinen aufgegeben wurde.

Im Allgemeinen; denn vereinzelte Vertheidiger oder Anhänger hatte die Alchemie auch noch in unserm Jahrhundert eben so gut, wie einige der jetzt erwähnten Arten von Aberglauben sie noch haben; aber so wenig wie die letzteren an überwundenem Irrthum noch Fest- hängenden, so wenig kommen die ersteren für die Beurtheilung des Grades der geistigen Bildung, des Culturgrades des Volkes in Betracht, in welchem sie sich vereinzelt finden. Auch neue Behauptungen, welche die Wissenschaft als Verirrungen ansieht, sind in unserem Jahrhundert aufgestellt und geglaubt worden, die, wenn sie so all- gemein für richtig gehalten wären wie es in vergangener Zeit die Behauptungen der Alchemisten gewesen sind, für die neuere Zeit die Bemessung jenes Grades bei der Nachwelt weniger günstig ausfallen lassen würden; an Das, was bezüglich der Existenz und der Wirkungen des Ods, des Tischrückens, des noch weiter gehenden Spiritismus be- hauptet und geglaubt worden ist, mag beispielsweise erinnert werden. Doch waren es wiederum verhältniſsmäſsig nur Wenige, welche Irr- thümer der eben bezeichneten Art vertraten und glaubten, und wenn auch unter ihnen Männer von geistiger Bedeutung und ander- weitigen, selbst erheblichen wissenschaftlichen Verdiensten waren, ge- wann doch eine derartige Verirrung nicht eine solche Verbreitung und einen solchen Bestand, daſs sie für das Gesammtbild der wissen- schaftlichen Richtung in der neueren Zeit einen charakteristischen Zug abgäbe. — Eines mag hier noch gedacht werden: wie in weit

---

*) In Jena wurde 1716 ein Student relegirt, weil er sich hatte beikommen lassen, in der Christnacht 1715 die Hebung eines Schatzes in einem Weinbergs- häuschen bei Jena zu versuchen; er selbst wäre beinahe ein Opfer des Kohlen- dunstes von dem behufs des Teufelsbannens angezündeten Kohlenfeuer geworden, und zwei Gefährten von ihm erstickten wirklich daran. Diesen wurde Dem ge- mäſs, wie die theologische und die juristische Facultät entschieden, ein christ- liches Begräbniſs nicht zuerkannt, sondern deſshalb, weil sie sich so wie ge- schehen mit dem Teufel zu schaffen gemacht, wurden ihre Leichname dem Henker zum Einscharren überwiesen; ein Schneider, welcher um das Teufels- bannen gewuſst hatte, wurde auf 10 Jahre des Landes verwiesen (Wacken- roder hat im Archiv der Pharmacie, 2. Reihe, Bd. XV, Lemgo 1838, S. 21 hieran erinnert).

hinter uns liegenden Zeiten Dagewesenes der Art, nicht der Sache
nach noch in uns ganz naher Zeit vorgekommen ist, so dafs der
ersteren Zeit Zugehöriges durch Selbsterlebtes verständlicher wird.
Auch bezüglich der eben erwähnten Irrthümer haben hervorragende,
selbst durch erfolgreiche wichtigste naturwissenschaftliche Forschung
ausgezeichnete Männer in Betreff vermeintlich stattgehabter Thatsachen
sich und dann Andere getäuscht, und da hat man sich weniger darüber
zu wundern, dafs auch auf ganz anderen Gebieten als dem der Naturforschung zu wohlverdientem Ruhm gelangte Männer in der Beurtheilung von Solchem, das ihnen fremd war und nur oberflächlicher
und ungenügender Prüfung unterzogen wurde, zu unrichtigen Ansichten
kamen, welche sie, überzeugt von der Richtigkeit derselben und wegen
des der Sache beigelegten Interesses, öffentlich aussprachen: dafs
1853 eine Autorität in den Staatswissenschaften z. B. in Betreff des
Tischrückens so mit seinem Namen dafür eintrat, Wunderbares habe
sich wirklich ereignet, wie früher u. A. der Cardinal Ferdinand
von Medici 1586 für die Umwandlung eines Theiles eines eisernen
Nagels in Gold durch Leonh. Thurneysser (vgl. im I. Theil S. 90 f.,
auch S. 91), oder dafs damals von allen Mitgliedern einer berühmten Juristen-Facultät — daran erinnernd, wie 1668 die Königliche Kammer in Breslau dem Schneider Chr. Kirchhof von Laubau
Dessen Erfolge in der Darstellung des Steins der Weisen und des
spiritus universalis bezeugt hat (vgl. S. 149 im I. Theil) — die Thatsache des Tischrückens verbürgt wurde. Das Vorstehende genügt
dafür, das vorher Gesagte durch Beispiele zu verdeutlichen, und ein
genaueres Eingehen in diese Dinge ist mir hier nicht geboten.

Mit dem Erlöschen der früheren Bedeutung der Alchemie in
dem Anfang des neunzehnten Jahrhunderts ist eine Grenze gesteckt für
die Berichterstattung, wie der Glaube an diese vermeintliche Kunst
und die Verbreitung derselben für vorhergegangene Zeiten charakteristisch sind. Was das vorliegende Buch als einen Beitrag zur
Culturgeschichte geben möchte, ist hier zum Ende gelangt. Aber
nachdem wir für eine Reihe von Jahrhunderten das Aufkommen, die
Verbreitung, die Unterstützung, das Ansehen und schliefslich den
Verfall der Alchemie betrachtet haben, ist es doch wohl passend, auch

Dessen zu gedenken, wie dieselbe noch in unserem Jahrhundert vereinzelt Anerkennung gefunden, wie sie in vereinzelten Fällen sich da
noch — man möchte sagen gespenstig — gezeigt hat. Was Derartiges meines Wissens vorgekommen und hier anzugeben ist, steht
natürlich für den Anfang der Zeit, über die hier noch zu berichten
ist, in Verknüpfung mit Vorausgegangenem, welches bereits besprochen
wurde.

Ihre Überzeugung, dafs die Alchemie ihre Versprechungen zu
erfüllen vermöge, haben in unserem Jahrhundert Mehrere kundgegeben,
welchen berufsmäfsig die Beschäftigung mit Naturwissenschaft und
die Unterrichtung in derselben oblag, darunter zwei Deutsche Uni-
versitäts-Professoren*) der Chemie, welche Beide ich noch persönlich
gekannt habe.

Von den Letzteren war der Eine Karl Wilhelm Gottlob
Kastner, welcher 1783 zu Greifenberg in Pommern geboren zuerst
Pharmaceut, dann Docent in Jena, von 1805 an zu Heidelberg, von
1812 an zu Halle, von 1818 an zu Bonn Professor der Chemie (in
Heidelberg auch der Physik) war und 1821 als Professor der Chemie
und Physik nach Erlangen kam, wo er 1857 starb. Er hat viel geschrieben, namentlich Lehrbücher der Chemie, der Physik, der Me-
teorologie, der angewandten Naturlehre, hat auch mehrere Zeitschriften
herausgegeben; irgend erhebliche selbstständige Untersuchungen, durch
welche er zum Vorschreiten der von ihm vertretenen Fächer beigetragen
hätte, kennt die Geschichte der letzteren nicht. Er stand in Beziehungen zu der Hermetischen Gesellschaft; als Bährens (vgl.
S. 163) 1805 gern Professor in Heidelberg geworden wäre, wandte
er sich dafür an v. Sternhayn in Karlsruhe und schrieb Demselben
unter Anderem, was günstig für die Erfüllung seines Wunsches
wirken sollte: der neu nach Heidelberg berufene Professor der Chemie
Kastner sei ja auch ein eifriges Mitglied des Bundes, und Der und
er könnten dann herrlich zusammen arbeiten, und Sternhayn schrieb
im März 1806 an Bährens von diesem Professor *Chimiae* K. als
einem Proselyten „unserer Wissenschaft", dafs Derselbe sich mit
allem Eifer dieser Kunst widme. Damals war Kastner in der That

---

*) Wie sich noch später als die Obengenannten Professor Baudrimont
in Paris günstig über die Aussichten der Alchemie geäufsert hat, wird bald
zu berichten sein.

sehr stark Hermetisch angehaucht; man traut doch kaum seinen Augen,
liest man was seine „Physikalisch-chemische Abhandlungen o. Beiträge
zur Begründung einer wissenschaftlichen Chemie" (zwei Bände, Frankfurt u. Heidelberg 1806 u. 1807; der I. Band hat die Widmung an
die Herren Geheimer Referendar Hofer und Geheimer Rath und
Leibarzt Schrickel in Karlsruhe) enthalten, und bedenkt man die
Berufsstellung des Verfassers.   Da finden sich u. A. (Bd. I, S. 96 ff.;
Bd. II, S. 1 ff.) „Bemerkungen über die innere Beschaffenheit und
Zerlegung der Metalle", in welchen — vielfach anknüpfend an frühere
und spätere alchemistische Behauptungen, die als genauerer Prüfung
sehr würdig vorgeführt werden — die künstliche Hervorbringung von
Metallen anerkannt wird.   Namentlich dafs in einzelnen Fällen wirklich Gold künstlich zum Entstehen gebracht worden sei, wird als
wohl möglich betrachtet; Angaben, dafs Gold zerstört, Silber zu Blei
degradirt worden sei, werden als beachtenswerthe in Erinnerung gebracht.   Wenzel's (vgl. S. 80 im I. Theil) Ansichten über die Zu-
sammengesetztheit der Metalle: dafs Gold, Platin, Quecksilber, Eisen
aus phosphorischem Schwefel, metallischem Salz, einer talgähnlichen
Erde und der färbenden Erde des Kobalts bestehen sollen, und ähnliche fesseln den Verfasser ganz besonders, und von älteren namentlich die eines gegen das Ende des vierzehnten und in den Anfang des
fünfzehnten Jahrhunderts gesetzten alchemistischen Schriftstellers, des
Isaak Hollandus.   Es ist schwer, von Dem, was Kastner da vorgebracht hat, in Kürze Proben zu geben; dafs das Quecksilber dem
Azot (Stickstoff) in Hinsicht des chemischen und organischen Werthes
nahe stehe und damit die Möglichkeit begründet sei, es aus dem Organischen und namentlich animalischen Substanzen wiederherzustellen
(Bd. I, S. 155 f.), ist noch eine (was C. v. Heister in seiner S. 258
im I. Theil angeführten Schrift S. 33 als von Kastner in diesem
Buch angegeben mittheilt: die Erzeugung des Quecksilbers sei die
leichteste, da es sich dem Stickstoff nähere, und möglicherweise könne
man das Metall aus Phosphor und thierischer Kohle darstellen, ist
mir nicht aufgestofsen, kann aber recht wohl auch darin stehen).
Übrigens wird da auch (Bd. I, S. 180 z. B.) das alchemistische Journal
Hermes (vgl. S. 161) wie eine wissenschaftliche Zeitschrift citirt. —
Kastner's alchemistischer Glaube war jedoch nicht dauerhaft; schon
in seiner „Einleitung in die neuere Chemie" (Halle u. Berlin 1814)

hat er eine Schwenkung gemacht und spricht er (S. 524) aus, dafs
nach der Trennung der Chemie von der Alchemie im sechszehnten
Jahrhundert mehr und mehr bei der letzteren „nur einzelne Labo-
ranten bleiben, der, den übrigen gewordenen Überzeugung von der
Nichtigkeit des Goldmachens nicht theilhaftig, übrig, ihren Wahn der
Nachwelt übertragend".

Beständiger in der Anerkennung, was die Alchemie leisten könne,
war der Andere: Ferdinand Wurzer, geboren 1765 in Brüel bei
Köln, von 1789 an praktischer Arzt, Professor der Chemie von 1794
an an der (Kurkölnischen) Universität und von 1797 an an der Central-
schule zu Bonn, von 1804 an Professor der Chemie und Medicin in
Marburg, wo er 1844 starb. Dafs auch er in Beziehungen zu der
Hermetischen Gesellschaft stand, wurde schon S. 160 (darauf hin,
was von ihm Kortum im November 1801 an Bährens schrieb) berichtet.   Von dem Mehreren, was er veröffentlicht hat, ist wohl sein
„Handbuch der populären Chemie" (in vier Auflagen zu Leipzig,
zuerst 1806, zuletzt 1826 erschienen) am Meisten verbreitet gewesen.
In der geschichtlichen Einleitung (S. 7 der 3. Auflage) sagt er zwar,
dafs vor der Zeit, in welcher Paracelsus auftrat, „die Alchemisten
eine lange Reihe von Jahrhunderten gesucht und — Nichts gefunden
hatten", aber nach der Besprechung der Metalle (daselbst S. 174 f.)
äufsert er sich, an Girtanner's Aussprüche (vgl. S. 168) erinnernd:
„Ob ein Metall in ein anderes verwandelt werden könne: diefs ist eine
Frage, die man viele Jahrhunderte hindurch aus Leibeskräften mit
Ja beantwortete.   In neuern Zeiten hat man das Kind unleugbar mit
dem Bade ausgeschüttet.   Man entdeckte eine zahllose Menge von
Betrügern und Betrogenen; man entschleierte die Grundlosigkeit vieler
hundert Geschichtchen, welche bald auf Erdichtung, bald auf Täuschung
hinausliefen, und diefs bestimmte die Mehrheit, diese Frage unbedingt
mit Nein zu beantworten.   Ich gestehe freimüthig, dafs ich es durchaus nicht begreife, wie man die Möglichkeit der Metallverwandlung
bestreiten könne.   Die Metalle sind Arten einer eigenen Klasse von
Körpern, und es sollte unmöglich sein, eine Art in die andere um-
zuändern?   Dafs man den süfsesten Körper, den Zucker, in mehrere
Säuren verwandeln, den durchsichtigsten Körper, den Demant, in den
undurchsichtigsten, die Kohle, umändern kann; dafs man Erden und
Alkalien zu desoxydiren, und aus ihnen Metalloide darzustellen ver-

mag u. s. w., ist nicht allein meines Erachtens bewundernswerther, sondern war auch weniger vorher zu sehen, als die Verwandlung eines Metalls in ein andres! Obschon wir freilich noch kein Metall in seine Bestandtheile zu zerlegen im Stande sind: so ist es dennoch nicht allein möglich sondern sogar wahrscheinlich, dafs man aus andern Metallen schon Gold gemacht habe. Konnte nicht der Zufall (der ohnediefs stets ein fruchtbarer Quell vieler Erfindungen war) Einzelne bei dem rastlosen Bestreben und den buntscheckigsten Mischungen, die sie in den verschiedensten Graden der Temperatur behandelten, begünstigen? So thöricht das Bestreben ist, wirklich auf diesen Zweck zu arbeiten, zu dessen Erreichung man wahrlich bis hiehin keine gröfsre Hoffnung hat, als der etwa besitzt, welcher seine ganze Habe in die Lotterie setzen wollte, um das grofse Loos zu gewinnen: so thöricht ist es, die Möglichkeit der Verwandlung der Metalle zu läugnen.   Bei den raschen Fortschritten der Scheidekunst ist es sogar vorherzusehen, dafs der Zeitpunkt vielleicht nicht mehr sehr entfernt ist, wo Goldmachen nicht das Monopol von Einzelnen ist, sondern wo diefs bei den Chemikern eine allgemein bekannte Kunst seyn wird. Offenbar wird diefs eine, wahrlich nicht wünschenswerthe Revolution in der menschlichen Gesellschaft hervorbringen. Aller Reichthum von Gold und Silber wird sich in den Händen seiner Besitzer vernichten. Es gibt dann keine andere Reichthümer mehr, als die natürlichen, nämlich die Erzeugnisse des Bodens".

Es mag hier daran erinnert werden, dafs aufser den vorgenannten Chemikern, welche sich für die Möglichkeit der Metallverwandlung und der künstlichen Hervorbringung edler Metalle aussprachen, auch noch einige Andere — Solche, welche wenigstens zeitweise mit wissenschaftlichem chemischem Arbeiten beschäftigt waren, und auch andere gebildete Männer, die jedoch nicht als der Chemie so nahe stehend wie die ersteren bez.-w. nicht als mit derselben vertraut mir bekannt geworden sind — Dasselbe direct oder mehr indirect gethan haben, indem sie betonten, die Unmöglichkeit der Lösung des alchemistischen Problems sei keineswegs durch die Chemie erwiesen.   In diesem Sinne hat z. B. Gustav Lewinstein in seinem Vortrag „Die Alchemie und die Alchemisten" (Berlin 1870; in der von R. Virchow und Fr. v. Holtzendorff herausgegebenen Sammlung gemeinverständlicher wissenschaftlicher Vorträge Heft 113) geurtheilt. Unter Bezugnahme auf die von mir 1844 (in der speciellen Geschichte der Alchemie im II. Theil meiner Geschichte der Chemie) vertretene Ansicht über die Alchemie und unter Anerkennung, dafs diese Ansicht wenigstens nach den heutigen Kenntnissen in der Chemie für richtig zu halten sei, fragt er, ob wir denn mit unseren Forschungen in der letzteren an der Grenze der Wissenschaft angelangt seien, ob denn das Gold, ob die anderen jetzt als Elemente bezeichneten Körper wirklich einfache Stoffe seien. Das lasse sich nicht mit Bestimmtheit behaupten; die Unmöglichkeit einer Zerlegung des Goldes sei nicht erwiesen, und wenn diese Zerlegung einmal gelinge, könne man vielleicht als Bestandtheile dieses Metalls zwei ganz gewöhnliche Stoffe erkennen und dann vielleicht auch das Verfahren finden, dieselben wieder zu Gold zu vereinigen; unmöglich sei also nach dem Stande der Wissenschaft das Goldmachen nicht.   In demselben Sinne hat sich Adolf Helfferich in seinem Buch „Die neuere Naturwissenschaft, ihre Ergebnisse und ihre Aussichten" (Triest 1857) S. 1 ff. ausführlicher geäufsert: davon ausgehend: „Dafs die Chemie als Wissenschaft bei einer schlechthin zufälligen Vielheit sogenannter einfacher Körper, von denen sich morgen als zusammengesetzt herausstellen kann, was heute noch für einfach galt, auf die Dauer sich nicht beruhigen kann, mufs Jedem einleuchten, der den durch die Vernunft selbst eingegebenen Einheitstrieb nur einigermafsen zu schätzen versteht, und nicht geradezu taub ist gegen die geschichtlichen Lehren der chemischen Analyse", knüpft er an die Anerkennung der Überlegenheit der neueren chemischen Untersuchungen über die älteren alchemistischen Arbeiten den Ausspruch an: „Allein damit ist noch keineswegs gesagt, dafs mit den Hülfsmitteln, welche die jetzige Chemie darbietet, und in keinerlei Widerspruch mit ihren Grundvoraussetzungen, Gold sich nicht machen liefse, sobald Gold kein einfacher, sondern ein zusammengesetzter Körper wäre. Darauf käme es ganz und gar nicht an, ob der Beweis direct durch chemische Zerlegung des Goldes, oder indirect durch Darstellung des Goldes oder eines andern beliebigen Metalls aus den dasselbe zusammensetzenden Bestandtheilen oder Körpern geführt würde". Oder C. v. Heister (1860; a. a. O., S. 32) kürzer: „Die Wissenschaft vermochte" [im achtzehnten Jahrhundert]

„nicht, die Verwandlung unedler Metalle in edle als unmöglich nachzuweisen, was sie auch heute noch nicht vermag".

Der Chemie wird da eine Beweisführung zugeschoben, welche anzutreten ihr nicht zugemuthet werden kann. Ihrer Grundlage nach ist sie eine Erfahrungswissenschaft, und nur thatsächlich Erwiesenes zu deuten ist die Aufgabe der ihr zugehörigen Theorien, deren Berechtigung sich allerdings auch und ganz wesentlich darin erweisen kann, dafs sie neue Thatsachen voraussehen lassen, welche dann als wirklich statthabend befunden werden. So lange keine sicher constatirte Erfahrung vorliegt, dass ein edles Metall oder ein Metall überhaupt künstlich hervorgebracht werden kann, und keine auf unzweifelhafte Resultate der Erfahrung gestützte Theorie zu einer die Möglichkeit dieser Hervorbringung anzeigenden Schlufsfolgerung führt, — so lange hat die Chemie die Erwartungen der Alchemisten nach Allem, was sich praktisch ergeben hat und theoretisch urtheilen läfst, als unbegründet zu betrachten und hat sie keinen Grund, jene Möglichkeit zuzugestehen. — Eine Schlufsfolgerung, welche das eben Gesagte ernstlich in Frage zu stellen vermöchte, ist diejenige nicht, zu welcher Ernst Sasse in seinem Aufsatz „Die ellipsoidischen Schraubenbahnen der Atome und die Auferstehung der Alchymie" (Dingler's Polytechnisches Journal, Bd. CCXVI, Augsburg 1875, S. 181 ff.) von Hypothesen ausgehend kommt und die ihn aussprechen läfst: „Sobald man die Atombahnen kennen lernt, drängt sich die Frage auf, ob die Atome, welche man bisher für absolut unveränderlich gehalten hat, nicht durch entsprechende Hilfsmittel umgewandelt werden können. Je mehr sich die Überzeugung Bahn brach, dafs die verschiedenen Eigenschaften der Körper nur auf verschiedenen Bewegungen ihrer kleinsten Theile beruhen, um so weniger konnten sich die Forscher verhehlen, dafs die alten Alchymisten wohl zu schnell verurtheilt wären. Die Aufgabe der Alchymie tritt jetzt nicht mehr in geheimnifsvoller Weise, sondern klar und bestimmt als einfaches mechanisches Problem an die Wissenschaft und Industrie heran. Es fragt sich: 1) Ist es möglich, die Atommassen nach Belieben zu vermehren oder zu vermindern, also gleichsam Atomverbindungen zu bilden und zu lösen, während die Chemie bis jetzt nur Molekelverbindungen zu bilden und zu lösen vermag? 2) Ist es möglich, die Längen- und Breitengeschwindigkeiten der Atome nach Belieben zu vermehren oder zu

vermindern?" Sasse weist da auch auf die Arbeiten von J. N. Lockyer
hin. Bei diesen kam der letztgenannte Forscher durch Beobachtung
der Spectren, die je der nämliche bisher unzerlegbare Körper, hier
speciell je ein Metall bei verschiedenen Temperaturen giebt, und durch
die Wahrnehmung, dafs bei sehr hoher Temperatur verschiedene solche
Körper in ihren Spectren diesen gemeinsame Linien zeigen, zu der
Ansicht, es werden nicht nur die Molecüle von s. g. Elementen bei
angemessen hoher Temperatur in Atome gespalten sondern auch in
ungleichartige Atome, und aus den Molecülen verschiedener s. g.
Elemente können Atome derselben Art frei werden; danach wären
Metalle zusammengesetzte Körper und enthalten verschiedene Metalle
einen gemeinsamen Bestandtheil.   Vorerst erwachsen der Alchemie
nur geringe Hoffnungen aus diesen Ansichten, welche keineswegs sicher
bewiesen sind oder auch nur allgemeine Anerkennung gefunden haben.
sondern im Gegentheil von den verschiedensten Seiten lebhaft bekämpft werden (Heinr. Kayser's Lehrbuch der Spektralanalyse.
Berlin 1883, S. 202).

Aber nicht nur hat man der Alchemie die Zukunft offen zu halten
gesucht, sondern auch der Vergangenheit hat man noch in relativ
neuerer Zeit die Beweise dafür entnehmen zu können geglaubt, dafs
nicht nur Metallverwandlung möglich sondern dafs sie auch öfters
ausgeführt worden sei, und sogar dafs der Stein der Weisen mehrmals
dargestellt und seine wunderbare metallveredlende Wirkung in einer
gröfseren Zahl von Fällen erprobt worden sei.   Karl Christoph
Schmieder — geboren 1778 in Eisleben, nachdem er vorher Lehrer
in Berlin und dann in Halle gewesen von 1812 an Director der
Bürgerschule und Professor an derselben zu Kassel, wo er 1850 starb —
glaubte Das in seiner in dem vorliegenden Buch so oft angeführten
„Geschichte der Alchemie" (Halle 1832) thun zu können, welches Werk
ihn wohl länger wird nennen lassen als irgend eine andere der von
ihm verfafsten Schriften (er schrieb noch Mehreres, namentlich Minera-
logisches und Technisches).   Es bringt in der Einleitung die Angabe
der Hauptsätze der Alchemie: dafs es möglich sei, mittelst eines als
der Stein der Weisen bezeichneten Präparates aus Körpern, die kein
Gold enthalten, ächtes Gold künstlich darzustellen, dafs es ein in
Beziehung auf die künstliche Hervorbringung von Silber ähnlich
wirkendes Präparat gebe und dafs das erstere Präparat in seiner

Vollendung dargestellt eine der wohlthätigsten Arzneien, eine Panacee sei, das Alter verjüngend und das Leben verlängernd; ferner wie man auf die Alchemie gekommen und wie dieselbe durch Theorien gestützt worden sei, welche Gründe für die Möglichkeit der Metallverwandlung sprechen und dafs mehrere Chemiker, die als Autoritäten betrachtet werden, sich für sie ausgesprochen haben.   Den Inhalt des Buches giebt ab eine mit grofsem Fleifs, weniger Kritik und ziemlich viel Leichtgläubigkeit gearbeitete Berichterstattung über die Personen und die Schriften, welche für die Geschichte der Alchemie in Betracht kommen, und namentlich über die angeblichen Thatsachen, welche die Wahrhaftigkeit dieser Kunst bezeugen.   Die Resultate der historischen Untersuchung sind (S. 600 f.), dafs es ein chemisches Präparat gebe, durch welches andere Metalle in Gold verwandelt werden können, und dafs es auch ein Präparat gebe, durch welches andere Metalle, auch Gold, in Silber verwandelt werden können; die von den Ärzten des Mittelalters gerühmte Heilkraft dieser Präparate sei zweifelhaft geworden. Der wahren Adepten, welche diese Präparate oder Tincturen (besonders das goldmachende Präparat) selbstständig darzustellen verstanden hätten, habe es nur wenige gegeben; nur fünf seien namentlich bekannt geworden: Setonius, Philaletha, Wagnereck, Laskaris und Sehfeld (sie kommen alle, öfter oder seltener, in dem vorliegenden Buche vor); Diese folgen chronologisch so auf einander, dafs jedes Jahrhundert nur drei zähle und auf jedes Menschenalter nur ein Einziger komme, was vermuthen lassen dürfe, dafs Einer vom Andern gelernt und Jeder sein Geheimnifs nur Einem überantwortet habe.   Für eine gröfsere Zahl von Alchemisten sei es zweifelhaft, ob sie es eben so weit gebracht haben, und die meisten Metallveredlungen seien von Personen ausgeführt worden, welche die Tincturen von Anderen erhielten, nicht selbst zu bereiten wufsten.   So schrieb Schmieder in voller Überzeugung.   In dem Vorwort zu seinem Buch sagt er, als Zwanziger habe er auf Meisters Wort geschworen, die Alchemie sei ein Mährchen, zum Betrug erdacht; der Dreifsiger sei schon auf Dinge gestofsen, die er nicht beachten wollte; der Vierziger habe mehr gelesen und mehr gefunden, was ihn bedenklich gemacht habe; so sei der Fünfziger dahin gekommen, dafs er nicht gewufst habe, was er glauben solle, und Dessen sich schämend sei er daran gegangen, dafs er den eigentlichen Grund der Sache suche.   Bei dieser

Untersuchung, welche ihn zu den eben angegebenen Resultaten führte, war er befangen, vielleicht befangen gemacht durch einige Berichte — wie z. B. die von van Helmont und von Helvetius (vgl. S. 82 ff. im I. Theil) —, die in der That unbegreifliche sind. Er urtheilte unter dem Einfluſs der Pseudopsie, welche sich auch sonst bei Historikern und nicht am Wenigsten bei Solchen, welche auf dem Gebiete der politischen Geschichte arbeiten, findet: vorzugsweise zu sehen, was wirklich oder vermeintlich der einmal erfaſsten Ansicht entspricht, und unvollständig, verzerrt oder gar nicht Das, was mit dieser Ansicht in Widerspruch steht.

Zu weniger günstigen Resultaten für die Alchemie kamen Andere, welche sich in unserem Jahrhundert mit der Geschichte derselben beschäftigt haben; die Meisten haben es nicht einmal für nöthig gehalten, die Verurtheilung dieser angeblichen Kunst ausdrücklich auszusprechen. Wenn ich diejenigen Publicationen hier auſser Betracht lasse, welche die Alchemie nur gelegentlich oder in gemeinverständlicher Weise, lediglich bereits Bekanntes bringend besprechen, — selbst dann, wenn einer solchen Publication eine so saubere Illustration beigegeben ist wie der, *a Lady alchemist* aus der Zeit Ludwig's XIV. von Frankreich darstellende Holzschnitt zu dem von E. Warren geschriebenen Aufsatz *Alchemy and chemistry* in *The Ladies' Treasury, a household magazine of literature, education and fashion edited by M*rs· *Warren, Part* CCLXXXVI (am 1. October 1881 in London ausgegeben), *p.* 541 *ff.* — und auch diejenigen, deren jede nur über Einen Punkt aus der Geschichte der Alchemie Neues gebracht hat (wie z. B. den im I. Theil S. 3 erwähnten Artikel G. Hoffmann's oder die daselbst S. 170 ff. benutzte Monographie A. Rhamm's), so bleiben mir nicht viele Schriften zu nennen. Zunächst aus Deutschland nach des Bayrischen Zollamtmanns Christoph Gottl. von Murr zu Nürnberg (1733—1811) schon 1805 (zu Leipzig) veröffentlichten „Literarischen Nachrichten zu der Geschichte des s. g. Goldmachens", die namentlich über Mehreres, was in Deutschland vorgekommen ist, schätzbare Nachrichten gebracht haben, neben der Speciellen Geschichte der Alchemie in dem II. Theil (Braunschweig 1844) meiner Geschichte der Chemie und meinen Beiträgen zur Geschichte der Chemie (Braunschweig 1869 —1875), deren I. und II. Stück die in Griechischer Sprache schreibenden, Ägypten angehörenden Alchemisten und das

III. Stück die Chemiker von Geber bis G. E. Stahl unter Berücksichtigung der Stellung derselben zu der Alchemie behandeln, nur wenige*): die S. 108 im I. Theil angeführte Rede A. W. Hofmann's

---

*) Einer Schrift will ich an dieser Stelle aber doch noch gedenken, welche in gewissem Maße der Alchemie Zugehöriges historisch behandelt, nämlich des Buches „Jakob Böhme und die Alchymisten; ein Beitrag zum Verständnifs J. Böhme's" von G. Chr. Adolf von Harlefs (Berlin 1870; der Verfasser, geboren 1806 zu Nürnberg, starb als Präsident des protestantischen Oberconsistoriums zu München 1879). Es soll da verdeutlicht werden, welche alchemistische Ansichten und Ausdrücke an Böhme gekommen waren, ihn dazu veranlassend, in entsprechenden Formen und Bildern seine theosophischen Lehren vorzubringen. Harlefs, welcher Böhme's Werke sehr gründlich studirt hat, giebt auch eine erstaunliche Belesenheit in alchemistischen Schriften zu erkennen — von denen Geber's an bis zu solchen, die dem siebzehnten Jahrhundert angehören (eine ihm ganz besonders in Betracht kommende, weil vorzugsweise sie auf Böhme eingewirkt hat, ist der im Anhang zu diesem Theil ausführlicher zu nennende, zu Leipzig 1619 zuerst veröffentlichte und 1760 noch einmal ausgegebene „Wasserstein der Weisen"). Bei seiner nach beiden Seiten hin verständnifsinnigen Behandlung der Beziehungen zwischen Dem, was in den alchemistischen Schriften steht, und den Aussprüchen Böhme's schlägt er doch wohl den inneren Gehalt der Alchemie: was an grundlegenden Ideen derselben innewohne, sie begründet habe und dann weiter ausgebildet worden sei, allzu hoch an. Wo Harlefs (S. 46) darauf eingeht, „dem Leser einige Haupt- und Grundanschauungen der Alchymisten vor Augen zu stellen, wie sie die Basis theils ihrer chemischen Operation, theils ihrer so zu sagen naturphilosophischen Theorie bilden, immer aber ein zusammengehöriges und in einander greifendes Ganze ausmachen", findet er in der Alchemie mehr und liest er aus den Schriften der Alchemisten mehr heraus, als mir zu finden und herauszulesen möglich ist. So z. B. (S. 47): „Die Alchymie an sich bewegt sich im Gebiete des Sinnenfälligen, Innerweltlichen, Aufsergöttlichen jedoch so, dafs sie zugleich innerhalb desselben einen Centralpunkt festhält, welcher zugleich über dies Alles hinausführt"; (S. 50, wo von der philosophischen d. h. alchemistischen Arbeit die Rede ist): „Was aber diese Arbeit selbst betrifft, so ist sie auf jenes samenhaft Göttliche gerichtet, welches, wenn auch im Zustande der Gebundenheit, allem Creatürlichen, in besonderer Art aber bestimmten Substanzen des Erdkörpers innewohnt"; (S. 51): „Thut doch der Mensch im alchymistischen Procefs nur, was Gott in ähnlicher oder gleicher Weise im Creaturleben der organischen und unorganischen Natur thut"; (S. 56): „So viel über die Grundzüge und deren Zusammenfallen und Auseinandergehen in der Durchführung der drei Hauptparallelen göttlicher Ordnung in der primären Weltschöpfung wie in der secundären Ordnung creatürlicher Reproduction mit dem alchemistischen Processe. Sie hängen mit dessen Wesen zusammen und finden sich mehr oder minder ausgeführt fast überall"; (S. 58 in Beziehung darauf, dafs Böhme das Ferment seiner Theosophie aus

„Berliner Alchemisten und Chemiker" (Berlin 1882), die auf der Einsichtnahme in Quellen und viele, gute Auskunft gebende spätere Werke beruht, und A. Bauer's „Chemie und Alchymie in Oesterreich bis zum beginnenden XIX. Jahrhundert" (Wien 1883), welche Schrift auch mehreres Neue hat. — In Frankreich hat Ferd. Hoefer in dem I. Theil seiner *Histoire de la chimie (Paris;* 1. *éd.* 1842, 2. *éd.* 1866) für die meist nur in Abschriften zugänglichen Tractate der eben erwähnten Alchemisten aus der Ägyptischen Schule die Kenntnifs des Inhalts derselben erheblich erweitert, und mehr noch, eingehender und den Zusammenhang der Theorien dieser Alchemisten mit philosophischen Lehren des Alterthums verfolgend hat Das Marc. Berthelot in seinem Buche *Les origines de l'alchimie (Paris* 1885) gethan. Der Nestor der jetzt lebenden Chemiker, Eugène Chevreul (geboren 1786), der sich mit der Geschichte seiner Wissenschaft viel beschäftigt hat, ist auch dem Studium der alchemistischen Literatur eifrig nachgegangen und bemüht gewesen, in die Ansichten der Alchemisten tiefer einzudringen. Nicht nur vereinzelte Aufsätze (über einen literarhistorischen vgl. S. 101 im I. Theil) hat er auf diese Studien hin veröffentlicht, sondern auch eine Reihe zusammenhängender Artikel im *Journal des savants, année* 1851, *p.* 284 *ss.*, 337 *ss.*, 492 *ss.*, 752 *ss.*, in welchen er nach der Aufzählung der für die Geschichte der Alchemie wichtigsten Personen umfassende Betrachtungen, ob die Idee der Metallverwandlung absurd sei, über die Fundamentalideen der Alchemie, das Vermögen des Steins der Weisen, den Menschen

---

alchemistischen Kreisen habe): „Denn einmal ist die ganze Alchymie nicht blos Anleitung zu chemischer Technik, noch lediglich auf chemische Experimentalerfahrung gebaut, sondern sie ruht zugleich auf einer Grundlage philosophisch-speculativer Gedanken und ist von ihnen durchwebt. Und zweitens tritt sie dem religiös erregten Gemüthe nicht blos darin nahe, dafs sie die Kunst selbst in religiöser Stimmung betreiben heifst und ihr Verständnifs wie ihr Gelingen nur als eine Gabe besonders Gottbegnadeter darstellt, sondern sie übt diese Anziehungskraft auch darin aus, dafs sie bei ihrem System den ersten Schritt nicht thut, ohne über Gott und wenigstens sein Verhältnifs zum All der creatürlichen Dinge zu speculiren". — Harlefs sagt übrigens auch (S. 57): „Was an der den alchymistischen „Weisen" eigenen chemischen Kunst und Theorie und deren Voraussetzungen vom Standpunkt der exacten Forschung unserer Tage aus als falsch, phantastisch und unhaltbar bezeichnet werden mag, geht uns hier nicht an".

gesund zu erhalten, das Privatleben des Alchemisten, die Beziehungen Derselben zu der weltlichen und der geistlichen Gewalt, die Vorstellungen der Alchemisten bezüglich der Metallveredlung vorgebracht hat. Mehr in Einzelheiten eingehend und die Vorarbeiten Anderer mehr benutzend hat Louis Figuier (von 1853 an Professor an der *Ecole de pharmacie* zu Paris) sein Buch *L'Alchimie et les alchimistes, ou Essai historique sur la philosophie hermétique* (*Paris* 1854; die 3. Ausgabe erschien 1860) geschrieben. — In England hat Thomas Thomson (1773—1852) im I. Band (*London* 1830) seiner *History of chemistry* auch die Geschichte der Alchemie — doch nur wenig über Paracelsus' Zeit hinaus — behandelt. G. F. Rodwell hat in seinen *The birth of chemistry* überschriebenen Artikeln, welche in Bd. VI bis VIII (London 1872—1873) der Zeitschrift *Nature* (und gesammelt unter demselben Titel ebenda 1874) veröffentlicht worden sind, vieles für die Geschichte der Alchemie Werthvolles gebracht, namentlich in den *Vol. VI, p.* 463 *ff.*, 503 *ff.* und *Vol. VII, p.* 36 *ff.*, 90 *ff.*, 206 *ff.*, 285 *ff.*, 393 *ff.* stehenden, John Ferguson von 1876 an in einzelnen, hier nicht alle mit speciellerer Titelangabe aufzuzählenden Publicationen dafür gleichfalls, besonders auch für die Literaturgeschichte und Bibliographie Nützlichstes (zu seiner S. 36 im I. Theil angeführten *Bibliographia Paracelsica* ist ein *Part II, Glasgow* 1885 vor Kurzem hinzugekommen).

Unter den Schriften, deren im Vorhergehenden gedacht wurde, ist mindestens Eine: Schmieder's Geschichte der Alchemie, welche — so fern sie nicht nur über Alchemie handelt sondern die Wahrhaftigkeit dieser Kunst zu erweisen sucht — als der eigentlichen alchemistischen Literatur zugehörig zu betrachten ist. In die letztere Gehöriges — und mit noch mehr Grund ihr Zuzurechnendes — ist aber auch sonst noch in dem neunzehnten Jahrhundert veröffentlicht worden, wenn gleich in viel geringerem Maße, als Dies in den vorausgegangenen drei Jahrhunderten geschehen war[*].

---

[*] Ich sehe in dem oben Folgenden ab von Veröffentlichungen, welche Tages- oder Unterhaltungsblätter über früher oder zur Zeit angeblich vorgekommene Metallverwandlungen oder erlangte Meisterschaft in der Hermetischen Kunst gebracht haben, wie z. B. dem im Supplement zum Westphälischen Mercur 1810 Nr. 157 stehenden Aufsatz, worin an vermeintlich sichere Fälle von künst-

Nachdem die alchemistische Literatur in dem ersten Viertel unseres Jahrhunderts gefeiert hatte, kam 1826 wieder einmal ein ihr zugehöriges Buch heraus, das bereits S. 162 erwähnte: „Über die mögliche Fortpflanzung der Metalle durch das analoge Mittel ihrer Auflösung. Aus dem Nachlafs eines Hermetikers" (von Seelle). Zu Paris erschien 1832 eine Brochure unter dem Titel *Hermès dévoilé*, von welcher ich nur weifs, was Chevreul a. S. 182 a. O. *p.* 294 *s.* mitgetheilt hat: dafs der sich C^1 . . . unterzeichnende Verfasser angiebt, er habe am Gründonnerstag 1831 zum ersten Mal nach siebenunddreifsigjährigen Anstrengungen die Metallverwandlung zu Stande gebracht, und was Helfferich a. S. 176 a. O. (einer der früheren Ausgaben von Figuier's *L'Alchimie et les alchimistes* entnommen?) angegeben hat: dafs diese Schrift in bombastischer Sprache und ganz im Geschmacke des Paracelsus und Dessen *Magnalia Dei* geschrieben sei.   Gleichfalls zu Paris wurde 1843 L. P. François Cambriel's *Cours de philosophie hermétique ou d'alchimie**) ver

licher Hervorbringung von Gold erinnert wird (C. v. Heister hat in seinem S. 258 im 1. Theil angeführten Buch S. 36 dieses Aufsatzes gedacht) bis zu der in den Feierstunden 1862 Nr. 11 zu findenden Erzählung von dem in einer Vorstadt von Aleppo wohnenden weisen Harun, welcher wenigstens das verjüngende und das Leben beliebig verlängernde Präparat gehabt haben aber nach wiederholtem wirksamem Gebrauch desselben schliefslich doch auch lebensmüde geworden sein soll,   oder noch später erschienenen. —   Über eine andere Art von Literatur, von welcher man glauben könnte, dafs sie der oben besprochenen eigentlich alchemistischen näher stehe, die aber mit mehr Grund der medicinischen zuzurechnen ist, vgl. Anmerkung XVI am Ende dieses Theils.

**) Der vollständige Titel ist: *Cours de philosophie hermétique ou d'alchimie en dix-neuf leçons, traitant de la théorie et de la pratique de cette science, ainsi que de plusieurs opérations indispensables pour parvenir à trouver et à faire la pierre philosophale ou transmutations métalliques, lesquelles ont été cachées jusqu'à ce jour dans tous les écrits des philosophes hermétiques; suivi des explications de quelques articles des cinq premiers chapitres de la Genèse, par Moïse, et de trois Additions, prouvant trois vies en l'homme, animal parfait. Ouvrage nouveau, curieux et très-nécessaire pour éclairer tous ceux qui désirent pénétrer dans cette science occulte et qui travaillent à l'acquérir, ou chemin ouvert à celui qui veut faire une grande fortune, par L. P. François Cambriel, de Saint-Paul-de-Fenouillet, département des Pyrénées-Orientales, né à la Tour-de-France le 8 novembre 1764, et ancien fabricant de draps, à Limoux, département de l'Aude:* Dominus memor fuit nostri et benedixit nobis, *ouvrage fini en janvier 1829, et du règne de Charles X, roi de France, la cinquième, première édition. Paris — -- — 1843.*

öffentlicht. Nach Chevreul, welcher die S. 182 erwähnten historischen Artikel über Alchemie in dem *Journal des savants* an die Anzeige des Buches von Cambriel in dieser Zeitschrift angeknüpft hat, (da 1851, *p.* 760 *ss.*) läfst sich keine eingehende Analyse desselben geben, denn es enthalte nichts Positives von Versuchsresultaten oder Ergebnissen chemischer Untersuchungen, wie denn auch der Verfasser ausdrücklich bekenne, niemals die Schul-Chemie gelernt zu haben; eine Theorie habe Derselbe überhaupt nicht, und wenn er auch die Namen einiger älterer Alchemisten nenne, so bezeuge doch Nichts, dafs er diese studirt oder auch nur mit einiger Aufmerksamkeit gelesen habe; Cambriel sage aber demüthig, er verdanke es Gott selbst, dafs er die Dauer der Darstellung des Steins der Weisen um die Hälfte abgekürzt habe: Gott habe ihm zu drei verschiedenen Malen mit vierjährigen Zwischenzeiten eingegeben, wie er das von ihm nicht gekannte alchemistische Werk gut ausführen solle.

Mehr Beachtung als diese alchemistischen Schriften, welche Abgestorbenes noch einmal wie Lebendiges behandelten, beanspruchte eine wiederum zu Paris 1853 herausgekommene: *Les métaux sont des corps composés. La production artificielle des métaux précieux est possible et un fait avéré par C. Théodore Tiffereau.* Der Inhalt, die Tendenz und die Behauptungen dieser Schrift — von welcher in Frankreich bald eine zweite Auflage, *Vaugirard* (ein Vorort von Paris) 1857, ausgegeben wurde, die jetzt auch vergriffen und von der selbst zu erhöhtem Preis kein Exemplar antiquarisch zu erhalten ist — sind in Deutschland bekannt geworden durch eine Übersetzung der „Anzeige für das Publicum" in dem Archiv der Pharmacie (2. Reihe. Bd. LXXVI, Hannover 1853, S. 76 ff.), eine zu Berlin 1855 ausgegebene Übersetzung der Schrift („Die Golderzeugung auf künstlichem Wege ist thatsächlich") und einen eingehenden Auszug aus der letzteren in A. Helfferich's S. 176 angeführtem Buch (S. 4 ff.). Zögling und von 1840 an Préparateur an der höheren Gewerbeschule in Nantes beschäftigte sich Tiffereau vorzugsweise mit dem Studium der Metalle, und behufs weiterer Forschungen reiste er gegen das Ende des Jahres 1842 nach dem metallreichen Mexico und Californien, dessen Goldfelder er — seine geheimen Absichten hinter der Ausübung der damals neuen Kunst des Daguerreotypirens verbergend — durchwanderte. Da gelangte er (S. 22 f. der Deutschen Übersetzung)

durch die Beobachtung, unter welchen Umständen Metalle vorkommen,
zu der Erkenntnifs einer Thatsache, die ein helles Licht auf die
natürliche Erzeugung der Metalle werfen könne: das Vorhandensein
von salpetersauren Salzen, von Jod-, Brom- und Chlorverbindungen,
das Zusammensein von Schwefelkies und salpetersauren Salzen in
Berührung unter einander und dafs diese Körper unter dem Einflufs
des Lichtes und der Wärme elektrische Wirkungen veranlassen, „durch
welche eine Zersetzung des metallführenden Erdreichs und neue Verbindungen entstehen, aus denen die Metalle hervorgehen". An den
Bericht (S. 23), der Glaube an die Verwandlung, an die Vervollkommnung der Metalle sei in den Goldminen von Mexico so allgemein
verbreitet, dafs man dort täglich hören könne: Das da ist gut und
reif, Dieses taugt Nichts und Jenes soll erst Gold werden, anknüpfend
sagt er: „Nach meiner Ansicht sind die Vorgänge, welche die Verwandlung der Metalle bewirken, von verwickelter Natur, und die
Verbindungen des Stickstoffs mit Sauerstoff spielen dabei eine Haupt-
rolle. Wärme, Licht und Elektricität mögen in gewissen Grenzen
die Verbindungen des unbekannten Metallgrundstoffs mit jenen begünstigen und vermitteln. Alles führt mich zu dem Glauben, dafs
dieser Grundstoff der Wasserstoff sei, den wir nur im gasförmigen
Zustande kennen und dessen anderen physikalischen Zustände uns
bei unseren Untersuchungen entgehen. Der Stickstoff scheint bei
diesen Verbindungen wie ein Ferment zu wirken, wie er Dies bei der
Gährung organischer Stoffe auch thut. Die Bindung des Sauerstoffs,
seine mehr oder minder feste Combination mit dem metallischen
Grundstoff — unter dem Einflufs einer stickstoffhaltigen Substanz —
Dies scheint mir der Schlüssel zur Verwandlung der Metalle". Was
Tiffereau da vorgebracht hat, soll den Weg, den er gegangen, besser
begreifen lassen. Zu welchem Resultat er auf diesem Weg gelangt
sei, findet sich in seinem Schriftchen schon vorher (S. 13 f. der Übersetzung) angegeben: er will — und zwar mit ziemlich grofsen Quantitäten arbeitend — Silber seiner ganzen Menge nach zu Gold umgewandelt und auch gefunden haben, dafs sich Kupfer zu Silber,
Eisen zu Kupfer, Silber und Gold umwandeln lasse. Wo er aber
(S. 24 ff.) Angaben darüber macht, in welcher Weise Silber zu Gold
umgewandelt werden könne (über die Art der Ausführung der anderen
eben erwähnten Metall-Transmutationen hat er sich nicht geäufsert),

wird das zu erwartende Resultat schmächtiger und soll nur Etwas
von dem angewendeten Silber zu Gold werden: bei dem Lösen von
Silber in Salpetersäure — namentlich solcher, die vorher während
einer gewissen Zeit der Einwirkung der Sonnenstrahlen ausgesetzt
gewesen — bleiben Partikelchen des Metalls zu Gold umgewandelt
ungelöst. Weiter wollte er gefunden haben, daſs ein klein wenig
Gold in Legirung mit dem Silber die Erzeugung des künstlichen
Goldes befördere; daſs reines Silber sich schwerer in Gold verwandeln
lasse als wenn es mit andern Metallen legirt ist; daſs die katalytische
Kraft bei der Metallverwandlung eine Rolle spiele; daſs Chlor, Brom,
Jod und Schwefel in Gegenwart von Verbindungen des Stickstoffs und
Sauerstoffs die Erzeugung der edlen Metalle beförderen; daſs die
ozonisirte Luft günstig einzuwirken scheine; daſs eine Temperatur
von 25° und darüber gut sei zur Vollendung der Arbeit; daſs ein
günstiges Resultat gröſstentheils von der Dauer der Operation ab-
hänge. Auf diese Erfahrungen gestützt habe er zu Guadalajaro und
zu Colima in Mexico Versuche mit recht befriedigenden Resultaten
ausgeführt. Minder genügend fielen die nach seiner Rückkehr nach
Frankreich, wo die Vorzeigung eines Theiles von dem in Mexico
dargestellten künstlichen Gold vor der Pariser Akademie der Wissenschaften nicht als einen Beweis für die Richtigkeit seiner Angaben
abgebend betrachtet wurde, vorgenommenen Versuche aus*); daſs er
weniger glücklich gewesen sei, als er in Frankreich und mit gröſseren
Quantitäten experimentirte, wollte Tiffereau (S. 27) damit erklären,
daſs er die Ursachen der die Metallverwandlung bedingenden Reactionen
noch nicht hinlänglich erkannt habe. Dafür, daſs die dann (S. 27 f.)
von ihm beschriebene Behandlung des Silbers mit einer kochenden
Mischung von concentrirter Schwefelsäure und Salpetersäure oder einem
Gemische von Schwefelsäure und salpetersaurem Kali selbst ohne
Mitwirkung des Lichtes günstige Resultate gebe, spricht bis jetzt nur
seine Behauptung. — Die Handelswelt Frankreichs wurde durch
die Ankündigung der Entdeckung Tiffereau's nicht merklich beunruhigt, und auch die naturwissenschaftlichen Gröſsen dieses Landes

---

*) Nach Figuier's Mittheilung (a. S. 183 a. O., 3. éd., p. 380 s.) miſsglückte
ein Versuch, welchen Tiffereau in einem der Laboratorien der Pariser Münze
vor dem Wardein Levol anstellte, vollständig; keine Spur künstlich hervorge-
brachten Goldes wurde erhalten.

wendeten Dem, was er in dem eben besprochenen Schriftchen und noch
weiterhin vorbrachte, nur eine sehr beschränkte Beachtung zu. Die
Comptes rendus hebdomadaires des séances de l'Académie des sciences
T. XXXVII, *Paris* 1853, *p.* 579 enthalten die kurze Notiz, daſs
Tiffereau in der Sitzung vom 17. October 1853 eine Abhandlung
zu lesen begonnen habe, welche ein Zusatz zu seinem gedruckten,
der Akademie am 27. Juni vorgelegten Schriftchen: *Les métaux ne sont
pas des corps simples, mais bien des corps composés* sei, und daſs
die Akademie eine aus den Chemikern Thenard d. Ä., Chevreul und
Dumas bestehende Commission ersucht habe, Einsicht in diese Ab-
handlung zu nehmen und sich darüber zu äuſsern, ob dieselbe der
Art sei, daſs eine Berichterstattung über sie angeordnet werden könne.
Am 7. November (a. e. a. O. *p.* 712) erklärte Thenard Namens der
Commission, daſs kein Bericht über diese Abhandlung erstattet werden
könne, da der Verfasser sich mit der Angabe gewisser angeblicher
Resultate begnügt habe ohne die Mittel anzugeben welche er zur
Erlangung dieser Resultate in Anwendung gebracht habe*).

Über das — meines Wissens und zur Zeit — letzte literarische
Auftreten eines Alchemisten etwas eingehender zu berichten, erschien
mir als angezeigt. Später noch zur Veröffentlichung Gekommenes,
was die Wahrhaftigkeit der Alchemie erweisen oder zur Ausübung
derselben anleiten soll, ist mir nicht bekannt. Geschrieben worden
ist noch Alchemistisches, aber es ist nicht mehr gedruckt weiteren
Kreisen zugänglich geworden. Am 18. Dezember 1865 legten Favre
und Frantz der Pariser Akademie einen Aufsatz *sur la transmutation
des métaux* zur Beurtheilung vor, *Note qui se compose d'une partie
théorique et d'une partie expérimentale*, wie in den *Comptes rendus*
(*T.* LXI, *p.* 1130) ohne nähere Angabe des Inhalts bemerkt ist, nur
unter Zufügung, daſs Fremy ersucht worden sei, Einsicht in das
Manuscript zu nehmen und sich darüber zu äuſsern, ob es einer

---

*) Die Abhandlung, welche Tiffereau am 17. October 1853 vor der Pariser
Akademie der Wissenschaften vorzutragen begonnen hatte, findet sich schon in
der 1. Ausgabe seiner Schrift, S. 12 ff. der Deutschen Übersetzung. Mehr von
Dem, was er bei der Akademie einreichte, scheint in der (mir nicht zur Einsichtnahme gekommenen; vgl. S. 165) 2. Ausgabe dieser Schrift zu stehen, nach Dem
was Figuier a. S. 183 a. O., 3. éd., *p.* 381 sagt.

Commission zur Prüfung zu überweisen sei; damit hatte meines Wissens die Sache ihr Bewenden.

Schon aus dem Vorhergehenden ist zu ersehen, daſs es noch in neuerer Zeit Solche giebt, welche nicht nur an die Alchemie glauben sondern sich auch dem praktischen Arbeiten in ihr hingeben. Und Solcher giebt es noch mehr, als die bereits namhaft gemachten. Wir brauchen nicht nach Siam zu schauen, wo die Alchemie noch in Ehren steht*); sie finden sich auch in Europa. Ihre Zahl ist gewiſs im Vergleich zu der der Alchemisten, welche in den vorausgegangenen Jahrhunderten in verschiedenen Ländern Europa's zu je Einer Zeit die Hermetische Kunst betrieben, sehr gering, aber an und für sich doch wohl nicht unbeträchtlich. Selbstverständlich wird von der Zahl der Alchemisten in unserem Jahrhundert nur ein kleiner Bruchtheil bekannt, da Diejenigen, welche an der Lösung der Aufgabe arbeiten, wie Gold künstlich hervorzubringen oder der Stein der Weisen darzustellen sei, Das nur im Geheimen thun, seitdem diese Beschäftigung ungünstig nnd selbst verächtlich beurtheilt wird. Zudem ist nicht einmal Jeder, welcher für einen Alchemisten gilt, wirklich einer. So hörte ich in den dreiſsiger Jahren in Marburg davon sprechen, daſs ein Obervorsteher des Stiftes (Hospitals) Haina in Oberhessen, von B., stark alchemistisch laborire, aber nach dem auf Aufforderung des Landes-Directoriums der Provinz Hessen von einem Vorsteher des genannten Stiftes 1879 erstatteten Bericht wie nach der von einem Nachkommen des Betreffenden gegebenen Auskunft war Das eine ganz unbegründete Nachrede (nach jenem Bericht hatte der v. B. allerdings stark laborirt, aber zur Darstellung von Pflastern und Salben, welche er zu der von ihm leidenschaftlich betriebenen Behandlung verwundeter Menschen und kranker Thiere anwendete, und soll Derselbe sogar,

---

*) In einer „Siamesische Metallarbeiten" überschriebenen Notiz im Frankfurter Journal 1883 Nr. 764 wird angegeben: „Die Siamesen schwören noch heute auf Alchymie und Astrologie, die Reichen werfen ihr Gold hinaus, um die Kunst, Gold zu machen, zu erlernen, und sie leben in dem Wahne, daſs der Besitz von „Quecksilber im festen Zustande" hieb- und stichfest macht, und sind daher bemüht, einen Zusatz zu finden, der das flüssige Metall in festes zu verwandeln geeignet ist. Ein Priester versicherte, er habe diesen Zusatz bereits entdeckt, es sei dies einfach „Zahnstein"; allein er könne über den Zeitpunkt nicht klar werden, in welchem dieser Zusatz wirksam sei".

um für seine Präparate wirksamere Fette aus Thieren zu erhalten,
diese lebendig geschmort haben).   Und selbst wenn man für Einen,
wie z. B. für den durch viele Schriften und namentlich durch seine
„Bibeldeutungen" (1812) und seine Bibelübersetzung (zuerst 1818 erschienen) bekannt gewordenen Johann Friedrich von Meyer (geboren 1772 in Frankfurt a. M., gestorben daselbst 1849), sicher weifs,
dafs er heimlich laborirt hat, und es sehr wahrscheinlich ist, dafs
der Zweck des Laborirens die Gewinnung eines der Hermetischen
Chemie zugehörigen Resultates war, ist es noch nicht eben so wahrscheinlich, dafs Derselbe sich mit eigentlicher Alchemie praktisch beschäftigt hat;   gerade bei dem Genannten spricht meines Erachtens
mehr dafür, dafs er auf so Etwas wie die Darstellung des Luftsalzes
(vgl. S. 149 f.) ausgegangen sei, als dafür, dafs er den Stein der Weisen
habe bereiten wollen*).

Aber es gab noch in neuerer Zeit in Deutschland ächte Alchemisten, von welchen allerdings Keiner durch Anderweitiges seinen
Namen zu einem allgemeiner bekannten zu machen gewufst hat.
Heinr. Wilh. Ferd. Wackenroder (geboren 1798 zu Burgdorf im
Hannover'schen, von 1828 an Professor der Chemie zu Jena, wo er
1854 starb) hatte (wie er in dem Archiv der Pharmacie, 2. Reihe,
Bd. XV, Lemgo 1838, S. 2 berichtet hat) zu Anfang des Jahres 1838
an den Gewerbeverein zu Weimar über eine diesem Verein von einer
in Thüringen lebenden Alchemisten-Familie übergebene, von dieser
selbst bereitete s. g. Tinctur zu berichten, welche die Eigenschaft besitze, andere Metalle wenn auch nur in geringer Menge in Gold
umzuwandeln.   Die s. g. Tinctur war eine aus kleinen trockenen be-
staubten Stücken bestehende Substanz, welche zum überwiegend
gröfseren Theil aus basischem Eisenchlorid bestand, wie es bei dem Ein-
dampfen einer Lösung von Eisenoxyd in Salzsäure zur Trockne als
Rückstand bleibt, und abgesehen von einigen anderen unerheblichen
Beimengungen auch Goldchlorid enthielt (der Goldgehalt betrug nahe-
zu $1/1000$ vom Gewicht der s. g. Goldtinctur).   Wie Wackenroder
bald nachher (Archiv der Pharmacie, 2. Reihe, Bd. XIX, Hannover
1839, S. 44 ff.) mitgetheilt hat, hatte Derselbe Gründe zu glauben,
dafs die Thüringischen Alchemisten, deren es damals noch immer gab,

---

*) Vgl. Anmerkung XVII am Ende dieses Theils.

Notiz von einander nehmen, sich gegenseitig auszuforschen suchen und sich auch über ihre Versuche zur Hervorbringung des Goldes einige Mittheilungen machen; Einer dieser Alchemisten, welcher übrigens als ein geschickter und braver praktischer Metallurg von W. bezeichnet wird, stellte in des Letzteren Gegenwart Versuche an, die theilweise Umwandlung von Silber in Gold zu erweisen (es scheint da auch wieder — wie bei Becher's Unternelmen, vgl. S. 144 ff. im I. Theil — auf die Abscheidung einer in dem angewendeten Silber enthaltenen geringen Menge Gold hinausgekommen zu sein). Das Glück mancher Familie, sagte da Wackenroder, werde noch durch Beschäftigung mit Alchemie zerstört: nicht blofs in Thüringen sondern auch in W.'s Geburtsland Hannover; es sei sonderbar, wenn auch keineswegs auffallend, dafs in diesen Familien eine pietistische Richtung vorwalte. — Davon, dafs ein gewisser Besitz an chemischen Kenntnissen nicht der Verlockung, Alchemie zu treiben, widerstehen läfst, hatte ich selbst in den siebziger Jahren eine Erfahrung. Nach dem Erscheinen der ersten zwei Stücke meiner Beiträge zur Geschichte der Chemie, in welchen die alten, der Ägyptischen Schule angehörigen alchemistischen Schriftsteller behandelt sind, schenkte mir ein Deutscher, der nach seiner Berufsstellung Chemie studirt und Kenntnisse in ihr nachgewiesen haben mufste, so viel Vertrauen, dafs er mir sich als praktisch arbeitenden Alchemisten entdeckte und die Substanz, von welcher als der *Materia prima* aus er den Stein der Weisen darzustellen suchte, mit der Bitte nannte, ihn wissen zu lassen, ob die von jenen Schriftstellern für das Grundmaterial zur Bereitung dieses Präparates gemachten Angaben auf die Substanz, die er dafür hielt, passen.

Alchemisten gab es also in einer uns sehr nahen Zeit und giebt es wahrscheinlich auch jetzt noch vereinzelt in Deutschland. In diesem Lande hatte während des siebzehnten und achtzehnten Jahrhunderts die Alchemie eine gröfsere Zahl von Anhängern, als wohl in irgend einem anderen Land. Für das neunzehnte Jahrhundert oder wenigstens für die der Mitte desselben nahen Decennien läfst sich Das für Deutschland nicht mehr sagen; in Frankreich, wo die Chemie ihre letzten literarischen Schosse getrieben hat, scheint auch die Zahl der Liebhaber der Hermetischen Kunst und der ihr auch werkthätig Huldigenden am Gröfsten zu sein. Dafür spricht die dort bis vor nicht langer Zeit unternommene Veröffentlichung alchemistischer Schriften (vgl. S. 184 ff.), für welche doch auf Absatz gerechnet wurde und für welche auch wenigstens theilweise der Absatz ein guter gewesen ist, so fern eine und eine andere Auflage von einer solchen Schrift bald vergriffen war; dafür spricht, was aus Frankreich selbst über das Nochvorhandensein praktischer Alchemisten berichtet worden ist.

Die Alchemisten werden auch in Frankreich in den zu Berühmtheit gelangten älteren alchemistischen Schriftstellern nicht blofs Meister sondern auch besonders beachtenswerthe Lehrer der Kunst sehen, edle Metalle künstlich und namentlich mittelst des Steins der Weisen hervorzubringen, und sie werden sich in dieser ihrer Überzeugung nicht dadurch irre machen lassen, dafs einmal Einer behauptet, die Schriften dieser Männer hätten ganz Anderes zum Gegenstand als die künstliche Golderzeugung*). Abgesehen von Einigen, welche

---

*) Als am 24. August 1868 Chevreul begonnen hatte, die Pariser Akademie der Wissenschaften mit dem Vortrag historischer Betrachtungen über die Alchemisten zu unterhalten, sagte der Berichterstatter für die wissenschaftliche Zeitschrift *L'Institut* N. Landur (*L'Institut, I^r Section, T. XXXVI, p.* 273 *s.*), diese Betrachtungen scheinen dieselben zu sein, wie die von Chevreul bereits im *Journal des savants* (vgl. S. 182) veröffentlichten, und weiter: „*Quant au fond, quand aux doctrines des anciens alchimistes, je ne crois pas devoir laisser passer ce que dit M. Chevreul sans faire une remarque capitale, bien que le journal l'Institut n'ait pas coutume d'intervenir, par une opinion personelle, dans les discussions scientifiques. J'ai étudié les alchimistes à un tout autre point de vue que M. Chevreul, et je suis arrivé bien vite à la conviction qu'ils ne sont pas des chimistes, mais des philosophes ayant une doctrine secrète à laquelle la chimie servait de voile, de même que les expressions empruntées à l'art de bâtir ont servi de voile à la franc-maçonnerie. Quand ils parlent de faire de l'or, de solidifier le mercure, etc., ils font allusion à des œuvres purement morales: les matières sur, lesquelles ils travaillent, les métaux des philosophes, ne sont pas (ils le disent sans cesse) les métaux vulgaires, ce sont des métaux vivants, des hommes. Plusieurs des alchimistes les plus célèbres tels que le Cosmopolite, Philalethe, etc., n'étaient chimistes que pour dérouter le vulgaire et n'on fait aucune découverte chimique; d'autres, tels que Basile le Valentin (le plus cabaliste de tous), se sont trouvés être en même temps de vrais chimistes. De même que les cabalistes dont ils dérivent, les alchimistes vrais donnent à leurs paroles des sens multiples; le texte, souvent insignifiant, parfois inepte, a parfois aussi une signification chimique, mais le vrai sens est le sens caché. —* Wir werden in der Anmerkung XVI am Ende dieses Theils noch einer anderen Ansicht darüber begegnen, was Alchemie eigentlich sei: die Lehre von wirksamsten Geheimmitteln.

— so wie Tiffereau (S. 185 ff.) z. B. — einen anderen Weg als den classischen für ihr Arbeiten eingeschlagen haben mögen, werden sie auch dort darauf ausgehen, die älteren Anweisungen zu verstehen, aus was und wie man das Mittel 'zur künstlichen Erzeugung des Goldes erhalte, und darauf hin versuchen, dieses Mittel selbst darzustellen. Es wird Einige geben, welche — so wie der nur unter der Chiffre C^i zu Tage getretene Alchemist, so wie Cambriel (vgl. S. 184) — glauben, sie hätten herausbekommen, was sie suchen, oder sie seien doch auf dem besten Wege, das ersehnte Ziel zu erreichen. Zu ihnen gehört oder gehörte auch ein Herr Javary, von welchem A. Baudrimont, damals *Professeur agrégé* an der medicinischen Facultät zu Paris, in seinem *Traité de chimie générale et expérimentale T. I (Paris 1844), p.* 275 — wo er als seine eigene Ansicht ausspricht, daſs die Metalle zusammengesetzt, wohl alle wasserstoffhaltig und unter einander umwandelbar seien*) — in einer Anmerkung sagt: *Il résulte, de l'étude des philosophes alchimiques, qu'un des élémens principaux de la poudre de projection existe dans l'air. Selon M. Javary, cet élément serait l'oxygène. L'oxygène, employé convenablement, serait donc l'agent qui pourrait un jour nous reproduire les prodiges de l'alchimie. M. Javary a déjà obtenu des résultats si curieux et si dignes d'intérêt, en suivant les indications de l'alchimiste, que j'ai quelque espoir de voir réussir l'opération du grand oeuvre.* Es wird Andere geben, und die Zahl von Diesen wird die ungleich gröſsere sein, welche sich selbst sagen müssen, daſs sie noch nicht auf den sicheren Weg zur Lösung des Problems gekommen sind, und die, wenn ihnen auch Geduld und Hoffnung noch nicht ausgegangen sind, doch noch mehr Grund haben, als die Ersteren hätten, sich stille zu verhalten. Von Diesen hört man weniger; der Name des Einen oder des Anderen wird nur zufällig bekannt. So hat Chevreul in seinen S. 182 erwähnten historischen Artikeln über die Alchemie wiederholt (*Journal des savants, année* 1851, *p.* 295 u. 762) als eines noch praktisch mit Alchemie beschäftigt und von der Wahrhaftigkeit derselben überzeugt gewesenen Mannes eines (1851 bereits verstorbenen) Herrn Gilbert gedacht, welcher ein Freund des (1836 gestorbenen)

---

*) *L'hydrogène serait le lien qui enchaînerait les parties constituantes des métaux. Si l'on pourrait briser ce lien, elles pourraient sans doute prendre de nouveaux arrangemens, et la transmutation métallique serait opérée.*

berühmten Physikers Ampère, an der Redaction der *Gazette de France* für das wissenschaftliche Feuilleton derselben betheiligt und Verfasser des Artikels *Alchimie* in dem (mir nicht zugänglichen, von 1834 an veröffentlichten) *Dictionnaire de physique générale, théorique et appliquée* war. Dieser Mann war Einer von den Mehreren, welche in einer der unserigen nahen Zeit in Frankreich der Alchemie ergeben gewesen sind; Chevreul sagt (a. e. a. O. *p.* 294), er habe im neunzehnten Jahrhundert Mehrere gekannt, die vollen Glauben an die Wahrhaftigkeit dieser Kunst gehabt haben und unter welchen Generäle, Ärzte, Magistrats-Personen, Geistliche zu nennen seien. Da konnte sich wohl Einer Etwas davon versprechen, öffentliche Vorlesungen über Alchemie zu halten*). Und jetzt noch ist, nach Dem was Figuier**) berichtet, die Zahl der Alchemisten in Frankreich und namentlich in Paris keine geringe.

Man hat Nichts davon gehört, dafs Einem der noch in unserem Jahrhundert arbeitenden Alchemisten das grofse Werk seiner Kunst gelungen sei. Wie wenig jetzt im Vergleich zu der Zeit gegen das

---

*) Figuier a. S. 183 a. O., 3. éd., *p.* 379: *On a pu lire à la même époque* [um 1837], *dans les journaux français, l'annonce d'un cours public de philosophie hermétique, par le professeur B . . . . , de Munich.*

**) A. S. 183 a. O., 3. éd., *p.* 380 ss.: *L'Allemagne n'est pas le seul pays de l'Europe où l'alchimie continue d'être cultivée. Dans plusieurs villes de l'Italie et dans la plupart des grandes villes de France, on trouve encore des alchimistes.* — — *Entre les villes de la France, on peut citer Paris comme particulièrement riche en alchimistes. Cette observation n'a rien d'exagéré: on peut dire qu'il existe à Paris des alchimistes théoriciens et des adeptes empiriques. Les premiers se bornent à reconnaître pour vraie la donnée scientifique de l'alchimie, les autres s'adonnent aux recherches expérimentales qui se rattachent à la transmutation des métaux.* — — *Quant aux chercheurs empiriques, ils ne sont pas rares dans les bas-fonds de la science, et l'on ne vit pas longtemps dans le monde des chimistes sans se trouver plus d'une fois en rapport avec eux. Pour mon compte, je me suis trouvé assez souvent en contact avec des alchimistes de tout parage, et peut-être trouvera-t-on quelque intérêt au récit des souvenirs qui m'en sont restés. Je fréquentais, en 184 . . ., le laboratoire de M. L . . . C'était le rendez-vous et comme le cénacle des alchimistes de Paris. Quand les élèves avaient abandonné les salles après le travail de la journée, on voyait, aux premières ombres du soir, entrer un à un les modernes adeptes. Rien de plus singulier que l'aspect, les habitudes et jusqu'au costume de ces hommes étranges. Je les rencontrais quelquefois, dans le jour, aux bibliothèques publics, courbés sur de vastes in-folio; le soir, dans*

Ende des vorigen Jahrhunderts noch an die Alchemie geglaubt wird,
zeigt sich recht deutlich daran, dafs damals noch Solchen, die einen un-
erklärlichen Aufwand machten, erfolgreiche Beschäftigung mit Alchemie
von Vielen und selbst Gebildeten zugetraut wurde (vgl. S. 12), während
es jetzt nicht leicht Einem, nicht einmal einem nur halbwegs Gebildeten mehr einfällt, Das von Einem zu glauben, welchem grofse
Geldmittel zu Gebote stehen, deren Herkunft unbekannt ist.   Wenn
es in England' noch einige Leute gab, die glaubten, dafs Der, welcher
sich Sir William Courtenay nennen liefs (er soll ein John Nicholls
Tom aus Truro in Cornwall gewesen sein) und am 30. Mai 1838
bei Boughton in der Nähe von Canterbury mit einer Anzahl seiner
Anhänger von den zur Aufrechthaltung der öffentlichen Ordnung
Berufenen getödtet wurde, den Stein der Weisen besitze und über
2000 Jahre alt sei, so war doch die Zahl und die Bedeutung dieser
Gläubigen nicht gröfser als die Derjenigen, die auch überzeugt davon
waren, dafs der Genannte einmal den Polarstern mit einer Pistole
heruntergeschossen habe (vgl. Allgemeine Zeitung v. 8., 10., 12. u.
14. Juni 1838). —   Wohl aber spricht für die Ansicht, die neueren
Alchemisten können mit der Darstellung des Steins der Weisen nicht
zurechtkommen, dafs man mehr wie einmal Einem derselben begegnet,
welcher um die pecuniäre Beihülfe Anderer zur Weiterführung und
erhofften Vollendung seiner Arbeit ansucht.   Im März 1851 wandte
sich ein in Bedrängnifs gerathener Alchemist in der Leipziger allgemeinen Zeitung an Freunde der Wissenschaft mit der Bitte, ihm zu

---

*les lieux écartés, près des ponts solitaires, les yeux fixés, dans une vague contem-
plation, sur la route resplendissante d'un ciel étoilé. Ils se ressemblaient presque
tous. Vieux ou flétris avant l'âge, un méchant habit noir, ou une longue houppe-
lande d'une nuance indéfinissable, couvrait leurs membres amaigris. Une barbe
inculte cachait à demi leurs traits, creusés de rides profondes, où se lisaient les
traces des longs travaux, des veilles, des inquiétudes dévorantes. Dans leur
parole lente, mesurée, solennelle, il y avait quelque chose de l'accent que nous
prêtons au langage des illuminés des derniers siècles. Leur contenance, abattue
et fière tout ensemble, révélait les angoisses d'espérances ardentes, mille fois perdues
et mille fois ressaisies avec désespoir. —*   Figuier giebt da noch die Schilderung eines jüngeren, mit der Wissenschaft in ihrer jetzigen Ausbildung gut
bekannten Chemikers, welcher dem alchemistischen Wahn verfallen war, und
berichtet ein längeres Gespräch, welches er mit Demselben in Betreff der Alchemie
gehabt habe.

helfen; er könne dankbar sein, versicherte er, denn er verstehe die
Kunst, die Metalle in einander zu verwandeln, auch die Bereitung des
Steins der Weisen (mit welcher er doch noch nicht ganz im Reinen gewesen zu sein scheint) und der Universalmedicin.   Bei der Bayerischen
Abgeordnetenkammer ging 1852 ein Einlauf ein: „Vorstellung und
Bitte des ehemaligen Häfnermeisters Chr. Dietz um Gewährung
einer Beihülfe zur Durchführung seiner geheimen Naturforschungen
bezüglich des Steines der Weisen“.   In einer uns noch˙näheren Zeit,
1875, trat ein Münchener Alchemist mit dem Wunsch an die Öffentlichkeit, dafs ihm Einer für die Verwirklichung seines Planes Unterstützung gewähre; davon, dafs diese eine pecuniäre sein solle, war da
allerdings Nichts gesagt*).

Wenigstens für den Ersten unter den drei im Vorstehenden erwähnten Alchemisten und wohl für den gröfseren Theil der noch in
unserem Jahrhundert der Hermetischen Kunst praktisch Huldigenden
kam als Resultat heraus Verarmung: das Resultat, welches als aus

---

*) Unter der Überschrift „Die Gewifsheit, alljährlich Millionen reell zu ver-
dienen“ brachte das Hauptblatt der Allgemeinen Zeitung Nr. 283 v. 10. October
1875 folgendes Inserat: „Schon im Jahre 1774 hat der berühmte Bergrath und
Salinen-Director Dr. von Leysser zu Halle, und der Anfangs des jetzigen Jahrhunderts dahier verstorbene Chemiker Gehlen die thatsächliche Überzeugung
nachgewiesen, dafs, wie in Treibhäusern das vegetabilische Leben sich schneller
entwickeln läfst, auch Diefs in unorganischen Leben „dem Wachsthum der Metalle“
der Fall ist und mit millionenfachem Gewinn auf Gold und Silber angewendet
werden kann. Der Gefertigte hat im Jahr 1829 mit dem berühmten Chemiker
Joseph von Barth aus Colmar dieses Experiment mit glänzendem Erfolg durch-
geführt. Für diesen selbst erwerblichen noch unbekannten Reichthum suche ich
in meinem Greisenalter einen Gefährten. München im September 1875. D. A.
Kistenfeger, vormaliger Apotheker“. — Ich gebe das Inserat hier vollständig wieder um der zwei Chemiker willen, die in ihm genannt werden. Es
ist mir Nichts davon bekannt, dafs Adolf Ferdinand Gehlen — geboren 1775
zu Bütow in Pommern, zuerst Pharmaceut, von 1807 an Mitglied der Akademie
der Wissenschaften zu München, wo er 1815 starb — ein Anhänger der Alchemie
gewesen sei; übrigens war in den ersten Jahren seines Aufenthaltes in München
da ein starker Glaube an geheime Naturkräfte und reger Eifer, die Wirkungen
derselben kennen zu lernen (vgl. in meinem Aufsatz „Zur Genealogie des Tischrückens“ in der Deutschen Vierteljahrsschrift 1853, Heft III S. 9 ff.).   Von
einem um 1830 lebenden Chemiker Joseph v. Barth weifs ich Nichts; Derselbe
könnte identisch sein mit dem S. 194, Anmerkung * erwähnten Professor der
Hermetischen Philosophie B . . . . aus München.

der Beschäftigung mit Alchemie hervorgehend nicht blofs Einzelnen
(vgl. S. 235 f. im I. Theil) geworden ist sondern das man auch schon
frühe allen an der Darstellung des Steins der Weisen sich Versuchenden
in Aussicht gestellt findet: frühe im sechszehnten Jahrhundert in
der Beurtheilung der Alchemie durch Trithemius (vgl. S. 226 im
I. Theil) und dem an diese Beurtheilung anknüpfenden Ausspruch,
die Alchemie sei *ars sine arte, cujus principium est cupere, medium
mentiri et finis mendicare vel patibulari,* in Dem was schon gegen
das Ende desselben Jahrhunderts wie ein — freilich damals noch
nicht allgemein als zutreffend anerkanntes — geflügeltes Wort vorkommt: ein Alchemist gelange schliefslich dahin, sagen zu können:
Propter lapidem bona mea dilapidavi, in den Versen, mit welchen
um 1600 der Jesuit Jacob Gretser — er war 1560 zu Markdorf
am Bodensee geboren, lehrte in Ingolstadt Philosophie, Moral und
Dogmatik, bekämpfte in vielen Schriften die gegen die Autorität sich
Auflehnenden in scharfer Sprache, vor Allen die Protestanten so, dafs
ihn seine Gesinnungsgenossen *malleolum haereticorum* nannten, aber
auch die Anhänger des Paracelsus, starb 1625 — die Paracelsisten
ärgerte, die damals (vgl. S. 45 im I. Theil) auch die Repräsentanten
der Alchemie waren:

> *Alchemia est scientia sine arte,*
> *Cujus principium est pars cum parte,*
> *Medium strenue mentiri,*
> *Finis mendicatum ire*
> *Vel in cruce corvos nutrire,*
> *Quod Paracelsicis solet evenire,*

und mehrfach noch sonst in ähnlicher Weise. — Aber auch noch etwas
Anderes wurde damals den Alchemisten als sie schliefslich treffend
prognosticirt: ein schimpfliches Ende von Henkers Hand.

Ein solches Ende gerade nicht aber doch immerhin eine schmach-
volle Bestrafung trifft auch jetzt noch betrügerische Alchemisten, wie
sie auch in unserer Zeit noch vorkommen. Früher konnte in der
That ein Alchemist dafür, dafs er die Leichtgläubigkeit und Unwissenheit eines Anderen zu Dessen Nachtheil und seinem wenn auch nur
temporären eigenen Vortheil mifsbrauchte, hingerichtet werden, wenn
der Andere mächtig genug dafür war, eine solche Bestrafung dem
Ersteren angedeihen zu lassen. Davon, dafs ein derartiger Alchemist
ans Kreuz geschlagen worden sei, weifs ich zwar Nichts, und sind die

bezüglichen Worte des Gretser wohl nur als eine poëtische Redens-
art zu nehmen. Dafs jedoch solche Künstler in anderer und mehr-
facher Weise vom Leben zum Tod gebracht worden sind und namentlich das Hängen betrügerischer Alchemisten schwunghaft in Anwendung
gebracht worden ist, findet sich S. 180 ff. im I. Theil dieses Buches
berichtet.   Gab ein Alchemist der Versuchung nach, ein wie edles
Metall aussehendes Kunstproduct behufs Verwerthung desselben in
die Form von Geld zu bringen, so traf ihn die auf Falschmünzerei
gesetzte Strafe. Defshalb waren gegen das Ende des fünfzehnten
Jahrhunderts zu Fez in Marokko viele Alchemisten zu sehen, welchen
eine Hand abgehauen war (vgl. S. 166 f. im I. Theil); in Deutschland
waren in noch späterer Zeit die des gleichen Münzverbrechens An-
geklagten durch die Reichsgesetze mit dem Feuertode bedroht (die
letztere Art der Bestrafung traf auch einmal eine betrügerische Alchemistin, obschon sie sich nicht der Falschmünzerei schuldig gemacht
hatte; vgl. S. 173 im I. Theil). — Heut zu Tage wird falsches
Geld gemacht, ohne dafs die Anfertiger desselben als Alchemisten in
Betracht kommen, und Solchen, welche unter Vorspiegelung des Besitzes der Kenntnifs, wie Gold künstlich hervorzubringen sei, Andere
zu Schaden zu bringen, läfst die humanere Gesetzgebung der neueren
Zeit als Betrügern nur eine Freiheitsstrafe zu Theil werden. Derartige
Fälle gelangen jedoch nur selten zu gerichtlicher Anzeige und Ab-
urtheilung und dadurch in die Öffentlichkeit; da die Alchemie in
Mifscredit gekommen ist und an sie zu glauben nicht als Etwas betrachtet wird, was bezüglich des Verstandes und der Bildung eines
so Geschädigten günstig urtheilen lasse, zieht der Letztere meistens
vor, die Sache auf sich beruhen zu lassen, um nicht zu dem Schaden
auch noch den Spott zu haben.

     Immerhin ist noch aus den letzten Decennien und aus verschie-
denen Ländern dahin Gehöriges bekannt geworden.   Wie Wackenroder (Archiv d. Pharmacie, 2. Reihe, Bd. XIX, Hannover 1839,
S. 34) mitgetheilt hat, wurde im Jahr 1838 ein Schenkwirth im
Reufsischen zu verdienter Strafe gezogen, weil er unter anderen Betrügereien sich auch das Goldmachen hatte zu Schulden kommen
lassen. — Im Jahr 1860 trat in London Einer, der sich Nicolaus
Papaffy nannte und ein Ungarischer Flüchtling sein wollte, mit der
Behauptung auf, er verstehe „unedle Metalle und andere Substanzen

zu Silber umzuwandeln". Er fand bei einer Anzahl wohlhabender und in dem Kreise ihrer Gesellschaft geachteter Männer: Kaufleuten, Geistlichen u. A. Glauben, welche ihm zur praktischen Verwerthung dieser seiner Kunst Geld anvertrauten; da bei einem Versuch, der in Gegenwart Mehrerer von Diesen angestellt wurde, bei Bearbeitung von unedlem Metall (Wismuth u. a.) der Künstler mehr als 10 Pfund Silber aus dem Tiegel herauskommen ließ, erschien die Sache sicher genug, zum Zweck der Silberproduction eine Handelsgesellschaft zu bilden, welche unter der Firma Papaffy, Barnett, Cox & Co. das Geschäft in *Leadenhall Street* Nr. 104 in Gang setzte. Das Unternehmen war recht versprechend; die Rohmaterialien kosteten nicht viel und der technische Director Papaffy, welcher sich übrigens 600 Pfund im Voraus hatte bezahlen lassen, erhielt wöchentlich nur 12 Pfund und diese aus seinem Antheil von der zu erwartenden Dividende. Zu der letzteren kam es aber nicht, weil Papaffy heimlich London verließ, und da stellte sich leider heraus, daß Derselbe auch eine bedeutende Summe (man sprach von 10 000 Pfund) auf Wechsel erhoben hatte, welche von ihm als dem Bevollmächtigten der Firma ausgestellt worden waren (*N. Pharmaceutical Journal and Transactions, Vol.* II, *No.* 10: Aprilheft 1861; Wittstein's Vierteljahresschrift für praktische Pharmacie, XI. Band, München 1862, S. 95 f.). — Vielleicht der Nämliche, jedenfalls ein Alchemist von sehr ähnlichem Namen und gleicher Qualification trat 1877 in Valparaíso auf und fand da Gläubige aber auch Solche, die sich wegen der Schädigung durch ihn an das Gericht wendeten. Aus Valparaíso wurde unter d. 10. Januar 1878 der Kölner Zeitung geschrieben (veröffentlicht in dem 1. Blatt derselben v. 20. Februar 1878): „Mehr als die öffentlichen Angelegenheiten beherrscht der Alchymist Paraff die öffentliche Aufmerksamkeit; wie lange noch die über ihn verhängte Untersuchung, ob Schwindler oder nicht, dauern soll, ist gar nicht abzusehen, die Procefsacten über den Fall enthalten bereits mehr als 600 Seiten; eine Milderung seiner Gefängnifshaft trat in so fern ein, als die sogenannte *Incomunicacion* oder das strenge Verbot, Besuche zu empfangen, aufgehoben ward. Es heifst, Paraff will jetzt nicht länger als einziger Sündenbock dastehen und droht mit beifsenden Enthüllungen. Trotz alledem gibt es eine Menge Gläubige, in deren Augen er als der grofse Scheidekünstler gilt, für den er sich aus-

gibt; sie brachten ihm sogar in dem innern Hofe der Artillerie-
caserne, welche ihm zum Gefängnifs angewiesen, eine überaus lärmende
Ovation dar. Ein Reporter des *Ferrocarril* interviewte ihn in seiner
Hafteinsamkeit und erzählt von den grofsmüthigen Plänen des Ge-
fangenen. „Meine einzige Rache", sprach der Edle, „soll sein, Gold
zu bereiten, wenn ich meine Freiheit wiederbesitze, und zwar zu einem
Preise, der alle Geldmärkte erschüttern wird, ohne dafs meine ehemaligen Genossen mehr davon als den Geruch haben sollen" *). — Aber
auch an dem Ort, welcher sich rühmt die Hauptstadt der Civilisation
zu sein, in Paris findet ein betrügerischer Alchemist noch Solche, die
sich von ihm betrügen lassen. Was die Kölner Zeitung vom 18. April
1882 im 2. Blatt als vom vorhergehenden Tag ihr aus Paris berichtet hat, würde bei jedem Versuche der Kürzung verlieren. „Es

---

*) Nicht nur in Chile sondern auch in Peru scheint Paraff Leichtgläubige
gefunden zu haben; vorher war er auch in Newyork gewesen, wo er gleichfalls kein gutes Andenken hinterliefs. An das Frankfurter Journal schrieb (wie
in Nr. 453 dieser Zeitung v. 20. Juni 1882 veröffentlicht worden ist) im Früh-
sommer 1882 ein Correspondent aus Newyork bei der Besprechung, durch
welche Mittel Actien zum Steigen gebracht werden: „Vor einer Reihe von Jahren
lebte hier der berühmte Faiseur, Chemiker und Schwindler Paraff, der nämliche, welcher zuerst die Bereitung des Oleomargarines einführte und unzählige
andere industrielle Projecte producirte, in die eine Anzahl Bürger und eine Unzahl Dollars hineinfiel. Derselbe Paraff wandte dann seine Thätigkeit unserer
Schwesterrepublik Peru zu und erfand ein Verfahren, aus Kupfererz Silber zu
scheiden, was ihm dadurch gelang, dafs er aufgelöstes Silber in die Säuren
practirte, die er zu diesem Verfahren verwandte, um es nachher in fester Gestalt als gewonnen zu produciren. Auf diesen rohen Betrug fielen eine Menge
Peruaner „rein", die Actien stiegen auf einige tausend Dollar per Stück, bis
man eines Tages den Schwindel entdeckte und Hr. Paraff verduftete". Da
hat er sich also nicht Dessen berühmt, mit Geheimnissen der Hermetischen Kunst
vertraut zu sein, sondern falsche Angaben über den Gehalt von Erzen an edlem
Metall gemacht und diese Angaben in der angedeuteten Weise scheinbar erwiesen. Solches kommt nun auch in Europa vor; Bonet y Bonfill giebt z. B.
in der S. 26 im I. Theil angeführten Rede *p*. 143 *ss.* eine ausführliche, in den
Jahren 1880 bis 1882 spielende Erzählung, dafs auf Grund von Analysen eines
in der Spanischen Provinz Murcia reichlich vorkommenden aber Gold und Silber
nur spurenweise enthaltenden Gesteines, die in ähnlicher Weise gefälscht waren,
sich behufs der Bearbeitung desselben auf diese edlen Metalle eine Gesellschaft
in Paris bildete, welche sich bald unter Verlust beträchtlicher Summen wieder
auflöste. Aber Derartiges ist nicht mehr alchemistisch und aus diesem Grunde
hier nicht weiter zu verfolgen.

ist nicht eben zu verwundern, wenn viele Leute bei dem teuren
Pariser Leben sich ernstlich überlegen, wie sie ihre Einkünfte durch
einen aufserordentlichen Coup vermehren können und dafs sie dabei
bisweilen auf absonderliche Pläne verfallen; dafs aber immer wieder
geldbedürftige Seelen Opfer der Goldmacherkunst werden, ist ange-
sichts der reichen auf diesem Felde gemachten Erfahrungen doch be-
fremdend. In frühern Zeiten umgaben sich die Goldmacher mit dem
Scheine des Wunderbaren und Geheimnisvollen, wobei sie es oft zu
sehr schönen financiellen Erfolgen brachten; in unserem skeptischen
Zeitalter legen sie sich sehr zeitgemäfs auf die Wissenschaft, wobei
auch immer noch etwas zu verdienen ist, wie nachfolgende Geschichte
beweist, die sich gestern vor dem Pariser Gericht abspielte. Ein
kluger und gelehrter Yankee namens Wyse kam übers Wasser und
machte die Bekanntschaft des Prinzen Rohan, der ungemein entzückt
war, als Wyse ihm mitteilte, dafs er nicht nur Gold machen könne,
sondern auch grofsmütig bereit sei, den Prinzen an dem ungeheuren
Gewinn zu beteiligen, wenn dieser ihm nur das zu den Experimenten
nötige Geld vorschiefsen wolle. Nun scheint es, dafs der Prinz Rohan
an diesem Metall auch nicht gerade Ueberflufs gehabt hat, denn er
wandte sich an einen Grafen Sparre, der trotz ursprünglichen Mifs-
trauens doch schliefslich die Sache nicht übel fand und einiges Geld
herausrückte. Nun begann das grofse Werk. Wie aus der Verhandlung hervorgeht, konnte man Wyse, Rohan und Sparre mit grofsem
Eifer am Werke thätig sehen: Rohan und Sparre zogen in Hemd-
ärmeln den Blasebalg, während Wyse die köstlichen Substanzen in
einen Kessel warf. Wenn aber der Curs beinahe vollendet war,
fügte Wyse der Mischung noch ein Pulver bei, das einen so abscheulichen Gestank verbreitete, dafs Rohan und Sparre davon-
liefen. Wenn der Gestank sich dann einigermafsen verzogen hatte,
kamen sie wieder und empfingen aus Wyse's Händen den eben gefertigten Goldklumpen, dessen Gröfse übrigens sehr bescheiden war.
Indessen das Gold war gut und echt und aus dem Verkauf wurden
600 Fr. gelöst, in welche Summe die beiden financiellen Unternehmer
sich teilten. Ermutigt durch diese erste Dividende, brachten sie
nun zusammen 13400 Fr. auf, mit denen das Geschäft im grofsen
fortgesetzt werden sollte; leider aber zog es der Gelehrte vor, mit
diesem Gelde Paris und seine Gönner zu verlassen, die nunmehr auf

den Gedanken kamen, daſs sie von einem Schwindler gefoppt worden
seien. Prinz Rohan erstattete Anzeige beim Gericht und hatte
gestern die Genugthuung, den Wyse — *in contumaciam* — zu zwei
Jahren Gefängnis und 50 Fr. Geldbuſse verurteilt zu sehen. Diese
Verhandlung gab dem Prinzen Rohan Anlaſs, seine — Leichtgläubigkeit vor ganz Paris aufzudecken, während vom abwesenden Grafen
Sparre, um auch ihn nicht ganz leer ausgehen zu lassen, ein Brief
vorgelegt wurde, der als Stilprobe hervorragend, als orthographische
Leistung aber unerreichbar ist. Wyse dürfte inzwischen sich damit
beschäftigen, seine 13000 Fr., wenn auch nicht gerade in metallische,
so doch in andere Gegenstände umzuwandeln".

Eine solche Begebenheit wäre vor zwei- oder dreihundert Jahren
und selbst noch weit in das vorige Jahrhundert hinein weniger auffallend gewesen als jetzt. Damals glaubte man noch in weitesten
Kreisen an die Alchemie, und wenn man die Existenz von wahren,
die Kunst wirklich verstehenden Alchemisten anerkannte, war es nichts
so Auffallendes, daſs auch falsche Alchemisten auftraten und Solche
fanden, die ihnen Vertrauen schenkten. Noch vor hundert Jahren
war die Alchemie wenigstens etwas allgemeiner Bekanntes. Um die
Mitte des achtzehnten Jahrhunderts konnte noch Lichtwer in seiner,
den Älteren unter den Lesern dieses Buches doch wohl vorgekommenen
Erzählung „von den seltsamen Menschen", die „jenseits der Huronen,
elfhundert Meilen hinter ihnen" wohnend ihre ganze Aufmerksamkeit
Einem Gegenstand ungetheilt und unverrückt zuwenden, die Frage
als eine ganz verständliche aufwerfen lassen: „So suchen sie vielleicht
der Weisen Stein"? Heut zu Tage bedarf diese Stelle eines erläuternden Commentars. —   Die Alchemie hat die Bedeutung, die
vordem ihr zukam, gänzlich verloren. Während sie in der ältesten
Zeit, aus welcher wir von ihr Kenntniſs haben, als ἡ θεία o. ἱερὰ o.
ἁγία τέχνη, die göttliche o. heilige Kunst bezeichnet wurde, während
sie später um Deſs willen, wie viele gekrönte Häupter sie begünstigten
und selbst sich in ihr versuchten, füglich als *ars regia*, die königliche
Kunst benannt werden konnte, ist sie jetzt ein verschollenes und wo

ihrer überhaupt noch gedacht wird ein in übeler Achtung stehendes Treiben. Und die Alchemisten, früher angesehen nach Oben und nach Unten, gesucht von den Vornehmen und oft durch Standeserhöhung oder in anderer ehrender Weise ausgezeichnet: jetzt bitten sie — sind sie ehrlich — um Unterstützung oder wandeln sie — sind sie selbst von der Unwahrheit ihrer Versprechungen überzeugt — vor der Polizei sich fürchtend die Bahn des Verbrechens.

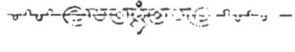

Anmerkung I zu S. 9:
Über die Zusammenstellung von Gold und Rose in der Hermetischen Literatur und als Symbol für die Rosenkreuzer schon vor der zweiten Hälfte des achtzehnten Jahrhunderts.

In der zweiten Hälfte des achtzehnten Jahrhunderts (vgl. S. 18) nennen sich die angeblichen Nachfolger der älteren Rosenkreuzer Gold- und Rosenkreuzer, und diese Bezeichnung ist für diese spätere Zeit eine so gewöhnliche, dafs man versucht sein könnte, in die letztere die Abfassung von Schriften-Titeln zu setzen, in welchen der Ausdruck „Gold- und Rosenkreuzer" sich findet. Gold und Rose, von den Alchemisten auch sonst manchmal zusammengestellt, kommen jedoch auch speciell zum Symbol für die Rosenkreuzer geeint, wenn gleich nicht häufig, schon vor der Mitte des achtzehnten Jahrhunderts vor. — Nicht blofs an einem Zeichen, an welchem die Rosenkreuzer zu Amsterdam 1622 und in anderen Städten um diese Zeit nach der Angabe zu erkennen sein sollten, welche Ludw. Conr. Orvius' zum ersten Mal 1737 veröffentlichte *Occulta philosophia* oder *Coelum sapientum et re.ratio stultorum* hat. (Der unter diesem Namen Schreibende ist nach Joh. Friedr. Gmelin's Geschichte der Chemie, Bd. II, S. 331 Ludw. Conr. von Berg gewesen, der mir unbekannt und wohl nicht mit dem 1642 als Prediger zu Frankfurt a. d. O. gestorbenen Conr. Berg identisch ist, welcher ein *Artificium Aristotelico-Lullio-Rameum* verfafst hat; in E. Weller's *Index pseudonymorum*, Leipzig 1856, und den Nachträgen dazu habe ich den Namen Orvius nicht gefunden.) Der Verfasser, der zu beklagen hat, dafs er damals durch die Amsterdamer Gesellschaft um Alles gebracht worden sei, berichtet, dafs die Mitglieder des Rosenkreuzer-Bundes zu ihren Versammlungen mit einem blauen Ordensband geschmückt gingen, an welchem ein goldenes Kreuz mit einer Rose hing. (Diese Angabe entnahm ich dem Allgemeinen Handbuch der Freimaurerei, 2. Auflage, III. Bd., Leipzig 1867, S. 89; die rare *Occulta philosophia* des Orvius konnte ich mir trotz der Belästigung mehrerer an solchen Schriften reicher Bibliotheken nicht zur Einsichtnahme verschaffen, habe sie aber doch später aus der Hofbibliothek zu Darmstadt erhalten. Joh. Friedr. Gmelin verzeichnet a. a. O. dieses Buch als 1737 zu Frankfurt erschienen: G. Kloss giebt in seiner Bibliographie der Freimaurerei u. s. w.

S. 196 an, die Vorrede zu der Ausgabe von diesem Jahr sei 1635 geschrieben. Das mir vorliegende Exemplar hat auf dem Titel nach den vorher angegebenen Worten: „Darinnen ordentlich, deutlich, und gründlich, als noch von keinem geschehen, gezeiget wird, wie man zu dem *acidösi*schen *solventen* und wahren *hermeti*schen Wissenschaft gelangen soll. Wobey zugleich eine sehr curiöse Nachricht von dem Leben des *Auctoris* und einer Bande *Adeptorum* befindlich ist. Jezo zum erstenmahl aus einem sehr alten und raren *Manuscript* den Liebhabern der edlen *Chimie*, und nicht den einfältigen Spöttern, zu Nutz heraus gegeben von L. H. J. V. H. J. D. Gedruckt, in der Insul der Zufriedenheit 1737". In der Vorrede finde ich nicht die Angabe, dafs dieselbe 1635 geschrieben sei; sie giebt sich als von einem Mann, der 1622 Familie gehabt habe, verfafst, sucht den Eindruck zu erregen, dafs der Verfasser zu gediegenem Wissen gelangt sei und aufrichtig schreibe, und macht mir den Eindruck frecher Erdichtung. Um Nichts glaubwürdiger als die Versicherung des Verfassers, er habe selbst gesehen, dafs die allerdings mit der Darstellung des Steins der Weisen bekannten Rosenkreuzer von diesem zu ihrem Vergnügen ausgearbeiteten Präparat den Überflufs dem *Vulcano* aufopfern, erscheinen mir alle von ihm über die Rosenkreuzer gegebenen Nachrichten, namentlich auch die bezüglich der Erkennungszeichen Derselben gemachten Mittheilungen: aufser der vorher erwähnten Angabe auch die, dafs sie eine schwarze seidene Schnur in dem obersten Knopfloch des Rockes tragen und zwischen Wirbel und Stirn blofsgeschoren seien wie ein Luder, dafs ein Rosenkreuzer den anderen mit *Ave Frater* grüfse und den Gegengrufs *Rosae et Aureae, benedictus Deus Dominus noster, qui dedit nobis signum* erhalte, u. A. Ich bin auf das in der Vorrede dieses selten gewordenen Buches Stehende näher eingegangen, weil es noch in neuerer Zeit als verlässige Auskunft gewährend betrachtet worden ist; seinem ganzen Umfang nach und wörtlich ist das eben Angedeutete und mehr noch in das Allgem. Handb. d. Freim. a. a. O. aufgenommen worden, „weil daraus das ganze Treiben zu ersehen". Übrigens ist Das, zu was diese Vorrede geschrieben ist, ein ganz ordinärer alchemistischer Tractat.) — Sondern die Zusammenstellung von Gold und Rose findet sich schon vor der Mitte des achtzehnten Jahrhunderts auch auf den Titeln rosenkreuzerischer Schriften. Nach J o h. F r. G m e l i n (a. a. O.) schickte schon 1710 ein P o l y c a r p C h r y s o s t o m u s ein in verschiedene 1710 bis 1714 erschienene Bücher aufgenommenes Missiv an die hocherleuchtete Brüderschaft des Ordens des goldenen und Rosen-Kreuzes *Lux in cruce et Crux in luce*, und gleichfalls 1710 wurde (zu Breslau) veröffentlicht „Die wahrhaffte und vollkommene Bereitung des philosophischen Steins der Brüderschaft aus dem Orden des Gülden- und Rosen-Creutzes — — —, von S. R. (S i n c e r u s R e n a t u s; unter diesem Namen schrieb der dem Rosenkreuzer-Bund zugehörige S a m u e l R i c h t e r, Prediger zu Hartmannsdorf bei Landshut in Schlesien). Einiger nach den Überschriften in den 1720er Jahren von Mitgliedern des Bundes *roseae et aureae crucis* anderen mitgetheilter alchemistischer Anleitungen, welche ungedruckt geblieben sind, wurde in der Anmerkung zu S. 9 gedacht. — Auch bezüglich der Zusammenstellung von Gold und Rose in den Titeln Hermetischer Schriften, welche nicht der Rosenkreuzer-Literatur zugehören, mögen einige Angaben hier einen Platz

finden. Nach Verzeichnissen der alchemistischen Literatur kam (vgl. Schmieder's Geschichte der Alchemie S. 153) ein Tractat *Aurea rosa* des Arnald
von Villanova handschriftlich vor. Ein wohl auch nur in Handschriften vorhanden gewesener Tractat: *Rosa aurea sive Rosarius, tractatus excellentissimus
de philosophorum lapide, a doctissimis philosophis descriptus* wird von Gmelin
(a. e. a. O., Bd. I, S. 501) als aus der ersten Hälfte des siebzehnten Jahrhunderts
stammend angeführt. „Die güldene Rose, ein weitläufiges alchemistisches Gedicht
in deutschen Versen", zuerst zu Hamburg 1705 veröffentlicht und dann wiederholt zusammen mit anderen derartigen Tractaten verbreitet, wird uns in dem
Anhang: „Beitrag zur Bibliographie der Alchemie" vorkommen. — Aber nicht
jede goldene Rose ist auf Hermetischem bez.-w. rosenkreuzerischem Boden gewachsen; so z. B. auch nicht diejenige, auf welche als Christoph Schützens
Güldene Rose v. Welling im *NB.* vor dem II. Theil seines 1735 zuerst erschienenen *Opus mago-cabbalisticum* hinweist. Dem Zusammenhang nach war
zu vermuthen, daß diese Schrift frommen Inhaltes sei, was nicht ausschloß, daß
sie nicht auch Alchemistisches enthalte, denn die Theologen gaben sich von je
her sonderlich gerne mit Alchemie ab. Bei dem Versuch, Etwas über den Verfasser und den Inhalt der Schrift zu erfahren, gaben die mir zunächst sich bietenden s. g. gelehrten Nachschlag-Bücher kein Resultat; denn der Jo. Christophorus Schüz aus Bempflingen, dessen Dissertation *De redemtione ecclesiae
proprio Dei sanguine facta* 1753 zu Tübingen gedruckt wurde, konnte schon
der Zeit nach nicht der Gesuchte sein. Wohl aber gab das Zedler'sche Universal-Lexicon, XXXV. Bd. (Leipzig u. Halle 1743), S. 1385 Aufschluß: Der
Küfer Christoph Schütz aus Umstadt am Odenwald, ein Fanatiker welcher
aus der Kirche aus- und um 1728 den separirten s. g. Asiatischen Gemeinden
im Isenburg'schen bei Frankfurt a. M. zutrat, hat außer mehrerem Aehnlichem
auch geschrieben: „Güldene Rose oder Zeugniß der Wahrheit von der güldenen
Zeit des 1000jährigen Reichs und Wiederbringung aller Dinge" (drei Theile;
Gießen 1727 u. 1731).

Anmerkung II zu S. 11:

Neigung zu Alchemie bei Gliedern der Familie von Sickingen.

Schon der Berühmteste der Familie von Sickingen: der 1481 — 1523
lebende Franz v. S. scheint der Alchemie geneigt gewesen zu sein. Johannes
Trithemius berichtete 1507 (*Opera historica, Francofurti* 1601, *P.* II, *p.* 559 *s.*)
in einem Brief an einen Freund, daß auf Anregung dieses Sickingen, *hominis
mysticarum rerum percupidi*, ein Abenteurer zu einer Lehrerstelle in Kreuznach
gelangt war, welcher als *magister Georgius Sabellicus, Faustus junior*,

fons necromanticorum, astrologus, magus secundus, chiromanticus, agromanticus, pyromanticus, in hydra arte secundus auftrat und sich berühmte, *se in alchimia omnium qui fuerint unquam esse perfectissimum, et scire atque posse quicquid homines optaverint.* — In der Geschichte der Chemie wird ein Graf von Sickingen unter den Chemikern genannt, welche im vorigen Jahrhundert sich mit dem Platin beschäftigten, und namentlich als Derjenige, der die Schweifsbarkeit des aus dem s. g. Platinsalmiak erhaltenen Metalls zuerst erkannte und dieses in Blech- und Drahtform zu bringen gewufst hat; seine Versuche wurden 1772 in Paris angestellt, wo er als Kurpfälzischer Gesandter lebte, aber erst 1778 der Französischen Akademie mitgetheilt (eine Deutsche Übersetzung seiner Abhandlung: „Versuche über die Platina" kam 1782 zu Mannheim heraus). Für diesen Reichsgrafen und Kurpfälzischen Geheimerath Karl von S. wird angegeben, dafs er 1707 geboren im Mai 1787, aber auch, dafs er im 83. Jahr im November 1784 gestorben sei (Poggendorff's Biographisch-literarisches Handwörterbuch II. Bd., S. 922). Er war wohl der Graf von S., über welchen G. Forster, im August 1784 in Wien mit ihm bekannt geworden, an Sömmerring schrieb: „Der Graf Sickingen ist auch hier. Er sieht aus wie ein alter Liebhaber in der französischen Comödie, oder ich möchte sagen wie ein Charlatan, das er aber nicht ist, oder wie ein Alchymist, der Mittel hat, auf sein *extérieur* was zu verwenden. Das letztere pafst, denn man versichert mich, er laborire. Ein gescheuter Kopf ist er aber. Er hat ein Stück Platinablech, das über einen Schuh ins Gevierte hält, es sieht wie Silber aus und ist völlig biegsam" (G. F.'s Briefwechsel mit S. Th. S., S. 111; der Graf S., dessen als in Mainz sich aufhaltend 1788 in diesem Briefwechsel S. 484 u. 486 gedacht ist, scheint ein Jüngerer gewesen zu sein). Und wohl auch auf ihn bezieht sich eine uns in Betracht kommende Nachricht, welche der „Denkwürdige und nützliche Rheinische Antiquarius" im V. Bd. der II. Abtheil. (a. u. d. T. „Das Rheinufer von Coblenz bis zur Mündung der Nahe, — — dargestellt durch Chr. v. Stramberg", IV. Bd., Coblenz 1856) da hat, wo anläfslich der in der Sickingen Besitz gekommenen Sauerburg (unfern des Einflusses der Wisper in den Rhein) über dieses Geschlecht eingehend gehandelt ist. Hier wird S. 230 Karl Anton Johann Damian v. S. genannt, welcher 1702 geboren 1773 die reichsgräfliche Würde, auch das Prädicat eines K. K. Geheimerathes erhalten habe, und hinzugefügt: „Von ihm ohne Zweifel erzählt Malten, was durch die örtliche Tradition bestätigt: „Die Sauerburg war in der letzten Hälfte des achtzehnten Jahrhunderts der Schauplatz einer aufserordentlichen Begebenheit. — — Das Haupt der gräflichen Familie Sickingen, ansässig in Mainz, verschwendete sehr grofse Summen in angeblicher Erforschung der Goldmacherei. Um nicht ganz zu Grunde gerichtet zu werden, fafsten seine Söhne, nach vergeblicher Erschöpfung aller Vorstellungen, den Entschlufs, den Vater zu entführen und ihn dergestalt in Gewahrsam zu halten, dafs er nur über das Nothwendigste verfügen könne. Er verschwand in der That plötzlich aus Mainz. Nach langem Forschen gelang es endlich seinen Freunden, zu erfahren, dafs er in einem Gewölbe der Sauerburg eingesperrt sei. Der Kurfürst befahl sogleich den Greis zu befreien. Es war jedoch zu spät; denn als man das Verlies betrat, worin er geschmachtet, war er nicht mehr darin. Aus der nun folgenden langen Untersuchung hat sich nie ergeben, was aus ihm geworden". Der Graf ward indessen nicht auf der Sauerburg, sondern in einer an ihrem Fufse belegenen Hütte, die jetzt in einen Stall verwandelt, gefangen gehalten. Noch zeigt man das eiserne Gitter, durch welches er von der Welt geschieden. Er soll im J. 1786 gestorben sein".

Anmerkung III zu S. 13:

Zur Kenntnifs der *Aurea catena Homeri* und über die Schriften des Ehrd von Naxagoras und deren Verfasser.

In einer besonderen kleinen Schrift (Braunschweig 1880) über das *Aurea catena Homeri* betitelte Hermetische Buch habe ich die Eindrücke, welche namentlich auch durch es Goethe in seiner Jugend bei der Beschäftigung mit Hermetischer Chemie zu dauernder Nachwirkung erhalten hatte, besprochen, über die Veröffentlichung und Verbreitung dieses Buches und über das Ansehen, in welchem es im vorigen Jahrhundert stand, berichtet, von dem Inhalte desselben eine Vorstellung gegeben, die Frage erörtert, auf welchen Grund hin es den ihm gegebenen Titel führe und wie das Symbol der goldenen Kette im Alterthum vorkommt und später auf es Bezug genommen ist, und den Verfasser des Buches kennen gelehrt. Für das zuerst 1723 und dann in einer Reihe von Ausgaben unter dem oben angegebenen Titel, zuletzt 1781 unter dem Titel *Annulus Platonis*, welcher Ausdruck auch schon in den früheren Ausgaben Dasselbe wie *Aurea catena Homeri* symbolisch bedeutet, veröffentlichte Buch konnte ich nicht nachweisen, dafs in den ersten Decennien des vorigen Jahrhunderts eine nähere Veranlassung dafür gegeben gewesen sei, den Titel des Buches so wie geschehen zu wählen.

Durch meinen Collegen Adalb. Merx bin ich später auf die ihm in einem antiquarischen Katalog vorgekommenen Titel von zwei Büchern aufmerksam gemacht worden, deren eines gleichfalls 1723 veröffentlicht Etwas über die Ringe des Plato und die goldene Kette des Homer zu enthalten in Aussicht stellte, das zweite eine gleichfalls über Hermetisches Wissen handelnde Schrift desselben Verfassers zu sein schien. Diese so viel ich weifs zu den seltener ausgebotenen gehörenden Bücher waren, als ich sie erwerben wollte, bereits in den Besitz Anderer übergegangen; ich habe aber sie wie so Manches, was mir sonst nicht oder nur schwerer zugänglich gewesen wäre, von der Stadt-Bibliothek zu Frankfurt a. M. erhalten.   Die „*Experientia Naxagorae, secundum annulos Platonicos et catenam auream Homeri*. Worinnen der wahrhafte *Process*, Die *Universal-Medicin* zu *elaboriren*, so wohl vor den menschlichen Leib, Als die *Metalla* zu verbessern; klar und aufrichtig vor Augen lieget. Franckfurt a. M. 1723" soll nach einer am Ende der 1731 erschienenen Ausgabe des im Nachfolgenden zu besprechenden *Aureum Vellus* in unberufener Weise und mehrfach entstellt veröffentlicht worden sein. Diese Schrift giebt sich als nach einem bisher verbor-

genen Manuscript gedruckt; sie enthält vor dem Vorwort ein Blatt, worauf steht:
„Der gantze *Process* zeiget, Wie so gar schlecht und einfältig die Natur sey
und würcke, und wie es die Kunst ihr also nachthun müsse, wo sie nicht wieder
dieselbe, sondern mit derselben glücklich arbeiten wolle. Auch augenscheinliche
und Sonnen-klare *Demonstration*, wie eines aus dem anderen gehe, und all unsern Arbeiten an einander hangen, gleich einer Ketten, so aus lauter Ringen
besteht, da einer in den andern verbunden, endlich solche alle zusammen, also
zu einem nutzbaren Gebrauch herfür kommen, oder thun, was sie sonst einzeln
nicht vermochten. So dafs defswegen die unterschiedene Vorbereitung unserer
Materie eigentlich nichts anderst sind, als einige *continuirte Operation*". Im
Übrigen bringt weder dieses Buch, das sehr prätentiös auftritt („Du aber ge-
liebter Christlicher Leser! Der Du von Gott dem Allerhöchsten gewürdiget wirst,
dieses *Manuscript* in Deine Hände zu bekommen" beginnt das Vorwort), irgend
etwas auf die goldene Kette des Homer oder die Ringe des Plato Bezügliches,
noch enthält es sonst Etwas, was hier bei ihm zu verweilen veranlassen könnte.
— Dasselbe gilt für das Buch, welches kurzweg betitelt ist: „*Sancta Veritas Hermetica, seu Concordantia philosophorum consistens in sale et sole vel mercurio
et sulphure.* Das ist: Die ehemals *excerpirte* und darauf mit eigener Hand *experimentirte* Sonnen-klare Wahrheit Der Philosophen Schrifften, Vermittelst welcher Ich Ehrd von Naxagaras, *Johann. Eques*, In diesem 1700. *Seculo* durch
die mir von oben herab verliehene Gnade und Barmhertzigkeit Gottes zu der
Erkänntnifs des höchsten Geheimnisses dieser Welt, menschlicher und metallischer
Gesundheit gelanget: Ehemalen von mir selbsten zur Erinnerung meiner gehabten
Speculationen und Arbeiten. als anderer Ursachen willen, also auffbehalten;
Nunmehro aber ohne alles Lob, weil das Werck sich selbsten rühmen wird,
durch öffentlichen Druck, allen rechtschaffenen *Filiis Doctrinae*. aus wohlmey-
nendem und treuem Hertzen, zum Besten gegeben, auf dafs sie wissen mögen,
in was vor Puncten die wahren *Philosophi* überein kommen, oder wie viel derselben, und welche es sind, weil sie einhellig schreiben: *Quod nullibi veritatem
scripserint, quam ubi convenerint.* Brefslau 1712". Der Verfasser stellt sich
als einen wirklich wenn auch erst spät und mühsam zu günstigem Erfolg in
seiner Kunst gekommenen Alchemisten hin, bringt aber nur Zusammenstellungen
von Aussprüchen verschiedener Schriftsteller, mehr oder weniger berühmter
(unter letzteren namentlich des später zu erwähnenden Heinr. v. Batsdorf).
Das Durchgehen des ganzen Buches (es war hart; 902 Octavseiten) ergab nichts
auf die Platonischen Ringe oder die goldene Kette des Homer Bezügliches.

Der unter dem Namen Ehrd von Naxagaras o. Naxagoras Schreibende
hat mich zunächst defshalb beschäftigt, weil sein eines Buch, in demselben Jahr
1723 veröffentlicht wie die von Goethe mit Wohlgefallen gelesene *Aurea catena
Homeri* des Ant. Jos. Kirchweger, Bezugnahme auf die goldene Kette des
Homer wenigstens in den Worten des Titels hat. Es läfst Dies schliefsen, dafs
wohl nicht allzu lange vor dem angegebenen Jahr Etwas erschienen war, was
von diesem Symbol Gebrauch zu machen zwei verschiedenen Schriftstellern ungefähr gleichzeitig nahe legte: für den Zusammenhang aller alchemistischen Arbeiten unter einander dem Einen, für die Verknüpfung verschiedener Arten von

Geschaffenem dem Anderen. (Was als möglich betrachtet werden könnte: dafs
Ehrd von Naxagaras und Kirchweger die nämliche Person gewesen seien,
glaube ich nach meiner Bekanntschaft mit den Schriften Derselben bestimmt
nicht.) Aber dieses Etwas vermochte ich noch nicht ausfindig zu machen.   Als
die Schrift, die es sein könne, möchte vielleicht Einem erscheinen die von Becher
in England verfafste, mir nur durch die Aufnahme in die 1719 zu Nürnberg
u. Altorf von Fr. Rothscholtz herausgegebenen *Becheri Opuscula chymica
rariora* (*p.* 63 *ss.*) bekannte: *Centrum mundi concatenatum, seu Duumviratus
Hermeticus, sive magnorum mundi duorum productorum nitri et salis textura et
anatomia, aëris nempe et maris consideratio.* Als dafür sprechend könnte betrachtet werden, dafs auch diese Schrift die Verknüpfung zwischen verschiedenen
Arten wichtigster Körper behandelt, worauf schon ihr Titel hinweist (an diesen
erinnert der, unter welchem L. Favrat 1762 seine Lateinische Übersetzung
des Kirchweger'schen Werkes erscheinen liefs: *Aurea catena Homeri, id est
concatenata naturae historia physico-chymica*); ferner das auf dem Titel der
Schrift zur Andeutung der Richtung derselben stehende Motto: *Quodcunque superius est, simile est ei, quod est inferius*: Das entspricht der Th. I, S. 219 erwähnten Lehre der *Tabula smaragdina*, auf welche auch in Kirchweger's
Werk ganz ausdrücklich öfters Bezug genommen ist (besiehe meine *Aurea catena Homeri* S. 19 f.). Aber auch abgesehen davon, dafs in Becher's Schrift
das Symbol der goldenen Kette des Homer nicht vorkommt, hat der fast überwiegend alchemistische Inhalt derselben mit dem des Kirchweger'schen Werkes
so wenig gemein, dafs ich es nicht als wahrscheinlich betrachten kann, das letztere lehne namentlich in Betreff des Titels an die erstere an.

Als von dem vorher besprochenen Autor verfafst ist in den drei ersten Decennien des vorigen Jahrhunderts noch eine Anzahl anderer alchemistischer
Schriften veröffentlicht und die meisten derselben sind wiederholt, zum Theil
sogar oft aufgelegt worden. Ich habe von der Stadt-Bibliothek zu Frankfurt a. M.,
der Universitäts- und der Stadt-Bibliothek zu Breslau und der Universitäts-Bibliothek
zu Rostock nach und nach mehr derartige Schriften zusammenbekommen, als
ich an irgend einem Ort als unter dem Namen Ehrd von Naxagaras o. Naxagoras erschienen oder Diesem zugehörig angegeben gefunden habe.   Joh.
Friedr. Gmelin nennt in seiner Geschichte der Chemie, II. Band, S. 314 f.
vier: den alchymistischen Particularanzeiger, eine *Alchymia denudata*, eine *Sancta
veritas Hermetica* und eine *Aurea catena Homeri*. Die letztere Schrift soll zu
Leipzig 1728 herausgekommen sein; ich habe ein dieser Angabe entsprechendes
Buch nicht erhalten können und betrachte es als möglich, dafs sie sich in etwas
unrichtiger Weise auf die vorbesprochene, zu Frankfurt a. M. 1723 erschienene
Experientia Naxagorae secundum annulos Platonicos et catenam auream Homeri
bezieht; ich mufs es dahin gestellt sein lassen, ob von dieser Schrift auch eine
Leipziger Ausgabe von 1728 existirt und auch noch eine, zu Giefsen herausgekommene von 1723 (von Heinr. Wilh. Rotermund wird in d. Fortsetzung
und Ergänzungen zu Jöcher's allgemeinem Gelehrten-Lexiko V. Band, Bremen
1816, S. 420 unter den Schriften des Naxagoras auch aufgeführt *Experimentum*

secundum annulos Platonicos, Giessae 1723; in dem II. Theil der Ausgabe von 1731 des im Nachstehenden zu besprechenden *Aureum Vellus*, S. 319 wird nur einer Frankfurter Ausgabe gedacht). Auch die *Sancta Veritas Hermetica*, von welcher meines Wissens nur die Breslauer Ausgabe von 1712 existirt, ist im Vorhergehenden bereits besprochen.

Von dem alchymistischen Particularanzeiger giebt es Rostocker Ausgaben von 1706, 1707, 1715, 1716 und 1726. Die beiden ersten, mir allein zur Ansicht gekommenen, 13 unpaginirte und 75 paginirte Seiten umfassenden Ausgaben stimmen Seite für Seite überein, sind aber wenn auch mit derselben Schrift doch von verschiedenem Satz gedruckt und nicht etwa die nämliche Auflage mit ungleich datirten Titeln (der eine nennt Rostock 1706, der andere Rostock und Leipzig 1707 als Verlagsort, jeder Joh. Heinr. Rufsworm als Verleger). Der Titel ist: „*Chymischer oder Alchymistischer Particularzeiger das ist Treuer Unterricht vom Gold- und Silbermachen, Vermittelst welchem einer, der sonst sein Brodt erwerben mufs, blofs durch die eine Zeither nach einander, von einem und andern Authore* in öffentlichen Druck beförderte dem Ansehen nach geringe Zinnober *Experimenta* zu einem höchst nutzbahren und bewehrten Stücke gelangen, und sein nicht nur nothdürftiges ehrliches Auskommen, sondern auch reichliches *Interesse*, in kleinem Verlag mit gutem Gewissen und ungekräncket seinem Nechsten im Jahr heraus finden oder verdienen könne. Allen *Ignoranten*, so die *Transmutation* oder *Maturation* der Metallen aus blofsen Eigendünckel verkleinern und lästern zum Trutz. denen jenigen aber so bereits in *Chymia* oder *Alchymia* stecken und daran selbst zu zweifeln anfangen wollen zum höchsten Nutz aus hertzlicher wohlmeynender *Intention* an Tag gegeben von I. N. V. E. J. E. A. S. P. C.“ Nach einer Ansprache „An dem alle Dinge und Jedermanns Tadler dem *Momo*“, worin Derselbe als „*Lästerlicher Momo!*“ angeredet und nach Gebühr behandelt wird, und nach einer Vorrede, in welcher damaliger Sitte gemäfs zu voller Wahrung des Schicklichen ein „Nach Standes Würden sattsam titulirter *respective* Hochgeehrter und geneigter Leser“ Adressat ist. werden 25 zum Theil *in via sicca*, zum Theil *per viam liquidam* auszuführende Particular-Processe mitgetheilt, bei welchen Zinnober in Anwendung kommt, auch allgemeinere Erörterungen solcher Dinge, die für derartige Arbeiten zu beachten von Wichtigkeit sei. (Der Zinnober sei ein *Super decompositum*, werde auch „genannt ein *Hermaphrodit*, die weil so wohl *semen masculinum* als *foemininum metallicum*; dafs ist: Schweffel und *Mercurius* in diesem Decomposito beysammen sind“, und mit Bezugnahme auf die Th. I, S. 13 ff. besprochene alte Lehre, dafs die Metalle aus einem schwefeligen und einem mercurialischen Grundstoff zusammengesetzt seien, wird als mit Recht behauptet in Erinnerung gebracht, bei angemessener Behandlung des Zinnobers „solte daraus ein gerecht und beständiges Rheinisches Gold werden“: durch die Einwirkung von Zinnober auf gewisse andere Substanzen bei Anwesenheit von Silber oder Gold unter gewissen Umständen solle eine Augmentation des edlen Metalles bez.-w. speciell künstliche Bildung von Gold zuwegegebracht werden.

Die *Alchymia denudata* ist zu Breslau 1708 und 1716, zu Leipzig u. Wismar 1723, zu Leipzig u. Stralsund 1728 und noch einmal 1769 zu Leipzig heraus-

gegeben worden; ich habe alle diese Ausgaben einsehen können. Die von 1703,
7 Blätter Vorrede („Nach Standes-Würden *respectire* hoch-geehrter und geneigter
Leser!") und 128 Seiten in Octav umfassende hat den Titel: „*Alchymia denudata* Oder Das bifs anhero nie recht geglaubte durch die *Experientz* nunmehro
aber würcklich beglaubte und aus allen Zweiffel gesetzte Wunder der Natur,
Vorstellend Welchergestalt aus unterschiedenen allhier auffrichtig mit Nahmen
genandten Materien, wie auch auff unterschiedene Arth und Weise in der That
und Warheit eine *Universal-Medicin* auf Menschlichen Leib und zur Verbesserung
der Metallen, zu bereiten. Wie auch, Dafs aufser dem *Fonte universali*, aller
Philosophorum Schrifften ungeachtet, dennoch ein höchst-nutzbahres und grofsen
Profit tragendes *Particulare* zu erlangen sey. Alles nach langwierigen dem
Studio Chymico obgelegenem Fleifse, theils mit Augen gesehen, theils mit Händen
selbst gemacht, und des von vielen sich darauff beruffenden *Philosophischen*
Fluches ungeachtet, um erheblicher Ursachen willen, allen denjenigen zu einen
guten Exempel, welche in Zukunfft mehr von dergleichen Materie schreiben
wollen, dafs sie es nicht auch machen, wie fast unzehlige bifs anher gethan, die
ungescheut auf die Titul ihrer Bücher gesetzt: wie dergleichen noch nie also
aufrichtig und deutlich als von sie in öffendlichen Druck gekommen, weil die
Welt gestanden, und hernach sich gleichwohl mit der *Philosophorum* Fluch ent-
schuldiget, das Mehl im Maule behalten, und öffters im gantzen Buche nicht so
viel gelehret, als nur das Geld werth so dafür bezahlt worden, an Tag gegeben
Von I. N. V. E. J. Römischen Rittern und *Comite Palatino etc.*"; es ist mir
nicht möglich, unter Einhaltung der hier gesteckten Grenzen den Inhalt des
Buches darüber hinaus anzudeuten, dafs in ihm eine Reihe von mindestens
grofsen Theils erdichteten, angeblich zur künstlichen Bildung edler Metalle
führenden chemischen Operationen in einer Weise beschrieben wird, welche den
Eindruck sicherer Kenntnifs derselben und selbstständiger Erfahrung des Verfassers wohl hervorbringen konnte. Die im gleichen Verlage (bei Joh. Georg
Steeks sel. Wittwe u. Erben) zu Breslau 1716 erschienene Ausgabe hat verglichen
mit der vorhergehenden den Titel: „*Alchymia denudata revisa et aucta*, Oder:
Das bifs anhero — — aus allen Zweifel gesetzte neu übersehene und vermehrte
oder in vielen besser erklährte Wunder der Natur, Nebst angehängter Ausführlichen Beschreibung der unweit Zwickau in Meissen zu Nieder-Hohendorff und
anderer umliegenden Orthen gefundenen Goldischen Sande, Vorstellend Welcher-
gestalt — — um erheblicher Ursachen willen und andern zu einem guten
Exempel in dergleichen mit *Experimenten* nachzufolgen an Tag gegeben, Von
I. N. v. E. J. Römischen Rittern und *Comite Palat.*" Diese eine Neue (von
Lobeserhebungen des Verfassers durch Solche, die nach den in der ersten Ausgabe gegebenen Vorschriften mit bestem Erfolg gearbeitet haben sollten, strotzende)
Vorrede zu der alten bringende, 14 Blätter Vorreden und 202 Seiten umfassende
Ausgabe enthält auf den ersten 160 Seiten das in der vorhergehenden Stehende
mit geringeren Veränderungen, dann aber in fortlaufender Paginirung als neu
die „Ausführliche Beschreibung der — — Goldischen Sande, Wie selbige und
durch wen sie erfunden worden, warum sie nach gemeiner Art nicht, aber auf
Chymische Weise und wie sie zu gute zu machen, Darbey zugleich ein *Experiment*

von aller Welt oder dem gantzen *Alchymistischen* Reiche so gar hoch verlangten *Mercurium Metallorum* zu bereiten, wie nicht weniger der *Metallen* und *Mineralien Tinctur* zu *extrahiren*, und in eine geistliche so wohl auf menschlichen Leib angenehme *Medicin*, als auch andere geringere *Metallen gradirende Substantz* zu *exaltiren*, und endlich weswegen das Werck bifs anhero dennoch liegen blieben, Allen Liebhabern der *Curiosi*täten zu dienlicher Nachricht und sonst selbst eigener erheischender Nothdurfft willen zum öffentlichen Druck befördert Von I. N. V. E. I. E. A. *ae* S. P. & A. I. C. In Verlegung des *Autors*, 1715", in welcher gelehrt wird, wie die an verschiedenen Orten in der Gegend von Zwickau vorkommenden, durch die Wünschelruthe angezeigten „goldischen Sande" auf Gold zu bearbeiten seien, das sich in gewöhnlicher (nicht alchemistischer) Weise nicht daraus darstellen lasse. Die zu Leipzig u. Wismar bei Sam. Gottl. Lochmann 1723 erschienene Ausgabe stimmt mit der von 1716 Seite für Seite überein, und Dasselbe gilt für die bei demselben Verleger 1728 zu Leipzig u. Stralsund erschienene. Zu diesem so verbreiteten Buch ist auch ein zweiter Theil veröffentlicht worden: „Der im guten Ruf und Auffnehmen stehenden, auch zu vielen mahlen schon frisch wieder aufgelegten *Alchymiae denudatae*, Oder: Defs bifs anhero nie recht geglaubten, durch die *Experienz* aber nun würcklich beglaubten und aus allem Zweiffel gesetzten Wunders der Natur Anderer Theil, Vorstellend Worinnen eigendlich der Vortheil der im ersten Theile erwiesenen Wahrheit der *Transmutation* oder geringerer Metallen in bessere und vollkommene beruhe, und wie aus denen alldorten unterschiedenen aufrichtig mit Nahmen genenneten Materien, wie auch auf unterschiedene Arth und Weise nicht nur in der That und Wahrheit eine rechte und weit höhere *Universal-Medicin* auf menschlichen Leib, sondern auch zur Verbesserung der Metallen, als andorten angewiesen worden, zu bereiten, indem er *specialiter* anweiset, wie *effective* oder würcklich zum *Fontem universalem* zu gelangen. Ebenfalls alles nach langwierigen und in die etliche dreyfsig Jahr dem *Studio chymico* obgelegenem Fleifse, so wohl mit Augen gesehen, als mit Händen, durch die Gnade Gottes, dem ewig Lob und Danck Dafür gesagt sey, nun selbst gemacht, und aus Ursachen, wie in der Vorrede gedacht werden wird, an Tag gegeben von J. N. v. E. & G. Römischen Rittern und *Comite Palatino*. Leipzig, verlegts Joh. Sigmund Straufs, Buchhändler in Hof, 1727". Dieser 9 Blätter Vorrede und 348 Seiten in Octav umfassende zweite Theil ist von dem ersten darin merklich verschieden, dafs in ihm bei Weitem weniger auf angeblichen Versuchen Beruhendes und sie Betreffendes vorgebracht, dagegen viel mehr auf von anderen alchemistischen Schriftstellern Gesagtes Bezug genommen ist; dafs er eben so wohl als der erste von Ehrd von Naxagoras verfafst sei, wird in der unter des Letzteren Namen 1731 veröffentlichten Ausgabe vom *Aureum Vellus* Desselben S. 319 f. des II. Theils anerkannt, wo auch noch erwähnt wird, dafs ein Buchhändler, welcher den Verlag eines dritten Theils der *Alch. denud.* übernommen, denselben noch nicht ausgegeben habe. Die zu Leipzig bei Johann George Löwen 1769 verlegte, den I. und den II. Theil enthaltende Ausgabe umfafst bei ausgiebigerem Satz etwas mehr (aufser den Vorreden 224 und 376) Seiten, als die Ausgaben dieser Theile von 1728 bez.-w. 1727, liefs mich aber den letzteren gegenüber keine erhebliche Veränderung des Inhalts erkennen.

Dem nämlichen Verfasser ist in der Aufschrift und auf dem Vorsetz-Blatt des das betreffende Büchlein enthaltenden Misch-Bandes (M. 926) der Breslauer Stadt-Bibliothek von älterer Hand zugeschrieben „Die Unlängst vom Monath *Januario* über Hamburg in gantz Teutschland sich geschwungene und wie *Pontius Pilatus* im *Credo* denckwürdig gemachte *Fama Hermetica, In Circulo Conjunctionum Saturni & Solis Sistens, Cum Notis Variorum.* Oder: Uunmgängliche Beantwortung Von Einem Liebhaber *Hermetischer* Wahrheiten und nicht *momischer* Lästerhafften *Ignoranz* oder Gifft-vollen Tadeleyen. *Januarius. Anno* 1714". Dieses ohne Angabe des Verlags- oder Druckortes erschienene, 4 Blätter Vorrede und 31 Seiten in Octav umfassende Büchlein scheint auch mir nach der Schreibart desselben von dem Verfasser der vorbesprochenen Schriften herzurühren, wenn auch Der, welcher es geschrieben hat, sich in ihm als einen von dem da hochgepriesenen *Autore Sanctae Veritatis Hermeticae* Verschiedenen hinstellt, welchen er gegen die in einer zu Hamburg kurz vorher veröffentlichten Schrift erhobenen Angriffe vertheidigt.

Eine Vertheidigung gegen die Bekrittler des eben genannten (gewöhnlich als die *Concordantia Philosophorum* bezeichneten) Buches enthält auch „Ehrd von Naxagoras, *Johann. Equitis* abgetrungene und abgezwungene Urthels-Frage, Welche er der gantzen ehrbahren Welt zu einer rechtlichen Erkändtnüs zu Rettung seiner Ehren darlegt und fürträgt, Nebst hundert und drey und funffzig Frage-Stücken, An diejenige, so alles besser wissen wollen, und in der That doch nichts wissen, gleichwohl aber sich unterstehen, ehrliche und erfahrnere Leute zu tadeln, zu schänden und zu lästern. Giessen, Zu finden im Meyer- und Hockerischen Buch-Laden". Das im Ganzen (S. 3 bis 29 enthalten die Vorrede) 77 Seiten in Octav umfassende Schriftchen hat keine Jahreszahl; damit, daſs als letztere auf eines der mir zur Ansicht gekommenen Exemplare ein früherer Besitzer desselben 1715 geschrieben hat, stimmt, daſs die Vorrede vom Februar dieses Jahres datirt ist; das Schriftchen muſs aber 1717 noch einmal aufgelegt worden sein, da Rotermund a. S. 210 a. O. eine Gieſsener Ausgabe von 1717 und E. Weller im III. Supplementheft zu seinem *Index pseudonymorum* (Glauchau u. Leipzig 1867), S. 73 eine Ausgabe von diesem Jahr anführen. Es enthält angebliche Dankschreiben verschiedener ansehnlicher jedoch nicht genannter Personen, welchen die von dem Verfasser veröffentlichten Belehrungen zu günstigem Erfolg ihrer Arbeiten verholfen haben sollen, und 153 Fragen, welche seine Gegner in Verlegenheit setzen und denselben zeigen sollen, wie unwissend sie seien.

Endlich giebt es auch noch als von dem nämlichen Goldkünstler verfaſst ein *Aureum Vellus.* Von einer früheren 1715 herausgekommenen so betitelten Schrift bin ich nur der ersten 56 Seiten habhaft geworden. Der vollständige Titel derselben ist: „Ehrd von Naxagoras, *Johann. Equitis Aureum Vellus* Oder Güldenes Vliſs Das ist ein *Tractat*, welcher darstellet den Grund und Uhrsprung des güldenen Vliſs, worinnen dasselbe bestehe, welcher Ritter-Orden sich dessen zu rühmen habe, und wie er deswegen der allervortrefflichste, oder allen andern vorzuziehende Orden sey; und von welchem wohl mit Bestande der Warheit gesagt werden kan, daſs in diesem *Studio* dergleichen noch nicht an

Tag gekommen, weil die Welt gestanden; indem darinnen der wahre vollständige und ausführliche Grund der Natur und Kunst, oder der gantzen warhafften *Hermetischen Philosophiae* enthalten, und abermalen bestehet in *Igne & Azoth*, Feuer und Licht, *seu Sale et Sole*, Alles nach dem Grund und Uhrsprung ausgeführet, zuförderst zu des Allerhöchsten Gottes Ehren Vermehrung, der Warheit, der Kunst zu Steuer, Preifs und Lob, dem ehrlichen Christlichen Nächsten zum Besten, und allen meinen heimlichen und öffentlichen Feinden zum Trutz geschrieben, und in hundert und etlich und funfftzig Fragen beantwortet. Giessen, zu finden im Meyer- und Hockerischen Buchladen, Gedruckt Anno 1715". Die mir zu Handen gekommenen Seiten enthalten aufser einem kleineren poëtischen Ergufs die Dedication an den Deutschen Kaiser Karl VI., in welcher zum Lobe der Alchemie weitläufig dargelegt ist, dafs und wo bereits in der Heiligen Schrift auf sie Bezug genommen sei, aber auch der Betreibung derselben bei den Ungläubigen in gebührender Weise gedacht und auf die Begünstigung dieser Kunst durch Fürsten deutlich hingewiesen wird, und eine kurze Vorrede an den Leser.   Vollständig liegt mir die 1731 herausgekommene Schrift vor: *„Ehrd de Naxagoras, Joh. Equit. Roman. aurat. ac Sacri Palat. & Aulae Later. Comitis Aureum Vellus,* Oder Güldenes Vliefs: Das ist, Ein *Tractat*, welcher darstellet den Grund und Ursprung des uhralten güldenen Vliefses, worinnen dasselbe ehemahls bestanden und noch, was vor eine gefährliche weite Reise deswegen angestellet worden, und von weme, auch wie es endlich zu einer allerhöchsten Ritter-Orden gediehen, durch wem und warum solche billig allen andern Orden wegen ihrer Vortrefflichkeit vorzuziehen, und wie solche unmafsgeblich auch in der That zugleich wieder auf den alten Fufs zu *restituiren* und zu setzen sey, so dafs auch das Erstere wieder bey solcher hohen Orden wäre. Und zugleich *Deo gratias,* Wegen der bifs anhero, vermittelst seiner Göttlichen Gnaden und Seegen, durch die unwidersprechliche richtige *Concordanz* der *Philosophorum Hermeticorum* endlich noch erfundene Warheit und Möglichkeit derselben Kunst. Wie auch *Ultimum vale* Bey der gantzen Welt, in *Specie* aber all denjenigen, welche bifs anhero seine Schrifften werth geachtet, mit dem Versprechen, wo er ein- oder den andern bey seinem Leben *particulariter* noch dienen kan, sonderlich denen er nicht vollkommene *Satisfaction* gegeben hätte, sie sich aber gleichwohl höfflich aufgeführet, er nichts ermanglen werde; und zugleich ein Beschlufs aller seiner nach der *Harmonie* der *Philosophorum* herausgegebenen *Tractaetchen*, so meist in einem kurtzen Begriff *ex veris Philosophis sincere extractum et ipso facto nunc comprobatum*, bestehen.   Franckfurth am Mayn, Zu finden bei den Stöckischen Erben und Schilling, 1731". Dieses Buch leitet sich in erheblich anderer Weise als das vorbesprochene vom Jahr 1715 ein; es enthält zunächst (S. 3 bis 10) eine Dedication an Gott, Christus und den Heiligen Geist, worauf folgt (S. 11 bis 43) eine anders wie die frühere gefafste und von 1731 datirte „Anderweitige Dedication" an Kaiser Karl VI.; dann kommt (S. 44 bis 60) die Vorrede an den Leser, in deren Anfang so ein räthselhaftes wunderthätiges Ding wie etwa die *Quintessentia metallorum* das Wort führt, während weiterhin die Vornehmheit der Alchemie ins rechte Licht gestellt und es den Rittern vom goldenen Vliefs nahe gelegt wird, dafs es ihrer nicht unwürdig sei, sich mit

dieser Kunst zu befassen.   Dann giebt der I. Theil auf 384 Octavseiten Auskunft
über die Erzählung der Alten vom goldenen Vliefs (daran, dafs diese Sage schon
frühe alchemistisch gedeutet wurde, war bereits S. 243 im I. Theil zu erinnern),
über die Stiftung des nach demselben benannten Ordens, über die Verhüllung
Hermetischen Wissens unter Parabeln und Allegorien bei den Alten, über die
Vergleichung der Hermetischen Kunst mit Gottes Wort und des letzteren mit
der ersteren, und über noch anderes Allgemeinere, was zu bedenken für einen
Alchemisten nützlich;   der II. Theil will auf 320 Seiten von Geber, Hermes
und anderen Autoritäten der Goldbereitungskunst gegebene Lehren verdeutlichen
und weiter ausführen.   Dieses Buch ist noch mehrerer weiterer Ausgaben gewürdigt worden: E. Weller führt in seinem *Index pseudonymorum* (Leipzig
1856), S. 215 unter Naxagoras „Goldnes Vlies vom Stein der Weisen, 1732" an,
Wilh. Heinsius in seinem Allgemeinen Bücher-Lexikon, III. Bd. (Leipzig 1812),
S. 28 unter demselben Namen „*aureum vellus*, oder güldenes Vliefs. Frankf.
1733", und Weller a. S. 214 a. O. eben so „*Aureum Vellus* oder Gueldenes Vliess
vom Stein der Weisen. 1732, 33, 49"; mir sind diese Ausgaben nicht zur Einsichtnahme gekommen.

,   Die im Vorstehenden als Einem Verfasser zugehörig besprochenen Schriften
sind nicht alle unter dem vollen Namen desselben gedruckt sondern zum Theil
— so der Particulananzeiger, die *Alchymia denudata*, die Beschreibung der goldischen Sande — unter einer Chiffre, in welcher I. N. V. E. J. constant vorkommt
und Anderes wechselnd manchmal noch zugesetzt ist. Die ersten Buchstaben,
deren Beziehung zu „Ehrd von Naxagoras" mir allerdings nicht klar ist,
sollen wohl an Stelle des Namens stehen, E. J. könnte auch *Eq. Joh.* bedeuten,
und was sonst noch am Ausgiebigsten auf dem Titel der Beschreibung der goldischen Sande zugesetzt ist: E. A. ac S. P. & A. L. C. dürfte dem auf dem Titel
der Ausgabe des *Aureum Vellus* von 1731 explicite Angegebenen: *Eq. Aurat. ac
Sacri Palat. & Aulae Later. Com.* entsprechen.   Aber es ist nicht nöthig,
hierbei zu verweilen. Dafs die unter solcher Chiffre und die unter dem angegebenen Namen erschienenen Schriften Producte des nämlichen Verfassers sind,
wird nicht blofs durch die Gleichartigkeit der Schreibart in den einen und den
anderen angezeigt und dadurch bekräftigt, dafs schon in einer der des Erscheinens
dieser Schriften nahen Zeit (auf alten Bänden, welche Schriften der einen und
der anderen Art enthalten und in den Inhalts-Übersichten derselben) alle als von
Ehrd von Naxagoras verfafst bezeichnet sind, sondern es wird auch dadurch
ausdrücklich bezeugt, dafs in einer Schrift der letzteren Art (dem *Aureum Vellus*)
der genannte Verfasser eine Schrift der ersteren Art (die *Alchymia denudata*)
als ihm zugehörig anerkennt.

Ich bin bezüglich der unter dem Namen oder der Chiffre des Ehrd von
Naxagoras (o. Naxagaras, wie manchmal aber anscheinend irrthümlich gedruckt ist) veröffentlichten Schriften ausführlicher gewesen, nicht etwa weil der
Inhalt derselben dazu Veranlassung böte sondern um wenigstens an Einem Beispiel eine deutlichere Vorstellung von einer in den nächstvorhergehenden Jahrhunderten namentlich in Deutschland recht schwunghaft betriebenen Industrie:

der Fabrikation alchemistischer Schriften zu vermitteln. Ich wollte eingehender, als Dies in den früheren Partien des vorliegenden Buches (auch in dem diesem Theil angehängten „Beitrag zur Bibliographie der Alchemie") geschehen, durch die vollständige Mittheilung der Titel ersehen lassen, welche Marktschreierei auf denselben getrieben wurde um Käufer für die so ausgebotenen Schriften zu gewinnen, und durch die Angaben über die Zahl der Ausgaben, wie viele Käufer dann auch eine oder die andere Schrift fand, und damit, alchemistische Bücher welcher Art in der ersten Hälfte des vorigen Jahrhunderts in Deutschland als solche, aus denen Etwas zu lernen sei, betrachtet waren.

Die Frage legt sich nahe, wer und was dieser seiner Zeit so viel gelesene und (danach zu schließen) beliebte alchemistische Schriftsteller gewesen sei. Auf diese Frage giebt eine Antwort das Zedler'sche Universal-Lexicon im XXIII. Bd. (Leipzig und Halle 1740), S. 1358 f.: „Naxagaras (Ehrd von) *Johann. Eques*, ward im 25. Jahre seines Alters, als er sich des Studirens halber auf Academien befand, von einem alten Chur-Brandenburgischen Regierungs-Secretarius zur Excolirung der Alchymie verleitet, welches er nachher sehr bedauert, da er mit unglücklichem Erfolg und Verliehrung seines Vermögens seinen Endzweck nicht erreichet. Gleichwohl aber hat er endlich den Glücks-Stern aufgehen sehen, wie er denn einen Tractat geschrieben, darinnen er der gantzen Welt in Verfertigung des so lang verlangten *Mercurii Metallorum* Lection giebet. Der Titel desselben ist: *Sancta veritas hermetica*" u. s. w. Diese Auskunft enthält aber nichts Anderes, als was der Verfasser des genannten Tractates selbst seinen Lesern über sich und seine schließlich erfolgreichen Bestrebungen angiebt. Zu besserer Kenntniß des Mannes dient auch nicht, wie Heinsius a. S. 216 a. O. das als Vorname stehende Wort „Ehrd" deutet; von ihm wird „Naxagoras, Erhard, de" als Verfasser einiger alchemistischer Schriften angeführt (nach der mir von meinem Collegen K. Bartsch gegebenen Belehrung kann Ehrd allerdings sehr wohl aus Erhard gekürzt sein). Auch noch für Rotermund a. S. 210 a. O. ist „von Naxagoras (Ehrh.) ein Johanniter-Ritter und Alchymist" gewesen, so als wenn ein zu diesem Namen und dieser Würde Berechtigter der Verfasser der da angegebenen alchemistischen Schriften gewesen sei. — Wenn man aber in Betracht zieht, welcher Lebensstellung und welcher Ehren einerseits der Verfasser der hier besprochenen Schriften sich rühmt und welchen Bildungsgrad er andererseits nach seiner Schreibweise, der meist sehr unglücklichen Wiedergabe Französischer Worte u. A. besaß, so kann schon Dies starke Veranlassung bieten, ihn als einen pseudonym Schreibenden zu betrachten. Zu den pseudonymen alchemistischen Schriftstellern der ersten Decennien des vorigen Jahrhunderts zählte ihn auch schon öffentlich Joh. Friedr. Gmelin in seiner Geschichte der Chemie, Bd. II (Göttingen 1798), S. 314, zu den nicht enthüllten Pseudonymen zählt ihn E. Weller an den beiden S. 216 u. S. 214 angeführten Orten.

Wenn ein solcher Kenner der maskirten Literatur wie der letztgenannte den wahren Namen des uns jetzt beschäftigenden Schriftstellers nicht anzugeben wußte, bot sich für einen der Bibliographie ferner Stehenden wenig Aussicht, daß es ihm gelingen möge, diesem Schriftsteller die Larve abzuziehen. Ich versuchte aber doch, meine Schuldigkeit zu thun, und richtete an die Vorstände mehrerer an alchemistischen Schriften reicherer Bibliotheken die Bitte, nachsehen zu lassen, ob etwa auf einem unter Ehrd von Naxagoras' Namen erschienenen Buch Etwas über den Verfasser desselben handschriftlich bemerkt sei. Von Herrn Stadt-Bibliothekar Dr. H. Markgraf zu Breslau erhielt ich daraufhin die Mittheilung, daß zwei Bände der seiner Leitung unterstellten Bibliothek Derartiges haben, und dieser Bände selbst. Der eine derselben (M. 926), welcher mehrere alchemistische und chemische Schriften enthält, hat die Aufschrift: „Neidhold *Alchym. denud.*" (dieser Tractat hat nur die Chiffre, nicht den Namen des E. v. N). „Naxagoras *Urthels*-Frage. *Ejusd. Aureum cellus. Ej. Fama Hermetica. Ej.* Unterricht vom Gold- und Silbermachen. Kunckel *Laborator. Chymic.*", und auf dem Vorsetz-Blatt von derselben Hand das Inhalts-Verzeichniß: „Neidhold *alias* Naxagoras *Alchymia denudata revisa et aucta* Breßl. 1716. *Ej.* Urthels-Frage. Gießen" u. s. w.; auf das Vorsetz-Blatt des anderen, die *Alch. denud.* in der Ausgabe von 1708 enthaltenden Bandes (D. 17) ist von anderer, gleichfalls älterer Hand geschrieben: „Der Autor dieses Tractats heißt Johann Neithold". Und auch in einem Misch-Band der Rostocker Universitäts-Bibliothek (P. d. 3062) fand ich die wiederum von anderer älterer Hand auf das Vorsetz-Blatt geschriebene Angabe der *Contenta* beginnend: „Naxagoras oder Neidholds *Alchymia denudata. Ej.* Guldische Sande. *Ej.* Urtheils-Fragen". Hiernach wäre der wahre Name des sich Ehrd von Naxagoras Nennenden Johann Neidhold o. Neithold. Die mir von Markgraf ausgesprochene Vermuthung, daß auch der letztere nur ein Pseudonym sei, vermag ich bis zur Beibringung eines weiteren Indiciums nicht zu theilen. Die ältere Angabe: „Der Autor — — heißt — —" steht doch mit dieser Vermuthung nicht in Einklang, und wenn auch sprachliche Gründe die Bildung dieses Personen-Namens unwahrscheinlich machen und derselbe in den von mir nachgeschlagenen früheren über solche Namen Auskunft gebenden Werken nicht zu finden ist, hat doch den Namen Neidholdt (in Beziehung gebracht zu Nidolt) Albert Heintze (Die Deutschen Familiennamen, Halle a. S. 1882, S. 180). Über einen Johann Neidhold o. Neithold konnte allerdings auch ich trotz emsigen Nachsuchens Nichts erfahren. Ich kann bezüglich des so heißenden alchemistischen Schriftstellers nur sagen, daß es mir nach der Einsichtnahme in seine Werke recht unsicher ist, ob Derselbe sich überhaupt je praktisch mit Alchemie beschäftigt oder ob er nicht lediglich anderen Schriften Entnommenes wiedergekäut und in einer seine Zeitgenossen ansprechenden Weise von sich gegeben habe; jedenfalls war der Stein der Weisen, zu dessen Ausnutzung er gelangte, seine Feder, mit welcher er in einer für ihn gewiß einträglichen Weise der Schriftstellerei fleißig oblag.

Bevor ich der in solcher Weise durch ihn erzielten Erfolge gedenke, mag aber doch auch noch die wohl aufzuwerfende Frage berührt werden, ob der Name, unter welchem er schrieb, etwa um einer Beziehung desselben zu der Alchemie willen oder weßhalb sonst gewählt gewesen sei. Natürlich denkt man dabei zunächst an die Aehnlichkeit zwischen Naxagoras und Anaxagoras und daran, ob vielleicht das Ansehen des letzteren Namens den unter dem ersteren veröffentlichten Schriften habe zu Gute kommen sollen. Haben doch oft genug bedeutende Namen des klassischen Alterthums, welche alchemistischen Schriften als die der Verfasser vorgesetzt waren, diesen Schriften eine gröfsere Bedeutung zuerkennen lassen, als dieselben nach ihrem Inhalt beanspruchen konnten. Hatte man doch in dem Mittelalter derartige Schriften, die von Plato und von Aristoteles verfafst sein sollten (ich habe Einiges über solche Schriften in meinen Beiträgen zur Geschichte der Chemie, I. u. II. Stück, S. 358 ff. zusammengestellt und will zur Ergänzung des da Stehenden hier nur bemerken, dafs ein auf die gleich zu erwähnende *Turba philosophorum* bezügliches, u. A. in Manget's *Bibliotheca chemica curiosa* T. I, *p.* 467 *ss.* unter dem Titel *Allegoriae sapientum supra librum Turbae XXIX Distinctiones* abgedrucktes alchemistisches Schriftstück in der *Dist.* VIII sogar *Dicta Socratis ad Platonem* enthält), und wurde doch noch, nachdem die Authenticität dieser Schriften angezweifelt war, und selbst bis in das siebzehnte Jahrhundert hinein allgemeiner geglaubt, was man von dem vierten Jahrhundert an geglaubt hatte: dafs eine der Th. I, S. 3 erwähnten alchemistischen Schriften, die unter eines Democrit Namen bekannt geworden war, dem Democrit von Abdera zugehörig sei (ich habe über diese Schrift a. e. a. O. S. 108 ff. ausführlich gehandelt); der berühmte Name des Theophrastos von Eresos klingt uns wieder an als der des obscuren Verfassers eines in Verse gebrachten Griechischen alchemistischen Tractates aus viel späterer Zeit (vgl. a. e. a. O. S. 444 ff.), und in wiederum viel späterer Zeit nannte mit demselben Namen Paracelsus sich in seinen Schriften (vgl. Th. I, S. 33).

Es war mir bei der Beschäftigung mit Ehrd von Naxagoras nicht erinnerlich, dafs auch der Name des Philosophen von Klazomenä in Beziehung zu der Alchemie gebracht worden sei, aber schliefslich fand ich doch noch eine Notiz, deren weitere, im Verhältnifs zu dem reellen Werth des Gegenstandes etwas zeitraubende Verfolgung ersehen liefs, wie auch der Name des Anaxagoras als der einer alchemistischen Autorität mifsbraucht worden ist. Frühe schon in der in dem Anhang zu diesem Theil („Beitrag zur Bibliographie der Alchemie") besprochenen *Turba philosophorum*, deren Abfassung in das zwölfte Jahrhundert gesetzt worden ist, in jeder der beiden Redactionen, in welchen diese Schrift (bei Manget a. e. a. O. T. I, *p.* 445 *ss.* und *p.* 480 *ss.*) vorliegt, wird Anaxagoras wiederholt als Einer der da an der Kundgebung wichtigster alchemistischer Lehren sich Betheiligenden vorgeführt. Auch die (bei Manget a. a. O. *p.* 497 *ss.* zu findenden) *Exercitationes in Turbam philosophorum* lassen (in *Exercit.* III) den Anaxagoras in gleicher Weise auftreten. So figurirt Derselbe wieder in dem zuerst 1567 veröffentlichten *Opuscule de la vraye philosophie naturelle des métaux par Maistre Denys Zecaire*, in welchem angebliche alchemistische Autoritäten der verschiedensten Art citirt werden: mit den Namen berühmter Männer geschmückte wie Pythagoras und Aristoteles, Salomon und Mahomed, Geber und Avicenna, Albertus Magnus, Arnald von Villanova und Raymund Lull, und anderseits mit so wenig bekannten Namen bezeichnete wie Rosinus oder Lilius z. B.; die Lateinische Ausgabe (*Dionysii Zacharii Opusculum chemicum*, wie sie in Manget's *Bibliotheca chemica curiosa* betitelt ist) dieser Schrift des uns schon Th. I. S. 198 u. 224 vorgekommenen, auch Zachaire oder Zeccarie genannten Alchemisten hat

(a. e. a. O. T. II, p. 347) in Beziehung auf etwas von Alchemisten Behauptetes den Ausspruch: *Verum esse testatur Anaxagoras, inquiens: Sol noster est rubens et ardens, qui conjunctus est animae albae, et naturae lunae, spiritus medio: quamvis totum sane aliud nihil sit, praeter argentum vivum Philosophorum.* Dafs der Anaxagoras, auf welchen da Bezug genommen ist, der Klazomenier sei, glaubte dann Mich. Maier (vgl. Th. I, S. 220); in Dessen Schrift, welche *Symbola aureae mensae duodecim nationum, hoc est, Heroum duodecim selectorum totius Chymicae etc.* betitelt und 1617 herausgekommen ist, findet sich die eben angeführte Stelle aus des Zachaire Tractat so wiedergegeben: *Verum id esse, testatur Anaxagoras clazomenius, inquiens* u. s. w. Auch in dem achtzehnten Jahrhundert ist noch manchmal an diesen Ausspruch des Anaxagoras erinnert worden; so z. B. in einem alchemistischen Tractat, welcher „*Anonymi Alchimische Fragen, Von dem Universali und den Particularibus. 1726. Aus dem Lateinischen übersetzt*" überschrieben sich in dem Anhang zu der Ausgabe von v. Welling's *Opus mago-cabbalisticum* von 1760 findet, und in dem später zu besprechenden, zuerst 1779 veröffentlichten „Compafs der Weisen". Aber mehr wüfste ich nicht dafür vorzubringen, dafs der Name Naxagoras weil an Anaxagoras erinnernd gewählt sein könne.

Nach der Zahl seiner Bücher und der Auflagen, in welchen die meisten derselben wiederholt veröffentlicht wurden, stand Ehrd von Naxagoras in den ersten Decennien des vorigen Jahrhunderts bei den Deutschen Alchemisten als Schriftsteller und vermeintlicher Kenner Hermetischer Geheimnisse in Ansehen. Von ihm angegebene Processe wurden zu seiner Zeit und selbst noch später beachtet und nach seinen Vorschriften zu arbeiten wurde versucht; in dem in der Anmerkung VI (S. 223 f.) erwähnten, 1780 zu Wien ausgegebenen Katalog verkäuflicher oder in Abschrift erhältlicher Manuscripte war auch (*sub* No. 311) ein *Thesaurus selectus — ÷ artis Chemiae* verzeichnet, worin u. A. „Naxagoras berühmter Procefs in 16 Operationen beschrieben". Aber bald erlosch der Ruhm dieses Scribenten, welcher in der „Urthels-Frage" (S. 73) sich selbst gerühmt hatte, wahrheitsliebende erfahrene Leute müfsten von ihm sagen, „dafs ich mehr gethan als noch keiner, und mir die gantze Chymische *Republic* ewig dafür auf's höchste verbunden, auch mir in *specie* alle *Incipienten* höchstens *obligat* seyn müssen". Joh. Friedr. Gmelin hat, wie S. 210 angegeben, am Ende des vorigen Jahrhunderts in seiner Geschichte der Chemie Bd. II, S. 314 f. noch einige Schriften dieses Verfassers angeführt; dafs dann noch ein oder der andere Bibliograph einmal Desselben gedacht hat, ist im Vorhergehenden erinnert worden. Aber vergeblich sucht man den Namen Ehrd von Naxagoras in einem neueren über die Alchemie handelnden Werk; er fehlt selbst in Schmieder's Geschichte derselben.

Anmerkung IV zu S. 22:

Über die Schrift „C. H. L. von Plumenoek's geoffenbarter Einfluſs der ächten Freimäurerei" bez.-w. deren Verfasser.

„Carl Hubert Lobreich von Plumenoek geoffenbarter Einfluſs in das allgemeine Wohl der Staaten der ächten Freimaurerei aus dem wahren Endzweck ihrer ursprünglichen Stiftung erwiesen, und der Schrift J. Jacob Moser's, von Geduldung der Freimaurergesellschaften, besonders in Absicht auf den westphälischen Frieden entgegengesetzt. Sammt dem Unterricht das Astralpulver ächt zu bereiten, und zum Besten des gemeinen Wesens wider fast alle Krankheiten zu gebrauchen" wurde zuerst zu Amsterdam 1777 herausgegeben; eine zweite Ausgabe erschien daselbst 1779 in zwei, unter sich und mit der ersten Ausgabe übereinstimmenden Abdrücken. Als der Verfasser dieses Buches gilt Freiherr Hans Karl von Ecker und Eckhoffen, welcher 1754 geboren zuerst in Hamburg Advocat und für die Freimaurerei thätig war, 1786 zum Landgrafen Karl von Hessen-Kassel nach Schleswig kam, auch dem Herzog Ferdinand von Braunschweig nahe stand und wahrscheinlich in Süd-Deutschland gestorben ist. Von Einigen ist als der Verfasser des genannten Buches der ältere Bruder des eben Besprochenen betrachtet worden: der Polnische Geheimerath Freiherr Hans Heinrich von Ecker und Eckhoffen, welcher gleichfalls Freimaurer war und wenigstens eine Zeit lang den Rosenkreuzern zugehörte, dann aber (um 1780) ein eigenes System der Ritter vom wahren Lichte stiftete und das aus diesem entstandene der Asiatischen Brüder bearbeitete, 1786 in Schleswig war und in Braunschweig als Hofcavalier des Herzogs Ferdinand 1790 starb (der eigentliche Zweck der Asiatischen Brüder soll auch wieder Alchemie neben Kabbalistik, Theosophie und Magie gewesen sein; vgl. Vollständige Geschichte der Freimaurerei in Deutschland, Leipzig 1828. S. 74 f.). Hans Heinr. v. Ecker gilt seines Widerspruchs ungeachtet als der Verfasser der ihrer Zeit viel Aufsehen erregenden, gegen die Rosenkreuzer gerichteten Schrift „Der Rosenkreutzer in seiner Blöſse, — — von Magister Pianco, vieler Kreisen Bundtsverwandten", welche 1781 und noch einmal 1782 in Amsterdam ausgegeben wurde: zur Entgegnung auf dieselbe erschien zu Leipzig 1782 „Der im Lichte der Wahrheit strahlende Rosenkreutzer — — von Phoebron" — Das war der Bundesname des S. 18 erwähnten Schleifs von Löwenfeld; v. Ecker replicirte unter seinem Bundesnamen in „Nichneri Vekorth an Phoebron Chlun über den in der Wahrheit strahlenden Rosenkreutzer" (Regensburg 1782), in welchem Schriftchen er behauptete, der sich Pianco Nennende sei ein Friedr. Gottlieb Ephr. Weisse.

Anmerkung V zu S. 22:

Über den Verfasser und die Herausgeber der Schrift „Der Compaſs der Weisen".

„Der Compaſs der Weisen, von einem Mitverwandten der innern Verfassung der ächten und rechten Freymäurerey beschrieben; herausgegeben, mit Anmerkungen, einer Zueignungsschrift und Vorrede, in welcher die Geschichte dieses erlauchten Ordens vom Anfang seiner Stiftung an, deutlich und treulich vorgetragen, und die Irrthümer einiger ausgearteter französischer Freymäurer-Logen entdeckt werden, von Ketmia Vere" erschien zu Berlin u. Leipzig 1779, eine „Zwote, verbesserte, mit Zusätzen und Anmerkungen vermehrte Ausgabe, von AdaMah Booz" zu Berlin 1782. Dieses Buch war bei den Rosenkreuzern als ein wichtigstes betrachtet, seinem ganzen Inhalt nach und wegen der in der Vorrede vorgebrachten auf die (erdichtete) Geschichte des Ordens bezüglichen Angaben. Was bisher über die an der Abfassung und Herausgabe des Buches betheiligten Persönlichkeiten angegeben worden ist, läſst eine Lücke. Die auf die Entlarvung der Pseudonymen und Namhaftmachung der Anonymen ausgehenden Bibliographen der Freimaurerei nennen einstimmig (wie es schon 1799 Joh. Friedr. Gmelin im III. Bd. seiner Geschichte der Chemie S. 243 gethan hatte) als Den, welcher unter dem Namen Adama o. AdaMah Booz geschrieben hat, den Dr. Ad. Mich. o. Melch. Adam Birkholz in Leipzig (die „Vorerinnerung" zu der zweiten Ausgabe des Compaſs der Weisen ist datirt und unterzeichnet: „L. im Christmonate 1781. AdaM Birchwood"). Darüber, wer sich hinter dem Namen Ketmia Vere verborgen habe, geben solche Autoritäten wie G. Kloſs (Bibliographie der Freimaurerei u s w, Frankfurt a. M. 1844) und J. G. Findel (Meine Maurerische Büchersammlung, Leipzig 1866) Nichts an; nach C. C. F. W. von Nettelbladt (Geschichte Freimaurerischer Systeme u. s. w., Berlin 1879, S. 762) war es ein Advocat Jäger in Regensburg, welcher für die Herausgabe des Compaſs der Weisen in der aus dem Titel ersichtlichen und dem Inhalt seiner Zusätze nach gewissen Zwecken förderlichen Art aus der Convertiten-Kasse 300 Thaler erhalten habe. Aber Ketmia Vere nannte sich der Herausgeber, nicht der Verfasser des in Besprechung stehenden Buches; von wem der vielleicht schon geraume Zeit vor der Veröffentlichung geschriebene Kern des letzteren („eine bisher im verborgenen gelegene Schrift" nennt ihn der Herausgeber Ketmia Vere in der Zueignung an die Oberen und die Brüder des Rosenkreuzer-Ordens) herrühre, ist meines Wissens bisher so gut wie unbekannt gewesen. (Nicht den Verfasser des Buches sondern Denjenigen, welcher die zweite Ausgabe desselben mit seinen Zusätzen erscheinen lieſs, nennt Mart. Philippson in seiner Geschichte des Preuſsischen Staatswesens vom Tode Friedrich des Groſsen bis zu den Freiheitskriegen Bd. 1, Leipzig 1880, S. 76, wo er mit Bezugnahme darauf, daſs der nachherige König Friedrich Wilhelm II. von Preuſsen als Kronprinz der rosenkreuzerisch geleiteten Freimaurer-Loge zu Berlin zugetreten war, sagt: „Auch Birkenholz in seinem „Compaſs der Weisen" (S. 62, Note t) spielt dunkel auf die „Magier auf dem Throne" an".

Der Irrthum ist vielleicht dadurch veranlaſst, daſs Schmieder in seiner Geschichte der Alchemie S. 595 die unrichtige Angabe hat, Adama Booz, eigentlich Dr. Ad. Mich. Birkholz, habe den Compaſs der Weisen geschrieben.)
Ich werde in der nächstfolgenden Anmerkung (S. 223 f.) etwas ausführlicher
eines 1786 in Wien ausgegebenen Kataloges von Manuscripten zu gedenken
haben, welche *scientias occultas* behandeln und in Abschriften zu festen Preisen
abgegeben wurden; auch daſs ich Grund habe, die in diesem Katalog über Verfasser oder frühere Besitzer dieser Manuscripte u. dergl. sich findenden Notizen
als sehr beachtenswerthe zu betrachten. Nach S. 17 dieses Kataloges stammte
eine Handschrift (Vermischte Gedanken über die hochedle Alchemie u. s. w.)
„aus der Sammlung des geheimen Secretairs bei Wayland Kaiser Franz. Poqnier
von Jolifief, Authore des Buchs Compaſs der Weisen", und S. 19 ist angezeigt: „Entwurf eines Schreibens von dem Author des Compaſs der Weisen,
Jolifief". Über diesen Mann habe ich sonst nirgends Etwas gefunden, auch
aus Wien Nichts über ihn erfahren können. Daſs Derselbe ganz im Privatdienst
des Kaisers stand, dürfte daraus zu schlieſsen sein, daſs der Name Poqnier
von Jolifief oder ein ähnlicher in keinem Oesterreichischen Hof-Schematismus
der damaligen Zeit zu finden war.

Anmerkung VI zu S. 25:

Beschäftigung mit Alchemie und anderen Arten des Geheimwissens in Oesterreich im vorigen Jahrhundert; Beziehungen zwischen der Alchemie und der Kabbala; G. von Welling's *Opus mago-cabbalisticum*.

In Wien scheinen in der ersten Hälfte des vorigen Jahrhunderts Geheimkünste in vornehmen Kreisen stark betrieben worden und Interesse dafür noch
in der zweiten Hälfte desselben vorhanden gewesen zu sein. Was mir dafür
wenigstens nach einigen Richtungen hin etwas eingehendere Auskunft gewährt
hat, ist freilich eine sehr unscheinbare Quelle: ein jetzt sehr rarer und von den
Antiquaren ungebührlich hoch gehaltener, nur 50 Seiten klein Octav nebst 12
Seiten Anhang starker, 1786 gedruckter *Catalogus manuscriptorum chemico-
alchemico-magico-cabalistico-medico-physico-curiosorum*, welche Manuscripte zu
angegebenen festen Preisen durch Vermittelung des Buchhändlers Gräffer d. J.
in Wien käuflich erstanden oder in Abschriften bezogen werden konnten. Der
Angabe der Titel bez.-w. Überschriften dieser Manuscripte sind da sehr häufig
Bemerkungen bezüglich der letzteren hinzugefügt: in wessen Besitz sie waren,
von wem sie geschrieben sind, wer der Verfasser eines oder des anderen war
und dergleichen. Die Glaubhaftigkeit dieser Bemerkungen beruht allerdings
nur darauf, daſs der Herausgeber des Kataloges, so weit es sich um von
ihm Angegebenes handelt, zu keinem Grund zu Miſstrauen Veranlassung
bietet, und daſs für die Beachtungswürdigkeit der auf den einzelnen Manuscripten stehenden, in dem Katalog einfach reproducirten Notizen die Nennung

der Sammlungen spricht, aus welchen die Manuscripte stammen und deren
Besitzer nach Allem, was sich schliefsen läfst, auf den betreffenden Gebieten
Sachverständige im wohl nicht mifszuverstehenden Sinne dieses Wortes waren.
(Besagter Gräffer, der wohl selbst der Herausgeber des Katalogs war,
scheint übrigens ein ganz reputirlicher Mann gewesen zu sein. G. Forster
freute sich 1784 in Leipzig, die Bekanntschaft Desselben gemacht zu haben,
welche ihm für Wien nützlich sein werde, und liefs die Briefe für sich dahin
„an Herrn Rudolf Gräffer, vornehmen Buchhändler in Wien" adressiren; G.
F.'s Briefwechsel mit Sömmerring, Braunschweig 1877, S. 36, 79, 101.)   Ich
darf daran erinnern, dafs ich erst durch einige Notizen, die dieser Katalog hat,
bezüglich des Verfassers der *Aurea catena Homeri* (vgl. S. 208) auf die rechte
Spur gebracht worden bin, welcher nachgehend ich zu dem Resultate kam, das
dann in genügendster Weise als das richtige erwiesen werden konnte. Einiges
für mich Neue, was auf den bei hochgestellten Personen in Oesterreich in der
ersten Hälfte des vorigen Jahrhunderts vorhandenen Hang zu Geheimwissen Licht
wirft, mag diesem Katalog entnommen zusammen mit Solchem, was mir von anderen Seiten her bekannt geworden ist, in dem nachstehenden Excurs angeführt
werden. Es wird dadurch wohl einige Ergänzung zu der Schilderung geboten,
welche neuere Geschichtschreiber — so Alfr. v. Arneth in „Maria Theresia
nach dem Erbfolgekriege", Wien 1870, S. 110 f. — von den Vorurtheilen und
dem Aberglauben namentlich der unteren Volksklassen in Oesterreich um die
Mitte des achtzehnten Jahrhunderts gegeben haben. Aber auch in weiterem
Umfang soll in dieser Anmerkung zur Vervollständigung des in dem Texte des
vorliegenden Buches Berichteten Beschäftigung mit Geheimwissen, die mit Betreibung der Alchemie verknüpft war, besprochen werden.

Franz von Lothringen, welcher 1708 geboren 1729 seinem Vater im Herzogthum Lothringen und Bar nachfolgte, 1737 Grofsherzog von Toscana, 1740 von
seiner Gemahlin Maria Theresia als Mitregent der Oesterreichischen Staaten
angenommen wurde, 1745 zum Deutschen Kaiser erwählt bis zu seinem 1765
erfolgten Tod als Franz I. regierte, ist bereits (so von Schmieder in Dessen
Geschichte der Alchemie S. 531) als ein grofser Verehrer der Alchemie genannt
worden, über welche er Aufschlufs in den höheren Graden der Freimaurerei erwartet habe (in letzterer Beziehung scheint doch nur Das festzustehen, dafs er,
1731 im Haag in den Freimaurer-Bund aufgenommen, der ersten in Oesterreich
[1742] eröffneten Loge: der Zu den drei Kanonen in Wien zutrat und noch zur
Zeit seines Todes, wo bereits die Freimaurerei in allen Oesterreichischen Staaten
verboten worden war, als Meister vom Stuhl derselben genannt ist). Aber von
seinen Beziehungen zu der Alchemie wufste ich als Specielleres früher nur, dafs
er sich für einen aus Ober-Oesterreich gebürtigten, 1745 o. 1746 im Bad Rodaun
(im Kreise unter dem Wienerwald, Oesterreich unter der Enns) als Adept auf-
tauchenden Sehfeld nach der Inhaftirung desselben interessirte (Schmieder
hat a. a. O. die auf den Letzteren bezüglichen Nachrichten zusammengestellt).
Später zu meiner Kenntnifs Gekommenes könnte zum Theil daran zweifeln lassen,
ob Kaiser Franz I. wirkliche Theilnahme an alchemistischer Beschäftigung gehabt habe. In Joh. Friedr. Seyfart's 1766 zu Nürnberg veröffentlichter

„Lebens- und Regierungs-Geschichte des Allerdurchlauchtigsten Kaysers Franz I."
wird dieser Gegenstand gar nicht berührt, und eben so wenig hat Etwas darüber
„C. v. Wurzbach's Biographisches Lexikon des Kaiserthums Oesterreich" da
(Bd. VI, Wien 1860, S. 205 ff.), wo man es erwarten könnte; wenn v. Hormayr
in seiner Biographie des Kaisers in Ersch u. Gruber's Allgemeiner Encyclopädie
(Section I, Bd. XLVIII, Leipzig 1848, S. 2) mit Bestimmtheit davon spricht:
„Seine eifrige Förderung naturhistorischer Wissenschaften sollte zwar freilich
neue Bergwerke und alles Ernstes sogar den Stein der Weisen auffinden und
aus vielen kleinen Diamanten einen grofsen zusammenziehen", so äufsert sich
darüber wie über etwas Zweifelhaftes v. Arneth a. o. a. O. S. 146 in der da
entworfenen Charakteristik des Monarchen: „Man behauptete von ihm, dafs er
mit Alchymie sich befasse, dafs er Goldmacherei treibe, nach dem Stein der
Weisen suche und mit Hülfe von Brenngläsern aus kleinen Diamanten einen
grofsen zu machen sich bemühe"; A. Bauer erwähnt in seiner 1883 in Wien
herausgekommenen Schrift „Chemie und Alchymie in Oesterreich bis zum beginnenden XIX. Jahrhundert" S. 52 u. 68 dieses Kaisers in Beziehung darauf,
dafs Derselbe dem S. 224 genannten Schfeld einen Schutzbrief für die Herstellung kostbarer Farben bewilligt und dafs er Versuche über das Verhalten
des Diamants in starkem Feuer habe anstellen lassen, aber mit keinem Wort
einer Betheiligung Desselben an Alchemie. (Die Versuche mit Diamanten sollen
zur Prüfung einer Angabe angestellt worden sein, dafs kleinere Edelsteine dieser
Art sich zu einem gröfseren zusammenschmelzen lassen; sie bleiben uns hier
ausser Betracht.)   Es hat auch nur sehr wenig von Transmutationen verlautet,
die vor Kaiser Franz I. ausgeführt worden sein sollen, während erwartet werden
könnte, dafs auch noch zu seiner Zeit einem an Alchemie gläubigen und sie be-
günstigenden Monarchen Kunststücke vorgemacht worden seien, die von sich
reden liefsen.   Das Einzige von dieser Art, was mir bekannt geworden, ist eine
sehr vage Erzählung in einem „Fragment einer alchymistischen Unterhaltung mit
einem katholischen Geistlichen" (einem von der Wahrhaftigkeit der Alchemie
überzeugten und in dieser Kunst sich versuchenden), welches der 1783 zu Dessau
u. Leipzig erschienene I. Band der Abhandlungen der Hallischen Naturforschenden
Gesellschaft (S. 137 ff.) gebracht hat: Ein Böhmischer Graf sei im Hochland
(welchem?) von einem Unbekannten, den er sich verpflichtet habe, mit einem
kleinen eine schwere Tinctur enthaltenden Gläschen beschenkt worden, damit
er in der Noth davon Gebrauch mache; der Graf habe an der Tafel des Kaisers
Franz I. dieses Geschenkes Erwähnung gethan und ein anderer Cavalier die
Ansicht ausgesprochen, die Tinctur möge der Stein der Weisen sein; in der That
sei bei einem sofort angestellten Versuch Eisen durch einige Tropfen der Tinctur
zu probehaltigem Gold umgewandelt worden. —   Aber ich habe doch keinen
Zweifel daran, dafs Kaiser Franz I. sich wirklich mit Alchemie beschäftigt, in
Wien sein eigenes Laboratorium zur Anstellung alchemistischer Versuche unter-
halten hat, welches nach mir gewordener Mittheilung wahrscheinlich in einem
Raum eingerichtet war, der jetzt zu dem Local der K. K. Familien-Fideïcommifs-
Bibliothek gehört.   Auch daran nicht, dafs der Kaiser viel Geld für die Reali-
sirung der Erwartung ausgegeben hat, welcher er sich in allzugrofsem Vertrauen

auf die Leistungsfähigkeit der Naturwissenschaft und wohl auch darin bestärkt durch Vorspiegelungen Anderer hingab. Die 2000 Ducaten, welche er nach der Th. I, S. 189 erwähnten, mir ganz glaubhaft erscheinenden Angabe für eine 1 Bogen starke handschriftliche Anweisung zu einem alchemistischen Procefs gezahlt hat, sind gewifs nur ein kleiner Bruchtheil von Dem gewesen, was ihn seine alchemistischen Arbeiten überhaupt gekostet haben. Es würde Interesse bieten, zu wissen, welche Summen im Ganzen oder etwa durchschnittlich im Jahr dafür aufgewendet wurde. Ein in Wien gemachter Versuch, Etwas darüber aus dem s. g. Lothringischen Archiv zu erfahren, war fruchtlos und nach den mir von dort aus zugekommenen Mittheilungen scheint es, dafs aus demselben die betreffenden Papiere entfernt worden sind, wie denn wohl auch sonst noch vieles auf Alchemie Bezügliches aus der Verlassenschaft des Kaisers abhanden gekommen ist. Denn von den ihr zugehörig gewesenen alchemistischen Büchern, welche gewifs reichlich vorhanden waren, sind nach dem von 1873 an veröffentlichten Katalog der „Sammlungen der vereinten Familien- und Privat-Bibliothek Sr. M. des Kaisers" verhältnifsmäfsig wenige in die später von Kaiser Franz II. gestiftete genannte Bibliothek gelangt, und von alchemistischen Manuscripten gar keins.

Noch gröfseres Interesse als Kaiser Franz I. scheint der bereits S. 223 als Verfasser des „Compafs der Weisen" genannte Geheim-Secretär dieses Monarchen, Poqnier von Jolifief für die Hermetische Kunst gehabt zu haben. Ein sehr grofser Theil der zu Gräffer's Disposition gekommenen über Alchemie handelnden Manuscripte ist aus Jolifief's Sammlung (es würde wohl keinen Zweck haben, wollte ich alle mir gemachten Notizen hier aufnehmen); der Letztere hat nicht nur mancherlei eigenhändig copirt und excerpirt, sondern auch selbstständig über einzelnes die Alchemie Betreffendes geschrieben und selbst praktisch gearbeitet (S. 38 des Katalogs ist verzeichnet „Ein Band von Erfahrungen und chemischen Arcanen, so Jolifief theils selbst gearbeitet, theils aber auch von andern Künstlern und Bekannten gesammelt hat" und „Eine Sammlung, die der *Author* des Compafs der Weisen unter gewisse Rubricken über die philosophische Arbeiten gebracht hat, nebst Ebendesselben gemachten Experimenten"); dafs er mit Kunstverwandten in Correspondenz gestanden, wird ebensowohl bezeugt.

Es ist anzunehmen, dafs Jolifief der Vertraute des Kaisers für Dessen alchemistische Bestrebungen war. An diesen betheiligt war aus der näheren Umgebung des Monarchen auch Franz Jos. von Toussaint, welcher nach mir aus Wien gewordener Mittheilung schon 1725 bei Franz I., damals noch Herzog von Lothringen, als Rath und Geheim-Secretär bedienstet war, 1728 geadelt, 1745 in den Freiherrnstand erhoben wurde und 1762 in Wien starb (nach dem s. g. Parte-Zettel, durch welchen die Wittwe sein Ableben anzeigte, war er da neben vielem Anderem Cabinetssecretarius und Geheimer Finanzrath; bei Arneth a. S. 224 a. O. S. 147 u. 217 f. wird er genannt als Zahlmeister des Kaisers, als Günstling und Rathgeber Desselben in finanziellen Geschäften, und da ist auch angegeben, man habe behauptet, dafs er mit dem Gelde seines Herrn zu seinem eigenen Vortheil speculire); er ist nicht zu verwechseln mit dem bekannteren, 1772 gestorbenen Französischen Schriftsteller François Vincent Toussaint, vielleicht auch verschieden von einem Baron Toussaint, welcher sich in dem Freimaurerbund oder einem verwandten Geheimbund bekannt gemacht haben muss (den Namen hat das Allgemeine Handbuch der Freimaurerei, 2. Aufl., III. Bd., S. 387 unter Verweisung auf einen Artikel, in welchem sich *ut fit* Nichts über Das findet, bezüglich dessen dahin verwiesen ist). Die vorhin als von Kaiser Franz I. angekauft erwähnte alchemistische Anweisung war von seiner Hand geschrieben (vgl. S. 189 im I. Theil).

Weiteres darüber, wer etwa in dem Kaiserlichen Laboratorium oder für die in demselben zu unternehmenden Arbeiten thätig war, ist mir nicht bekannt. Darauf aber weist der S. 223 f. besprochene Manuscripten-Katalog hin, dafs in der ersten Hälfte des vorigen Jahrhunderts die Alchemie in Oesterreich und wie es scheint namentlich in Wien zahlreiche Liebhaber, darunter den höheren Ständen angehörige hatte. (Das muss dort auch noch in dem letzten Viertel des achtzehnten Jahrhunderts so gewesen sein; anderen Falles dürfte nicht einzusehen sein, wefshalb besagter Katalog 1786 gedruckt und verbreitet worden wäre. Dafür, dafs mindestens bis zum Beginn dieser Zeit die Alchemie in Oesterreich, speciell in Wien, noch erhebliche Beachtung gefunden habe, spricht auch noch Anderes: dafs auf den letzten Seiten auswärts verlegter alchemistischer Bücher angegeben ist, wo in Wien derartige Schriften käuflich zu erhalten waren; wonach zu vermuthen ist, dafs Wien ein guter Vertriebsort für solche Schriften war. Das ist mehrmals vorgekommen: nach meinen Notizen mindestens noch bis 1772, womit natürlich nicht gesagt ist, dafs Dasselbe sich nachher nicht mehr wiederholt habe. Früherer Vorkommnisse dieser Art nicht zu gedenken enthält der 1772 in Frankfurt u. Leipzig bei Joh. Paul Kraufs verlegte *Christophori Parisiensis Elucidarius* auf den letzten Seiten die Angabe zahlreicher alchemistischer Bücher, die bei dem gleichnamigen Buchhändler in Wien zu haben seien. Meistens sind es strenggläubige alchemistische Schriften, aber auch gegen die Alchemie gerichtete und wiederum die Wahrhaftigkeit dieser Kunst vertheidigende: man konnte kaufen das 1770 veröffentlichte „Schreiben an die goldbegierigen Liebhaber der Chymie und Alchymie, worinnen wohlmeynend abgerathen wird, dieser Kunst nicht länger nachzuhängen", aber auch als Gegengift (für einen Alchemisten nämlich) die bereits 1767 ausgegebene „Erläuterte und aus der Erfahrung erwiesene Wahrheit des Goldmachens, oder des so betitulten *Lapidis philosophorum*".) Alchemistische Manuscripte sind in jenem Katalog auch verzeichnet aus dem Nachlafs des bald in Betrachtung zu nehmenden Generals von Engelhard (darunter von Diesem selbst geschriebene) und des gleichfalls bald zu erwähnenden Baron von Lindenberg, ferner solche von einem Baron Loscano und besonders viele unter dem Namen von Russenstein (Derjenige, von welchem die meisten verfafst zu sein scheinen, war wohl ein etwas früher Lebender, einmal als Alexander Edler v. R. Bezeichneter; von Heinr. Conr. Freiherrn v. R. war aber auch ein auf alchemistische Arbeiten seines Vaters bezügliches, von 1703 datirtes Schriftstück vorhanden; ich weifs nicht, ob dazu ein in der alchemistischen Literatur als Baron von Nüssenstein Angeführter gehört, dessen „Chymische Universal- und Particular-Processe, auf seinen Reisen mit sechs Adepten erlernet" zu Wien 1754 herauskamen. Dahin

gestellt bleibe, wo der Entdecker des Verfahrens zu Hause gewesen sein mag,
welches in der in der Anmerkung zu S. 68 im I. Theil erwähnten Sammlung
alchemistischer Schriften die ihm von dem glücklichen Besitzer gegebene Überschrift hatte: „*Particular* genannt *Gloria mundi, anno* 1750 von Titl. Hr. v.
Olivier zum Valete in Oesterreich mir selbst behändigt und geschenkt, mich
sammt meiner Familie dadurch in Ehre und Reichthum gesetzt“. Ich kann
hier nicht auch der Anderen gedenken, welche in diesem Katalog als wohl ungefähr der angegebenen Zeit zugehörige Anhänger der Alchemie angezeigt sind,
nicht aller aus jener Zeit und wahrscheinlich aus Oesterreich stammender, auf
diese Kunst bezüglicher Handschriften, worunter auch anonyme wie u. a. die
„*Opera* J. W., eines noch“ (also 1786) „lebenden Kunstbesitzers“. Über anderes
Geheimwissen, welches da und schon früher als auch der Alchemie dienend betrieben wurde, ist noch zu berichten.

Vielleicht als Hülfswissenschaft für die Alchemie interessirte den von Jolifief auch die Magie (nach S. 40 des Katalogs lag vor aufser anderem auf Magie
Bezüglichem aus Dessen Sammlung „*Electrum sive speculum sphaerae sapientiae
Salomonis a Maria Medicis cum figuris*, deutsch“ in Jolifief's Handschrift)
und die Kabbala.

Das als Kabbala (d. i. die überkommene Lehre) bezeichnete Geheimwissen
— welches bei den Juden ursprünglich die Lehre vom Göttlichen, von der
Schöpfung und von einigem Anderem zum Gegenstand hatte, sich zu einer mystischen Religionsphilosophie gestaltete, dann mehr und mehr nach der Magie hin-
neigend u. A. die geheime Bedeutung von Buchstaben, Worten und Zahlen zu
kennen einschlofs und auf das Verständnifs und die Anwendung solcher Hülfsmittel hin die Zukunft vorauszusehen ermöglichen sollte — hat sich erst in dem
Mittelalter, hauptsächlich in Spanien und der Provence neben und gegenüber
der auf Aristotelischen Grundlagen aufgebauten Jüdischen Religionsphilosophie
geltend gemacht; es ist so oft in Beziehung zu der Alchemie gebracht worden,
dafs ich seiner nach dieser Richtung hin doch in dieser Schrift, und dann am
Passendsten an dieser Stelle, mit einigen Worten zu gedenken habe. In thunlichster Beschränkung und namentlich mit gänzlicher (mir übrigens schon durch
meine Unwissenheit gebotener) Enthaltung von dem Eingehen auf sehr nahe
Liegendes, z. B. darauf, wie zum Zweck der immerhin auch dem Chemiker vor-
theilhaften Ableitung von Solchem, was die Zukunft noch in ihrem Schoofse
birgt und was zu wissen ungünstigen Ereignissen gewarnt entgegensehen läfst,
aus Bekanntem in Verknüpfung mit der Kabbala öfters die s. g. Punktirkunst
versucht wurde. Fragen an das Schicksal zu stellen und auf diesem Wege
Beantwortung derselben anzustreben: Das war in dem vorigen Jahrhundert auch
in Wien nichts Ungewöhnliches, wo noch an mancherlei Übernatürliches geglaubt
wurde, auch Amulete noch ihre Schätzer hatten und mehrerwähnter Gräffer
doch wohl 1786 einigen Grund hatte zu glauben, es möge „Ein kräftiger heil.
Seegen, so nach dem Tode hochseligen Andenkens Prinz Eugen von Savoyen
in seiner täglich tragender Kleidung in 8 eingefafst und kostbar eingebunden
gefunden worden. 24 Blat mit Figuren“ in Abschrift (à 6 Fl. Ö.W. nach seinem

Katalog S. 41 bez.-w. 14) bezogen werden. Da wurde neben Magie (ungern versage ich mir doch mitzutheilen, zu was für Künsten man in gleicher Weise Anleitung. von welch tiefer magischer Weisheit und von wie vielerlei Hülfsmitteln zur Ausübung derselben man Kenntnifs da um ein Billiges erhalten konnte) auch Kabbala offenbar recht schwunghaft betrieben.

Wie für Anderes wurde auch für die Alchemie die Kabbala in Anwendung gebracht; wie für Anderes war auch für die Alchemie die Anwendung dieses Geheimwissens schon früher versucht worden. Ich bin nicht sicher, ob bereits im dreizehnten Jahrhundert durch Raymund Lull — für welchen es ja überhaupt bestritten ist. dafs er Alchemist gewesen sei (vgl. S. 25 f. im I. Theil) — oder in einer ihm nahen Zeit. Gewifs ist. dafs der ächte Raymund Lull mit der Kabbala der Juden bekannt wurde (Christian D. Ginsburg's *The Kabbalah*, London 1865. *p.* 199 *f.*) und diese der Erfassung seiner *Ars magna* mit zu Grunde lag, nach welcher die mechanische, bestimmten Figuren entsprechende Zusammenstellung der als Zeichen für gewisse Begriffe benutzten Buchstaben ein Mittel abgeben sollte, wissenschaftliche Resultate zu folgern (vgl. über die Lullische Kunst Joh. Ed. Erdmann's Grundrifs der Geschichte der Philosophie, I. Bd., Berlin 1866, S. 382 ff.). Gewifs ist auch, dafs in alchemistischen Schriften, welche als von Lull verfafst verbreitet gewesen sind, Aehnliches vorkommt: Zusammenstellung von Begriffen und Substanzen, die in der Alchemie Verwendung finden, nach dem Dreieck, dem Heptagramm, dem Kreis in mehrerlei Eintheilungen desselben und Combinationen dieser Figuren in dem *Testamentum* (Cap. 3 u. 5 der *Theorica*. 5, 6, 8, 9, 18, 23 der *Practica* z. B.), Bezeichnung dieser Begriffe und Substanzen durch Buchstaben ebenda (Cap. 23 der *Practica*) und Zusammenstellungen der letzteren. u. A. im *Compendium animae transmutationis artis metallorum.* Die Kenntnifs der Kabbala erlangte auch in der folgenden Zeit Einer oder der Andere unter den Christen, im fünfzehnten Jahrhundert namentlich der bald noch einmal zu nennende Graf Giovanni Pico de Mirandola, für den jedoch Beschäftigung mit Alchemie nicht nachgewiesen und mit welchem sein dieser Kunst näher stehender Neffe Giovanni Francesco P. de M. öfters verwechselt worden ist. Aber Trismosin (vgl. im I. Theil S. 93, jedoch auch bezüglich Dessen, ob der ihm zugeschriebene betreffende Tractat nicht ein späteres Machwerk sei, S. 243) wollte aus kabbalistischen Schriften vieles für die Alchemie Nützliche gelernt haben; wo er im Anfang seines Tractates seine „Wanderschafft" erzählt, sagt er: „Also kam ich von Venedig noch an ein besser Orth, da wurden mir Cabalische und Magische Bücher in Egyptischer Spraach vertraut, die liefs ich in Griechische Spraach vertieren und von derselben in Latinische, da fande und erschnappet ich den gantzen Schatz der Egyptern". Und ausdrücklich wurde die Kabbala mit der Alchemie in Verknüpfung gebracht durch Paracelsus († 1541): Dieser sprach es in seinem Tractat *de tinctura physicorum* Jedem aus: „Wann du nit verstehest, was der Cabalisten gewonheyt vnnd der alten *astronomorum* branch ist, so bistu weder von Gott in die Spagyrei geboren noch von Natur zu *Vulcani* werck erkoren, oder mundts eröffnung inn die Alchimistisch kunst geschaffen worden". Als wohlbekannt mit Dem, was der Kabbalisten Gewohnheit sei, war in den ersten Decennien des sechs-

zehnten Jahrhunderts Agrippa von Nettesheim berühmt, welcher jedoch
Defs ungeachtet in der von ihm eifrig betriebenen Alchemie das angestrebte
Ziel nicht erreichte (vgl. Th. I, S. 235); als gleich gut bewandert in der Kabbala
und der Magie galt der Englische Mathematiker und Astronom John Dee
(1527—1607), welcher mit einem Landsmann, dem Alchemisten Kelley o. Talbot
(daselbst S. 194 u. 197) 1585 zu Kaiser Rudolf II. nach Prag kam, wo er doch
seinen von diesem Fürsten zuerst gnädig behandelten, dann als Einen, der die
Darstellung des Steins der Weisen nicht mittheilen wolle, im Gefängnifs gehaltenen Freund nicht zu retten vermochte (Kelley starb 1597 an den Folgen
eines bei einem Fluchtversuch erlittenen Sturzes). 1606 wurde zu Mülhausen
von Franz Kieser (welcher irrthümlich auch unter dem Namen Rieser angeführt wird), *Chymico* und *Medico* zu Franckfurt a. M., eine *Cabala Chymica*
veröffentlicht, welche in Dem, was sie Kabbalistisches enthält, sehr schwach aber
fast noch schwächer in Dem ist, was sie Chemisches bez.-w. Alchemistisches hat
(von den zwei alchemistischen Tractaten Desselben, welche zusammen mit diesem
da herauskamen: *Concordantia Chymica* und *Azot Solificatum*, wurde der letztere noch einmal zu Mülhausen 1666 ausgegeben); von gleichem Schlage mag
eines Steph. Michelspacher's Cabale oder Spiegel der Kunst und Natur in
Alchemie gewesen sein, die zuerst in Augsburg 1615 herauskam und mir auch
als eines Rosenkreuzers Steph. Mich. Spacher's aus Tyrol zuerst 1616 gedruckte *Cabala s. Speculum Artis et Naturae in Alchimia* angeführt vorgekommen ist (die den letzteren Titel tragende Schrift wurde ohne Nennung eines
Verfassers noch 1704 zu Leipzig, 1704 u. 1716 zu Augsburg ausgegeben). Aber
auch ein begabterer Mann, wie Dies Robert Fludd o. de Fluctibus unläug-
bar war, konnte die Alchemie durch Verquickung derselben mit der Kabbala
ihrem Ziele nicht näher bringen; Fludd, geboren zu Milgate in Kent 1574 und
gestorben zu London 1637, lange in Europa herumgereist bevor er die Heilkunst
zu Oxford und London ausübte, ein Anhänger des Rosenkreuzer-Bundes in der
ersten Zeit nach dem Bekanntwerden des Bestehens eines solchen, schrieb aufser
vielem Anderem auch Alchemistisches und namentlich unter angenommenem
Namen ein zuerst zu Frankfurt 1628 dargebotenes *Summum bonum, quod est
verum verae Magiae, Cabalae, Alchimiae verae Fratrum Rosae-Crucis verorum
subjectum. Auctore Joachim Frizzio.* Anonym kam heraus zu Hamburg
1680 eine (zu Frankfurt noch 1761 neu aufgelegte) auch auf Alchemie bezügliche „*Cabalae verior descriptio,* das ist Gründliche Beschreibung und Erweisung
aller natürlichen und übernatürlichen Dingen, wie durch das *Verbum Fiat* alles
erschaffen, und darnach durch das *Centrum Coeli et Terrae* generirt, nutrirt und corrumpirt wird“, und an demselben Ort 1684 *Cabala chymica ab Anonymo quodam
compilata.* — Mehreres Derartiges knüpft sich an einen alchemistischen
Tractat des Stralsunder Syndicus Joh. Grasshoff, dessen verschiedene Schriften
wenn nicht anonym unter den Namen Grasseus (Crasseus, Grosseus),
Chortalasseus, Herm. Condesyanus — vorzugsweise unter dem letzten
— verbreitet wurden. Von Diesem war wie es scheint 1617 oder kurz vorher
zuerst herausgekommen „Ein philosophischer und chemischer Tractat, genant
der kleine Baur bishero lang verborgen: von der Materia und Erkänntnifs defs

einigen und wahren *Subiecti Universalis Magni et illius praeparatione;* Welches allen Tincturen der gantzen *Chemia* vorgeht" (diese Schrift kam noch einmal, sammt Commentar *J. Walchii,* 1619 zu Strasburg heraus; 1658 erschien zu Strasburg eine da noch einmal 1731 gedruckte Ausgabe „Sampt beygefügten *Commentariis J. Walchii* und in dieser andern *Edition* ist das *Supplementum* vom grünen Underzug beygedruckt, darinn zu finden, wie das *Particular* zu machen, neben dem *Process* vom *Universal,* auch angehenkter *Epistel ad cunctos Germaniae Philosophos*"). Sensationell wirkte auf die alchemistische Welt der den Inhalt dieser Schrift mit in sich aufnehmende Tractat: „*Aperta arca arcanorum arcani artificiosissimi* oder des grossen und kleinen Bauers, Eröffneter Kasten aller grösten und künstlichsten Geheimnissen der Natur, beneben der rechten und wahrhafften *Physica Naturali Rotunda,* durch eine *visionem chymicam cabalisticam* gantz verständlich beschrieben; und einer Warnungs-*Instruction* und Beweifs gegen alle die, so das *Aurum potabile* ausserhalb der *Tinctur* des *Universalis Lapidis Philosophici per se* in weniger Zeit zu verfertigen, ander fälschlich *persuadiren*". Die Form, in welcher auf die Lösung der höchsten Aufgabe der Alchemie hingewiesen war, sprach an (dem noch in der Irre befindlichen Jünger des *Hermes* begegnet ein kleiner Bauer, welcher dem Ersteren guten Rath giebt, das Magisterium unter dem Bild einer weifsen und einer rothen Blume zeigt, die auf Einem Stengel blühen, und die *Materia prima* als einen vom Boden aufgehobenen Stein; Alles, inbegrifflich der Farben der verschiedenen Kleidungsstücke, welche der Bauer trägt, hat seine Bedeutung) und man glaubte, es stecke etwas Solides dahinter; 1617 zu Frankfurt veröffentlicht wurde dieses Buch durch eine grofse Zahl von Ausgaben, zuletzt durch eine Leipziger von 1744 in Deutschland verbreitet, seinem Inhalte nach übersetzt in Lateinische Sammlungen wichtigerer alchemistischer Schriften aufgenommen (*Arca arcani artificiosissimi de summis naturae mysteriis constructa ex Rustico Majore et Minore et Physica naturali colenda per visionem Cabalisticam Chemicam descripta etc.*), mehrfach excerpirt und viel besprochen (u. A. auch in eines Ungenannten zu Hamburg 1657 herausgekommener Schrift „*Mysterium occultae naturae,* d. i. von der herrlichen und edeln Gabe Gottes, der sternflüssigen Blumen des kleinen Bauers" u. s. w.); Schriften, welche gedruckt oder in Manuscript über „des kleinen Bauers Particular" deutlichere Auskunft geben sollten, wurden angeboten und cursirten (zu Leipzig kam 1715 heraus: „Der *Con-* und *Dissensus chymicorum de famigeratissimo rustici minoris particulari* oder ungleiche Meinungen von des kleinen Bauers Particular, bestehende und vorgestellet in Fünffzehen davon handelnden *Processen,* woraus der kunstliebende Leser den *Con-* und *Dissensum* derer *Autorum* derselben vernehmen wird" u. s. w.).   Der eben in Besprechung stehende Tractat und was sich an ihn anschlofs liefs die Leser in der Täuschung, es werde ihnen Etwas von Resultaten der Kabbala geboten, und trug dazu bei, die letztere als ein schätzbares Hülfsmittel für alchemistische Arbeiten betrachten zu lassen; noch in der zu Augsburg 1753 erschienenen alchemistischen Schrift: „*Philosophia Salomonis* oder: Geheimes Cabinet der Natur und Kunst des weisen Königs Salomons eröffnet durch den sogenannten grossen und kleinen Bauer wahren Besitzer des

königlichen Steins" (welches Buch im Übrigen nichts Bemerkenswerthes enthält)
ist ein gröfserer Abschnitt *Cabala chymica* überschrieben.

Für die bisher besprochenen sich als kabbalistisch-alchemistische gebenden,
von dem Anfang des siebzehnten Jahrhunderts an veröffentlichten Schriften war
die Kabbala nur die Klapper, welche meist schon auf den Titeln in Bewegung
gesetzt die Aufmerksamkeit des leselustigen und belehrungsbedürftigen alchemistischen Publicums auf Bücher lenken sollte, deren Verfasser — so weit mir
zu beurtheilen möglich war — von dieser Art von Geheimwissen auch nur in
Rücksicht darauf, was und wie es Das leisten solle, Nichts verstanden; in
mehreren dieser Schriften wie auch noch in anderen alchemistischen Tractaten
jener Zeit wurde den Unkundigen Sand in die Augen gestreut durch das Vorbringen selbstfabricirter ganz sinn- und bedeutungsloser Worte als kabbalistisch
wichtiger. Noch gegen das Ende des siebzehnten und während eines grofsen Theiles
des achtzehnten Jahrhunderts wurden frühere Schriften dieser Art wieder aufgelegt,
aber auch noch andere als die bereits genannten neu veröffentlicht; so z. B. von
Joh. Christoph. Steeb 1679 zu Mainz sein *Coelum sephiroticum Hebraeorum,
per portas intelligentiae Moysi revelatas, interiores naturalium rerum characteres,
abditosque recessus manifestans ex vetustissima Hebraica veritate Medicinae, Chymiae etc. aliarumque scientiarum nova principia oculari demonstratione ostendens
et explicans,* von Friedr. Geisler seine *Excellens nostri viridis Panacaea
Leonis cabalistice desumpta* zu Nürnberg 1678. Um die Zeit, wo diese
Schriften herauskamen, konnten jedoch gröfsere Ansprüche als früher daran gestellt werden, wie die Kabbala nach ihren Beziehungen zur Alchemie in Scene
zu setzen sei.

Auf diesen Zweig des Geheimwissens, der bis dahin fast nur von Juden
gelehrt behandelt worden war, hatten sich von dem Ende des fünfzehnten Jahrhunderts an auch Forschungen christlicher Gelehrten gerichtet und die Resultate
ihrer Untersuchungen waren bekannt geworden. Joh. Reuchlin (1455—1522)
hatte sich mit ihm beschäftigt (eben so wenig, wie Dessen 1494 veröffentlichtes
Werk *De verbo mirifico* enthalten seine 1517 erschienenen *De arte cabalistica
Libri III* und seine 1519 erschienene *Destructio cabalae, seu cabalisticae perfidiae*
etwas auf Alchemie Bezügliches) und seitdem noch Andere. Namentlich Christian
Knorr von Rosenroth (geboren 1637 zu Alt-Raudten in Schlesien, gestorben
1689 zu Sulzbach als Geheimerath und Kanzler des Pfalzgrafen von Sulzbach;
er soll sich auch viel mit Chymie beschäftigt und darüber — wie auch sonst
anonym oder pseudonym — Mehreres geschrieben haben), dessen *Cabbala denudata (T. I Sulzbaci* 1677; *T. II Francofurti* 1684) ein jetzt noch geschätzetstes
Hülfsmittel dafür ist, sich über diese Geheimlehre zu unterrichten. Die in den
zwei dicken Quartbänden dieses Werkes niedergelegte Gelehrsamkeit zu würdigen
und auszunutzen bin ich bei leider vollständiger Unwissenheit im Hebräischen
aufser Stand, kann also nur Aeufserlichstes mittheilen (wo ich in dem Nachstehenden die Erklärung eines der Hebräischen Sprache angehörigen Wortes
gebe, verdanke ich die Möglichkeit Das zu thun da, wo andere mir zugängliche
Nachschlagbücher Nichts ergaben, der Belehrung meiner Collegen Gust. Weil
und Adalb. Merx; dem Letzteren bin ich auch verpflichtet für die Bekannt-

schaft mit dem S. 229 angeführten Buche von Ginsburg). Nach dem Titel des
I. Theiles enthält dieser u. A. auch *Compendium Libri Cabbalistico-Chymici,
Aesch-Mezareph dicti, de Lapide Philosophico etc.*, und von diesem Buch hätte
ich gern etwas mehr erfahren, weil seine Überschrift (*Aesch* — eigentlich *Esch*
— *Mezaref* bedeutet läuterndes, auch schmelzendes Feuer) in ihrer Einfachheit
mich lockte und zudem der Compaß der Weisen (vgl. S. 222) von selbigem Buche
(S. 318 ff. d. 2. Ausg.) als dem unter allen Büchern am Deutlichsten geschriebenen
spricht, wenn man sich auch nicht einbilden dürfe, daß man Alles so deutlich,
vollkommen und mit allen Handgriffen, wie man es wünschen könnte, allda finden
werde; meine Begierde wurde auch dadurch nicht gemindert, daß — wie ich
aus derselben Quelle (S. 31 f.) erfuhr — es wie alle übrigen von dem in ihm
enthaltenen Geheimwissen handelnden Bücher aus dem Buch *Jezirah* — dessen
Verfasser vielleicht Abraham gewesen sei — geschöpft, aus dem letzteren die
Alphabete zum *Notariakon* und zu der *Gematria* (d. i. der kabbalistischen Verknüpfung zweier Worte in der Art, daß die Buchstaben des einen Wortes nach
ihren Zahlenwerthen die nämliche Summe ergeben wie die Buchstaben des anderen Wortes) entlehnt hat (*Jezirah*, welches Wort in der Kabbala auch die
dritte Welt: die der denkenden aber aus keiner vorhanden gewesenen Materie
gebildeten Substanzen bedeutet, ist eine von Vielen dem Abraham beigelegt
gewesene, nach Einigen von dem im 1. u. 2. Jahrhundert lebenden Rabbi Ben
Joseph Akiba, nach Anderen von Dessen Schüler Simeon Ben Jochai verfaßte Schrift betitelt. in welcher von der Welt, der Bewegung, der Zeit, der
Seele gehandelt und Alles durch Zahlen und Buchstaben ausgedrückt wird).
Ich möchte dem eventuellen Leser dieser Anmerkung es doch ersparen, so lange
wie ich es gethan im I. Theil der *Cabbala denudata* vergeblich nach jenem Buch
zu suchen; erst später ersah ich aus einer Anmerkung zum Compaß der Weisen
(S. 319 f.), daß es nebst Anderem dort mit dem kabbalistischen Hauptbuch
Sohar (d. i. Buch des Glanzes, nach Einigen vom ebenerwähnten Rabbi Simeon
im 2. Jahrhundert verfaßt, nach Anderen als Aufzeichnung der Lehren Desselben oder selbstständig im 8. Jahrhundert oder noch später geschrieben) in
Eins verarbeitet ist: „daß der *Aesch-Mezareph* nebst noch fünf andern Tractätlein in dem I. Theile der *Caballa denudata* keineswegs in einem fortwährenden
Zusammenhange befindlich sind, sondern alle, so auch das *Compendium Aesch-
Mezareph*, zergliedert in dem *Alphabetho Hebraico* zu suchen". Wovon ich abstehen mußte.

Immerhin mag das Vorhergehende einige Vorbereitung dafür abgeben,
daß eine Vorstellung davon gewonnen werde, wie im vorigen Jahrhundert in
Wien Kabbala in Verbindung derselben mit Alchemie betrieben wurde. Aus
den da zusammengebrachten nicht näher bezeichneten Sammlungen stand dem
S. 223 f. erwähnten Gräffer eine *Cabala Adeptorum nobis solis Adeptis nota dal
Conte Francesco Marsciano* zur Disposition, eine „Beschreibung den philosophischen Stein zu verfertigen, kabalistisch beschrieben aus dem phisiko-kaba-
listischen Buche *Aesch-Mezareph*" (vgl. oben) und noch ein „*Compendium libri
Cabalistico-Chemici Aesch-Mezareph dicti de Lapide Philosophorum pertractantis
cum praefatione et Commentario Leandri de Meere*. Dieses Buch hat 500

Dukaten gekostet", ferner „Die goldene Cabala der Juden, wie auch Anweisung der *Sephiroth*, wie die Verwandlung der Metallen geschehen müsse" (*Sephiroth* d. i. Zahlen heifst in der Kabbala ein mystischer Begriff: im Buche *Jezirah* die Zehnzahl als Signatur des Weltalls, im Buche *Sohar* die die Mittelglieder zwischen dem Unendlichen und dem Endlichen d. h. dem wirklich Geschaffenen abgebenden zehn Attribute der aus der Absolutheit herausgetretenen und sich offenbarenden Gottheit). Zur Disposition stand dem Gräffer aus der Sammlung des der Alchemie ergebenen Jolifief ein kabbalistisches Manuscript: „Eine Tabelle zum Chifer, und Gebrauch derselben" und ein anderes: „Kabalistische Fragen", beide als „von Jolifief" bezeichnet, und eben so bezeichnet als ein alchemistisches: *Explicatio verborum Ziruph* (über die *Verba Ziruph* o. *Ziruph*, die uns sogleich noch einmal als alchemistisch-kabbalistische vorkommen werden, ist zu bemerken, dafs *Ziruph* o. *Siruph*, wozu *Mezareph* Participium ist, Schmelzung bedeutet, aber aufserdem auch Umstellung der Buchstaben eines Wortes, um zu einem anderen, zu dem ersteren in Beziehung gebrachten zu gelangen). Mehr noch von dieser Art stammte „aus der Sammlung des berühmten Cabalisten Godfried Freyherrn von Engelhard, k. k. Generalen und Commandanten zu Kaschau" (Gräffer's Katalog S. 15: nähere Angaben über v. E. schalte ich weiter unten ein): u. A. noch einmal die *Cabala Adeptorum solis nobis Adeptis nota Authore Francisco Comite de Marsciano a Monte Jore Cabalista Hermetico Chymico Dei gratia Adepto sine Invidia, una cum Themate et responso* (das Original, wie ausdrücklich bemerkt wird, von dieser Schrift) und „*Septem verba de Lapide Philosophorum: in fine legitur Caucii Anno Incarnationis Dominicae*, 1546. *Tertio Nonas Aprilis. Jo. Jacobus de Roncho J. C. jam Filii Aloisii.* 7 Bögen und Die Erklärung über die *Verba Ziruph*, die in diesem Werke vorkommen, 4 Blat von Engelhard, und noch 1 Blat Noten hierüber von Engelhard, latein und hebräisch, aus der Sammlung und Handschrift Engelhards" (Katalog S. 16).

Ich zähle nicht noch mehr kabbalistisch-alchemistische Schriften auf, welche früher als werthvoll betrachtet noch 1786 zu Wien in der Hoffnung ausgeboten wurden, dafs sich für sie oder doch für Abschriften von ihnen Liebhaber finden. Aber für die Charakterisirung der Zeit, in welcher — im vorigen Jahrhundert — die Beschäftigung mit Alchemie dort noch eine recht rege gewesen zu sein scheint, will ich doch noch Einiges hierhersetzen was verdeutlicht, welches Interesse für kabbalistisches Wissen noch in anderer Richtung als der der Alchemie zugewendeten und für Magie auch in Oesterreich sich conservirt hatte.

(Die Magie, mag hier beiläufig bemerkt werden, ist nicht immer der Alchemie fern geblieben. Es gab Jünger der Hermetischen Kunst, welche der Beihülfe ihren Befehlen unterstehender böser Geister für die Förderung ihrer Arbeiten verdächtig waren oder selbst sich rühmten. Was gegen das Ende des sechszehnten Jahrhunderts dem Thurneysser zu Berlin nachgesagt worden ist, wurde im I. Theil S. 117 f. u. 122 ff., was damals dem Bragadino zu München zur Last gelegt worden ist, wurde daselbst S. 174 berichtet; wie schon vorher Agrippa von Nettesheim stand in jener Zeit der gleichfalls bereits S. 230 genannte Dr. Dee im Geruche der Benutzung der Dienste böser Geister für die

Erreichung des auch auf dem Gebiete der Alchemie von ihm angestrebten Zieles. Und ein guter Geist wird es auch nicht gewesen sein, welcher dem Alchemisten Borri in Kopenhagen für die Erfüllung der dem König Friedrich III. von Dänemark (vgl. S. 128 im I. Theil) gemachten Versprechungen behülflich sein sollte und auf den Ruf *Homunculus* hörte (zu diesem Giuseppe Francesco Borri, der sich latinisirt auch Burrhus nannte, war sich wohl Dessen zu versehen, daß er Teufelswerk trieb. Zu Mailand geboren lehnte er sich schon frühe gegen die Dogmen der Kirche auf und verfiel dem Banne derselben; er ging flüchtig, trieb sich in verschiedenen Ländern herum, vorzugsweise an Fürsten sich haltend, welche ihn für seine Versprechungen, sie die Darstellung des Steins der Weisen und der Universalmedicin zu lehren, reichlich belohnten, hielt sich eine Zeit lang in Strasburg, dann 1660 zu Amsterdam auf, wo er den Ruf eines Wunderdoctors und Adepten zu gewinnen wußte und schließlich unter Mitnahme ihm anvertrauter beträchtlicher Geldsummen und Kostbarkeiten entwich, kam nach Hamburg, wo er die damals in dieser Stadt sich aufhaltende Ex-Königin Christine von Schweden in Alchemie und anderen geheimen Wissenschaften unterrichten durfte, bis die Geldmittel Derselben erschöpft waren, und wendete sich nun nach Dänemark; in dem letzteren Lande fand er wie schon angedeutet eine Stellung als Hofalchemist, aber nach dem Tode Friedrich's III. 1670 mußte er Kopenhagen verlassen; auf dem Wege nach der Türkei wurde er in Oesterreich verhaftet, nach Wien gebracht wo er während einiger Monate im Dienste des Finanzministers Grafen von Sinzendorf laborirte, dann — noch 1670 — der Reclamation des Päpstlichen Nuntius entsprechend nach Rom ausgeliefert, wo ihm eine Wohnung in der Engelsburg angewiesen wurde mit der Erlaubniß, da seine alchemistischen Versuche fortzusetzen und nach dem Wunsch der jetzt in Rom lebenden Königin Christine Diese, die sich immer noch für seine Arbeiten interessirte, zu besuchen; er starb 1695 im 79. Lebensjahr). Berufen war lange unter den magischen Schriften als für erfolgreiche Betreibung der Alchemie Anwendbares enthaltend namentlich die *Clavicula Salomonis;* in Dem, was mir unter diesem Titel vorgekommen ist, war nichts speciell Alchemistisches. Da Beziehungen zwischen der Magie und der Alchemie immerhin verhältnißmäßig seltener vorkamen bez.-w. cultivirt wurden, verweile ich nicht länger bei diesem Gegenstand, gehe vielmehr dazu über, wie — so weit aus dem mehrerwähnten Manuscripten-Katalog zu ersehen ist — um die Mitte des vorigen Jahrhunderts in Wien die Magie überhaupt noch Verehrer gehabt zu haben scheint: die Magie, die zwischen ihren zwei Nachbarinnen, an beide sich anlehnend und beide umfassend, steht: der Kabbala einerseits, welche wie die Astrologie u. A. Verborgenes objectiv enthüllen soll, auf Grund der Bekanntschaft des sie Treibenden mit wissenschaftlichen Geheimnissen aber ohne persönliches Eingreifen Desselben in den Gang der Dinge, und der Zauberei anderseits, für welche der sie Ausübende persönlich mit solcher Begabung, solcher Gewalt über übernatürliche Mächte und Kenntniß geeigneter Mittel zur Geltendmachung dieser Herrschaft ausgestattet sein soll, daß er, was geschehen werde, in einem oder in einem anderen Sinne lenken könne.)

Unter vielem Anderem lag nach dem Gräffer'schen Katalog vor aus Jolifief's Sammlung aufser dem S. 228 erwähnten Manuscript Verschiedenes über den magischen Spiegel, über welchen auch anderen Sammlungen entstammende Manuscripte belehren konnten; aus des bald noch einmal zu erwähnenden v. Lindenberg's Nachlafs viel Magisches, u. A. Mehreres über die *Tabula Recelini* und das *Herpentil*, von ihm angelegte Sammlungen von Beschwörungen, Sigillen, Pentakeln, Spiegeln, Gebeten und magischen Künsten in Quart und Octav, auch einzelne Aufzeichnungen wie z. B. die 1730, 1736, 1749 und noch in anderen Jahren gemachten über die göttliche wunderbare Wirkung und Kraft der 150 Psalmen David's für ihn; aus verschiedenen, zum Theil nicht näher bezeichneten Sammlungen „Abraham des Sohns Simonis des Sohns Judä des Sohns Simonis von der Magie", *„Magia et ordo artium et scientiarum abstrusarum nobilis Joannis Kornreutheri ord. S. Augustini Prioris latine quidem, sed conjurationes arabice conscriptae 1495"*, *„Thesaurus inestimabilis occultorum Miraculorum, sive Conclave Scientiarum Salomonis, mit Caractern"* und dergleichen Allgemeineres, Mehreres über den Schlüssel und über die Bereitung des Gürtels Salomo's, „Eine auf Pergament gemalene und gezeichnete sehr alte Bibel — — in alter französischer Sprache; nach der Tradition enthält sie eine Geisterbeschwörung, davon der Schlüssel auf dem ersten Blatte bei der Welterschaffung sich finden solle, sie hat 3000 Dukaten gekostet", „Die Zwangmesse mit allen Pentakeln, Sigillen und Beschwörungen", die Sigillen dazu auch extra, *„Efficacissima quaedam conjuratio"*, *„Conjuratio Spirituum Thesaurum custodientium"*, *„Sacerdotis absolutio animae Thesaurum custodientis"* und mehr noch, was zur Geisterbeschwörung und Schatzhebung dienlich, „Beschwörung des Ungewitters" u. s. w.

Mehr noch als die allerdings auch sündhaftere Magie scheint die Kabbala beachtet und betrieben worden zu sein. Es lag vor aus der Sammlung des als Kabbalisten berühmten Generals von Engelhard (vgl. S. 234 u. 237 ff.) *„De arte Cabalistica Authore Engelhard Authographum"* und in Desselben Handschrift *„Estratto del Settenario d'Alessandro Fara in Venezia 1594 della Filosofia Simbolica"*; da waren vorhanden neben vielem Anderen *„Microscopium Cabalisticum totius Universi"*, *„Cabala Salomonis a Deo data et revelata, qua mediante praeterita, praesentia et futura resciri ac cognosci possunt"*, *„Cabala mosaica, seu revolutio Alphabetaria, Cabalistica Hebraco-Latina"*, *„Sphaera Platonis"*, *„Rota Pythagorica"* und *„Rota Venerabilis Bedae"*, kabbalistische Schriften des Grafen Giovanni Pico de Mirandola (1463—1494), des Coelio Rhodigino (1450—1520), des Angelo Cortese (über 8 Gelehrte dieses Namens konnte ich Auskunft erhalten und aufserdem über eine Isabella Cortese wenigstens die, dafs Dieselbe — zuerst zu Venedig 1561; das Buch hatte im Italienischen Original vier Auflagen und kam dreimal in Deutschen Übersetzungen heraus — *I secreti, ne' quali si contengono cose minerali, medicinali, artificiose ed alchimiche, ed molte de l'arte profumatoria, appartenenti a ogni gran signora* ausgeplaudert hat, aber Nichts war über einen Angelo C. zu erfahren). Ebensolche Schriften hatte in grofser Zahl gesammelt und offenbar auch benutzt Jos. Leopold Franz Ferdinand Brendler von Lindenberg; von Diesem lagen vor in Dessen eigener Handschrift „*Cabala di Salomone — — in usum libri Baronis a Lindenberg*" und „*Cabala Salomonis cum Fragmento de signis Zodiaci et Planetis*", ferner „*Regulae Cabalae*", ein Aufsatz „*De Cabala Angelica et modus quasi cabalisticus*" wie auch „Einem jährlich sein Prognosticon zu machen" und Anderes;   in seiner Sammlung fehlten nicht die Schriften solcher kabbalistischer Autoritäten wie die eben erwähnten, des Pico u. A., sie enthielt auch des „*Rotilio Ben in Casa Cabala Italiana* von äufserster Seltenheit" und andere wirklich rare Stücke, z. B. mehrfach „Eine Cabala, die latein, französisch, deutsch und böhmisch antwortet".   Politische Ereignisse und andere von allgemeinerem Interesse suchte man da mittelst der Kabbala vorauszusehen: solche Aufsätze wie „*Regulae Cabalisticae una cum Themate: Expugnabitne Gallus Taurinum* 1706?", „*Exemplum Cabalae Viennae* 1725 25. *July factae supra Them. Imperatoris Caroli serti societas Indiarum concessa qualem habebit effectum et futurum eventum?*", „*Ein anderes über die Frage: An Christiani aut Mahometani anno Christi* 1738 *erunt rictoriosi?*" waren in v. Engelhard's Sammlung und zum Theil von Dessen Hand.   Aber das Privat-Interesse blieb, wie billig, nicht aufser Beachtung; die Beantwortung der Frage: „1724 *Christophorus Godefridus Engelhard eritne fortunatus?*", ein anderes Prognostikon *pro anno* 1731 *Christophorus Godefredus Engelhard natus* 24. *July* 1686 *eritne fortunatus?* fanden sich eben so vor.   Für verhältnifsmäfsig unbedeutend erscheinende Gegenstände unternahm man es, kabbalistisch zu untersuchen, wie sich wohl in Beziehung auf sie die Zukunft gestalten werde; auch wieder aus Engelhard's Sammlung aber von anderer Hand geschrieben war „*Se la Braca presentosi jeri da me, sarà buona al servizio e fedele come desidero?*" (nehmen wir an, *Braca* habe da Hündin und nicht Hose bedeutet).   Und kaum bedarf es der ausdrücklichen Erinnerung, dafs auch diejenige Anwendung der Kabbala ausgiebig vertreten war, in welcher die letztere — man kann nicht sagen in verblichener Pracht noch fortexistirt sondern — sich ein im Vergleich zu der früheren Angesehenheit derselben recht lumpiges Dasein in Oesterreich und namentlich in Italien erhalten hat: die Anwendung zum Lotteriespiel und speciell für die als Lotto bezeichnete Zahlenlotterie. Da waren namentlich aus der v. Lindenberg'schen Sammlung vorhanden „*Fragmenta et Themata Cabalistica una cum P. Poscovich Thematibus famosissimis pro Numeris Lotteriae*" (der Jesuit Ruggiero Giuseppe Boscovich, 1711—1787, wird jetzt noch in der Geschichte der Naturwissenschaften, namentlich der Astronomie und der Optik genannt) und eine „Venezianische Lotterie-Cabala", auch schlechthin eine „Lotterie-Cabala" nebst Anderem,   aber auch die v. Engelhard'sche Sammlung enthielt Nützliches, darunter die „*Cabala Salomonis de Coutelet* mit Exempeln auf die Lotterie", die „*Regole per estraere li cinque numeri*" u. A.

(Der in dem Vorhergehenden öfters genannte General von Engelhard ist in seiner Hingebung an die Kabbala um die Mitte des vorhergehenden Jahrhunderts eine so merkwürdige Erscheinung, dafs ich hier nach den durch gütige Vermittelung des Herrn Hofrath Dr. Mor. Al. von Becker in Wien — welchem ich überhaupt für seine Bemühungen um Auskunftgabe über dortige Verhältnisse aus jener Zeit vielen Dank schulde — aus den Acten des K. K. Kriegs-Archivs

und des K. K. Reichs-Kriegsministeriums mir gewordenen Mittheilungen einige
nähere Angaben einschalten will.   Christoph Gottfried Friedrich Freiherr von Engelhardt zu Schnellenstein (Engelhardt, auch Engelhartt ist der Name da geschrieben), einem alten ursprünglich Schweizerischen,
später nach Schlesien gekommenen Geschlecht entstammend, stand zuerst in
Preußischem, dann in Oesterreichischem Militärdienst, wurde im letzteren 1715
als Oberstwachtmeister in das Genie-Corps eingereiht, machte sich verdient durch
seine Kenntnisse in der Fortification, bewährte mehrfach seine Tüchtigkeit im
Kriege, erhielt auch 1717 die Stelle des Directors der Ingenieur-Akademie zu
Wien und 1721 die eines General-Intendanten des Ingenieur-Wesens im Herzogthum Mailand; 1734 zum Obersten vorgerückt war er während der Türkenkriege
1736 bis 1739 Commandant von Orsowa; 1741 zum Oberstfeldwachtmeister
(Generalmajor) ernannt wurde er später Commandant der Ungarischen Festung
Kaschau, und in dieser Stellung 1752 Feldmarschalllieutenant; er starb in hohem
Alter am Ende des Jahres 1767 in Kaschau.   Durch welche Umstände verleitet
er auf den Irrweg der Kabbala kam, ist mir nicht bekannt, aber unerschütterlich
war sein Vertrauen darauf, daß dieses Geheimwissen nützlich sei und wirklich
Das leisten könne, was von ihm erwartet wurde. Zeugniß dafür legt auch noch
ab sein 1752 errichtetes Testament, in welchem er unter Erinnerung daran, daß
die von ihm zu Stande gebrachte und dem Kaiser dargebotene Sammlung von
Mineralien und anderen naturwissenschaftlichen Objecten von dem Letzteren zur
Aufbewahrung in der K. K. Mineralien- und Naturalienkammer huldreich angenommen worden war, seiner Absicht Folge giebt, durch ein wissenschaftliches
Kunstwerk   „ein immerwährendes Gedächtniß der Literatur und der wahren
Hebräischen Gottes-Gelehrtheit zur besonderen Erlaichtung der so berühmt als
prächtigen Kays. König. Bibliothèque zu wiedmen, welches auch derselben hiermit legire. Es besteht dieses Stücke in einer grofsen — — mit Hebräischen
Caracteren, Worthen und Texten angefüllten Taffel oder Gemählde, ein Werck
meiner durch 26 Jahr ununterbrochenen Arbeith, welches zwar nur zum Theil,
und dieses dennoch nur stuckweise, theils von denen uhralten, theils neueren
Rabinern beschrieben, in übrigen Theilen aber von mir ergründet und ergäntzet
und in ein gemahltes Systema zusammen getragen; welches nur auf eine Taffel
und Gemählde in die distinguirte Circulen, Farben und Caracteres zu bringen
Ich ein gantzes Jahr einen Mahler bei mir gebrauchet und unterhalten habe,
dergleichen Hebräisches Systemal-Stücke der Hebräischen Gottes-Gelehrtheit in
der gantzen Welt nicht befindlich ist, welchem hierfolgende Inscription gebe:
Systema unicum, genuinum, universale a me intitulatum: Arbor! et Arbor visu
desiderabilis! et Arbor vitarum! et Arbor scientiae boni et mali! seu Systema
genuinae Cabalae divinae mysticae, a Deo in monte Sinai Moysi per spatium
40 dierum traditae, inde ab Hebraeis antiquis, veris lex oralis vocatae, dignioribus
populi electi viva voce tradendae, a me C. G. Bar. ab Engelhartt 40 annorum
spatio linguae sanctae, 26 annorum cabalisticae studio indefesso, scrutatione vero
ex plurimorum ante et post Christum natum sapientiorum celebriorumque rabinorum
cabalistarum genuinis scriptis editis et non editis, nec non a celebrioribus rabinis
meo tempore in mundo viventibus, tum viva voce mecum concurrentibus, tum absen-

*tibus correspondentiae medio, collectum congestum, unde ego in tenebris natus,
educatus, induratus, inde in abyssum deismi, naturalismi, materialismi lapsus,
in, per, cum fonte linguae sanctae Hebraeae, miserente Deo ex prodigio gratiae
ejus, in alium hominem mutatus, regeneratus et firmatus in una sancta vera
ecclesia, quae est legis naturae, legis rigoris legisque gratiae per Jesum Christum
consummatio. Lego hoc systema bibliothecae caesareo-regiae in perpetuam memoriam
non mei miseri sed ab aeterno in aeternum existentis Triunius, entis a se, qui
totum in toto, sola, unica, aeterna vita, veritas, via, ultimus et primus, alpha et
omega. Amen.* Gleichergestalten legire Ich einer Kays. König. Bibliothèque alle
bey mir befindliche *Hebraica et Chaldaica-Rabinica*, wie auch alle meine in
dieser Sprache verfaßte Manuscripta und alle Chaldäische und Hebräische Codices".
1766 bestimmte er in einem Codicill: „Weilen in seitheriger Durchsehung der
Kays. Kön. Hofbibliothèque wahrgenommen, daß die in meiner Büchersammlung
habende Chaldäische und Hebräische Codices anschon aldort befindlich sindt,
— habe mich entschlossen, nur die — — Manuscripta — — solcher Bibliothèque zukommen, alle in Druck aber habende Bücher bey meiner Bibliothèque
verbleiben sollen, welche nach meinem Todt nicht etwa schlechterdings und stuck-
weiß zu verkauffen, sondern mittelst denen Zeitungen gewöhnlichermaßen denen
Liebhabern kund zu machen".)

„Im Reich" und auch in Preussen hätte man, wäre da bekannt gewesen
in welcher Weise in Oesterreich — in der Hauptstadt und ausserhalb derselben
— Geheimkünste betrieben wurden, keine Ursache gehabt, von oben herab solches
Treiben zu beurtheilen. Kamen doch in Berlin, wie S. 27 erinnert wurde, noch
in den 1780er Jahren in gleicher Richtung Dinge vor, welche weit über das in
dem Vorhergehenden Angedeutete hinausgingen. Und schon vorher, in der ersten
Hälfte des vorigen Jahrhunderts war von dem südwestlichen Deutschland ein
Irrlicht ausgegangen, dessen trügerischer Schein Vielen wirklich über Dunkeles
Licht zu verbreiten schien und welches einen beträchtlichen Einfluß auf die
Geistesrichtung Vieler ausübte. Das war „Herrn Georgii von Welling
Opus mago-cabbalisticum et theosophicum, darinnen der Ursprung, Natur, Eigen-
schaften und Gebrauch des Saltzes, Schwefels und *Mercurii*, in dreyen Theilen
beschrieben, und nebst sehr vielen sonderbaren *mathematischen, theosophischen,
magischen* und *mystischen* Materien, auch die Erzeugung der Metallen und
Mineralien, aus dem Grunde der Natur erwiesen wird; sammt dem Haupt-Schlüssel
des gantzen Wercks und vielen *curieusen mago-cabbalis*tischen Figuren".
Zuerst kam dieses Werk, welches für einen Geschichtschreiber des menschlichen Irrthums eingehendere Behandlung benöthigen wird, zu Homburg vor der
Höhe 1735 heraus. (Die Vorrede des Herausgebers ist von diesem Jahre, die
des Verfassers, nach welcher gegen den Willen des Letzteren der von dem Salz
handelnde II. Theil des Buches schon vorher veröffentlicht worden war, vom
Januar 1721 datirt. Diese Veröffentlichung hatte 1719 und unter anderem Namen
stattgehabt, denn nichts Anderes als der II. Theil des Welling'schen Werkes
ist „*Opus mago-cabalisticum et theologicum*. Vom Uhrsprung und Erzeugung des
Saltzes, Dessen Natur und Eigenschafft, Wie auch Dessen Nutz und Gebrauch.

-- — Alles auffgesetzt und zusammen getragen von einem embsigen Liebhaber der ewigen Wahrheit, dessen Nahmen Gregorius Anglus Sallwigt überkommen *anno* 1708. Und Franckfurth am Mayn gedruckt bey Anton Heinscheidt, 1719". Ob ein zu Salzburg 1729 ausgegebener *„Tractatus mago-cabbalistico-chymicus* von des Saltzes Ursprung und Erzeugung" u. s. w. mit 10 colorirten Tafeln — eben so viele Kupfertafeln mit meist colorirten magischen und kabbalistischen Figuren hat auch das vorerwähnte, 1719 veröffentlichte Opus — das Nämliche enthalte, weifs ich nicht, da diesen Tractat einzusehen ich nicht in der Lage war.) Die „andere Auflage" des unter v. Welling's Namen herausgekommenen Werkes — die einzige von mir benutzte, auf welche sich auch die im Nachstehenden vorkommenden Verweisungen beziehen — erschien zu Frankfurt u. Leipzig 1760 (in ihr, vielleicht schon in der ersten Ausgabe ist dem Hauptwerke „noch beygefüget: Ein *Tractätlein* von der Göttlichen Weisheit; und ein besonderer Anhang etlicher sehr rar- und kostbarer *chymi*scher *Piecen",* die rein alchemistischen Inhaltes sind und so weit ersichtlich 1722 und in den nächstfolgenden Jahren verfasst bez.-w. wirklich oder angeblich aus mir unbekannten Lateinischen Originalen übersetzt waren). Zum dritten Male wurde das Werk zu Leipzig 1784 herausgegeben.

Der Verfasser Georg von Welling, 1652 in der Grafschaft Weifsenborn im Bayerischen Kreise Schwaben geboren, war Baden-Durlach'scher Director des Bau- und Bergwesens, auch Consistorial-Präsident, trat 1723 aus seiner amtlichen Stellung aus und lebte dann in Bockenheim bei Frankfurt a. M. bis zu seinem Todesjahr 1727. Er war ein seiner Zeit entsprechend recht gebildeter und selbstständig denkender wenn auch noch stark abergläubiger Mann, für einen Laien ungewöhnlich bibelfest; sein Werk ist überreich an Citaten aus dem Alten und Neuen Testament. Dieses Werk schrieb er offenbar nach innerster Überzeugung; dasselbe ist kein Speculations-Fabrikat, wie es so viele auf Geheimwissen und namentlich auf die Alchemie bezügliche Schriften jener Zeit waren. Aber sein durchaus mystischer Inhalt ist höchst unklar. Es wird wohl Jedem, welcher den Inhalt desselben kennen zu lernen sucht, so gehen wie Goethe, der — wie er in „Dichtung und Wahrheit" erzählt — im Herbst 1768 von Leipzig nach Frankfurt heimgekehrt sich mit diesem Buche beschäftigte, welches zu studiren seine Freundin Fräulein von Klettenberg bereits unternommen hatte, aber doch nur mit dem Erfolg, dafs sie, „weil der Autor das Licht was er mittheilt sogleich wieder selbst verfinstert und aufhebt, sich nach einem Freunde umsah, der ihr in diesem Wechsel von Licht und Finsternifs Gesellschaft leiste": Goethe gab sich alle Mühe, durch Vergleichung der Stellen, an deren einer der Verfasser auf die andere hinweist, zu besserem Verständnifs zu kommen, „aber auch so blieb das Buch noch dunkel und unverständlich genug, aufser dafs man sich zuletzt in eine gewisse Terminologie hineinstudirte, und indem man mit derselben nach eignem Belieben gebahrte, etwas wo nicht zu verstehen doch wenigstens zu sagen glaubte".

Ich habe hier hauptsächlich auf Dasjenige aus dem Inhalt dieses Buches mit einigen Worten hinzudeuten, was dem in der vorliegenden Schrift zu besprechenden Gegenstand näher liegt.

Aber es ist doch der Mühe werth, auch noch in etwas weiterem Umfang über den Inhalt des Buches zu berichten, welchem Goethe in seiner Jugend ein so eingehendes Studium zuwendete und an das er so treue Erinnerung sich bewahrt hatte; ist doch jede Schrift, welche auf die Entwickelung unseres Dichterfürsten Einfluß ausübte, schon um Deß willen uns wichtig und bietet doch auch gerade Das Interesse, daß selbst jetzt so überwundene Schriften, wie die *Aurea catena Homeri* und v. Welling's *Opus mago-cabbalisticum* — Schriften, deren Studium auf viele Andere nur verwirrend oder noch nachtheiliger wirken konnte — in Goethe Eindrücke weckten und hinterließen, die in seiner Auffassung sich klärend für die Conception tiefer und bleibend fesselnder Gedanken grundlegend waren. Jetzt überwunden, nur noch wegen ihrer Beziehung zu Goethe und fast nur den Titeln nach bekannt sind diese Bücher, die früher so weit verbreitet, so viel gelesen waren; auch G. von Loeper giebt in seinen Anmerkungen zu Goethe's „Dichtung und Wahrheit" im XXI. Theil der Hempel'schen Ausgabe der Werke Goethe's S. 349 über das erstere Buch kaum mehr an, während er S. 348 ff. in Betreff des v. Welling'schen Werkes auch aus dem Inhalt desselben einige Einzelheiten hervorhebt, zu welchen von Goethe Gesagtes in directerer Beziehung steht. Meinem Versuche, etwas mehr über die *Aurea catena Homeri* kennen zu lehren (vgl. S. 208 ff.), möge sich hier, die für die vorliegende Schrift gebotenen Grenzen einhaltend, der Versuch anschließen, Dasselbe auch für v. Welling's Werk von einem etwas anderen Gesichtspunkt aus als dem von v. Loeper eingehaltenen zu thun.

Die Absicht v. Welling's und bis zu einem gewissen Grade das in dem Buche Desselben zu Findende kennen zu lehren, dient am Besten das von ihm selbst in seiner Vorrede gesagte: „daß der Leser gleichfalls dasjenige darinnen erkennen und finden möge, so uns [dem Verfasser] die Weisheit Gottes mitgetheilet; wie wir uns dann auch versichert halten, daß dieses Werck Gott-ergebenen Gemüthern ein heiliges Vergnügen geben werde: Und es wird auch ein Liebhaber der *Mago-Cabbalae* und *Theosophiae* unser Absehen leicht erkennen und begreiffen, daß unser Vorhaben nicht dahin gerichtet, daß wir jemanden wolten Gold machen lehren, sondern unser Absehen gehet auf etwas weit höheres, nemlich, wie die Natur aus Gott und wie Gott in derselben möge gesehen und erkannt werden, und wie ferner aus dieser Erkänntniß der wahre reine Dienst der Creatur als ein schuldiges Dank-Opffer gegen den Schöpffer fließe. Wobey aber doch auch ein aufrichtiger Liebhaber der wahren Natur-gemäsen *Chymie* sehr große Anleitung finden wird, auf dem wahren Wege der Natur zu wandeln, und die Irrwege zu vermeiden; wie wir dann eben auch nicht so gar dunckel geschrieben haben, daß nicht ein aufrichtiges emsiges Gemüth sehen solte, wohin wir gezielet haben". Welches Letztere selbst für solche Leser, wie Fräulein von Klettenberg und den jungen Goethe, doch nicht ganz zutraf.

Sicher ist und uns vor Anderem in Betracht kommend, daß v. Welling's Werk an sich in der That dem Goldmacher-Treiben keinen Vorschub leistete, wenn es gleich durch die Beigabe alchemistischer Tractate bei der Veröffentlichung in äußerliche Beziehung zu der Alchemie gebracht worden und auch selbst nachher dazu, im Sinne der Alchemisten verwerthet zu werden, mißbraucht

worden ist, namentlich von späteren Rosenkreuzern (ich habe kein Anzeichen
gefunden, dafs v. W. dem Rosenkreuzer-Bunde angehört habe). Ich erinnere
mich nicht, dem Ausdruck *Lapis philosophorum* öfter als ein- oder zweimal in
diesem Werke begegnet zu sein; der Verfasser eifert S. 354 f. gegen „die *sophis-
tische Alchymisten*", gegen „die unvernünftige Gold-begierige Sudelköche, die
der Weisen Rätzel und verblümte Reden nach ihrem Eigendünkel und Gold-
Begierde erkläret, und dadurch nicht allein sich selbst, sondern auch noch viel
tausend andere von Gold-Geitz Besessene in zeitlich und ewiges Verderben ge-
stürtzt"; er spricht sich S. 169 auch in gelungener humoristischer Weise gegen
„die Wahnsucht der *Alchymisten* und anderer Kohlen-Mörder" aus, „welche die
Welt durch ihre Thorheit überreden wollen, dafs, weilen in den geringen Metallen
und *Mineralien* ein Gold-Sämlein gezeiget werden mag, dafs dieselbe hätten
Gold werden sollen, wann sie, gleich dem Gold, ihre vollkommene Zeitigung erreicht gehabt hätten, und in ihrer *Matrice* durch die groben fremden Theile nicht
wären daran verhindert, und also zu diesem oder jenem geringen Metall geworden
wären"; es spricht indefs Manches dafür, dafs er trotz allem Dem doch an die
Möglichkeit der Metallveredlung geglaubt habe, so z. B. wenn er es S. 169 für
die Alchemisten als wünschenswerth betrachtet, zu begreifen, „was eine wahre
Verwandlung, oder vernünftiger, eine Scheidung des Reinen von dem Groben und
Unreinen sey", hinzusetzend: „Diejenige, so eine wahre, nicht aber *sophis*tische
Operation mit ihren Augen gesehen, werden, wovon wir allhier reden? schon
verstehen".   (Der Verfasser liegt aber nicht nur mit der Goldmacherei sondern
auch mit der Schul-Theologie „als dem schädlichsten Gift in der Kirchen" in
Streit, vgl. u. A. S. 295 u. 424; den Theologen auch seiner Zeit wäre es übrigens
nicht übel zu nehmen gewesen, wenn sie den von ihm S. 252 gewagten Versuch
bedenklich gefunden hätten, den Unterschied zwischen einem Geist und einem
verklärten Leib experimental mittelst Salmiakgeistes und des bei der Darstellung
desselben rückbleibenden Salzes begreiflich zu machen, welches letztere in ein
reines helles Glas umgewandelt „ein Gleichnifs unsers verklärten durchscheinenden
Leibes" abgeben sollte. Namentlich von den graduirten Theologen hält er nicht
viel; er bezeichnet S. 295 den „*Doctor-Titul* als gleichfalls ein Mahl-Zeichen
des Thiers oder des Weibes Jesabel". Ebenda äufsert er sich nicht gerade
günstig über das Römische Recht, „da man das *Corpus Juris*, als die ärgste
Pestilentz in weltlichen Sachen, wieder aus dem Staube hervor gesucht hatte".)
Dafs ein Lebenselixir, das s. g. *Aurum potabile* dargestellt werden könne, glaubt
hingegen v. Welling, z. B. S. 197: „Aber ach! wie rar ist dieser Paradiefs-
Vogel! Diese Wunder-Artzney vermag nun alle Gebrechlichkeit und Kranckheiten
unsers Lebens [zu beseitigen], bis zu seiner bestimmten Zeit (d. i. da es noch
Lap. p. und durch die *Fermentation* noch keine *Tinctur* geworden,) nemlich bis
dessen Gliedmassen (gleich den Rädern und ihren Zäpfgen in einer Uhr, die da
abgenutzt und schlottrich geworden, also dafs dieselbe zum Stellen und Aufziehen
nicht mehr tüchtig,) nicht mehr fähig, diesen edlen Lebens-Balsam zu seiner
Erhaltung und Bewegung an sich zu halten". Von dieser Wunderarznei lese
man im Alten Testament nur von Moses, Elias und Esra als Solchen, welche
dieselbe besessen; aus späterer Zeit sei nur „von Christo nach seiner Mensch-

heit in den Tagen seines Fleisches zu reden; andere nach diesen sind unbekannt; die sich aber dessen rühmen, dürffen bei wahren *Mago-Cabbalisten* und *Theosophis* wohl keinen Glauben finden". Dieses eigentlichste *Aurum potabile* ist jedoch nach S. 355 nicht ein mit Anwendung von materialischem (gemeinem) Gold dargestelltes Präparat; von dem gewöhnlichen Gold aus lasse sich zwar auch eine recht heilkräftige Tinctur bereiten, welche aber dem wahren *Auro potabili* lange nicht gleichkomme, über dessen Gewinnung übrigens auch S. 192 ff. (im Capitel „Von dem Nutz und Gebrauch des himmlischen Schwefels", auf welches verwiesen wird) nichts Deutliches zu finden ist.

Dafs der Verfasser an Gespenster glaubt: daran dafs die Seelen Abgeschiedener nicht zur Ruhe kommen können, weil es sie da festhält wo sie ihren Mammon verborgen haben oder in Folge einer ungesühnten Missethat (S. 117 f.: „von diesen soll man wissen, dafs zwey Ursachen sind, die dieselben an solchen Orten behalten, als erstlich der verdammte Geitz, worinnen ihre *Imagination* zur Zeit des Abscheidens gestanden, und hat sie an selben Ort ihr Gold und Schatz aus Neid verscharret, dabey sie dann in grofsem Leiden sitzen — — —; die andere ist, dafs eine solche Seel in ihrem Leben eine grausame böse That begangen, die da vor den Menschen heimlich und verborgen geblieben — —“), an Geister verschiedener Art (u. A. S. 421: „Die Ḍninischen [d. i. Saturninischen] *Gnomones* oder Erd-Geister erscheinen schlecht, unansehnlich, gleichsam in einer *melancholischen Gravi*tät, ohne sonderbaren Schein, nicht allzu milde und freygebig"), an Genien, die auch in Menschengestalt sich zeigen (S. 425 f. und namentlich S. 481 f., wo der Verfasser sich zu des heiligen Augustinus Ansicht bekennet: „es scheinet eine Unverschämtheit, diese Geist-Menschen läugnen zu wollen"), — alles Dieses, auch aus welchen beweglichen Ursachen er S. 422 f. „von der Bezeichnung und Beruffung der Geister nichts deutlichers und ausführlichers habe schreiben wollen", kommt uns hier weniger in Betracht, als was er von Chemischem oder chemisch sein Sollendem vorbringt.

In Beziehung hierauf dürfte nicht in Abrede zu stellen sein, dafs er da manches uns als unzusammenhänglich Erscheinende in eine und dieselbe Betrachtung hineinzieht: so z. B. wird im ersten Theil des Werkes: „vom Saltz" gehandelt „vom Ursprung des gemeinen Saltzes; von der Natur des Saltzes; von dem Nutz und Gebrauch des Saltzes; von der uranfänglichen Welt; von dem Fall Lucifers und der darauf entstandenen Scheidung oder Schöpfung dieser Welt; von dem Sabbath, der Vollendung und Aufhebung aller Zeiten, der ewigen Ruhe und sanften stillen Freude in dem ewigen Göttlichen Reiche", und auch in jedem der beiden anderen Theile: „vom Schwefel" und „vom *Mercurio*" findet sich Mancherlei, von dem uns nicht klar wird, durch was es eigentlich unter einander verknüpft sei; was übrigens für den Schlufstheil: „Die ewige Weisheit" nicht der Fall ist. Den Chemiker von heute als solchen Interessirendes findet sich in dem Buche nicht. Das (in dem von *Mercurio* handelnden Theil zu suchende) Capitel „Von der Religion nach dem klaren deutlichen Buchstaben der heiligen Schrift, und der auf dieselbige gegründeten wahren *Mago-Cabbala*" enthält (S. 444 ff.) auch bezüglich der letzteren nach meinem Dafürhalten ungleich weniger Bedenkliches als das vorangehende Capitel „Von der wahren und natürlichen *Astrologia* oder Stern-

16*

deut-Kunst" (S. 377 ff.). in welchem das Nativitätstellen noch regelrecht gelehrt ist (wenn auch v. We lling noch, n. A. in der erläuternden Figur auf Tafel I zum I. Theil, dem Ptolemäischen System Beachtung schenkt, hängt er doch nicht an demselben fest; S. 423 wendet er sich dazu, „von der Welt des ♄ [Saturnus] und derselben Einwohner — — etwas ausführlicher zu reden", und bemerkt sogleich: „Wozu wir uns des *Copernican. Systematis,* als des allernatürlichsten und wahrhaftesten, bedienen wollen").

„Die *Cabbalistische Characteres*", sagt der Verfasser in der Vorrede, „welcher wir uns aus gewissen Ursachen hin und wieder in diesem Werck bedienet, werden einem in dieser Wissenschaft Geübten aufzulösen, eben nicht gar schwer fallen; und dafs wir uns *Chymi*scher Zeichen, *Terminorum* und Red-Arten bedienet, wolle sich niemand befremden lassen, weilen wir damit dasjenige so wir andeuten wollen, viel klärer, deutlicher und begreiflicher, auch Natur-gemässer vorstellen können, als mit *Metaphysi*schen *Terminis*". Auch die Magie, aber nur die wahre, erkennt er als zulässig an. Wenn eine Seele einen Schatz hütet und innerhalb der für sie bestimmten Reinigungszeit nicht erlöst bez.-w. der Schatz nicht gehoben wird: dann fällt derselbe (S. 118) „denen boshaften Erdgeistern völlig in ihre Gewalt, welchen er dann nicht entrissen werden mag, es seye denn durch einen *Magum, Cabbalist*en oder *Theosophum*; alles andere Unternehmen in dieser Sache ist *Necromantisch,* teuflisch, und geschieht durch grausame Beschwerungen, und gotteslästerlichen Mifsbrauch des allerheiligsten Namens Gottes; Wie dann dergleichen teuflische Schriften und Bücher, darunter die so genannte *Clavicula Salomonis* nicht die geringste, heimlich und öffentlich zu bekommen. Wahr ist. dafs in diesen Schriften die wahre Kunst, *Magia* und *Cabbala* mit enthalten, allein mit dem allersündlichsten und gotteslästerlichem Mifsbrauch des allerheiligsten Göttlichen Namens beudelt, dafs ein wahrer Gottliebender sie ohne Erschütterung nicht anschauen kan; darum dann eine jede Gottsuchende Seele gewarnt seye, solche Schriften weder zu lesen noch zu gebrauchen, sie habe dann ein kleines Lichtlein von der *Magie* und *Cabbala,* und seye in der wahren *Theologie* gegründet, alsdann wird sie mit grossem Nutzen das Gute von dem Bösen abscheiden. und das Gute gebrauchen können". Noch einmal (S. 422) warnt er „einen jeden Gottliebend- und der wahren *Magiae* begierigen, dafs, so lieb ihm seiner Seelen Heyl, sich in dieser Wissenschaft nicht zu vertiefen, er sey dann in der wahren Erkänntnifs Gottes — — vollkömmlich gegründet. Ingleichen, dafs er sich mit höchstem Fleifs hüte für allen denjenigen Schriften, welche die Geister zu beschwören und *citiren* lehren: Als da sind die so genannte *Clavicula Salomonis,* Faustens Höllenzwang, *item* schwartzer Mohren-Stern, *Miracul-* oder Wunder-Buch, *Thesaurus pro Spiritu,* und *Necromantia Practica,* und was dergleichen Teufeleyen mehr, die solches durch Beschwörungen, voller Mifsbrauchs des Göttlichen Namens, mit allerley der abgeschmacktesten *Ceremonien,* närrischer *Consecrationen* ihrer dazu nöthigen Narretheyen, verrichten lehren: diese alle sind verfluchte und aus des Teufels Triebe zusammen geschmierte Schriften, so erstmals von den verderbten Jüdischen *Synagogen* in der *Chaldeer* Schulen erlernt, und in der Welt ausgebreitet, und in dem verfallenen Christenthum zur Vollkommenheit ausgebrütet worden". Aber

(S. 461) „dafs der Grund der wahren Magie ein heiliges Göttliches Geheimnifs, ja der wahre Glaube an Gott und Christum ist, wollen wir aus der heiligen Schrift beweisen". Entsprechend wie über die Magie urtheilt v. Welling auch über die Kabbala der Juden. So S. 208: „Weil wir alle ihre Geheimnisse und wunderbare Eintheilungen, mit der Wahrheit der Heil. Schrift niemalen zusammen reimen können, in der That auch keinen Grund haben, weilen sie die Offenbahrung Göttlicher Majestät *Fiat* nicht anerkennen: als haben wir uns derselben auch gar nicht bedienen wollen. Ihre *Cabbala* ist also beschaffen, dafs man, weifs nicht was, daraus erzwingen könte; wer aber das Neue Testament mit dem Alten in allen Stücken wohl zu vereinigen weifs, derselbe hat die rechte *Cabbalam* vollkommen erlernet, wovon an einem andern Ort ausführlicher gehandelt werden dörfte. Die Jüdische *Cabbala* ist nichts, als ein Mifsbrauch Göttlicher Namen, fast in allen Stücken". Doch scheint diese Kabbala ihm im Allgemeinen als Vorbild für seine einschlägigen Betrachtungen gedient zu haben. Auf Zahlen-Kabbala geht er zwar weniger ein; er sucht den Ausdruck der Beziehungen der verschiedenen Dinge unter einander mehr in der Vergleichung der die s. g. Signaturen derselben abgebenden Zeichen, als welche namentlich auch alchemistische gebraucht werden, über deren Ursprung man nichts Sicheres weifs (die bekannten Planetenzeichen finden sich als Symbole für die Metalle schon in den ältesten uns erhaltenen Handschriften der Th. I, S. 3 berührten, in Aegypten in Griechischer Sprache verfafsten alchemistischen Tractate, aber für andere Dinge, das Wasser z. B., stehen da andere Symbole als die später gebrauchten) und mit welchen bekannt zu sein noch in den ersten Decennien unseres Jahrhunderts einem Chemiker nützlich sein konnte (defshalb sind sie, unschön wiedergegeben, u. A. noch in J. F. John's Handwörterbuch der allgemeinen Chemie auf Tafel II zum I. Band, Leipzig u. Altenburg 1817, zusammengestellt). Durch die Betrachtung der Zeichen ⊖ für Salz, △ für Luft und ▽ für Erde soll z. B. S. 81 gezeigt werden, in welcher Beziehung das erste Zeichen bez.-w. Ding zu jedem von den beiden anderen stehe und „warum die alten Weisen das Saltz also gezeichnet [⊖] nemlich, dafs in ihme alleine alle Vollkommenheit zu finden, und auch die gantze Natur in ihme *concentriret*, wie klärlich aus deme zu verstehen, dafs ⊖ △ und ▽ nur eines und nur einerley sind, und ihre 3 *Characteres*, zugleich betrachtet, auch zeigen"; übrigens soll damit auch klar gemacht sein, dafs aus dem Zeichen des Salzes „alle übrige Zeichen der Metallen, *Mineralien* und *Salien* entspringen". Aber eben so wenig wie auf Dieses darf ich auf seine nachfolgende Besprechung verschiedener Körper: des Salmiaks, Vitriols, Alauns u. a. specieller eingehen: wie für jeden von ihnen sein Zeichen o. *Character* die Eigenschaften desselben ersehen oder ableiten lasse. Er benutzt auch (z. B. S. 487) Buchstaben zur Bezeichnung von Dingen und Begriffen, und Combinationen dieser Buchstaben in einer etwas an die Lullische Kunst (vgl. S. 229) erinnernden Weise. Wiederum erinnert an die Jüdische Kabbala seine Beschäftigung mit Hebräischen Worten und die Deutung, was sie enthalten und folgern lassen. In dieser Beziehung sind ihm besonders wichtig *Aesch-Majim*: die feurigen Wasser, welches Wort — wie er wiederholt (S. 3, 5, 424 u. a.) hervorhebt — eigentlich das nämliche ist wie *Schamajim*: die Himmel (S. 91 belehrt er auch, dafs Dasselbe, was diese Worte bedeuten, von den alten Weisen der allgemeine *Mercurius* genannt worden ist, und S. 173, dafs nach Lucifers Fall „das in ihme und allen seinen *Regionen* so herrlich erschaffene Licht sich hinein gekehret, und nicht mehr *Aesch-Majim:* feuriges ∇ sondern *Majim:* ein schlammichtes Saltz-Wasser geworden ware, gleich einem faulen Ey in seinen Schalen").

Ich erinnere mich für keine vor dem Welling'schen Werk erschienene alchemistische Schrift, dafs in ihr „die feurigen Wasser" unter Beilegung einer solchen Bedeutsamkeit vorgeführt wären. Aber in später veröffentlichten alchemistischen Büchern sind sie als etwas für die Hermetische Kunst besonders Wichtiges behandelt. Namentlich in dem S. 222 f. besprochenen „Compafs der Weisen". Da wird in dem ersten Abschnitt des III. Theils, S. 338 ff. der mir allein zugänglichen zweiten Ausgabe, ausführlich „vom nassen Feuer oder dem feurigen Wasser und wässerigen Feuer" gehandelt; in den Anmerkungen von Ketmia Vere — in welchen (S. 318 ff. z. B.) stärker noch als im Text die kabbalistisch-alchemistische Richtung hervortritt — kommt gleichfalls (S. 375) „das feuchte Feuer, nämlich unser feuriges Wasser und wässeriges Feuer, welches mit dem Feuer der Sonne und der Kälte des Mondes eine so starke Sympathie hat", in Betracht, und in der Vorrede Desselben wird (S. 60) nach der Besprechung des Wissens der alten Aegypter gesagt, „dafs von ihnen das gröfste Geheimnis der ganzen Natur, jenes vortrefliche *Aesch-Majim*, d. i. feuriges Wasser, und wässeriges Feuer abstammet" (irrthümlich steht statt *Aesch-Majim* hier *Aesch-Magim*, welches Letztere Feuer der Magier bedeuten würde; auf dem den Compafs in kabbalistisch-alchemistischer Zusammenstellung mit Anderem zeigenden Titelkupfer schweben *Aesch-Maiim* noch oberhalb des *Superius*, welchem entgegengesetzt und mit welchem doch verknüpft in einer an das in der *Aurea catena Homeri* Vorgebrachte [vgl. mein S. 208 erwähntes Schriftchen S. 19 f.] erinnernden Weise das *Inferius* dasteht). — Für die „feurigen Wasser" gilt vielleicht eigentlich das aus der Vereinigung der Zeichen $\triangle$ für Feuer und ∇ für Wasser hervorgegangene, in der zweiten Hälfte des vorigen Jahrhunderts manchmal für die Bezeichnung der *Materia prima* zur Darstellung des Steins der Weisen gebrauchte Zeichen ✪, welches vereinfacht zu dem in gleicher Bedeutung vorkommenden Stern ✳ wurde.

Anmerkung VII zu S. 28:

Die Alchemie und Verwandtes im Roman.

Auch weiteren Kreisen ist eine Schilderung des Einflusses, welchen das in die Freimaurerei eingedrungene Rosenkreuzerthum ausgeübt hat, durch belletristische Publicationen mehrfach dargeboten worden. So fern zu Dem, auf was sich dieser Einflufs stützte, namentlich auch die Behauptung der Bekanntschaft mit dem Geheimnifs der Alchemie gehörte, entspricht es der Aufgabe des vorliegenden Buches, Einiges über derartige Publicationen zusammenzustellen. Paßlich wird aber diese Zusammenstellung auf die alchemistischen Romane überhaupt ausgedehnt, zur Vervollständigung Dessen, was in der Anmerkung XI (S. 258 ff.) im I. Theil über alchemistische Bühnenstücke angegeben worden ist. Auch hier wird mein Bericht lückenhaft sein, da das betreffende Literaturgebiet mir abseits liegt.

Aus dem vorigen Jahrhundert, in welchem noch ein an die Ausführbarkeit der Metallveredlung gläubiger Leserkreis darauf Bezügliches — in welcher Form es geboten wurde — als möglicher Weise wirklich Vorgekommenes erzählend aufnahm, kenne ich aus eigener Einsicht drei alchemistische Romane. Der eine zu Berlin 1770 erschienene: „Der neue Goldmacher oder das wahre Geheimnis der Freymäurer, eine moralische und lehrreiche Geschichte" — nach G. Klofs' Bibliographie der Freimaurerei Nr. 3949 ein Abdruck aus dem zu Leipzig 1750 ausgegebenen I. Theil von „Abendzeitvertreib in verschiedenen Erzählungen" und von Madame Gut (Beaumont) verfaßt — ist ziemlich lesbar; die Alchemie kommt indessen für ihn nur in so fern in Betracht, als der Held, der sehr zum Verlieben geneigt aber nicht liederlich ist, von seinem Adoptivvater den Stein der Weisen hat, dessen Besitz ihn denn auch zuletzt in geordneten Verhältnissen ein geruhiges Leben führen läßt, und die Freimaurerei in so fern, als gelegentlich angegeben wird, daß die wenigen ächten, des alten Wissens theilhaftigen Maurer mit der Darstellung dieses Kleinods bekannt seien. Der zweite: „Herrmann Kürbisius, genannt Rolf. Eine Adepten-Metamorphose für Adepten beyderley Geschlechts", Germanien [Jena] 1788 u. 1789, ist ein etwas langweiliger zweibändiger Roman ordinärer Art im Geschmack der damaligen Zeit, in welchem die Hingebung an Alchemie und die Schilderung der Erfolge bez.-w. Mißerfolge solchen Strebens nicht einmal als das Hauptsächliche behandelt wird; im I. Band kommt erfolglose Beschäftigung des Helden der Erzählung mit Alchemie nur sehr untergeordnet vor, und wenn auch im II. Band das vergebliche Bemühen, edle Metalle künstlich hervorzubringen, und die Täuschung des Helden durch einen als Adept auftretenden Betrüger stärker in den Vordergrund gestellt wird, kann doch das Buch kaum als eines gelten, welches in der Hauptsache ein anti-alchemistischer Tendenz-Roman wäre; im II. Band wird in die Erzählung zur Würze derselben etwas Freimaurerei hineingebracht, aber keine Rosenkreuzerei. Der dritte, ein zu Weimar 1783 ausgegebener Roman: „Die Zauberhöhle in Schottland, eine wundervolle Anecdote aus der Goldmacher-Zeit des Doctor Price" (von H. C. F. Knoll?) enthält eine leidliche Erzählung, wie ein junger Mann durch Price's Versuche (vgl. S. 146 ff.) zu der Beschäftigung mit Hermetischem Wissen bethört und wie er von diesem Wahn geheilt wurde. Nur den Titeln nach kenne ich aus unserem Jahrhundert den zu Leipzig 1804 erschienenen Roman: „Der Alchymist, oder Elisa, das Mädchen aus dem Monde" und Joh. Carsten v. Hauch's zuerst 1836 zu Kopenhagen veröffentlichten *Guldmageren*, von welchem eine durch Zusatz-Capitel des Verfassers vermehrte Deutsche Übersetzung durch W. C. Christiani („Der Goldmacher; eine Schilderung aus der ersten Hälfte des vorigen Jahrhunderts") 1837 zu Kiel herauskam. H. Zschokke's oft aufgelegte Erzählung (die 3. Auflage kam 1818 zu Aarau heraus): „Oswald oder das Goldmacherdorf" behandelt zwar auch eine Umwandlung, aber keine

alchemistische.   In Klencke's bereits im I. Theil S. 258 erwähntem Roman „Der
Adept von Helmstedt" (4 Bände; Leipzig 1851) entspricht der Inhalt dem Titel
des Buches in so fern auch nicht, als der Held desselben keineswegs als erfolgreich arbeitender Alchemist hingestellt ist.   Mehr nur nebenbei ist die Alchemie
für Romane und Novellen unseres Jahrhunderts öfters beigezogen worden, aber
auch noch in der neueren Zeit lassen sie einzelne derartige Productionen eine
stärker hervortretende Rolle spielen: umfänglichere wie Rudolf Baumbach's
„Trug-Gold, Erzählung aus dem 17. Jahrhundert" (2. Auflage Berlin 1883; die
1. Ausgabe war 1878 unter dem Autornamen Paul Bach erschienen) oder Fritz
Lemmermayer's zu Wien „Der Alchymist, ein deutscher Roman aus der Wende
des 15. Jahrhunderts" (in der von Sacher-Masoch herausgegebenen Zeitschrift
„Auf der Höhe" im October-Heft 1883 und den folgenden Heften veröffentlicht
und dann als XVI. Band der von Alfr. Friedmann zusammengestellten „Bibliothek für Ost und West") und kleinere wie Friedr. Uhl's „Mutter Anna" (d. i.
die im I. Theil S. 127 erwähnte Kurfürstin von Sachsen; in Nr. 2204 der Illustrirten
Zeitung v. 26. Sept. 1885 erschienen) z. B.; aber mehr als die Erinnerung,
dafs für diese Gattung von Literatur die Alchemie auch jetzt noch ab und zu
benutzt wird — manchmal wenigstens für den Titel eines Romans, wenn auch
der Inhalt desselben jeglicher Bezugnahme auf Alchemistisches entbehrt, wie
z. B. bei Ernst Rethwisch's „Der Stein der Weisen" (Norden 1886) —,
würde hier nicht am Platze sein.

Gröfseres Interesse als derartige Romane können solche Geistesproducte
gewähren, welche schildern, wie die Rosenkreuzer nach dem Eindringen derselben in die Freimaurerei sich geltend zu machen suchten, wie an höheres
Wissen der in die obersten Grade der geheimen Gesellschaften Gelangten und
an die Befähigung Derselben zur Ausübung wunderbarster Wirkungen geglaubt
wurde.   Namentlich Das, was Cagliostro leisten wollte oder sollte, in einer
Dichtung vorzuführen oder in sie zu verweben, reizte Mehrere. An es erinnerte
Schiller's „Geisterseher" (1787 zuerst veröffentlicht); Goethe geifselte es in
seinem bereits S. 259 im I. Theil erwähnten „Grofskophta". Aber das Werk,
welches vorzugsweise das Treiben Cagliostro's und an es Anknüpfendes dem
grofsen Publicum in freier Darstellung vorgeführt hat, ist Alex. Dumas des
Aelteren vielbändiger Roman: *Mémoires d'un Médecin* (1848 herausgekommen),
welchen man doch auch noch im Alter mit Interesse überblättert, liest man ihn
auch da nicht mehr mit der Begierde wie zur Zeit seines Erscheinens. Wenn
der Erfolg eines Buches für Vorzüge desselben spricht, hat er es bekanntlich bei
diesem gethan. Manchmal wird allerdings dem Leser viel zugemuthet, und von
der Erbsünde des historischen Romans: dem Anachronismus ist auch dieses Buch
nicht frei; Dumas läfst z. B. (im 21. Capitel der zweiten Abtheilung) für eine
frühe Zeit in dem Leben Cagliostro's den Lehrer und Begleiter Desselben
Althotas die richtigen Mengen der Ingredientien zur Mischung des Lebens-
elixirs (welcher dann nur noch die drei letzten Blutstropfen eines unschuldigen
Kindes oder einer reinen Jungfrau zuzusetzen sind) nach Grammen angeben (das
Gramm-Gewicht wurde erst nach dem Tode Cagliostro's eingeführt).   Wie
in Preussen und speciell in Berlin der Einfluss geheimer Gesellschaften in der

zweiten Hälfte des vorigen Jahrhunderts war, hat George Sand in *La comtesse
de Rudolstadt* (4 Bände; Paris 1843—1845) zu benutzen gesucht; dafs, was da
(für eine etwas zu frühe Zeit) über das Vorhandensein, die Tendenzen und Ge-
bräuche solcher Gesellschaften in Einzelheiten eingehend angegeben ist, für mehr
als die Frucht oberflächlicher Bekanntschaft mit dem Gegenstand und der Phantasie genommen werde, hat wohl die Verfasserin dieses Romanes selbst nicht
ernstlich beansprucht.   Besseres historisches Material verwerthete Max Ring
in seinem Roman „Rosenkreuzer und Illuminaten" (4 Bände; Berlin 1861), für
welchen von competenter Seite her (Allgem. Handbuch d. Freimaurerei, 2. Aufl.,
III. Bd., Leipzig 1867, S. 96; J. G. Findel's Geschichte der Freimaurerei, 4. Aufl.,
Leipzig 1878, S. 397) anerkannt worden ist, dafs er im Ganzen ein anschauliches
Bild von dem Rosenkreuzertreiben in Berlin für die Zeit um den Anfang der
1780er Jahre gebe. Wie nun diese Zeit die Rosenkreuzerei in die Freimaurerei
eingedrungen war und von Anhängern der letzteren auf die Ausscheidung der
ersteren gedrungen wurde, hat in ansprechender aber der geschichtlichen Funda-
mentirung in Betreff der Personen und der Acte entbehrender Weise G. Kühne
in seinem Roman „Die Freimaurer" (Frankfurt a. M. 1855) behandelt. Die mit
dem Tüncherpinsel gestrichene Schilderung von Verirrungen von der Freimaurerei
aus in verderbliche Ordensbeziehungen 'in Heribert Rau's „Mysterien eines
Freimaurers" (2 Theile; Stuttgart 1844) läfst geheime Gesellschaften, in welchen
auch Alchemie betrieben wurde, aus dem Spiel und das Farbenmaterial, was von
daher hätte entnommen werden können, unbenutzt.

Anmerkung VIII zu S. 38:

Naturwissenschaftliches und namentlich Chemisches bei den s. g. neueren Rosenkreuzern.

Bei den s. g. neueren Rosenkreuzern fufsten noch im letzten Viertel des
achtzehnten Jahrhunderts, wie auch bei den Angehörigen anderer geheimer Verbindungen in der nächstvorausgegangenen Zeit, die naturwissenschaftlichen und
namentlich die auf Chemie bezüglichen Ansichten in Vielem auf Dem, was
Paracelsus in der ersten Hälfte des sechszehnten Jahrhunderts vorgebracht
hatte. Im 1. Theil S. 35 wurde die Lehre des Paracelsus kurz besprochen,
dafs die letzten Bestandtheile der Körper die Aristotelischen vier Elemente:
Feuer, Luft, Wasser und Erde seien, die das chemische Verhalten der Körper
bedingenden Grundstoffe derselben Sulphur, Mercurius und Sal.   Dafs die
eigentlichen Alchemisten an dieser Lehre festhielten, ist begreiflich, denn sie
gab noch eine Art wissenschaftlicher Begründung für die Möglichkeit der Metallveredlung ab, so fern nach ihr die verschiedenen Metalle als aus denselben
Grundbestandtheilen zusammengesetzt anzusehen waren und die Verwandlung
eines Metalls in ein anderes als nur auf der Abänderung des Zusammensetzungs-
verhältnisses beruhend erschien. In den meisten der im siebzehnten und auch

noch im achtzehnten Jahrhundert bekannt gewordenen alchemistischen Schriften wurde denn auch diese Lehre anerkannt, u. a. auch in dem 1779 veröffentlichten Compaß der Weisen (vgl. Anmerkung V, S. 222 f., zu diesem Theil; z. B. S. 189 der Ausgabe von 1782); Einige begnügten sich jedoch auch noch mit der älteren, von Geber (vgl. Th. I, S. 13 f.) dargelegten Lehre, daß die verschiedenen Metalle aus zwei Grundstoffen: Sulphur und Mercurius zusammengesetzt seien (so u. A. noch in den 1770er Jahren der Marburger Professor der Medicin Friedr. Jos. Wilh. Schröder, z. B. S. 216 f. d. 1. Sammlung d. I. Bands und im Vorbericht zu dem II. Band der von ihm herausgegebenen Neuen alchymistischen Bibliothek). Aber auch bei den Vertretern des Hermetischen Wissens in dem Sinne, daß darunter die Kenntniß der Naturgeheimnisse überhaupt verstanden sei, erhielt sich des Paracelsus Lehre und wurde sie in erweiterter Auffassung. Dessen, was die drei Grundstoffe oder Principien bedeuten, fortgepflanzt. Welche Wichtigkeit denselben z. B. Welling in seinem 1735 vollständig bekannt gewordenen aber schon früher verfaßten *Opus mago-cabbalisticum* beilegt, ist aus dem in der Anmerkung VI (S. 239 ff.) zu diesem Theil über dieses Werk Angegebenen ersichtlich; die Berücksichtigung der vier Elemente tritt da mehr zurück. Der Verfasser der schon früher (1723) herausgekommenen *Aurea catena Homeri* hatte auf die drei Principien nicht so ausdrücklich Bezug genommen, wie auf den Himmel oder das Feuer, die Luft, das Wasser und die Erde, deren Scheidung aus dem Chaos, deren Antheil an der Hervorbringung eines Universalsamens und deren Wirkungen er eingehend darlegte; aber die rosenkreuzerischen Anmerkungen zu dieser Schrift in der 1781 unter dem Titel *Annulus Platonis* veröffentlichten Ausgabe derselben ließen den drei Principien um so mehr Anerkennung zu Theil werden, Dem entsprechend, daß Vorstellungen wie die mit der Annahme dieser Principien zu verbindenden als recht geeignet dafür anzusehen waren, den zur Erlangung höheren Wissens einem Geheimbund von der Art der Rosenkreuzer sich Anschliessenden Dunst vorzumachen und durch mystische Ausdrucksweise zu imponiren.

Dazu wurden schon um 1760 die drei Principien in dem s. g. Clermontschen System der Freimaurerei gebraucht, für dessen Verbreitung in Deutschland Rosa besonders thätig war (vgl. S. 17). Da wurden die in den Bund Eingetretenen belehrt, Aufgabe desselben sei es, sie mit dem Wissen Salomo's bekannt zu machen. Dazu gehöre u. A. das Verständniß der drei Schalen, die von Bundesbrüdern in dem Fundament des Tempels zu Jerusalem gefunden worden seien. Ein J auf der einen Schale zeige das Salz an, ein G auf der zweiten den Schwefel, und daß die dritte keine Bezeichnung habe deute auf den Mercurius oder allgemeinen Weltgeist hin. Diese Stoffe seien die Grundanfänge und Bestandtheile aller physikalischen Dinge der ganzen Welt, da aus der Chemie bekannt sei, daß alle Körper in diese Bestandtheile zerlegt werden können; denn (ganz in Übereinstimmung mit dem von Paracelsus Gesagten) bei dem Verbrennen eines jeden Körpers gehe Mercurius in dem Rauch weg, das sich nach und nach verzehrende *inflammabile* erweise sich als Schwefeliges, und es bleibe Asche zurück aus welcher sich wahres Salz auslaugen lasse. Diese Materialien zum philosophischen Bau müßten nach den fünf Meisterpunkten bear-

beitet werden, und wie Dies zu geschehen habe wurde in unverständlicher Weise
so angedeutet, dafs, wenn auch nicht die Ausarbeitung des Steins der Weisen
gemeint gewesen sein sollte, das Gesagte doch als darauf hinausgehend wohl
aufgefafst werden konnte. (Näheres in v. Nettelbladt's Geschichte freimaur.
Systeme S. 186 f.) — In den verschiedenen Graden des Ordens der Gold- und
Rosenkreuzer (vgl. S. 34) wurde den drei Principien gleichfalls hohe Bedeutung
beigelegt, aber ohne dafs die vier Elemente unberücksichtigt geblieben wären.
Die *Juniores* wurden belehrt, dafs auf dem *Tapis* dem in den Logen aufzu-
legenden Teppich mit der sinnbildlichen Darstellung des freimaurerischen Bau-
werkes, an welchem die Brüder arbeiten sollen — Sonne, Mond und Sterne die
drei philosophischen Principien Salz, Schwefel und Mercurius bedeuten (bei
v. Nettelbladt a. a. O. S. 526). Bei der Aufnahme in den nächsthöheren Grad
erfuhren die dann als *Theoretici* dem Orden Angehörigen, dafs die vier Ecken
des *Tapis* die vier Elemente bedeuten, und in dem ihnen ertheilten Unterricht
wurden die letzteren eingehend besprochen („Das Element ist ein abgesonderter
Körper von dem Chaos, in und durch welches die elementirten Dinge bestehen, oder es ist der Anfang eines Dinges, gleichwie der Buchstab der Anfang
einer Silbe ist. Die Wissenschaft und Lehre von den Elementen ist höchst
wichtig und nöthig; denn sie ist der Schlüssel zu den heiligen Geheimnissen der
Natur, ohne welche alles wieder verschlossen bleibet. Die Elemente haben eine
genaue Verwandschaft und Gemeinschaft mit einander und verändern sich leichtlich eines in das andere“; gerade Dies wird zusammen mit den Wirkungen der
Elemente ausführlich behandelt): aber sie erhielten auch gründlichen Unterricht,
dafs die Natur drei Anfänge habe, als ⊖ (Salz), ♁ (Schwefel) und ☿ (Mercurius),
welcher Art diese drei Anfänge seien und wie sie wirken, und dafs alle Metalle
aus ⊖, ♁ und ☿ entsprossen sind (vgl. die S. 31 erwähnte Schrift: „Die theoretischen Brüder“ S. 66, 93, 110 ff., 141 ff., 167 ff. der Ausgabe von 1769). Die
in einen noch höheren: den philosophischen Grad aufgenommenen Brüder konnten
sich überlegen, wie Das zu verstehen sei: „es müssen der physikalischen Bedeutung nach in der vorher erklärten symbolischen Harmonie die natürlichen
Körper, welche durch die vier wirksamen Eigenschaften der Elemente aber seit
dem Falle der Menschen, als ihres unmittelbaren *centri,* im Fluch mit Schlacken
und Hefen gewirket und erzeuget worden, durch eine sichtbare Reaction aller
vier Elemente, in drei d. i. in ⊖, ♁, ☿. diese drei durch vier, d. i. durch die
wirksamen Eigenschaften zur 7-Zahl, d. i. zur höchsten Klarheit in der Natur
des reinsten Lichtwesens gebracht werden: damit sie durch die fortschreitende
Wirkung der nunmehr gereinigten vier Elemente unzertrennlich wieder vereiniget
und in die Natur der 5-Zahl, d. i. jener tincturalischen Quintessenz wieder versetzt werden mögen, mit welcher selbe durch das schöpfende Wort ursprünglich
begabet waren“ (bei v. Nettelbladt a. a. O. 528 f.).

Anerkennung der drei Principien findet sich auch in Schriften, die von
Angehörigen des Ordens der Gold- und Rosenkreuzer veröffentlicht wurden, und
namentlich da, wo es sich um eigentlich Alchemistisches handelt. So u. A. in
den Anmerkungen, mit welchen der Compafs der Weisen 1779 herausgegeben
wurde; S. 189 f. der Ausgabe von 1782 z. B. wird zu der Angabe des Ver-

fassers, dafs durch Kunst der rohe Stoff in drei ursprüngliche Bestandwesen, nämlich Salz, Schwefel und Mercur zertheilet werde, angemerkt: „Die rechten und wahren Untersucher natürlicher Geheimnisse haben aus der Erfahrung gefunden, dafs alle sichtbare Geschöpfe des ganzen Erdbodens aus drey uranfänglichen Bestandwesen zusammengesetzt seyen. Selbige drey Bestandwesen haben sie Salz, Schwefel und Mercur genennet, und sie können aus der natürlichen Scheidung der Körper darthun, dafs solche theils Gleichnifsweise in selbigen zu finden". und dann wird noch besprochen, dafs diese Bestandwesen nicht mit Kochsalz, gemeinem Schwefel und laufendem Quecksilber identisch seien. Dafür, wie in den Anmerkungen zur *Aurea catena Homeri* in der 1781 unter dem Titel *Annulus Platonis* veranstalteten Ausgabe derselben die drei Principien in Beziehung zu dem Stein der Weisen gebracht waren, bot bereits S. 31 ein Beispiel. Aber vielfach vermengt mit Anderem, manchmal selbst gegen das Letztere zurücktretend, war in solchen Schriften die Lehre von den drei Principien. Die Lehre von den vier Elementen spielte, wie schon aus dem Vorstehenden hervorgeht, auch eine grofse Rolle. und dazu kam noch als besonders Wichtiges, was schon in der *Aurea catena Homeri* mit Vorliebe behandelt worden war: die Darlegung Dessen, was man über das Chaos, über den Universalsamen, über die Entstehung und Zerstörung aller Dinge und dergleichen schwierige Gegenstände wisse. Gerade die Schriften, welche als von ächten Gold- und Rosenkreuzern verfafst in besonderem Ansehen bei den diesem Bund Angehörigen oder Zuneigenden standen: die im Vorhergehenden oft genannten, die 1779 zu Amsterdam herausgekommenen Freymäurerischen Versammlungsreden der Gold- und Rosenkreutzer u. a. behandelten derartige Gegenstände sehr ausführlich.

(Die Bedeutung des im Vorhergehenden und auch sonst manchmal in diesem Buche vorkommenden Wortes *Chaos* war eine mehrfache. Bei Paracelsus bedeutet in dem Tractat von der Bergsucht und anderen Bergkrankheiten *Chaos* Das, was zwischen dem Himmel und der Erde ist: die Luft, und eben so auch in dem I. Buch der *Philosophia*; in dem II. Tractat *de modo pharmacandi* wird aber auch ein *Chaos minerale* besprochen, welches alle unbeweglichen Dinge (die Mineralien) ernähre, und die unter gleicher Überschrift erhaltenen *Fragmenta* haben *Chaos* in gleicher Bedeutung. Bei den späteren Hermetikern geht die Auffassung des Chaos weiter. In der *Aurea catena Homeri* wird von dem Chaos oder dem chaotischen Wasser als von etwas sehr Wichtigem gehandelt; die Welt sei in der Art aus Nichts geschaffen worden, dafs das göttliche Wort: *Fiat!* zu einem unermefslichen Dampf, Nebel und Rauch wurde, der sich zu dem allgemein bekannten chaotischen Wasser verdickte, welches dann in den Himmel oder das Feuer, die Luft, das Wasser und die Erde geschieden wurde. In Welling's *Opus mago-cabbalisticum* wird das gleich im Anfang der Erschaffung der Welt vorhandene Chaos als ein zur Bildung von starrer Erdsubstanz aus ihm geeignetes „schleimichtes, schweflichtes Saltz-Wasser" geschildert. In dem Orden der s. g. neueren Rosenkreuzer wurden die im zweiten Grade Befindlichen („Die theoretischen Brüder" S. 99 ff.) belehrt, dafs das Chaos, der Grundanfang aller erschaffenen Dinge, gewesen sei „ein vermengter Klumpen, der vom Wasser beweget, und dieses von dem Feuer belebet wurde, aus diesem

Klumpen sind durch das allmächtige und ewige Wort Gottes alle Dinge dieser Welt erschaffen und hervorgebracht worden"; sie erfuhren auch, dafs das Chaos, bestehend aus Feuer und Wasser, ein Ei gewesen sei, aus dem die englische, die himmlische und die elementarische Welt hervorgingen (vgl. bei v. Nettelbladt a. a. O. S. 527). Die Anmerkungen zu dem Compafs der Weisen und die in dem *Annulus Platonis* behandeln in ähnlicher Weise das Chaos oder das (von dem elementaren Wasser verschiedene) chaotische Wasser als etwas Wichtigstes. Ich enthalte mich jedoch, weitere Proben der da vorgebrachten angeblichen Erkenntnifs mitzutheilen, die ohnehin um hier Platz zu finden auch aus dem Zusammenhang herausgenommen werden müfsten. Auch kann hier nicht darauf eingegangen werden, durch was die Aufstellung solcher Lehren vorbereitet war, in wie weit das Chaos der Hermetiker Anderem entsprach oder in welchen Beziehungen zu demselben es stehen sollte: dem *En Soph* der Kabbalisten, dem grofsen Nichts, das auch noch ein von den Rosenkreuzern gern erörterter Gegenstand war (über es verbreitet sich z. B. eine der vorhin erwähnten Versammlungsreden, und eine „Vorlesung von dem grofsen Nichts, aus welchem die ganze Natur und Creatur entstanden ist‟ steht als längere Anmerkung in dem *Annulus Platonis*). Aber darauf ist hier hinzuweisen, dafs in dem siebzehnten und dem achtzehnten Jahrhundert auch Substanzen, die künstlich darzustellen seien, als *Chaos* bezeichnet worden sind: als Arzneien anzuwendende (das *Chaos magnum Poterii* war z. B. ein Quecksilberpräparat) und angeblich für die Bereitung des Steins der Weisen wichtigste. Der Mercur der Weisen, dessen S. 6 im I. Theil gedacht wurde, hatte auch diese Bezeichnung, aber aufserdem noch Anderes; die Angaben der von dieser Benennung Gebrauch machenden Alchemisten über Das, was darunter verstanden sei: etwas seinen Eigenschaften nach nur in ihrer Einbildung existirendes, sind unverständlich und sich widersprechend.)

Unter Denen, welche derartige Gegenstände behandelten, thaten Dies Einige mehr in theosophischer und so zu sagen naturphilosophischer Richtung, ohne dafs sie Specialkenntnisse in naturwissenschaftlichen und namentlich in chemischen Dingen beanspruchten; Andere prätendirten dagegen, gerade in solchen Kenntnissen besonders stark zu sein. Unter den Letzteren that sich in dieser Beziehung Joh. Gottfr. Jugel in Berlin hervor, der wohl gerade um Defs willen auch für Das, was er von Allgemeinerem vorbrachte, bei den s. g. neueren Rosenkreuzern Anerkennung fand und in Ansehen stand. In den Anmerkungen zum Compafs der Weisen wird er, auch als „unser berühmter Herr Jugel‟ wiederholt als Autorität angerufen: ihn gesellte sich Wöllner zu für die Commentirung der *Aurea catena Homeri* in der 1781 unter dem Titel *Annulus Platonis* veröffentlichten Ausgabe derselben (vgl. meine *A. c. H.* S. 11). Einige nähere Angaben über diesen Mann und seine Schriften mögen doch dazu beitragen, beurtheilen zu lassen, in welcher Weise die Naturwissenschaften und namentlich die Chemie bei den Rosenkreuzern in der zweiten Hälfte des vorigen Jahrhunderts cultivirt und aufgefafst wurden.

Joh. Gottfr. Jugel war nach Poggendorff's Biograph.-literar. Handwörterb., Bd. I, S. 1209 1707 geboren (welche Angabe damit übereinstimmt, dafs er in der 1783 geschriebenen Dedication seiner *Physica subterranea* sein Alter zu 76 Jahren angiebt) und starb 1786. Nach der 1771 geschriebenen Dedication seiner Schrift über den Arsenik in den Bergwerken war er kein geborner Preufse, erhielt er zwar 1742 vom König von Preufsen den Titel als Bergdirector, war er aber nicht amtlich thätig geworden. Von 1771 an sind seine Schriften aus Berlin datirt, wo er demnach seinen ständigen Wohnsitz hatte. Sicherlich lebte er da zu der Zeit der Blüthe der Rosenkreuzerei in dieser Stadt und war er in dem Orden auch um seiner chemischen Kenntnisse willen als ein brauchbares Mitglied betrachtet. Seine übrigens recht geringen chemischen Kenntnisse waren immerhin dafür genügend, ihn ersehen zu lassen, dafs die der Ordens-Oberen noch geringer waren (in der in der Anmerkung zu S. 44 erwähnten Zuschrift sagte der Rosenkreuzer E. Chr. F. Mayer mit Bezugnahme auf die in Berlin unternommen gewesenen alchemistischen Arbeiten: „Bruder Klaproth, der jetzige Obermedicinalrath, so wie der alte Jugel — — äufserten grofse wichtige Bedenken, dafs die Ordens-Oberen Kenntnisse in der Chemie haben sollten, die von Wichtigkeit wären, und sahen die Sache als Institut an, um hinter wichtige Kenntnisse durch andere Chemiker zu kommen").

Ich will hier zunächst die Schriften Jugel's anführen, welche ich selbst einsehen konnte. Welcher Art sie sind, zeigen schon die — defshalb vollständig anzugebenden — Titel. Ich werde aus dem Inhalt nur Weniges hervorheben, auch um der Schwierigkeit willen, aus dem da gebotenen Coagulum von Unsinn einzelne charakteristische und für die Mittheilung hinreichend kurze Sätze auszusondern. — 1754 und noch einmal 1766 erschien zu Leipzig u. Zittau „Gründliche Nachricht von dem wahren metallischen Saamen, oder *prima materia metallorum*, wie aus derselbe das gantze mineralische Reich seinen Ursprung hat. Nach eigener Erfahrung geprüfet, durch ordentliche Würckungen der Natur bestätiget, und auf eine vorher noch unbekannte Art der Welt mitgetheilet, durch J. G. J. *Philos. Cult.*" Ein astralischer Geist, wird da gelehrt, sei das anfänglichste Material aller Mineralien und Metalle; durch magnetische Anziehung werde derselbe in einer *matrix* unter Mitwirkung von Schwefligem und Mercurialischem zu einer öligen Salzigkeit, der wahren *prima materia* des mineralischen Reiches. Als Stoffe, aus welchen die Metalle entstanden seien, werden auch noch die drei Principien Sal, Sulphur und Mercurius in Betracht gezogen. Die Metalle wachsen noch in der Erde; sie bilden sich in dem Muttergestein gleich wie in einem Acker durch die Entwickelung des metallischen Samens. Der erste Anfang dieses Samens sei ein geistiges durchdringendes mercurialisches Wasser; aber auch der Schwefel wird als der Same der Metalle hingestellt und als die Grundbasis des ganzen mineralischen Reiches. Der metallische Same specificirt sich zu dem männlichen des Goldes und dem weiblichen des Silbers; unvollkommene Entwickelung dieser Samen scheint die Bildung der unvollkommenen (unedlen) Metalle bedingen zu sollen, aber auf die Entstehung der verschiedenen Metalle üben auch die weifsen und rothen *astra* ihre Einflüsse aus. Das Vorstehende genügt wohl zur Kennzeichnung der Jugel'schen Naturforschung und macht für die anderen in der nämlichen Richtung gehaltenen Schriften Desselben entbehrlich, auch nur so weit wie es eben geschehen auf ihren Inhalt einzugehen:

aber Das sei noch bemerkt, dafs auch in der vorerwähnten Schrift die Existenz des Steins der Weisen zugleich damit, dafs die Philosophen sehr dunkel über ihn geschrieben hätten, anerkannt wird. — Zu Leipzig kam mit dem Bildnisse des Verfassers geziert 1766 heraus _J. G. J.'s freyentdeckte Experimental-Chymie, oder Versuch, den Grund natürlicher Geheimnisse durch die Anatomie und Zerlegungskunst, in dem astralischen, animalischen, vegetabilischen und mineralischen Reiche, durch systematische Grundsätze, Lehrsätze, Beweise, Gegensätze, Gegenbeweise, Anmerkungen. Versuche, Erfahrungen und darauf folgende Schlüsse, nebst dem deutlichen Naturbegriffe der metallischen Generation, wie solche täglich in der Erde getrieben wird, durch eine lange Untersuchung also vorzustellen, dafs es ein jeder Naturforschender einsehen und erkennen kann: in zwey Theile abgefasset und zu jedermanns Nutzen und Vergnügen dem Drucke überlassen". In diesem Buche, welches eher alles Andere als eine Experimentalchemie im gewöhnlichen Sinne dieses Wortes ist, versichert Jugel u. A., den Stein der Weisen selbst in Händen gehabt zu haben, wie auch dafs er einmal von dem Silber ausgehend zu der Darstellung eines weifsen Glases gelangt sei, welches von 100 Theilen Silber Einen Theil in Gold verwandelt habe. Es war daraus manches auch für jene Zeit Wunderbare zu lernen, z. B. dafs der Galmei ein Eisen-Mineral sei, dessen innere Wesenheit wegen der Unschmelzbarkeit unbekannt bleibe; jetzt sollte es der Vitriol sein, welcher „sich unter der Coagulation der *trium principiorum* als die erste metallische Wesenheit erzeige", „in der Erde diejenige Wurzel oder dasjenige Subjekt sey, woraus die Metalle der rothen *astrorum*, als Gold, Kupfer und Eisen, ihren metallischen Anfang haben". — 1771 dedicirte Jugel dem Preufsischen Finanzminister von der Schulenburg seine zu Berlin herausgekommene Schrift: „Das beste Hülfsmittel zur gründlichen Beantwortung der von Einer K. Preufs. Academie der Wissenschaften — — bekannt gemachten Preis-Frage: Welches der wahre Endzweck ist, zu welchem die Natur den Arsenik in denen Bergwerken bestimmt zu haben scheinet? und insonderheit: Ob man durch schon angestellte Versuche beweisen kann, ob, wie und in wie fern er dienlich sey, die Metalle zu formiren, sie zur Vollkommenheit zu bringen, oder in ihnen andere nothwendige oder nützliche Veränderungen hervorzubringen?" Da wird dargelegt, dafs „der Schwefel und der Arsenik, als die beiden General-*Requisita* zu der Grund-*Basis* des ganzen mineralischen Reichs, als *Agens* und *Patiens*" zu geheimnifsvollen Wirkungen bestimmt worden, aber keineswegs „der Metalle Excremente und scheufslicher Auswurf" seien. Der trockene metallische Same bestehe aus den Samenstheilen der rothen und der weifsen *astrorum;* bei der Einwirkung der Feuchte erhalte der männliche oder der weibliche Theil das *dominium* und resultire schliefslich eine männliche sulphurische oder eine weibliche arsenikalische Ausgeburt, wie die Metalle der rothen und der weifsen *astrorum* beweisen sollen (zu den ersteren Metallen werden Gold, Kupfer und Eisen, zu den letzteren Silber, Zinn und Blei gerechnet; der Zinnstein sei ein figirter Arsenik, welcher noch nicht die Silberfixation erreicht habe). — Zu Leipzig wurde 1773 ausgegeben (die Vorrede ist von 1771 aus Berlin datirt) „Das redende Orakel in seiner Natursprache, welches das Geheimnifs der wirkenden Natur im mineralischen Reiche entdecket.

um dadurch zu nähern Erkenntnissen und Nutzen desselben zu gelangen: in dreyzehen Versuchen aus überzeugenden Naturerfahrungen bewiesen, und in ein und dreyfsig Grundsätzen, Beweisen, Erklärungen, Erfahrungen, Schlüssen und Anmerkungen der Welt zur fernern Prüfung dargestellt von J. G. J." Es reicht hin zu bemerken, dafs für die Bildung der Metalle Schwefel, Arsenik und die *astra* wieder die Hauptrollen spielen; dafs die übrigen Mineralien „nichts anders sind, als verdorbene Metalle oder solche Subjecte, an denen die elementarische Wirkung in ihrer Generation nicht fruchten wollen, dahero dieselben in einem solchen unvollkommenen Wesen verblieben sind". — Von ähnlicher Art, wie die genannten Schriften, aber den naturwissenschaftlichen Unsinn mit Frömmelei versetzt vorbringend war Jugel's 1782 zu Berlin u. Leipzig veröffentlichte „*Physica mystica* und *Physica sacra sacratissima*. Eine Offenbarung der uns unsichtbaren magnetischen Anziehungskraft aller natürlichen Dinge; und eine heilige Betrachtung der Grundeinsicht, wie sich die allerhöchste Einheit in die Vielheit offenbaret hat, und aus dieser wieder in die Einheit gehen soll. Zu Lob und Preifs des Höchsten Einigen Gottes". Darin wird auch anerkennend der gottliebenden Gesellschaft der Rosenkreuzer gedacht, welche man aber nur vom Hörensagen kenne, und auch vom Stein der Weisen wird geredet und davon, dafs die in gewöhnlicher Weise nach ihm Strebenden keine Aussicht haben ihn zu erlangen (namentlich dieses Buch wurde auswärtigen Zirkeln von den Berliner Oberen zum Studium empfohlen). — Dem uns wiederholt vorgekommenen Prinzen Friedrich August von Braunschweig als einem wegen seiner Erkenntnifs tiefer Naturgeheimnisse Berühmten war — erschienen zu Berlin und Leipzig 1783 — gewidmet „J. G. J.'s *Physica subterranea* oder Bewegungskraft der elementischen Wirkungen, die auf und in unserem mineralischen Erdboden verrichtet werden. Ein *Opus* aller seiner gefundenen geheimen Einsichten in das dreyfache grofse Naturreich, das Unsichtbare sichtbar, und das Unbegreifliche begreiflich und vorstellig zu machen, welches er nach einer 46jährigen Naturforschung, als ein Freund aller Menschen, also aufrichtig mittheilet". Noch wird da gelehrt, dass „die Elemente haben die Prima-Materia aller Dinge, das ist Sal, Sulphur und Mercur in sich beschlossen", dem Mercur der Arsenik im Wesentlichen gleichgestellt, bestritten dass die Metalle todte Körper seien, über die Generation der Erze, darüber dass der Galmei ein Eisenmineral sei, über vieles Andere früher schon Vorgebrachtes noch einmal vorgeführt.

Jugel hat ausser den vorstehenden, meist ziemlich umfangreichen Büchern noch vieles Andere geschrieben; in der Dedication des zuletzt erwähnten Buches sagt er, er habe die Erfahrung seiner Einsichten in mathematischen, Bergwerksund geheimen Naturwissenschaften in 36 gedruckten Piecen zur weiteren Untersuchung der Welt dargelegt. Ich glaubte es mir erlassen zu dürfen, auf die nähere Bekanntschaft mit noch anderen Schriften dieses Autors als den vorgenannten auszugehen. In gleicher Richtung wie die letzteren gehalten sind von den in Joh. Friedr. Gmelin's Geschichte der Chemie Bd. II, S. 324 und Bd. III, S. 56 u. 67 aufgezählten wohl noch „Die Scheidung der vier Elemente aus dem Chaos" (Berlin 1744) und „*Dicta philosophica* oder Generalphysik, der sichtbare Weg von der Generation aller Dinge aus der wahren *prima materia*" (Breslau

1764), vielleicht auch „Gründlicher Natur-Bericht des ganzen mineralischen Reichs, oder natürliche Berg-, Schmelz- und Figirkunst, I. Theil" (Wien 1765) und „Vollkommene Bergwerks-Kunst, II. Theil: Der Bergmann vom Feuer" (Berlin 1773), ferner der „Vorschlag, grofser Herren Reichthum und ganzer Länder Flor und Aufnahme durch den gemeinen Bergbau zu befördern, das ist, eine ganz neue Entdeckung der natürlichen Röst- und Figirkunst" (Leipzig 1767).

Es kostet einige Ueberwindung, sich mit derartiger Literatur zu beschäftigen und über sie zu berichten. Aber die allgemeine Angabe, dafs die Naturwissenschaft in der Auffassung, welche bei den s. g. neueren Rosenkreuzern Aufnahme, Pflege und Verbreitung fand, eine Pseudo-Wissenschaft erbärmlichster Art war, erschien mir doch für den Zweck des vorliegenden Buches nicht als genügend. Wenigstens einiges Speciellere glaubte ich hier mittheilen zu sollen zur Begründung, dafs sich allerdings, wie es da mit Naturwissenschaftlichem stand, in jener Angabe resumiren läfst.

Anmerkung IX zu S. 73:

Die Verhältnisse G. Forster's zu seiner Gattin Therese und zu Ferd. Huber.

(Bezüglich der Abkürzungen für die Citate in dieser und den folgenden Anmerkungen vgl. S. 48 f.)

Nicht weiter, als für die Begründung des S. 78 Gesagten nöthig ist, kann — so weit mufs aber auch Forster's Gattin Therese und wie ihr Verhältnifs zu F. sich gestaltete hier besprochen werden. (Eine gedrängte Darstellung des Lebens und der Bedeutung dieser Frau gab in neuerer Zeit R. Elvers in dem XIII. Band der Allgemeinen Deutschen Biographie, Leipzig 1881, S. 240 ff., auf welchen Aufsatz: E. ich auch in dem Nachstehenden Bezug nehme; zu Dem, was als Auskunft über Dieselbe gebend schon früher veröffentlicht worden ist, sind vor Kurzem — Allgemeine Zeitung 1884, Beilage Nr. 19 u. 20 und Hauptblatt Nr. 21 — noch einige Briefe von ihr gekommen.)

Zunächst mag an Einiges erinnert werden, was als in Betracht zu ziehend für die Verbindung zwischen Forster und Therese Heyne von Solchen, welche diese Persönlichkeiten kannten, und von der Letzteren selbst gesagt worden ist. Über Forster schrieb 1829 Wilh. von Humboldt in den Briefen an eine Freundin (S. 19 im II. Theil der 4. Auflage): „Um tiefer Empfindung fähig zu sein, dachte er viel zu viel an sich, und der Rückblick auf sich leuchtete überall durch. Das hinderte aber nicht, dafs er recht sehr edler Aufopferungen fähig sein konnte. Nur in den Augen des Dritten, den nicht für ein ihm gebrachtes Opfer Dankbarkeit anders urtheilen liefs, hatte er nach dem Ausdruck der Schrift meistentheils seinen Lohn dahin. Denn er gefiel sich in der Aufopferung, und sie nährte sein Selbstgefühl". — F. war von Kassel aus wiederholt in Göttingen gewesen; da von dem berühmten Philologen Heyne freundlich aufgenommen hatte er die Bekanntschaft von Dessen Tochter Therese gemacht, welche sich, dazu auch angeregt von ihrer in der folgenden Anmerkung zu besprechenden Freundin Karoline Michaelis (*F.-S.* S. 75), für ihn interessirte, und bei seinem Abgang nach Wilna im Frühjahr 1784 hielt er um sie an. Therese Heyne — die 1764 geboren in ihrer Jugend weniger unterrichtet war als man von der Tochter eines so gelehrten Vaters erwarten sollte (vgl. *E.* S. 240), aber frühe viel gelesen hatte und Geist und Anmuth besaſs — schrieb 1829 (*Th. H.* I, S. 36): „Nachdem F.'s Verhältnisse in Wilna berichtigt waren, machte er noch einen Besuch in Göttingen, wo er, ohne vorhergehende nähere Bekanntschaft, um seine nachmalige Frau, Heyne's älteste Tochter, warb, aber auf ihres Vaters Wunsch ohne eine abgeschlossene Verabredung aus Deutschland schied. Das junge Mädchen hatte F. bei seinen Besuchen in Göttingen, während seines sechsjährigen Aufenthalts in Cassel, einigemal gesehen, die innigste, bis zu seinem Tode dauernde Achtung gab ihr Vertrauen zu ihm, Mitgefühl für die vereinzelte Lage, die ihn in dem öden Polen erwartete, Herzlichkeit, Jugendmuth und Stolz spornten sie an mit dem berühmten Mann ein ernstes Schicksal zu theilen, und so gab sie Forster vor andern Aussichten den Vorzug". Während des anderthalbjährigen Brautstandes traten Beide sich in ihrer Correspondenz näher; von F.'s Briefen urtheilt Perthes (*P.* S. 59 f.): „Sie sind reich an treffenden Beobachtungen über sich und Andere, an feinen Bemerkungen über Menschen und Verhältnisse, an belebten Mittheilungen über die Reise" (nach Wilna), „aber es fehlte ihnen nicht allein die Tiefe, sondern auch die Gluth des Gefühls, wie man sie in der Zeit der jungen Liebe erwarten sollte. — — Im schriftlichen Verkehre lernte F. seine Braut zuerst näher kennen. Seine Briefe sprechen, je länger, desto mehr, steigende Achtung, steigendes Vertrauen aus und gewannen auch an männlicher Wärme". Forster selbst schrieb von Wilna aus im October 1786 (*F.-S.* S. 396) an Sömmerring: „Therese kannte mich nicht, wie sie mich heirathete und wie hätte sie es auch gekonnt, da wir uns so wenig gesehen hatten". In Wilna, wohin Forster im Herbst 1785 Therese als Gattin heimführte, lebte er glücklich mit ihr und sie zufrieden mit ihm. Beider Glück wurde im Sommer 1786 durch die Geburt eines Töchterchens erhöht. Auch nach der Rückkehr nach Deutschland bot in den ersten Jahren des Aufenthaltes in Mainz, wohin sie im Herbst 1788 übergesiedelt waren, ihr Zusammenleben äuſserlich wenigstens das Bild voller Harmonie; Therese schenkte·da ihrem Manne noch mehrere Kinder, von welchen zwei bald starben. In Mainz machte sie auf bedeutende Männer einen günstigsten Eindruck. So auf den im Dezember 1791 mehrere Wochen hindurch als Gast in ihrem Hause lebenden, damals 22jährigen Erich Bollmann, welcher sie (*E.* S. 241) schilderte als „das erste aller Weiber, die ich noch gekannt habe bis jetzt, und nicht nach meinem Urtheil allein, nach dem Urtheil jedes Mannes von Kopf und Herz, der sie kennt. Eine unbegrenzte Fülle von Witz und niemals versagender guter Laune und mit immer durchscheinender Güte des Herzens, eine Menge von Kenntnissen und unglaublicher Fertigkeit, durchaus jeden Gegenstand gleich von einer angenehmen und interessanten Weise zu fassen, — eine liebenswürdige Naivität in Allem, was sie thut und spricht, die vollkommenste Abwesenheit von Prätension und Eitelkeit, die zärtlichste An-

häuglichkeit an ihren Mann und ihre Kinder, dies sind Eigenschaften, die sie
ohne alle Übertreibung charakterisiren". Wilh. von Humboldt, welcher dem
Forster'schen Ehepaar in Göttingen nahe getreten und 1788 und 1789 in dem
Hause desselben in Mainz als Gast gewesen, auch von da an mit Therese in Briefwechsel geblieben war, schrieb (a. S. 257 a. O. S. 17) nach dem Tode Derselben
(1829): „Sie war von Geisteskräften gewifs eine der vorzüglichsten Frauen der
Zeit. Sie wufste auch sehr viel, hatte unendlich viel in allen neueren Sprachen
gelesen und besafs einen hohen Grad von intellektueller Bildung. Allein das
alles wurde überstrahlt, geordnet und befruchtet durch die innere angeborene
Geisteskraft, die keine Erziehung noch Bildung hervorbringen kann, und durch
die Fülle einer reichen ewig gestaltenden schöpferischen Phantasie. Dabei hatte
sie in ihrem Hauswesen mit ihren Kindern, wie sie noch klein waren, die liebens-
würdigste weibliche Einfachheit und eine sichtbare, ihr, ohne dafs sie Verdienst
in ihr war oder schien, angeborne Reinheit und Lauterkeit der Gesinnung".
Aber nicht auf Alle, nicht einmal auf alle ihr Nächststehenden machte Therese
nur einen günstigen Eindruck. So z. B. nicht auf Sömmerring, mit welchem
als dem während einer Reihe von Jahren vertrautesten Freunde Forster's auf
einen nahekommenden Fufs zu gelangen sie in ihren Briefen an ihn (vom April
1784 an; F.-S. S. 23) das Ihrige that, der aber schon früh Bedenken geäufsert
zu haben scheint, ob die Verbindung F.'s mit Th. eine glückliche sein werde
(er mufs doch dem Ersteren Veranlassung dazu gegeben haben, dafs Dieser ihm
im Dezember 1784 von Wilna aus schrieb — W. I, S. 151; F.-S. S. 154 —: „Sei
ganz ruhig in Betracht meiner Wahl mit Theresen"). Nachdem S. im Herbst
1805 zufällig in Ulm mit ihr, die er seit 1792 nicht gesehen hatte, zusammen-
getroffen war, notirte er in sein Tagebuch (W. II, S. 135): „Sie schien mir weniger hochgeschraubt, als sonst", und bald nach diesem Zusammentreffen schrieb
Heyne an S. (W. I, S. 98): „Therese hatte mir Ihre Entrevue schon geschrieben.
Fanden Sie sie noch so hoch geschraubt wie ehemals?" (Die merkwürdige Übereinstimmung des Ausdrucks beruht vielleicht darauf, dafs S. jene Notiz erst
nach dem Empfang des Briefes von Heyne machte.) „Sömmerring liebte sie
nicht und konnte nie ein rechtes Verhältnifs zu ihr finden. Er sah in ihrem
Hause auf Forster's wie auf ihrer Seite mancherlei Fehler" berichtete 1844
R. Wagner (W. II, S. 92), der gegen diese Zeit hin mit den Traditionen in der
Familie des 1830 verstorbenen S. bekannt geworden war; es darf nicht unbemerkt gelassen werden, dafs Sömmerring nach jenem Zusammentreffen die
S. 131 ff. erwähnte für ihn sehr unangenehme Correspondenz mit Therese
hatte und die Erinnerung daran sein Urtheil über die Letztere geschärft
haben kann.

Aber 1792 waltete nicht mehr dasselbe innige Einverständnifs wie früher
zwischen Forster und Dessen Frau. Zu mehrfachem Mifsgeschick, welches sie
in den zwei Jahren zwischen den Sommern 1790 und 1792 traf — Kränklichkeit
Beider, der Verlust zweier Kinder — kam auch noch Das, dafs Therese'ns
Herz nicht mehr ihrem Gatten gehörte. Was ursprünglich Dem zu Grunde
lag, dafs — um mit den von ihr selbst gebrauchten Worten (S. 78) zu reden —
ihre Mittel nicht mehr ausreichten, F. glücklich zu machen, ist unbekannt;

darüber Auskunft gebende Briefe sind nicht veröffentlicht. Doch scheint schon vor der Zeit, in welcher sie ihre Neigung Huber zuwendete, Etwas zwischen sie und Forster getreten zu sein; Heyne schrieb Anfangs Februar 1794 an Sömmerring (*W. I*, S. 91; *F.-S.* S. 644): „Forster war mir der Gegenstand des Kummers seit so vielen Jahren, da ich sah was er durch seine unglücklichen Verhältnisse mit Therese litt". Die Letztere sprach sich 1829 aus (*Th. II.* I, S. 36 f.): „Warum in späteren Jahren eine Ehe, in der gegenseitige Achtung und innige Theilnahme unerschütterlich blieb, beide Theile nicht beglückte, ist das Geheimniß der beiden Gatten, in das Niemand ein Recht einzudringen hat". Das war jedoch im Sommer 1792 kein Geheimniß, daß sich zwischen Therese und einem Hausfreund: Huber ein anderes als nur ein freundschaftliches Verhältniß hergestellt hatte. Ludw. Ferd. Huber, 1764 geboren, war als Kursächsischer Gesandtschafts-Secretär in Mainz, als das Forster'sche Ehepaar 1788 dahin kam, und von Anfang mit demselben bekannt. Er war mit Dora Stock in Dresden — einer Schwägerin Christ. Gottfr. Körner's, des Vaters von Theodor K. und Freundes Schiller's — verlobt, zuerst Therese'n nicht sympathisch, in dem Hause Derselben durch Forster heimisch gemacht, der sich für ihn interessirte und ihn zu geistiger Thätigkeit anregte. Zärtliche Neigung zu einander empfanden Th. und H. nach Dove (*D.* S. 179) seit 1790 (die Erwähnung einer bisher ihn störenden fatalen häuslichen Angelegenheit, die nun in Ordnung sei, durch Forster in einem Brief an Jacobi aus dem September 1790 — *Th. II.* II, S. 44; *G.* VIII, S. 135 — ist darauf bezogen, auch als Zeit der Erklärung zwischen H. und Th. die der Reise Forster's nach England vermuthet worden; vgl. *K. K.* S. 134 u. 127 f.),   während nach Perthes (*P.* S. 93) Heyne bei einem Besuch in Mainz im October 1791 seiner Tochter unglückliche Leidenschaft keimen sah. (Für diese Angabe von Perthes kenne ich nichts Anderes, auf das sie gestützt sein möge, als eine auf die Aussage einer uns noch vorkommenden übelen Frau Bezug nehmende Stelle in einem Briefe Sömmerring's an Heyne vom 7. Mai 1793 — *W.* II, S. 205; *F.-S.* S. 626 —: „M. Forkel glaubte doch, daß Sie bei Ihrem letzten Besuche in Mainz Th. unglückliche Leidenschaft für H. bemerkt und sich darüber auch geäußert hätten"; das „doch" läßt aber wohl eher darauf schließen, daß Heyne nichts mit der Angabe in Übereinstimmung Stehendes an Sömmerring geschrieben hatte. Daß H. an S. sich im November 1791 — *F.-S.* S. 596 — ausgesprochen hatte: „Meine armen Kinder in Mainz dauern mich sehr herzlich. Und doch wie hier helfen?" und im Februar 1794 — *W. I*, S. 91; *F.-S.* S. 644 — schrieb: „F. war mir der Gegenstand des Kummers seit so vielen Jahren, da ich sah, was er durch seine unglücklichen Verhältnisse mit Therese litt", beweist, daß Heyne schon im Herbst 1791 mit einem Zerwürfniß zwischen seiner Tochter und Forster, aber nicht, daß er damals mit einer Leidenschaft der Ersteren zu Huber bekannt war.)   Forster war nicht eifersüchtiger Natur; daß auch seine Frau freundschaftliche Beziehungen zu Friedr. Ludw. Wilh. Meyer aus Harburg unterhalte, den in Göttingen nach Therese'ns Verlobung leidenschaftliche Zuneigung zu Derselben erfaßt hatte, begünstigte er selbst, namentlich auch noch während des Wiederzusammenseins mit diesem Mann in Göttingen nach dem Weggang von Wilna (vgl. *K. K.* S. 122 f.; *E.* S. 241). Wie sich das Verhältnifs zwischen seiner Frau und Huber gestaltete, ergriff jedoch Forster schmerzlichst; Klagen in seinen Briefen aus dem Sommer 1792, namentlich in einem Brief an Jacobi aus dem August dieses Jahres (*Th. II.* II, S. 207; *G.* VIII, S. 210) über noch eine andere Art von Unglück zu dem seiner drückenden äufseren Lage lassen sich nur dahin deuten, dafs er zu dieser Zeit sich darüber klar war, er habe Therese'ns Herz verloren. Aber wie Dove (*D.* S. 179) es sagt: „Mit derselben fast leidenschaftslosen Weichheit, die von Anfang an nicht vermocht hatte, die achtungsvolle Freundschaft der so viel selbständigeren Braut in ganz hingebende Liebe zu verwandeln, sah F. seit 1790 das Herzensverhältnifs zwischen Therese und Huber entstehen und über sich ergehen wie seine anderen Schicksale auch". Als Huber, dessen Verlobung mit Dora Stock im Spätsommer 1792 gelöst worden war, sich Anfangs October bei der Annäherung Französischer Truppen an Mainz von da weg nach Frankfurt begeben hatte, war es Forster, der Dessen Rückkehr wünschte, und — wie Therese später (Huber's sämmtliche Werke seit 1802, Tübingen 1806, I, S. 63) schrieb — „H. folgte den Bitten seines Freundes, dem Drange seines Herzens" und kam im October noch einmal nach Mainz zurück, welche Stadt er jedoch bald wieder verliefs. Auch dann noch sprach Forster Sehnsucht danach aus, dafs Huber wieder mit ihm und seiner Frau zusammensein möge (u. a. in einem Brief vom 8. November — *Th. II.* II, S. 298; *G.* VIII, S. 262 —: „Nach Ihrer Erscheinung verlangen wir Alle"; eine Zusammenkunft H.'s mit F. und Th. hatte Ende November in Höchst statt, *K. K.* S. 253).

Begleitet von Thomas Brand (vgl. S. 67) reiste Therese mit ihren beiden Kindern im December 1792 von dem durch eine Belagerung bedrohten Mainz weg nach Strasburg. Jetzt, in Abwesenheit Therese'ns und auf Anregung der nach ihren Beziehungen zu Forster in der nächstfolgenden Anmerkung zu besprechenden Karoline Böhmer, hatte eine Klarstellung des Verhältnisses zwischen Forster und Huber statt. Ich setze Joh. Janssen's Bericht aus der in der nämlichen Anmerkung — welche manches hier in Betracht zu Ziehende vervollständigt — (S. 272) anzuführenden Schrift Desselben (S. 138 f.) hierher. Nach der Erzählung, wie diese in dem Frühjahr 1792 nach Mainz gekommene Frau dem Herz Forster's, von welchem sich das Therese'ns abgewendet hatte, Ersatz bot, sagt Janssen: „Es kam so weit, dafs Therese sich von ihrem Manne trennte und nach Strafsburg ging, worauf dann Huber, aufgefordert von Caroline, sich an Forster wandte mit dem Antrag, dafs er ihm seine Frau abtreten möchte. Caroline selbst überreichte Diesem den Antrag, dem bald ein ähnlicher von Seite Therese'ns folgte, „und die Sache ward ausgemacht." schreibt Caroline an Meyer, „dafs Huber Theresen und Claren (Forster's Tochter) haben und Georg (Forster) das älteste Kind behalten sollte". „Forster's Stimmung war so schwankend, dafs es aller unermüdlicher schwesterlicher Freundschaft erforderte, ihn zu ertragen". Ohne alle gerichtliche Scheidung ging das Geschäft der Ehelösung und Abtretung vor sich. „Huber war zwei Tage hier", schreibt Schiller am 15. März 1793 an Körner, „über seine Verbindung mit der Forster ist sein Entschlufs gefafst. Forster selbst ist der Einzige, der bei dieser Sache noch etwas gewinnt. In seinen jetzigen Umständen, wo er Alles auf das Spiel setzen muſs, kommt es ihm sehr zu statten, daſs er für keine Frau zu sorgen hat. Die Kinder werden getheilt und eins behält der Vater, das andere die Mutter""".

Therese blieb in Strasburg bis zum Ausgang des Jahres 1792. Dann folgte sie der Einladung eines Freundes ihrer Familie nach Neufchatel. Hierher kam auch Huber, nachdem ihm Ende Mai 1793 die Entlassung aus dem Kursächsischen Dienste bewilligt worden war. Therese wohnte jetzt mit den Kindern für sich, Huber in einem anderen Theile der Stadt; Beide beschäftigten sich mit literarischen Arbeiten, Sie zunächst mit einer Uebersetzung aus dem Französischen, bald auch mit einem selbstständigen Erzeugniſs ihres Geistes, Er vorzugsweise mit publicistischen Arbeiten. Sie lebten, wie Therese später (*P. S.* 129) schrieb, in naher täglicher Verbindung in tiefer Einsamkeit, und unter der strengen Aufsicht der öffentlichen Meinung. Forster war mit diesem Allem einverstanden; am 19. Juli 1793 schrieb er an Therese (*Th. II.* II, S. 505; *G. IX*, S. 53 f.): „Ich habe Deinen lieben Brief vom 15ten schon, in meinem vorigen habe ich Dir geschrieben, wie sehr ich Alles billige, was Du mit H. bisher verabredet hast und so billige ich auch die Einrichtungen, die Du mir jetzt bekannt machst. Das Erste ist immer, daſs wir uns rechtfertigen vor uns selbst. Darnach sey uns Liebe und Achtung der Andern willkommen, wenn sie gerecht genug sind uns anzuerkennen. Gern opfern wir ihren Schwächen, ihren Vorurtheilen den zwanglosen Genuſs unserer natürlichen Freiheit, nur müssen sie nicht fordern, daſs wir um der conventionellen Formen willen, womit sie sich so jämmerlich belastet haben, auf das wahre Glück des Lebens verzichten, welches so selten angetroffen wird, daſs wir es gewiſs mit Vorbeigehung der kalten Gewohnheitsverhältniſse nicht zu theuer erkaufen. — — Kinder! sucht glücklich zu seyn, so daſs ihr es immer bleibt, das ist, behaltet Eure ganze Empfänglichkeit unter Aufsicht der Vernunft, die nur immer die Naturgemäſsheit Eurer Gefühle prüfe." (Durchaus unglaubwürdig — auch abgesehen davon, daſs Huber erst im Juni 1793 nach Neufchatel kam, danach, wie Forster im Februar und in der ersten Hälfte des März (*Th. II.* II, S. 411 ff. und 417 ff.; *G. IX*, S. 328 ff. und 332 ff.) an Therese schrieb — ist, was über eine andere Auffassung Forster's bezüglich eines Zusammenlebens Therese'ns und Huber's Sömmerring am 19. März 1793 auf die Mittheilung eines Dritten hin von Frankfurt aus (*F.-S.* S. 612) an Heyne berichtete: „Vor ungefähr vier Wochen beklagte sich Forster selbst gegen Molitor, daſs er doch ein unglücklicher Mann sei, indem seine Frau zu Neufchatel mit Huber sitze. Nun sehe ich, daſs dasselbe Gerücht auch in Göttingen ist. Daſs es aber ganz falsch ist, obgleich Forster selbst daran geglaubt hat, kann ich Sie versichern, indem ich bis zum 26. Februar Huber oft sah, und von ihm selbst weiſs, daſs er am 27. nach Sachsen zürückging".)

Forster's Verhältniſs zu Therese und Huber war Dem entsprechend geworden, was die Erstere selbst später (*Th. II.* I, S. 134) kurz ausgesprochen hat: „Daſs F. das Wohl seiner Lieben an H. übergeben hatte, der auch das ihm mit so edlem Vertrauen übergebene Gut bis zu seinem Tod heilig verwahrte". Grüſse an Huber sendete er in seinen Briefen an Therese. „Liebt Euch, heitert Euch auf, sucht Euch froh zu machen" schrieb er ihr von Paris aus am 23. Juli 1793 (*Th. H.* II, S. 518 f.; *G.* IX, S. 62); „was Ihr habt, lafst Euch nicht nehmen. Ich wünsche wenigstens Euch die Freude und den Genufs, den ich vielleicht nie mehr finde. Es ist doch eine Beruhigung zu wissen, dafs es irgendwo glückliche Menschen giebt. Grüfse Huber und meine Kinder"; und am nächstfolgenden Tage (*Th. H.* II, S. 523; *G.* IX, S. 64 f.): „Gott segne Dich und Deinen Freund. — — ich trage Euch vereint in meinem Herzen und glaube so ein Leben zu erhalten, das sonst nichts werth wäre".

Bei Fortdauer dieses Verhältnisses in der Nähe Derer, Die ihm lieb oder wieder lieb geworden waren: seiner Kinder, deren er in seinen Briefen stets zärtlichst gedenkt, Therese'ns und Huber's leben zu können, war Das, nach was Forster sich sehnte. „Der Wunsch, in Eurer Nähe zu seyn, ist fast der einzige, den ich nicht unterdrücken kann, und, die Wahrheit zu sagen, warum sollte ich mir das Wohlthätige der Idee versagen, die in diesem Wunsch liegt?" schrieb er seiner Frau von Paris aus am 19. Juli 1793 (*Th.* II, S. 510; *G.* IX, S. 56 f.). Diesen Wunsch hielt er fest. Es ist auch mir die schon von Klein (*K. K.* S. 361) ausgesprochene Vermuthung sehr wahrscheinlich, dafs „der Freund", über welchen er von Arras aus am 8. October an Huber schrieb (*Th. H.* II, S. 595 ff.; *G.* IX, S. 109 ff.), kein Anderer war als Forster selbst. („Erbricht man meine Briefe an Dich? Die Deinigen an mich werden hier seit einiger Zeit immer ge- öffnet" hatte F. am 23. Juli von Paris aus — *Th. H.* II, S. 517 f.; *G.* IX, S. 61 — an Therese geschrieben, und von Pontarlier aus schrieb er am 9. November — *Th. H.* II, S. 605; *G.* IX, S. 116 — an Dieselbe: „*Le Cn. Michaud, Directeur des Postes* hier in Pontarlier, hat mir viel Freundschaft erwiesen. Ich kann durch ihn Briefe, die ich nicht gern erbrochen sähe, bestellen und von Euch erhalten; unter seinem Convert heifst das". Um bei etwaiger Eröffnung des Briefes vom 8. October in Frankreich da nicht verdächtig zu werden durch die Kundgebung des Vorsatzes, aus dem öffentlichen Leben Frankreichs auszuscheiden und dieses Land zu verlassen, wählte F. wohl die Form des Schreibens, von sich als von einem Freund zu sprechen, in diesem, ist die angegebene Vermuthung richtig, so merkwürdigen Brief; hätte er über diesen Vorsatz an seine Frau ge- schrieben, so würde er sich wohl, wie in dem am 12. September an sie gerichteten Brief — *Th. H.* II, S. 578; *G.* IX, S. 99 — mit seinem Derselben bekannten Ordensnamen Amadeus bezeichnet haben). „Ich danke Ihnen, Lieber", steht in diesem Brief, „dafs Sie Ihres Freundes wegen nach U. geschrieben haben. — — Der ehrliche Mann kann da nicht bleiben, wo er ist, ohne aufzuhören diesen Namen zu tragen, das Einzige, was ihm aus dem schrecklichen Schiffbruch seines Glücks noch übrig geblieben ist. Verdacht schwebt über jedem Fremden in seiner Lage, an seinem Aufenthalt. — — Es helfen sich Fremde, indem sie auf Extreme verfallen, die kaum ein Einheimischer so weit treibt; aber wer, dem seine Grundsätze und sein Gefühl lieb sind, mag es ihnen nachmachen? Und ist auch das auf die Länge der Weg, dem Verdachte zu entgehen? Ich gestehe, in einem solchen Falle würde man mir zuerst verdächtig werden. — — Unser Freund mufs die öffentliche Laufbahn wenigstens da, wo er ist, verlassen, um endlich wieder seine Rechte als Mensch zu geniefsen. — - Mich dünkt, mein guter H., es war Pflicht, dafs ich bei Ihnen dem ehrlichen Freunde das Wort redete. Sie können es dann wieder bei einer anderen Instanz. Sagen Sie mir offenherzig und ohne allen Rückhalt Ihre Gedanken hierüber, und auch über die Idee, die ich Ihnen schon einmal mitgetheilt habe, dafs Ihr Freund und Sie, gemeinschaftlich arbeitend und Einer durch des Andern Umgang aufgemuntert, mehr sowohl fürs Publicum als für den kleinern Privatkreis um sie beide her ausrichten würden. Denn sollte dieser Gedanke nicht in Ihre Reihe passen, so wäre es traurig, dafs Sie einander auch nur einen Augenblick täuschten. Wenn Trennung allein die Schale füllen kann, so mufs sie noch hinein, und dann bleibt Ihrem Freunde allerdings ein anderer Weg. Dies ist ein ernster Schlufs eines Briefs, doch Sie sehen, was mich hindert einen andern anzuhängen. Leben Sie herzlich wohl".

Aus Dem, was von dem Briefwechsel veröffentlicht ist, läfst sich nicht mit Sicherheit ersehen, welche Aufnahme die da so dringend vorgebrachte Idee bei Huber und der „anderen Instanz" (Therese) fand. Aber bei Forster blieb die Sehnsucht nach der Vereinigung mit seinen Lieben lebendig. Er hatte sich hineingefunden, dafs die ihm angetraute Frau nur noch seine Freundin sei, und eine entsprechende Auffassung des Verhältnisses setzte er offenbar bei ihr voraus, an welche er zwanglos über einen Plan, dafs er eine Andere heirathen solle, Mittheilungen machte. Er war in Paris mit einem Schotten Christie, Dessen Frau und Schwester bekannt geworden; von Diesem, wie sich aus Späterem ergiebt, wurde ihm ein Vorschlag gemacht, über welchen er am 4. Juni 1793 — Th. H. II, S. 470; G. IX, S. 32 — seiner Frau schrieb: „Man bietet mir hier an, mich auf die Buchdruckerkunst zu legen und in England die Direction einer Buchdruckerei zu übernehmen, dieser Vorschlag gefällt mir zwar sehr, allein ich sehe deutlich, dafs er mich in eine gräuliche Abhängigkeit versetzt, wenn nicht noch interessirtere Absichten damit verbunden sind." Welche Absichten F. meinte, läfst der Brief an Therese vom 23. Juni — Th. H. II, S. 481 f.; G. IX, S. 38 f. — erkennen, in welchem er die Mifs Christie ausführlich schildert, berichtet dafs sie, anscheinend nicht nach dem Sinne der Familie, mit einem abwesenden Franzosen verlobt sei, und dann fortfährt: „Ich glaube Dir schon einen Wink gegeben zu haben, dafs die Schwägerin und der Bruder wohl ein Pläuchen mit dem andern verbunden haben könnten, und das Buchdruckerproject auch noch auf eine andere Art durch häusliche Verhältnisse zu befestigen gedacht haben mögen. Dafs daraus nichts werden kann, siehst Du ein, ob ich gleich gemerkt habe, dafs Mifs sehr geneigt gewesen ist, vernünftig zu handeln, wie man das nennt". Noch einmal schrieb F. über die ihm zugedachte Dame an Therese am 23. Juli Th. H. II, S. 519; G. IX, S. 62 —: dafs, wenn das Ausbleiben von Briefen aus Neufchatel ihn unruhig mache, Mifs Christie ihn mit anderen Gründen beruhigen wolle als die Uebrigen, Dies aber nur zu ihrer Verlegenheit gelinge. Darüber dafs — wie Perthes (P. S. 129) angiebt und als beweisend ansieht, Forster habe sich über Huber's Stellung nie getäuscht — Forster an seine Frau nach Neufchatel mit trockenen Worten geschrieben habe, sie könnten unter einem neuen Namen unbedenklich nach Frankreich kommen, habe ich keine Notiz.

Am 24. October sprach Forster sich gegen Therese aus (*Th. II.* 11, S. 602; *G. IX*, S. 114): „Ich sehne mich herzlich nach Euch; meine Kinder zu umarmen, ist die einzige Kühlung für den Brand, der mich verzehrt. Noch einmal und dann! — Die Vorsehung hat das Heft und wir schwimmen mit dem Strome. Führt uns die Woge wieder zusammen, landet sie uns einst auf demselben Ufer; wohl uns! Denn wer ist so reich wie wir, um auch in der Wüste keines fremden Arms zu bedürfen! Solls nicht seyn? So seyd Ihr gerettet und ich rudere fort, bis die Kräfte fehlen. Küsse meine Lieblinge. Grüße Huber'n herzlich. Ich bin treu und innig dein Freund". Diese Worte, die so herzergreifend Forster's damaligen inneren Zustand erkennen lassen, schrieb er wenige Wochen vor der Erfüllung des Wunsches, seine Lieben wenn auch nur für kurze Zeit wiederzusehen. Von dem Französischen Grenzort Pontarlier aus, wohin er Ende October von Paris gereist war, kam er, von Neufchatel kamen Therese mit ihren zwei Töchterchen und Huber nach dem Schweizerischen Dorfe Travers in dem Jura, wo Alle drei Tage hindurch vereinigt waren. Therese'ns Bewußtsein, welcher Art diese Zusammenkunft war, gab sie später (1829; *Th. II.* I, S. 135) Ausdruck: „Meiner Ansicht nach kann die Freude, das Leid und die Würde der damals stattgefundenen Zusammenkunft nur durch die Zerrissenheit aller gewöhnlichen Verhältnisse und die damit wiederhergestellte Wahrheit der Gedanken und Empfindungen erklärt werden". — Auf Forster wirkte dieses Zusammensein erhebend; es bestärkte ihn in der Hoffnung, daß sein Plan dauernder Vereinigung mit seinen Lieben sich ausführen lasse. Von Pontarlier aus, wohin er zurückgekehrt war um da noch einige Wochen zu verweilen, schrieb er am 6. November an Therese (*Th. II.* 11, S. 603; *G. IX*, S. 114 f.): „Ich danke dem Himmel, daß ich es ausgeführt habe, zu Euch zu kommen; die 3 Tage haben mich auf lange Zeit gestärkt und vielleicht auf immer mir das rechte Gleichgewicht wieder gegeben. Mir ist zu Muthe wie dem Erdensohn Antäus, der neue Kräfte bekam, wenn er seine Mutter Erde anrührte. Mein Muth auszuharren ist fester, entschiedner; die Resignation, wenn ich es so nennen soll, in Alles, was nun geschehen mag, hat nun keinen Kampf mehr. Was dahinten ist, sehe ich auch mit dem Rücken an und nun nur vorwärts, vorwärts. Wir könnten noch ein zwanzig, dreißig Jahre vergnügt seyn und bei und neben einander leben. Immer ist das in einer so kurzen Frist, wie menschliches Leben, unschätzbar und warum also den sicheren Gewinn nicht nehmen? Verhungern können wir nicht, am wenigsten wenn wir beisammen sind und uns auf bloß Nothwendiges einschränken; ist uns das, und zumal nach Allem, was wir erfahren haben, was wir sahen und hörten, was um uns wird und geschieht, noch ein Leiden zu nennen? Ich kann rechnen, daß ich immer 6000 Livres Einnahme habe. Könnte ich für H. nur 4000 ausfindig machen, so lebten wir, ich stehe dafür, ganz ordentlich in Paris mit 10 000. Ei, es muß gehen". Auch noch von Pontarlier aus schrieb er am 9. November (*Th. II.* 11. S. 606; *G. IX*, S. 117) an Therese: „Wozu leben wir, wenn es nicht die Hoffnung ist, daß wir uns einst wieder leben? Mir wenigstens ist das so"; zwei Tage später (*Th. II.* 11, S. 612; *G. IX*, S. 120) an Huber: „Also die Zukunft? Nun ja! was ich für mich selbst an sie zu fordern haben mag, ist wenig genug, wenn nur die Früchte reifen, für welche ich so uneigennützig meine Pflege gespendet habe. Es ist mir beruhigend, daſs Sie gesehen haben, wie ich bin und wie ich froh zu seyn vermag; das Andere wolle die Gerechtigkeit des Himmels lenken!", und am 15. November (*Th. II.* II, S. 622; *G.* IX, S. 126) an Denselben: „Jene drei Tage fallen mir wohl von Stunde zu Stunde ein, — doch davon haben Sie ja meinen ganzen Brief zum Beweis. Ich denke manchmal ganz ruhig und freundlich meinen Genius flüstern zu hören: „Wir werden uns wiedersehn!"".

Aber am 26. November nach Paris zurückgekehrt, wo er am 8. Dezember erkrankte, faſste Forster auch ins Auge, daſs es für Die, welche er die Seinigen nannte, rathsamer sein könne, in dem ihm verschlossenen Deutschland eine Heimstätte zu gewinnen; „Könnt Ihr es mit Euch selbst ausmachen", schrieb er am 11. Dezember (*Th. II.* II, S. 634 f.; *G.* IX, S. 134 f.) an Therese, „auf den Fall, daſs Huber in Deutschland eine Stelle bekommen könnte, dort zu bleiben und Euch selbst zu leben, ohne in die Vorstellungsart Anderer wirken · zu wollen, so rieth ich noch jetzt, bietet Alles auf, schreibt an alle Welt, setzt alle Triebfedern in Bewegung und verschafft Euch ein redliches Auskommen. — - - Nach Allem, was schon geschehen ist, meine besten Freunde, wäre es Verkennung meiner, mich noch in Anschlag bringen zu wollen. Seyd glücklich, wo es immer sey, so bin ich befriedigt. Ewig dauert kein Krieg und im Frieden finde ich meine Kinder wieder. — — Ich bin ganz abgeneigt Euch in diesen Strudel" (den Pariser) „zu ziehen, aber ich trage auch kein Bedenken dazu zu rathen, sobald Ihr den Willen in Euch fühlt, etwas zu wagen". Forster gesundete nicht wieder; die Hoffnung, zu genesen, sprach er aber auch noch in seinen letzten Briefen aus, und auch den Gedanken an eine Wiedervereinigung mit Therese und Huber hielt er fest. „Wenn ich um Euer Hierseyn bisweilen zweifelnd und verlegen scheine, meine innig geliebten Kinder!" — so schrieb er an die Erstere am 28. Dezember (*Th. II.* II, S. 654; *G.* IX, S. 146) — „so glaubt nur nie, daſs dies aus irgend einer Besorgniſs über unser künftiges Verhältniſs flieſse. Ich bin meiner gewiſs und weiſs, daſs uns nichts stören kann und wird. Ich möchte nur gern in der Fülle meiner Sorge für Euch, daſs Ihr, wenn Ihr einst hier seyd, nicht das geringste Ungemach empfändet". Noch in seinen am 29. Dezember an Therese gerichteten Zeilen (*Th. II.* II, S. 655; *G.* IX, S. 147) tritt die freundschaftliche Theilnahme für Huber hervor, wie es scheint in Beziehung auf einen von Diesem für seine publicistische Thätigkeit als Auskunftsperson in Betracht genommenen Mann: „Heute kann ich die Feder nicht halten. — — Noch eins; H. ist, so viel ich urtheilen kann, nichts für Sie, lieber Huber. Er weiſs nicht, wie hier die Sachen zusammenhängen — —", und in dem Letzten, was er am 4. Januar 1794 an Dieselbe schrieb (*Th. II.* II, S. 656 f.; *G.* IX, S. 148), seine Gesinnung zu Denen, die fern von seinem Schmerzenslager in Neufchatel waren: „Deine Briefe, liebes Kind, die ich alle erhielt, sind mir ein liebes Geschenk in meiner Krankheit gewesen; fahre ja fleiſsig im Schreiben fort! — — Nicht wahr, Kinder, ein paar Worte sind besser als nichts? Ich habe nun keine Kräfte mehr zum Schreiben. Lebt wohl! hütet Euch vor Krankheit; küſst meine Herzblättchen". — Am 12. Januar 1794 starb Forster. Vier Monate später „wurde aus der schon lange zwischen Therese und Huber bestehenden geistigen Gemeinschaft eine rechte Ehe, die sich während ihrer ganzen Dauer als eine sehr glückliche erproben sollte" (*E.* S. 243).

Was Forster's Briefen entnommen in dem Vorhergehenden mitgetheilt ist, zeigt, dafs Dieser das während seines Lebens zwischen Therese und Huber bestehende Verhältnifs als ein solches betrachtet hat, wie es von Elvers in dem eben ihm entlehnten Ausspruch charakterisirt ist; um Dieses ersehen zu lassen sind Auszüge aus seinen Briefen, welche letztere auch keine einzige in dem entgegengesetzten Sinne zu deutende Stelle enthalten, hier so vollständig aufgenommen worden. Dafür, dafs das Verhältnifs kein anderes war, scheint mir unter Anderem auch, und namentlich, die Hochachtung zu zeugen, welche Huber bis zu seinem Tode (er starb 1804, Therese erst 1829) gegen seine Frau hegte. Auch Das gehört zu den Thatsachen, auf welche sich Therese berufen konnte, als sie 1829 in Anknüpfung an Das, was als von ihr bezüglich der unglücklicheren Gestaltung ihrer ersten Ehe in späteren Jahren derselben ausgesprochen S. 260 mitgetheilt wurde, unter Verzichtleistung auf die Angabe der Ursachen dieser Wandlung (*Th. II.* I, S. 37) schrieb: „Der scharfsinnige Seelenkundige erräth vielleicht, die Zeitgenossen haben Thatsachen in der Hand, um ihre Ansicht zu bilden. Diese sind die innigste Liebe und das Vertrauen, das Forster bis zu seinem Tod an seine Frau band, seiner Wittwe pflichterfüllendes Leben, und vier Kinder, die sie zu würdigen Menschen erzog". Ich glaube nicht, dafs Therese sich täuschte oder Andere täuschen wollte, als sie 1829 (*Th. II.* I, S. 145) schrieb: „Wie ganz unerwartet die Kunde von Forster's Tod kam, schmolz" (für Die in Neufchatel) „der unsäglichste Schmerz mit der dieser" (in Ungewifsheit verlebten) „Zeit angehörenden Spannung seltsam zusammen; er ward Gebet und Entschlufs, und blieb unverlöscht in ihren Seelen wie die ewige Lampe in der Kirche, die Tag und Nacht den Frommen das Heiligthum anzeigt". Aber in diesem Schmerz mufste bei Therese auch die Erinnerung an Das, was ihre Ehe mit Forster zu einer beide Theile nicht mehr beglückenden hatte werden lassen, sich einmischen, und es wäre begreiflich, dafs sie zunächst in Briefen an Dritte, dieser Erinnerung nicht gestattend zum Ausdruck zu kommen, auch für die Kundgebung jenes Schmerzes nur karge Worte fand. Vielleicht trat Dies in der Mittheilung des Todes F.'s an ihren Vater stark hervor, welcher am 3. Februar 1794 (*W.* I, S. 92; *F.-S.* S. 645) an Sömmerring schrieb: „Ich erhielt zuerst die Nachricht durch Th. aus N. Ein schimpflicher Brief!" (Aber in seinem an Huber am 31. Januar gerichteten Brief -- *Th. II.* II, S. 663 — hatte Heyne doch an Therese sich Dem entsprechend nicht gewendet: „Ach Gott! Ich kann mir denken, was Das ein Schlag für Dich war, theuerste, liebste Tochter! Wie ist er zu überstehen! Aber ich soll, ich mufs Dich nicht weich machen; in der Zeit hast Du doch auch wohl Dich ein wenig wieder gefafst. Du hast Deinen Freund zur Seite, Du hast Deine Kinder. — Und Du tröste Dich, fasse Dich, schone Dich für Deine Kinder, für Deinen Freund und für Deinen Vater, dem Du durch Deine Schicksale nur theurer geworden bist".) Aber begreiflich wäre auch, dafs bald in Therese das Gefühl, ihre auf täuschender Grundlage (vgl. S. 258) eingegangene Ehe sei eine verfehlte gewesen, zum Ausbruch gekommen und dafs auch in jenem Brief an ihren Vater die Bitterkeit hervorgetreten wäre, mit welcher sie nach Forster's Tod an Karoline Böhmer (vgl. bei Janssen a. S. 272 a. O. S. 142) schrieb: „Er hat nie meine Liebe besessen, nie meine Sinne, aber von unserer Verbindung an meine wehmüthige Zärtlichkeit, meine bange Sorgfalt. Sein Glück war zu meiner Ruhe nothwendig — er war nie glücklich, und ich kannte nie Ruhe und Frieden".

Forster hatte (vgl. S. 262) Therese'n zugerathen, in dem Zusammenleben mit Huber sich hinwegzusetzen über die conventionellen Formen, mit welchen die Menschen sich so jämmerlich belastet haben; sagen wir es kürzer: über die Sitte. Die Folge davon, dafs Das geschah, blieb nicht aus. Zeitgenossen wie Spätereu war es mindestens wahrscheinlich, dafs das Verhältnifs zwischen Therese und Huber, welcher vom Sommer 1793 an gegenüber Therese und deren Kindern die Pflichten des Gatten der Ersteren übernommen hatte, ein weiter gehendes als ein auf innige aber doch reine Zuneigung beschränktes gewesen sei.   Zunächst in Neufchatel scheint man hieran nach Dem, was sich in Forster's Briefen findet, geglaubt zu haben. „Liebe Frau", schrieb er an Diese am 1. Juli 1793 (*Th. H.* II, S. 491 f.; *G.* IX, S. 45), „sey ruhig bei den Albernheiten Deiner ehrlichen Umgebungen — sie haben mich nicht frappirt, denn man hat sie mir vorausgesagt. Du kannst ihnen nichts entgegensetzen, als die strengste Beobachtung der Regel, die Du Dir selbst vorschreibst, und dann daneben die vollkommenste Nichtachtung ihrer eingeschränkten Begriffe. Sie mögen es sich selbst zuschreiben, wenn sie Euch verscheuchen. Diese Menschen begreifen nicht, dafs man sich selbst genug seyn, dafs man ohne sie leben kann. Ich könnte mir die Befriedigung wünschen, einige Augenblicke in so einem gestrengen Cirkel zu seyn, um ihnen Allen die Mäuler zu stopfen — denn mich dünkt, das ist das Vorrecht der Tugend". Und auch für einen andern Ort, an welchen zu ziehen am Ende des Jahres 1793 für Therese und Huber in Überlegung gekommen war, wurde die Mifsdeutung des Verhältnisses Beider befürchtet: in der Krankheit, von welcher er sich nicht wieder erholen sollte. am 28. Dezember 1793 (*Th. H.* II, S. 654; *G.* IX, S. 147) schrieb F. an Therese: „Der Grund, den Du anführst, dafs Dein Verhältnifs in D. immer unangenehm wegen der Vorurtheile bleiben müsse, leuchtet mir vollkommen ein". Auf der Mifsdeutung der Beziehung, in welcher Therese damals zu Huber stand, beruhte auch wohl der Zusatz, welchen der mit Forster gut bekannt gewesene Redacteur des Pariser Moniteurs seiner Versicherung nach dazu durch einige Aeufserungen F.'s berechtigt zu dem in diesem Blatt am 18. Januar 1794 erschienenen Nekrolog des Letzteren — den Vorstellungen des Verfassers, eines Mainzer Freundes entgegen — machte: die Ursachen von Forster's frühem Tod seien neben den Nachwirkungen von seiner Reise und seinen Arbeiten *quelques chagrins domestiques* gewesen (*K. K.* S. 374). Selbst bei den Therese'n und Forster Nächststehenden wurde, wie Jene sich gegen Diesen verhalten habe, hart beurtheilt: nur ihr und Huber wurde die Schuld daran beigemessen, wie das Verhältnifs der Ersteren zu Forster, sogar wie die Schicksale des Letzteren in den letzten Jahren seines Lebens sich gestaltet hatten. Heyne, welcher gegenüber Sömmerring bereits im April 1793 (*W.* I, S. 88; *F.-S.* S. 618) seine Tochter als die Verirrte bezeichnet hatte, klagte Diesem am 1. Mai (*W.* I, S. 89; *F.-S.* S. 624):

„Die unglückliche Therese, wie herbe ist mir jedes Andenken an sie! Das Kind, das wegen so vieler Eigenschaften mein Stolz war!.....", und bezeichnend für Heyne's Auffassung ist auch, dafs er schon am 2. März 1794 an Herder nach schmerzlicher Auslassung über Forster schrieb (Von und an Herder; ungedruckte Briefe aus H.'s Nachlafs, herausgeg. von H. Düntzer u. Ferd. Gottfr. v. Herder, II. Bd., Leipzig 1861, S. 225): „Von einer Seite ist der Knoten zerschnitten. Meine Tochter kann nun Huber heirathen". Sömmerring schrieb am 1. Juni 1793 an Heyne (F.-S. S. 627), in Anknüpfung daran, wie weit es mit Forster gekommen sei: „H. ist und bleibt durch Therese'ns Verführung von Allem die einzige Schuld". Forster's Vater sprach 1793 an Wieland in Betreff seines Sohnes aus: „Sein Weib war sein Tod" (K. K. S. 374).

Die Ansicht über Therese'ns Verhältnifs zu Huber in der letzten Zeit von Forster's Leben, welche hier ausgesprochen ist bez.-w. deutlich durchschimmert, hatte den Schein für sich, und sie konnte man haben, so lange Forster's Briefe nicht bekannt waren. Aber was in diesen Briefen enthalten und aus ihnen im Vorhergehenden mitgetheilt ist, zeigt die Unrichtigkeit dieser Ansicht, man müfste denn die doch nicht zu begründende Annahme raffinirtester und frech durchgeführter Täuschung Forster's durch Therese und Huber bei unbegreiflicher Blindheit des Ersteren machen, oder die eben so wenig zu rechtfertigende des höchsten Grades von Heuchelei bei Forster und dafs Dieser bewufst Dem zugestimmt habe, dafs eine andere als eine geistige Gemeinschaft zwischen seiner Frau und Huber bestehe. — Doch auch noch nach der Veröffentlichung der Briefe Forster's ist diese unrichtige Ansicht festgehalten worden. Klein stellt (K. K. S. 207, 254, 345, 371 u. A.) Forster als einen gutmüthigen, nachsichtigen und selbst gefälligen Ehemann hin und betrachtet (K. K. S. 127 f.), etwas roh, das Verhältnifs zwischen Therese und Huber als wesentlich durch die Sinnlichkeit der Ersteren veranlafst und von Dieser herbeigeführt. Klein gereicht zur Entschuldigung, wenn von einer solchen gesprochen werden kann, seine unabsichtliche Bosheit gegen Forster (vgl. S. 52), die sich auch auf Dessen Frau erstreckt. Gleiches kann nicht zur Entschuldigung von Hettner gesagt werden, welcher (H. II. S. 371 f.) schreibt: Schon in den letzten Jahren in Mainz hatte sich Forster's Verhältnifs zu seiner Frau sehr getrübt. — — Ihr Herz gehörte Forster's Freund Huber. — — Jetzt da Forster in Paris war, hatten sich Huber und Therese in Neufchatel zusammengefunden. Arglos sieht Forster in Huber nur seinen Freund; und je unglücklicher er sich in Paris fühlt, mit um so gröfserer Hingebung denkt er an Weib und Kind. — — Und zuletzt kann er es nicht länger ertragen, Diejenigen so lange nicht gesehen zu haben, an denen sein ganzes Herz hängt. Er verschafft sich die Mittel, an der Schweizer Grenze die Frau und die Kinder wiederzusehen. Er sieht das Furchtbarste. Er kann sich nicht täuschen, von welcher Art die Verbindung zwischen Huber und seiner Frau ist. Der hohe edle Sinn Forster's bestand auch diese herbste Prüfung. Forster überwindet sich; die Treulose ist mit seinem tiefsten Empfinden aufs innigste verwachsen, sie ist die Mutter seiner Kinder. Er hält es sogar für möglich, auch unter den völlig veränderten Verhältnissen dereinst wieder in ihrer Nähe leben zu können, ihr unveränderter

Freund zu bleiben. — — Aber tief innen nagte und bohrte doch der Gram ununterdrückbar". Es wäre ganz überflüssig, zur Widerlegung des da Gesagten auch nur Ein Wort hinzufügen zu wollen der Verweisung auf Das, was als von Forster selbst empfunden und ausgesprochen, namentlich auch bezüglich der Zusammenkunft in Travers, in dieser Anmerkung mitgetheilt worden ist.

Wie Therese und wie Forster ungünstig für ihre Ehre beurtheilt worden sind, war die vorauszusehende Folge einer Situation, gegen deren Herstellung und Fortbestehen nicht alles ihm nur Mögliche gethan zu haben Forster'n S. 78 als schwere Verschuldung vorzuwerfen war. In dieser Anmerkung ist von Alchemie keine Rede. Wer aber um Forster's Betheiligung an Alchemie willen über sein Leben und seinen Charakter zu berichten hat, kann nicht umhin, auch das Verhältnifs zwischen F. und seiner Gattin in Betrachtung zu ziehen. Und dann ist selbst ein Platz wie dieser wohl kein unpassender dafür, gewonnener und begründeter Überzeugung in Betreff einer Frau Ausdruck zu geben, welche über Das hinaus, was sie unter F.'s Mitschuld gefehlt hat, verunglimpft worden ist.

Anmerkung X zu S. 80:

Über die Beeinflussung G. Forster's in seinem politischen Verhalten durch Frauen.

Zur Erläuterung des S. 80 Gesagten ist hier etwas specieller darauf einzugehen, in wie fern für Forster's politisches Verhalten in Mainz Frauen-Einfluß mitwirkend gewesen sei.

Dafs Forster's Gattin erheblichsten Antheil an dem Übertritt Desselben zu der Französischen Partei gehabt hatte, wurde zu der Zeit und zunächst nach der Zeit, in welcher Dies statt hatte, — man darf sagen: allgemein — geglaubt. Diesem Glauben gab Schiller 1797 Ausdruck in dem einen der beiden in den Xenien gegen Forster gerichteten Distichen, welche S. 62 mitgetheilt sind; schon vorher waren in diesem Sinne theilweise anekdotenhafte Angaben in Flugschriften, welche über die Mainzer Ereignisse geschrieben waren, verbreitet worden (vgl. *K. K.* S. 238, 243). Als betheiligt an der Verführung Forster's zu jener für ihn verhängnifsvollen Entscheidung ist neben Huber und der alsbald zu besprechenden Frau Böhmer auch Therese Forster genannt in einem im März 1793 aus Frankfurt von Sömmerring an Heyne gerichteten Brief (*F.-S.* S. 612), in welchem S. nach einer auf Huber bezüglichen Mittheilung fortfährt: „Ungeachtet er Forster, im Verein mit der Böhmer und Therese, offenbar zu den Hauptschritten verleitet hat, tadelte er hier doch, dafs Forster zu weit gegangen wäre, und die Sachen übertrieben hätte". Die Ansicht, dafs Therese'n auch diese Verschuldung zur Last zu legen sei, erhielt sich während längerer Zeit. Nicolaus Vogt gab in seiner 1817 veröffentlichten Rheinischen Geschichte (vgl. *K. K.* S. 238) an, Forster's Frau habe Diesem zugeredet, zu den Franzosen überzutreten; Bockenheimer nannte 1873 (Die Mainzer Patrioten in den Jahren 1793—1798, S. 5) „die leidenschaftlich aufgeregte Frau Forster" unter denjenigen Mainzerinnen, welche die Männer in ihren politischen Bestrebungen unterstützt hätten, und 1880 (Georg Forster in Mainz, S. 14) betrachtete er Das, was in Betreff Derselben in dem eben erwähnten Briefe Sömmerring's ausgesagt ist, als festgestellt.

So bestimmt aber auch die Aussage Sömmerring's klingt, ist doch zu berücksichtigen, dafs Derselbe vor dem Einzug der Franzosen in Mainz aus dieser Stadt abgereist und zu der Zeit, wo er jenen Brief schrieb, nicht wieder dort gewesen war (vgl. S. 46), sich also nur auf Grund Dessen, was er von Anderen hörte, äufsern konnte. Es ist also zuzusehen, ob seine Aussage mit Anderem, was Aufschlufs geben kann, in Einklang stehe. Da kommt wohl zunächst in Betracht, dafs Therese früher einen bestimmenden Einflufs auf Forster's Verhalten und Pläne nicht ausgeübt hat; sie ging auf alle die letzteren ein. Sie gab bereitwillig ihre Zustimmung dazu, dafs ihr Mann sie für mehrere Jahre verlasse, als es sich 1787 darum handelte, dafs er an der geplanten, dann nicht zur Ausführung gekommenen Russischen Entdeckungs-Expedition (vgl. S. 47 f.) Theil nehme (Th. II. I, S. 45 ff.). Als Forster am Ende des nämlichen Jahres die Aussicht verfolgte, von der Spanischen Regierung nach den Philippinen zu längerer Thätigkeit daselbst gesendet zu werden, willigte seine Frau gerne ein, Europa mit ihm zu verlassen und ihre Tochter in der Fremde zu erziehen (Th. II. I, S. 50). Wahrscheinlich ist es hiernach nicht, dafs im Herbst 1792 nicht mehr er ihr sondern sie ihm die einzuhaltende Bahn angezeigt, sie zu wandeln ihn bestimmt habe. Nach Therese'ns Angabe (Th. II. I, S. 100) lebte sie in Mainz nach dem Einrücken der Franzosen einsamer als jemals; hätte sie in regerem Verkehr mit den sofort für die Französische Sache Agitirenden gestanden, würde sie wohl darüber, ob es in ihrem Hause lebhafter oder stiller hergegangen sei, Nichts gesagt haben. Mit ihrem früheren Verhalten würde in Übereinstimmung stehen, dafs sie Forster'n, als Dieser zu der Französischen Partei neigte, nicht widersprochen, ihn aber auch nicht dazu angefeuert habe. Aus dem, was Forster im Juni 1793 aus Paris (Th. II. II, S. 478; G. IX, S. 36) ihr schrieb: „Deine Empfindungen beim Anblick der Kokarde sind mir gegenwärtig, so wenig Eindruck ein solches Abzeichen hier macht, wo keiner ohne dasselbe geht", läfst sich nicht ersehen, welcher Art diese Empfindungen waren. Aber Das lassen die aus Mainz Ende Januar und Anfang Februar 1793 von Forster an Therese gerichteten Briefe (Th. II. II, S. 400 u. 411; G. VIII, S. 321 u. 328) mit Bestimmtheit ersehen, dafs die Gesinnungen der Letzteren entschieden gemäfsigter waren als die des Ersteren; darauf, dafs sie nach der Hinrichtung Ludwig's XVI. Theilnahme an dem Schicksal Desselben kundgegeben hatte, schrieb er ihr diesen Königsmord vertheidigend: „Über Ludwig XVI. hast Du Dich geirrt, und wenn ich Dir es wahr sagen soll, so haben Dich Deine strasburger Rolandistischen Freunde zu dem Kummer und dem Irrthum verleitet", und einige Tage später: „Eins merke ich freilich: dafs Du durch und durch feuillantisirt bist, und da hätte ich doch noch lieber gesehen, dafs Du geradezu Royalistin geworden wärst". Mit keinem Wort erinnert da Forster seine Frau

daran, dafs die jetzt von ihr geäusserten Gesinnungen mit denen in Widerspruch
stehen, die sie in Mainz gehabt habe,   und in den Briefen F.'s aus der letzten
Zeit seines Lebens, wo er bereute zu den Franzosen übergegangen zu sein
(vgl. S. 60), findet sich auch nicht die geringste Andeutung, dafs der Weg, den
er gegangen, von seiner Frau ihm angerathen oder auch nur gebilligt gewesen
sei. — Klein, der für Therese kein Wohlwollen hat, betrachtet es (K. K.
S. 237 f.) als ungewifs, ob sie in der Zeit der Entscheidung für Forster Diesem
zugeredet habe; was im Vorhergehenden zusammengestellt wurde, läfst sich wohl
dahin resumiren: es ist nicht bewiesen aber unwahrscheinlich, dafs Therese
daran, wie das politische Verhalten Forster's in Mainz war, einen bestimmenden
Antheil hatte.

Wohl aber scheint auf Forster in dieser Hinsicht eine andere Frau Einflufs ausgeübt zu haben, zu welcher er in bedenklicher Beziehung stand. Das
war „Dame Lucifer", wie sie der später gleichzeitig mit ihr in Jena lebende
Schiller nannte und sie auch noch später genannt worden ist (vergl. die Anmerkung zu S. 50 in diesem Theil),   „eine Culturdame", unter welcher Überschrift sie mit ihren Freunden Joh. Janssen in einem interessanten Aufsatz in
Dessen Zeit- und Lebensbildern (J.; 3. Auflage, Freiburg i. B. 1879, S. 121—210)
geschildert hat.   Karoline Böhmer — diesen Familiennamen führte sie in
der Zeit, für welche sie uns hier in Betracht kommt — war 1763 zu Göttingen
als die Tochter des Professors Joh. Dav. Michaelis geboren. Sie qualificirte
sich schon frühe. „Sie ist", schrieb Therese Heyne im Juni 1784 an Sömmerring (F.-S. S. 69), „ein sehr kluges Mädchen, das klügste, was ich hier
kenne, sie hat aber zu viel Eitelkeit, um ohne Falsch zu sein, und zu wenig
Welt und Erfahrung, um Toleranz zu besitzen. Vor wenigen Jahren gerieth sie
durch Unerfahrenheit und die Gesellschaft eines unnützen Mädchens in sehr
zweideutigen Ruf, und beging aus Eitelkeit und Neid (die natürliche Folge der
Eitelkeit, wenn nicht Stolz und inneres Gefühl seines Werths sie überwinden)
einige wirklich boshafte und unvorsichtige Streiche: dieses giebt ihr jetzt den
Anschein von Prüderie, da sie wirklich wider ihr Temperament sanft und zu-
rückhaltend ist".   Später gewann Karoline recht viel Erfahrung, gab auch ohne
Zurückhaltung ihrem Temperament nach. 1784 an den Bergmedicus Böhmer in
Clausthal verheirathet wurde sie 1788 ohne Betrübnifs Wittwe; sie lebte dann
erst im älterlichen Haus in Göttingen, nachher bei einem Bruder in Marburg
und im Frühjahr 1792 kam sie nach Mainz, wo sie eine in übelem Rufe stehende
Frau Forkel zu ihrer Hausgenossin machte. Sie war anziehend, von scharfem
Verstand, geistreich und sehr emancipirt.
Karoline, welche mit Forster schon in Göttingen bekannt geworden
war, trat jetzt in Mainz Diesem näher. Sie gehörte schon vor dem Einzug der
Franzosen zu Forster's engerem Kreise. („Grüfse an Dich, Deine liebe Frau,
Böhmerin und Huber" sandte Sömmerring von Wien aus am 14. October
1792 an F.; F.-S. S. 567. Nicht wohl am 8. Dezember dieses Jahres, wie G. VIII,
S. 183 gedruckt ist, kann der da veröffentlichte Brief F.'s an Lichtenberg
geschrieben worden sein, denn F. theilt in demselben mit, dafs er seit drei

Wochen Vater eines Knaben sei, und von dem Tode des Letzteren ist schon in
F.'s Brief an Heyne vom 4. August 1792 — *G.* VIII, S. 208 — die Rede; in
jenem Brief an L. schreibt F. S. 185: „Die Wittwe Böhmer, des seligen
Michaelis Tochter, ist seit Anfang des Mai hier und lebt eingezogen und zufrieden; aufser unserm Hause kommt sie nicht aus ihrer Wohnung. Es ist ein
gescheidtes Weib, deren Umgang unsern häuslichen Cirkel bereichert".)   Dafür,
dafs dann nicht nur ihre Beziehungen zu ihm und ihre Intriguen es waren,
welche (vgl. in der vorhergehenden Anmerkung S. 261) Huber und nachher
Therese selbst an Forster den Antrag stellen liefsen, sich von seiner Frau
zu trennen, sondern dafs auch ihr Zureden auf F.'s politisches Verhalten von
Einflufs war, spricht Mehreres. Sömmerring hat sich darüber öfter als nur
einmal geäufsert. An Heyne schrieb er am 29. Januar 1793 (*F.-S.* S. 608):
„Mad. Böhmer ist an Forster's Unglück nebst Huber am meisten Schuld";
am 19. März (*F.-S.* S. 612): „Schon im December, als sich Therese kaum ein
paar Tage entfernt hatte, weil Huber ihr dies gerathen, fragte mich Mad.
Forkel, ob's denn wahr sei, dafs Forster von seiner Frau sich geschieden,
und die Böhmer geheirathet habe. Meine Versicherung schien sie sehr zu
wundern, dafs dies ganz unmöglich sei";   am 30. März (*W.* II, S. 196; *F.-S.*
S. 613): „Madame Böhmer will nach Göttingen nun zurückkehren, wie ich ganz
sicher weifs — sie hat viel böses bei uns angerichtet und sich sehr garstig betragen";   am 6. April, nachdem die B. —wenige Tage nach der Abreise Forster's
nach Paris — Mainz verlassen hatte und nach Frankfurt gekommen war wo S.
damals lebte (*F.-S.* S. 615): „Aus den eigenen Erzählungen der Böhmerin ist
mir nun gewifs, dafs sie Ursache der Trennung Forster's von seiner Frau ist;
sie rühmte sich selbst, zwischen F. und Therese es zur endlichen Erklärung
gebracht zu haben; *notabene* nach Theresen's Abreise. Die Forkel versicherte
mich, dafs ihr Forster ausdrücklich erklärt habe, dafs er die Böhmerin nicht
zu seiner Frau nehmen werde. Und Forster habe ihr höchst unmuthig gestanden, dafs er in die Politik hineingehetzt worden sei". Dafs Therese (am
7. Dezember 1792) von Mainz abgereist war, entsprach übrigens nicht Karoline'ns
An- oder Absichten; „Es ist der falscheste Schritt, den sie je gethan, und der
erste Schritt, den ich ohne Rückhalt mifsbillige", schrieb Karoline am 17. Dezember 1792 an Meyer in einem Brief (*J.* S. 141 f.), aus welchem von ihrer
Schilderung Forster's und dem über Therese Gesagten, was Diese wahrlich
nicht als des Ersteren politische Thätigkeit bestimmend hinstellt, nur noch das
Nachstehende mitgetheilt werden möge: „Er (F.) ist der wunderbarste Mann —
ich habe nie Jemanden so geliebt, so bewundert und dann wieder so gering geschätzt. Er ging seinen politischen Weg durchaus allein und that wohl daran;
ihr Geist ist nicht für die Sphäre, mehr thätig als wirkend darin. Er geht mit
einem Adel, einer Intelligenz, einer Bescheidenheit, einer Uneigennützigkeit —
wär' es nur das! aber im Hintergrund lauscht Schwäche, Bedürfnis des Bei-
falls, elende Unterdrückung gerechter Forderungen, auffahrendes Durchsetzen
geringerer. Er lebt von Attentionen und schmachtet nach Liebe, und kann diesen
ewigen Kampf ertragen — und hat nicht die Stärke, sich loszureifsen".   Nach
Therese'ns Trennung von Forster zog Karoline in Dessen Haus (*J.* S. 141)

und war da wohl in der politischen Sphäre nicht nur thätig sondern auch wirkend. Scheint doch auf keinen Anderen von ihren Freunden — Forster war nicht der Einzige in Mainz, wo sie auch an einen Franzosen „ihre Person verschenkte" (*J.* S. 141) — als auf Forster zu passen, was Friedr. Schlegel, welcher 1793 während einiger Zeit mit ihr in Leipzig verkehrte, im October dieses Jahres (*J.* S. 149) an seinen Bruder Aug. Wilh. S. schrieb: „Ich kann ihr jetzt fast verzeihen, dafs sie des Unsinns fähig gewesen wäre, Dich in den Strudel und in Dein Unglück mit hinein zu ziehen; diese Begeisterung für eine grofse öffentliche Sache macht trunken und thöricht für uns selbst und unsere kleinen Angelegenheiten. — — Ihr Glaube an die Ewigkeit dieser kurzen Republik mußte freilich aufser Mainz' Mauern sehr schwach scheinen — aber innerhalb derselben war es doch wohl selbst bei grossem Verstande möglich. Aber das werde ich ihrem Herzen nie verzeihen können, dafs weiblicher Taumel es so weit hinrifs, dafs sie fähig war, ihren Freund in diesen gräfslichen Strudel armseliger Gefahren und lumpiger Menschen zu locken". Alles Dies zusammengenommen giebt doch Grund ab zu glauben, dafs in der That Karol. Böhmer Einflufs auf Forster's politisches Verhalten in Mainz ausgeübt hat. — In den leichteren Schriften, in welchen nach der Wiedereroberung von Mainz durch die Deutschen den Anhängern der Französischen Partei in dieser Stadt ihr Thun vorgehalten wurde, scheint der Beziehungen zwischen Forster und Karol. Böhmer kaum gedacht zu sein; Klein berichtet nur (*K. K.* S. 380), „dafs in einer Spott-Comödie (Die Klubisten in Königstein 1793) Wittwe Böhmer und Frau Forkel sich gegenseitig wegen Forster's Neigung zu ihnen Vorwürfe machen; hierbei weifs sich Frau Forkel nicht zu vertheidigen".

Auf Karol. Böhmer's weitere Schicksale — ihre mehrmonatliche Gefangenschaft auf der kleinen Bergfeste Königstein im Taunus nach ihrem Weggang von Mainz, ihre Verheirathung mit Aug. Wilh. Schlegel 1796, ihre Trennung von Demselben und die Verheirathung mit Friedr. Wilh. Jos. Schelling 1803 — bis zu ihrem 1809 erfolgten Tod ist selbstverständlich hier nicht weiter einzugehen.

Anmerkung XI zu S. 86:

Über s. g. Sternschnuppen-Substanz als verwendet bei Hermetischen Arbeiten und namentlich als *Materia prima* für die Darstellung des Steins der Weisen.

Als ich vor etwa 20 Jahren Einsicht in die Forster-Sömmerring'sche Correspondenz nahm (vgl. die Vorrede), fand ich in derselben, hinter einem von F. an S. von Hannover aus am 7. September 1780 gerichteten (*F.-S.* S. 11 veröffentlichten) Brief liegend, das im Nächstfolgenden mitgetheilte Billet. Dafs dasselbe von Forster geschrieben sei, war mir danach, dafs es mit A. unterzeichnet ist, nicht ganz wahrscheinlich; anderseits mufste ich nach einer Vergleichung der Schriftzüge mit denen in F.'s Briefen aus jener Zeit notiren, dafs die Handschrift mit der Forster's mindestens sehr viel Aehnlichkeit habe. Das Billet ist in die unter Hettner's Namen veranstaltete Ausgabe des Briefwechsels F.'s mit S. nicht aufgenommen.   Der Wortlaut des nicht datirten Billets, so weit ich ihn abgeschrieben habe, ist:

„Herzliebster Br.! Ich kam gestern schon um 8 Uhr nach Veckerhagen" (einem Städtchen etwas nördlich von Kassel), „ging nach dem bewufsten Orte, fand aber nichts. Es war eine etwas sumpfigte Wiese, am Berge, dessen oberer Theil ganz mit Buchenwald bewachsen war. Die ganze Gegend ist ein kleiner Kessel, wo rund umher waldigte Berge liegen. Der Boden etwas röthlich; der Platz wo es gelegen hatte war ganz grün und mit hohem feinem Grase und andern Kräutern bewachsen. Die Ausdünstungen von der Weser verursachen fast alle Morgen starke Nebel.   Auch heut Morgen war nichts gefallen. — — Grüfse unsern M. P. A. u. F. und schliefse mich in Dein Gebet ein, auch dafs G. U. S. W. M. U. S. Amen.   Dein getreuester Br. A."

Bei dem Nachdenken über diese, offenbar von einem mit Sömmerring zu Rosenkreuzerei und also auch wahrscheinlich zur Betreibung der Alchemie verbrüderten Manne geschriebenen Zeilen sagte ich mir in Erinnerung an Das, was — noch einmal etwa 20 Jahre früher — über die verschiedenen als *Materia prima* für die Bereitung des Steins der Weisen in Arbeit genommenen Substanzen mir bekannt geworden war: Dieser Mann hat wohl nach Sternschnuppen-Substanz gesucht.   In dem II. Theil meiner Geschichte der Chemie (Braunschweig 1844) hatte ich S. 230 f. bereits besprochen, dafs es unter den Alchemisten auch Solche gab, welche glaubten, das Material, aus dem sich der Stein der Weisen darstellen lasse, sei in der Luft enthalten: etwas Flüchtiges, das als *Spiritus mundi* bezeichnet wurde und in den überirdischen Regionen vorkommen sollte, sei für diese Darstellung nothwendig;   dafs man diesen flüchtigen Stoff gewinnen wollte aus Substanzen, welche denselben aus der Luft angezogen hätten: aus an der Luft zerflossenem salpeters. Kalk, aus Thau, aus Regen- und Schneewasser u. A., namentlich auch aus s. g. Sternschnuppen-Materie.   Zu Dem, was ich damals schon über die letztere als etwas von Alchemisten Benutztes wufste, ist dann noch mehr zu meiner Kenntnifs gekommen, als ich mich darüber zu unterrichten suchte, ob etwa gerade in der Zeit des Rosenkreuzertreibens zu Kassel auf diese Materie als die geeignete zur Erzielung des höchsten Hermetischen Erfolges besondere Hoffnung gesetzt worden sei. Ich stelle im Nachfolgenden zusammen, was ich jetzt über diesen Gegenstand weifs.

Bekanntlich war früher die Meinung verbreitet, dafs nach dem Fallen einer Sternschnuppe auf die Erde das materielle Substrat der ersteren als eine schleimige gallertartige Substanz zu finden sei. Sehr verschiedenen derartigen Substanzen wurde dieser Ursprung zugeschrieben. Als Sternschnuppen-Substanz galt die an feuchten Orten oft vorkommende, nach Regen wie ganz plötzlich entstanden in solcher Form sich zeigende kryptogamische Pflanze *Tremella nostoc* o. *Nostoc commune*, aber auch der durch Wasser aufgequollene Laich mancher Schnecken, Froschlaich und Anderes.

18*

Ich weifs nicht, wer zuerst auf den ingeniösen Einfall gekommen ist, solche Substanz zur Darstellung der Gold-Tinctur in Arbeit zu nehmen. Aber schon in der ersten Hälfte des vorigen Jahrhunderts mufs es nichts Seltenes gewesen sein, dafs Alchemisten an derartiger Substanz ihr Glück versuchten. Schon im Zedler-schen Universal-Lexicon XXXIX. Bd., Leipzig u. Halle 1744, S. 1991 *s. v.* Stern-butze war zu lesen: „Was einige Leute im Frühjahr zuweilen von einem auf der Erde liegenden Gallert-förmigen Klumpen glauben dafs die abgefallene Sternputze sey, ist ein Irrthum indem es insgemein nichts anders, als ein Leich von Kröten und dergleichen Ungeziefer ist. Es fället demnach von sich selbsten weg, dafs sich die Sterne durch dieses Schnäutzen reinigten, und die Alchymisten suchen in diesem Schnupfen den Stein der Weissen vergeblich". Dafür, dafs von der-artiger Substanz sich Etwas erwarten lasse, sprach der vermeintliche merkwürdige Ursprung derselben, welcher auch von Solchen nicht in Abrede gestellt wurde, die nicht Alchemisten waren. Auch nach der von Welling 1735 dargelegten Ansicht über die Natur der Sternschnuppen konnten dieselben recht wohl einen schleimigen Rückstand hinterlassen; sein *Opus mago-cabbalisticum* giebt darüber (S. 359 f. der Ausgabe von 1760 die von mir etwas zusammengefafste) folgende Auskunft: „Wenn der *nitro-♃ rische* [sulphurische] Zunder, woraus Blitz und Donner entstehen, in unserem Luft-Kreyfs keine wässerige Dämpfe oder Wolcken antrift, die denselben zusammen treiben und einschliessen können, so bleibt der-selbe auf die *subtil*este Art gleichsam in einer geistlichen Gestalt in unserer Luft-*Region* hin und wieder zertheilet, dessen grobe Theile aber werden durch ein schleimiges ☿ *al*isches ▽ [mercurialisches Wasser] *globul*irt, und des Tages über durch der Sonnen Strahlen entzündet, dafs dieselbe des Nachts bei hell ge-stirntem Himmel den Fix-Sternen gleich scheinen, bis ihr ♃ verzehrt, da sie dann wieder auf die Erde fallen; und ein solches *Meteorum* heisset der Pöbel Sternen-Schnuppen".

Auch noch in der zweiten Hälfte des vorigen Jahrhunderts suchten viele Alchemisten ihr Heil in der Sternschnuppen-Substanz. Anweisungen, wie durch die Bearbeitung derselben Hermetische Erfolge zu erzielen seien, cursirten hand-schriftlich; in dem S. 223 f. besprochenen, 1786 ausgegebenen Gräffer'schen Manuscripten-Katalog war unter den alchemistischen Handschriften auch ange-boten (Nr. 27) „Bearbeitung des Nostock, oder des rechten Astralpulvers der Rosenkreutzer, so wie es durch einen Franzosen Mr. de Chalaiso bei seinem Eintritt im Orden an die Obern eingeschickt wurde. Das Original", und (Nr. 223) „Heinzeli Bearbeitung des Nostok".

Dafs — worauf schon Vorstehendes hinweist — speciell die Rosenkreuzer auf dieses Material Vertrauen setzten, Einige zur Bereitung eines Universal-Heilmittels und Andere zur Darstellung des Steins der Weisen, wird noch durch Anderes bezeugt. — Der S. 221 besprochenen, 1777 veröffentlichten rosenkreuzeri-schen Schrift des v. Plumenoek war (S. 101 ff.) angehängt ein „an ihn zu be-stellender" „Unterricht, das rosenkreutzerische Astralpulver, als ein fürtrefliches, zum Erstaunen wirksames und sicheres Heilmittel zu bereiten; auch gegen fast alle Krankheiten des Menschen recht zu gebrauchen", welchen ihm zugehen zu lassen die Ordensobern „in wahrhafter Sorgwaltung für das Heil vieler würdiger

Brüder als wahre *Fratres Roseae et aureae Crucis*" beschlossen hatten — der Beschlufs ist (S. 160) datirt „5. 7. 77" und gezeichnet **Damerion**.   Als das Ausgangsmaterial für die Bereitung dieses köstlichen Heilmittels wird da (S. 105 f.) „eine zwar bekannte, aber verachtete, unansehnliche Materie" genannt: „Dem gemeinen Manne ist sie unter denen zwar gemeinen, aber unächten Namen, Sternschnuppen, Sternreuspen, Sternputzen u. s. w. aller Orten bekannt; und unsere weisen Meister haben sie, nach ihrer inneren Signatur, mit einem ganz besondern Namen ausgezeichnet, den wir aber, wichtiger Ursachen halber, hier Orts verschweigen müssen".   Von diesem Material wird (S. 130) gesagt: „Man rechnet es unter die *Meteora ignea,* und zwar billig.   Die Natur erzeuget es in der Demmerung und Nachtszeit, indem sich einige durch die in der Luft gegen einander wirkende vier Elemente entstandene, durch das Umtreiben derselben verdünnte, geläuterte und von den Strahlen der Sonne, des Mondes und anderen astralischen Einflüssen geschwängerte, salpetrische und schwefelichte fette, geistische Dünste entzünden, durch die Entzündung gerinnen, und in der Gestalt eines abschiessenden Sterns gegen den Erdboden fallen, wo man sie in Form einer festen, kleberichten, fetten, grünen Materie findet, welche aber die Hände nicht netzet.   Dahero wird sie von dem gemeinen Manne Sternschnuppe, Sternreuspe u. s. w., von einigen Naturlehrern aber der allgemeine Weltschleim, *Sperma astrale,* auch mit anderen Namen mehr benennet, und von einigen wohl gar für die erste Materie des Steins der Weisen angesehen, welcher Irrthum bereits oben erwehnet, und widerleget worden" (S. 106 ist besprochen, dafs nach der Lehre aller Meister der Stein der Weisen aus der Metalle ersten Materie bereitet werden müsse, die Sternschnuppen-Substanz aber eine der allerentferntesten Materien sei).   Ausführlich werden dann Vorschriften für das Sammeln dieser Substanz, die Unterscheidung der brauchbaren von unbrauchbarer, die Art der Bearbeitung derselben gegeben, aber ich darf hier nicht noch mehr Proben von dem da Vorgebrachten Raum beanspruchen lassen.   Auf das da Gelehrte wird in der von den Berliner Rosenkreuzern 1781 unter dem Titel *Annulus Platonis* veranstalteten Ausgabe der *Aurea catena Homeri* in einer Anmerkung (S. 105 f.) mit gröfster Anerkennung Bezug genommen, und besonders hervorgehoben wird: „Die Sternschneuze oder Sternputze, ein vornehmes Meteor und wahres *Sperma astrale,* ist vor der Fäulung ganz flüchtig, wie ein jeder Landmann solches wahrnehmen kann: sobald es aber durch die Putrefaktion einen gewissen Grad der Beständigkeit erhalten hat, lässet es eine Erde fallen, die so fix, als die aus dem Golde immer sein mag, und die rechte aus dem chaotischen Wasser entsprungene, über unsern Häuptern schwebende jungfräuliche Erde ist, die von je an von denen Weltweisen mit so vielen Lobsprüchen beleget worden".

Mit diesem Ausspruch war die Wichtigkeit der Sternschnuppen-Substanz für die eigentliche Alchemie anerkannt, denn *Terra virginea* war (vgl. meine Geschichte der Chemie, II. Theil, S. 224) eine der vielen für die *Materia prima* zur Darstellung des Steins der Weisen gebrauchten Bezeichnungen.   Und diese Substanz war es, durch deren Bearbeitung die Gold- und Rosenkreuzer das Mittel, Gold künstlich zu bereiten, erhalten wollten; sie war das astralische Subject, aus welchem nach einer im *Annulus Platonis* stehenden Anmerkung (vgl. S. 31) die Universaltinctur gewonnen werden sollte. Keine andere Substanz als diese war ✳ o. ✿, d. i. *Materia prima* zur Darstellung des Steins der Weisen nach der Beschreibung derselben, welche die Belehrung über den siebenten Grad der den Gold- und Rosenkreuzern nahe verwandten Cleriker der Tempelherrn (vgl. die Anmerkung zu S. 35): „den Grad der Magus, der Ritter der Klarheit und des Lichts" enthält, die aus Wöllner's hinterlassenen Papieren in dem „Signatstern" (S. 211 ff. im I. Theil der Ausgabe von 1803) veröffentlicht worden ist: dafs diese Materie aus der Luft komme, wasserblau, auch gelblich oder grünlich, cohärent und dabei leicht formbar (gallertig) und zähe, im Frühjahr nach einem Gewitter zu suchen sei, wenn sie noch wie von Fett strotze und die Sonne noch nicht ihre Strahlen auf sie geworfen habe, u. s. w. Dafs die Berliner Rosenkreuzer diese Substanz als Ausgangsmaterial für die Darstellung des Steins der Weisen benutzen wollten, erwähnt auch Philippson (a. S. 28, Anmerkung a. O., I. Bd., S. 73) in dem über das Treiben Derselben gegebenen Bericht: „Man versuchte — besonders der Generalchirurg Theden gab sich dazu her die Sternschnuppen aufzufangen als die *materia prima*, um daraus die Universaltinctur zu destilliren".

Auf Sternschnuppen-Substanz kann sich also der Inhalt des in dem Eingang zu dieser Anmerkung mitgetheilten Billets sehr wohl beziehen. Aber auch, dafs Forster dieses Billet geschrieben habe, Forster auf die Suche nach dieser Substanz ausgegangen sei, ist mir mindestens sehr wahrscheinlich. Dafs das Billet mit A. unterzeichnet ist konnte mir diese Vermuthung nicht mehr als eine unzulässige erscheinen lassen, sobald zu meiner Kenntnifs gekommen war, dafs Forster im Orden den Namen Amadeus führte (vgl. S. 89). Dagegen giebt eine sehr erhebliche Unterstützung der Annahme, dafs auch die Kasseler Rosenkreuzer und namentlich Förster und Sömmerring Sternschnuppen-Substanz: Froschlaich oder Ähnliches als die *Materia prima* für die Darstellung des Steins der Weisen bearbeiteten, ein Passus in dem Briefe ab, welchen der Erstere von Wilna aus am 29. April 1786 an den Letzteren richtete (in der Hettner'schen Ausgabe des Briefwechsels F.'s mit S., wo dieser Brief S. 295 bis 303 — wie es scheint so weit er Dem, der den Abdruck besorgte, verständlich war — aufgenommen ist, ist der betreffende Passus einfach weggelassen); Forster schrieb nämlich da: „Ich erstaunte doch über Unverschämtheit der hohen Oberen, da ich Deine Nachricht las, dafs ♉" (d. i. *Materia prima tincturae*) „sei Froscheingeweide. Ach hätten wir doch das vor 3—4 Jahren gewufst! Aber dem Himmel sey Dank, auch dafür dafs wir endlich seit 2 Jahren wissen, woran wir sind".

Ich will hier noch eines anderen, mit dem vorbesprochenen doch einigermafsen verwandten Gegenstandes gedenken. Nicht blofs die *Materia prima* zur Bereitung des Steins der Weisen und damit das Mittel zur künstlichen Darstellung von Gold fiel in der s. g. Sternschnuppen-Substanz den Alchemisten vom Himmel zu, sondern auch fertiges Gold und zwar merkwürdiger Weise legirtes in der Form der s. g. Regenbogen-Schüsselchen. Der 1741 erschienene XXX. Band des Zedler'schen Universal-Lexicons belehrt uns S. 1755 ff., dafs diese aus sehr dünnem Blech bestehenden, wie auf der einen Seite geprägt aussehenden Schüssel- chen um jene Zeit „als in der Lufft gezeuget" betrachtet „und wegen der Ra- rität sehr hoch und theuer geschätzet" wurden; „insgemein wird dafür gehalten, dafs sie aus und in den Regenbögen, und zwar an demjenigen Orte, wo sie sich auf die Erde zu stützen scheinen, gezeuget würden; daher denn auch solchen goldenen Schüsselgen sehr viele und fast unbeschreibliche Kräfte und Tugenden zugeschrieben werden". Aber auch, dafs Dr. Christian Mentzel (Kurbranden- burgischer Leibarzt, aus Fürstenwalde; 1622—1701) in einer Abhandlung, so er dem 3. Jahrgange der *Miscellan. Acad. Nat. Cur. Dec.* 2 (1684: *Judicium de patinis parvis aureis iridum coelestium*) einverleibet, mit guten Gründen sich da- hin erkläret hatte, es sei ganz falsch und unerfindlich, dafs selbige Schüsselchen ihren Ursprung von dem Regenbogen haben sollen; vielmehr seien dieselben nur Artefacte, die vielleicht als Zierathen gedient haben könnten aber noch wahr- scheinlicher früher als Münzen gebraucht gewesen seien. Die Richtigkeit der letzteren Deutung ist bekanntlich jetzt aufser Zweifel gesetzt, und sehr eingehend sind in neuerer Zeit diese Bracteaten beschrieben und erklärt, bezüglich ihrer Heimath und ihres Alters behandelt worden (von Franz Streber: Über die s. g. Regenbogen-Schüsselchen, München 1860 u. 1862, besonders abgedruckt aus den Abhandlungen der philosophisch-philologischen Classe der Bayerischen Aka- demie der Wissenschaften, Bd. IX, S. 165 ff. u. 547 ff.; vgl. auch Ch. Robert im *Annuaire de la Société française de numismatique et d'archéologie*, 2. série. *T. I, 1. partie*, 1877, *p. 337 ss.*). Doch noch gegen das Ende des vorigen Jahr- hunderts dauerte der alte Glaube nicht blofs bei Ungebildeten sondern selbst bei einzelnen der Alchemie ergebenen Gelehrten fort. Denn die nämlichen Schüsselchen meinte offenbar der Marburger Professor Friedr. Jos. Wilh. Schröder in seiner 1772 im I. Band (1. Sammlung, S. 235) der von ihm heraus- gegebenen Neuen Alchimistischen Bibliothek einem Hermetischen Tractat zuge- setzten Anmerkung: „Dafs selbst Gold, und zwar ohngefähr von zwanzig Karath an Werth, aus der Luft herabfalle, wissen Goldschmiede, denen oft die soge- nannten Sternschnuppen-Schüsselchen zu Kaufe gebracht werden, welche alle einerley Form von verschiedener Gröfse, wie ein eingedruckter geschmolzener Knopf haben".

Anmerkung XII zu S. 89:
Über die Mitglieder des Rosenkreuzer-Zirkels zu Kassel um 1780.

Von Denjenigen, welche zusammen mit G. Forster und Sömmerring um 1780 in dem Rosenkreuzer-Zirkel zu Kassel waren, sind Mehrere ihren eigentlichen Namen und ihren persönlichen Verhältnissen nach bekannt; von Anderen weifs man nur ihre Bundesnamen: gerade von Solchen, die ganz be- sonders einflufsreiche Mitglieder jenes Zirkels gewesen zu sein scheinen. Zu- nächst über die Ersteren mag hier Einiges zusammengestellt werden.

Es ist schon S. 94 ff. wiederholt eines Majors und Kammerherrn von
Canitz als Eines gedacht worden, welcher 1779 in Kassel mit Forster behufs
Bildung eines Geheimbundes in Beziehung stand und auch für Sömmerring's
Zutreten zu dem Rosenkreuzer-Bund gewirkt zu haben scheint. In der Lebens-
beschreibung seines ihm 1787 zu Kassel geborenen (1850 gestorbenen) Sohnes,
des als Militär und Diplomat in weiteren Kreisen bekannt gewordenen Karl
Wilh. Ernst v. C. in der Allgem. Deutschen Biographie III. Bd. (Leipzig 1876),
S. 757 ist angegeben, dafs der Vater Güter bei Strehlen in Schlesien besafs
aber eine Zeit lang Hofmarschall am Kasseler Hofe war. Dieser, Freiherr
Wilhelm von Canitz und Dallwitz ist ein in der Geschichte der Frei-
maurerei wohlbekannter Mann. Er war 1742 zu Rheinfels geboren, Hessen-
Kassel'scher Officier, 1772 unter dem Namen *Eques a templo aperto* dem
v. Hund'schen System (S. 17) beigetreten, 1774 Einer der Stifter der Loge
Zum gekrönten Löwen in Kassel, welche er auf Conventen gewöhnlich vertrat,
und deren Vorsitzender von 1781 an (Allgem. Handb. d. Freim. 1. Bd., Leipzig 1863,
S. 162 u. 616; II. Bd., S. 101). Nachher kam er in Preufsische Dienste; bei dem
Versuch, über seine späteren Lebensverhältnisse und den etwaigen Verbleib von
Ordenspapieren Auskunft zu erhalten, habe ich mit Sicherheit nur erfahren, dafs
Wilh. v. C., Oberstlieutenant in der Preufsischen Armee und früher Hofmarschall
und Commandeur der Garde du Corps in Kassel, 1805 zu Grossburg bei Breslau
gestorben ist. — Dafs Forster in der ersten Zeit seines Aufenthaltes in
Kassel dem v. C. nahe stand, geht schon aus dem S. 99 ff. Mitgetheilten hervor; an ihn liefs er im September 1780 von Göttingen aus durch Sömmerring
Grüfse bestellen (*F.-S.* S. 12). Dafs F. am Ende des Jahres 1783 an Joh.
v. Müller schrieb, ‑Canitz habe er schon seit langer Zeit nicht mehr gesprochen und am Wenigsten über Das, was er in seiner Correspondenz mit
J. v. M. vertraulich behandele (wie es scheint über das Treiben im Orden),
wurde S. 108 berichtet. Das war in der Zeit, in welcher Forster zu der Erkenntnifs der Nichtigkeit des Treibens im Rosenkreuzer-Zirkel und der Unwissenheit der Oberen des letzteren kam; im Mai 1784 schrieb er an S. (*W.* I,
S. 130; *F.-S.* S. 28) von Zellerfeld aus, wo er bei dem Berghauptmann von Trebra
war, dafs Derselbe über die Schrepfer'schen Sachen (vgl. S. 26) weit besser
unterrichtet sei als Canitz. Mit Diesem blieb jedoch Forster auch noch, nachdem er sich von dem Orden zurückgezogen hatte, in einigem Verkehr; er
schrieb ihm von Wilna aus im Frühjahr 1785, wie er an S. mittheilte (*W.* I,
S. 175), was der Letztere mifsbilligt zu haben scheint, da F. sich dann entschuldigt (*W.* I, S. 182; unvollständig *F.-S.* S. 227: „An Canitz habe ich *non
propter sed propter* geschrieben, denn Du wirst doch zugeben, dafs ich insbesondere den Prinzen Carl sehr brusquirte in Ordens-Sachen, und da dachte
ich, sei's gut, so etwas einfliefsen zu lassen"). Als Forster im November 1787
wieder nach Kassel gekommen war, sah er auch Canitz; „C. ist der Alte"
schrieb er an Sömmerring (*W.* I, S. 261; *F.-S.* S. 465). Nach dem in Kassel
erfolgten Regierungswechsel meinte Forster im März 1786 in einem Brief an S.,
durch welchen ihm nach Wilna Neuigkeiten von dort berichtet worden waren:
„Vermutlich ist Canitz bei dem neuen Landgrafen höher am Brette als beim

alten" (*W.* I, S. 201; *F.-S.* S. 291. Wenn am letzteren Orte daran sich an-
schliefsend gedruckt ist: „C. ist zwar ein Schuft, aber doch gewissermafsen zu
bedauern, dafs — — man ihm nun so begegnet", könnte man versucht sein sich
zu fragen, wie Dies als auf Canitz bezüglich mit dem Vorhergehenden in Einklang zu bringen sei. R. Wagner, welcher überhaupt sorgfältiger las, hat jedoch: „L. ist zwar" u. s. w.; vielleicht bezieht sich die Aeufserung auf einen
v. Linder, dessen als eines an der Ordenssache Betheiligten F. im Mai 1785
— *W.* I, S. 182; *F.-S.* S. 227 — in ungünstiger Weise gedacht hat).   Forster's
Vermuthung bewährte sich indessen nicht für längere Zeit. Im Dezember 1787
schrieb F. von Göttingen aus an S. in Mainz (*F.-S.* S. 471): „Canitz hat den
Abschied und hat in dreimal vierundzwanzig Stunden aus Cassel gemufst. Der
Landgraf und Kunkel und Zipf haben die Lindenthal'sche Geschichte genützt, um ihn zu stürzen. — — Freilich mag Canitz wohl Blöfsen gegeben
haben", und S. schrieb zurück (*F.-S.* S. 472): „Die Nachricht von Canitz war
mir neu. Ich höre, dafs er nach Berlin gegangen sein soll". (Eine die Intrigue,
welche Frau v. Lindenthal und der Adjutant v. Lützow zusammen gehabt
hatten, betreffende Mittheilung war von F. an S. schon kurz vorher — *W.* I,
S. 261; *F.-S.* S. 465 — gemacht worden.)

Ein anderes, wenigstens seiner äufseren Stellung nach angesehenes Mitglied
des Kasseler Zirkels scheint Joh. Phil. Franz von Fleckenbühl genannt
von Bürgel gewesen zu sein. Dieser, 1731 geboren, war 1780 Hessen-Kassel-
scher Staatsminister, Präsident des Oberappellationsgerichtes und Curator der
beiden Universitäten (Marburg u. Rinteln) sowie des Collegii Carolini geworden;
er starb 1796 (Strieder's Hessische Gelehrten- u. Schriftsteller-Geschichte,
Bd. IV, S. 133, Bd. XI, S. 336). Er wird von Forster manchmal da genannt,
wo er auch von ehemaligen Ordens-Brüdern spricht; ob er nur unter Andeutung
seines Namens in F.'s Briefen als ein gefährlicher früherer Genosse des Kasseler
Treibens besprochen wird, ist alsbald zu berühren (gegen F. war er, als Dieser
im Herbst 1787 Kassel besuchte, sehr artig — *W.* I, S. 261; *F.-S.* S. 465).
Es ist mir nicht erinnerlich, dafs er mir als einem Geheimbund zugehörig sonst
vorgekommen sei, und ich weifs nicht, ob R. Wagner in Sömmerring's
hinterlassenen Papieren Anhaltspunkte dafür gefunden hat, von ihm (*W.* II, S. 44)
mit Bestimmtheit zu sagen, dafs er in Kassel auch, wie F. und S., im Bunde
gewesen sei. Wenn er da an der Beschäftigung mit Alchemie sich mitbetheiligt
hat, war wohl auch sein Streben nicht von Erfolg gekrönt. Den Stein der
Weisen scheint er wenigstens seiner einzigen Tochter (er starb als der Letzte
seines Stammes) nicht hinterlassen zu haben, welche 1774 den Hessen-Darmstadt-
schen Jägermeister Wilh. Adam von Curti geheirathet hatte; der über Diesen
schon 1783 ausgebrochene Concurs war im Anfang dieses Jahrhunderts noch
nicht erledigt.

Mit gröfserer Sicherheit ist für den Historiker Johannes von Müller
(geboren zu Schaffhausen 1752, gestorben als Westphälischer Staatsrath zu Kassel
1809) anzunehmen, dafs Derselbe während seines Aufenthaltes in Kassel, wo er
1781 als Professor der Geschichte am Carolinum und 1782 auch als Unterbiblio-
thekar angestellt worden war, zu den Rosenkreuzern gehörte.   Forster ur-

theilte über Müller in der ersten Zeit nach der Ankunft Desselben in Kassel
sehr ungünstig; in einem Brief an Fr. Jacobi führte er im August 1781
mehreres Müller zur Unehre Gereichende an und versicherte er: „Er ist mir
nichts und kann mir nichts werden" (*Th. H.* I, S. 271; *G.* VII, S. 153). Aber
später lernte er ihn in einem Verhältniſs, welches geheim zu halten war, — Das
war wohl im Geheimbund — von einer besseren Seite kennen: an Jacobi schrieb
er im Februar 1783 (*Th. H.* I, S. 315; *G.* VII. S. 179) über „unseren lieben
Müller": „Ich freue mich, Ihnen sagen zu können, daſs ich diesen guten Menschen jetzt recht lieb habe, weil Sie ihn auch schätzen, obgleich es unmöglich
ist, daſs Sie ihn von der Seite kennen sollten, die ihn mir genähert hat. Ehedem schrieb ich Ihnen ganz anders in Betreff seiner, und hatte damals Recht;
allein es hat sich vieles geändert, und Müller wird sich zeitlebens an Cassel
mit Rührung und anbetendem Dank gegen Gott erinnern. Er verdankt dem
Aufenthalt hier seine ganze moralische Glückseligkeit. — Doch hiervon bleibt
alles unter uns beiden, mein Bester!"   In wie vertrauter, auch auf Geheimwissen
bezüglicher Correspondenz F. mit M. am Ende des Jahres 1783 stand, zeigt das
S. 65 u. 107 f. Mitgetheilte.   Nicht ganz verständlich ist mir, was Forster im
Mai 1785 von Wilna aus an Sömmerring schrieb (*W.* I, S. 182; *F.-S.* S. 227):
„Müller dauert mich unendlich; der Ton seines Briefs scheint mich zu über-
führen, daſs auch er von den überspannt schwärmerischen Ideen zurückgekommen
ist, auf welche er verfiel, und verfallen muſste, um von dem traurigen entgegengesetzten Extrem auf einmal und auf immer zurückzukommen". Daſs hier auf
Betheiligung Müller's an der rosenkreuzerischen Verirrung in Kassel Bezug
genommen sein kann, geht aus dem Nachstehenden hervor, was F. im März 1786
(*W.* I, S. 201; *F.-S.* S. 291) an S. schrieb, der jetzt in Mainz mit dem zunächst
als Bibliothekar dahin berufenen M. zusammen war: „Grüſse Müllern von mir,
und sage ihm, daſs ich ihn noch immer liebe wie sonst, und um so mehr, da
ich nicht zweifle, daſs er bei den Gesinnungen, die er in C. über gewisse Dinge
äuſserte, so wenig geblieben sei als ich selbst".

Noch andere Collegen im Lehramt mögen mit Forster und Sömmerring
Brüder des Rosenkreuzer-Zirkels in Kassel gewesen sein.   Möglich ist Dies z. B. für
Joh. Wilh. Christian Gust. Casparson (1728—1802); er scheint F.'n näher
gestanden zu haben, welcher seiner später in den Briefen an S. nicht nur wiederholt grüſsend und Antheil nehmend gedenkt, sondern auch in Verknüpfung mit
der Erinnerung an seine eigene Zugehörigkeit zu dem Orden, wie es scheint als
Desjenigen der ihn zu längerem Verbleiben in demselben bestimmt habe (*W.* I,
S. 144; *F.-S.* S. 142), und er hatte Neigung zu Geheimbündelei (er war 1775
dem v. Hund'schen System unter dem Namen *Armiger Fr. Gustavus a concha
perlarum* beigetreten).   Weniger wahrscheinlich ist mir für den bekannter gewordenen, 1785 von Kassel weg nach Braunschweig berufenen Jakob Man-
villon (1743—1794), daſs er zu jenem Zirkel gehört habe, wenn auch Heinr.
Koenig (*H. K.* I, S. 103 und a. S. 98 a. O.) Dies annimmt; M. war zwar Freimaurer, aber in Kassel nicht bei der Loge Zum gekrönten Löwen, welche sich
zu dem der Rosenkreuzerei vorzugsweise Recruten stellenden System der stricten
Observanz bekannte, sondern bei der einer anderen, weniger dazu geneigten

Richtung folgenden Friedrich von der Freundschaft (vgl. die Anmerkung * zu
S. 93), in der er 1782 Redner war;   es ist mir auch aus Forster's Briefen
keine Aeufserung erinnerlich, welche auf die — übrigens immerhin mögliche —
Zugehörigkeit M.'s zu dem Rosenkreuzer-Bund hinwiese.

Ausser dem Officiers-, dem Beamten- und Lehrstand waren auch noch andere
Berufsarten in dem Kasseler Zirkel vertreten. In einer alsbald anzuführenden
Aeusserung Forster's darüber, wen von den alten Genossen er bei seinem Be-
suche Kassels im Herbst 1787 noch an dem grofsen Hermetischen Werk arbeitend
gefunden habe, nennt er auch einen Wolff, einen Apotheker Fiedler und einen
Uhrmacher Senger. Von dem Erstgenannten weifs ich gar Nichts. Der
Zweite war von den zu jener Zeit in Kassel lebenden Apothekern Fiedler wohl
Karl Wilh. F. Dieser war 1758 zu Malchin in Mecklenburg geboren, kam
1772 verwaist zu seinem Oheim, dem Besitzer der Apotheke Zum goldenen Hirsch
Joach. Gottlieb F. (gestorben 1800 im 72. Jahre) nach Kassel, welcher ihn
gegen seine Neigung zur Pharmacie bestimmte, benutzte für die Gewinnung natur-
wissenschaftlicher Kenntnisse, was ihm die von Lehrern an dem Collegium Carolinum gehaltenen Vorlesungen boten, und speciell für seine Ausbildung in der
Chemie die Belehrung mehrerer damals als namhafte Chemiker bekannter Apotheker,
zu welchen er ausserhalb Kassel in Beziehung trat. In dieser Stadt erwarb er
1783 nach wohlbestandenem pharmaceutischem Examen die Apotheke Zum Adler.
1787 übernahm er die herrschaftliche Salpetersiederei bei Kassel und legte da
auch eine Salmiakfabrik an. Von 1790 an wohnte er, nachdem er sich von Geschäften frei gemacht hatte, einige Jahre auf einem kleinen Gut bei Immenhausen
in Niederhessen; nach der Rückkehr von einer mehrjährigen, bis nach Schottland ausgedehnten wissenschaftlichen Reise richtete er in Kassel eine Privat-
Lehranstalt für Chemie und verwandte Disciplinen ein; 1797 wurde er zum
Lehrer am Forst-Institut zu Waldau bei Kassel, 1804 auch an der Lehranstalt
für Bergwerks-Beflissene ernannt; 1818 wohnte er bei Kassel, ohne ein öffentliches
Amt zu bekleiden. (Strieder's Hessische Gelehrten- u. Schriftsteller-Geschichte,
XVIII. Bd. herausgeg. von K. W. Justi, Marburg 1819, S. 148 ff.; wenn da in
den von Fiedler selbst gegebenen Nachrichten über sein Leben gesagt ist, dafs
die ihn im Anfang der Beschäftigung mit ihr wenig ansprechende Pharmacie den
denkenden Kopf nach und nach ganz unvermerkt zu anderen höheren Wissenschaften geführt habe, sind unter diesen nicht nothwendig Hermetische zu verstehen.) Aus noch späterer Zeit habe ich in Betreff dieses offenbar begabten
und strebsamen Mannes, dessen Unternehmungen im Allgemeinen erfolgreich gewesen zu sein scheinen und der auch Mehreres — über sehr Verschiedenartiges
— geschrieben hat, nur erfahren, dafs Derselbe bei Kassel bis Anfangs der
Dreifsiger Jahre gelebt habe. Von einem Kunstverwandten Namens Senger
wufsten in den siebziger Jahren die danach befragten ältesten Uhrmacher Kassels
Nichts mehr.

Von den nur ihren Bundesnamen nach bekannten Rosenkreuzern, die zu dem
Kasseler Zirkel in näherer Beziehung standen (zu ihnen gehörte auch der S. 124
genannte Exion), war Einer der uns bereits S. 89 in der Anmerkung, S. 90 u.
S. 124 vorgekommene Tagobon. Derselbe scheint ein ansehnlicher Mann im

Bunde, übrigens nach dem S. 90 Mitgetheilten von Forster und Sömmerring nicht persönlich gekannt gewesen zu sein. — Um so besser kannten diese Beiden einen Anderen, welcher Manegogus genannt wurde und nach Allem, was wir von ihm wissen, so etwas wie ein *Frater terribilis* in dem Zirkel zu Kassel war. Seiner wurde auch schon erwähnt: so S. 118 u. 125 als Eines, von welchem nach ihrer Zurückziehung vom Orden F. in seinen Briefen an S. meinte, es sei besser, sich mit ihm nur noch mündlich, nicht schriftlich einzulassen, und S. 125 bezüglich der Ausfertigung des Exemtions-Patentes für F.   Manegogus war ganz besonders eifrig gegen die von dem Bund abtrünnig Gewordenen: gegen den im Frühjahr 1784 von Kassel weggegangenen Forster, welchen er mit Verläumdungen, gegen den noch eine Zeit hindurch dort gebliebenen Sömmerring, den er mit persönlichen Belästigungen verfolgte, und für diese Beiden schien es räthlich, mit ihm es nicht bis zum Aeussersten kommen zu lassen sondern sich noch auf möglichst gutem Fufs zu halten. „M—gogi Aufführung, die wir freilich vorhergesehen hatten, ist doch infam. Begierig wäre ich doch zu erfahren, worin er glaubt, dafs ich den Kopf verloren hätte? Wie habe ich mich denn aufgeführt?" schrieb F. am 1. Juni 1784 aus Leipzig an S. (*F.-S.* S. 54 f.). „Bleibe ja kalt und gelassen in allem was Manegogus betrifft" ermahnte er Denselben am 5. Juni von Dresden aus (*F.-S.* S. 66),   und zwei Tage später beschwichtigte und ermuthigte er den Freund: „Es freut mich unendlich, dafs Du doch gutes Muths bist. Lafs ihn nicht fahren, da Du so viel Ungerechtigkeit und Undank von Manegogus auszustehen hast. Der arme Mann ist doch sehr Sklav seines Temperaments und schwarzen Bluts. Welche Schwäche, welche Winkelzüge, welche Unredlichkeit in der Ziegesar'schen Sache, und bei Ablieferung des Patents! Und doch — war mir das alles nicht unerwartet an ihm! Bleib nur immer in Deiner Fassung gegen ihn und gegen alle" (*F.-S.* S. 71 f.).   Und am 23. Juni schrieb er von Freiberg aus an S.: „Es freut mich sehr, dafs Du mit M—gs wieder auf gutem Fufse bist. Schwach ist er doch immer, nur nicht böse, aufser in dieser Schwäche" (*F.-S.* S. 87).   Im Anschlufs an das S. 125 aus F.'s Brief aus Warschau vom 10. October 1784 Mitgetheilte enthielt derselbe Folgendes (*W.* I. S. 143 f.; *F.-S.* S. 141 f.): „Wie viel gewinnt man nicht, wenn man geduldig ist; —gogus sieht seine Fehler ein und sagt *peccavi*, und erkennt uns für seine Meister in Geduld, Fleifs und Geschicklichkeit, Dich zumal. Gieb Acht, es wird mit dem sich brüstenden Ritterssohn eben so gehen; er wird's einsehen lernen, dafs er ein Esel gegen Dich ist, und nicht werth Deine Schuhriemen aufzulösen. Sei ruhig; es ist schon mehr als Triumph für uns, dafs das Publikum, diese *vox populi vox dei*, von ihm sagt, den nimmt uns keiner ab. — — Wie spotte ich alles dessen, was ein Elender wie M. erdenken, und ein eben so Elender wie M—s, mit Zusätzen eifrigst von mir ausklatschen und in der Leute Mäuler bringen kann. Ich denke, so viel gilt die Rechtschaffenheit noch in Cassel, so viel eigne innere Kraft hat sie noch, dafs sie so ein paar leichte Menschen aufwiegt! Hat er Dich schikanirt bei der Ablieferung, so wird er Dich wenigstens gewifs nicht übertölpelt haben, denn Du bist doch nicht gemacht, offenbare Ungerechtigkeit zu dulden. Der besoffene B—l mit seiner Niederträchtigkeit erweckt nur meine Verachtung; der Zug fehlte noch, und gehörte wirklich zu seinem Charakter; er müfste drin stecken; denn der Heuchler in einem Fall mufste es auch in jedem andern sein können. Wie wahr, was Du bemerkst, dafs der Aufenthalt in C. lehrreich für uns gewesen ist. Mrs, — gogus und ihrem Hafs hättest Du allerdings entgehn können, wenn Du nicht so treuherzig gegen jede Unbilligkeit, die Dich doch so nah nicht anging, geeifert hättest". (Welches adelige Mitglied des Zirkels „der sich brüstende Ritterssohn" gewesen sein mag, ist nicht zu errathen. Dafür, in B—1 v. Bürgel zu vermuthen fehlt jeder weitere Anhaltspunkt; Forster gedenkt dieses früheren Bundesbruders noch einmal in einem an Sömmerring aus Wilna am 12. Dezember 1784 gerichteten Briefe (W. I, S, 150; F.-S. S. 154): „B—1 ist ein elender Patron, wie wir ihn längst gekannt haben".) Manegogus scheint es gewesen zu sein, von welchem F. Unterschlagung der Correspondenz zwischen ihm und S. in Kassel besorgte (vgl. S. 120); „Ich fürchte so sehr, dafs ein Unglück passirt sein, oder M— auf den unseligen Gedanken gekommen sein könne, die Briefe aufzufangen", schrieb er von Freiberg aus, wo er erwartete Nachrichten von S. nicht vorfand, an Diesen am 21. Juni 1784 (W. I, S. 134; F.-S. S. 82). Auch später hatte F. noch einmal den Verdacht, das Manegogus in unrechtmässiger Weise zur Kenntnifs des Inhalts eines von F. nach Weimar zum Druck in einer Zeitschrift geschickten Aufsatzes vor der Veröffentlichung desselben gelangt sein könne, wie aus einem an S. von Wilna aus am 20. November 1786 gerichteten Briefe (W. I, S. 217; F.-S. S. 343) hervorgeht, welcher auch ersehen läfst, dafs damals die Beziehungen Beider zu dem früheren Zirkelgenossen nicht ganz abgebrochen waren: „Ich bin äusserst aufmerksam gemacht worden auf dasjenige, was —gogus Dir schreibt, dafs ich den Moses lächerlich gemacht haben soll. — — Grüfse ihn von mir". Weniger vorständlich ist, was F. im März 1787 einer Aeusserung über das richtige Eintreffen von Briefen, und dafs er in dem zuletzt von S. empfangenen stehende Universitäts-Neuigkeiten bereits gewufst habe, hinzufügte (W. I, S. 227; F.-S. S. 365): „Es ist sehr wahrscheinlich Manegogus' Geheimnifsjagd dahinter, wie Du vermuthest. Diese Narrheit wird wohl mit ihm zu Grabe gehen, sie ist zu fest eingewurzelt". Wie Forster sich im Mai 1784 über Manegogus' abergläubische Schwärmerei aussprach und dafs er im August 1784 Desselben als eines leichtgläubigen Alchemisten gedachte, ist schon S. 118 u. 116 mitgetheilt worden. Am 7. Dezember 1786 schrieb er in Wilna an Sömmerring (W. I, S. 215; F.-S. S. 351): „Dass der arme Mgogus noch immer von s. Obern etwas hofft, dauert mich sehr ohne mich zu verwundern. Der arme Mann war ja von je und je ein Alchymist", und am 9. November 1787 in Kassel, wohin er damals nach dem Aufgeben seiner dortigen Professur zum ersten Mal wieder gekommen war (W. I, S. 257; F.-S. S. 451): „M—gogus laborirt immer darauf los mit Wolff, mit Apotheker Fiedler und Uhrmacher Senger. Mit den R. C. Obern scheint er es nicht mehr zu halten, obgleich er nicht mit ihnen brechen will. Aber die Überzeugung, dafs sie nichts wissen, macht ihn in der Sache selbst nicht irre. Vielmehr rühmt er mir die Menge seiner Manuscripte, und ich fürchte, er bringt sich und seine Mitarbeiter tief hinein. Auri sacra fames!" Den Brief Forster's an Sömmerring vom 20. November 1786 scheint der Letztere an Heyne mitgetheilt zu haben, denn

Dieser schrieb an ihn am 19. Dezember 1786 (*F.-S.* S. 587): „Hier ist Forster's
Brief wieder. — — Aber darf ich wissen wer der —gogus ist?" Es ist mir
unwahrscheinlich, dafs Sömmerring auf eine Beantwortung dieser Anfrage eingegangen sei, und ich vermag es nicht für ihn zu thun; ich habe keine Muthmafsung darüber, wer von den damals in Kassel Lebenden im Orden den Namen
Manegogus geführt habe. — Wenn Forster eines Zirkelgenossen nur
unter Angabe des Namens mit M. gedenkt, ist die Aeufserung nicht immer nothwendig auf Manegogus zu beziehen, da — wie aus dem Vorstehenden hervorgeht — nicht Dieser allein einen mit M beginnenden Namen hatte. Zweifelhaft ist,
ob unter den Anderen, deren Einer dann gemeint sein könnte, ein Pastor Manger
war, den Forster allerdings 1780 (*F.-S.* S. 12) und 1785 (*W.* I, S. 182; *F.-S.*
S. 227) da nennt, wo er Bundesbrüder grüfsen läfst oder in Beziehung auf sie
Etwas an Sömmerring mittheilt. von welchem er aber im Herbst 1787 nach
seinem Besuch in Kassel (*W.* I, S. 261; der Passus fehlt in *F.-S.*) dem Freunde
schreibt: „Den Pastor Manger habe ich nur eine halbe Stunde gesehen, und
da war er krank und sprach nur ein paar Worte. Folglich weifs ich nicht, ob
er ein Liebhaber der *sublimior.* ist".

Anmerkung XIII zu S. 96:

Zur Kenntnifs der Stellung A. F. F. L. v. Knigge's zu den Rosenkreuzern.

Schwerste Vorwürfe gegen die neueren Rosenkreuzer enthielt die von
v. Knigge verfafste, 1781 zu Leipzig ausgekommene Schrift „Ueber Jesuiten,
Freymaurer und deutsche Rosencreutzer, herausgegeben von Joseph Aloisius
Maier, der Gesellschaft Jesu ehemaligen Mitgliede". So S. 120 ff. nach der
Besprechung der alten Rosenkreuzer-Brüderschaft: „Einige Betrüger behaupteten
noch mit dieser noch immer existirenden verborgenen Gesellschaft in Verbindung
zu seyn, machten die Leute glauben, die Freymaurerey habe von Anfang an mit
der Rosencreutzerey in Gemeinschaft gestanden, und zogen auf diese Art Leichtgläubige, Neugierige und Schwärmer auf ihre Seite. Doch rifs dieser verderbliche Betrug nicht sobald allgemein ein, sondern fand nur wenig Anhänger, bis
vor etwa funfzehn Jahren, bey einer gewissen Revolution der Freymaurerey, der
redliche aber betrogene und schwärmerische verstorbene Professor Schröder in
Marburg in Hessen auftrat, sich öffentlich für einen aufgenommenen ächten
Rosencreutzer ausgab, andre Maurer aufnahm, aber endlich bekannte, er sey
nicht mehr mit den Obern des Ordens in Verbindung. Bei dieser Gelegenheit wachte der Geschmack an einer solchen mystischen Gesellschaft aller Orten
wieder auf. Endlich nützten vor wenig Jahren ein Paar Aventuriers diesen
Wahn, traten in ein enges Bündnifs zusammen, formirten eine neue Gesellschaft,
gaben diese für eine ächte Fortsetzung der alten Rosencreutzer aus, erweckten
dadurch noch andre falsche Rosencreutzereyen, deren es jetzt unzählige giebt,
griffen aber selbst so geschwind um sich, dafs es Zeit ist, redliche Leute für

diesen Betrug zu warnen.   Sie haben die äussere Einrichtung der alten Rosencreutzer, so viel sie davon wufsten, beybehalten, und mit Zusätzen vermehrt.
Allein von dem wahren Geiste derselben ist nichts bis zu ihnen hindurch-
gedrungen.   Ihre Häupter bleiben immer unbekannt.   Wenn nun die Neugier
einen Mann in ihre Hände liefert, so halten sie denselben in einem solchen Gehorsam, reden aus einem so übermüthigen Tone mit demselben, dafs er nicht
einmal das Herz hat an ihrer Aechtheit, Rechtmäfsigkeit und Weisheit zu
zweifeln, und da sie nun mit grofsem Eifer werben, und nie eher jemand weiter
kömmt, bis er neue Mitglieder, neue Etablissements verschafft hat; so würde
durch sie bald die ganze Welt in die Gewalt von ein Paar Betrüger kommen.
— — Niemand kennt den andern, folglich können sie unbekannt eine Menge
Triebfedern mit einander und gegen einander in Bewegung setzen.   Jeder bekommt einen Ordens-Namen.   Wer ihnen im Wege ist und Aufklärung verbreiten
will, der wird auf die schändlichste, rachgierigste Art verfolgt.   Um die Leute
beständig in der Abhängigkeit zu erhalten, verbrennen sie ihnen das Gehirn
durch die lächerlichsten Schwärmereyen, verleiten sie zu religiösen Träumen und
Fanatismus, zum Geistersehen, und machen sie glauben, durch das Gebeth sey
alles zu erlangen, ja, selbst Gott werde ihnen einst erscheinen, und mit ihnen
reden; sie sollten nur im Glauben anhalten, wachen, bethen und fasten; so werde
einst ein Mann aus fernen Ländern kommen, und sie unterrichten, denn in ihrer
Macht stehe es nicht, ihnen ihre Kenntnisse mitzutheilen, sie müfsten selbst
suchen.   Ja! ihre elenden schwärmerischen Schriften z. B. der Compafs der
Weisen, das A. B. C. der Weisen, die Rosencreutzerischen Versammlungsreden
u. s. f. sind so verworren und unsinnig, dafs kürzlich der Verleger derselben, der
zuviel darin studiert hatte, darüber toll geworden ist.   Auf diese Art nun
bleiben die Leute beständig in ihrer Gewalt, und hoffen immer auf Offenbahrung.
Unterdessen geben sie ihnen allerley alchymistische Processe, welche sie auf
eigene Kosten arbeiten, und über den Erfolg berichten müssen.   Führen diese
Processe zu irgend einer guten Entdeckung, so bereichert sich die Gesellschaft
mit diesen Kenntnissen; gerathen sie nicht, so hat es an dem Mangel an Frömmigkeit und Gebet der Arbeitenden gelegen.   Sodann theilen sie Arzneyen aus,
und zwar oft die armseligsten, aus Ofen-Rufs, Urin oder d. gl. gezogene Tropfen
und Essenzen.   Ihre Untergebenen müssen damit an Profanen den Versuch
machen, und über die Wirkung Nachricht geben.   Crepirt ein solcher Profaner,
ey nun! so ist wieder Mangel an Frömmigkeit die Ursache; geht es gut, so
wird die Arzney Mehreren mitgetheilt, um die Versuche zu vervielfältigen".
U. s. w.

Anmerkung XIV zu S. 146:

Ein rosenkreuzerischer Verein in Königsberg im 1. Decennium des 19. Jahrhunderts.

Die Existenz eines die Alchemie betreibenden rosenkreuzerischen Vereines noch· in unserem Jahrhundert ist immerhin eine Erscheinung, welche zu etwas eingehenderen Mittheilungen über sie veranlafst. Die nachstehenden Angaben stützen sich auf einige Schriftstücke, welche das auf der Universitäts-Bibliothek zu Giefsen aufbewahrte Archiv der S. 152 ff. besprochenen Hermetischen Gesellschaft enthält.

An den da genannten v. Sternhayn in Karlsruhe als Director dieser Gesellschaft kam im Spätjahr 1805 eine vom 25. October datirte, Namens eines Vereines von Freunden der Hermetischen Kunst von Ernst v. Trumey genannt Meyerstierna als Obervorsteher, P. F. Schlick und J. L. Garbrecht als erstem und zweitem Vorsteher unterzeichnete Zuschrift aus Königsberg i. Pr., in welcher von dem Bestehen eines solchen Vereines in dieser Stadt Kunde gegeben und der Wunsch vorgebracht war, die Hermetische Gesellschaft möge denselben mit Mutterliebe adoptiren. Diese Zuschrift scheint entgegenkommend aber mit dem Verlangen nach näherer Auskunft über den Verein beantwortet worden zu sein. Unter Bezugnahme auf mehrere inzwischen an ihn gelangte Schreiben v. Sternhayn's entsprach im Januar 1806 der Verein den für die Mittheilung „der Bedingnisse und Verbindlichkeiten der Adoption" gestellten Forderungen durch genauere Angaben über seine Entstehung und Thätigkeit unter gleichzeitiger Einsendung von Erklärungen seiner einzelnen Mitglieder in Betreff ihrer persönlichen Verhältnisse, ihrer bisherigen Betheiligung an Ordenssachen, ihrer Versuche in alchemistischen Arbeiten und Dessen, was sie von der Hermetischen Gesellschaft hofften.

Derjenige, welcher alles Dies an die Hermetische Gesellschaft gelangen liefs und nun unter seinem wahren Namen als die Hauptperson des Königsberger Vereines hervortrat, war der uns schon einmal (S. 44) vorgekommene Ernst Christian Friedr. Mayer. Dieser war 1755 zu Greifswald geboren, studirte nach einander Jurisprudenz, Medicin und Theologie, war von 1787 an Landprediger an verschiedenen Orten Ost-Preufsens, seit 1801 Prediger zu Königsberg. Freimaurer seit 1775 wurde er mit dem Tempelherrn-System, mit Anhängern Schrepfer's u. A. bekannt (es ist mir unwahrscheinlich, dafs die in M. Ring's S. 249 erwähntem Roman Bd. I, S. 81 ff. ausführlich gegebene Schilderung eines Theologen Mayr, der sich mit anderen in den 1770er Jahren in Geheimbündelei Hervorthuenden zum Besuche des — 1776 gestorbenen — v. Hund auf Dessen Schlofs eingefunden habe, auf den hier in Besprechung stehenden M. zu beziehen sei) und — wie es scheint 1778 — unter die Rosenkreuzer in Berlin aufgenommen; aus der Vereinigung mit Diesen trat er 1781, weil er zu der Überzeugung gelangt war, dafs die Leitung in den Händen der Jesuiten sei. Aber der Tendenz, welche die ursprüngliche des Ordens gewesen sei, blieb er ergeben. Er war 1794 als Repräsentant der Berliner Mutterloge Zu den drei Weltkugeln mit der Freimaurer-Loge Zu den drei Kronen in Königsberg in Beziehung getreten, in welcher damals das System der Cleriker der Tempelherren (S. 122) in rosenkreuzerischer Richtung bearbeitet wurde. In Königsberg 1801 zu einer Predigerstelle gekommen fand er auch da die Freimaurer-Logen von aller anderen vorher darin betriebenen Ordensthätigkeit purificirt, aber auch noch mehrere früher in den Rosenkreuzer-Bund Eingeweihte, und Diese fragten bei ihm an, ob sie nicht wieder als Rosenkreuzer zusammentreten wollten. Es kam in der That wieder zu der Bildung einer geheimen Gesellschaft, die Mayer selbst als aus dem zertrümmerten uralten Orden der Gold- und Rosenkreuzer alten Systems hervorgegangen bezeichnete, von welchem auch in Königsberg ein Zirkel existirt habe. Von Dem, was die Rosenkreuzer zu wissen oder erkennen zu lassen sich berühmt hatten, war es wesentlich die Alchemie, in welcher zu einem günstigen Erfolge zu gelangen von der Stiftung dieser Gesellschaft gehofft wurde. Es wurde 1805 beschlossen, unter Zuziehung noch Anderer einen chemischen Verein zu organisiren, in dessen erstem: dem s. g. Exspectanten-Grad theoretischer Unterricht nach Eckartshausen's Entwurf einer neuen Chemie ertheilt und auch im praktischen Arbeiten unterwiesen werden solle, während der zweite Grad, in der Form des theoretischen Grades der Gold- und Rosenkreuzer (S. 34) eingerichtet, für die Betreibung der eigentlichen Alchemie bestimmt war. Die dem Verein Angehörigen — sie führten in ihm Bundesnamen, meist biblische: Abraham, Josua u. a.; wie Mayer jetzt angab, hiefs er selbst „im Orden Christianus Sincerus a Trumey, auch Meyerstierna" — hatten sich bereits in verschiedener Weise aber alle fruchtlos an der Darstellung des Steins der Weisen versucht; eine Schwierigkeit für das Arbeiten nach gemeinsamem Plane ergab sich daraus, dafs sie bezüglich der Auslegung einer und derselben Vorschrift nicht einerlei Meinung waren. Belehrung, wie Mifserfolge zu vermeiden seien, Entscheidung über streitige Fragen zugleich mit der Aufnahme in die zuerst auch als eine rosenkreuzerische betrachtete Hermetische Gesellschaft von dieser zu erbitten, beschlofs der Verein bald nach seiner Constituirung.

Von Denjenigen, welche im Anfang des Jahres 1806 als Mitglieder dieses Vereins der Hermetischen Gesellschaft bekannt wurden und zugeführt werden sollten, war aufser Mayer noch Einer schon lange den Rosenkreuzern zugehörig: der 73jährige Baron von Prien, welcher seiner Angabe nach bereits 1753 unter dem Namen Trismosin zu Lille in den Orden aufgenommen worden war und sich als ächter Bruder dem Mayer „durch Zeichen, Wort und Griff" zu erkennen gegeben hatte; er lebte in Königsberg als pensionirter Tabaksadministrations-Beamter. Er hatte schon 1764 und noch 1804 den Stein der Weisen aus Regenwasser zu erhalten sich bemüht, ohne zum Ziele zu gelangen, hoffte seit Jahren vergebens auf Hülfe von den Ordens-Oberen, die ihn ohne Antwort liefsen, auch als er um die Sanctionirung der Aufnahme der eine Zeit lang mit ihm arbeitenden Brüder Reimann und Bötticher in den Bund durch ihn nachsuchte. Joh. Friedr. Reimann, 1741 zu Wohlau in Nieder-Schlesien geboren, war ein zurückgekommener Kaufmann, zeitweise auch angestellt gewesen, zuletzt Wechselmakler in Königsberg; ungeschickt zu jeder Handarbeit, wie er selbst bekennt, und mehr der Theosophie, Metaphysik und Mystik zugeneigt hatte er sich doch an alchemistischen Arbeiten, die bald von Plumbago, bald von Regenwasser, bald von Vitriol, bald von Phosphor ausgingen, mehrfach betheiligt.   Sam. Ludw. Bötticher, zu Königsberg 1744 geboren, lebte nach Zurückziehung von früher betriebenen Handelsgeschäften in der Nähe dieser Stadt;   frühe in die Mystik und an die Alchemie gekommen war er ein Freund der letzteren geblieben, in welcher auch einige günstige Erfolge erlangt zu haben er sich einbildete, ohne daſs ihm jedoch die Hauptsache seines Forschens klar geworden wäre. Sein 1784 geborener Sohn Joh. Friedr. Wilh. B., ein angehender Kaufmann, war nach Dessen eigener Angabe von dem Vater in die uralte Verbrüderung aufgenommen worden.   Als auch mit der neueren Chemie vertraut stand bei den Brüdern der aus Berlin gebürtige Prediger Paul Friedr. Schlick in Ansehen, welcher an die Hermetische Gesellschaft geradezu den Wunsch aussprach, durch sie in den uralten Orden der Rosenkreuzer aufgenommen zu werden;   darüber, wie Gold darzustellen sei, versprach sich Derselbe Belehrung von der Zerlegung dieses Metalles, und für die Erkenntniſs der letzteren viel von genauerer Beachtung der Gasarten, die sich bei dem Auflösen des Goldes entwickeln.   Als vorzugsweise geschickt in praktischen Arbeiten galt Joh. Ludw. Garbrecht aus Ost-Preuſsen, welcher früher Goldarbeiter, seit 1771 Knopffabrikant in Königsberg war; Dieser glaubte, daſs Salpeter und Kochsalz die Materialien seien, deren richtige Bearbeitung ihm das angestrebte Resultat ergeben müsse.

Jeder von diesen Männern würde an sich nicht dazu veranlassen, über ihn solche specielle Angaben zu machen. Aber für die Kenntniſs des Vereins Derselben — meines Wissen des letzten Vereins, der aus der Rosenkreuzerei hervorgegangen zum Zweck gemeinsamer Betreibung der Alchemie bestanden hat — erscheint etwas eingehendere Mittheilung darüber als angezeigt, Männer welcher Art in ihm sich zusammenfanden. — Über die spätere Thätigkeit und die Dauer dieses Vereins ist mir Nichts bekannt geworden.

Anmerkung XV zu S. 155:

Zur Kenntniſs der Hermetischen Gesellschaft.

(Aus einem Aufsatz „Über den Verfall der Alchemie und die hermetische Gesellschaft" in den Denkschriften der Gesellschaft für Wissenschaft und Kunst in Giessen, I. Bandes 1. Heft; 1847.)

„Es war um 1790 sehr still unter den Alchemisten; die alchemistische Litteratur, welche bis dahin noch eine eigene Rubrik in den Messkatalogen gehabt hatte, hörte auf; im grössern Publicum hörte man nur noch etwas von Alchemisten, wenn ein Mann wegen unerklärbaren Reichthums für einen Adepten gehalten wurde, wie z. B. der Professor Beireis in Helmstädt. Um so grösser aber bei jener Ruhe in der Alchemie war das Erstaunen, als 1796 plötzlich die

Kunde laut wurde von dem Bestehen eines grossen Vereins von Alchemisten in Deutschland. Die Thätigkeit dieser Gesellschaft bildet, wie schon früher bemerkt, das letzte öffentliche Auftreten der Alchemie im Allgemeinen; bei ihr wollen wir uns etwas länger verweilen.

Was eigentlich an der hermetischen Gesellschaft war, darüber wusste man lange Zeit nichts Genaues; wenigstens war das, was dem Publicum darüber vorlag, bei weitem nicht hinreichend, um auf ihren wahren Zweck, ihre Constitution, ihre Verbreitung u. s. w. schliessen zu lassen. Unsere Universitätsbibliothek ist vor einiger Zeit in den Besitz der Papiere dieser Gesellschaft gekommen, und ich wurde dadurch in den Stand gesetzt, Genaueres in obigen Beziehungen zu erfahren.

Die hermetische Gesellschaft bestand im Anfang aus zwei Mitgliedern, die auch später noch allein wirkliche Mitglieder blieben; alle andere, die man noch in die Gesellschaft aufnahm, wurden nur zu Ehrenmitgliedern ernannt, aber in sehr verschiedenem Grade mit der eigentlichen Sachlage bekannt gemacht.

Jene Stifter und Geschäftsführer der hermetischen Gesellschaft waren zwei westphälische Aerzte, Dr. Kortum in Bochum und Dr. Bährens zu Schwerte bei Dortmund.

Dr. Karl Arnold Kortum ist am bekanntesten als der Verfasser der Jobsiade, mit deren Dichtung er sich gerade in jener Zeit beschäftigte, als auch die Angelegenheiten der hermetischen Gesellschaft ihn in Anspruch nahmen; in seinen Briefen, die in Bezug auf den letztern Gegenstand geschrieben sind, spricht er auch oft und mit Liebe von seinem Heldengedicht. Kortum war ein durchaus gebildeter Mann; er hat für die Geschichte Westphalens manches gethan, namentlich durch sein Schriftchen über dortige alte Gräber. Seinen Glauben an die Alchemie hatte er schon früher ausgesprochen, und er war mit Wiegleb in eine heftige Fehde gekommen, als dieser die Möglichkeit der Metallverwandlung von oben herab wegdemonstrirt hatte; Kortum schrieb damals eine „Vertheidigung der Alchemie gegen Wiegleb" (1789) und „Noch ein paar Worte über Alchemie und Wiegleb" (1791).

Dem Kortum weit nachstehend war Bährens, des erstern Mitarbeiter oder vielmehr Instrument bei der Leitung der hermetischen Gesellschaft. Bährens war eigentlich Theolog, übte aber auch Heilkunde aus, und nahm 1796 einen Doctorgrad in der Medicin; nachher schrieb er auch in dieser Wissenschaft ein Buch über Fieber. Bährens schrieb, beiläufig bemerkt, über sehr vielerlei: über Stallhasenzucht, Alchemie und Düngmittel; seine ökonomischen Schriften scheinen nicht ganz übel gewesen zu sein, wenigstens erlebten sie neue Auflagen.

Der Anlass zu Kortum's und Bährens' Zusammenwirken in der Alchemie war folgender. Im Sommer 1795 schrieb Bährens an Kortum, der damals als Gelehrter in der alchemistischen Litteratur bekannt war, und bat sich von ihm nähere Nachrichten über Villanovanus, Flamel und Trevisanus (Alchemisten des 13. und 14. Jahrhunderts) aus, wobei er sich als Freund der Alchemie im Allgemeinen zu erkennen gab. Kortum antwortete ihm sogleich und gab die gewünschten historischen Nachrichten; Bährens schrieb noch einmal, zur Vervollständigung gewisser Punkte, und in der Antwort auf diesen Brief (Juli 1795) sondirte nun Kortum den Bährens, ob er wirklich Alchemie praktisch treibe; er rieth ihm ab, dieses zu unternehmen, wolle er es aber doch thun, so stehe ihm sein Wissen zu Dienst. Bährens ging hierauf ein, und Kortum machte ihm im August 1795 deutlich, dass die *Materia prima*, der Stoff, aus welchem der Stein der Weisen zu bereiten sei, in den Steinkohlen gesucht werden müsse; er theilte ihm auch einen ausführlichen Process mit, wie der Stein der Weisen seiner Meinung nach aus diesem Subject dargestellt werden könne. — Zu jener Zeit scheint sich in Kortum der Associationsgeist geregt zu haben; denn im November 1795 schrieb er an Bährens, bei Gelegenheit, dass ersterer den Catalog von Semler's hinterlassener Bibliothek erhalten hatte: er wünsche, Semler lebe noch, mit diesem hätte man sich sollen in Verbindung setzen, Semler wäre gerade der rechte Mann gewesen, um mit ihm einen Verein zu bilden. Von nun an unterhielten sich Kortum und Bährens viel davon, wie die Alchemie in Deutschland doch noch viele Verehrer habe, und im Sommer 1796 warf Bährens die Frage auf: ob es nicht gerathen sei, die Alchemie einmal in einer vielgelesenen Zeitschrift, dem zu Gotha erscheinenden Reichsanzeiger etwa, zur Sprache zu bringen. Im Juli 1796 meinte Kortum, die Sache sei zu überlegen, und bald waren Beide entschlossen, der Welt Kunde von einer fingirten hermetischen Gesellschaft zu geben.

Im Oktober 1796 erschien im Reichsanzeiger ein Aufsatz, betitelt: „Höhere Chemie". Er fing damit an, zu preisen, wie der Reichsanzeiger alles Wichtige aus Deutschland zur Sprache bringe, und warf dann die Frage auf, wesshalb nicht auch ein Gegenstand zur Untersuchung komme, welcher noch immer viel tausend Deutsche beschäftige — die Alchemie. Gewiss wäre es ein Verdienst für den Reichsanzeiger, wenn durch seine Vermittlung diesen Alchemisten der rechte Weg gezeigt, oder ihnen die Unmöglichkeit, das gesuchte Ziel zu erreichen, klar gemacht werde. Hierzu beizutragen, habe sich eine Gesellschaft von Männern vereinigt, welche vorurtheilsfrei und mit der neuern Chemie vertraut seien, welche den ganzen Vorrath ächter hermetischer Kenntnisse gesichtet und verdaut haben. Diese Gesellschaft gebe nichts auf alle historischen Beweise, die man bisher immer wieder für die Richtigkeit der Metallverwandlung angeführt habe; sie wolle die Streitfrage, ob die Alchemie eine gegründete Kunst zu nennen sei, nur durch Erfahrungen entschieden haben. Es wurden zunächst einige Fragen aufgeworfen, ob und wie die Verwandlung der Metalle theoretisch möglich sei; über die Beantwortung dieser Fragen müsse man sich, ehe man über die Alchemie überhaupt abspreche, zuerst bestimmt vereinigen. Zur Besprechung dieser Fragen lud nun die Gesellschaft ein, und die Redaction des Reichsanzeigers nahm Briefe zur Bestellung an sie an, und liess einzelne alchemistische Betrachtungen in ihr Blatt einrücken. — Damit war die hermetische Gesellschaft dem Publicum gegenüber constituirt.

Es ist jetzt Zeit anzugeben, mit welchen Gesinnungen Kortum und Bährens eigentlich diese Mystification unternahmen, ob sie eigennützige Absichten dabei hatten, oder was ihr eigentlicher Endzweck war. Wir müssen desshalb die Denkungsart beider, namentlich in Bezug auf Alchemie, etwas genauer noch betrachten.

Kortum zeigt sich während des ganzen Verlaufs der Sache als ein wirklich schlauer Mann, der mit grosser Geschicklichkeit Andere für seine Absichten zu benutzen wusste. Unzweifelhaft ist, dass er an die Möglichkeit der Darstellung eines Steins der Weisen glaubte, aber er selbst hatte nicht Lust, praktisch an die Ausarbeitung zu gehen. Die Idee war bei ihm zur Ueberzeugung geworden, der Stein der Weisen könne nur aus den Steinkohlen dargestellt werden. Auf diesen Gedanken war er gekommen durch lange Betrachtung eines griechischen Sylbenräthsels, welches seit dem 7. Jahrhundert die Alchemisten beschäftigte. Die πράξεις ἔννεα περὶ χρυσοποιίας, neun Abhandlungen über Goldbereitung, des Stephanos Alexandrinos, der um 615 zu Alexandrien lebte, enthalten nämlich folgendes Räthsel:

Ἔννεα γράμματ' ἔχω. τετρασύλλαβος εἰμί, νόει με·
Αἱ τρεῖς μὲν πρῶται δύο γράμματ' ἔχουσιν ἑκάστη,
Αἱ λοιπαὶ δὲ τὰ λοιπά, καὶ εἰσιν ἄφωνα τὰ πέντε·
Οὐκ ἀμόητος ἔσῃ τῆς παρ' ἐμοὶ σοφίης.

Dieses Räthsel war über tausend Jahre lang auf ἀρ-σε-νι-κόν gedeutet worden, wie es denn auch höchst wahrscheinlich diesen Stoff anzeigen sollte. Da man indess, trotz aller Arbeit, aus dem Arsenik keinen Stein der Weisen herausbrachte, so verfiel man zuletzt auf andere Auslegungen, unter welchen die des Jenaer Professors Wolfgang Wedel um 1700 vorzüglich Beifall fand, κα-σί-τε-ρος, Zinn, sei darunter verstanden. Auch im Zinn fand man aber nichts, abgesehen davon, dass man das Wort κασσίτερος ungerechter Weise um ein σ verkürzen muss, will man es mit jenem Räthsel in Übereinstimmung bringen. Kortum kam nun auf den Gedanken, die richtige Auflösung sei ἀμ-πε-λῖ-τις; dies Wort geht nach seinen Buchstaben recht gut, allein es hat das Unglück, oder den Vortheil, dass man nicht recht weiss, was ἀμπελῖτις der Alten gewesen ist; es war eine Erde, womit man die Weinstöcke vor Ungeziefer schützte, vielleicht eine Art unreinen Erdpechs. Kortum deutete das Wort auf Steinkohlentheer, womit man allerdings Ungeziefer sehr zweckmässig abhalten kann, oder auf Steinkohlen selbst. Nur aus diesem Subject, glaubte er, könne man den Stein der Weisen erhalten; aus andern Substanzen könne man höchstens Partikulare ziehen, d. h. Mittel zur Metallveredlung, die nicht jedes Metall in unbegrenzter Menge zu Gold machen, sondern nur von Einem Metall eine beschränkte Menge. Kortum hätte nun sehr gerne den Stein der Weisen gehabt, wollte aber nicht selbst darauf arbeiten, sondern lieber Andere für sich thätig sein lassen, und ihnen dabei nur mit seiner grossen Belesenheit in alchemistischen Schriftstellern behülflich zur Seite stehen. Zu dem Ende suchte er mit Leuten in Verbindung zu kommen, welche sich praktisch mit Alchemie beschäftigten, und um sie zu diesem Geständniss zu bringen, wandte er immer das Mittel an, dass er ihnen abrieth, sich an der Darstellung des Steins der Weisen zu versuchen. So schrieb er im Juli 1795 an Bährens: „Sagen Sie mir aufrichtig, Freund, beschäftigen Sie sich wirklich mit chymischen Arbeiten? Ich rathe es Ihnen nicht, denn dieses Fach hat unbeschreibliche Schwierigkeiten. Aber wenn Sie es thun, so will ich Ihnen offenherzig sagen, was ich weiss und welches der wahre Stoff zur Darstellung des Steins der Weisen sein muss. Kein Eid bindet

mich, weil das, was ich weiss, die Frucht eigener Lectüre und eigenen Nach-
denkens ist; kein Eigennutz hält mich ab, weil ich nie selbst arbeiten werde
und mich gerne umsonst entdecke, um Andere gegen Kosten und Arbeiten aufs
Geradewohl zu schützen." So gewann sich Kortum das Vertrauen Anderer,
und verleitete sie dazu, ganz nach seinen Vorschriften und Ideen zu arbeiten.
Im August 1795 liess er sich gegen Bährens aus: „Mein herannahendes Alter,
meine höchst geschäftsvolle Lage als praktischer Arzt, häusliche Hindernisse
u. s. w. hindern mich, selbst zu experimentiren, noch mehr aber die Furcht,
etwas zu finden, was die Lüsternheit grosser Herren rege machen könnte, von
deren Indiscretion man in den Adeptengeschichten so viele Beispiele findet.
Mein einziger Sohn, ein gelehrter junger Arzt, ist ausser Ihnen der einzige, dem
ich mich so deutlich mitgetheilt habe; ich halte ihn aber selbst von der Arbeit
im hermetischen Fache ab." Nachdem Kortum so den Unparteiischen gespielt
hat, muntert er in dem nächsten Briefe den Bährens ganz offen zur Arbeit
auf. „Es scheint, mein Werthester," schreibt er, „dass Sie das Werk ernstlich
treiben wollen, und es kommt mir so vor, dass Sie es mit Glück thun werden."
	Wie mit Bährens, ähnlich verfuhr nun Kortum mit den vielen andern
Alchemisten, welche durch die Anzeige der Existenz einer hermetischen Gesellschaft mit ihm in Verbindung kamen. Er selbst zwar blieb immer äusserlich
aus dem Spiel; Bährens musste die hermetische Gesellschaft bei der Redaction
des Reichsanzeigers vertreten; an den letztern wurden alle eingehenden Briefe
geschickt, die er aber alle an Kortum sandte, welcher die Antworten concipirte,
die Bährens dann ausfertigte. Der letztere war der, welcher sich für alle
möglichen Fälle mit seinem Namen blosstellen musste, während Kortum die
Seele des Ganzen war. Bährens war überhaupt bedeutend beschränkter als
Kortum, und viel weniger unterrichtet; seine Unwissenheit in der Chemie war
z. B. so gross, dass, nachdem er schon mehrere Jahre lang praktisch Alchemie
getrieben und den Stein der Weisen aus Speichel darzustellen gesucht hatte, er
noch nicht wusste, was man darunter versteht: Silber durch Cupellation mit Blei
reinigen. Kortum hatte aber viel Nachsicht mit ihm, weil er ihn brauchte,
und um ihn ganz sicher zu machen, ging er manchmal auf thörichte Betrachtungen des Bährens scheinbar ernsthaft ein, über die er innerlich genug ge-
lacht haben mag. So machte sich Bährens im Sommer 1795 allerhand Gedanken, was wohl eine schwarze Katze bedeute, welche allnächtlich in seinem
alchemistischen Laboratorium spuke, und Kortum schrieb ihm hierauf sehr
ernsthaft: „Was macht der schwarze Kater ferner? Seine Geschichte hat viel
Auffallendes. Ich glaube doch, dass es eine natürliche Katze ist, deren Tritte
des Nachts oft hart lauten. Diese Thiere lieben oft wunderliche Gerüche, und
der Dunst Ihres Destillati hat jenes Thier vielleicht so oft angelockt. Wenn
ferner etwas Auffallendes vorfallen sollte, oder Sie die Sache wirklich nicht
natürlich finden, so bitte ich um Nachricht, denn es ist gewiss der Mühe werth,
zu wissen, ob etwa ein neidischer Dämon mit im Spiele sei. Die Hermetiker
haben allerhand seltene Erfahrungen."
	So war das Verhältniss der beiden Männer zu einander, welche die her-
metische Gesellschaft bildeten, von denen der eine die Seele, der andere die

willenlose Hand derselben genannt werden kann. Kortum wollte bei der Bildung dieser Gesellschaft die unerfahrnen aber arbeitslustigen Alchemisten ebenso benutzen, wie er Bährens dazu gebracht hatte, nach seinem Plane zu arbeiten: dabei hoffte er auch mit den erfahrneren Alchemisten in Verbindung zu kommen, und von ihnen zu lernen, von einem wahren Adepten vielleicht das grosse Geheimniss des Steins der Weisen zu erfahren. „Ich hoffe gewiss", schreibt er an Bährens, „die verborgenen wahren Hermetiker werden jetzt gesprächig werden, und so werden wir unserm Ziel wohl näher kommen." Nebenher fand auch Kortum viel Spass an den zahlreich eingehenden dummen Briefen. Im Frühjahr 1797 schrieb er: „Wir müssen von Zeit zu Zeit im Reichsanzeiger anklopfen, um das hermetische Publikum in Athem zu halten, doch nicht zu schnell auf einander, damit man unserer nicht müde werde. Die Sache ist zum Theil ernsthaft, zum Theil drolligt. Nur dass wir uns ferner so nehmen, dass wir auf jeden Fall reputirlich herauskommen, wenn auch der wahre Zweck nicht erreicht wird." So dachte Kortum über die Mystification, mit welcher er die Alchemisten täuschte; es kam übrigens dabei auf kleinere und grössere Unwahrheiten nicht besonders an.

Der Alarm war gross, welchen die Ankündigung der Existenz einer hermetischen Gesellschaft unter den Alchemisten verbreitete. Briefe liefen sogleich von allen Seiten an die Redaction des Reichsanzeigers ein, um an die hermetische Gesellschaft besorgt zu werden. Bei weitem die Mehrzahl dieser Briefe war anonym geschrieben, aber diejenigen, deren Verfasser sich unterzeichnet hatten, weisen genugsam nach, wie verbreitet unter allen Ständen die Alchemie damals noch in Deutschland war. Da kamen Briefe von evangelischen Stadt- und Landgeistlichen wie von katholischen Kapellanen, von Leibärzten deutscher Fürsten und von Chirurgen aus Waldkirch und Balingen, von pensionirten Offizieren, von deutschen Freiherren, von armen Schneidern, von Uhrmachern, Organisten, Geheime-Finanzräthen, Handlungs- und Apothekergehülfen, von Registratoren, abgesetzten Professoren, armen Dorfschulmeistern, Damastfabrikanten, Küfern, Buchbindern, kurz von Leuten jeglichen Standes. Am meisten scheint die Alchemie damals noch in Würtemberg, Sachsen und Thüringen verbreitet gewesen zu sein, wie denn in der letztern Gegend noch jetzt einige Familien dem Suchen nach dem Stein der Weisen Geld und Zeit opfern. Auch die Existenz kleiner hermetischer Vereine kam dabei zu Tage; so bestand ein solcher, behufs gemeinsamer alchemistischer Arbeiten, aus einigen Doctoren der Medicin und k. k. Hofconcipisten gebildet, in Wien. Besonders zahlreich waren die alchemistischen Schneider und Uhrmacher; „ein Beweis," schreibt Kortum einmal an Bährens, „wie sitzende Lebensart zur Schwärmerei geneigt macht."

Viele unter den Correspondenten suchten nur die vermeintliche hermetische Gesellschaft auszufragen, wenigstens die Materie zu erforschen, aus welcher sich der Stein der Weisen darstellen lasse; andere hatten sich über diesen Gegenstand eine bestimmte Ansicht gebildet, und theilten diese mehr oder weniger offen mit. Den Vertretern der fingirten Gesellschaft müssen diese Mittheilungen allerdings viel Spass gemacht haben, denn nichts charakterisirt in allen Zeiten den Standpunkt der Alchemie im Allgemeinen und den eines jeden Alchemisten besser, als die Ansicht über die Materia prima zur Darstellung des Steins der Weisen. In den frühern Zeiten, wo man eine an und für sich gar nicht unvernünftige Theorie über die Zusammensetzung der Metalle hatte, und sie für Verbindungen derselben Bestandtheile in verschiedenen Gewichtsverhältnissen hielt, wollte man die Metallveredlung bewirken, indem man die quantitative Zusammensetzung der Metalle abzuändern suchte; man bearbeitete damals ausschliesslich die Metalle selbst. Von diesen Arbeiten, welchen auch die eigentliche Chemie ihre erste Ausbildung verdankt, blieb den spätern Alchemisten nichts übrig, als die Idee, aus irgend einem Stoff müsse man eine Substanz darstellen können, welche auf jedes unedle Metall in der Hitze geworfen, es geradezu in Gold verwandle. Je mehr Versuche, jenen ersteren Stoff aufzufinden, missglückten, um so wahnsinniger wurden die Bestrebungen, ihn doch zu erlangen. Durch Betrachtungen, als deren eifrige Anhänger sich alle deutschen Alchemisten aus dem Ende des vorigen Jahrhunderts zu erkennen gaben, war die Ansicht fast allgemein verbreitet worden, man brauche nicht alle Stoffe der grossen Welt, des Macrocosmus, zu durchforschen, sondern es genüge, die in dem Microcosmus, dem Menschen, vorkommenden Substanzen zu untersuchen. In der That arbeiteten die verschiedenen Alchemisten am Ende des vorigen Jahrhunderts fast alle mit Substanzen aus dem Menschen; sie glaubten, die Materia prima zur Darstellung des Steins der Weisen sei der Speichel (diese Ansicht war besonders häufig angenommen), oder Menschenkoth, oder Haare, oder Nasenschleim; einer sogar — ein Alchemist in Eisenach — hielt dafür, die Materia prima sei — unreifer menschlicher Fötus. Es gab sich dieser Narr Mühe, das Product von Fehlgeburten zu erlangen, und da seine Bestrebungen erfolglos waren, wandte er sich an die hermetische Gesellschaft, mit der Anfrage, wie man sich wohl diese Materia prima verschaffen könne. Er drückt sich, ächt hermetisch, in folgender parabolischer Sprachweise aus (nachdem er vorher den Gegenstand quaestionis genugsam bezeichnet, auch um mehrerer Deutlichkeit willen, mit Bleistift hingemalt hat): „Nun habe auch an verschiedenen Orten Bestellung gemacht, und zwar bei solchen Personen, die am ersten zu denen noch im Gange seienden Bergwerken gerufen werden" (das sind Hebammen); „da aber durch zufällige Umstände dieses ächte Erz sich selbsten losreisset und die Bergwerke es ohne Vermuthen auswerfen, und das mehrentheils zu solcher Zeit, wo die darauf Jagd machenden Personen nicht zugegen sein; auf diese Weise wird dieses edle Erz mehrentheils aus Unkenntniss auf den Mist geworfen. Also sehe ich wohl, dass eben nicht so leicht, und auch nicht alle Tage dazu zu gelangen ist. Dieserwegen ergeht meine ergebenste Bitte an dero geliebte Gesellschaft, wenn Sie mich Geringen einer Antwort würdigen wollen, wie doch wohl ansonsten dieses Subject aus unseren eigenen Bergwerken" (das ist seine Frau) „ohne Schaden und Gefahr zu erlangen ist". Er bittet ganz einfach um ein unschädliches Abortivmittel.

Die hermetische Gesellschaft selbst beantwortete im Anfange die Briefe alle im Reichsanzeiger. Sie liess meist den theoretischen Kenntnissen der Correspondenten alle Gerechtigkeit widerfahren, billigte aber keins der ihr mitgetheilten Subjecte zur Darstellung des Steins der Weisen, denn keiner von allen jenen Alchemisten hatte die Steinkohle als solches angesehen. Dessungeachtet gaben

die Vertreter der Gesellschaft auch einmal, im Frühjahr 1797, eine Antwort im
Reichsanzeiger, wonach ein durch Anfangsbuchstaben Bezeichneter die wahre
Materia prima gefunden habe; „Heil ihm, dem Glücklichen!" rufen sie, aber
Kortum bemerkt dazu in einem Briefe an Bährens: „Diese Antwort ist fingirt,
blos darum, um mehr Vertrauen zu uns zu erwecken, und die Sache wichtiger
zu machen, vielleicht auch wohl einen Steinbesitzer anzulocken, um uns etwas
zukommen zu lassen."

Die Correspondenz der hermetischen Gesellschaft brachte noch allerlei Curio-
sitäten an den Tag. Ein Alchemist in Würtemberg, welcher praktisch arbeitete,
bat sich z. B. guten Rath aus zur Fortsetzung des Processes. Er hatte die
Materia prima in einem Glas an einem warmen Orte zur Zeitigung stehen, und
berichtete, was dabei Alles vorging. In dem Glas, versicherte er, erschien der
Platonische Ring, wie solcher im Annulus Platonis vorgezeichnet ist, zwei menschliche Köpfe, männlichen und weiblichen Geschlechts, und ein grosser Vogel. Er
ersuchte um Belehrung, was das Alles bedeute. — Auch viele Betteleien wurden
an die hermetische Gesellschaft gerichtet; so wurde ihr 1797 gemeldet, dass zu verkaufen stehe ein Spiegel von dem Electro magico, d. i. von einer philosophischen
Composition der sogenannten Metalle, und welchen ein Philosophus, Theosophus,
Astrologus und Adeptus hermeticus nach der wahren Weisheit der alten Weisen
gemacht habe. Es wurde angepriesen, dass in diesem Spiegel keine verworfenen
oder verdammten Geister wirken, sondern gut geschaffene und gebliebene Geister,
nehmlich die astralischen Geister und Fürsten der 7 Planeten. Der Schluss war,
die Gesellschaft möge den Spiegel um 600 Thaler kaufen. Andere Betteleien
gingen noch ein; ein gewisser Herr Wende klagte der Gesellschaft, er sei ehemals Professor gewesen, habe aber sein Amt verloren, weil er die Alchemie vertheidigt in einem Buche: „Schutzschrift für die Lehre Jesu, und Beweis, dass
Jesus Christus seinen Jüngern beim letzten Abendmahl den Stein der Weisen
zu essen und zu trinken gegeben habe"; er erbot sich, bei der Gesellschaft als
Laborant in Dienste zu treten, bat aber auf jeden Fall um pecuniäre Unterstützung. — Solcher Bettelbriefe kamen noch viele; ich will Sie mit einer ge-
nauern Mittheilung ihrer oft prächtigen Ausdrucksweise nicht langweilen, ebenso
wie ich die grosse Zahl theosophisch gehaltener Briefe hier übergehe, welche
anekelnd sind, ob sie gleich an sich einen vielleicht nicht uninteressanten Beweis
enthalten, wie es mit der innern Bildung vieler Leute aus dem Mittelstand in
Deutschland am Ende des vorigen Jahrhunderts aussah.

Zu Ende des Jahres 1798 tritt eine Veränderung ein in der Thätigkeit der
hermetischen Gesellschaft. Ihr Treiben, welches geradezu Anlockung zur Alchemie
war, hatte schon 1797 gerechten öffentlichen Tadel erlitten; der ehemalige hiesige
(Giessen) Ingenieurmajor und Professor Werner war zuerst dagegen aufgetreten,
und ihm folgte bald der hartnäckige Alchemistenfeind Wiegleb. In Westphalen
selbst erhob sich der als Mathematiker und Physiker rühmlich bekannte Benzenberg gegen die hermetische Gesellschaft. Gegen diese laut zu werden fingen
nun auch diejenigen an, welche baldige Einweihung in dieselbe erwartet hatten,
und sich in der Hoffnung getäuscht fanden, das Recept zur Bereitung des Steins
der Weisen mitgetheilt zu erhalten. In den öffentlichen Blättern erschienen

harte Aufsätze gegen das so öffentlich ausgekramte alchemistische Treiben, und
mehrere Leser des Reichsanzeigers machten in diesem Blatt selbst der Redaction
Vorwürfe, dafs sie ein solches Thun befördern helfe. Zwar beschwor ein Baron
von der Pf., ein eifriger Correspondent der hermetischen Gesellschaft, diese, doch
ja noch fort in dem Reichsanzeiger die Briefe zu beantworten, und führte den
triftigen Grund an, so gut es die Alchemisten ärgere, wenn fort und fort in dem
Reichsanzeiger Recepte angegeben würden, wie man den Blutfinken im Käfig
die Läuse vertreiben solle, so gut müssten sich auch die Leser dieser Recepte
die alchemistische Correspondenz gefallen lassen. Aber die Vertreter der hermetischen Gesellschaft erkannten die Zeichen der Zeit besser; zu Ende des
Jahres 1798 rieth Kortum dem Bährens, „sie wollten sich *en bon ordre* zurückzuziehen suchen." Im Reichsanzeiger wurde jetzt gemeldet, weitere Briefe an
die Gesellschaft würden von der Redaction nicht mehr besorgt; die Gesellschaft
correspondirte also jetzt nicht mehr öffentlich mit dem Publicum.

Ihre Thätigkeit hörte damit nicht auf; Kortum beschloss, auf das Publicum
noch zu wirken durch Herausgabe eines hermetischen Journals; vorzugsweise
aber wirkte er jetzt insgeheim, indem er allen unter den bisherigen Correspondenten, welche er als brauchbare, fleissige Alchemisten erkannt hatte, die Steinkohle als materia prima zur Darstellung des Steins der Weisen anempfehlen liess;
zugleich wurden auch alle diese zu Ehrenmitgliedern der hermetischen Gesellschaft ernannt*). Alle diese Ehrenmitglieder glaubten jetzt immer noch, mit
einem grossen Verein in Verbindung zu stehen; keiner glaubte, dass ausser dem,
der die Rolle eines untergeordneten Agenten spielte, dass ausser Bährens nur
noch Ein wirkliches Mitglied existire. Diejenigen Ehrenmitglieder, welche wegen
ihrer besondern Thätigkeit hier genannt zu werden verdienen, waren ein Baron
von der Pf. in Thüringen, ein Schulmeister M. zu Nagold in Würtemberg, ein
Küfer B. zu Herrenberg, gleichfalls in Würtemberg, ein Leibmedicus S. zu Lud-
wigs*, ein Baron St. in Karlsruhe, ein Dorfpfarrer W. im Voigtlande, Professor
W. in Bonn, ein Ober-Zoll- und Acciserath von S. in Warschau u. a.

Die Austheilung von Diplomen war ein gut gewähltes Mittel, die hoffnungs-
volleren Alchemisten an die vermeinte hermetische Gesellschaft enger zu fesseln.
Alle Ehrenmitglieder glaubten, sie seien jetzt in den untern Grad einer Gesellschaft von Adepten aufgenommen, die ihnen zugeschobenen Arbeiten seien
nur Prüfungen, und die Aufnahme in den höhern Grad, die Erlangung der
Kenntniss des Steins der Weisen, könne ihnen nicht entgehen. Diese Hoffnungen

---

*) Das Diplom, durch welches dieses geschah, lautete: *Societas Philosophiae her-
meticae, abstrusioribus naturae arcanis operam navans, eligit, declarat, recipit dominum — —
ob singulare de re chimica bene merendi studium in numerum sociorum honorarium, quorum
est animo constanti, philosophiae studio flagranti, corde puro, moribusque integris veritati
studere, auctores optimae notae consulere, philosophorum mysteria eruere, ambiguitates homo-
nymas relinquere, consortium pseudophilosophorum syrtesque Alchemistarum vitare, et id, quod
inde boni et certi resultet, in honorem Divini Numinis, in usum patriae et in solamen inopia
laborantium referre. Dabamus d.   179   Societas hermetica.* Das Siegel der Gesellschaft hatte die Umschrift *Studio et sapientia,* die Unterschrift *Soc. Herm.*; auf ihm war
neben vielen mystischen Zeichen eine aufgehende Sonne. Dem Diplome beigefügt war in
einem Umschlag mit chinesischen Charakteren eine kleine Wünschelruthe.

machte zwar **Kortum** nur indirect, keinem versprach er die Mittheilung des Steins der Weisen auf eine bestimmte Art, sondern er wusste Alles so einzu- richten, dass jene Hoffnung und Ueberzeugung sich ganz von selbst in den Be- theiligten ausbildete. Im Gegentheil versprach er sich viel davon, wenn so viele mit Energie die Substanz bearbeiteten, die er mit Zuversicht für die wahre materia prima hielt, und namentlich auf W. setzte er grosse Hoffnung.

Mit tiefer Demuth, mit rührender Dankbarkeit nahmen die geringern Leute das Diplom als Ehrenmitglied in Empfang. „Wie glücklich schätze ich mich," schrieb der Küfer B. aus Herrenberg, „dass Sie mich würdigen, mich in Ihre hochlöbliche Gesellschaft aufzunehmen, und mich in meiner hermetischen Un- wissenheit gütigst zu belehren, wodurch ich zu meinem zeitlichen und ewigen Heil in den Tempel der Weisheit werde eingeführt werden." Pathetisch dankten die Vornehmen; der ehemalige Hauptmann von der Pf. versicherte, ihn freue das Diplom mehr, als ihn vor Zeiten ein Generalspatent habe erfreuen können; der Baron St. betheuerte, er fühle sich durch den Besitz dieses Papiers mehr geehrt, als durch das Pergament seines Adelsbriefs. — Alle Ehrenmitglieder wurden so zu verdoppeltem Fleiss in der Bearbeitung der ihnen vorgeschriebenen Materie angetrieben. Damit diese selbst nicht weiter bekannt werde, wurde sie in der Correspondenz nie unter ihrem wahren Namen als Steinkohle bezeichnet, sondern immer als „der graue Mann" oder „der Alte".

Es ist nicht uninteressant, in den Briefen dieser Menschen zu verfolgen, mit wie ungleichen Hülfsmitteln sie arbeiteten und mit wie verschiedener Stimmung. Während der reiche Ober-Zoll- und Acciserath von S. jedes phantastisch geformte Gefäss, von welchem er sich Erleichterung bei der Arbeit verspricht, gleich in entfernten Glashütten machen lässt, unbekümmert darum, was es koste, stets Geld ausgibt, und nie mit dem Erfolg zufrieden ist, wenn ihn dieser auch zu günstigen Erwartungen zu berechtigen scheint (weil es ihm nicht schnell genug geht) — laborirt der arme Schulmeister M. in Nagold, der nicht weiss, wie für seine Kinder Brod herbeischaffen, stets heiter und zufrieden, was seine Alchemie betrifft, und lässt seine Schulkinder selbst gedichtete, in dem Archiv der her- metischen Gesellschaft befindliche, Dank- und Freudenlieder singen, bekommt er nach langem Harren wieder einmal einen Brief von jener Gesellschaft. Mit den ärmlichsten Hülfsmitteln arbeitet er; so schreibt er über seinen ersten Versuch mit der Steinkohle: „Mein mit Backsteinen selbst erbautes Oefelein in der Küche besserte ich so gut aus, dass die Luft vortrefflich durchziehen konnte. Oben mauerte ich eine ziemlich grosse irdene Schüssel ein, welche ich vorher mit Eisendraht umband, mit rothem Flusssand füllete, und als Kapelle gebrauchte. Und nun that ich den wunder- und segensvollen Graubart" (die Steinkohle) „(ein völliges Pfund schwer) in eine Retorte, deren Kopf oder Bauch er nicht hälftig ausfüllte. An einem Montag setzte ich dann die Retorte in die Sand- kapelle, und fing an zu feuern. Ungefähr anderthalb Stunden sass der alte Mann im Bade, wo er dann anfing zu dämpfen und zu schwitzen. Seine Schweis- tropfen waren äusserst rein und helle, fast hätte ich Freudenthränen damit ver- mischt" u. s. w.

Das Zurückziehen der Gesellschaft von der Correspondenz mit dem grössern Publicum verbesserte bedeutend die Meinung, welche viele Hermetiker von ihr hegten; und diese suchten sich ihr jetzt zu nähern. So bewarb sich der bekannte von Eckartshausen in München jetzt um ihre Bekanntschaft und eventuelle Aufnahme, welche indess diesem Schwärmer, der die chemische Mystik wirklich bis auf das Unglaublichste gesteigert hat, nicht zu Theil wurde. — Mehr Ansehen suchte noch die Gesellschaft durch die Herausgabe eines Journals zu erlangen, von welchem das erste Heft 1799 erschien. Das Manuscript dazu wurde von Kortum und Bährens ausgearbeitet; von dem letztern ist ein „System der Hermetik" darin. welches sich den frühern alchemistischen Schriften, was Inhalt und Ausdrucksweise angeht, würdig anschliesst, und namentlich Definitionen bringt, die einer gewissen Tiefe nicht ermangeln. So z. B.: die Erde ist eine lockere, schwere, zerreibliche grobe Substanz, kalt und melancholisch, dem Saturn geeignet —. das Licht ist ein Ausfluss des feurigen Naturgeistes —, das Feuer ist das reinste Element, fix, hitzig, trocken, ruhig, verzehrend, majestätisch und der Thron der Gottheit." Dabei mangelten nicht Citate aus den ausgezeichnetsten der damaligen neuern Schriftsteller, und zur Erklärung dessen, was philosophische Auflösung sei, und worauf sie beruhe, stützte sich Bährens namentlich auf Kant's metaphysische Anfangsgründe der Naturwissenschaft. — Ausserdem wurden im I. Heft des hermetischen Journals noch mehrere ältere alchemistische Processe veröffentlicht, welche die Herausgeber im Manuscript besassen.

Das Manuscript zum I. Heft des hermetischen Journals fuhr übrigens ziemlich lange in der Welt herum, bis es einen Verleger fand. Einen solchen zu gewinnen, damit wurde zuerst der Schulmeister M. in Nagold beauftragt, welcher denn auch nach Kräften sich des Auftrags zu erledigen suchte. Er schrieb zuerst an die Erhard'sche Buchhandlung nach Stuttgart, und bot ihr den Verlag der Schrift an. welche, wie er anpries, „Epoche machen, in der Welt gleichsam eine litterarische Revolution verursachen, und allgemeines Aufsehen erregen, aber auch rasend abgehen und ihrem Verleger ansehnliche Vortheile bringen müsse." Die Antwort war leider abschläglich. M. schrieb nun einen gleichen Brief an die Cotta'sche Buchhandlung nach Tübingen; Cotta meinte, er sei niemals so ein Thor gewesen, zu verwerfen, was er nicht verstehe, also trage er auch kein Bedenken, gute hermetische Schriften zu verlegen, wenn er gleich nicht in die Alchemie eingeweiht sei; aber vor einer definitiven Antwort müsse er doch das Manuscript einsehen. Dies wurde ihm dann auch zugeschickt, und er fand, dass die Schrift nicht als eine „gute" zu betrachten und zu verlegen sei. Zuletzt übernahm ein Buchhändler in Camburg an der Saale den Verlag, brachte aber die hermetische Gesellschaft in grosse Verlegenheit; es scheint, dass er sich von den Abnehmern des Journals auf mehrere Hefte pränumeriren liess, und das Geld zwar einsteckte, die Fortsetzung des Verlags aber später weigerte.

Der Credit der hermetischen Gesellschaft sank aber stark mit dem Erscheinen des I. Hefts ihres Journals. Der Inhalt desselben befriedigte Niemanden. Viele Alchemisten, welche sich früher an die Gesellschaft gewandt und von dieser Zusicherung von Belehrung erhalten hatten, wurden zudem ungeduldig, und stiessen in dem Reichsanzeiger und andern Zeitschriften auffordernde Schmähungen aus. Die hermetische Gesellschaft erklärte deshalb 1802 nochmals bestimmt, sie werde in keinem Journal mehr öffentliche Antwort ertheilen. Dazu kam, dass mehrere Ehrenmitglieder ungestüm darauf drangen, ordentliche Mitglieder zu werden, um zu erfahren, woran sie eigentlich seien; dieser suchte sich die Gesellschaft zuerst zu erledigen, indem sie sie, unter der Anschuldigung sündlichen Golddurstes, für ausgestossen erklärte, allein das half nichts. Vielfache Klagen über Prellerei wurden jetzt auch laut, weil mehrere Abnehmer des I. Hefts des hermetischen Journals schon ein II. bezahlt hatten, und nicht erhielten. Zudem erlangte keiner der eingeweihten Laboranten aus den Steinkohlen den Stein der Weisen. Alles das stimmte den Muth der Hermetiker bedeutend herab, und Kortum und Bährens entschlossen sich, den Rückzug möglichst schnell anzutreten, das Decorum jedoch insofern zu wahren, dass sie einem dritten das ganze Risico aufhalsten, die hermetische Gesellschaft fernerhin zu repräsentiren. Hierzu erwählten sie den Baron St. in Karlsruhe, welcher sich mit dem grössten Eifer der Sache unterzog, auch insofern gut unterstützt war, als in Karlsruhe sich angesehene Personen für die Sache interessirten.

Es wurde dies 1802 beschlossen und ausgeführt. In diese Zeit fällt noch eine Correspondenz eines Unbekannten, nominell mit Bährens, factisch mit Kortum, welche wesentlichen Einfluss auf den Rückzug beider Alchemisten ausgeübt zu haben scheint. — Jener Unbekannte, — denn keiner seiner Briefe ist unterzeichnet, sein Name wird nicht in der Correspondenz zwischen Kortum und Bährens genannt, seine Handschrift stimmt mit keiner der mir vorliegenden unterzeichneten Briefe überein — jener Unbekannte ist ein vornehmer Mann, der diplomatische Reisen macht, sich den Titel Excellenz von einem Manne, wie Bährens, einem Agenten der hermetischen Gesellschaft, verbittet, und dringend darauf besteht, dass seine Briefe immer alsbald verbrannt werden sollen. In der That liegen nur drei von ihnen unter den Papieren, die sich hier befinden, sie reichen aber hin, ihren Verfasser als einen Theosophen aus Böhm's ächter Schule erkennen zu lassen, dem auch dieser erleuchtete Schuster die höchste Autorität war. Jener glaubt an die Cabbala, an das Geheimniss der Buchstabenstellungen, der Zahlengesetze und der mystischen geometrischen Figuren. Bährens mögte gern einmal mit ihm persönlich zusammenkommen, jener versichert, auch er wünsche sehr, einmal mit Bährens zusammenkommen zu können, aber Gott wolle es nicht, dass sie sich direct einander nähern sollten; er macht ihm diess begreiflich durch Construction eines gleichschenkligen Dreiecks; sie, die beiden Correspondenten, stehen in den Winkeln auf der Grundlinie, oben in dem Winkel an der Spitze des Dreiecks thront das α und ω. Der Unbekannte versichert dem Bährens, es sei ihnen nicht gegeben, die Länge der Grundlinie, ihren geographischen Abstand, wie er sagt, zu verkürzen, aber indirect können sie sich nähern, indem sie sich Gott zu nähern suchen. — Dieser Mann rieth nun den Hermetikern dringend, sich zurückzuziehen; er that mit den Planen der Vorsehung sehr vertraut, und versicherte, es liege nicht in dem Willen derselben, dass die Alchemie jetzt im Augenblicke durch die hermetische Gesellschaft weiter gefördert werde. Er war der Meinung, man solle plötzlich und ganz und gar stille sein.

Kortum und Bährens glaubten indess nicht, dass es so weit schon gekommen sei; sie meinten, es sei wohl gut, wenn sie sich zurückzögen, aber ein anderer könne noch recht gut das Interesse der hermetischen Gesellschaft auf eigene Gefahr hin weiter wahren. St. war hiezu bereit, und an ihn liefen nun alle Briefe ein. Er that auch wirklich alles Mögliche, um der Alchemie Ansehen zu erhalten. In Karlsruhe war damals viel Sinn für solche Sachen; viele höhere Beamte und Hofleute waren nach St.'s Bericht Verehrer der hermetischen Kunst, und als 1798 die Correspondenz der hermetischen Gesellschaft mit dem grössern Publicum aufgehört hatte, war man, wie in mehreren Städten (z. B. in Königsberg), auch in Karlsruhe zur Bildung eines localen Vereins geschritten, welcher Ausbildung in der theoretischen Alchemie und die Ausführung gemeinsamer hermetischer Arbeiten zum Zwecke hatte. Diese Gönner der Alchemie machten St. sogar Hoffnung, dass einige eben vacante Professuren in Heidelberg mit Männern besetzt werden sollten, welche Sinn und Interesse für die geheimern Wissenschaften hätten.

St. unternahm auch die Fortsetzung des hermetischen Journals, aber in dem Drang der Umstände, die sich im Anfang dieses Jahrhunderts über Deutschland ergossen, vergass man der Alchemie. 11 Abnehmer fand die Fortsetzung nur, und damit gab man es auf, durch hermetische Zeitschriften noch weiter wirken zu wollen.

Doch blieben die meisten Ehrenmitglieder der Gesellschaft noch in Verbindung mit dieser, die meisten durch Correspondenz mit St., einige durften auch noch mit Bährens direct verkehren. Praktisch gearbeitet wurde aber von ihnen seit 1804 weniger; unter den Kriegslasten kamen die Meisten nicht mehr dazu. Nur von Karlsruhe weiss ich, dass bis zu 1812, und zwar in vornehmem Kreise und unter mächtigem Schutz, noch stark Alchemie getrieben wurde; aber dieses Treiben steht nur sehr indirect mit dem der hermetischen Gesellschaft in Verbindung. — Die Correspondenz der Mitglieder wurde allgemach eine freundschaftliche, statt dass sie bisher ausschliesslich eine alchemistische war: M. in Nagold correspondirte mit Bährens noch bis 1810, und zeigte sich jetzt als einen verständigen Mann, ebenso wie er sich bei dem alchemistischen Briefwechsel als einen verblendeten erwiesen hatte. So schrieb er an Bährens in Westphalen 1808: „Hochdero liebes Vaterland hat unterdessen eine politische Wiedergeburt ausgestanden. Wahrscheinlich wird es seine Geburtsschmerzen noch nicht verschmerzt haben, denn seine Accoucheurs gehen gar unbarmherzig mit ihren Patienten um." Alchemistisch correspondirte am eifrigsten noch immer der Oberzollrath von S.; seine Briefe reichen bis 1819.

Um diese Zeit scheinen die letzten Folgen der hermetischen Gesellschaft sich verwischt zu haben; Kortum selbst blieb schon seit 1805 ihrem weiteren Treiben fern, wie es scheint wegen des Verlusts seines einzigen Sohns, der ihn tief beugte. Nur wenige mögen jetzt noch leben, die mit jener Gesellschaft in Verbindung standen, welche zuletzt öffentlich für die Alchemie stritt, deren Thätigkeit als das letzte Aufflackern alchemistischen Treibens betrachtet werden kann.

Das Vorhergehende setzt, hoffe ich, in den Stand, sich über den eigentlichen Zweck dieser Gesellschaft ein Urtheil zu bilden. Fingirt war sie insofern, als die Zahl der eigentlichen Mitglieder bei weitem grösser hingestellt wurde, als es der Fall war: Zweck war, andre für sich arbeiten zu lassen, vielleicht mit ächten Adepten in nähere Verbindung zu kommen, und dabei den Stand der Alchemie im Allgemeinen näher kennen zu lernen. Ausser den Täuschungen, die zur Erreichung dieser Zwecke nothwendig versucht werden mussten, kann man indess Kortum und Bährens keiner eigentlichen Betrügerei beschuldigen. Niemand beschwindelten sie um Geld, obgleich manche ihre Bereitwilligkeit anzeigten, kein pecuniäres Opfer zu scheuen, wenn sie dadurch ordentliche Mitglieder werden oder nur diesem Grad näher rücken könnten. Die zahlreichen Reverse auf Eid und Ehrenwort, welche der Gesellschaft zukamen, schickte sie zurück; sie wollte niemand eidlich binden, obgleich sie Verschwiegenheit dringend anempfahl.

Endlich stand die hermetische Gesellschaft keineswegs — wie dies einige geglaubt haben — mit religiösen Verbindungen in Zusammenhang; nur der Localverein, welcher, wie vorhin angeführt wurde, um 1790 in Königsberg bestand, zählte Rosenkreuzer zu Mitgliedern und Vorständen, und jener Localverein muss als ein alchemistisch-religiöser allerdings bezeichnet werden. Er stand indess mit der hermetischen Gesellschaft nicht in näherer Verbindung, ob er gleich 1800 seine Ansichten und Specialerklärungen aller seiner Mitglieder an die letztere schickte. Ich kann auf diesen Königsberger Verein hier nicht weitläufiger eingehen: nur im Vorbeigehen will ich bemerken, dass aus den Aussagen seiner Mitglieder eine grosse Verbreitung der Rosenkreuzbrüderschaft in Deutschland noch zu Ende des vorigen Jahrhunderts hervorgeht, dass die Königsberger diese Brüderschaft in ihrer Reinheit herzustellen versuchten, und einstimmig der Meinung waren, viele der andern Rosenkreuzvereine in Preussen, und namentlich der Berliner, dem ausgezeichnete Männer angehörten, seien Werkzeuge jesuitischer Propaganda.

Zum Schluss will ich noch bemerken, dass der Thätigkeit der hermetischen Gesellschaft auch die letzten Proben alchemistischer Litteratur ihr Dasein verdanken. Des Journals habe ich bereits erwähnt. Auf die alchemistischen Fragen, welche 1796 in dem ersten Aufruf im Reichsanzeiger gestellt wurden, erschien als Antwort eine besondere Schrift: „Neun Sätze der höheren Chemie, welche von einer hochgelehrten Gesellschaft vorgelegt wurden, beantwortet von Joseph Ferdinand Friedrich. Frankfurt, Leipzig und Wien, 1797." Die zwischen dem Oberzollrath von S. und der hermetischen Gesellschaft gepflogene Correspondenz wurde gedruckt unter dem Titel: „Ueber die mögliche Fortpflanzung der Metalle durch das analoge Mittel ihrer Auflösung. Aus dem Nachlass eines Hermetikers. Berlin 1826."

Anmerkung XVI zu S. 184:

Zuerkennung der Bekanntschaft mit geheim gehaltenen wirksamsten Heilmitteln an ältere Alchemisten in neueren Schriften.

Es giebt eine Art von neuerer Literatur, von welcher man vielleicht glauben könnte, dafs sie der eigentlich alchemistischen näher stehe; Das sind die in unserem Jahrhundert veröffentlichten Schriften, in welchen besonders berühmten Alchemisten aus älterer Zeit, namentlich dem Mittelalter und den nächstfolgenden Decennien die Bekanntschaft mit wirksamsten Arzneimitteln, die aber im Allgemeinen nur geheimnifsvoll beschrieben seien, und mit der erfolgreichen Anwendung derselben zuerkannt wird. Ich beschränke mich hier auf die Erinnerung an nur Weniges. — Meines Wissens hat Das in einer allgemeinere Beachtung findenden Weise zuerst Joh. Gottfr. Rademacher (geboren 1772 in Hamm in der Grafschaft Mark, von 1797 an praktischer Arzt in Goch im Kreis Kleve in Rheinpreufsen, wo er 1849 starb) gethan, in seiner „Rechtfertigung der von den Gelehrten mifskannten, verstandesrechten Erfahrungsheillehre der alten scheidekünstigen Geheimärzte" (in zwei Bänden zu Berlin zuerst 1841, in 4. Ausgabe 1852 erschienen). Alchemistisches findet sich da nicht, sondern nur der Arzneimittellehre und Therapie Zugehöriges; der Verfasser — welcher unter den alten scheidekünstigen Ärzten Paracelsus ganz besonders hochachtet aber auch auf Raymund Lull und Andere des Mittelalters Bezug nimmt — nennt (Bd. II, S. 5 in der 3. Ausgabe) als die drei in der alten geheimärztlichen Zeit gekannten Universalmittel nicht etwa Hermetisch-Geheimnifsvolles, sondern den würflichten Salpeter (salpetersaures Natron), das Eisen und das Kupfer. — Des versprechenderen Titels ungeachtet bietet für die Geschichte der Alchemie Interessantes auch nicht Christian August Becker's (welcher Kreisphysikus in Mühlhausen in Thüringen war) Schrift: „Der geheime Weingeist der Adepten *Spiritus Vini Lulliani s. philosophici*" (Mühlhausen 1862; für die Geschichte der Chemie kann das Hauptresultat des Verfassers in Betracht kommen, dafs er in dem *Spiritus vini Lullianus* das Aceton erkannt haben will). — Und Alchemistisches im gewöhnlichen Sinne dieses Wortes findet sich auch nur sehr nebenbei als einer Verirrung zugehörig erwähnt, nicht als Hauptsache behandelt in dem umfänglichen Buche von Gottlieb Latz, dessen Titel ist: „Die Alchemie, das ist die Lehre von den grofsen Geheim-Mitteln der Alchemisten und den Speculationen, welche man an sie knüpfte; ein Buch, welches zunächst für Aerzte geschrieben ist, zugleich aber auch jedem gebildeten Denker geboten wird" (Bonn 1869, Selbstverlag: 36 Bogen Grofs-Quart, zweispaltig mit kleiner Schrift gedruckt). Ich hatte das — meines Wissens wenig verbreitete — Buch vor einer Reihe von Jahren in einem Antiquariats-Katalog angeführt gefunden, kam aber damals nicht in den Besitz desselben; der Freundlichkeit meines Collegen August Kekulé in Bonn verdanke ich ein Exemplar und Dessen Vermittelung auch Einiges über die Lebensverhältnisse des Verfassers. Dem Letzteren — er ist 1818 in Kleve am Niederrhein geboren, promovirte 1843 als Doctor der Medicin,

practicirte von 1844 an in seiner Vaterstadt, von 1846 an in Essen, von 1850 an
in Borbeck bei Essen, von 1860 an in Mühlheim an der Ruhr, von 1865 an in
Bonn, seit 1881 in Dortmund — ist (S. 1) die Alchemie „die Lehre von den
Arcanjs und den Speculationen, welche man an sie knüpfte". Die Arcana —
geheim gehaltene Heilmittel — sind (S. 2) 1) *Acidum sulphuricum*, 2) *Ferrum*,
3) *Natron carbonicum*, 4) *Natron nitricum*, 5) *Liquor ammoniaci hydrosulphurati
s. hydrothionici*, kurzweg *Liquor hepatis* genannt, 6) die Verbindung von *Hydrargyrum oxydatum rubrum* mit *Sulphur auratum*, *Pulcis solaris ruber* genannt,
7) die Verbindung von *Hydrargyrum oxydatum rubrum* mit *Stibium sulphuratum
nigrum laevigatum*, *Pulcis solaris niger* genannt. Die Zahl der Arcana wird
auch (S. 7 ff.) vom Gesichtspunkt der Zahlenphilosophie aus betrachtet; die
Sieben ist eine hervorstechende arcanologische Zahl. Die Speculationen, mit
welchen die Erfassung der Arcana verknüpft sind, sind kosmologische, kosmo-
gonische, arcanologische u. a. Es wird dargelegt die Alchemie (in der vorher
angegebenen Bedeutung dieses Wortes) bei den Indern, den Aegyptern, den
Juden, den Griechen, den Alexandrinern, den Neu-Platonikern u. A., und namentlich die Interpretationen des S. 218 f. im I. Theil erwähnten, als *Tabula smaragdina* bezeichneten Schriftstücks, welches für die eigentliche Alchemie von der
höchsten Wichtigkeit sei (S. 188): die Jüdische, die Aegyptische, die Christliche,
die Pythagoräische, die Platonische (es war vorher eine eigenthümliche Inter-
pretation des Timäos von Platon gegeben), die Neu-Platonische, die Arabische,
die astrologische, die Zeichen-, die Drachen-, die Pflanzen-, die *Stercus*-, die
Fermentations-, die *Lapis philosophicus*-, die Mercur-, die Metall-Interpretationen
u. s. w. Man hat da manches Sonderbare hinzunehmen, gegen was man im
alchemistischen Sinne Nichts haben kann, „denn die Alchemie bewegt sich auf
der Basis der Speculation, nicht auf der Basis der exacten Forschung" (S. 48).
Da in dem (in's Lateinische übersetzten) genannten alchemistischen Schriftstück
der Ausdruck *operatio solis* vorkommt, sei dasselbe auch *Operatio solis* überschrieben worden oder Χρυσοποιία, Goldmacherkunst, da *sol* auch das Gold bedeutete (S. 269), und dann „wurde die Lehre von der Χρυσοποιία von Narren
und Betrügern derartig ausgebeutet, als könne man in der That Gold machen"
(S. 270). Und unter nochmaliger Erinnerung hieran wird dann später (S. 387 ff.)
Das, was wir gewöhnlich unter Alchemie verstehen, als die „Schwindel-Gold-
macherkunst" besprochen. Diese unrichtige Auffassung, was die eigentliche
Alchemie sei, habe später das Übergewicht erlangt, und es seien auch Alchemisten
im wahren, respectablen Sinne des Wortes: Democrit, Albertus Magnus,
Arnaldus Villanovanus, Basilius Valentinus, Paracelsus u. A. als
Pseudo-Alchemisten: als Goldmacher betrachtet worden und nur als solche be-
kannt geblieben. Ich kann selbstverständlich hier aus Latz' Werk nur
Weniges und Oberflächliches: nur so viel mittheilen, als dafür nöthig ist, eine
Vorstellung zu vermitteln, was der Verfasser sich unter Alchemie und wie er
über das gewöhnlich mit diesem Worte bezeichnete Streben denkt: eine ein-
gehendere Berichterstattung zu versuchen verbietet sich schon dadurch, dass dem
Verfasser die Alchemie etwas ganz Anderes ist als Das, dessen geschichtliche
Betrachtung der Gegenstand des vorliegenden Buches ist. Auch Diejenigen,

welche seine Ansichten und Darlegungen als Fictionen beurtheilen, werden übrigens anerkennen müssen, dafs sie in vollster Überzeugung und mit einer nicht geringen Gelehrsamkeit vorgebracht sind.

Anmerkung XVII zu S. 190:

Joh. Friedr. von Meyer's Beziehungen zu Hermetischer Chemie.

Die Anregung dazu, mich mit Joh. Friedr. v. Meyer zu beschäftigen, gab mir mein verstorbener Freund Friedr. Wöhler, welcher seine Jugendzeit in Frankfurt a. M. verlebt hat. In unserem langjährigen brieflichen Verkehr hielt Jeder von uns den Anderen in Kenntnifs darüber, womit er sich beschäftige, und so theilte ich auch an W. im Anfang des Jahres 1879 mit, dafs ich wieder einmal an der Alchemie sei und namentlich bei der Betreibung derselben noch in unserem Jahrhundert. Wöhler schrieb mir darauf unter dem 18. Januar 1879: „Von Alchemisten habe ich nur Einen gekannt, den frommen Bibelübersetzer von Meyer in Frankfurt, den Vater des Paläontologen" [Hermann v. M.] „meines Schulkameraden, in dessen Haus ich viel verkehrte und von dem ich im Vertrauen erfuhr, dafs sein Vater im Geheim ein Laboratorium habe und darin viel laborire. Selbst gesehen hat er es nie" (Das war in dem zweiten Decennium unseres Jahrhunderts). In dem Sommer des folgenden Jahres bat ich W., noch einmal zu überlegen, ob sich nicht noch etwas Näheres über diese Thätigkeit des v. M. erfahren lassen könne; Wöhler hielt in einem Brief vom 15. Juli 1880 Dies wegen der Länge der inzwischen verflossenen Zeit, in welcher alle etwa zu einiger Auskunft befähigte Personen weggestorben seien, nicht für möglich und fügte hinzu: „Ich kann also nur wiederholen, was ich Dir schon früher gesagt: dafs Herm. v. M. und ich, ehe wir auf die Universität gingen, zusammen laborirten und dafs er mir damals sagte, dafs sein Vater ein geheimes Laboratorium habe, zu dem Keiner Zutritt habe, und dafs er oft chemische Glasgeräthschaften kommen lasse". — In der Lebensbeschreibung des Joh. Friedr. v. Meyer (Allgemeine Deutsche Biographie XXI. Band, Leipzig 1885, S. 597 ff.) von J. Hamberger sagt Dieser, v. M. sei mit besonderer Vorliebe der Eschatologie und Apokalyptik zugewendet gewesen, aber Nichts davon, wie Derselbe auch einer supernaturalistischen Richtung für Solches, was der Naturwissenschaft zuständig ist, folgte, woher er für dahin Gehöriges richtige Einsicht entnehmen zu können glaubte und was für Ansichten er über es aussprach. Darüber belehren die (von Hamberger nicht erwähnten) „Wahrnehmungen einer Seherin. Herausgegeben von J. F. v. Meyer" (2 Theile, Hamburg 1827 u. 1828), bez.-w. die von dem Herausgeber zu den Wahrnehmungen gemachten Anmerkungen. Die Seherin war in den achtziger Jahren des vorigen Jahrhunderts wegen Krankheit magnetisirt und in s. g. Krise gesetzt worden; auch als sie nicht mehr in magnetischen Schlaf sank blieb ihr doch noch „ein aufgeschlossenes Auge für dieselben physischen und metaphysischen Wahrheiten, welche sie im Schlafwachen zu erkennen angefangen hatte". Was von ihr 1788 offenbart und von Anderen niedergeschrieben worden ist, hat v. M. in den „Wahrnehmungen" mit erläuternden und vervollständigenden Anmerkungen herausgegeben. Einige Proben der so zu Tage gebrachten Weisheit sind doch hier mitzutheilen. Zu den Textesworten der Seherin: „Irrig glaubt man, Holz habe Feuer in sich. Das was sich im Holz entzündet und verfliegt, ist dem Holze nicht eigenthümlich; es ist Leben das sich im Holze schwerkörperlich äufsert" macht v. M. (I. Theil, S. 381) die Anmerkung: „Das Holz hat Wasserstoff in sich, oder ist gradezu, wie alle Materie, specificirter Wasserstoff; nur dieser kann sichtbar und fühlbar brennen. Er würde aber nicht brennen und verbrennen ohne das in allen Dingen befindliche flüchtige Leben, von dem die Seherin spricht. Es ist hiemit gleichwohl wahr, dafs das Holz Feuer in sich hat, wie alle Körper". Zu den Textesworten der Seherin: „Ich gebe Ihnen ein schwaches Bild von der Entstehung der Materie. — — Es ging Leben von Gott aus, Leben das von Ewigkeit in Gott war. — — Aus dem Leben entstand ein Dunstkreis, aus diesem ein Rauchdampf, der schon gröber ist als jener und salzartige Theile enthält (schon der Dunstkreis enthält Salz, aber ungleich feineres), und aus diesem Rauchdampf ging der Erdklofs oder das feste Salz hervor. Alles Körperliche ist salzartig, Alles läfst sich in Salz auflösen, wovon das eine diesen das andre einen andern Geschmack hat" macht v. M. (Th. I, S. 386) die Anmerkung: „Der Grund aller Materie ist Salz, wie sich durch jede Verbrennung und Auslaugung der Asche erweis't; und die Verklärung der groben Materie geht wieder durch Verwandlung in Salz". Zu den Textesworten (Th. I, S. 387): „In allen Körpern ist Feuer" macht v. M. die Anmerkung: „Wenn" — — (Th. I, S. 381) „das Gegentheil gesagt wurde, so rührte das von einer andern Ansicht her. Da jeder Körper Salz enthält, so enthält er auch Feuer". — Beide, die Seherin und der Herausgeber, scheinen von dem in der *Aurea catena Homeri* wehenden und von Welling's Geist (vgl. S. 208 u. 239 ff.) inspirirt gewesen zu sein.

Anhang.

Beitrag zur Bibliographie der Alchemie.

Ich habe in den beiden Theilen des vorliegenden Buches wo und so weit es nöthig war auf alchemistische Schriften unter Angabe der Titel derselben Bezug genommen und auch der Verlockung zu bibliographischen Excursen manchmal nachgegeben, z. B. um zu zeigen, für die Titel wie vieler alchemistischer Bücher das nämliche Schlagwort gebraucht worden oder wie fruchtbar ein seiner Zeit viel gelesener und jetzt verschollener alchemistischer Schriftsteller gewesen ist. Aber Alles, was ich in Beziehung auf die Bibliographie der Alchemie in diesen beiden Theilen anführen konnte, ist doch nur gar wenig und steht meistens ganz zerstreut; mindestens einen Beitrag dazu, dafs man sich über das Äufsere der alchemistischen Literatur im Allgemeinen und über die Titel und das Erscheinen ihr zugehöriger Schriften unterrichten könne, möchte ich hier anhangsweise geben. Auch zu dem Zweck, dafs wenigstens eine annähernde Vorstellung von dem Reichthum der alchemistischen Literatur vermittelt werde und damit davon, wie verbreitet in den vorausgegangenen Jahrhunderten die Antheilnahme an Alchemie sein mufste; denn die Publication so vieler alchemistischer Bücher war doch nur darauf hin möglich, dafs für sie in einem sehr weiten Kreise Solcher, die sich für die Hermetische Kunst interessirten, genügend viele Käufer sich fanden. Namentlich in Deutschland war Dies der Fall, und die meisten der in dem Nachstehenden zu nennenden Schriften sind in Deutschland veröffentlicht; dafs aber auch andere Länder dazu, die Literatur der Alchemie zu einer ungewöhnlich reichen werden zu lassen, ihr Theil beigetragen haben und dafs für diese Länder Entsprechendes zu folgern ist, wird sich da in deutlicherer Weise zeigen, als es sonst dargelegt werden könnte.

Die Zahl der Schriften, welche ich in diesem Anhang namhaft mache, ist eine sehr beträchtliche (zum Trost eines etwaigen mitleidigen Lesers will ich gleich bemerken, dafs ich keineswegs alle aus eigener Einsichtnahme kenne). Aber diese Zahl ist nur ein kleinerer Bruchtheil von der gesammten alchemistischen Literatur, welche überreich ist; wohl auf keinem anderen Irrweg der

Geistesthätigkeit (*s. r. v.*) ist so viel literarisches Unkraut gewachsen wie auf dem alchemistischen. Eine brauchbare Bibliographie dieser Literatur fehlt noch und es ist auch keine Aussicht dafür vorhanden, dafs sie gegeben werde. Am Meisten von Materialien dafür hat Joh. Friedr. Gmelin in den drei Bänden seiner Geschichte der Chemie (Göttingen 1797 bis 1799) zusammengetragen: dafs diese Materialien in dem umfangreichen Werk sehr zerstreut stehen, entsprach dem Plane des letzteren; dafs sie auch für die bis dahin verflossene Zeit unvollständig sind, ist dem verdienstvollen Verfasser nicht zum Vorwurf zu machen. Auf Gmelin fufsen alle Diejenigen, welche sich später mit diesem Gegenstand beschäftigt haben, auch K. Chr. Schmieder in seiner Geschichte der Alchemie (Halle 1832), welcher mit einem beträchtlichen Theile dieser Literatur selbstständig bekannt Mehreres sich nach den Angaben Anderer zurechtgelegt hat und darin manchmal — selbst bis zur Ausdenkung von Büchertiteln — kühn, öfter noch nicht gerade sorgfältig war. Auch ich habe für die hier gegebene Zusammenstellung von Büchertiteln Gmelin's Werk stark benutzt, nächstdem das von Schmieder und noch andere Schriften, darunter auch Kataloge zuverlässiger Antiquare, zur Vervollständigung meiner Notizen über Bücher, welche selbst zu sehen ich Gelegenheit hatte.

Sollte übrigens Einer Das thun, dessen ich mich nicht unterfangen möchte: die Bearbeitung dieses Gegenstandes zu versuchen, so werden leicht vorauszusehende Hindernisse Dem entgegenstehen, dafs sein Werk ein allen berechtigten Anforderungen wirklich entgegenkommendes sei und jede zu wünschende Auskunft mit Sicherheit finden lasse. Schon defshalb, weil es kein Enumerations-Princip giebt, das genüge. Sehr einfach lassen sich zwar die in Betracht kommenden Bücher in der chronologischen Reihenfolge ihrer Veröffentlichung zusammenstellen, aber wer sich über ein Buch unterrichten will, für welches ihm das Jahr der *Editio princeps* unbekannt ist, kann dann seinen Wissensdurst nicht stillen, und die *s. a.* ausgegebenen Druckschriften lassen sich oft nicht mit Sicherheit einreihen. Die Bücher in alphabetischer Ordnung nach den Namen der Verfasser aufzuführen, ist gleichfalls um der Einfachheit willen lockend, läfst aber für die anonym erschienenen im Stich; die letzteren nach den Stichwörtern der Titel einzureihen, erst recht, sofern die Bemessung, welches Wort eines Titels als Stichwort zu wählen sei, eine sehr ungleiche sein kann, und das erste Hauptwort in einem Titel mafsgebend sein zu lassen, führt doch oft zu Lächerlichkeiten. Hier wie in ähnlichen Fällen kommt man mit der starren Einhaltung Eines Princips nicht aus, soll das Belehrungs-Bedürfnifs befriedigt werden. Solches sah für die Gelehrten-Geschichte bereits wohl ein Christian Gottlieb Jöcher (1694–1758; bei Lebzeiten Professor der Geschichte und Universitäts-Bibliothekar zu Leipzig). In der Vorrede zu der dritten, 1733 zu Leipzig erschienenen Auflage seines Compendiösen Gelehrten-Lexikons (ohne welches das Leben eine Plage wäre) kündigte er an, dafs er, um das über die Gelehrten in der alphabetischen Reihenfolge ihrer Namen berichtende Werk brauchbarer zu machen, einen dreifachen Anhang zu demselben auszuarbeiten beabsichtige. Der erste Anhang solle ein *Index chronologicus* sein, vorführend die Namen der weisen Männer in der Zeit bis zur Sündfluth und dann weiter in angemessenen

Zeitabschnitten, mit Sonderung der Gelehrten nach ihren Fächern, auch für
spätere Zeiten mit Unterabtheilung nach der Religion, sodann der Confession,
und bei katholischen Geistlichen auch nach der kirchlichen Würde bez.-w. der
Zugehörigkeit an den oder jenen Orden. Der zweite Anhang, von welchem
Jöcher sich einen sonderbaren Nutzen versprach, solle ein *Index geographicus*
heifsen und handeln für jeden Ort erstens von Gelehrten, so allda geboren,
zweitens von Gelehrten, so daselbst befördert worden oder sich allda aufgehalten.
Der dritte Anhang solle den Titel *Index realis* führen und von besonderen Umständen der Gelehrten handeln, z. B. von blinden, armen, liederlichen, apostatis,
unglücklichen, unverheiratheten u. s. w. Gelehrten, ferner von Schriften oder
Erfindungen gelehrter Leute, z. B. zu den Wörtern *Harmonia Evangelistarum*,
Barometron, *Antlia* u. a. die zugehörigen Namen angeben; Jöcher bemerkte
dazu, dafs es Manche gebe, welche an dergleichen Dingen ein grofs Vergnügen
haben, und Diesen werde dadurch trefflich gedient sein. Zu welchen drei An-
hängen dann noch ein vierter mit der Überschrift *De claris Pseudonymis* kommen
solle, der die wahren Namen Solcher verrathe. Welcher schöne Vorsatz Jöcher's
wohl defshalb, weil er zu schön war — meines Wissens nicht zur Ausführung
gediehen ist. Ich habe an ihn erinnert um zu verdeutlichen, dafs schon ein
besserer Mann als ich für eine ähnliche Sache wie die mir jetzt obliegende Ein
Classifications-Princip als unzureichend befand, und um eine Entschuldigung dafür vorbringen zu können, wefshalb ich in dem Folgenden über ein Stückchen
alchemistischer Literatur „nach gemischtem System" d. h. etwas unordentlich
— aber doch in einer Weise, die es mir ermöglicht hat, in meinen Notizen mich
zurechtzufinden — eine Übersicht zu geben versuche.

Zunächst wird wohl passend Einiges über die Art und die äufsere Form
anzugeben sein, in welcher alchemistische Lehren dargelegt wurden.

Die Darlegung alchemistischer Lehren konnte gegeben werden A) durch
Worte oder B) in anderer Weise.

Nach A) konnte gelehrt werden a) in ungebundener oder b) in gebundener
Form. Das Erstere war das Gewöhnliche, aber auch das Zweite kam oft genug
vor. Schon unter den S. 3 im I. Theil erwähnten, in Aegypten oder doch
unter dem Einflufs der Lehren dieses Landes in Griechischer Sprache verfafsten
alchemistischen Schriften finden sich in jambische Verse gebrachte Tractate eines
Heliodoros, Theophrastos, Hierotheos, Archelaos, und später ist Alchemistisches auch noch häufig genug rhythmisch, ungereimt und gereimt, vorgebracht worden (was für das Verständnifs der versificirten Alchemie eines
Eugenius Philaletha 1741 zu Hamburg erschienene „Erklärung der Her-
metisch-Poëtischen Wercke" bietet, kann ich nicht beurtheilen, da mir diese
Schrift nie zur Einsichtnahme gekommen ist). Nur weniger von den vielen derartigen Gedichten sei hier beispielsweise gedacht. Dem fünfzehnten Jahrhundert
gehören mehrere an: so z. B. des Johann von Tetzen o. Johannes Ticinensis *Processus de lapide philosophorum* in 141 solchen dreizeiligen Strophen,
wie deren zwei S. 205 im I. Theil stehen (die Handschrift des Gedichtes soll
von 1412 sein), ferner ein gleichfalls Lateinisches *Carmen de lapide*, als dessen

Dichter ein Edler von Lambspringk genannt, ein Geistlicher der Benedictiner-Abtei Lammspring bei Hildesheim vermuthet worden ist (das *Carmen* ist wiederholt in Sammlungen alchemistischer Tractate, zuerst in Nic. Barnaud's *Triga chemica* [vgl. Sammel-Werke] 1599 gedruckt worden; 1625 kam zu Frankfurt a. M. eine Deutsche Übersetzung heraus: „Lambspring, das ist ein herrlicher teutscher Tractat vom philosophischen Steine, welchen für jahren ein adeliger teutscher *Philosophus* so Lampert Spring geheissen, mit schönen Figuren beschrieben hat“); in Englischen gereimten Versen hob George Ripley an, die Darstellung und Anwendung des Steins der Weisen zu verkünden (das von 1471 datirte Vorwort zu seinem *Compound of Alchemie*, worin er zunächst sich ausspricht:

> *But into Chapters thys Treatis I shall devyde,*
> *In numbre twelve, with dew recapytulatyon;*
> *Superfluous rehearsalls I lay asyde,*
> *Intendyng only to give trew informatyon*
> *Both of the theoryke and practycall operatyon:*
> *That by my wrytyng who so wyll guyded be,*
> *Of hys intente perfyctly speed shall he,*

ist vollständig im II. Theil meiner Geschichte der Chemie [Braunschweig 1844], S. 9 f. zu lesen), und von einem anderen ungedruckt gebliebenen, gleichfalls in Englischen Versen verfafsten poëtischen Machwerk Desselben, welches *Alchymia* betitelt ist, befindet sich nach Boerhave's Zeugnifs (*Elementa chemiae*, T. I, *p.* 17) eine Handschrift auf der Universitäts-Bibliothek zu Leyden (vielleicht ist eine Übersetzung davon „Georg *Riplaei* Lied von dem neugebohrnen *Chymi*schen König“, welches als Zugabe zu dem Anhang in der 1760 veröffentlichten Ausgabe von Welling's *Opus mago-cabbalisticum* S. 578 ff. steht). In dem sechszehnten Jahrhundert dichtete u. A. Giov. Aur. Augurelli seine bereits S. 243 f. im I. Theil zur Sprache gekommene *Chrysopocia* in hochtönenden Hexametern; die Mittheilung des Anfangs:

> *Auriferam parvis animi pro viribus artem,*
> *Quaesitam nobis, et longo tempore partam,*
> *Ut rerum involucris tantarum evolvere moles*
> *Se potuit, claro perhibentes carmine nuper*
> *Lusimus, et Musis hanc commendavimus almis,*
> *Quod nulli ex omni numero fecere priores.*

und wie der S. 27 im I. Theil erwähnte angeblich Lull'sche Ausspruch bezüglich der Wirksamkeit des Steins der Weisen: *Mare tingerem, si mercurius esset* z. B. da ampli- und versificirt ist:

> *Illius exigua projecta parte per undas*
> *Aequoris, argentum vivum si tunc foret aequor,*
> *Omne vel immensum verti mare posset in aurum,*

dürfte genügen. Aus demselben Jahrhundert stammen die früher dem lange vorher lebenden Jean de Meun zugeschriebenen (vgl. die Anmerkung zu S. 5 f.

im I. Theil) *Remontrances ou la complainte de Nature à l'Alchymiste errant*
und *Réponse de l'Alchymiste à Nature*, für deren Sprache und Versbau S. 98 f.
im I. Theil ein wenn auch nur kleines Beispiel gegeben ist und in diesem Anhang (S. 321) noch ein anderes gegeben wird.   In dem siebzehnten Jahrhundert wurden auch noch solche dichterische Leistungen veröffentlicht, z. B.
1663 zu Amsterdam Montesnyder's *Metamorphosis planetarum sive metallorum,*
welches Lateinische Gedicht auch wiederholt in Deutscher Übersetzung erschien,
oder zu Dresden 1667 Petr. Collov's „Wohlmeynendes Chymisch *Carmen* von
unterschiedlichen noch unbekannten *Universal Alkahest Menstruis* zum unterschiedlichen *Chaos* der *Philosophorum* und dem *Lapide philosophorum*“ (das
Alkahest war ein seit Paracelsus' Zeit von den Alchemisten viel gesuchtes
allgemeines Auflösungsmittel);   der in derselben Zeit lebende Schweizer Na-
thanael Albineus richtete an einen Janus Cusinus ein (in *Mangeti Bibliotheca chemica curiosa T.* II, *p.* 387 *s.* zu findendes) *Carmen aureum,* welches wie
das Gedicht des Augurelli in Hexametern abgefafst aber kürzer ist.   Der
zahlreichen anonym herausgekommenen alchemistischen Gedichte gedenke ich
hier in thunlichster Kürze, haben sie gleich zum Theil (wie z. B. das Deutsche
De prima materia lapidis philosophorum, S. 360 ff. der 1708 veröffentlichten
Ausgabe des in der Anmerkung III [S. 242 f.] am Ende des I. Theils besprochenen
s. g. Trismosin'schen *Aureum vellus)* eine respectable Länge,   und eben so nur
kurz der Inspirationen der sehr übel berathenen oder stets schlecht aufgelegten
Hermetischen Muse, welche sich in einer Unzahl prosaischer alchemistischer
Schriften eingestreut, den Ein- oder den Ausgang derselben abgebend finden.
Einfach darüber hinweggehen kann ich nicht; diese Redeform war doch nament-
lich in Deutschland für die Vorbringung alchemistischer Vorstellungen und Behauptungen während längerer Zeit eine so beliebte und häufig angewendete,
dafs ich vor der Anführung einiger Proben nicht zurückschrecken darf.   Als
aus dem fünfzehnten Jahrhundert stammend und des Basilius Valentinus
Feder entflossen standen lange in Ansehen die Gedichte, die in Dessen Tractat
„Vom grossen Stein der uhralten Weisen“ eingestreut sind und deren Einem:
De prima materia lapidis philosophici die nachstehenden Verse entnommen sind:

> „Ein Stein wird funden, ist nicht theur,
> Aufs dem zeucht man ein flüchtigs Feur,
> Davon der Stein selbst ist gemacht,
> Von weifs und roth zusammen bracht.
> Es ist ein Stein, und doch kein Stein,
> In ihm wirckt die Natur allein“ u. s w.

> „Adam setz in ein Wasserbad,
> Darinn *Venus* ihres gleichen hat,
> Welches hat bereit der alte Drach,
> Da er verlor sein Stärck und Krafft.
> Ist nichts, spricht der *Philosophus,*
> Denn ein zweyfach *Mercurius.*“ u. s w.

Es giebt noch schlechtere alchemistische Reimereien; es giebt auch weniger schlechte. Zu den letzteren scheinen mir zu gehören diejenigen, welche die in den zu Frankfurt und Leipzig 1757 ausgegebenen Fünff Curieusen Chymischen Tractätlein als erstes stehende „Güldene Rose, d. i. Einfältige Beschreibung des Allergrössesten von dem Allmächtigsten Schöpffer Himmels und der Erden *Jehovah*, In die Natur gelegten, und dessen Freunden und Auserwehlten zugetheilten Geheimnisses, als Spiegels der göttlichen und natürlichen Weisheit, aus Licht gebracht durch J. R. V. M. D." (zuerst 1705 zu Hamburg veröffentlicht) enthält. Zehn „*Sophische Arien*", zum Theil etwas längliche, werden da geboten, deren erste: „Ansprache an die wahre Weisheits-Kinder" ermunternd beginnt:

> „Wohlauf! ihr Kinder auf! die ihr im Lichte wandelt,
> Und wahre Weisheit liebt, merckt was man jetzo handelt";

aber von Weiterem mag nur noch aus der sechsten Arie „*Fr. Basilius* von der Wurtzel des Steins der Weisen" Einiges hierhergesetzt werden, ersehen zu lassen, wie die eben angeführten Verse des Basilius Valentinus von dem späteren Kunstgenossen, den Anforderungen der Zeit des Letzteren entsprechend, gebessert worden sind:

> „Man findet einen Stein der ist fürwahr nicht theuer,
> Aus ihme ziehet man ein gar sehr kräftig Feuer,
> Und dennoch ist der Stein aus diesem Feur gemacht,
> Ist auch von Weifs und Roth zu einem Stein gebracht.
> Es ist fürwahr ein Stein und doch kein Stein zu nennen,
> Natur wirckt nur in ihm, sehr wenig diesen kennen" u. s. w.

> „Nimm deinen Adam hin, ins Wasser-Bad ihm setze,
> Dafs er mit *Venus* sich daselbsten wohl ergetze,
> Das Bad hat angericht der alt und kalte Drach,
> Da er die Kraft verlohr und übergab die Sach.
> Difs ist *Mercurius*, an Kraft und Macht *dupliret*,
> Ich sage nun nichts mehr, die Sach ist ausgeführet." u. s. w.

Besser in der Tendenz — denn diese ging dahin, vor den Betrügereien der Alchemisten zu warnen — aber schlechter unter dem Gesichtspunkt der Poëtik waren die doch später, zu Frankfurt u. Leipzig 1772 noch einmal ausgegebenen, allerdings wenigstens zum Theil viel früher entstandenen „Vier unterschiedene Chymische Tractätlein. Hiebevor in alten Teutschen Reimen *ab Incertis Authoribus* gestellet". Der Leser wird genug haben an dem Anfang des ersten Tractätchens „Von der rechten wahren Kunst des Goldmachens, deren sich viele Aschenpeuster ohne Grund rühmen, und darmit reiche Leute arm machen. Allen Kunstliebenden, Geldgeizigen, Leichtgläubigen und verblendeten Goldköchen zur Warnung publicirt *ex Bibliotheca* Herrn Andreä Marterstecken" (es war zuerst mit den der eben angegebenen Überschrift vorgesetzten Titelworten: *Alchymia vera lapidis philosophorum* zu Magdeburg 1609 veröffentlicht):

„Wer sich nicht will lassen vexiren,
Der lasse sich ja nicht verführen
Von den verlogenen Alchymisten,
Sie sind voll Trug und falscher Listen.
Können nichts dann schwören und lügen,
Damit sie manchen Mann betrügen" u. s. w.

Wenn die Enunciation einer alchemistischen Lehre oder Betrachtung durch
Worte geschah, konnte die Perception derselben mittelst des Gesicht- oder auch
mittelst des Gehörsinns statthaben. In anderer Weise als durch Worte, nach
B) einer solchen Lehre oder Betrachtung Ausdruck zu geben, war schwierig,
wenn nur der Gehörsinn das Verständnifs vermitteln sollte, und es ist nicht
leicht einzusehen, wie Flamel's *Musique chimique* (welche übrigens immer
handschriftlich geblieben ist) dafür Erspriefsliches zu leisten im Stande war.

Wohl aber konnte Dies in der Weise geschehen, dafs nur der Gesichtssinn
in Anspruch genommen wurde; und es geschah häufig. Allegorische Figuren
sollten geschriebene bez.-w. gesprochene Behauptungen und Beschreibungen ersetzen, und für die Klarheit des Verständnisses sogar Vortheile bieten. Derartige Figuren scheinen nicht vor dem vierzehnten Jahrhundert in allgemeiner
bekannt gewordenen Schriften über die Goldmacherkunst angewendet worden zu
sein; von da an finden sie sich, wenn auch nicht schon — was angegeben worden
ist — in einer Schrift eines in den Anfang dieses Jahrhunderts gesetzten Abraham Eleazar.

(Ich kenne den Inhalt dieser recht curiosen Schrift nur aus der Ausgabe,
welche betitelt ist: „R. Abrahami Eleazaris Uraltes Chymisches Werk, welches
ehedessen von dem *Autore* theils in Lateinischer und Arabischer, theils auch in
Chaldäischer und Syrischer Sprache geschrieben, nachmals von einem *Anonymo*
in unsere deutsche Muttersprache übersetzt, nun aber nebst zugehörigen Kupfern,
Figuren, Gefäfsen, Oefen, einer kurzen Vorrede, nöthigen Registern, wie auch
beygefügtem Schlüssel derer in selbigem vorkommenden fremden Wörter, zugleichen
einigen philosophischen Regeln von dem Steine der Weisen zu Nutz und Gebrauch
aller Liebhaber der edlen Hermetischen Philosophie, in II Theilen zum öffentlichen Druck befördert worden durch Julium Gervasium *Schwartzburgicum*
P. M. & I. P. E. Zweyte Auflage. Leipzig, in Lankischens Buchhandlung, 1760"
(8º); es folgen 26 unpaginirte, Vorreden u. A. bringende, 122 paginirte und 14 unpaginirte, ein alphabetisches Register enthaltende Seiten.   Der II. Theil —
auf ihn als solchen ist in der Vorrede des Gervasius Bezug genommen — hat
in dieser Ausgabe mit dem vorhergehenden Theil gleichen Druck und gleiches
Format aber nicht nur selbständige Signirung der Bogen und Paginirung sondern
auch einen besonderen Titel: „*Donum Dei* Samuelis Baruch, des Juden *Rabbi*,
Astrologi und *Philosophi*, gebohren aus dem Stamm Abrahams, Jsaacs, Jacobs
und Judä, welcher erlernet das grofse Geheimnifs des grofsen Meisters Tubalkains aus dessen Tabell, gefunden von Abrahamo Eleazare, dem Juden.
I. N. U. CXI"; es folgen 6 unpaginirte Blätter, deren erstes wie ein Titelblatt:
„Kurzer doch deutlicher Schlüssel, derjenigen fremden Wörter, welche in Abraham
dem Juden enthalten sind, wodurch denen Liebhabern der edlen hermetischen

Wissenschaft ein sonderbares Licht gegeben wird" zu den anderen steht, und deren zweites einen Vorbericht Dessen bringt, der das auf den 4 letzten Blättern zu findende Lexikon zusammengestellt hat, dann 104 paginirte Seiten, endlich 12 unpaginirte Seiten Register. Beide Theile sind alchemistischen Inhalts; von Metallverwandlung, dem Stein der Weisen oder der Tinctur und davon, wie dazu zu gelangen, ist in ihnen die Rede. In beiden Theilen sind zur Erläuterung des in ihnen Vorgebrachten Abbildungen alchemistischer Apparate und Darstellungen Hermetischer Geheimnisse in allegorischen Bildern zu finden, welche letztere ganz anständig gehalten sind; der II. Theil hat auch kabbalistische Figuren. In dem II. Theil wird mehrfach auf Thubalkain als den Meister in der Kunst, welche gelehrt werden soll, Bezug genommen, so z. B. in der gleich im Anfang stehenden Ansprache des Abraham Eleazar an seine Brüder: „Ich habe euch in meinem I. Theil dasjenige, so mir der grofse Gott und Schöpfer geoffenbaret in dem Buch, das Geheimnifs des *Tubalkains* treulich zu eurer Nothdurft hinterlassen, damit ihr euch und eure Kinder trösten und in Nöthen aufhelfen könnet. — — Ich habe dieses Geheimnifs auf kupfernen Tafeln beschrieben gefunden von dem Samuel Baruch aus unserm Geschlechte in Figuren, Chaldäischer, Syrischer und Arabischer Sprache, es war mir zwar im Anfange schwer zu verstehen, — — allein der grofse Jehovah eröffnete mir bald durch seine Kraft, dafs ich diese Geheimnisse fassen und begreifen konnte. Also will ich euch solches alles, so viel ich von diesem Geheimnifs verstehe, zur Erläuterung meines ersten Büchleins treulich, sowohl auch die Figuren vormahlen, und in diese Rinden eingraben und beschreiben". Wie da auf Thubalkain Bezug genommen ist, hat dem Herausgeber Gervasius Veranlassung gegeben, in seiner Vorrede zum I. Theil auch die Fragen zu discutiren, „1) Ob Tubalkain seine Lehrsätze schon in Kupfer hätte graben können? 2) Ob auch Tubalkain ein *Chymicus* gewesen sei?"; beide Fragen werden mit Aufwand von einiger Gelehrsamkeit bejahend beantwortend, und damit auch als erwiesen betrachtet, „dafs Tubalkain — — gar der Erfinder der *Chalcographiae* gewesen". — Die erste Ausgabe des hier in Betracht gezogenen Buches, welcher die eben besprochene Leipziger von 1760 als zweite folgte, ist in Erfurt 1735 erschienen. Beide Ausgaben gehören nicht zu den gewöhnlicher vorkommenden alchemistischen Schriften; J. Fr. Gmelin nennt in seiner Gesch. d. Chem. Bd. I, S. 63 f. u. Bd. II, S. 300 nur die Erfurter Ausgabe von 1735, Heinsius in seinem Allgemeinen Bücher-Lexikon für die 1700 bis 1810 erschienenen Bücher Bd. I, S. 754 nur die Leipziger Ausgabe von 1760; so selten kommt des Abraham Eleazar Schrift vor, dafs, wenn sie in einem Antiquariats-Katalog aufgeführt ist, Das Einem, der für derartige Bücher Interesse hat, auffällt, obgleich sich diese Schrift weder in Joh. Jac. Bauer's 1770 bis 1791 veröffentlichter *Bibliotheca librorum rariorum universalis* noch in Brunet's *Manuel du libraire et de l'amateur de livres* oder Graesse's *Trésor de livres rares et précieux* — Werken, die doch sonst Derartiges und auch weniger selten Vorkommendes haben — verzeichnet findet. Dafs die Erfurter Ausgabe von 1735 die *Editio princeps* des von Gervasius zum Druck beförderten Werkes ist, wird wohl danach nicht zu bezweifeln sein, dafs hinter der — nicht datirten — Vorrede des Gervasius ein an Diesen gerichtetes, aus Frankfurt a. M. v. 18. Januar 1735 datirtes Lateinisches Schreiben eines L. N. Dobelius abgedruckt ist, in welchem der Letztere, angegangen um ein *Judicium de praefatione ad antiquissimum rarissimumque R. Abrahami Eleazaris manuscriptum* sich billigend über die Vorrede ausspricht, dabei sich äufsernd, es gebe wohl auch in Erfurt (wo Gervasius damals gelebt zu haben scheint) über dieselbe zu befragende in der Chemie erfahrene Männer (in der Vorrede wird — beiläufig bemerkt — der 1737 im Druck veröffentlichten *Occulta philosophia sapientum et revatio stultorum* des Ludovicus Orvius [vgl. S. 204 f.] als einer Schrift gedacht, deren selten zu habendes Manuscript Einige hätten einsehen können). Hiernach ist mir eine von beachtenswerther Seite kommende Angabe, nach welcher eine noch ältere Ausgabe existiren würde, unverständlich: in dem 1885 veröffentlichten Lager-Catalog 153 von Joseph Baer & Co., Buchhändler und Antiquar in Frankfurt a. M. ist *sub* Nr. 1 „Abrahami Eleazaris uraltes chymisches Werk, deutsch v. J. Gervasius. 2 Bde. mit viel. Kpfrn. u. Holzschn. Erf. o. J. (16..) 8°" aufgeführt. Dafs in Handschrift dieses Werk schon vor 1735 Mehreren bekannt gewesen sei, versichert Gervasius in seiner Vorrede: Orvius habe daraus für seine *Occulta philosophia* Vieles profitiret und der anonyme Verfasser der 1703 ausgekommenen Curiosen Untersuchung etlicher Mineralien, Thiere und Kräuter lobe „diesen Juden wegen seiner gegebenen Anleitung (wie, wo und wenn die *prima Materia* des *Lapidis philosophorum* zu überkommen sey?) überaus sehr; Und ob er ihn gleich daselbsten eben ausdrücklich nicht benahmet, sondern nur dessen gegenwärtiges Werk blofser Dings ein rares und secretes *Manuscriptum* nennet; so wird mir dennoch ein jeder völligen Beyfall geben müssen, dafs er dessen im ersten Theile *p.* 12 bis 14 befindliche Redensarten fast von Wort zu Wort gebrauchet, anbey auch sothane gute Anleitung glücklich experimentiret gehabt". — Über die Lebensverhältnisse oder auch nur über die Existenz eines Abraham Eleazar, welcher der Verfasser des in Besprechung stehenden Werkes sein könnte, Etwas zu erkunden, habe ich mich vergeblich bemüht, und nicht besseren Erfolg hatte ich in Betreff des Samuel Baruch und selbst des Julius Gervasius aus Schwarzburg. J. Fr. Gmelin, welcher das Buch des Abraham Eleazar eingesehen zu haben scheint — er giebt in seiner Gesch. d. Chem. Bd. I, S. 63 f. an, dafs darin Anleitung zur Bereitung der Mineralsäuren gegeben sei und auf die Alchemie bezügliche hieroglyphische Bilder bereits zu finden seien —. (Schmieder hat in seiner später gearbeiteten Gesch. d. Alchemie nicht einmal den Namen des A. E.) setzt Denselben in den Anfang des vierzehnten Jahrhunderts, ohne den Grund dafür anzugeben; vielleicht hat er ihn, in der Vorrede des Gervasius Gesagtes mifsverstehend, für den getauften Juden gehalten, welcher in der zweiten Hälfte des vierzehnten Jahrhunderts in San Jago di Compostella dem Nic. Flamel aus Paris eine von Diesem nicht zu entziffernde auf Baumrinde geschriebene Anweisung zur Darstellung des Steins der Weisen verständlich gemacht haben soll (vgl. S. 206 im I. Theil). Aber der Abraham Eleazar giebt sich (vgl. S. 315) selbst als Denjenigen, welcher Thubalkain's Geheimnifs auf Rinden eingegraben habe. Gervasius läfst es unentschieden, welchem Jahrhundert A. E. angehörig sei, und schliefst nur aus einigem von Diesem Gesagtem, dafs Derselbe eine gar geraume Zeit nach der Zerstörung der Stadt Jerusalem gelebt habe. Der Verfasser des Buches scheint allerdings erst beträchtlich viel später gelebt zu haben. Zunächst ist auffallend, daſs in dem II. Theil (S. 6 der Ausgabe v. 1760) eine Stelle aus der *Tabula smaragdina* (vgl. S. 218 f. im I. Theil) buchstäblich in derjenigen Lateinischen Fassung steht, in welcher dieses Schriftstück nach Allem was wir über es sicher wissen — seit frühestens dem zwölften Jahrhundert im Abendlande bekannt ist; und noch auffallender ist, daſs im I. Theil S. 3 A b r a h a m E l e a z a r zu seinen Brüdern davon spricht, sie seien gezwungen dem *Assur* zu dienen, S. 6 davon, er theile die Geheimnisse der Väter Denselben mit, damit sie dem Römischen Kaiser den Tribut geben können, und S. 93 f. sie mit einer Prophezeihung bekannt macht, Frankreich werde gegen Abend, wie auch Spanien, und der Römische Kaiser wider Frankreich, die Polen wider die Türken u. s. w. sich aufmachen (dazu ist, da diese Prophezeihung doch befremden könne, eine alberne Anmerkung vom Herausgeber gemacht). Es erschien mir als angezeigt, meinen Collegen Gust. Weil zu bitten, Einsicht in das Buch zu nehmen, in welchem sich ziemlich häufig Semitische Worte und Sätze finden: ob es wohl überhaupt eine Übersetzung aus dem Hebräischen sei. Ihm fiel auſser dem eben Bemerkten auf, daſs mehrfach Citate aus dem Alten Testament ganz unrichtig gegeben sind, daſs (S. 95 im I. Theil) ein Gebet steht, was nach Jüdischer Art geformt ist aber dem Jüdischen Glauben widerspricht, daſs, wo (S. 11 im II. Theil) Chaldäisches vorkommt, es zum Theil unverständlich ist. Es ist mir hiernach wahrscheinlich, daſs das Buch unächt ist: eine an die von F l a m e l erzählte Geschichte anlehnende Erdichtung, die aus relativ recht später Zeit stammt. Ihre Abfassung nicht früher als in das 17. Jahrhundert zu setzen könnte veranlassen, daſs in einer der Abbildungen (12 zum II. Theil) die da zu sehende Figur groſse Ähnlichkeit damit hat, wie der dem Publicum zuerst 1617 vorgestellte „kleine Bauer" (vgl. S. 230 f.) geschildert worden ist; dafür sie in eine dem Jahr der Veröffentlichung der ersten Ausgabe (1735) ganz nahe Zeit zu setzen, möchte sprechen, wie sich dann die von G e r v a s i u s hervorgehobene Übereinstimmung von Solchem, was in des O r v i u s *Occulta philosophia* und was in dem anderen von ihm erwähnten Tractat steht, mit Solchem, was des A b r a h a m E l e a z a r Buch hat, einfach erklärt: daſs für das letztere aus den ersteren Schriften — nicht, wie G e r v a s i u s glauben machen will, umgekehrt — entnommen bez.-w. abgeschrieben worden ist. A b r a h a m E l e a z a r und S a m u e l B a r u c h sind dann erdichtete Persönlichkeiten und J u l i u s G e r v a s i u s aus Schwarzburg ist wohl der pseudonyme Verfasser des hier besprochenen untergeschobenen Buches.)

Zu Beachtung und Nachahmung sind, noch im vierzehnten Jahrhundert, allegorische Figuren durch F l a m e l gebracht worden. Dieser fand solche Bilder auf dem in seinen Besitz gekommenen Rinden-Codex (vgl. S. 206 im I. Theil) und erkannte, nachdem er zum Verständnifs des zugehörigen Geschriebenen gelangt war, auch ihre Bedeutung. Was er auf diese Art gelernt hatte machte er in gleicher Art auch Anderen zugänglich, und zwar ganz öffentlich, wie aus dem Titel einer Schrift von ihm zu entnehmen, die ursprünglich Lateinisch verfaſst in Französischer Übersetzung erstmals als X. Flamel's *Figures hiéro-*

glyphiques, comme il les a mises en la quatrième arche du Cimetière des Innocents de Paris, qu'il a basty, expliquées par luy mesme zu Paris 1612 herauskam (die Erläuterung der Bilder hat Flamel 1399 geschrieben), oft wieder abgedruckt, auch wiederholt in Deutscher Übersetzung ausgegeben worden ist (u. A. 1680 zusammen mit einem alchemistischen Tractate des Synesios als „Das Buch der Hieroglyphischen Figuren *Nicolai Flamelli* des Schreibers, wie dieselben stehen unter dem vierten Schwibbogen auf dem Kirchhofe der unschuldigen Kinder zu Parifs, wenn man zur Pforten von S. Dionysii Strassen hineingeht, zur rechten Handwerts, samt derselben Bedeutung oder Erklärung durch gemeldten Flamel. Worinn gehandelt wird von *Transmutation* oder Verwandlung der Metallen). Vom fünfzehnten Jahrhundert an — in welchem des Edlen von Lambspringk (S. 311) *Carmen de lapide* fünfzehn allegorische Figuren in Flamel's Manier hat, welche gewifs für das Verständnifs Dessen, auf was es eigentlich ankam, von nicht geringerem Werthe waren als der Text — bis über das siebzehnte Jahrhundert hinaus kommen bildliche Darlegungen der Hermetischen Geheimnisse in alchemistischen Schriften sehr häufig vor. Dafs recht viele von diesen Abbildungen nicht etwa zweideutige sondern ganz unzweideutig höchst unanständige sind, war bereits am Ende der Anmerkung VII (S. 254) zum I. Theil zu bedauern; alle waren es nicht: so z. B. sind die in Basilius Valentinus' Tractat vom grofsen Stein der uhralten Weisen zu schauenden decent zu nennen. Am Consequentesten führt die Ersetzung des geschriebenen bez.-w. gedruckten Wortes durch Bilder durch ein *Mutus liber, in quo tamen tota philosophia hermetica figuris hieroglyphicis depingitur, autore Alto*, 1677 zu la Rochelle (*Rupellae*) veröffentlicht und dann in *Mangeti Bibliotheca chemica curiosa (T. I* nach *p.* 938) aufgenommen; in ihm sind nur Abbildungen, nicht Ein Wort Text zu finden (die Abbildungen sind im Anfang verständlich: ein Alchemist und sein Weib spannen Tücher aus, um das als *materia prima* für die Bereitung des Steins der Weisen zu bearbeitende Regenwasser aufzusammeln, aber bald lassen die Bilder nicht mehr deutlich erkennen, was für Operationen durch sie dargestellt sein sollen, und erst das letzte Blatt, wo der Alchemist und sein Weib auf den Knien liegen, zeigt wieder etwas Unverkennbares: dafs Beide dafür, das Ziel ihrer Arbeiten glücklich erreicht zu haben, danken).

In den Schriften, welche über das grofse Hermetische Geheimnifs Aufschlufs geben sollen, spricht — wenn überhaupt in ihnen Jemand als redend vorgeführt und nicht etwa die Sache ganz objectiv dargelegt wird — meistens nur Einer: gewöhnlich der Verfasser selbst oder Einer, welcher die Ansichten oder Lehren einer Autorität referirend vorträgt. Im ersteren Falle spricht natürlich der die Mittheilungen aus dem Schatze seines Wissens Machende in der ersten Person, wie — um nur Ein bedeutendes Beispiel beizubringen — es der Verfasser der unter Raymund Lull's Namen verbreiteten Schriften in Übereinstimmung mit anderen alchemistischen Autoritäten des dreizehnten Jahrhunderts thut. Selbstverständlich konnte auch die von sich aus belehrend sprechende Persönlichkeit eine fingirte sein; zu dem in die zu Frankfurt u. Leipzig 1757 ausgekommenen Fünff Curieusen Chymischen Tractätlein angenommenen Tractat „Das Blut der

Natur, Oder Entdeckung des allergeheimesten Schatzes derer Weisen, seyende
nichts anders als der rothe Lebens-Safft, davon alle Geschöpffe nach dem Willen
des Allmächtigen herstammen, erhalten, und fortgepflanzet werden. Den Kindern der Weifsheit zum Besten hervorgegeben von Anonymus von Schwartzfufs" ist z. B. gegeben ein „Anhang, Worinnen der *Mercurius sophorum* als
redend aufgeführet wird", und der im Übrigen recht heidnische Monolog dieses
Mercurius schliefst: „Jehovah sei Preis und Ehre, Amen". Im zweiten Falle
spricht der Belehrende in der dritten Person, auch wenn Derjenige als redend
vorgeführt wird, welcher der Verfasser der betreffenden Schrift ist oder als solcher
gelten soll, wie z. B. in dem gröfseren Theile des dem Avicenna untergeschobenen Buches *De anima in arte alchimiae* (vgl. S. 15 im I. Theil), wo *Dixit
Abuali Abincine* eine gewöhnliche Redewendung ist. — Dafs in einem Sendschreiben der Adressant den Adressaten anredet, versteht sich von selbst (wobei
denn auch R. Lull in dem *Compendium animae transmutationis artis metallorum
Ruperto regi transmissum* es an *Rex illustrissime* und *Serenissime Princeps*
nicht fehlen läfst und die *Epistola Arnoldi de Villanova super alchymia ad
regem Neapolitanum* das *Et nota, o rex* öfter hat als man für nöthig halten
sollte). Aber auch sonst sehr oft wendet sich der Verfasser direct an den Leser
als ein Lehrer an den Schüler oder wie ein Vater an den Sohn. In der letzteren gemüthlich ansprechenderen Form sind z. B. R. Lull's *Testamentum* und
Codicillus geschrieben; *Fili* und *Carissime fili* wird der Leser da fortwährend
angeredet und mit *Scito fili*, *Fili bene cognoscere debes* und in ähnlicher Weise
beginnen die gegebenen Anweisungen; dieses Beispiel fand oft Nachahmung:
noch eine zu Frankfurt u. Leipzig 1772 herausgekommene Schrift: „Ein auserlesener herrlicher Tractat von dem philosophischen Wasser. *Incerti authoris*"
läfst den Vater dem Sohn „ein Verständnifs des rechten wahren philosophischen
Steins, und wie in dessen Präparation procedirt werden solle" beibringen, und
auf jeder Seite wiederholen sich Anreden wie „mein Sohn", „allerliebster Sohn"
und ähnliche. Beiderlei Darlegungsformen finden sich in dem vorerwähnten dem
Avicenna zugeschriebenen Werk, aber der da der Belehrung gewürdigte Sohn
ist nicht der Sohn im Geiste sondern der leibliche Sohn des Lehrenden (Abuzalemi heifst da dieser Jüngling, doch ein anderer Name kommt auch vor: es
existirt auch eine wohl eben so ächte *Declaratio lapidis physici Avicennae
filio suo Aboali).
    Aber manchmal verhält sich da der junge Mann nicht lediglich passiv
sondern äufsert auch er sich; damit geht die Form der Darlegung in die des
Dialoges über. Die dialogische Lehrform war für die Alchemie schon frühe angewendet. Die wahrscheinlich älteste unter den S. 3 im I. Theil besprochenen
Schriften: die wohl dem vierten wenn nicht einem früheren Jahrhundert angehörigen *Physica et mystica* eines Democrit (vgl. S. 202 u. 219 ebenda) fanden
bald in einem Synesios einen Commentator; der Commentar Desselben ist an
einen Dioskoros gerichtet und in Gesprächform abgefafst, so zwar, dafs Dioskoros eine Bemerkung oder eine Frage aufwirft, auf welche dann Synesios
belehrend antwortet, nicht ohne ab und zu den Anderen der Zerstreutheit zu
zeihen und zur Aufmerksamkeit und Anstrengung seiner Geisteskräfte zu er-

mahnen. In gleicher Weise gehaltene Erläuterungsschriften wurden auch viel
später noch verfafst, auch solche in welchen einem der Erklärung bedürftigen
Schriftsteller selbst die Rolle des Erklärers zugetheilt war; so z. B. liefs Giovanni Braceschi, ein um die Mitte des sechszehnten Jahrhunderts lebender
Medicus aus Orci nuovi im Gebiete von Brescia (was wahrscheinlicher ist als dafs
es der damals lebende Prior der regulirten Chorherren von St.-Segond gewesen
sei), in einem *Dialogus veram et genuinam librorum Gebri sententiam explicans*
den Geber angeblich deutlicher als in Dessen* Werken sich äufsern in einem
Gespräche mit einem als Demogorgon Benannten (das Gespräch beginnt mit
der artigen Begrüfsung Geber's durch den Interviewer: *Salve magni Mahumetis
sapientissime nepos*, worauf Geber eben so artig antwortet: *Salvum te advenisse
gaudeo; sed quae causa est tam longinqui itineris?* um sich von Demogorgon
dann weiter ausfragen zu lassen). Aber auch ohne dafs die Werke oder ein
Werk Einer Autorität so speciell berücksichtigt worden wären, wurden die Grund-
lehren der Alchemie öfters zwiegesprächlich abgehandelt. Selbstverständlich dann,
wenn die Anweisung zur Ausübung der Kunst ausdrücklich in katechetischer
Lehrform gegeben werden sollte, welche gerade so gut ein an die Alchemie
glaubender Schriftsteller, wenn sich zur Ertheilung dieser Anweisung berufen
fühlend, hätte wählen können, wie sie zur Persiflage dieses vermeintlichen Zweiges
des Wisssens der ungenannte Verfasser des zu Berlin und Leipzig 1776 ausgegebenen „Goldmacher-Catechismus in Frag und Antwort, Zum Nutzen und Vergnügen aller derjenigen, welche in diesem Hospital krank darnieder liegen, lehrend,
wie sie wieder zur wahren Erkäuntnifs gelangen können, anfrichtig beschrieben
von einem Liebhaber in Philadelphia". Aber auch sonst. Von dem erfolglos
arbeitenden B. Penot (S. 235 im I. Theil) war ein *Dialogus de arte chemica* veröffentlicht worden, in dem in der Anmerkung III (S. 242 f.) am Ende des I. Theils
besprochenen s. g. Trismosin'schen *Aureum vellus* (S. 272 ff. der Ausgabe von
1708) ein (Deutscher) *Dialogus philosophiae inter magistrum et discipulum* und
in *Mangeti Bibliotheca chemica curiosa* (*T. II, p. 326 ss.*) ein (Lateinischer) *Dialogus inter naturam et filium philosophiae* zu lesen, in der in der Form eines
Dialoges gehaltenen *Psychosophia* (vgl. die Anmerkung II S. 241 im I. Theil)
hatte Becher seine Ansicht über die Alchemie ausgesprochen, und in gleicher
Form abgefafste alchemistische Tractate erschienen noch mehrere vor der Zeit,
in welcher der Glaube an die Goldmacherkunst erfolgreicher als bisher bekämpft
wurde („Der Hirt. Ein *Philosophisches* Wercklein Von einem Eifferigen Liebhaber der *Hermetischen* Kunst verfertiget" [„Unverhoffte Zusammenkunfft und
Verträuliches Gespräch zwischen Theobald einem Apothecker, und Phileno
einem Hirten"] präsentirte sich z. B. zu Basel 1744): und der Zeit, in welcher
Das geschah, gehört auch noch eine oder die andere Schrift an, welche in der
nämlichen Form die gegen die Alchemie sprechenden Gründe geltend macht (so
z. B. das zu Berlin 1776 herausgekommene „Gespräch über die Alchemie, zwischen
einem Adepten und Chemisten vorgefallen"). In den meisten derartigen Schriften
— so auch bei den im Vorstehenden genannten — wechseln der eine und der
andere Theilnehmer an dem Gespräch rascher im Reden ab. Aber Das mufste
nicht immer so sein. In dem in der Anmerkung zu S. 5 f. im I. Theil u. S. 311 f.

erwähnten, dem Jean de Menn, Meung o. Mehun zugeschrieben gewesenen Gedicht: *Remontrances ou la complainte de Nature à l'Alchymiste errant et Réponse de l'Alchymiste à Nature*, dessen erster Theil schildert, (ich schreibe die Verse ab, wie sie mir in F. Hoefer's *Histoire de la chimie*, 2. éd., T. I, *Paris* 1866, *p.* 429 *s.* gerade zur Hand sind)

> *Comme Nature se complaint*
> *Et dit sa douleur et son plaint*
> *A ung sot souffleur sophistique*
> *Qui n'use que d'art méchanique,*

hat vorerst nur *Nature* das Wort, deren umfänglicher Vortrag beginnt:

> *Hélas! Que je suis malheureuse,*
> *Et sur toutes plus doloreuse,*
> *Quant je pense à toy, genre humain,*
> *A sa semblance et vraye image*
> *Pour plus parfaict de son ouvrage,*
> *Qui sur toute autre creature*
> *Te desreigle tant de nature,*
> *Sans user en temps et saison,*
> *En tes faictz, de dame Raison.*
>
> *Je parle à toy, sot fanatique,*
> *Qui te dis et nomme en practique*
> *Alchimiste et bon philosophe:*
> *Et tu n'as sçavoir ny estoffe,*
> *Ne theorique, ne science*
> *De l'art, ne de moi congnoissance.*
> *Tu romps alambics, grosse beste,*
> *Et brusles charbon qui t'enteste;* u. s. w.

Aber die lange Klagerede der Natur macht auch Eindruck auf den Getadelten, welcher, endlich zum Worte gekommen, nichts Besseres zu thun weifs, als in der *Réponse de l'Alchimiste à Nature* zu zeigen,

> *Comment l'artiste, humble et doulx,*
> *Est devant Nature à genoulx,*
> *Demandant pardon humblement*
> *Et la remerciant grandement,*

und auszuführen, dafs er jetzt besser belehrt wohl einsehe, er habe nicht eine von den vielen sich widersprechenden alchemistischen Autoritäten sondern nur die Natur zur Führerin bei seinen Arbeiten zu nehmen. (Das Französische Gedicht ist entschieden lesbarer als die Übersetzung, welche u. A. im Anhang zu dem noch zu besprechenden, 1619 zuerst veröffentlichten „Wasserstein der Weisen" den Deutschen Kunstbeflissenen geboten wurde: „Beweifs der Natur, welchen sie den irrenden Alchymisten thut, indeme sie sich über den Sophisten und thörichten Kohlenbläser beschweret, Beschrieben durch Johann von Mehung" — in späteren Ausgaben des genannten Wassersteins ist daraus ein Joh. von

Mesung geworden. „*Natura.* Ach GOTt! wie bin ich so bekümmert, wann
ich das menschliche Geschlecht betrachte, welches GOtt nach seinem Ebenbild
zu einem vollkommenen Werck gemacht, das über alle andere Creaturen, ohne
rechten Gebrauch der Zeit und *Ration*, so weit von mir, der *Natura*, und meiner
Ordnung abweichet. Ich rede mit dir phantastischen Narren, der du dich einen
alchymischen Practicanten und guten *Philosophum* nennest, und hast doch weder
Kunst noch rechte *Materie*, weder *Theoriam*, noch Wissenschafft, oder meiner
Erkenntnifs. Du grober Esel, brichst Gläser und brennest Kohlen, dafs dich
der Dampf im Kopf toll machet" u. s. w. „Gegen-Antwort des Alchymisten,
die er der Natur, neben Erkennung seiner Fehl, mit Abbittung und Danck-
sagung thut".)   Es giebt auch in Deutscher Sprache in Versen abgefafste Dia-
loge, die aber schon defshalb, weil sie aus späterer Zeit stammen, weniger in-
teressant und bekannt sind. So findet sich z. B. in der S. 313 erwähnten, 1757
zu Frankfurt u. Leipzig mit Anderem veröffentlichten Güldenen Rose ein „Gespräche zwischen dem *Saturnus* der Weisen und einem *Chymisten*, von der
wahren *Materia* des *Philosophi*schen Steins und seiner Vorarbeit", dessen Anfang auch hier stehen möge:
„Saturnus.

Ich bin das ärgste Ding, und doch gleichwohl das beste,
Drum finden sich zu mir viel wunderliche Gäste,
Und suchen Honigseim, doch stehen sie verstart,
Und ärgern sich allein an meinem schwartzen Bart.
Chymist.

Was sagst du? Soltest du in dir was gutes haben?
Ich sehe Sonnen-klar dafs du von schlechten Gaben,
Du bist lahm, stumm und taub, schwartzgrau ist deine Haut,
Dein Leib ist voll Gestanks, wenn man dich recht beschaut.
Wer wolte sich doch dir in diesem Fall vertrauen?
Du bist der Schalckheit voll, hast rechte scharffe Klauen,
Du bist ein halber Gifft, vor Honig gibst du Gall,
Wie manchen frommen Mann hast du gebracht zu Fall".

Doch konnten für die Darlegung alchemistischer Lehren in Gesprächform auch
mehr als zwei Persönlichkeiten redend eingeführt werden. In dem schon wiederholt zur Abgabe von Beispielen herangezogenen angeblichen Werk des A v i -
cenna mischt sich z. B. manchmal in die Unterhaltung zwischen Diesem und
Dessen Sohn A buzalemi auch noch ein Dritter, Albumazar, und solcher im
Dreigespräch gehaltener Schriften gab es später mehrere, unter welchen der
erstmals zu Köln 1607 veröffentlichte, mehrmals für sich wieder herausgegebene
und in verschiedene Sammel-Werke aufgenommene *Dialogus Mercurii, Alchymistae
et Naturae* (*scriptus in gratiam amici Coroades, auctore eo, qui dici Leschi genus
amat*, wie er zuerst betitelt war) des S e n d i v o g i u s wohl die alleragbgeschmackteste
ist;   einen Pendant dazu giebt ab die *Disputatio solis et mercurii cum lapide
philosophorum*, wie im Anhang zu der durch P. J. F a b r e besorgten und zu
Toulouse 1646 erschienenen Ausgabe vom Triumphwagen Antimonii des B a s i -
lius V a l e n t i n u s des Ersteren 1608 zu Paris veröffentlichte *L'ancienne guerre*

des Chevaliers (vgl. S. 330) überschrieben ist.   Die Zahl der Redenden konnte
auch eine noch gröfsere sein und selbst eine sehr grofse, wo es denn herging
wie in einem Parlament (als von Mich. Maier verfafst kam, beiläufig bemerkt,
zu Salzburg 1665 „*Comitia philosophica* oder philosophischer Reichstag, von der
wahren Materie des Steins der Weisen“ heraus)   oder auch wie in einer Juden-
schule; eine Schrift, in welcher sehr Viele als redend eingeführt sind, ist namentlich die *Turba.*

    (Über diese auch in dem vorliegenden Buch ab und zu in Betracht gezogene,
bereits im I. Theil z. B. in der Anmerkung zu S. 96 erwähnte Schrift mögen
um des Ansehens willen, in welchem sie bei den Alchemisten stand, und weil
sie in den die Geschichte der Alchemie behandelnden Büchern nur ganz ungenügend oder gar nicht skizzirt ist, einige Angaben hier doch eine Stelle finden.
Von solchen Schriftstellern, die ihrer Zeit nach wirklich festgestellt sind, wird
in ihnen unzweifelhaft zugehörigen Schriften zuerst in dem fünfzehnten Jahrhundert der *Turba philosophorum* als einer älteren Quelle alchemistischen Wissens
und einzelner Personennamen aus derselben gedacht. Wann und von wem dieselbe verfafst ist, weifs man nicht. Wenn Schmieder in seiner Geschichte der
Alchemie S. 124 meint, sie stamme aus dem zwölften Jahrhundert, so ist Das
eine nicht einmal ganz wahrscheinlich gemachte Annahme wenn auch eine wahr-
scheinlichere als die Anderer, welche dieser Schrift ein höheres, zum Theil ein
sehr hohes Alter zusprechen wollten,   und wenn er Dem zustimmt, dafs danach,
wie ein Arisleus darin eine hervorragende Rolle spiele, Dieser als der Verfasser zu betrachten sei, ist zu bemerken, dafs die Voraussetzung, aus welcher
diese Folgerung abgeleitet wird, keineswegs als deutlich zutreffend anzuerkennen
ist. Am Wenigsten kann ich Schmieder's Angabe beipflichten, dafs der Titel
Turba philosophorum so viel bedeute als „Streit der Weisen“; eine richtigere
Übersetzung scheint mir „Convent der Weisen“ zu sein (die *Turba* selbst spricht,
fragt, antwortet oft).   Unter diesem Titel hat man zwei in der äufseren Anlage und der Tendenz nach übereinstimmende aber dem Inhalt nach doch recht
verschiedene Schriften, welche beide meines Wissens — zuerst im sechszehnten
Jahrhundert — nur mit anderem Alchemistischem zusammen, nicht in Sonder-
Ausgaben veröffentlicht worden sind.   Die eine steht in *Mangeti Bibliotheca
chemica curiosa, T. I, p. 445 ss.* unter der Überschrift: *Turba philosophorum, ex
antiquo manuscripto codice excerpta, qualis nulla hactenus visa est editio.* In
dem Anfang derselben entbietet Arisleus *(genitus Pythagorae, discipulus ex
discipulis Hermetis gratia triplicis ex positione scientiae discens)* allen Späteren
Grufs und barmherzige Theilnahme. Der Meister — Hermes — habe die bereits zahlreich gewordenen Jünger der Kunst versammelt, diese hochwichtige
Sache zu berathen, damit das Resultat grundlegend für die Späteren sei. Nach
Aufforderung des Meisters äufsert sich zuerst Iximidrus, und nachdem er gesprochen giebt die *Turba* ihrem Beifall für das Gehörte Ausdruck. Dann sprechen
Andere und oft kommt es vor, dafs die Rede Eines von Einem oder Mehreren
wenn nicht unterbrochen doch schliefslich beurtheilt wird. Die Redner haben
zum Theil in der Gelehrtenwelt bekanntere Namen wie Anaxagoras, Constans,
Florus, Gregorius, Lucas, Moyses, Plato, Pythagoras, Socrates,

Theophilus, Zenon, zum Theil weniger bekannte wie Acratus, Afelontus, Arisleus, Astanius, Attamus, Bacoscus, Bacsen, Balgus, Belus, Bonellus, Bracus, Cerus, Custos, Dardaris, Diamedes, Effistus, Exemiganus, Eximenus, Exundrus, Frictes, Horbolcus, Horfolcos, Iximidrus, Ixundrus, Jargus, Locustor, Menabdus, Mundus, Nicarus, Pandolfus, Zimon u. A. Die Zahl der Reden ist hier 72. *Turbae philosophorum aliud exemplar*, welches bei Manget a. a. O. *p*. 480 *ss*. steht, hat im Anfang die Angabe, dafs das darin Enthaltene Sentenzen der Weisen seien, gesammelt *in tertia synodo Pythagorica*. Hier heifst Der, welchem zuerst das Wort ertheilt worden war, Eximindus. Die Zuhörer verhalten sich hier ruhiger und lassen Die, welche an der Reihe sind zu sprechen, ausreden ohne ihnen mit Bemerkungen ins Wort zu fallen. Die hier als die der Redner genannten Namen sind zum grofsen Theil andere als die in der vorbesprochenen Schrift zu findenden, und wiederum kommen zu bekannteren wie Anaxagoras, Constans, Florus, Lucas, Parmenides, Plato, Pythagoras, Socrates, Theophilus, Zenon weniger bekannte wie Actomanus, Admion, Agadimon, Agadmon, Anastratus, Ardarius, Arisleus, Aristenes, Arzoch, Ascanius, Assotes, Assuberes, Astratus, Attamanus, Balgus, Barsenites, Bassen, Bellus, Bodillus, Bonellus, Borates, Cadmon, Chambar, Cranses, Custos, Dardaris, Diamedes, Efistes, Emiganus, Eximenus, Eximindus, Largus, Locustor, Mandinus, Menebdus, Morpolcus, Moscus, Mosius, Mundus, Nephitus, Nicarus, Obsemeganus, Orfulus, Pandophis, Pandulphus, Pithem, Prictes (identisch mit Frictes?), Rarson, Ysimidrus, Ysindrus. Die Zahl der Reden ist hier 78. Die erstbesprochene (weniger Reden enthaltende) *Turba* ist als die ältere betrachtet worden. Wenn aber der Graf Bernhard von Trevigo (S. 229 f. im I. Theil) im fünfzehnten Jahrhundert angegeben hat, dafs ihn vornehmlich das von Parmenides in der *Turba* Gesagte auf den rechten Weg geführt habe, mufs die letztbesprochene von ihm benutzt gewesen sein, so fern in der anderen [wenigstens nach meinen Notizen] der Name Parmenides als der eines Redenden nicht vorkommt. — Der Titel, unter welchem uns die eben besprochenen beiden Schriften überkommen sind, scheint im 17. u. 18. Jahrhundert auch für Sammel-Werke verwendet worden zu sein; die Existenz von Sammel-Werken, welche als *Turba* betitelt veröffentlicht worden sind: der durch Phil. Morgenstern 1613 zu Basel herausgegebenen *Turba philosophorum* und des Buches, welches unter dem Titel: „*Turba philosophorum*, das ist Buch von der güldenen Kunst, darin die besten urältesten philosophischen Schriften zusammengetragen, welche von der Universal-Medicin handeln" in 2 Theilen zu Wien 1750 erschienen ist, kenne ich nur aus einer Anführung derselben, nicht aus eigener Einsichtnahme.)

Die Titel alchemistischer Schriften — mehr als eine trockene Aufzählung einer Anzahl von Büchertiteln darf in diesem Anhang kaum erwartet werden — wurden nach sehr verschiedenen Principien gebildet, wenn überhaupt für diesen Gegenstand von leitenden Principien gesprochen werden kann. Sie waren verschieden je nach der Form, in welcher das in einem oder dem anderen Buch zu

Lehrende dargelegt war; je nach Dem, was ein Buch als Hauptsächliches enthalte oder wie das in ihm Gebrachte im Grofsen und Ganzen von dem Autor aufgefafst werde;   je nach den alchemistischen Vorstellungen oder den den Hermetikern geläufig gewordenen Kunstausdrücken, an welche zu erinnern,   je nach den Bildern, von welchen Gebrauch zu machen,   je nach den allegorischen Persönlichkeiten, welche vorzuführen als angemessen erschien.   Und noch nach manchem Anderen, was der namentlich in relativ späterer Zeit oft gehegten Absicht entsprach, dafs der Titel eines Buches Käufer für das letztere anlocke. An Reihen von Beispielen ist Das klar zu machen, was sich in allgemeinerer Weise nicht ausreichend angeben läfst. Aber auch nur als Beispiele für die Titulirung von Büchern in einer oder einer anderen Art bietend sind die im Nachstehenden vorgebrachten Büchertitel hinzunehmen; für keine zu erwähnende Kategorie ist beabsichtigt, dafs alle unter sie kommende Titel bez.-w. Bücher angeführt seien.   Eben so wenig sind für jeden der hier genannten Schriftsteller alle Schriften angegeben, welche als von ihm verfafst bekannt geworden sind. Und nur sehr ungenügende Ergänzung für Das, was hiernach für eine auch nur etwas vollständigere Bibliographie der Alchemie fehlt, giebt ab, was ich an anderen Orten des vorliegenden Buches an Einzelnem angeführt oder auch in gröfsere Gruppen zusammengestellt habe: in dem 1. Theil z. B. S. 242 ff., wie viele von verschiedenen Autoren herrührende Bücher unter dem nämlichen Titel *Aureum vellus* erschienen, oder im II. Theil S. 208 ff., wie viele verschiedene Bücher von dem nämlichen, sich Ehrd von Naxagoras nennenden Autor veröffentlicht worden sind, oder ebenda S. 230 ff., welche Schriften über Alchemie unter Verknüpfung der letzteren mit anderen Zweigen des Geheimwissens: der Kabbala namentlich herausgekommen sind.

Bevor ich versuche, an einzelnen Kategorien eine Vorstellung von der Mannigfaltigkeit der Gesichtspunkte zu geben, von welchen aus alchemistische Schriftsteller die Titel für die Producte ihrer Federn wählten, möge Einiges, zum Theil Allgemeineres vorausbemerkt werden.

Einen Titel hatte eine alchemistische Schrift in der Regel, und in den meisten Fällen einen volltönenden. Das kam doch nur sehr vereinsamt vor, dafs — was sich zu Nürnberg 1756 ereignete — eine solche Schrift als „Das hinterlafsene Buch eines scharfsinnigen *Chymici* ohne Titel“ auf den Markt gebracht wurde. (Die Angabe auf dem Titel eines alchemistischen Buches, dafs der Inhalt des letzteren aus dem Nachlafs eines Hingeschiedenen herstamme, kam beiläufig bemerkt öfter vor, aber für das eben erwähnte wie für das zu Leipzig 1788 öffentlich gemachte: „Alchemistisches Bruchstück aus der Verlassenschaft eines verstorbenen Mitgliedes des Ordens der Rosen- und Golden-Creutzer“ und andere unter ähnlicher Signatur ausgegebene mufsten die Leser sich schliefslich doch überzeugen, dafs die Verstorbenen ihr bestes Wissen offenbar mit ins Grab genommen und nicht die Absicht gehabt hatten, es nach ihrem Ableben den Profanen zukommen zu lassen.)   Dafs viele Schriften wenn gleich in Deutscher Sprache abgefafst doch Lateinische Titel hatten, entsprach einer in den nächstvorausgegangenen Jahrhunderten recht verbreiteten Sitte; dafs Deutsche Schriften sich als Übersetzungen aus dem Lateinischen ankündigten, für welche   Originale

in der letzteren Sprache nie existirten, kam in der alchemistischen Literatur
vorzugsweise häufig vor. Manche Bücher sind ohne Angabe des Verlagsortes,
sehr viele ohne Nennung des Verfassers herausgekommen. Für welche Schriften
das Eine oder das Andere von allem Dem der Fall war, ist in dem Nachfolgenden
nicht immer ausdrücklich angezeigt. Auch ist da, wenn ein Buch wiederholt
ausgegeben wurde, für es meistens nur Ort und Jahr des ersten Erscheinens
namhaft gemacht, und nur für einzelne von den hier erwähnten Schriften ist der
Aufnahme derselben in Sammel-Werke gedacht.   Ich habe für eine nicht kleine
Anzahl von Büchern die Titel derselben vollständig mitgetheilt: für so viele als
mir Dem entsprechend zu sein schien, dafs der Leser sich eine Vorstellung über die
Betitelung alchemistischer Schriften in verschiedenen Zeiten auch in Betreff der
Kürze oder der Weitschweifigkeit der Titel zu bilden vermöge, aber für die
meisten nicht (es würde Dies den Umfang dieses Anhangs weit über das mir
hier als zulässig erscheinende Mafs ausgedehnt haben) — nicht einmal für alle
diejenigen, welche ich aus eigener Einsichtnahme kenne —, sondern auf den
Haupttheil gekürzt.   Über das Format der einzelnen Bücher bez.-w. Ausgaben
ist Nichts angegeben. Verhältnifsmäfsig nicht viele wurden in dem wenig hand-
lichen Folio-Format gedruckt; von solchen fällt mir eben u. A. der dem Albertus Magnus zugeschrieben gewesene *Libellus de alchimia* ein, wie er in
der durch Petr. Jammy besorgten, 1651 in 21 Bänden zu Lyon veröffentlichten
Ausgabe der Werke jenes Gelehrten steht, und ein in diesem Anhang oft zu
citirendes 1702 zu Genf in 2 Bänden ausgegebenes Sammel-Werk: *Mangeti
Bibliotheca chemica curiosa.* Ungleich häufiger war Quarto- und am Gewöhn-
lichsten Octav-Format in verschiedenen Abstufungen. Es fehlte aber auch nicht
an so gedrängt gefafsten und auf ein so kleines Volumen gebrachten alchemistischen Schriften, dafs man sie ohne Unbequemlichkeit bei sich tragen konnte;
zu Frankfurt u. Leipzig erschien 1657 eines Ungenannten „Kunstbüchlein" im
Format eines Taschenbuchs, und auch die zu Strasburg 1728 ausgekommene
„Philosophische Brieftasche" entsprach Dem, was heut zu Tage etwa als „Der
Alchemist in der Westentasche" betitelt sein würde. — Für die mir zu Einsichtnahme gekommenen Bücher habe ich die Verlagshandlungen nur ausnahms-
weise notirt; es fehlt mir also das Material dafür, hierüber etwas Allgemeineres
anzugeben. Häufigere Wiederkehr einer und derselben Firma läfst diese zwar
unwillkürlich dem Gedächtnifs sich einprägen, und ich wüfste aus Deutschland
und dem 17. u. 18. Jahrhundert mehrere Buchhandlungen zu nennen, welche
dadurch, dafs sie ganz besonders viele alchemistische Schriften auf den Büchermarkt brachten, sich ein zweifelhaftes Verdienst um die Literatur erworben
haben: da aber dabei ein oder ein anderes Geschäft unerwähnt bleiben könnte,
welches darin, dafs es vieles Papier mit Alchemistischem bedrucken liefs, den
von mir zu nennenden nicht nachstand, so unterlasse ich lieber jede derartige
Angabe.   Auch die Ladenpreise vieler alchemistischer Bücher werden Einem
bei längerer Beschäftigung mit den letzteren bekannt, schon dadurch, dafs einzelnen von diesen Verzeichnisse der in gleichem Verlag erschienenen unter Angabe der Preise angehängt sind; aber auch darüber läfst sich nicht wohl etwas
Allgemeineres sagen. Nur Das will ich bemerken, dafs die Zahl der über Al-

chemie handelnden Bücher, für welche die jetzt antiquarisch zu zahlenden Preise die ursprünglichen übersteigen, gröfser ist als man wohl denken sollte; woraus gefolgert werden kann, dafs es auch in unserer Zeit an Liebhabern für solche Bücher nicht mangelt.

Als einem Buch zur Empfehlung gereichend wurde betrachtet, dafs der Titel den Inhalt gleichsam unter die Protection von etwas aus alter Zeit her in Achtung Stehendem stelle. Defshalb sind z. B. unter Bezugnahme auf die in der Anmerkung III am Ende (S. 243) des I. Theils erwähnte alte alchemistische Deutung der Sage vom goldenen Vliefs so viele Schriften darüber, wie Gold künstlich zu machen sei, als *Aureum vellus* betitelt. — Defshalb wurde auch so oft die Wiederauferstehung verehrter älterer Autoritäten in der Hermetischen Kunst auf den Titeln von Büchern angekündigt, welche keineswegs einfach Schriften der Ersteren in neuen Ausgaben brachten. Denn so weit ging man meines Wissens für die Wahl schöner Titel in der alchemistischen Literatur doch nicht wie in der medicinischen: dafs man einen Erzengel auf den Titel eines Buches gesetzt hätte, damit er das letztere unter den Schutz seiner Flügel nehme (des der Theosophie sehr zugeneigten, 1652 im 59. Lebensjahr auf seinem Gute Ludwigsdorf in Schlesien gestorbenen Abr. von Franckenberg „Raphael oder Ertzengel. Auff ehmaliges Ersuchen eines Gottliebenden *medici* auffgesetzt“ u. s. w. kam zu Amsterdam 1676 heraus). 1643 zeigte sich „*Geber redivivus*, das ist Wahrhaftige *Practica* des Steins der Weisen, welche der König Geber klar in seinen Büchern, jedoch Stuckweifs zerstreuet, hin wieder beschrieben. Hernach von einem *Philosopho* in Ordnung gesetzt, und Lateinisch herausgegeben, jetzo aber verteutscht, und mit *Annotationibus* und abkürtzter *Praxi*, Beschreibung vom *Mercurio Philosophorum*, vermehret worden von Arsenio Bachimiel Densinger“; 1703 zu Nürnberg „*R. Lullus redivivus denudatus*, oder 34 Kunstproben aus dem Lateinischen übersetzt und mit Anmerkungen erläutert“. Basilius Valentinus, von welchem es (vgl. S. 30 f. im I. Theil) mindestens sehr zweifelhaft ist ob er überhaupt jemals gelebt hat, gelangte auf diese Art wiederholt zur Wiederbelebung: 1716 kam zu Leipzig zum Vorschein „*Basilius Valentinus redivivus sive astrum rutilans alchymicum*, das ist Der wiederaufgelebte Basilius oder hellglänzendes Gestirn der Alchymie, welches ganz hell und klar zeiget, sowohl der alten als neuen wahren *Sophorum* einhellige deutliche und unfehlbare Meynung von der ersten und andern Materie vor und nach der Arbeit des grofsen Werks, von den Eigenschaften der gemeinen und philosophischen Mineralien, aus den bewährtesten Schriften der Philosophen verfasset; dabey eine ganz leichte gewisse Methode angewiesen, wie die Vorarbeit vollbracht werden mufs, welches von keinem bisher geschehen, nebst beigefügtem kurzen und deutlichen Raisonnement herausgegeben von Louis Guilhomme de Knoer“, und 1723 „*Redivivus Frater Basilius Valentinus*, das ist eine gründliche wahrhafte und ausführliche Erklärung des von Basilio Valentino in seinem Buch über den Grossen Stein der Uralten Reimen-weifs gesetzten Procefs — —, allen armen Krancken auch verlassenen Wittwen und Waysen treuhertzig herausgegeben von Joh. Joach. Weitbrett“, wozu als zweiter Theil, gleichfalls 1723, *Explicatio Redivivi Fr. Basilii Valentini kam*, abgesehen davon, dafs B. V. bereits 1683 zu Gotha als *Aquila Thuringiae rediviva* aufgeflogen sein soll, wie zu erwähnen sein wird, wenn die Adler auf Büchertiteln an die Reihe kommen. Bei dem Ansehen, in welchem der Graf Bernhard von Trevigo und Paracelsus bei den Späteren standen, kann man sich nicht darüber wundern, dafs Solches auch ihnen zu Theil wurde; ein in Französicher Sprache 1567 zu Lyon veröffentlichter Commentar zu Bernhard's Schriften wurde 1625 zu Frankfurt in Lateinischer Übersetzung als *Bernardus Trevisanus redivivus* ausgegeben, und der von El. Joh. Hasling heraufbeschworene *Theophrastus redivivus sive usus practicus azothi seu lapidis philosophici medicinalis* erschien zu Frankfurt 1659. Eher könnte man darüber erstaunen, dafs ein Alchemist wiederbelebt worden sei, dessen Ruf kaum über die Zeit hinaus reichte, in welcher er arbeitete bez.-w. schrieb, wie z. B. Thomas Kessler, ein Laborant zu Strasburg, von welchem da 1629 „400 auserlesene chymische Processe" (welche noch einmal 1641 zu Frankfurt aufgelegt wurden) und 1630 „Dreyhundert aufserlesene Chymische Procefs und Stücklein, zu Nutzen der Hermetischen Medicin Liebhabern an den Tag gegeben" worden sind; nur eine durch Zusätze vermehrte Ausgabe des bereits durch ihn Veröffentlichten war es aber, was der 1666 zu Frankfurt a. M. erschienene „*Keslerus redivivus*, oder 500 auserlesene chymische Processe, deren erste 400 von Thom. Kesler sind" brachte.

Aber nicht nur gleichsam unter den Schutz und die Empfehlung früherer als Autoritäten mehr oder weniger anerkannter Kunstgenossen stellten die Verfasser alchemistischer Bücher die letzteren auf den Titeln derselben, sondern so weit es anging auch unter den Schutz und die Empfehlung gleichzeitiger einflufsreicher oder vornehmer Männer. Das geschah allerdings gewöhnlich nicht auf dem Titel sondern auf dem leider weniger in die Augen fallenden Wege der Dedication; Ministern und anderen hochgestellten Beamten, namentlich aber Fürsten sind oft alchemistische Schriften dedicirt worden (auch dem grofsen König Friedrich II. von Preufsen, bei welchem — vgl. S. 138 f. im I. Theil — doch einiges Interesse für Hermetisches Wissen bei den Zeitgenossen vorausgesetzt gewesen zu sein scheint; ihm wurde z. B. von der Verlagshandlung, Stock's Erben Schilling u. Weber, die schon mehrmals erwähnte, 1757 zu Frankfurt u. Leipzig veröffentlichte, ihrem vollständigeren Titel nach S. 337 anzuführende Sammlung alchemistischer Tractate: „Fünff Curieuse Chymische Tractätlein" dedicirt, übrigens auch als ein Werk, „das schon ehemals in seinem unvollkommenen Zustande" — bezüglich dieser älteren Ausgabe vgl. a. c. a. O. — „das Glück gehabt, Höchstderoselben verewigten Herrn Grofsvater König Friedrich dem Ersten zugeschrieben und von diesem Monarchen mit vorzüglicher Gnade aufgenommen zu werden", und von dem zu Payerne in der Schweiz lebenden Ludw. Favrat Dessen gleichfalls zu Frankfurt u. Leipzig 1762 unter dem Titel *Aurea catena Homeri, id est concatenata naturae historia physico-chymica* veröffentlichte Lateinische Übersetzung der in Deutscher Sprache zuerst, wiederum zu Frankfurt u. Leipzig, 1723 erschienenen und dann noch — immer ohne Nennung des Verfassers — in verschiedenen Ausgaben verbreiteten *Aurea catena Homeri*; vgl. S. 208 in diesem Theil). Aber wenn auch Fürsten, noch in der ersten Hälfte des vorigen Jahrhunderts, sich in Dedicationen solcher Bücher recht gern als Patrone und selbst als Kenner der Kunst der Alchemie, als wohlerfahren in der Wissenschaft derselben anräuchern liefsen, schickte Das sich da doch nicht mehr, was im dreizehnten oder vierzehnten Jahrhundert angängig gewesen war, wo (vgl. S. 319) Raymund Lull und Arnald von Villanova alchemistische Tractate als an den oder jenen König gerichtet überschreiben durften: der Fürsten Namen schon auf die Titel, gleichsam als Lockvögel über den Eingang eines oder des anderen derartigen Buches zu setzen, was freilich dem letzteren eine Zierde gewesen und für es eine ganz besondere Recommandation abgegeben hätte. (Längere Zeit nach dem Tod eines Fürsten konnte allerdings noch im siebzehnten Jahrhundert ein an Diesen von einem Alchemisten gerichtetes, die Kunst betreffendes Sendschreiben unter Nennung des Namens des Ersteren veröffentlicht werden, wie Dies z. B. für ein gegen das Ende dieses Anhangs hin zu erwähnendes der Fall war, welches der Franzose P. J. Fabre dem Herzog Friedrich III. von Holstein-Gottorp hatte zugehen lassen.) Unter diesen Umständen mufste man in einer feinen, freilich nicht controlirbaren Weise Etwas von der nicht ganz zu erreichenden Wirkung zu erzielen suchen. Diese Absicht leitete z. B. in der Wahl des Titels für das, mit Nennung weder des Adressanten noch des Adressaten, 1762 zu Quedlinburg u. Leipzig zu öffentlicher Kenntnifs gekommene „Sendschreiben an einen durchlauchtigen Prinz eines Hochfürstlichen Hauses des deutschen Reichs, in welchem von dem grofsen Hermetischen Geheimnifs, dem Stein der Weisen, gehandelt wird"; weniger Erfolg durfte wohl Joh. Ulr. Resch sich davon versprechen, dafs er eine alchemistische Schrift 1659 zu Nürnberg als „Osiandrische *Experimenta* von *Sole, Luna et Mercurio,* welche in fürnehmer Herren *Laboratoriis probir*t worden. Mit Tractätlein *de igne philosophico investigando,* Verwandlung der Metallen in Gold und Silber" u. s. w. ausgehen liefs (unter den mehreren Osiandern, die sich in der Gelehrtenwelt bemerklich gemacht haben, ist der hier in Betracht kommende wohl der Joh. Adam O., welcher 1697 im 75. Lebensjahr zu Tübingen gestorben ist; dafs Derselbe da Professor der Theologie war und sehr vieles der Gottesgelehrsamkeit Zugehöriges, übrigens auch *de magia* geschrieben hat, steht in keiner Weise Dem entgegen, dafs er sich auch mit Alchemie beschäftigt und auf sie bezügliche *Experimenta* ausgedacht haben könne).

Der Titel eines neuen Buches wurde öfters nach dem Muster des Titels eines geschätzten älteren Buches geformt. Defshalb finden sich die nämlichen gleichnifsweise gebrauchten Wörter: *Speculum, Thesaurus, Rosarius* z. B. bez.-w. die entsprechenden anderer Sprachen verhältnifsmäfsig häufig auf Titeln alchemistischer Schriften wieder; der Formung des Titels, nicht dem erlangten Ansehen nach entsprach dem „Triumphwagen des Antimonii" des Basilius Valentinus ein von Frankfurt 1770 ausgefahrener „Triumfwagen des Vitriols oder Nachricht von den Wundern dieses grossen Subjects der Alchymie, von E. L. D. K".

Eine empfehlende Erinnerung an eine anerkannte ältere Autorität konnte ein Schriftsteller einem von ihm zu publicirenden Buch auf dem Titel desselben auch in der Art auf den Markt mitgeben, damit es gekauft werde, dafs er was er zu wissen glaubte oder beanspruchte in der Form einer Erläuterung der Lehren jener Autorität in seinem Buch vorbrachte. Derartiger Schriften giebt

es sehr viele, schon für **Geber** — von Ungenannten veröffentlichte, wie z. B.
die 1548 zu Lyon herausgekommene *Expositio Gebri, seu de alchemia dialogus,*
oder von sich Nennenden, wie z. B. die zu Tübingen 1643 ausgegebenen *Exercitationes in Gebrum* des dortigen Professors der Medicin **Joh. Gerhard**, mit
welchen die unter dem Titel *Medulla Gebrica de lapide philosophorum* angeführte Schrift des Nämlichen wohl identisch ist — und noch für **Basilius
Valentinus**, wie unter einer grofsen Anzahl anderer die in Eisleben 1608 gedruckte „Gründliche Auflegung vnd warhafftige Erklerung der *Rythmorum
Fratris Basilii Valentini Monachi*, Vonn der Materia, jhrer Geburt, Alter,
Farb, Qualitet vnd Namen, des grossen Steins der Vhralten Philosophen" des —
in dieser Weise sich mehrfach versündigenden — **Conr. Schüler**, „Fürstlich
Württembergischen Obern Raths zu Stuttgart".

Der Titel eines älteren Buches wurde manchmal einem neueren belassen,
wenn das in dem letzteren Stehende dem in dem ersteren Enthaltenen in gewisser Beziehung entsprach. 1604 kam zu Leipzig aus ein nach dem Glauben
Vieler in beträchtlich früherer Zeit verfafster „Uralter Ritter-Krieg, das ist, Al-
chymistisch Gespräch unseres Steines, des Goldes und des *Mercurii* von der wahren
Materia", welche Schrift erhebliche Beachtung fand, in Französischen Übersetzungen
1608 zu Paris (vgl. S. 322 f.) und 1689 zu Amsterdam herausgegeben und aus
der letzteren Übersetzung in das Deutsche zurückübertragen mit einem Commentar unter dem Titel „Hermetischer Triumph, oder der siegende philosophische
Stein" noch einmal zu Frankfurt u. Leipzig 1765 dem alchemistischen Publicum
dargeboten wurde; darin wird zum Theil erzählend, zum Theil in Gesprächform
geschildert, wie das gewöhnliche Gold und der Mercurius zur Befehdung des
Steins der Weisen ausgegangen seien, weil sie durch dessen Ruhm ihr Ansehen
beeinträchtigt glaubten, ihm ihre gute Abstammung mit Seitenblicken auf seine
dunkele Herkunft vorgehalten und, da der Stein solchen Gründen unzugänglich
seine eigenen Verdienste geltend machte und auf seinen Vorrang nicht resignirte,
dessen Vernichtung versucht haben, wobei sie aber zu kurz gekommen und über-
wältigt worden seien. Eine Umarbeitung dieser allegorischen Erzählung oder
Fabel enthielt des **Joh. Sternhals**, welcher katholischer Priester zu Bamberg
gewesen war, zu Hamburg 1680 herausgekommener „Ritter-Krieg, das ist eine
Philosophische Geschicht in Form eines gerichtlichen Processes, wie zwey Metallen, *Sol* und *Mars*, durch Klag, Antwort und Beweiss, jegliches Natur von
ihrem natürlichen Gott und Richter ♀ rio gehöret und endlich — — einig verbunden werden"; darin streiten das gewöhnliche Gold und das Eisen darüber,
welches von beiden das rechte Gold der Philosophen sei, und der Richter **Mercurius** spricht dem Gold das Urtheil zu, dafs es das Eisen nicht mehr also
unbillig bekümmern sondern vielmehr dessen rothe Blume zur Stärkung seiner
Wirkung gebrauchen solle, dem Eisen, dafs es des Goldes süfses Ferment nach
seiner Begierde und natürlichen Ersättigung williglich anzunehmen sich be-
fleifsigen möge.

Die Titel der meisten alchemistischen Schriften waren darauf berechnet,
Beachtung zu erregen; sehr oft wurde auf ihnen in die Posaune oder Trompete
gestofsen. An diese Redensart erinnern die Titel einzelner Schriften geradezu.

Schon ein von Mehreren als von Georg Ripley im fünfzehnten Jahrhundert verfaßt betrachteter, zuerst durch ein 1550 zu Frankfurt erschienenes Sammel-Werk: *Opuscula complura de alchymia* gedruckt gebrachter Tractat war *Clangor buccinae* überschrieben. Dann war es in dieser Beziehung bis zum siebzehnten Jahrhundert still. Zu Paris erklang 1609 *La trompette françoise, ou fidèle françois traité de la philosophie hermétique* und zu Danzig 1682 *Tubicinium convivale hermeticum* (vgl. unten). Nach dem Aufkommen der Rosenkreuzer und der sofort zwischen ihnen und den Alchemisten hergestellten Verknüpfung schallte auch den Letzteren die 1618 von Frankfurt aus geblasene *Fratrum Roseae Crucis Buccina jubilei ultimi*. Dann wurde, auch als Anhang zu den zu Nürnberg veröffent-lichten Schriften der Deutschen Akademie der Naturforscher für die Jahre 1678 u. 1679, verbreitet *Epistola buccinatoria, qua inaudita conjuratio adeptorum in chemia philosophorum ab iisdem condita et prodita universis per Europam cu-riosis fideliter indicatur et dicatur. Huic accedit Polygraphia Hermetica sire Steganographia universalis, omnibus arcanis chemicis secreto, tuto facileque con-scribendis accommodata. Cosmopoli* 1679. In dieser Epistel entboten *Hermetici foederati Chrysanthus Leonagnus et Cosmus Saturnatus sophis omnibus ac philosophis Hermeticis pacem rel gladium*. Ihnen ihre sämmtlichen Geheim-nisse ohne Rückhalt, deutlich und mit allen Umständen mitzutheilen, wurden alle Adepten beschworen. Sollte bis zum Anfang des Jahres 1684 keine ge-nügende Mittheilung an die Verbündeten gelangt sein, so würden Diese noch 600 Andere zuziehen und nach den Denselben zu ertheilenden Vorschriften ar-beiten lassen, und wenn dann innerhalb 3 Jahren das große Geheimniß der Alchemie noch nicht entdeckt sei, solle die ganze Hermetische Philosophie als lügnerisch und betrügerisch öffentlich an den Pranger gestellt werden. Zu sol-chem Vorgehen seien die Verbündeten dadurch veranlaßt, daß sie, obgleich in der Theorie der Kunst so bewandert wie irgend Einer, für die Aufsuchung des zur Realisirung derselben führenden Weges bei den ihnen obliegenden höheren Beschäftigungen nicht die nöthige Zeit hätten. Zwei Schreiben wurden dann noch zu Danzig veröffentlicht: 1681 ein u. A. auf Fragen des alsbald aus-führlicher zu erwähnenden Joh. Otto Helbig — von welchem zu Heidelberg 1680 *Introitus in reram et inauditam physicam* und *Epistola intimorum jussu amicorum ad Fraternitatem roseae crucis exarata*, 1681 eine „Antwort auf drey Fragen: 1. Was eigentlich der *Lapis philosophorum* sei? 2. worinnen seine Ma-terie bestehe, und wie sie müsse bereitet werden? 3. Was man von den Alchy-misten an den Höfen groser Herren halten soll?" ausgegangen waren — Bezug nehmendes: *Magnum interest totius Reipublicae Hermeticae, sire Epistola II. buccinatoria ad J. Ottonem Helbig, Joh. de Monte Hermetis anonymum ac caeteros Magnates Hermeticos data Duumviris Hermeticis foederatis, qua re-sponditur XII quaestionibus Helbigianis, interpellatur Hermes a Monte cum toto Senatu Hermetico, ut mature inspiciant, quid Reipublicae Hermeticae intersit*, und 1682 *Tubicinium convivale Hermeticum, sire Epistola III. buccinatoria, qua Duumviri Hermetici foederati curiosos omnes ad sui foederis societatem incitant*. Wenn nun auch nicht, was sie gewollt, wurde doch den Auffordernden von ver-schiedenen Seiten die Belehrung zu Theil, daß bei aller Wahrhaftigkeit der

Alchemie das Bekanntwerden mit dem Geheimnifs derselben sich doch nicht so, wie Jene gemeint, erlangen lasse. Das geschah namentlich durch den eben erwähnten Joh. Otto Helbig (Hellwig), der 1654 zu Kölleda in Thüringen geboren als Arzt frühe eine Zeit lang in Batavia gelebt hatte, nach Europa zurückgekehrt viele Länder dieses Erdtheils besuchte, in Dänemark zum Königlichen Rath ernannt, in England zum Baronet erhoben wurde, Churpfälzischer Leibmedicus, auch Honorar-Professor zu Heidelberg war und 1698 zu Baireuth starb; von diesem Manne, welcher Vielen seiner Zeitgenossen als Adept galt, der aber den Stein der Weisen nur zur Heilung von Krankheiten anwende, erschien zu Weifsenfels 1684 ein „Sendschreiben eines *Adepti artis Hermeticae* an die sogenannten *Duumviros Hermeticos foederatos* von derselben Schriften" in der angegebenen Richtung. Und in der nämlichen Richtung wurde von dem Freiherrn Wilhelm von Schröder, welcher zwar nicht in demselben Rufe aber doch bei den Deutschen Alchemisten in Ansehen stand, 1684 zu Leipzig veröffentlicht sein „Nothwendiger Unterricht vom Goldmachen, den *Buccinatoribus* oder so sich nennenden *Foederatis Hermeticis* auf ihre drey Episteln zur freundlichen Nachricht". — Auch ohne dafs Blas-Instrumente zur Anwendung gebracht worden wären ist die Anpreisung alchemistischer Bücher auf den Titeln derselben recht oft eine marktschreierische gewesen, aber doch nicht häufig so weit gehend, dafs ausdrücklich versichert wurde, so ein Buch wie das gerade im vorliegenden Fall angebotene sei noch niemals gedruckt worden. Derartiges zu thun verschmähten aber auch Einige nicht, wie z. B. Mich. Potier, dessen *Philosophia pura, qua non solum vera mysteria, verusque processus lapidis philosophici multo apertius, quam haetenus ab ullo philosophorum proponitur, sed etiam vera totius mysterii revelatio filiis sapientiae offertur, quod typis nunquam visum, quandiu stetit mundus* zu Frankfurt zuerst 1617, und der unter dem Namen Pantaleon schreibende Franz Gassmann, dessen *Examen alchemisticum, quo ceu Lydio lapide adeptus a sophista et verus philosophus ab impostore dignoscuntur; institutum in gratiam magnatum et eorum, qui ex defectu multae lectionis et Vulcaniae experientiae punctum chemicum plenarie non intelligunt, ac tam turpiter a perditissimis istis fumivendulis ac impostoribus thrasonicis in opprobrium artis mere divinae decipiuntur. Necessarium ac summe proficuum opusculum, quale a mundo condito typis non fuit exaratum* zu Nürnberg zuerst 1676 herauskam. — Wenn im Gegensatze hierzu der Titel eines alchemistischen Buches in der allereinfachsten Weise gehalten war, so lag wohl auch Dem nicht lautere Bescheidenheit sondern die Berechnung zu Grunde, dafs gerade ein derartiger Titel eine Zugkraft auf nicht Wenige aus dem alchemistischen Publicum ausüben werde. Anspruchloser konnte kaum ein Titel gewählt werden, als der des unter der Aufschrift „Hermetisches A. B. C. vom Stein der Weisen" in vier Theilen zu Berlin 1778 bis 1782 fertig gestellten Buches, und dieses Buch mufs so viel Treffliches enthalten haben, dafs ihm 1781 zu Leipzig unter der Aufschrift „Von der Natur und Kunst. Ein Danksagungsschreiben an den erleuchteten Verfasser des hermetischen A. B. C. von eInem Christlich gesinnten Hermetischen Lehrjünger. — — Als ein Ergänzungsstück zum Hermetischen A. B. C. von Adamah Booz", einem damals in rosenkreuzerischen Kreisen in hohem Ansehen stehenden Manne, entgegengebracht wurde.

Derartiges, wie eben berichtet wurde, kommt nun auch in unserer Zeit und zwar als etwas Gewöhnliches vor: dafs nach dem Erscheinen eines Buches ein Bewunderer des Autors, welcher natürlich auch ein persönlicher Freund des Letzteren sein kann, wenn nicht in einer besonderen Schrift doch in einer Zeitschrift das Buch bez.-w. den Verfasser desselben gebührend lobt, was übrigens manchmal auch der Verfasser selbst unter anderem Namen oder anonym besorgt. Aber in unserer Zeit ist Das wenigstens selten geworden, dafs ein Schriftsteller selbst auf oder in einem Producte seiner Feder sich zum Herold der Vorzüge desselben und damit seiner eigenen macht; in dem siebzehnten und achtzehnten Jahrhundert war Das zu thun etwas ganz Gebräuchliches, und dafs Manches dafür spricht ist gewifs nicht in Abrede zu stellen. Das konnte geschehen schon auf dem Titel, wofür der Schlufs des für das S. 332 angeführte *Examen alchemisticum* Pantaleon's gewählten ein nächstliegendes, der S. 212 mitgetheilte Titel der *Alchymia denudata* des Ehrd von Naxagoras ein anderes Beispiel abgiebt. Es geschah aber häufiger in der Art, dafs der Verfasser eines Buches in diesem seiner Vorrede zu demselben Zuschriften an ihn oder Gedichte Anderer folgen liefs, in welchen Alles, was zu seines und seines Buches Lob gesagt werden konnte, und mehr, ausgesprochen war. Um wiederum bei einem kurz vorher Erwähnten zu bleiben: Mich. Potier hat in seiner 1648 zu Frankfurt veröffentlichten *Philosophia chymica*, an deren Schlufs er nach eigener Werthschätzung als *Philosophus hermeticus fundamentalis* bezeichnet ist, Gedichte drucken lassen, in welchen er als *Philosophus hermeticus eminentissimus, clarissimus, suae aetatis primarius, parentis loco aeternum honorandus* gefeiert wird. — Aber wie Das in der Natur der Sache und der Schriftsteller liegt: nicht immer urtheilte ein Alchemist über das literarische Opus eines anderen lobend, und den Tadel sprach er dann nicht immer nur in dem Buch, welches die Prüfung des Werkes des Anderen zum Gegenstand hatte, sondern schon auf dem Titel des ersteren aus. Nachdem z. B. durch den mehrgenannten Pantaleon 1676 zu Nürnberg *Tumulus Hermetis apertus* als eine Fundgrube des eigentlichen alchemistischen Wissens den nach dem letzteren Strebenden zugänglich gemacht war und der Nämliche ebenda und in demselben Jahr noch einige andere alchemistische Tractate veröffentlicht hatte, erschien 1678 zu Amsterdam (vgl. in diesem Anhang da, wo Gräber als zum Schmuck von Büchertiteln verwendet besprochen werden) eine anonyme Schrift, auf deren Titel schon zu lesen war, sie sei herausgegeben *in commodum filiorum artis, ut careant ab ejusdem jactabundi Pantaleonis inorpellatis[?] erroribus et imposturis.* Höflich im strengeren Sinne des Wortes waren also auf den Titeln ihrer Bücher die eigentlichen alchemistischen Schrifsteller nicht immer unter einander, aber zur Ehre derselben mufs doch gesagt werden: so exquisit unhöflich, wie Mediciner — in der Erörterung von Fragen, welche auch Chymisches betrafen — es sich wechselsweise waren, sind sich Jene meines Wissens da doch nicht gewesen. Eine Probe davon, wie um das Ende des ersten Viertels des siebzehnten Jahrhunderts Collegen öffentlich discutirten, ist des Vergleiches halber hier doch wohl am Platz. Damals waren unter den Ärzten noch Meinungsverschiedenheiten darüber, ob nicht Einer die Bedeutung der Chymie für die Heilkunde zu hoch oder zu gering anschlage. Dem S. 48 im

I. Theil erwähnten Angelus Sala, welcher immerhin ein fester Anhänger des Paracelsus war, wurde — wie er in dieser Beziehung stehe — zum Vorwurf gemacht von dem Rostocker Professor Peter Lauremberg in Dessen zu Hamburg 1624 ausgekommener Schrift *In Synopsin aphorismorum chymiatricorum Angeli Salae notae et animadversiones;* ihn vertheidigte der Oldenburgische Leibarzt Anton Günther Billich, der vorher bei den Soldaten gewesen war, in seiner *Assertionum chymicarum sylloge opposita latratui et venenatis morsibus Petri Laurembergii,* welche 1624 zu Oldenburg ausgegeben wurde. Lauremberg liefs 1625 zu Tage treten *Deliria chymica in officina filiae temporis et magistrae stultorum,* Billich in demselben Jahre zu Bremen *Petri Laurembergii deliria chemica.* So weit hielt sich die Polemik ihrer äufserlichen Erscheinung nach noch innerhalb der Grenzen des damals unter Collegen Erlaubten. Aber zur Unterstützung Lauremberg's betheiligte sich auch Arnold Schröder in Neuburg an dem Streit, und Dieser hatte nicht so wie Jener — welchem, nachdem er in der Heilkunde promovirt, die Professur der Poësie in Rostock anvertraut worden war — ästhetische Rücksichten zu nehmen; von ihm wurde 1624 zu Marburg veröffentlicht *Defensio animadversionum et notarum Petri Laurembergii in aphorismos chymiatricos Angeli Salae, opposita responsioni A. G. Billichii, Caculae militaris profugi, in qua pueriles et miserae illius objectiones refelluntur, et demum veritas animadversionum Laurembergianarum asseritur et vindicatur,* und 1625 eine Schrift, deren Titel doch ganz hierhergesetzt sein will: *Bonum factum. Flabellum, quo fumus chymicus et cinis contumeliarum, quem in clumbi sua sylloge assertionum excitavit, et medico ac philosopho celeberrimo Petro Laurembergio afflare conatus est Anton. Gunther Billich, ex infami ac perfidioso milite nuper transformatus in stercoreum et pediculosum empyricum, dispellitur et abigitur in auras per Arnoldum Schroderum medicum, additis assertionibus chymicis antibillenlichicis. Bilance justa libratum, et expressum* 1625; dafs die in diesem Buch, in welchem alle von *stercus* ableitbaren Worte auf den Gegner und Dessen da behandeltes literarisches Product angewendet werden, gebrauchte Sprache an Derbheit der für den Titel verwendeten nicht nachsteht, braucht kaum gesagt zu werden. Übrigens ist mit der Erinnerung an die vorstehenden Schriften der Kreis nicht überschritten, innerhalb dessen einige bibliographische Kenntnifs zu vermitteln dieser Anhang bestimmt ist. Mehrere der *Assertionum antibilleplichianarum,* welche gegen das Ende der letzterwähnten Schrift hin stehen, sind rein alchemistische (z. B. dafs aus allen Metallen Quecksilber erhalten werden könne oder dafs die Metalle durch geeignete Lösungsmittel gänzlich zu zerstören seien; vgl. die Anmerkung zu S. 10 f. im I. Theil) oder sie behandeln auch sonst von den Alchemisten Angestrebtes (dafs das Gold zu einer trinkbaren Flüssigkeit umgewandelt werden könne z. B.).

Die alchemistischen Werke wurden bald einzeln, bald zu mehreren zusammen veröffentlicht. Hatten die in einem Sammel-Werk zusammen gebrachten Schriften Autoritäten ersten Ranges zu vermeintlichen oder wirklichen Verfassern, so erschien es als gerathen, Dies gleich auf dem Titel anzukündigen: *Artis chemicae principes, Avicenna atque Geber, hoc volumine continentur* ist z. B. das

1572 zu Basel verlegte Buch betitelt, welches (meines Wissens allein) die S. 15 im
I. Theil erwähnte, dem Avicenna beigelegt gewesene Schrift *De anima in arte
alchimiae* gedruckt neben einigen von den unter Geber's Namen gehenden Schriften
enthält, und oft ist angegeben, dafs die dargebotenen Tractate von berühmtesten
oder sachverständigsten Männern herrührende, auserlesene seien; aber ich kann
mich nicht erinnern, dafs, wenn die Verfasser der zu einem solchen Werk zusammengestellten Schriften untergeordneteren Ranges waren, Dies eben so schon
auf dem Titel desselben hervorgehoben worden sei.

Für solche Bücher, welche mehrere Schriften enthielten, war die Betitelung
meistens dann dem Sachverhalt entsprechend einfach, wenn alle die in einem
solchen Buch zusammengefafsten Schriften von einem und demselben Mann geschrieben oder doch als dem nämlichen Verfasser zugehörig betrachtet waren;
da handelte es sich für den Titel noch um die Angabe, ob das Buch sämmtliche
chymische Schriften des betreffenden Autors oder ausgewählte enthalte. Beispiele dafür zu geben ist fast unnöthig; für wenige alchemistische Schriftsteller
mögen, ohne dafs auch nur für sie vollständige Auskunft darüber gegeben werden soll, wie oft und wo und wann Sammlungen von Schriften eines Jeden veröffentlicht worden sind, die nachstehenden Erinnerungen hierher gesetzt werden.
Eine Deutsche Gesammt-Ausgabe der Schriften Geber's erschien zuerst, von
einem Philaletha besorgt, zu Erfurt 1710, und „Geber's Curieuse vollständige
chymische Schriften" wurden noch 1751 zu Wien ausgegeben. Der Lateinischen
Gesammt-Ausgabe der chymischen Schriften des Arnaldus Villanovanus: *A. V.
omnia, quae exstant chymica opera, conjunctim edita opera et impensis Hieron.
Megiseri*, die zu Frankfurt 1603 auskam, folgte eine zu Frankfurt a. M. 1604
(da u. Hamburg auch noch einmal 1683) veröffentlichte Auswahl der als alchemistisch wichtigsten betrachteten, „übersezt von Joh. Hippodam" (Joh. Lange).
und noch 1749 wurden zu Wien „Des weltberühmten *Philosophi Arnoldi de Villa
nova* Chymische Schriften" herausgegeben. Des G. Ripley Schriften kamen
gesammelt in Lateinischer Sprache 1614 zu Frankfurt a. M. heraus, in Deutscher
Sprache zuerst 1717 zu Nürnberg und („Georgi Ripläi Chymische Schriften")
noch 1756 zu Wien. Die erste vollständigere Ausgabe der Schriften, die unter
Basilius Valentinus' Namen zunächst einzeln bekannt geworden waren, war
die unter dem Titel: „*Fratris Basilii Valentini*, Benedictiner Ordens, Chymische
Schriften alle, so viel deren vorhanden sind, aus vielen sowohl geschriebenen
als gedruckten Exemplaren vermehret und verbessert, und in zwey Theile verfasset von W. S. L." zu Hamburg 1677 erschienene; wiederholte Auflagen, auch
abgeänderte Ausgaben liefsen diese Schriften zu grofser Verbreitung gelangen,
welche zum letzten Mal („B. V. Chymische Schriften"; 3 Theile mit Kupfern)
1769 zu Wien auf den Büchermarkt gebracht wurden. Der von einem uns
schon mehrfach vorgekommenen Adepten Setonius, oft Cosmopolita genannt,
handschriftlich hinterlassene Tractat: *Cosmopolitae Novum lumen chymicum de
lapide philosophorum* wurde zu Prag 1604 durch den nicht minder oft bereits
genannten Sendivogius herausgegeben, welcher dann auch selbst mehrere alchemistische Tractate veröffentlichte. Was der Eine und was der Andere geschrieben hat, ist vielfach confundirt worden, auch in den Ausgaben, welche dem

Titel nach das von dem Einen oder das von dem Anderen Geschriebene enthalten sollen; Das gilt für *Les oeuvres de Cosmopolite, dans lesquels sont expliqués les trois principes des philosophes chimiques*, schon 1691 zu Paris erschienen, und für „Michaelis Sendivogii Chymische Schriften", noch 1770 zu Wien ausgegeben. Die Bedeutung Eines alchemistischen Schriftstellers konnte die anderer in dem Mafse überragen, dafs, wo einer Sammlung von Schriften des Ersteren auch noch Aufsätze Anderer beigegeben waren, füglich nur Jenes Name auf den Titel gesetzt zu werden brauchte; „Des hochgeehrten Philalethae und anderer auserlesene sechs Chymische Tractätlein, ins Deutsche übersetzt von F. Lang", wie der Titel einer zu Wien 1748 ausgekommenen derartigen Sammlung lautete: Das war genug, wo es sich um Aufsätze von Irenaeus Philaletha handelte. Man konnte es freilich auch anders machen: zu dem berühmten Namen Eines Autors wenigstens noch Eines unberühmten Mannes Namen auf den Titel bringen. Drei Tractate desselben Philaletha, dessen Schriften im Allgemeinen in Englischer Sprache verfafst waren, wurden von Mart. Birrius 1668 zu Amsterdam in Lateinischer herausgegeben; einer Deutschen Übersetzung wurde noch ein Tractat eines Anderen zugegeben und sie erschien zu Hamburg 1675 unter dem Titel „I. P. Drey Tractate von Verwandlung der Metalle samt Wigands von Rothschild Tractat, genannt: die Herrlichkeit der Welt, aus dem Lateinischen übersezt von Joh. Lange". Doch konnte auch schon damals der Ruhm eines Schriftstellers ein nur schwächlich begründeter und doch dafür hinreichender sein, dafs eine Gesammt-Ausgabe Dessen, was Jener geschrieben, veröffentlicht wurde. Der uns bereits S. 205 vorgekommene Pfarrer Samuel Richter in Schlesien war durch Das, was er in den Jahren 1710 und 1711 unter dem Namen Sincerus Renatus hatte in die Welt gehen lassen, ein damals bekannter aber doch kein berühmter Schriftsteller geworden; zu Leipzig kamen 1741 „Sinceri Renati sämtliche Philosophisch und Chymische Schrifften" heraus.

Waren die zu einer Sammlung vereinigten Schriften alle oder theilweise von verschiedenen Verfassern, so war Das etwas Naheliegendes, auch oft in Anwendung Gebrachtes, dafs der Titel der Sammlung die Anzahl der in die letztere aufgenommenen Schriften nannte, und so konnten natürlich auch Sammlungen mehrerer Schriften je Eines Verfassers betitelt werden. Dem entsprechend stellten sich z. B. einander gegenüber „Ein auserlesener herrlicher Tractat von dem philosophischen Wasser. *Incerti Authoris*" (Frankfurt u. Leipzig 1772), „Zwey rare chymische Tractate, Darinnen nicht nur alle Geheimnisse der Probier-Kunst derer Ertze und Schmeltzung derselben, Sondern auch die Möglichkeit der Verwandlung der geringen Metalle in bessere gar deutlich gezeiget werden, aus einem alten raren von *Anno* 1514 bis 1582 geschriebenen, Buche zum erstenmal in Druck gegeben, deme beygefüget dieses *Autoris Universal*" (unter Dav. Beuther's Namen 1717 zu Leipzig herausgekommen), „Drey vortreffliche chymische Bücher, als Johann Ticinensis" [d. i. des Johann von Tetzen], „Antonii de Abbatia, Eduardi Kellaei Tractate. Mit Vorrede wider die Sophisten und Betrüger" (von W. Stadtlaender; Hamburg 1670) oder „Drey chymische Tractate: 1. guldene Rose. 2. Brunn der Weisheit, und 3. Blut der

Natur (s. l. 1706) oder „Drey curiose chymische Schrifften, als 1. *Nicolai Soleae* philosophische Grund-Sätze. 2. Herrn C. L. V. L. Chymischer Catechismus. 3. CXXX Grund-Sätze aus dem Toscanischen ins Teutsche übersetzet" (Hof 1723) oder „Drey Tractätlein von den Geheimnissen der Natur (Mainz 1749), *Philosophiae chemicae quatuor vetustissima scripta* (Frankfurt zuerst 1605) oder „Vier auserlesene chymische Büchlein" (Hamburg 1697) oder „Vier unterschiedene Chymische Tractätlein. Hiebevor in alten Teutschen Reimen *ab Incertis Authoribus* gestellet" (Frankfurt u. Leipzig 1772), „Fünff Curieuse Chymische Tractätlein, in welchen die allerdeutlichsten Ausdrücke derer, so jemals, als wahrhafftige Kunstbesitzer, von dem so beruffenen Stein der Weisen geschrieben haben, anzutreffen sind; Das Erste, betitult: Güldene Rose, das Andere Brunn der Weisheit, das Dritte Blut der Natur, das Vierte Vorbothe der am philosophischen Himmel hervorbrechenden Morgen-Röthe, das Fünffte *Vitulus aureus,* Nebst einer Vorerinnerung von J. W." (Frankfurt und Leipzig 1757; wohl eine erweiterte Ausgabe des vorher erwähnten, die drei ersten Tractate enthaltenden Sammel-Werks von 1706, welches einzusehen ich keine Gelegenheit hatte), „Sechs Chymische Tractate von alten und neuen *Philosophen*" (Frankfurt 1725), *Tractatus septem de lapide philosophico, e vetustissimo codice desumti, ab infinitis repurgati mendis, et in lucem dati a Justo a Balbian, Flandro Alostano philochymo* (Leyden 1599), *De lapide philosophico tractatus duodecim e naturae fonte et manuali experientia depromti* (Frankfurt 1611) und so hätte Das noch weiter fortgehen können und ist es vielleicht fortgegangen.

Das waren in der Hauptsache einfache Betitelungen, und solche hatten auch andere Sammel-Werke; so z. B. wurden 1541 zu Nürnberg *Volumen tractatuum scriptorum rariorum de Alchemia,* 1550 zu Frankfurt *Opuscula complura de Alchymia, s. l.* 1604 J. P. S. M. „Alchimia *vera* oder etliche nützliche Tractätlein von der wahren Alchemie", 1612 zu Lyon *Opuscules très excellens de la vraye philosophie naturelle des métaux,* 1614 zu Frankfurt *Opuscula quaedam chimica,* von dem Hessen-Kasselschen Leibarzt Ludw. Combach herausgegeben 1647 zu Geismar *Tractatus aliquot chymici singulares,* 1719 zu Leipzig Chr. Helwig's „*Fasciculus philosophi*scher Schrifften vom Stein der Weisen" veröffentlicht. Aber so einfache Betitelungen genügten den Herausgebern derartiger Sammel-Werke oft nicht, welche nach packenderen Titeln suchten und solche auch fanden.

Wiederum wurde, auch wo man Solches im Auge hatte, der Titel eines Sammel-Werkes oft der Anzahl der in dem letzteren enthaltenen Schriften entsprechend gewählt. Waren es deren zwei, so machte ein Titel wie „*Mercurii* Zweyfacher Schlangen-Stab, Das ist: I. Glücks-Ruthe zu *Paracelsi* Chymischem Schatz. II. *Menstruum seu Solvens Universale Philosophicum,* Darinnen das Gold *sine strepitu,* wie Eyß in warmen Wasser zerschmiltzt: Samt dem gantzen *Philosophischen Proceß*" (Ulm 1679; eine zweite Ausgabe erschien schon 1684) einen entschieden vornehmen Eindruck. Auch der von Herm. Fictuld einem 1741 zu Petersburg veröffentlichten, zwei Aufsätze enthaltenden Buch gegebne Titel: „Hermetischer Triumpfbogen auf zwey Wundersäulen, das ist, Zwey Tractätlein: *Cabbala mystica naturae* und *Occulta occultissima*" konnte Anspruch darauf machen, etwas Apartes zu sein. Doch war für eine solche Publication auch die einfachere Bezeichnung als Zweiblatt wohl angebracht (1673 kam zu Frankfurt, 1674 zu Frankfurt u. Hamburg heraus „Das Chymische Zweyblatt, das ist zwey vortreffliche Chymische Tractätlein, das Erste, eröfneter Eingang zu des Königs verschlossenem Pallaste. Das zweyte von dem Stein der Weisen, wie man den recht bereiten soll. *Fratris Ferrarii Monachi.* Beyde zum erstenmale ins Teutsche übersezet von Joh. Lange"). Aber in anderem Sinn war *Bifolium* gebraucht von Franz Gassmann — einem Schlesier, welcher als Arzt in Passau und dann in Wien lebte und mehreres von vielen Gleichzeitigen beifällig aufgenommenes Alchemistisches unter dem Namen Pantaleon schrieb, übrigens schon von einem anonymen Zeitgenossen (vgl. S. 333) und dann namentlich von Becher in Dessen postumem, zuerst als Anhang zu dem von Joh. Mich. Faust 1706 zu Frankfurt a. M. herausgegebenen *Philaletha illustratus* bekannt gewordenem *Pantaleon delarcatus* als Betrüger hingestellt wurde —, als er 1676 zu Nürnberg ausgehen ließ sein mehrfach wieder aufgelegtes und abgedrucktes *Bifolium metallicum seu Medicina duplex pro Metallis et Hominibus infirmis a Proceribus Artis Hermeticae sub nomine Lapidis philosophici inventa elaborata et posteritati transmissa etc.* — Passend bezeichnete J. Bapt. Grosschedel ab Aicha, der sich Römischer Ritter nannte, als *Trifolium* ein drei alchemistische Abhandlungen Desselben enthaltendes Buch: sein zu Frankfurt a. M. 1629 herausgekommenes „*Trifolium Hermeticum* oder Hermetisches Kleeblatt I. Von der allgemeinen Natur. II. Von der besondern, und der menschlichen Kunst. III. Von der verborgenen und geheimen Weisheit" u. s. w., und eben so passend war der Titel gewählt für ein auch drei alchemistische Tractate enthaltendes „Hermetisches Kleeblatt", welches 1667 zu Nürnberg erschien. (Kleeblatt konnte aber auch eine einzelne Schrift betitelt sein: so z. B. kam *s. l.* und anonym 1709 heraus „Englisches Klee-Blatt, oder drey Elementen, woraus Himmel, Erde, Meere bestehen". Verwechslung vermeiden zu lassen sei noch erinnert, daß auch von einem Joh. Ferd. Kleeblatt eine „Neue Herausgabe einiger sehr rar gewordner Traktätlein" 1768 zu Frankfurt u. Leipzig veranstaltet wurde. Als *Trifolium* konnte, wie hier weiter noch bemerkt werden mag, auch eine Hermetisch recht unschuldige Schrift betitelt werden; zu Amsterdam kam 1771 heraus: „*Trifolium chemico-physico-salinum*, worinnen drey berühmte Salze Salmiac, Salpeter und Borax nach Natur und Wesenheit betrachtet werden".) Gar nicht übel war es, einer Sammlung von drei Aufsätzen, diesmal eines und desselben Verfassers (Joh. Christian Orschall's) so einen Titel zu geben, wie ihn ein 1684 zu Kassel erschienenes Büchlein hat: „Wunder-Drey, Das ist: Beschreibung Dreyer dem Ansehen nach unannehmlicher, der *Practic* nach aber wohl *practicaller Particularien.* Aufs eigener *Experienz* von einem Liebhaber der *Chymie*". Aber noch schöner war es doch, eine Sammlung mehrerer, diesmal verschiedenen Verfassern zugehöriger Aufsätze als eine Fackel, die in drei Feuerstrahlen Licht spende, zu betiteln; zu Nürnberg wurde 1674 aufgesteckt „*Taeda trifida chymica* das ist, dreyfach chymische Fackel den wahren Weg zu der edlen Chymie-Kunst bescheinend, enthaltend Wolfg. Dienheim *Medicina universalis, item Anonymi Tractatus Verbum divinum, D. Hugini a Barma Saturnia regna* oder Saturnisches Reich, *Basilii Valentini Testamentum chymicum* oder leztes Testament oder Zugabe von einer besonderen Lehre aus einem geschriebenen Buche *II. Aquilae Thuringi*. Aus dem Lateinischen ins Teutsche übersetzt" (aus leicht ersichtlichem Grunde habe ich diese Schrift, obgleich sie mehr als drei Aufsätze enthält, hier angeführt). Eine Sammlung von drei eigenen Aufsätzen: 1. *De Lapide philosophico*, 2. *De arabico Elixir*, 3. *De auro potabili* veröffentlichte der S. 41 im 1. Theil erwähnte Alchemist G. Agricola 1531 zu Köln unter dem Titel *Galerazeya sive revelator secretorum*: das befremdliche Wort ist nach Schmieder (Gesch. d. Alchemie S. 270) aus γαληρός und ἄζα gebildet und bedeutet die fröhliche Schwärze, was sich auf das sonst als das Rabenhaupt (Th. I, S. 6) bezeichnete Product der alchemistischen Operation beziehe. Eine Sammlung von drei alchemistischen Abhandlungen wurde als etwas gleichsam Dreifüßiges ganz angemessen auch als *Tripus* bezeichnet: Mich. Maier's *Tripus aureus, hoc est, tres tractatus chymici selectissimi B. Valentini, Th. Nortoni et Cremeri* wurde zu Frankfurt 1618, Becher's *Tripus Hermeticus fatidicus, pandens oracula chymica* (worin 1. *Laboratorium portatile*, 2. *Magnorum duorum productorum, nitri et salis textura et anatomia*, 3. *Alphabetum minerale*) gleichfalls erst nach dem Tode Desselben, zuerst zu Frankfurt 1689 herausgegeben (in der Bedeutung: Orakel fand übrigens *Tripus* auch Anwendung für die Betitelung einer Zusammenstellung einer anderen Anzahl von Aufsätzen: „*Tripus chimicus Sendivogianus*. Zwölf Tractätlin von dem Stain der Alten weisen — —, verteutschet durch *Hisaiam Sub Cruce*" kam zu Strasburg 1628 aus); aber eine solche Sammlung als *Trinum* zu betiteln hatte die Einfachheit für sich: *Trinum epistolarum chimicarum* wurde zu Hamburg 1673 veröffentlicht; „*Trinum chymicum*: Drey Tractate: V. Koffsky Von der Tinctur-Wurzel des Steins der Weisen, Alphidii Parabolischer Tractat, Lullii *Claris*" — Vincentius Koffsky war ein aus Polen gebürtiger, 1488 in einem Kloster zu Danzig gestorbener Dominicaner-Mönch, Alphidius ein alchemistischer Schriftsteller aus unbekannter Zeit — zu Strasburg 1699 (des Caesar Longinus 1611 zu Offenbach ausgekommenes *Trinum magicum* hatte zwar auch Hermetisches Wissen aber nicht speciell auf Alchemie bezügliches enthalten). — *Quadratum* war für eine vier solche Aufsätze umfassende Sammlung auch buchstäblich genommen als Titel schicklich: *Quadratum alchymisticum, id est, quatuor tractatus de Lapide Philosophico* wurde zu Hamburg 1705 (Deutsch ebenda 1707) einem geneigten Leser dargeboten. Etwas gekünstelt erscheint der für eine Sammlung von sechs derartigen Schriften von Joh. Grasshoff, welcher eine solche 1625 zu Frankfurt a. M. — pseudonym, unter dem Namen H. Condesyanus — erscheinen ließ, gewählte Titel: „*Dyas chymica tripartita*, das ist, sechs herrliche teutsche philosophische Tractätlein" (vom philosophischen Stein u. s. w.). — Doch auch noch andere Motive wurden mit Glück verwerthet. Wie ein Einspänner erschien gewissermaßen ein eine einzelne alchemistische Schrift enthaltendes Buch, selbst wenn es von der Wichtigkeit des Triumph-Wagens des Antimonii von Basilius Valentinus war, einem Buch als einem mehrspännigen gegenüber, an dessen Fortkommen auf dem Büchermarkt zwei, drei oder vier Schriften vereint interessirt waren, und die Zahl dieser Schriften gab dann ein annehmliches Argument für die Betitelung der Sammlung ab. Von Theoph. Müller, einem am Ende des siebzehnten Jahr-

hunderts lebenden Deutschen Arzt, wurde zu Hamburg 1688 ausfahren gelassen
Biga commentationum, quarum prima de oleis variisque ea extrahendi modis,
secunda de quibusdam Alchymiae ortum et progressum breviter illustrantibus agit,
von Nic. Barnaud aus Crest in der Dauphiné, einem zu Genf und dann in
Holland lebenden Arzt und angeblichen Adepten, zu Leyden 1599 *Triga chemica,*
de lapide philosophico tractatus tres, und *Quadriga aurifica:* der Wagenlenker,
Auriga benedictus spagyricus, wurde durch Bened. Figulus 1609 zu Nürnberg
vor das Publicum gebracht.   Einem einzelnen Stern vergleichbar konnte eine
einzelne Schrift, einem Sternbild vergleichbar eine Sammlung mehrerer Schriften
einem Jünger des Hermes zur Führung dienen. Ein „Chymischer Leitstern"
wurde zu Budissin 1716 durch einen Ungenannten sichtbar gemacht, ein „Hermetischer Nordstern, oder getreuer Unterricht und Anweisung, wie zu der hermetischen Meisterschaft zu gelangen" zu Frankfurt 1771 gleichfalls durch Einen,
welcher es verschmähte seinen Namen kennen zu lassen. Es mag dahin gestellt
bleiben — liefse sich doch Manches für das Eine und für das Andere vorbringen
—, ob der Polarstern oder der ganze kleine Bär als Pathe in Anspruch genommen
war für die Benennung eines Buches, welches als *Cynosura chemica tincturam*
universalem indicans von Einem, der sich Chrysogonus de Puris nannte,
ohne Angabe des Druckortes 1689 veröffentlicht wurde. Eine Gruppe von
Leistungen verschiedener Schriftsteller brachten „Das alchymistische Siebengestirn,
das ist sieben schöne und auserlesene Tractätlein" (von Hermes Trismegistus,
Raymund Lull, Aristoteles, Joh. Dausten, Albertus Magnus u. A.)
„vom Stein der Weisen, darinnen der richtige Weg zu solchem allerhöchsten
Geheimnifs zu kommen hell und klar gezeiget wird", welches zuerst zu Hamburg
1675, zuletzt zu Frankfurt 1756,   und ein „Neues alchymistisches Siebengestirn,
das ist sieben Tractätlein vom Stein der Weisen, darinnen der Weg zu aller-
höchstem Geheimnifs zu kommen gezeiget wird. Aus dem Lateinischen", welches
zu Frankfurt 1772 aufging. (Die zu Leipzig und Nordhausen 1738 anonym erschienenen „*Pleiades Philosophicae Rosianae* oder *Philosophisches* Sieben-Gestirn
der Rosen-Creutzer, Bestehend in 7 sehr geheimen und vortreflichen *Processen*
das *Universal* betreffend" sind kein Sammel-Werk, sondern ein einzelner kurzer
alchemistischer Tractat gewöhnlichster Art, in welchem die einzelnen Processe
unter den Überschriften *Pleiadum philosophicarum stella prima, stella secunda*
u. s. w. vorgebracht werden.)
        War die Zahl der in ein Sammel-Werk aufgenommenen Schriften eine noch
gröfsere, so bot sich nicht mehr leicht eine so sinnige Bezeichnung und es wurden
weniger phantastische Titel gewählt. *Bibliotheca* war ein öfters gebrauchter.
Der Pariser Arzt Salmon liefs z. B. zu Paris 1672 u. 1678 zwei Bände seiner
Bibliothèque des Philosophes Chimistes, ou Recueil des Auteurs les plus approuvés,
qui ont écrit de la Pierre Philosophale herauskommen, und ebenda 1741 J. M[au-
guin] de R[ichebourg] die ersten drei Bände einer *Bibliothèque des Philosophes*
Chimiques; 1754 erschien, wiederum zu Paris, eine vierbändige *Bibliothèque des*
Philosophes Chimiques, ou Hermétiques, contenant plusieurs ouvrages en ce genre,
très curieux et utiles, qui n'ont point encore paru. In Genf wurde 1702 des
dortigen Arztes Jean Jacques Manget (1652—1742) inhaltreiche (alle die

vielen in sie aufgenommenen Schriften in Lateinischer Sprache bringende) *Bibliotheca chemica curiosa* in zwei starken Foliobänden veröffentlicht, auf welche in dem vorliegenden Buch so oft hingewiesen ist. Die in Deutschland durch Friedr. Rothscholtz — geboren 1687 zu Herrnstadt in Nieder-Schlesien, Buchhändler zu Nürnberg, wo er 1736 starb — zu Nürnberg und Altdorf zuerst 1727 herausgegebene „*Bibliotheca chemica* oder *Catalogus* von Chymischen Büchern" war nur ein Verzeichnifs der in Dessen Besitz gekommenen Schriften alchemistischen und verwandten Inhalts. aber ein Sammel-Werk der uns jetzt beschäftigenden Art war die durch Friedr. Jos. Wilh. Schröder — geboren 1733 zu Bielefeld, von 1764 an Professor der Medicin und Chemie zu Marburg, wo er 1778 starb — 1772 u. 1774 zu Frankfurt u. Leipzig ohne Nennung seines Namens in zwei Bänden veröffentlichte „Neue alchymistische Bibliothek, für den Naturkundiger unsers Jahrhunderts ausgesucht (an sie schlofs sich eine unter Schröder's Namen ausgegebene „Neue Sammlung der Bibliothek für die höhere Naturwissenschaft und Chemie" an, von welcher zu Leipzig 1775 bis 1780 zwei Bände und eine Fortsetzung erschienen. Manche derartige Bibliothek war übrigens ziemlich arm an Schriften; so enthielt des Nath. Albineus *Bibliotheca chimica contracta*, welche zuerst zu Genf 1653 herausgekommen wiederholt neu aufgelegt und auch nachgedruckt wurde, nur drei: von Augurelli, Philaletha und dem bald wieder zu nennenden Jean d'Espagnet. — Ein anderer für solche Sammel-Werke mehrfach gebrauchter Titel war *Museum*. Schon 1625 wurde zu Frankfurt ein *Musaeum Hermeticum*, den ins Lateinische übersetzten „Wasserstein der Weisen" und einige andere Tractate enthaltend, veröffentlicht; 1678 und nochmals 1749 wurde zu Frankfurt *Museum Hermeticum reformatum et amplificatum, continens tractatus chymicos XXI Variorum* herausgegeben, und noch 1782 bis 1790 zu Reval u. Leipzig ein „Hermetisches Museum, allen Liebhabern der wahren Weisheit gewidmet" in vier Theilen. (Aber *Museum* konnte auch eine einzelne alchemistische Schrift betitelt sein: zu Frankfurt kam z. B. 1625 heraus *Musaeum Hermeticum, omnes sopho-spagyricae artis discipulos fidelissime erudiens, quo pacto summa illa reraque medicina, qua res omnes qualemcunque defectum patientes instaurari possint, (quae alias Benedictus Lapis Sapientum appellatur) inveniri ac haberi queat,* und unter Mich. Maier's zahlreichen Tractaten finden sich auch als zu Frankfurt 1708 veröffentlicht *Museum Chimicum* und *Museum Hermeticum.*) — Ein zusagender Titel für solche Werke war auch *Theatrum,* welches Wort dann in anderer Bedeutung genommen war, als da wo ohne Angabe des Ortes 1682 gezeigt wurde *Theatri alchymistico-medici breve spectaculum,* und auch nicht Dem entsprach, was des Adolph Christoph Bentz o. Benz zuerst zu Hamburg 1690 dem Publicum zugänglich gemachte „Philosophische Schaubühne, bestehend aus mehrentheils lauter eigenen und wahrhafften *Experimentis,* sowol auf vielerley *Processus,* welche unter denen *Secretis* behalten werden, als auch über die *effectus corporum,* so in der Vermischung zu entstehen pflegen" darbieten sollte. so wenig wie Dem, was ein zu Regensburg 1770 „Neu eröffneter Schauplatz geheimer philosophischer Wissenschaften" zu zeigen versprach (eine Sammlung selbstständiger alchemistischer Aufsätze Verschiedener war auch nicht Stephan Blancaard's 1694 zu Leipzig vorgekommenes „*Thea-*

trum chymicum oder eröffneter Schauplatz und Thür zu den Heimlichkeiten in
der Scheide-Kunst, von denen berühmtesten Männern, die jemals in der Scheide-
Kunst sich selbst bemühet, und davon geschrieben — — — aufgethan, nun aber
von einem Liebhaber der Kunst also ins Gesicht gestellet. Nebenst einer Vermehrung, wie die geringen Metalle und gemeinen Steine zu verbessern sind,
durch Kenelmus Digbii, Rittern. — — Aus dem Niederländischen ins Hoch-
teutsche übersetzet"). Ein *Theatrum chimicum* kam dreibändig zu Ober-Ursel
bei Frankfurt a. M. (*Ursellae*) 1602 und sechsbändig 1613 bis 1622 (auch noch
einmal 1659: *Theatrum chemicum, praecipuos selectorum auctorum tractatus de
chemiae et lapidis philosophici antiquitate, veritate, jure, praestantia, et operatio-
nibus, continens*, bei L. Zetzner; auf dem Titel des 6. Bds. nennt sich Joh. Jac.
Heilmann aus Zweibrücken als Derjenige, welcher die in Deutscher und Französischer Sprache geschriebenen Aufsätze in die Lateinische übersetzt habe) zu
Strasburg heraus, zu Nürnberg 1728 und 1730 die Alchemistisches bringenden
zwei ersten Theile von Fr. Rothscholtz' viertheiligem „Deutsches *Theatrum
Chemicum*, Auf welchem der berühmtesten Philosophen und Alchymisten Schrifften,
die von dem Stein der Weisen, von Verwandlung der schlechten Metalle in
bessere — — handeln, welche bißher entweder niemals gedruckt, oder doch
sonsten sehr rar worden sind, vorgestellet werden". Ein derartiges Theater konnte
in etwas particularistischer Weise eingerichtet sein: in des Elias Ashmole
(1617—1692) 1652 zu London erschienenes *Theatrum Chemicum Britannicum,
containing severall poetical pieces of our famous english philosophers, who have
written the hermetique mysteries in their owne ancient language* (nur ein I. Theil
ist veröffentlicht) sind nur Schriften Britischer Alchemisten aufgenommen. — Auch
noch andere Titel wurden gewählt. Als *Thesaurus chemicus* kam z. B. ein solches
Sammel-Werk 1603 und nochmals 1620 zu Frankfurt heraus, und in manche der
in dem Nachstehenden als *Thesaurus* und *Thesaurinella* betitelt zu erwähnenden
Schriften sind auch Tractate früherer Alchemisten aufgenommen; ein als *Aureum
vellus* bezeichnetes ist in der Anmerkung III (S. 242 f.) am Ende des I. Theils besprochen: eine Aneinanderreihung mehrerer alchemistischer Schriften als einen
Rosenkranz zu betiteln, erschien als geschmackvoll: zu Hamburg wurde 1659
(von Dav. Herlicius) veröffentlicht „Hermetischer Rosenkrantz, das ist: vier
schöne, auserlesene chymische Tractätlein — — vom Stein der Weisen", und
dieselbe Sammlung von vier alchemistischen Schriften: des Artephius, des
Johannes Garlandius o. Hortulanus, des Arnald von Villanova und des
Grafen Bernhard von Trevigo „Allen Liebhabern dieser edlen Künste zum
besten aus dem Lateinischen ins Teutsche übersetzt, und nun zum andernmal
zum Druck befördert" an demselben Ort 1682, auch noch einmal mit diesem
Beisatz ausgegeben zu Frankfurt a. M. 1747. Noch anderer gleichnißweise
gewählter Bezeichnungen von Sammel-Werken wird in diesem Anhang hier und
da erwähnt (vgl. z. B. S. 324 oder weiterhin „Chymisches Lustgärtlein"). Von
Guglielmo Gratarolo — geboren zu Bergamo, nach Annahme der protestantischen Confession Professor der Medicin zu Marburg und dann zu Basel, wo er
1562 im 52. Lebensjahr starb — zusammengestellt wurden zu Basel 1561 *Verae
Alchymiae scriptores aliquot collecti et una editi* (auch unter dem Titel *Vera*

Alchemiae artisque metallicae doctrina certusque modus) und nach seinem Tode 1572, 1593 u. 1610 drei Bände *Artis auriferae, quam chemiam vocant, antiquissimi autores* veröffentlicht; und zu Frankfurt 1625 die in dem Nachstehenden wiederholt anzuführenden *Harmoniae imperscrutabilis chymico-philosophicae Decades duae, quibus continentur auctores de lapide,* herausgegeben von Joh. Rhenanus (Dieser war Leibmedicus des 1592 bis 1627 regierenden Landgrafen Moritz von Hessen-Kassel, „von welchem er zugleich sehr stark in chymischen Processen gebraucht worden", wie in Strieder's Hessischer Gelehrten-Geschichte, Bd. XI, Cassel 1797, S. 315 bemerkt ist). Diese letzterwähnten Titel von Sammel-Werken nähern sich danach, wie sie einfacher gehalten sind, den S. 337 angeführten.

Die Frage liegt nahe, ob nicht auch in Zeitschriften alchemistische Tractate veröffentlicht und gesammelt worden seien. Versucht wurde, Dies zu thun, mehrere Male, doch erst spät und mit ungünstigem Erfolg. 1790 kam zu Leipzig ein „Taschenbuch für Alchemisten, Theosophen und Weisensteinsforscher, die es sind und werden wollen" heraus, und nach dem darin Gesagten war damit so etwas regelmäfsig Wiederkehrendes geplant, wie u. A. der — zuerst für 1780 — von Joh. Friedr. Aug. Göttling herausgegebene „Almanach oder Taschenbuch für Scheidekünstler und Apotheker" (welcher, später von Anderen herausgegeben, es bis zu 50 Jahrgängen brachte), und für den Fall, dafs dieser erste Jahrgang Beifall finde, war ausdrücklich eine Fortsetzung in Aussicht gestellt; meines Wissens ist aber eine solche nicht erschienen. Darüber, dafs in dem Anfang unseres Jahrhunderts ein „Hermetisches Journal zur endlichen Beruhigung für Zweifler und Sucher, von der hermetischen Gesellschaft" herausgegeben (1. Stück, Camburg 1802) und eine Fortsetzung desselben „Hermes, eine Zeitschrift in zwanglosen Heften zur endlichen Beruhigung u. s. w., herausgegeben von L. F. von Sternhayn in Karlsruhe" (1805) es nicht über den Anfang hinaus brachten, wurde S. 160 f. u. 300 ff. in diesem Theil berichtet.

Es liegt in der Natur der Sache, dafs die Titel vieler alchemistischer Schriften die Kunst, über welche die letzteren belehren sollen, geradezu angeben. In den S. 3 im I. Theil berührten, unter dem Einflufs Ägyptischen Wissens in Griechischer Sprache verfafsten alchemistischen Schriften wird die Kunst, Gold entstehen zu lassen, sehr gewöhnlich die heilige oder die göttliche genannt, und viele von diesen Schriften sind Dem gemäfs überschrieben; bei den Arabischen und den dem christlichen Abendland angehörigen alchemistischen Schriftstellern ist von einer entsprechenden Bezeichnung der Kunst, welche sie lehren wollten, weniger Gebrauch gemacht worden. Oft wird auch in jenen Schriften die da tractirte Kunst geradezu Goldanfertigung, χρυσοποιία, genannt und davon ist die Überschrift eines Aufsatzes manchmal entnommen. Auch Byzantiner haben ihre über diese Kunst geschriebenen Bücher danach betitelt, und Dasselbe thaten auch Abendländer. So liefs der Gerichts-Präsident zu Nevers Gaston de Claves seine zuerst zu Nevers 1590 herausgekommene Vertheidigung der Alchemie gegen Erast's Angriff (S. 229 im I. Theil) *Apologia Argyropoeiae et Chrysopoeiae contra Erastum* benannt sein und der 1677 zu Halle als Gymnasial-Lehrer gestorbene

Joh. Gabr. Drechsler aus Meifsen seine zwei 1673 zu Leipzig erschienenen Schriften *De Metallorum transmutatione, et in primis de Chrysopoeia;* so wurde das Sendschreiben des E. Dickinson an Th. Mundan, dessen S. 100 im I. Theil gedacht war, 1686 zu Oxford unter dem Titel *De Chrysopoeia sive de Quinta essentia philosophorum* veröffentlicht, und noch 1718 zu Hamburg die alchemistische Abhandlung, durch deren Einreichung an Kurfürst August von Sachsen Sebald Schwerzer (vgl. S. 127 u. 214 im I. Theil) sich bei diesem Fürsten 1584 eingeführt habe, als „*Chrysopoeia Schwaertzeriana,* das ist: *Sebaldi Schwaertzers Manuscripta* von der wahrhaften Bereitung des philosophischen Steins, wie selbige vor diesem mit seiner eigenen Hand entworffen, und bei dem Chur-Fürstlichen Sächsischen Hause in *Originali* verwahrlich aufbehalten worden" u. s. w. — Als *Ars aurifera* wurde die Alchemie manchmal bezeichnet und Dem gemäfs der Titel eines über sie handelnden Buches geformt: so für das schon S. 343 erwähnte Sammel-Werk *Artis auriferae, quam chemiam vocant, antiquissimi autores,* dessen Veröffentlichuug 1572 begann, und für Hildebrandt von Hildebrandseck's zu Frankfurt 1608 erschienene Schrift „*Auriferae artis,* das ist der Goldkunst die man *chemiam* nennt uhrälteste *Authores* und Anfänger". — Manchmal ist in jenen Ägypten angehörigen Schriften das Goldmachen als die Kunst der Philosophie bezeichnet; bei den Abendländern wurde es unter schnödem Mifsbrauch des letzteren Wortes zu etwas ganz Gewöhnlichem, dafs die Alchemie als Philosophie besprochen und gelehrt wurde und dafs die Alchemisten sich Philosophen nannten. Dem gemäfs figurirt oft und in mannigfacher Weise die Philosophie auf den Titeln alchemistischer Schriften. Als von Raymund Lull verfafst ist in Sammlungen solcher Schriften aufgenommen ein *Compendium alchimiae et naturalis philosophiae,* und da ist auch zu finden ein 1567 zu Antwerpen in Französischer und 1609 zu Halle in Deutscher Übersetzung herausgekommenes und dann durch neue Ausgaben noch weiter verbreitetes *Opusculum philosophiae naturalis metallorum* des S. 198 u. 224 im I. Theil erwähnten D. Zachaire. Eine *De occulta philosophia* betitelte Deutsche Schrift wurde als eine des Basilius Valentinus zuerst 1603 zu Leipzig veröffentlicht, 1533 zu Köln des Agrippa von Nettesheim eben so betitelter Tractat, 1601 zu Leyden Nic. Barnaud's *Epistola de occulta philosophia cujusdam patris ad filium.* zuerst zu Paris 1672 des Französischen Arztes und Leibmedicus der Königin Maria Louise von Polen Claude Germain *Icon philosophiae occultae, sive vera methodus componendi magnum antiquorum philosophorum lapidem,* und zu Frankfurt 1737 unter L. C. Orvius' Namen *Philosophia occulta* oder *coelum sapientum et vexatio stultorum,* welcher ich S. 204 f. einige Worte gewidmet habe. Zuerst zu Leyden 1567 kam des Paracelsisten Gerh. Dorn *Claris totius philosophiae chymisticae, per quam obscura philosophorum dicta reserantur* heraus und zu Frankfurt 1583 Desselben Schrift *De philosophia chemica ad meditationem comparata,* . zu Frankfurt zuerst 1605 eine kleine Sammlung: *Philosophiae chemicae quatuor vetustissima scripta.* zu Genf *(Coloniae Allobrogum)* und zu Lyon 1612 des S. 343 erwähnten Gaston de Claves postume *Philosophia chemica,* zu Frankfurt 1619 des Heinr. Noll, Arztes zu Steinfurt, *Alchimia philosophica* und ebenda 1648 Mich. Potier's *Philo-*

sophia chymica, id est methodus genuina auri et argenti solvendi et exaltandi, ex fundamentis philosophiae naturalis fideliter adumbrata. Eine *Theoria philosophiae Hermeticae* des vorgenannten H. Noll erschien zu Hanau 1617; zwei von dem Parlaments-Präsidenten Jean d'Espagnet zu Bordeaux verfafste, ohne Nennung des Namens Desselben veröffentlichte Schriften: das zuerst zu Paris 1608 herausgekommene *Enchiridion physicae restitutae cum arcano philosophiae Hermeticae* und das zuerst auch zu Paris 1638 ausgegebene *Enchiridium philosophiae Hermeticae* wurden in der ebenda 1651 publicirten Französischen Übersetzung zu *La philosophie naturelle rétablie en sa pureté* zusammengefafst, in der 1685 zu Leipzig dargebotenen Deutschen Übersetzung als „Geheimes Werck der *Hermetischen Philosophie,* worinnen die natürlichen und künstlichen Geheimnüsse der Materie des *Philosophischen* Steins, wie auch die Art und Weise zu arbeiten, richtig und ordentlich offenbahret sind", und die von dem Kieler Professor Joh. Ludw. Hannemann 1714 zu Lübeck veröffentlichte erläuternde Ausgabe der ersteren Schrift war betitelt *Synopsis philosophiae naturalis sanctioris restitutae;* „Der Hermetische *Philosophus,* oder Hauptschlüssel der zu der Chymie gehörigen Materien" präsentirte sich zu Frankfurt 1709; eines Ungenannten *Traité de chimie philosophique et hermétique enrichie des opérations les plus curieuses de l'art* erschien zu Paris 1725. Eine *„Philosophia sive sophia naturalis aphoristica,* d. i. die Weisheit und Naturerkenntnifs" wurde 1723 zu Leyden den Lesern dargeboten, und schon vorher, 1682, war es zu Nürnberg die mit dem ganzen Titel S. 220 im I. Theil angeführte *Pansophia enchiretica* des Arn. Denston und in demselben Jahr ebenda eines A. Bachimius *Pansophia enchiretica sive philosophia universalis experimentalis demum per ignem examinata et probata* gewesen; Mich. Potier's erstmals 1617 zu Frankfurt erschienene *Philosophia pura, qua non solum vera mysteria, verusque processus lapidis philosophici multo apertius, quam hactenus ab ullo philosophorum proponitur, sed etiam vera totius mysterii revelatio filiis sapientiae offertur* fand bereits S. 332 Erwähnung; 1696 kam zu Hamburg des Engländers Lancelot Colson *„Philosophia maturata* oder ein ausführlicher *Philosophischer Tractat,* welcher in sich begreifft die rechte *Praxin,* und den würckenden Theil der *Philosophia,* zu Erlangung des Steins der Weisen. — — Aus dem Englischen ins Teutsche übersetzt von J. L. M. C." heraus; des Johannes von Padua *Philosophia sacra sive praxis de lapide minerali* zusammen mit einigen Deutschen alchemistischen Tractaten ist zuerst zu Magdeburg 1602 herausgegeben, von dem uns schon (S. 205 u. 336) vorgekommenen Schlesischen Pfarrer Sam. Richter unter dem Namen Sincerus Renatus eine *Theophilosophia theoretico-practica* zu Breslau 1711 veröffentlicht worden; mehrgenannter Potier hat auch zu Frankfurt 1610 ein *Compendium philosophicum in Comitem Trevisanum, Basilium Valentinum etc.,* materiam totumque miraculi lapidis philosophorum septingentis octoginta quatuor libris occultatis processum demonstrans* ausgehen lassen. Noch 1762 wurde zu Frankfurt von F. C. Oetinger, Superintendenten zu Herrenberg in Württemberg, „Die Philosophie der Alten wiederkommend in der güldenen Zeit" in Aussicht gestellt, in welchem Buch allerdings das unter Philosophie der Alten verstandene Hermetische Wissen mehr auf die Medicin als auf die eigentliche Alchemie gerichtetes war. Da bei dieser Art, Philosophie zu treiben, die gewöhnlichen Gesetze und Formen des richtigen Denkens keineswegs durchweg oder ausschliefslich in Anwendung kamen, war es ganz am Platze, dafs eine „Alchymistenlogic oder Vernunftlehre der Scheidekünstler, um die unverständigen Alchymisten zu rechte zu weisen" 1762 zu Königsberg herauskam (nur ein I. Theil, in welchem ein II. v. D. die Alchemie in durchdachterer Weise zu lehren beanspruchte), und recht dienlich mochte auch sein, dafs von *Halophilo Irenäo Oetinger* („*Medicinae Licentiato* und *Philos. Hermeticae cultore*, in Cl[oster] Murrhard" in Württemberg) „Die Metaphysik in Connexion mit der Chemie, worinnen sowohl die wichtigste übersinnliche Betrachtungen der Philosophie und *theologiae naturalis et revelatae*, als auch" — — [chemische Gegenstände] „nach *Becheri* heut zu Tag recipirten Gründen abgehandelt werden" *s. a.* (wohl um 1770) zu Schwäbisch-Hall veröffentlicht wurde. Darauf, dafs diejenige Art von Weisheit, welche hier unter Philosophie verstanden war, als etwas Verrücktes erscheinen konnte, weist weniger hin Becher's zuerst zu Frankfurt 1682 ausgegebene „Närrische Weifsheit und weisse Narrheit" (welches Buch kein speciell alchemistisches ist), als Jac. Tollius' (über Dessen wahnsinnige alchemistische Deutung der alten Mythologie und classischer Dichter ich in dem I. Stück meiner Beiträge zur Geschichte der Chemie S. 15 ff. berichtet habe) 1689 zu Amsterdam losgelassene *Sapientia insaniens seu promissa chemiae* (in Deutschland fand dieses Machwerk noch viel später Verbreitung: in Jena kam 1753 heraus *„Jacobi Tollii Sapientia insaniens* Oder Tolle Weifsheit, Das ist Die Erfüllung seines in der Handleitung zum chemischen Himmel gethanen Versprechens, worinnen dasjenige, was er in gedachten Tractat gleichsam nur obenhin berühret, nunmehro völliger, und mit allem Fleifs erkläret wird. An die Herren Bürgermeister der Stadt Amsterdam vormahls in lateinischer Sprache geschrieben; Nunmehro aber ins Deutsche übersetzet von J. C. L." Die frühere Schrift, auf welche Bezug genommen ist, ist die in Lateinischer Sprache in Amsterdam 1688 veröffentlichte *Manuductio ad caelum chemicum*, in Jena 1752 als „Handleitung zu dem chemischen Himmel" ins Deutsche übersetzt herausgegebene). — Dafs schon in den ältesten von der Goldbereitungskunst handelnden Schriften diese Kunst als Chemie o. Chymia benannt und aus diesem Wort auf Grund der Übertragung desselben durch die Araber aus Aegypten nach Europa die da gebräuchlich gewordene Bezeichnung derselben als Alchemia o. Alchymia entstanden ist, wurde bereits im I. Theil S. 4 erinnert und es bedarf nicht an dieser Stelle der Anführung von Beispielen dafür, wie unzählig viele Bücher auf ihren Titeln diese Worte oder von ihnen abgeleitete Ausdrücke (*de arte chymica, de arte alchymiae* u. a.) zur Angabe Dessen, was sie enthalten, haben. Und eben so wenig dafür, dafs auch solche Titel häufig sind, welche in einfachster Weise ganz sachlich Das, um was es sich handelt, angeben, wie z. B. *Ars transmutationis metallicae* o. *De transmutatione metallorum* (seltener wurde statt *transmutatio metamorphosis* gebraucht, noch seltener *transfiguratio;* als von dem später zu besprechenden Morienes verfafst wurde 1559 zu Paris ein Tractat unter dem Titel *De transfiguratione metallorum etc.* ausgegeben) oder *De praeparatione o. confectione lapidis philosophorum* oder ähnlich, und zwar in allen Sprachen.

Eben so nahe lag es, dafs alchemistische Autoren gleich auf den Titeln von Schriften ersehen liefsen, von welchem Gesichtspunkt aus und was vorzugsweise ins Auge fassend sie in den letzteren über ihre Kunst sich äufsern wollten. Schon der Titel von Geber's Hauptwerk, in der seit 1500 etwa durch den Druck verbreiteten Lateinischen Übersetzung mit *Summa perfectionis magisterii* wiedergegeben, zeigte an, dafs hier das Ganze oder doch die Hauptsache dafür gelehrt werden solle, wie das Meisterstück der Kunst zu Stande zu bringen sei.   Das eigentlich Wissenschaftliche: das Geistige gleichsam der Alchemie darzulegen konnte die Aufgabe eines Werkes sein: *De anima in arte alchimiae* ist der Titel der dem Avicenna zuerkannt gewesenen, Th. I, S. 15 erwähnten Schrift in der Lateinischen Übersetzung, welche 1572 zu Basel herausgegeben wurde, und als von Raymund Lull verfafst ist ein *Compendium animae transmutationis artis metallorum, Ruperto regi transmissum* in die zu Frankfurt 1550 veröffentlichten *De alchimia opuscula complura veterum philosophorum* und dann in mehrere andere Sammel-Werke aufgenommen worden.   Das Mark, der Kern der Alchemie konnte dargeboten werden sollen: *Medulla artis*, welche Christoph von Paris im dreizehnten Jahrhundert verfafst habe, existirte nach der Angabe Einiger handschriftlich, aber des Roger Bacon *Medulla alchemiae* war wenigstens in einer zu Eisleben 1608 ausgekommenen Deutschen Übersetzung („*R. B. M. a.*, das ist: vom Stein der Weisen und den vornehmsten Tincturen des Goldes, *Vitriols* und *Antimonii. Item* ein lustig alchymische Epistel so *Alexandro* zugeschrieben worden, *publiciret* und in Druck verfertiget durch *Joach. Tanckium*", einen 1609 im 52. Jahr gestorbenen Leipziger Professor der Medicin aus Perleberg in der Mark, der für die Alchemie so eingenommen war, dafs er öffentlich das Verlangen aussprach, es solle auf den Universitäten ein eigener Professor dieser Kunst bestellt und so gut wie der Galen auch der Geber und der Raymund Lull explicirt werden), des Georg Ripley *Medulla philosophiae chymicae* durch den Abdruck in den zu Frankfurt 1614 erschienenen *Opuscula quaedam chymica in unum corpus collecta* in Lateinischer Sprache Allen zugänglich, und Das war auch eines weniger bekannten Seifried zuerst zu Sulzbach 1679 ausgegebene „*Medulla mirabilium naturae*, das ist auserlesenes und unter den Wundern der Natur allerverwunderlichstes Wunder". Eines, der sich Liberius Benedictus nannte, *Nucleus sophicus seu explanatio in tincturam physicorum Paracelsi et Tractatus brevis de lapide philosophico* wurde der Hülle entnommen 1623 zu Frankfurt dargeboten; der „Kern der Alchemie, ein durch Erfahrung bewährter Tractat, welcher eröffnet das Geheimnifs des Elixirs der Weisen. Geschrieben durch Irenaeum Philoponum Philalethem. Aus dem Englischen von J. Lange" kam 1685 zu Leipzig an den Tag. — Vorwaltend das Theoretische der Hermetischen Kunst darzulegen konnte beabsichtigt sein: die erste Abtheilung des unter Raymund Lull's Namen verbreiteten, zuerst zu Köln 1566 publicirten *Testamentum* ist *Theorica* überschrieben und unter Desselben Namen ist ein Aufsatz, *Theoria lapidis* überschrieben, in das zu Strasburg herausgekommene *Theatrum chemicum* (vgl. S. 342) eingerückt; ein zuerst zu Middelburg 1600 veröffentlichter Tractat des Isaac Hollandus ist *De triplici ordine elixiris, et lapidis theoria* betitelt.   Die Alchemisten zogen

jedoch der Beschäftigung mit der grauen Theorie die Verfügung über eine praktische Anweisung zur Erreichung des Zieles ihrer Kunst vor, und Dem entsprechend gab es so viele angeblich derartige Anweisungen, dafs hier nur einiger
von den frühesten und Einer späteren gedacht werden mag. Als von Raymund
Lull verfafst war da aufser der *Practica* überschriebenen zweiten Abtheilung
des *Testamentum* eine zuerst 1523 zu Leyden gedruckte *Practica artis*, auch
eine im S. 342 erwähnten *Theatrum chemicum* enthaltene *Praxis universalis magni
operis* und eine in *Mangeti Bibliotheca chemica curiosa* zu lesende *Practica
testamenti novissimi;* von Arnald von Villanova in demselben *Theatrum
chemicum* eine *Practica;* von Odomar, der um die Mitte des vierzehnten
Jahrhunderts als Mönch in einem Kloster zu Paris gelebt haben soll, *Practica
ad discipulum,* welche zuerst des Gratarolo *Vera alchemiae — — doctrina*
(vgl. S. 342 f.) gedruckt brachte; von Richardus Ortholanus, über dessen
Persönlichkeit man sonst Nichts weifs, ist in das mehrerwähnte *Theatrum chemicum* aufgenommen *Practica vera alchimica per magistrum Ortholanum, Parisiis
probata et experta sub anno Dom.* 1358 (dieser Ortholanus ist nicht, wie wohl
geschehen, zu verwechseln mit einem in beträchtlich frühere Zeit, das zehnte
bis elfte Jahrhundert gesetzten Hortulanus, dessen erstmals in dem zu Nürnberg 1541 ausgegebenen *Volumen tractatuum scriptorum rariorum de Alchemia*
veröffentlichter *Commentarius in Hermetis Tabulam smaragdinam* dieses S. 218 f.
im I. u. S. 305 im II. Theil besprochene Schriftstück zuerst bekannt werden
liefs). Die Empfehlung eines Buches dadurch, dafs der Inhalt desselben auf
dem Titel als *Practica* bezeichnet war, blieb beliebt noch bis in das achtzehnte
Jahrhundert, in welchem ein Christian Friedrich Sendimir von Sieben-
stern unter dem Namen Chrysostomus Ferd. von Sabor seine „*Practica naturae vera* oder Sonnenklare Beschreibung derer Naturgeheimnifse, bestehend in
wahrer *Praeparation* des *Lapidis universalis.* Gedruckt auf Kosten der Rosen-
creutzer-Brüderschafft" (*s. l.* 1721) ausgehen liefs. Und weil es bei dem praktischen Arbeiten so sehr auf die Manipulationen ankam, waren Schriften wie
des Isaak Hollandus in dem Nachstehenden bald noch einmal vollständiger
anzuführende *Secreta revelatio verae operationis manualis* oder des Basilius
Valentinus Offenbarung der verborgenen Handgriffe schon nach Dem, was sie
auf dem Titel versprachen, willkommen. — Sollte für eine Schrift darauf
hingewiesen werden, dafs sie — wie wir jetzt etwa sagen würden, nur Abge-
siebtes lehren wolle: dafs für die in Betracht kommenden Angaben die Ver-
lässigkeit derselben berücksichtigt und gleichsam das gute Korn von der Spreu
geschieden werde, so mochte das Werk als eine Schwinge, *Vannus* zu betiteln
sein; 1666 wurde zu Amsterdam in zwei Theilen veröffentlicht *Reconditorium
ac reclusorium opulentiae sapientiaeque numinis mundi magni, cui deditur in
titulum Chymica Vannus, obtenta quidem et erecta auspice mortale coepta, sed
inventa pro authoribus immortalibus adeptis etc.* Und so konnte auch sonst
nach einer oder einer anderen Richtung hin auf dem Titel eines Buches angedeutet werden, was dasselbe als ihm eigenthümlich beanspruche.

Der Vorschriften zur Erlangung des Meistergrades in der Hermetischen
Kunst bez.-w. der sie enthaltenden Schriften gab es eine sehr grofse Anzahl;

wie die Odalisken in dem Serail eines Orientalischen Herrschers dem Letzteren waren sie einem Jünger des Hermes zu gutfindender Auswahl disponibel: welche er zu dem Rang einer Favoritin erheben bez. zur Führerin bei seinen Arbeiten erkiesen wolle; daran erinnernd wurde 1679 zu Venedig und zu Lyon *Gynaeceum chimicum seu congeries auctorum, qui de lapide philosophico scripserunt* offen gestellt. Ob er auf die rechte fiel war eine Hasard-Sache und füglich einem Lotterie-Spiel vergleichbar, wie auch Becher anerkannte, dessen „Chymischer Glücks-Hafen oder Grosse Chymische Concordantz und Collection von funffzehen hundert Chymischen Processen, durch viele Mühe und Kosten aus den besten *Manuscriptis* und *Laboratoriis* — — zusammengetragen" zuerst 1682 zu Frankfurt dem Publicum zugänglich gemacht wurde (die Processe waren nach Dem, was sie namentlich auch in Betreff der als *Materia prima* in Arbeit genommenen Substanz Übereinstimmendes hatten, in 20 Serien getheilt, so dafs sich für jede der letzteren eine Art von Concordanz ergab). (Einem, der den Weg zum Glück durch Betheiligung an dieser Art von Lotterie suchte, hätte wohl ein zuverlässiger Wahrsager gute Dienste leisten können; D. D. Becker's in Langensalza „Der Chymische Wahrsager", der in Langensalza 1755 auf dem Büchermarkt auftrat und welchem ebenda 1757 „Des chymischen Wahrsagers Vertheidigung" u. s. w. folgte, hatte jedoch nicht die Angabe, wie der Stein der Weisen darzustellen sei, zum Gegenstand, sondern die „Beschreibung eines Rubinrothen, fixen und durchdringenden Oels, so ohne alles Feuer und Zusatz fremder Dinge aus dem Thau bereitet und denen *Chymicis* und *Alchymicis* zur fernern Erforschung aufrichtig mittheilet D. D. B.") Aus einem derartigen Glückstopf konnte Einer eine Niete ziehen, was wie in allen ähnlichen Fällen das Gewöhnliche war; er konnte aber auch hoffen, zu der Kenntnifs eines mäfsigen Gewinn bringenden Particulars (S. 10 im I. Theil) zu gelangen oder selbst das alle seine Hoffnungen erfüllende grofse Loos zu ziehen: mit der Darstellung des Steins der Weisen bekannt zu werden. Diese verschiedenen Chancen gab den an solchem Glücksspiel sich Betheiligenden zu bedenken der Bischof von Winchester John Thornbourgh, dessen *Nil, aliquid, omnia, in gratiam eorum, qui artem auriferam physico-chymice et pie profitentur* betitelte Schrift zu Oxford 1621 erschien (etwas ganz Anderes war das zu Dresden 1722 ausgegebene „Chymische Etwas in Nichts, das ist: Wie der hochberühmte Stein der Weisen als eine edle Gabe Gottes entfernet, und in hohen Dingen vergeblich gesuchet, aber glücklich in etwas gefunden wird). Jedenfalls durfte ein ordentlicher Alchemist, wenn er auch einmal eine Niete gezogen hatte, die Hoffnung nicht aufgeben, dafs ihm zu reichlichem Ersatz dafür ein anderes Mal ein Gewinn, vielleicht der gröfste zufallen könne, und diese Hoffnung und das Vertrauen darauf, dafs es sachkundige und sichere Anweisung bietende Lehrer der Kunst gebe, durfte er sich nicht beeinträchtigen lassen durch eine Schrift, wie die an unbekanntem Ort 1721 erschienene: „Die güldene Hoffnung, wie dieselbe von denen sich selbst angebenden Alchymisten oder Herrn Goldmachern in den Hertzen derer Goldbegierigen erzeuget". — Es war auch bei innigster Überzeugung, es gebe ehrliche und sachverständige, wenn auch schwer zu verstehende Anweisungen zur Anfertigung des Hermetischen Meisterstückes, doch nicht in Abrede zu stellen, dafs viele und wohl die meisten an die

Öffentlichkeit gelangten irreführende und betrügerische seien und dafs wohl jede
etwas gröfsere Sammlung alchemistischer Vorschriften ein Mischmasch von Gutem
und Schlechtem sei; ganz angemessen war es mit Rücksicht hierauf, dafs eine
zuerst 1606 zu Amberg herausgekommene, siebzehn Processe enthaltende Schrift
eines Italieners Andrea Brenzi — er trieb sich vorzugsweise in Deutschland
herum und wurde da Brentz genannt — *Farrago philosophorum: hoc est varii
modi, processus et sententiae philosophorum perveniendi ad lapidem benedictum*
betitelt war. Da mochte wohl zur Scheidung der guten Körner und der Spreu
eine Schwinge — *Vannus chymica* war, wie S. 348 erwähnt, 1666 in Amsterdam
angeboten — nützliche Dienste versprechen. Anderseits konnte, war auch nur
Eine zuverlässige und sich erprobende Anleitung in einer derartigen Sammlung,
die letztere wohl mit Recht als eine Goldgrube bezeichnet werden und war, falls
diese Voraussetzung zutraf, der übrigens verrückte Titel einer zuerst zu Amsterdam 1666, auch zu Leyden 1696 veröffentlichten Schrift: *Chymiae aurifodina
incomparabilis, quam recludit praeludium proximestricorum, magicarum noctium
sortes Sibillynae, chymicae, Vanni, granatum erutum, authoribus immortalibus
adeptis* für dieselbe passend. Diejenigen, welche an einer solchen angeblichen
Goldgrube ihr Glück versuchten, konnten aber auch in die Lage kommen, an
das Dictum des Heraclit zu denken, an welches ein bewährtester Geschichtschreiber der Philosophie der Griechen Einen erinnerte, welcher bei seiner Beschäftigung mit den ältesten alchemistischen Schriften im Verhältnifs zu der
Masse des durchgearbeiteten Materials gerade nicht reichlich zu nennende positive
Ergebnisse erzielt hatte: Χρυσὸν οἱ διζήμενοι γῆν πολλὴν ὀρύσσουσι καὶ εὑρίσκουσι
ὀλίγον.

Sicherer als vieles andere die Alchemie Betreffende war, dafs die richtige
Art der Ausübung derselben ein Geheimnifs sei. Defshalb kehren auch auf
Titeln von Büchern, welche über diesen Gegenstand belehren wollten, solche
Ausdrücke wie *Secreta alchymiae* oder *Mysterium alchymiae* oder *Arcana chemica* oder ähnliche von früher Zeit an oft wieder — schon Petrus Bonus
v. Ferrariensis aus Ferrara schrieb in der ersten Hälfte des vierzehnten Jahr-
hunderts darüber als *De secreto omnium secretorum Dei dono*, welches Werk
1546 zu Venedig veröffentlicht wurde, und welcher sonst ganz obscurer Männer
Discretion das grofse Geheimnifs der Alchemie anheimgegeben war, zeigt, dafs
*Jodoci Greveri presbyteri Secretum: et Alani philosophi dicta de Lapide Philo-
sophico. Item alia nonnulla ejusdem materiae, pleraque jam primum edita a
Justo a Balbian* 1588 zu Leyden auskam — und waren Schriften wie die von
Isak Hollandus nach gemeiner Annahme gegen das Ende des vierzehnten
Jahrhunderts verfafste, leider handschriftlich gebliebene *Secreta revelatio verae
operationis manualis pro universali opere et lapide sapientum, sicut filio suo
Johanni Isaaco Hollando e Flandria paterno animo fidelissima manu tradidit*,
des Basilius Valentinus Offenbarung der verborgenen Handgriffe — Lateinisch *Apocalypsis chemica* betitelt —, Nic. Barnaud's zu Leyden 1599 veröffentlichte *Brevis elucidatio arcani philosophorum*, des oft zu nennenden Mich.
Maier 1614 zu London an den Tag getretene *Arcana arcanissima, hoc est,
hieroglyphica Aegyptio-Graeca, ad demonstrandam falsorum apud antiquos*

Deorum Dearumque heroum animantium, et institutorum pro sacris receptorum originem ex uno Aegyptiorum artificio, quod aureum animi et corporis medicamentum peregit, deductam, eines John Headrich *Arcana philosophica or Chymical secrets,* die zu London 1697 verrathen wurden, die „Chymische Offenbahrung der wahren Weisheit, dafs ist, getreue und aufrichtige Entdeckung der Materie, welche gewonnen werden mufs, wenn man den wahren Weisen-Stein *Lapidem philosophorum Tincturam universalem* machen will. Aus vielen Theophrästischen Handschriften angezeiget, und in öffentlichen Truck gegeben von J. J. Chymiphilo" zu Nürnberg 1720, das an unbekanntem Ort und zu nicht angegebener Zeit — wahrscheinlich um 1740 — veröffentlichte „*Mysterium magnum* oder der gefundene Weg, den Stein der Weisen zu bereiten", die 1753 zu Hamburg ausgegebene „Kurze jedoch gründliche und einfältige Anleitung zu dem grossen Naturgeheimnifs des *Lapidis Philosophici* in einem Briefe an die wahren Besitzer nebst einem Probierstein der *Materia* entworfen von Nedagandro (sie war wirklich kurz, *incl.* Titel nur 32 Octavseiten, und auch recht einfältig), des Freiherrn Joh. Otto von Helbig durch Dessen Bruder, den Erfurter Arzt Christoph Helbig 1702 zu Leipzig veröffentlichte *Arcana majora* und ähnlich betitelte nach Gebühr zu schätzen. (Des Sir Kenelm Digby — Derselbe war 1603 o. 1605 zu Gothurst in Buckinghamshire geboren, unter König Karl I. von England Kammerherr und Inhaber hoher Staatsstellen, lebte dann während längerer Zeit exilirt auf dem Continent, kehrte unter Karl II. nach England zurück und starb 1665 zu London —, welcher auch als ein trefflicher Chymicus gerühmt worden ist, *Choice experiments and receipts in Physik and Chirurgery — — translated by G. Hartmann,* die zu London unter diesem Titel 1668, unter dem Titel *Hartmann's Choice Collection of Chymical Secrets* 1682 und als „Auserlesene seltzame Philosophische Geheimnisse und chymische *Experimenta*" u. s. w. in Deutscher Übersetzung zu Hamburg 1684 veröffentlicht worden sind, behandeln mehr Medicinisches als Alchemistisches, und Dessen *Closet opened,* welches zu London 1668 offen gestellt wurde, enthält — was man an diesem Orte gar nicht erwarten sollte — Anweisungen zur Bereitung von Getränken und Speisen). — Wie die Alchemie ersprießlich auszuüben sei, Das war ein Räthsel, wefshalb auch ein angeblich aus älterer Zeit (vgl. S. 323) stammendes Schriftstück, welches dazu behülflich sein sollte und in *Mangeti Bibliotheca chemica curiosa T. I, p.* 495 gelesen werden kann, überschrieben war *Aenigma ex visione Aristei philosophi;* im Anfang des fünfzehnten Jahrhunderts schrieb der S. 310 als alchemistischer Dichter genannte Johann von Tetzen auch in Prosa ein *Aenigma de lapide,* welches zusammen mit dem Gedichte Desselben zu Hamburg zuerst 1670 herausgegeben wurde, und aus dem siebzehnten Jahrhundert findet sich von Sendivogius ein *Aenigma philosophorum* in dem *Theatrum chemicum* (S. 342) *T. IV, n.* 113. Noch spät im vorigen Jahrhundert wird für eine und die andere alchemistische Schrift auf dem Titel derselben hervorgehoben, welche Räthsel bei der Betreibung der Hermetischen Kunst zu lösen seien; so z. B. für des Ritters Joh. Ant. Moscherosch von Wistelsheim „Wohlmeynende treue und sehr nützliche Ermahnungen an die Anfänger in dem tiefsinnigen Studio der hermetischen Philosophie, wobey das schwerste Räzel aufgelöset wird, an welchem schier alle Anfänger stecken bleiben und kleinmüthig werden", welche 1764 zu Leipzig erschienen. — So schwierig wie die Lösung des Gordischen Knotens war die Auffindung des richtigen Verfahrens zur Darstellung des Steins der Weisen; ob ihm dafür „*Nodus sophicus enodatus*, Das ist Erleuterung ettlicher Schrifften vom Stein der Weisen" (worin auch ein Deutscher „*Rhytmus sophicus*, von der *Materia lapidis Physici*"), zu Hamburg 1692 Jedem zur Verfügung gestellt, Etwas helfen konnte, mochte Einer versuchen; aber gewifs gewährten J. Ludw. Hannemann's *Horae subsecivae Fridrichstadenses, sive Nodus Gordii de lapidis philosophici elaboratione u Sophistis connexus, solutus,* mit welchen die Welt 1715 von Kiel aus bekannt gemacht wurde, nicht was sie versprachen. — Gleichsam vermummt und unkenntlich gemacht wurde der Stein der Weisen Denen, welche seine nähere Bekanntschaft zu machen wünschten, in den absichtlich undeutlichen Anweisungen, wie man ihm näher treten und ihn sein eigen nennen könne, vorgeführt: es galt, den Gegenstand der Begierde zu sehen wie er ist und ihn aus der Vermummung herauszubekommen, aber es ist zweifelhaft, ob Einem dazu verholfen hat die „*Delurratio tincturae philosophorum*, Das ist: Kurtze und einfältige Erklährung des *Lapidis benedicti* — — durch einen, der wahren Philosophie Liebhabern entdecket und erkläret, Der in der Wahrheit Genuine Feuer-Arbeit Liebet, und da es wohl heissen mag, *Aut hic, aut nusquam*. Ober- u. Nieder-Wasserberg, gedruckt durch Mercurium Schweffelmann 1747".

Wie der Stein der Weisen zu bereiten sei, Das war eigentlich etwas für gewöhnliche Menschen Unbegreifliches, ein Wunder, wefshalb auch des Grafen Bernhard von Trevigo Schrift, welche in Lateinischer Sprache zuerst durch Gerh. Dorn 1583 zu Basel herausgegeben wurde, pafslich *De chemico miraculo, quod lapidem philosophorum appellant* betitelt ist. Als etwas Unbegreifliches war es auch von anderen Autoritäten ersten Ranges hingestellt, so wie wir ja auch jetzt noch der Ansicht sind, dafs die dem Stein der Weisen zugeschriebenen Wirkungen unbegreifliche seien. Es wurde S. 204 ff. im I. Theil besprochen, welche ungewöhnliche Voraussetzungen dafür zutreffen mufsten, dafs Einer begriff, wie die Hermetische Kunst erfolgreich auszuüben sei, und in dem unter Raymund Lull's Namen uns zugekommenen Codicill bekennet der Verfasser: *Nullo modo eam comprehendere voluimus, donec aliquis spiritus prophetiae, spirans a patre luminum, descendit.* Glücklich war Derjenige zu nennen, welchem der richtige *modus faciendi* durch eine Offenbarung, eine Vision oder einen Traum bekannt wurde unter Hinterlassung eines so bestimmten Eindrucks, dafs er dem innerlich Geschauten nachher einen bleibenden äufserlichen Ausdruck zu geben vermochte. Der *Apocalypsis chemica* des Basilius Valentinus wurde neben Anderem, was eine Offenbarung enthalten sollte, S. 350 f. gedacht: von Paracelsus sollte eine *Apocalypsis Hermetis* (vgl. unten bei „Lustgärtlein") verfafst sein, was sehr zu bezweifeln war: „Des aufrichtigen *Hermogenis Apocalypsis spagirica et philosophica*, oder wahrhaffter Weg zu der höchsten Medicin zu gelangen" wurde leider erst spät, 1739 zu Leipzig bekannt. Dafs ein *ex risione Arislei* hervorgegangenes Schriftstück veröffentlicht worden ist, war bereits S. 351 zu erwähnen; ein angeblich 1311 geschriebener Tractat des J. Dastyn o. Dausten (vgl. S. 376) wurde Lateinisch als *Visio de lapide philosophico* 1625 in des J. Rhenanus *Harmoniae imperscrutabilis chymico-philosophicae Decades II* (vgl. S. 343), Englisch als *Dream of J. D.* 1652 in Ashmole's *Theatrum chemicum Britannicum* aufgenommen bekannt; in dem letzteren Sammel-Werk ist auch ein *The vision* überschriebener Aufsatz G. Ripley's zu finden, und demselben Stichwort begegnet man sonst noch manchmal, wie denn z. B. auf dem Titel des bei Besprechung der Beziehungen zwischen der Alchemie und der Kabbala (S. 231) angeführten seiner Zeit vielgelesenen, 1617 zu Frankfurt herausgekommenen Buches *Aperta arca arcanorum arcani artificiosissimi* versprochen ist, dafs darin das Geheimste des Hermetischen Wissens „durch eine *visionem chymicam cabalisticam* gantz verständlich beschrieben" zu finden sei. Von Giovanni Battista Nazari aus Brescia wurden ebenda zuerst 1572 veröffentlicht *Della tramutazione metallica sogni tre. Nel primo de quali si tratta della falsa tramutazione sofistica, nel secondo della utile tramutazione, nel terzo della divina tramutazione*; Eines, der sich Joh. de Monte-Hermetis nannte, 1680 zu Ulm ausgekommene *Explicatio centri in trigono centri per somnium* fand schon S. 244 im I. Theil Erwähnung; unter dem Namen Floret von Bethabor's erschien 1682 zu Hamburg ein „Traumgesicht, welches Ben-Adam zur Zeit der Regierung Pucharetz des Königs von Alama gehabt und an Tag gegeben hat", und noch 1771 zu Ballenstedt u. Bernburg „Adam's Traumgesicht" einer alsbald zu erwähnenden Übersetzung von Jean de Meun's *Speculum alchymiae* als Anhang beigefügt. — Von einem so schwer zu begreifenden Gegenstand ein Bild zu entwerfen, war lockend, und Cl. Germain's *Icon philosophiae occultae* wurde, wie schon S. 344 erinnert, 1672 zu Paris öffentlich vorgestellt. Aber das treueste Bild mußte doch ein Spiegel geben, und an Spiegeln mangelte es in der alchemistischen Literatur nicht. Aus dem dreizehnten Jahrhundert war vorhanden von Roger Bacon, zuerst zu Nürnberg 1614 veröffentlicht, *Libellus de alchimia, cui titulus: Speculum alchimiae* und, zuerst im *Thesaurus chemicus* (vgl. S. 342) allgemeiner bekannt geworden, *Speculum secretorum*, von Arnald von Villanova, zuerst herausgegeben zu Frankfurt 1600, *Speculum alchymiae* und wenigstens in Handschrift ein eben so betitelter Tractat, dessen Verfasser Richardus Anglus (vgl. S. 376) gewesen sei. Eben so wenig zugänglich, nur in einer Handschrift der Bodleyanischen Bibliothek zu Oxford erhalten war als aus dem Anfang des vierzehnten Jahrhunderts stammend des oben erwähnten J. Dastyn o. Dausten *Speculum · philosophiae*, und eine angeblich um dieselbe Zeit von Jean de Meun (vgl. die Anmerkung zu S. 6 im I. Theil) verfafste Schrift: *Speculum alchymiae* wurde nur in einer Französischen Übersetzung (als *Le miroir d'alchimie de J. de M.*, zuerst zu Lyon 1557) und in einer danach gefertigten Deutschen (als „Spiegel der Alchymie des vortrefflichen Philosophen Johann von Mehun", zu Ballenstedt u. Bernburg 1771 herausgekommen) in weiteren Kreisen bekannt. Von einem Theophil. Caesar wurde zu Frankfurt a. M. 1595 ein nachher noch wiederholt ausgegebener „Alchimeyspiegel oder Morienus Bericht von dem ersten Ursprung und Grund der Alchimey" den Kunstgenossen dargeboten (Morienus o. Moriones ist ein der Schule der Araber zugehöriger Schriftsteller, welcher in des elfte Jahrhundert gesetzt wird;

seine Schriften will ein Robertus Castrensis 1182 aus dem Arabischen ins
Lateinische übersetzt haben; in hohem Ansehen stand bei den Alchemisten, was
als von M. verfafst zuerst zu Paris 1559 als *De transfiguratione metallorum et
occulta summaque antiquorum philosophorum medicina libellus, seu Dialogus
Morieni cum Calid rege de lapide philosophorum* veröffentlicht, als *Morienis
Liber de compositione alchemiae, quem dedit Calid regi Aegyptiorum, quem Robertus Castrensis de Arabico in Latinum transtulit* und unter anderen Titeln in
alchemistische Sammel-Werke aufgenommen worden ist). Ohne Angabe des
Verlagsortes erschien 1609 Eines, der nur als *Chevalier impérial* bezeichnet war (unter
welcher Bezeichnung auch mehreres von Mich. Maier verfafste Französisch publicirt worden ist), *Miroir des alchimistes*,   zu Frankfurt a. M. 1597 und nochmals
1613 ohne Nennung des Verfassers ein „Alchymie-Spiegel, oder kurtz entworffene
Practik der gantzen Chymischen Kunst, neben anzeige welche darzu tügtich seyn
oder nicht, was für andere herrliche treffliche Künste daher entspringen, wie der
alten mit seltsamen Worten verdunckelten Reden zu verstehen, und darinnen
sonderlich der falschen Alchymisten Betrug entdeckt wird. Alles in 2 lustigen
Gesprächen verfasset und aus dem Lateinischen ins Teutsche übersetzt", gleichfalls zu Frankfurt 1613 ein „Alchymie-Spiegel oder kurtz entworfene Practick der
gantzen chymischen Kunst, alles in zwey lustigen Gesprächen verfasset von Th.
C. August", ebenda 1614 eines Franciscaners Helias *Speculum alchimiae* und
1615 zu Augsburg Steph. Michelspacher's bereits S. 230 erwähnter „Spiegel
der Natur und Kunst in Alchemie". S. 214 ff. der 1708 veröffentlichten Ausgabe
des S. 242 f. im I. Theil besprochenen s. g. Trismosin'schen *Aureum vellus*
ist zu finden „Spiegel der Alchymey, welchen Herr Ulrich Poyselius beschriben,
der Anno 1471 gestorben und ligt zu Mannfsminster in der alten Pfaltz begraben,
er ist ein Priester am Beierischen Hoff gewesen, hat den wahren Stein Philosophorum gehabt, welcher vom Ursprung aller Metallen, unnd von der *Materia
prima lapidis philosophorum tractiert*", und S. 787 ff. noch ein ganz besonders
angepriesener „Spiegel der Philosophey" mit zum Theil sehr schlimmen allegorischen
Figuren. Von Joh. Martin Stiller aus Annaberg kam 1683 zu Hannover
heraus ein „Chymischer Natur-Spiegel, Darinnen zu schauen Die drey Reiche der
Welt, *Vegetabile, Animale et Minerale,* von welchem jeden eine besondere Artzney
zuzurichten gelehret wird. Auch *De Prima Materia* eines jeden Dinges" u. s. w.,
von Eduard Plusius 1725 zu Görlitz u. Budissin der „Spiegel der heutigen
Alchemie, das ist Wolgegründeter Bericht, was von der Goldmacherkunst zu
halten sey".

Aber mit allem Dem kam Einer — wenigstens gewöhnlich — doch nicht
zu der Kenntnifs Dessen, was er gern gewufst hätte; selbst *Les Génies assistans,*
welche im Haag 1718 käuflich geworden waren, leisteten dafür nicht die gewünschte Beihülfe und der zu Hamburg 1705 laut gewordene *Revelator magni philosophorum arcani, quo Hermetis opera explicata renitunt,* wufste auch keinen praktisch
sich bewährenden Rath zu geben. Die Lösung der Aufgabe war doch schwieriger,
als sie ein selbst auf das Entgegentreten von Schwierigkeiten Gefafster gedacht
hatte. Sie war es, obgleich so viele Schriften eine sichere Anweisung — natürlich unter Einhaltung der gebotenen Vorsicht — zu geben versprochen hatten,

und sie war es sogar auch noch nach 1756, in welchem Jahr ein sich J. C. S. v. Z. zeichnender Wohlthäter der strebenden Alchemisten zu Hamburg veröffentlicht hatte seine „Auflösung und Erläuterungen zwoer Fragen: Warum die meisten Beflissenen der hermetischen Kunst den *lapidem philosophorum* oder den Stein der Weisen vergeblich suchen, grofse Kosten, Mühe und Arbeit darauf wenden, und ihn doch unmöglich auf die Weise, wie sie arbeiten, finden können: Wie man denselben leichtlich und gewifs finden, ohne grofse Unkosten, Mühe und Arbeiten ausmachen, und zu Gottes Ehren und zu seines nothleidenden armen Nächsten Dienst gesegnet anwenden möge. Allen Liebhabern der wahren Weisheit zu ihrer eigenen Erkenntnifs und zu glücklicher Erlangung ihres zeitlichen und ewigen Wohls mitgetheilt". An den Lehrern der Kunst lag es doch gewifs nicht, wenn der strebende Jünger des Hermes trotz aller seiner Bemühungen und Arbeiten die Darstellung des Steins der Weisen nicht zuwegebrachte. Diejenigen, welche hierzu Anweisungen gegeben hatten, verstanden doch gewifs die Kunst aus dem Fundament, denn andernfalls wäre ja nicht zu begreifen, dafs sie Etwas hätten lehren wollen, von dem sie selbst Nichts wufsten, und sie hatten gewifs so viel gesagt, als sie sagen durften. Unter ihnen waren ja auch hochberühmte Männer, von welchen nicht zu bezweifeln war, dafs sie es zu der Meisterschaft in der Kunst gebracht hatten, und für die weniger berühmten war anzuerkennen, dafs sie nicht undeutlicher schrieben als die Ersteren. Von Jedem, welcher über die Kunst des Goldmachens schrieb, war eigentlich vorauszusetzen, dafs er selbst ein Adept sei, und es war wohl nur persönliche Bescheidenheit der alchemistischen Schriftsteller, dafs der *Adeptus* sich auf den Titeln ihrer Bücher so selten breit machte, während die Vorzüglichkeit Dessen, was in den letzteren stehe, da mit weniger Zurückhaltung angepriesen wurde; jedes Selbstlob des Verfassers trat doch z. B. zurück auf dem Titel der zu Dresden u. Leipzig 1731 ausgekommenen Schrift: „*Chymicus candidus*. Das ist, Der aufrichtige Chymist, in dem, was zur Bereitung des Steins der Weisen nothwendig erfordert wird, kurtz und deutlich vorgestellet von Neander" — ein *Adeptus candidus* hätte doch wohl noch besser gelockt —, und so war es meistens. *Adeptus* war eher zu lesen auf den Titeln von Schriften, in welchen die Alchemie bekämpft wurde: Eines Ungenannten — Desselben, welcher auch den später vorzuführenden Guldenen Irrwisch losliefs — „*Adeptus fatalis*. Das ist: Geld, spricht die Welt" wurde zu Freiburg 1721 gedruckt (von dem nach dem „Vorbericht" stehenden Gedicht möge doch wenigstens der Anfang hierhergesetzt werden:

> „Es hat die Gold-Begier, die Menschen so besessen,
> Dafs mancher glaubt, er sey *Adeptus* gantz real.
> Gehts aber an das Werck, und zu Erweisung dessen,
> So heist es mehrentheils, das Glück ist mir *fatal!*"),

und von G. W. Wegner unter dem Namen Tharsander „*Adeptus ineptus*, oder Entdeckung der falsch berühmten Kunst, Alchemie genannt" zu Berlin 1744. Wenn aber der Mifserfolg Hermetischer Arbeiten nicht an den Lehrern lag, so mochte er wohl an den Lernenden liegen. Wohl konnte Einer nach mehrfachen vergeblich gemachten Anstrengungen Veranlassung haben, Einkehr bei sich selbst zu halten: sich darauf zu prüfen, ob er wirklich dazu veranlagt

sei, zum Ziele zu gelangen. Er hatte darüber mit sich zu Rathe zu gehen,
ob er es wohl zu derjenigen inneren Vervollkommnung bringen werde, die ihn
Dessen würdig mache, daſs ihm dieses Glück zu Theil werde; denn wenigstens
bei Vielen hatte sich der früher (vgl. S. 206 ff. im I. Theil) gehegte Glaube,
daſs nur Männer von tadelloser Frömmigkeit zur Kenntniſs der Bereitung des
Steins der Weisen kommen, erhalten: in der ersten Hälfte des achtzehnten Jahrhunderts wurde noch darauf hingewiesen, daſs die Bekanntschaft mit der Veredlung der Metalle gleichsam Hand in Hand gehe mit der Veredlung des inneren
Menschen bis zur Heiligung (darauf ist Bezug genommen in dem zu Breslau
1744 veröffentlichten Buch Dessen, welcher unter dem Namen Sincerus Renatus schrieb: „Der wahre Grund göttlicher und natürlicher Erkenntniſs, dadurch beyde Tincturen, die himmlische und irdische erhalten werden"), und in
der zweiten Hälfte desselben Jahrhunderts lieſsen es auch Solche, die in einem
Rosenkreuzer-Zirkel an der Darstellung des Steins der Weisen sich versuchten,
während der Dauer ihres Vertrauens auf glücklichen Erfolg der unternommenen
Arbeit nicht daran fehlen, fromme Gesinnung zu empfinden oder wenigstens zu
zeigen (vgl. S. 113 ff. im II. Theile). Aber jedenfalls kam es darauf an, ob
Einer dazu zu gelangen hoffen dürfe, daſs er zunächst wahre und verlässige
wenn auch nicht ganz deutliche Anweisungen zur Vollbringung des groſsen Werks
von falschen und erdichteten unterscheiden könne. — Dazu, eine solche
Selbstschau anzustellen, gab ihm freilich Ludw. Wilh. von Knör's 1714 zu
Leipzig ausgekommenes Buch: „Nöthiges *Nosce te ipsum* zur Erhaltung der
Lebensflamme durch eine doppelte Panacca, so aus der wahren *Minera solis* der
Sophorum durch richtige spagyristische Handgriffe präpariret wird, samt deren
Zubereitung" diensame Beihülfe nicht ab, eher versprachen wenigstens dafür,
in dem zweiten Betreff etwas vorwärts zu kommen, ihm nützlich zu sein des
Kurländischen Obristen Freiherrn Joh. Friedr. von Grabau „Philosophische
unvorgreifliche, doch wohl gegründete Gedanken über den Uralten Stein der
Weisen, was selbiger sey nach seinem *Subjecto*, Materie und Wesen, dessen Ausarbeitung sowohl nach der ersten als anderen Bereitung und Gebrauch zur
menschlichen Gesundheit, auch beygefügter Warnung und Unterricht, wie man
sich vor denen in der Welt, sowohl schrifftlich als leiblich herumlaufenden *Pro-
cessisten* und *Laboranten* zu hüten, auf eine der treulichsten Art, als vordem
niemand in der Welt entworffen", welche Gedanken und Warnungen 1718 zu
Leipzig gedruckt wurden). Schien es Dem, welcher solche Prüfung seiner Anlagen und seiner Befähigung vorgenommen, er sei danach berechtigt auf einen
günstigen Erfolg seiner Bestrebungen zu hoffen, so mochte er, um desselben auch
wirklich theilhaftig zu werden, einmal versuchen, mit Beiseitelassung tiefer theoretischer Studien Das zu erreichen, was von den Meisten als die Krone gründ-
lichster Hermetischer Gelehrsamkeit angesehen worden ist; zu welchem Vorhaben
ihn des Guido Ferd. Arnold an unbekanntem Ort 1723 gezeigter „Ungelehrt-
Gelehrter *Alchymist*, darinnen vorgestellt wird die Bereitung des *Lapidis philosophorum* auf *Metallische* und *Vegetabilische Art*" wohl ermuthigen konnte.
Oder er mochte immer wieder versuchen, auf Grund von Dem, was sich aus
den Schriften angeblicher Sachverständiger lernen lieſs, es so weit zu bringen,

dafs er, wie Joh. Otto Helbig es 1681 zu Heidelberg that, geben konnte eine
„Antwort auf drey Fragen: 1. Was eigentlich der *Lapis philosophorum* sey?
2. Worinnen seine Materie bestehe, und wie sie müsse bereitet werden? 3. Was
man von den Alchymisten an den Höfen groser Herren halten soll?" Offenbar
war es die Antwort *ad* 2., auf welche es nicht blofs vorzugsweise sondern am
Ende ausschliefslich ankam, und dafs diese Antwort nicht nur eine theoretisch
begründete sondern auch eine sich praktisch als richtig bewährende sei. War
Das der Fall, dann war erreicht, was zu Amsterdam schon 1689 und dann noch
mehrmals iu Aussicht gestellt war: *Triomphe hermétique, ou la Pierre Philosophale victorieuse* (in einer Deutschen Übersetzung auch zu Frankfurt u. Leipzig
„Hermetischer Triumph oder siegender philosophischer Stein; vgl. S. 330), die
Victoria Hermetica, welche Herm. Fictuld 1750 zu Leipzig vorführte, war
günstig gewesen.

Jedenfalls: eine über alles Räthselhafte hinaushelfende, das Unbegreifliche
begreiflich machende Schrift, welche also etwas so Hehres enthält wie die 'Anweisung, mit Sicherheit Gold künstlich entstehen zu lassen, bez.-w. diese Anweisung selbst war gar nicht hoch genug zu schätzen; sie als *Reconditorium ac
reclusorium opulentiae sapientiaeque numinis mundi magni* zu bezeichnen (Das
war der Titel eines zu Amsterdam 1666 veröffentlichten Tractats; vgl. S. 348),
war kaum genug. Sie war passend wie etwas heilig zu Haltendes zu benennen
(Dem gemäfs betitelte P. J. Fabre eine zuerst zu Toulouse 1624 herausgekommene
Schrift *Palladium spagyricum*) oder wie ein Ort, wo ein Heiligthum aufbewahrt
ist (was den Lehrer der Arzneikunst zu Steinfurt Heinr. Noll veranlafste, einem
zuerst 1613 zu Frankfurt veröffentlichten Buch den Titel *Naturae sanctuarium,
quod est physica hermetica XII libris tractata, cum pansophiae fundamento et
tractatu quadruplici de lapide philosophorum* zu geben). — Aber fast noch
besserer Grund war dafür vorhanden, eine solche Schrift bez.-w. die in ihr gegebene Anweisung als *Thesaurus* oder entsprechend zu bezeichnen. Dafs die
Sache wirklich so aufgefafst wurde, bezeugen der unter des Thomas von
Aquino Namen verbreitete *Thesaurus alchymiae secretissimus (Secreta alchimiae
magnalia D. Thomae Aquinatis,* — — item *Thesaurus alchimiae secretissimus,
quem dedit fratri suo Reinaldo.* — — *Opuscula studiosis artis secretissima, ut
summe necessaria, ita lectu iucundissima. Opera Danielis Broechrisii nunc primum
in lucem edita;* zuerst zu Köln 1579 veröffentlicht), des mit unsicheren Gründen
in den Anfang des vierzehnten Jahrhunderts gesetzten und als Mönch oder Abt
von Ferrara betrachteten Schriftstellers, welcher als Ferrarius, Efferarius
o. Euferarius angeführt wird, *Thesaurus philosophiae* und viele andere ähnlich betitelte Schriften (des Arnald von Villanova *Rosarius philosophorum*
wurde auch unter den Titeln *Thesaurus thesaurorum* und *Thesaurus incomparabilis* in Sammlungen alchemistischer Schriften aufgenommen) bis zu dem 1715 zu
Nürnberg ans Licht gekommenen „*Thesaurus processuum chimicorum* oder Schatz
Chimischer *Processen* vorstellig gemacht durch Adolph Christoph Benz" (der
Verfasser, Stadtphysicus zu Uffenheim in Franken, war übrigens mehr auf das Sammeln medicinischer als alchemistischer Schätze ausgegangen), und wohl noch weiter
hin; dem anspruchvoller sich bietenden *Tesaurus tesaurorum alchemistarum* des

Paracelsus stellte sich weniger prätentiös gegenüber die zu Frankfurt a. M. 1608 und noch einmal 1682 eröffnete *„Thesaurinella Olimpica aurea tripartita, d. i. Ein himmlisch güldenes Schatzkämmerlein, von vielen auserlesenen Kleinodien zugerichtet, darinnen der uralte und grosse Carfunckelstein und Tinctur-Schatz verborgen"* des Bened. Figulus. Daſs in der Deutschen Sprache ein äquivalentes Wort in gleichem Sinn angewendet wurde, erhellet schon aus dem Vorstehenden und kam nicht selten vor; ein dem Johannes Trithemius zugeschriebenes „Güldenes Kleinod oder Schatzkästlein" fand schon in der Anmerkung zu S. 227 im 1. Theil Erwähnung, die Erläuterung Dessen, was ein zunächst *Aureum vellus* betiteltes Sammel-Werk enthalte, durch „Guldin Schatz und Kunst-Kammer" S. 242 ebenda: 1681 wurde an unbekanntem Ort (eine neue Ausgabe wurde 1756 in Frankfurt veranstaltet) durch Jac. Lupius zugänglich gemacht die „Schatzkammer der Natur: Gründliche Erklärung Dreyer grofsen Geheimnüssen", die jedoch an Anweisungen zur *„Extractio* der *spiritualischen Mumiae* des Menschen und anderer Thier" und anderen für die Heilkunst wichtigen reicher war als an speciell alchemistischen, D. Kellner stellte 1702 zu Leipzig sein „Wohlangerichtetes *Aerarium chymicum antiquo-novum* oder alt-erneuert und reichlichst vermehrte chymische Schatzkammer" offen, zu Frankfurt erschien 1714 „Kleinod oder Schatz der Philosophen, nemlich *Lapis philosophicus seu Medicina universalis"*: zu Hamburg kamen 1718 heraus „Eröffnete Geheimnisse des Steins der Weisen, oder Schatz-Kammer der Alchymie", zu Leipzig wurde 1734 dargeboten die „Neu eröfnete Schatzkammer rarer, curiöser und sonderbarer chymischer und philosophischer Geheimnisse, nebst einer Handleitung zur Bereitung der sogenannten philosophischen Tinctur", in Frankfurt a. M. 1736 „Der *Chymischen* und Heutigen Welt Nutzbahre Schatz-Cammer, — — zu Jedermanns sichern Gebrauch. Ausgestellet von Sincero Hydrophilo", und demselben Schlagwort auf den Titeln alchemistischer Schriften begegnet man auch sonst noch manchmal. Eben so häufig dem Schlagwort Kleinod; mehrmals begegneten wir z. B. demselben schon auf S. 244 im 1. Theil in der Zusammenstellung von Büchertiteln, welche *Aureum vellus* o. Güldenes Vliefs gemeinsam haben, Nic. Flamel'sche Tractate kamen an unbekanntem Ort 1680 als „Das Kleinod der *Philosophiae* oder das Original der Begierde", zu Hamburg 1681 als „Das güldene Kleinod der Hieroglifischen Figuren" und „Das Kleinod der *Philosophiae"* und unter denselben Titeln noch 1751 zu Wien heraus, und „Das in der tiefesten Krufft vergrabene und nunmehr endeckte Kleinod, welches ist der alleredelste Schatz der *Philosophorum,* nemlich *Lapis philosophorum seu Medicina universalis,* wie und auf was Weise zu derselbigen zu gelangen, gantz deutlich und ohnverdeckt beschrieben" wurde (wie zwar nicht auf dem Titel aber bei der Unterzeichnung der Dedication an die Bürgermeister und den Rath der *Republique* Nürnberg bekannt wird) von dem S. 357 genannten Benz 1714 zu Nürnberg ans Licht gebracht. In Französischer Sprache hatte man u. A. den zu Köln 1693 anonym erschienenen *Trésor de la philosophie des anciens,* in Italienischer des Gius. Marini 1644 zu Venedig veröffentlichten *Breve tesoro alchimistico.*

Viele, welche in den Besitz eines solchen Schatzes gekommen sein wollten, hielten es für recht, auch die Nachkommenden der von ihnen selbst genossenen

Wohlthaten desselben theilhaftig werden zu lassen, und als eine geeignete Form dafür abgebend erschien namentlich früher oft ein Testament. Ob, eventuell wann und wo das wohl älteste Testament dieser Art: das S. 189 u. 221 f. im I. Theil erwähnte *Testamentum Hermetis* gedruckt worden oder ob es nur handschriftlich dagewesen ist, weifs ich nicht, auch nicht ob es mit einem der unter *Hermetis Trismegisti* Namen veröffentlichten Tractate (*Tractatus aureus de lapidis philosophici secreto, Liber de compositione*, „Erkänntnifs der Natur“: keiner von diesen ist vor 1600 gedruckt worden) oder mit der *Tabula smaragdina* (die auch *Verba secretorum Hermetis* überschrieben und zuerst 1541 zu Nürnberg in *Volumen tractatuum scriptorum rariorum de alchymia* gedruckt worden ist) identisch ist, weifs ich nicht. Als schon von Geber errichtet wurde ein *Testamentum* 1545 zu Bern publicirt und später wiederholt reproducirt, dessen Authenticität jedoch in Zweifel zu ziehen ist. Von Arnald von Villanova hat man in Sammlungen alchemistischer Schriften ein *Testamentum* und ein *Novum testamentum*; unter Raymund Lull's Namen sind ebenda zu finden (zum gröfseren Theil auch selbstständig veröffentlicht) ein *Testamentum* (zuerst zu Köln 1566) und ein *Codicillus* (zuerst zu Köln 1553), eine *Elucidatio Testamenti, ad Regem Odoardum*, ein *Testamentum novissimum s. ultimum* (zu Basel 1572) und eine *Practica testamenti novissimi*; ein Londoner Geistlicher Joh. Cremer, welcher nach 1330 (vgl. S. 25 im I. Theil) in vertrauten Beziehungen zu R. Lull gestanden haben will, hat gleichfalls sein alchemistisches Testament hinterlassen: Mich. Maier's *Tripus aureus* (S. 339) brachte zuerst, 1618, *Cremeri, abbatis Westmonasteriensis, testamentum* zu allgemeinerer Kenntnifs. Mehrere dem Basilius Valentinus beigelegte Schriften sind zusammen als „Letztes Testament“ Desselben (zuerst zu Jena 1626) ausgegeben worden, und auch in Deutscher Sprache ist zu Strasburg 1651 als ihm zugehörig ein im *Theatrum chemicum* (S. 342), T. IV. n. 137 unter der Überschrift *Opus praeclarum ad utrumque, quod pro testamento dedit filio suo adoptivo* stehender Tractat herausgekommen, mit dessen Ächtheit es noch zweifelhafter aussieht als mit der des ersteren. Flamel's *Testamentum* war den Alchemisten im Allgemeinen nicht von Nutzen, weil man es nur in Handschriften hatte, und das von M. Toxites zu Strasburg 1574 herausgegebene *Testamentum Paracelsi* defshalb nicht, weil es weniger alchemistischen Inhaltes war. Auch später noch erschien wohl, wenn auch nicht mehr unter der Aegide eines so berühmten Namens, ein Buch unter diesem früher gebräuchlicher gewesenen Titel; so z. B. zu Lyon 1670 anonym *Hadrianeum testamentum de aureo philosophorum lapide*.

Aber es gab auch Solche, welche es vorzogen, diesen Schatz mit in das Grab zu nehmen und dadurch, dafs sie es thaten, Anderen die Kenntnifs und damit die Benutzung desselben vorzuenthalten. Mit schlechtem Beispiel soll in dieser Hinsicht kein Geringerer als Hermes selbst vorangegangen sein damit, wie er die von ihm verfafste Anleitung zur Ergründung des höchsten Geheimnisses der Alchemie: die s. g. *Tabula smaragdina* (S. 218 f. im I. Theil u. oben) aufbewahrt habe: in dem Mittelalter hatte man die Sage, Alexander der Grofse habe auf einem seiner Züge das Grab des Hermes gefunden und darin die Schrift geschrieben auf eine smaragdene Tafel, und nach einer vielleicht noch älteren Sage soll ein Weib Zara die Schrift in den Händen des Leichnams des Hermes in einer Höhle bei Hebron gefunden haben. Unter Bezugnahme hierauf wurden Büchertitel formulirt. So zeigte sich unter dem Namen Pantaleon's (vgl. S. 338) zuerst zu Nürnberg 1676 *Tumulus Hermetis apertus, in quo ad solem meridianum sunt ridendae antiquissimorum philosophorum absconditae veritates physicae, recentiorum quorundam erroneae opiniones de laudatissimo illo liquore mercurio philosophorum, ita ut jam cuilibet etiam mediocriter ingenioso, regia ria pateat ad hoc mysterium perquirendum, inveniendum et praeparandum, in gratiam errantium illuminatus*, welcher Tractat übrigens mit dazu Veranlassung gab, dafs Pantaleon's Schriften alsbald von einem anderen Anhänger der Alchemie verurtheilt wurden: 1678 kam zu Amsterdam heraus *Falx in Bifolium* [S. 338], *Processus contra Examen alchymisticum* [S. 332], *Tumulatio Tumuli Pantaleonis ab anonymo autore edita in commodum filiorum artis, ut careant ab ejusdem jactabundi Pantaleonis inorpellatis erroribus et imposturis*.   Aber auch andere Gräber wurden als für den Alchemisten Werthvollstes enthaltend hingestellt.   So erschien 1674 zu Nürnberg und war zugänglich in *Mangeti Bibliotheca chemica curiosa* T. II, p. 759 s.   *Tumba Semiramidis hermetice sigillata, quam si Sapiens apparuerit, non Cyrus ambitiosus avarus, regum ille thesauros divitiarum inexhaustos, quod sufficiat, inveniet*.   Der Anhang zu den Schriften der Akademie Deutscher Naturforscher für 1673 u. 1674, welcher diesen Tractat gleichfalls als einen anonymen brachte, enthält im Anschlufs an eines D. J. B. *De spiritu mundi positiones aliquot* von dem 1699 zu Marienburg gestorbenen Polnischen Leibmedicus Andr. Cnöffel d. J. ein *Responsum ad positiones de spiritu mundi, quod in se continet reserationem tumbae Semiramidis*. Anderseits ist bei Manget a. a. O. (wo auch *p.* 876 ss. u. 880 ss. die beiden letzterwähnten Aufsätze stehen) *p.* 744 ss. zu lesen *Pantaleonis, ut ex stylo apparet, Disceptatio de lapide physico; in qua tumbam Semiramidis ab anonymo phantastice non hermetice sigillatam, jam vero reclusam, si sapiens inspexerit ipsam, promissis regum thesauris vacuam inveniet*, welcher Tractat zuerst 1676 zu Nürnberg herausgekommen war,   und zu Paris erschienen 1689 *Deux traités nouveaux sur la philosophie naturelle, contenant le Tombeau de Semiramis et la Réfutation de l'anonyme Pantaleon*. —   Übrigens wurde das Grab für alchemistische Büchertitel keineswegs stets in so düsterer Weise in Scene gesetzt wie in den vorhergehenden Fällen, sondern manchmal auch in heitererem Sinne verwerthet, was namentlich in Frankreich durch H. d'Atremont geschah, der ohne sich zu nennen *Le Tombeau de la pauvreté, dans lequel il est traité de la transmutation des métaux* zu Frankfurt 1672 erscheinen liefs; das Buch gefiel und brachte es zu mehreren Ausgaben, kam auch ins Deutsche übersetzt wiederholt als „Das Grab der Armuth, darinn klärlich von der Verwandlung der Metallen und von dem Wege darzu zu gelangen abgehandelt wird" heraus.   Es ist unnöthig zu bemerken, dafs dieses Buch mit seinem Titel ähnliche Hoffnungen erwecken sollte, wie das etwas später, 1706 zu Nürnberg unter dem Namen eines Alethophilos Chrysander erschienene „*Aureum seculum patefactum* oder die eröffnete guldene Zeit, darinnen das von allen *Chymicis* und wahren *Philosophis* längst gewünschte *Menstruum universale seu materia chaotica* Sonnenklar entdecket".

Alchemistische Autoren suchten öfters zu Gunsten ihrer Schriften dadurch zu wirken, dafs sie auf den Titeln derselben recht Allgemeines in Betracht kommen liefsen. Auf das Chaos Bezug zu nehmen, war hierfür gut und geschah denn auch manchmal entweder mehr beiläufig, wie z. B. für das S. 312 erwähnte *Carmen* des Petr. Collov, oder in hervortretenderer Weise, wie u. A. für des zu Leipzig geborenen, zu Basel 1588 promovirten, zu Hamburg und Dresden die Heilkunst ausübenden aber namentlich in den Ruf eines Adepten gekommenen, 1605 im 45. Jahr gestorbenen Heinr. Kunrath o. Khunrath zuerst 1597 zu Magdeburg veröffentlichtes Buch „*De Chao triuno physico Chemicorum*, vom hylealischen d. i. primaterialischen, katholischen oder allgemeinen nützlichen Chaos der naturgemessenen Alchymie und Alchymisten philosophische Confession" (ich weifs nicht, ob mit diesem Buch das unter des nämlichen Schriftstellers Namen 1786 zu Leipzig ausgegebene: „Alchymisch philosophisches Bekenntnifs vom universellen Chaos der naturgemäfsen Alchymie" identisch ist), oder das zu Frankfurt 1708 erschienene: „Pyr-Materialisches Catholisches oder Natur-Chaos". Auf den Himmel Bezug zu nehmen, war jedoch dafür wohl noch besser, weil angenehmere Nebengedanken weckend, und geschah jedenfalls öfter. Von dem in der Mitte des vierzehnten Jahrhunderts in einem Kloster zu Aurillac in der Auvergne lebenden und wegen seiner Neigung zur Alchemie oder anderer ihm zur Last gelegten Dinge 21 Jahre hindurch gefangen gehaltenen Minoriten Johannes von Roquetaillade o. Rupescissa hatte man ein (1543 in Paris herausgegebenes) *Coelum philosophorum*, und von Phil. Ulsted, der in der ersten Hälfte des sechszehnten Jahrhunderts zu Freiburg i. B. die Heilwissenschaft lehrte, Dessen zuerst zu Strasburg 1526 und dann daselbst und an anderen Orten noch oft gedrucktes, auch in Französischer und wiederholt in Deutscher Übersetzung herausgekommenes *Caelum philosophorum seu secreta naturae, id est, quomodo ex rebus omnibus Quinta essentia paretur;* als in der letzteren Zeit von Paracelsus verfafst war in Sammlungen der Schriften Desselben aufgenommen ein *Caelum philosophorum seu liber vexationum,* und damals wurde auch von Wenzel Lavinius aus Mähren Dessen *Tractatus de caelo terrestri* geschrieben, welcher zu Marburg 1612 ausgegeben wurde. Dem siebzehnten Jahrhundert gehört vielleicht an die schon S. 204 f. u. 344 erwähnte unter L. C. Orvius' Namen erschienene *Occulta philosophia* oder *coelum sapientum et vexatio stultorum,* gewifs Joh. Christ. Steeb's 1679 ausgekommenes *Coelum sephiroticum,* welches bei der Besprechung der Beziehungen zwischen der Alchemie und der Kabbala bereits (S. 232) angeführt ist, und die 1688 zu Amsterdam veröffentlichte *Manuductio ad caelum chemicum* des Jacob Toll (vgl. S. 346), welcher erst Schul-Vorsteher zu Gouda, dann Lehrer der Geschichte und der Griechischen Sprache zu Duisburg war, seine Stelle aus Liebe zur Alchemie aufgab, deren Geheimnisse er unter den Namen der Götter der Griechen bei den Dichtern der Letzteren angedeutet wähnte, und 1696 im Elend starb. Noch im vorigen Jahrhundert wurde den Alchemisten der Himmel offengestellt durch eines Joh. G. Töltius *Coelum reseratum chymicum* (den vollständigen Titel werde ich später anzugeben haben) zu Frankfurt und Leipzig 1737 und durch eines Ungenannten gleichfalls in Deutscher Sprache verfafsten, *Caelum philosophorum*

betitelten Tractat zu Dresden und Leipzig 1739. Und solcher den Kunstbeflissenen als Lohn für ihr Studium bez.-w. für die Anschaffung des betreffenden
Buches den Hermetischen Himmel in Aussicht stellender Schriften dürften sich
wohl bei etwas genauerem Nachsehen noch mehr finden lassen.   Daſs die
Aussicht auf das Fegefeuer die Alchemisten weniger lockte, ist nur allzu begreiflich; wie sie sich wehrten, als ein „Deutsches Fegefeuer der Scheidekunst"
in dem *Kerenhapuch* betitelten Buch 1702 zu Hamburg offen gestellt wurde, ist
da anzugeben, wo (gegen das Ende dieses Anhangs hin) das eben erwähnte Buch
und die gegen es veröffentlichten Schriften namhaft zu machen sind.

Aber nicht nur unter dem Bilde der Erschlieſsung des Himmels wurde von
alchemistischen Schriftstellern das Bekanntwerden mit dem Höchsten, was ihre
Kunst leisten könne, hingestellt, sondern oft auch unter dem Bilde der Bewäl-
tigung irdischer Gegenstände: der Pforten, welche den Weg zu dem zu ent-
hüllenden Geheimniſs versperren, der Gebäude, in welchen es geborgen ist. Als
das vorzüglichste, als ein wahrhaft klassisches Werk G. Ripley's ist geschätzt
worden das in mehreren Sammlungen alchemistischer Schriften abgedruckte:
Liber duodecim portarum. Man hat sich gefragt, wefshalb der Thore gerade
zwölf seien, und die Beantwortung dieser Frage darin gefunden, dafs Ripley
die zur Vollendung des Hermetischen Meisterstücks nöthigen zwölf Hauptarbeiten:
die Calcination, Solution, Separation, Conjunction, Putrefaction, Congelation,
Cibation, Sublimation, Fermentation, Exaltation, Multiplication und Projection
offen darlegen, gleichsam eröffnen will.   Damit steht denn auch — wenn gleich
nur äufserlich — in Einklang, dafs des Basilius Valentinus Tractat „Von
dem grofsen Stein der uhralten Weisen" den Leser zwölf Schlüssel kennen lehrt,
„dadurch die Thüren zu dem uhralten Stein unser Vorfahren eröffnet, und der
unerforschliche Brunnen aller Gesundheit erfunden wird".   Daran, in welchem
Ansehen für die Darlegung alchemistischen Wissens die Zahl zwölf stand, erinnerten auch noch „Hermann Fictulds Chymische Schrifften, darinnen in zwölf
königlichen Palästen von dem Stein der Weisen gehandelt wird. Samt einer
Vorrede ans Licht gestellet durch Fr. Roth-Scholtzen" zu Nürnberg 1734.
Aber Einen Palast oder Eine Burg, worin das Geheimniſs des Steins der Weisen
bewahret, zugänglich gemacht zu haben, war doch schon vorher als genügend
erschienen. Ungemeines Aufsehen erregte ein Tractat des berühmten Philaletha (S. 200 im I. Theil): *Introitus apertus ad occlusum regis palatium*, nachdem derselbe als Lateinische Übersetzung eines Englischen Originals 1667 zu
Amsterdam veröffentlicht worden war; durch viele Ausgaben (zuletzt noch 1728
durch eine Frankfurter) und durch Aufnahme in Sammlungen alchemistischer
Schriften in dieser Form, zurückübersetzt aus dem Lateinischen in das Englische,
in zwei Deutschen und in zwei Französischen Übersetzungen fand er weite Verbreitung. Einige Aufmerksamkeit fand auch noch eines Ungenannten zuerst
1686 zu Karlsstadt gezeigter *Trames facilis et planus ad auream Hermetis
arcem recta perducens*, und eine zweite Ausgabe (1716) erzielte auch noch
Stanisl. Reinhard Axtelmayer's 1706 zu Schwabach „Weit eröfneter
Pallast des Naturlichts", und wohl waren auch noch Einige neugierig auf die
zu Dresden u. Leipzig 1718 versuchte „Eröfnung der Thüre des königlichen

Pallastes, dafs sie sei das rohe *antimonium* und *materia secunda lapidis philosophorum*, welche vor denen mit Blindheit geschlagenen verdecket, und von denen
Weisen unter doppelsinnigen Reden denen unwürdigen verborgen gehalten worden,
anjetzo aber aufs klärste durch gründliche Erweisung aller Welt wieder dargestellt wird". Damals, 1718, lockten auch noch die zu Blankenburg gezeigten
„Der Geheimen Natur Eröffnete Pforten Und deroselben Würckende Eigenschafften in Gut und Böse. Woher erkannt werden mag — — Was die *Essentia
Rerum*, und die von allen *Chymicis* längst zu wissen gewünschte erste *Materie*
der *Philosophischen Universal-Medicin* sey? — — Der wahren *Spagyrischen*
— — Wissenschafften zum besten beschrieben Durch Georg Friedrich
Retzel", welcher nicht blofs Braunschweigscher Bergrath sondern auch Mitglied
der K. Preufsischen Societät der Wissenschaften war.

U̇m durch die geschlossene Pforte in den Palast des Königs eindringen zu
können, bedurfte es natürlich eines passenden Schlüssels. Wenn es auf die
Anzahl der Schlüssel angekommen wäre, welche als sicheren Aufschlufs gewährend
oder doch als des Probirens würdig dargeboten waren, wäre den Alchemisten
wohl geholfen gewesen; alte Schlüssel und neuere gab es in der alchemistischen
Literatur in ziemlicher Menge, darunter allerdings auch solche, wo das Wort
ohne nähere Beziehung zu dem Vorhergehenden in der Bedeutung einer Anleitung,
das Ziel der Goldmacherkunst zu erreichen, gebraucht war. Da waren vorhanden
aus dem Anfang des zwölften Jahrhunderts des Artephius *Clavis majoris sapientiae* (zuerst zu Paris 1609, dann noch mehrmals veröffentlicht), über welche
Schrift schon in der Anmerkung zu S. 100 im I. Theil Einiges gesagt ist, in
Handschrift eines nach seinen persönlichen Verhältnissen gänzlich unbekannten
übrigens in das zwölfte Jahrhundert gesetzten *Alphidii philosophi Claves
quinque et alia fragmenta de lapide philosophico componendo*, als von Raymund
Lull im dreizehnten Jahrhundert verfafst *Clavicula, quae apertorium dicitur*
(zuerst zu Lyon 1598 dem Druck übergeben), und handschriftlich als um die
nämliche Zeit von Arnald von Villanova verfafst *Clavis scientiae majoris
cum figuris*, als aus dem fünfzehnten Jahrhundert und von Basilius Valentinus herrührend der vorhin (S. 362) erwähnte die zwölf Schlüssel enthaltende
Tractat, von G. Ripley wenigstens handschriftlich *Clavis portae aureae* und
eine auch aus dem fünfzehnten Jahrhundert datirte *Clavis philosophorum* eines
Paulus Eck von Sulzbach, welche erst im Anfang des siebzehnten Jahrhunderts
durch die Aufnahme in das *Theatrum chemicum* (S. 342) allgemeinerer Benutzung
zugänglich wurde. Im sechszehnten Jahrhundert kam heraus des Gerb. Dorn
*Clavis totius philosophiae chymisticae, per quam obscura philosophorum dicta
reserantur* zuerst zu Leyden 1567, und eine um dieselbe Zeit von Alexander
von Suchten aus Danzig verfafste Schrift wurde zusammen mit dem zu Basel
als Lateinische Übersetzung aus dem Deutschen 1575 gedruckten Tractat *De
secretis antimonii* 1614 zu Mömpelgard unter dem Titel *Clavis alchemiae* ausgegeben. In dem siebzehnten Jahrhundert erschien des Engländers Robert Fludd
Clavis philosophiae et alchymiae zuerst zu London 1617 und eines Ungenannten
„Schlüssel zu dem uralten Stein eröffnet, da der Brunnen aller Gesundheit gefunden wird" ohne Angabe des Verlagsortes 1663: von dem Eigenthümer des

betreffenden Locales wurde zu Genf 1681 *La chiare del cabinetto del Caval.*
Giuseppe Franc. Borri, col favor della quale si redono varie lettere scientifiche.
chimiche, e curiose etc. Jedermann zur Disposition gestellt. Das im I. Theil
S. 242 f. besprochene s. g. Trismosin'sche *Aureum vellus* enthält in der Ausgabe von 1708 S. 229 ff. einen „*Claris*, sammt seiner Declaration der Chymischen
Handgriffen" und S. 447 ff. einen *Claris philosophiae chemicae* überschriebenen
Tractat. Im vorigen Jahrhundert kam von einer Sächsischen Alchemistin Dorothea Juliane Wallich — der Tochter eines Adepten, wie man ihr wohl aus
Galanterie nachsagte — ein „Dreyfacher Schlüssel zu dem geheimen Cabinet der
verborgenen Schatzkammer der Natur, zur Such- und Findung des Weisensteins"
zuerst zu Leipzig 1706 heraus, le Breton veröffentlichte zu Paris 1722 *Les clefs*
de la philosophie spagyrique, und zu Jena wurde 1738 unter Zoroaster's Namen
Claris artis (in Deutscher Sprache) ausgegeben. Dafs „Der Hermetische *Philo-*
sophus" 1709 zu Frankfurt sogar den „Hauptschlüssel der zu der Chymie gehörigen Materien" offerirte, wurde bereits S. 345 erinnert. Diese paar Beispiele
genügen wohl um zu zeigen, dafs während längerer Zeit das Wort „Schlüssel"
oder das entsprechende in einer andern Sprache als sehr tauglich betrachtet
wurde, auf dem Titel einer alchemistischen Schrift zu stehen.

Doch erschienen auch mancherlei andere Worte als für denselben Zweck
sehr pafslich verwendbar, wie schon aus dem Vorhergehenden ersichtlich und in
dem Nachstehenden nach noch einigen Richtungen zu betrachten ist. Der
Griechischen Mythologie entnommene Götternamen oder die entsprechenden
Römischen gaben schöne Zierden für die Titel alchemistischer Schriften ab und
wurden noch in später Zeit dafür benutzt (in der Th. I, S. 3 berührten aller-
frühesten alchemistischen Literatur figuriren Aegyptische Gottheiten als an der
Beschäftigung mit der Goldmacherkunst betheiligt und darüber schreibend; eines
Sendschreibens der Isis an ihren Sohn Horos wurde S. 202 im I. Theil gedacht).   Allerdings nicht ganz so oft, als auf den ersten Blick Einer vermuthen
möchte welcher nicht daran denkt, dafs mehrere dieser Namen in älterer Zeit
nicht blofs Olympische Persönlichkeiten sondern auch Sachliches: aufser Planeten
und für solche gehaltenen Sternen namentlich Metalle bedeuteten, was wiederum
dazu veranlafste, an Beziehungen zwischen den Planeten und den Metallen bez.-w.
den ersteren und Umwandlungen der letzteren zu glauben oder doch wenigstens
darüber zu schreiben.   (Als schon von Basilius Valentinus verfafst hatte
man einen in Deutsche Reime gebrachten Tractat „Von der Wissenschafft der
sieben Planeten, ihrem Wesen, Eigenschafften, Krafft und Lauff, auch ihren
verborgenen Geheimnüfsen" u. s. w. Eines im sechszehnten Jahrhundert lebenden
Petrus Arlensis de Scudalupis *Sympathia septem metallorum ac septem*
selectorum lapidum ad planetas wurde zuerst 1610 in Paris gedruckt; eines Con-
stantin Albin *Magia astrologica sire Claris sympathiae metallorum lapidumque*
cum planetis kam zuerst 1599 zu Leyden, eines Helw. Dietr. Hesse *Elogium*
planetarum coelestium et terrestrium maerocosmi et microcosmi zu Strasburg 1627
heraus. Von Montesnyder wurde 1663 zu Amsterdam veröffentlicht *Meta-*
morphosis planetarum sire metallorum, ein (in Deutscher Übersetzung noch mehrmals, zuletzt 1774 zu Wien ausgegebener, in der Frankfurter Ausgabe von 1700

„*Metamorphosis planetarum*, das ist: Eine wunderbarliche Veränderung der Planeten und metallischen Gestalten in ihr erstes Wesen, mit beygefügtem Procefs und Entdeckung der dreyen Schlüssel, so zur Erlangung der drey *Principia* gehörig, und wie das *Universale Generalissimum* zu erlangen, in vielen Oertern dieses Büchleins beschrieben, anjetzo wiederum zum Druck befördert durch A. Gottlob B." betitelter) in Lateinische Verse gebrachter Tractat, in welchem die Gottheiten Jupiter, Luna, Mars, Venus, Mercurius und Saturnus als handelnde Personen aufgeführt sind, unter deren Treiben das Geheimnifs der Alchemie verborgen sein soll. Unter dem Namen Marc. Friedr. Rosenkreutzer erschien zu Nürnberg 1674 „*Astronomia inferior sive septem planetarum terrestrium spagyrica recensio*, das ist Erzählung und Erwählung der sieben irdischen Planeten aus vielen hermetischen Schriften zusammen getragen und zum Theil mit eigener Hand versucht". Eine ähnliche Richtung hielten noch mehrere andere Publicationen ein.) Der Sonnengott Helios o. Sol, später mit Apollo identificirt, bedeutete das Gold (vgl. S. 90 im I. Theil) und Selene o. Luna das Silber (Dem gemäfs ist u. A. zu verstehen, was die Aufschrift einer vom sechszehnten Jahrhundert an in Sammel-Werken sich findenden Abhandlung: *Anonymi veteris philosophi Consilium conjugii, seu de massa Solis et Lunae, libri tres* bedeuten soll), Chronos o. Saturn das Blei und Zeus o. Jupiter das Zinn (auf diese Metalle nehmen Bezug solche Schriften wie das dem Joh. Isaak Hollandus beigelegte, erst 1676 veröffentlichte „*Opus Saturni* oder philosophische Betrachtung des Bleyes" oder Sam. Norton's 1630 herausgekommener Tractat *Saturnus saturatus dissolutus et coelo restitutus, sive modus componendi lapidem philosophorum tam album quam rubeum e plumbo, Jove s. stanno*). Aphrodite o. Venus das Kupfer und Ares o. Mars das Eisen (so z. B. auf dem Titel eines handschriftlich gebliebenen Tractates Thurneysser's: *De transmutatione Veneris in Solem* und oft noch sonst, auch auf dem einer in diesem Anhang noch anzuführenden Anweisung des eben erwähnten S. Norton, wie Venus und Mars zu elixiriren seien), Hermes o. Mercurius das Quecksilber, und unter diesem Götternamen konnte auch noch mehr Sachliches verstanden sein wie namentlich der *Mercurius philosophorum* (S. 6 im I. Theil) und der *Mercurius metallorum* (S. 13 ebenda). — Aber auch als auf Persönlichkeiten sich beziehend oder doch den Eindruck hervorbringend, als ob Dem so sei, figurirten die angegebenen Götternamen und andere recht häufig auf den Titeln alchemistischer Schriften, und den Vorrang hierfür hatte, wie sich nach dem im I. Theil S. 4 Gesagten leicht denken läfst, Hermes. Dessen wurde bereits S. 360 gedacht, dafs der *Tumulus Hermetis* als das grofse Geheimnifs der Alchemie bergend, und auch S. 362 Dessen, dafs der Weg *ad Hermetis arcem* als zur Erkenntnifs desselben führend vorgebracht wurde. Doch auch noch in mannigfach anderer Weise liefs sich Hermes o. Mercurius sehen. Geschmückt mit dem ihm schon in früher Zeit in Ägypten beigelegten Ehrentitel des Dreimal-Gröfsten z. B. in dem S. 340 angeführten, zuerst zu Hamburg 1675 erschienenen Siebengestirn, in welchem als erster Stern erglänzte „*Hermetis Trismegisti* Gulden Tractätlein von der *Composition* des Steins der Weisen" oder in der zu Leipzig 1610 als *Hermetis Trismegisti Tractatus de lapidis philosophici secreto, editus* a *D. Gnosio* und 1700 unter dem Titel *Hermetis Trismegisti Regis Graecorum, ex aurora consurgente Tractatus vere aureus de lapidis philosophici secreto, in capitula 7 divisus, opera Domini Gnosi Belgae V. D. M. in lucem editus* herausgekommenen Schrift, oder in den in Deutscher Sprache veröffentlichten Tractaten, deren einer: „Hermetis Trismegisti Erkänntnifs der Natur" 1706 zu Hamburg, der andere: „Des Hermes Trismegistus wahrer alter Naturweg, oder Geheimnifs, wie die Universal-Tinctur ohne Gläser zu bereiten, herausgegeben von einem ächten Freimaurer" 1782 zu Leipzig erschienen ist. Oder als wiederaufgelebter oder wifsbegieriger oder triumphirender oder seinem wahren Wesen nach gezeigter Hermes o. Mercurius: eines Joh. Bicker *Hermes redirivus* wurde zu Hanau 1620, des Sam. Norton *Mercurius redirivus, sive modus conficiendi lapidem philosophicum tam album quam rubeum e Mercurio* wurde 1630 und in demselben Jahr zu Frankfurt eines Ungenannten *Mercurius redirivus* veröffentlicht, des schon S. 219 im J. Theil vorgekommenen Chr. Ad. Balduin *Hermes curiosus* zuerst zu Leipzig 1667 und des Nämlichen *Hermes curiosus sive inventa et experimenta physico-chymica nova* zuerst zu Nürnberg 1680, Eines, der sich Arioponus Cephalus nannte, *Mercurius triumphans et hebdomas eclogarum hermeticarum una cum commentariis acroamaticis et mysticis* zu Magdeburg 1600, eines J. H. C. H. S. M. D. *Mercurius sophicus delarvatus* 1752 in den Schriften der Akademie der Deutschen Naturforscher und eines C^i . . . *Hermès dévoilé* 1832 zu Paris (S. 184). Oder auch ohne ein solches Epithethon ornans: Mich. Maier's *Lusus serius, quo Hermes seu Mercurius rex mundanorum omnium sub homine existentium post longam disceptationem in concilio octovirali habitam, homine rationali arbitro, judicatus et constitutus est* erschien im Lateinischen Original erstmals zu Oppenheim 1616, nachdem eine Deutsche Übersetzung schon 1615 zu Frankfurt herausgekommen war, und *Hermes intra Sidonem cognoscendus* wurde von dem in dem Folgenden noch öfters zu nennenden Hannemann vorgestellt. Und es machte sich doch gut, wenn der Titel einer alchemistischen Schrift wenigstens den ehrendsten Beinamen des Hermes wenn auch in Verbindung mit dem Namen einer anderen Autorität als Aushänge-Schild hatte, wie das von Joh. Ludw. Hannemann 1694 zu Frankfurt zum Erscheinen gebrachte *Ovum Hermeticum Paracelsico-Trismegisticum cum appendice apologetica, sive tractatus de auro,* oder ein Attribut des Hermes o. Mercurius aufwies, wie z. B. „*Mercurii* zweyfacher Schlangenstab" (vgl. S. 337), ans Licht befördert zu Ulm 1678. Was Alles dem Hermes zugeschrieben oder zugeschoben wurde: dafs er das älteste alchemistische Schriftstück: die *Tabula smaragdina* verfafst haben (S. 359) und die jüngste alchemistische Zeitschrift, welcher sein Name als Titel gegeben war (S. 343), über Wasser halten sollte, dafs er jenes Schriftstück mit ins Grab genommen (S. 359) und ein anderes als Testament hinterlassen (S. 359) haben sollte, kann hier nur kurz erinnert und manches Derartige mufs hier übergangen werden.

Auch noch unter den Schutz anderer heidnischer Gottheiten stellten alchemistische Autoren ihre Schriften bez.-w. den Absatz derselben. Wir lassen bei der Anführung einiger Beispiele den weiblichen Gottheiten, welchen ohnehin auch hierfür der Vorzug gegeben wurde. wie billig den Vortritt. Herangezogen wurde dafür u. A. die dem Haupte des Zeus entsprungene Göttin: P. J. Fabre machte, zuerst zu Toulouse 1624, das *Palladium spagyricum* zugänglich und zu Genf erschienen 1674 *Arcana Palladis chimicae detecta*,   die keusche Göttin der Jagd, welche übrigens auch manchmal die Luna in der Darleihung des Namens zur Bezeichnung des Silbers abzulösen hatte: *Balneum Dianae, magnetica priscorum philosophorum claris* wurde durch den Langenschwalbacher Arzt Joh. Ernst Burggraf 1600 zu Leyden offen gestellt und für des Joh. Seger von Weidenfeld zuerst zu London 1684 ausgekommenen Tractat *De secretis adeptorum* war die eigentliche Aufgabe: *nudam sine reste Dianam, i. e. artem alchymisticam, sine tropis, figuris, parabolis, nominum barbarorum relaminibus spectandam sistere, ita ut in posterum nemo vel doctissimus auctoritate sua, nemo vel disertissimus persuasione sua, nemo vel subtilissimus impostor astutia sua possit quemquam, nisi volentem, decipere et a via regia in devia deducere,* der Ceres Tochter: Glauber veröffentlichte zu Amsterdam 1667 eine „Kurtze Erklährung über die höllische Göttin *Proserpinam, Plutonis* Hausfrauen, was die *philosophische Poëten* als *Ovidius, Virgilius,* und andere dardurch verstanden haben, und wie durch Hülff dieser *Proserpinae* die Seelen der abgestorbenen *metall*ischen Leibern aufs der Chimischen Höllen in den *philosoph*ischen Himmel geführet werden. Allen Liebhabern der unbetrüglichen *Alchimiae* zu gefallen beschrieben und an Tag gegeben“, die Göttin der Gerechtigkeit: Mich. Maier's zu Frankfurt 1618 ausgekommene *Themis aurea, hoc est, de legibus fraternitatis roseae crucis tractatus* zog in *cap.* 4 *ss.* auch Hermetisches in das Bereich der Besprechung, die des Sieges: unter dem Namen Herm. Fictuld (unter welchem sich Joh. Heinr. Schmidt von Sonnenberg versteckt haben soll) erschien zu Leipzig 1750 *Victoria Hermetica,* die des Gerüchtes: 1714 ging von Hamburg eine *Fama Hermetica in circulo conjunctionem Saturni et Solis sistens* (in Deutscher Sprache) aus, deren Berücksichtigung durch den sich Ehrd von Naxagoras Nennenden in einer den Letzteren behandelnden Anmerkung (S. 214) besprochen ist; 1717 erschien zu Leipzig eine *„Continuatio I. Famae alchymisticae* oder *infalible Demonstration* der Kunst, *quod sal metallorum sit materia proxima lapidis philosophorum.* Das ist: der Metallen Saltz ist die nächste Materie des Steins der Weisen, Wie und wo nemlich solches Metallische Natur-Saltz sehr leicht und mit geringer Arbeit durch Hülffe der Natur und Sorgfalt der Kunst, anzutreffen sey“, und noch 1772 wurde von Frankfurt u. Leipzig aus verbreitet „*Fama mystica Hermetica* von dem grofsen Universal-Stein, oder *Lapide Philosophorum* der uralten Weisen, ein abgenöthigter Beweifs von desselben wahrhaftigem Daseyn: Als eine Antwort auf dasjenige *Avertissement,* das eine unbekannte, aber sehr erlauchte Feder, in dem Monat Hornung, des Jahres 1765 durch das Frankfurter und Erlanger Wochenblatt an die erlauchten hohen Societäten London, Paris, Berlin u. s. w. abgegeben, und öffentlich bekannt gemacht hat“, die der Morgenröthe, wie sich in der alsbald zu gebenden Aufzählung von Schriften zeigen wird, welche die Aurora im Schilde führten. — Was männliche Gottheiten betrifft, wurde zu Paris 1640 proclamirt die *Restitution de Pluton* durch die Dame Martine Bertenau, Gemahlin eines Herrn de Beausoleil (wohl des Baron de B. aus der Provence, von welchem *Libellus* *de sulphure philosophorum* und *Dioismus de materia lapidis* 1627 zu Aix-en-Provence erschienen sind). Es ist mir im Augenblick nicht erinnerlich, dafs Vulcan und Neptun auf Titeln alchemistischer Schriften sich in erster Linie präsentirt hätten, aber es wird doch von Paracelsus in Dessen Tractat *de tinctura physicorum* (vgl. S. 229) die Alchemie ganz allgemein als „*Vulcani* werck“ bezeichnet, auch später (vgl. S. 332) alchemistischer Erfahrung als *Vulcaniae experientiae* gedacht.   und die S. 340 erwähnten *Pleiades philosophicae Rosianae* haben als 2. Capitel eines, welches *Stella secunda seu Neptunus philosophicus* überschrieben ist und von der Darstellung der Universaltinctur aus einem als auf der Ostsee im Sommer schwimmend zu findenden s. g. Brandsalz handelt. Wohl aber that es Neptun's Sohn, der als Wahrsager berühmte und gerade um Defs willen sehr pafslich von den Alchemisten zu befragende Meergott: des Joh. Bapt. Grosschedel ab Aicha *Proteus Mercurialis geminus exhibens naturam metallorum, id est, operis philosophici theoriam et ejusdem praxin sive compositionem lapidis secreti per philosophorum sententias et authoritates elucidatus* kam zuerst zu Frankfurt 1629 heraus, und F. Gherli's *Il Proteo metallico o sia delle trasformazioni superficiali de' metalli, — — e per iscoprire gl'inganni de' falsi Chimici* zu Venedig 1721.   Bemerkt sei hier noch, dafs auch das Flügelrofs auf dem Titel eines Hermetischen Tractates vorgespannt wurde. denselben besser ziehen zu lassen: von einem Pseudonymen (er soll ein Magister Chr. Hirsch, Prediger zu Eisleben gewesen sein) wurde an unbekanntem Orte 1618 *Pegasus firmamenti, sive introductio brevis in rerum sapientiam, quae olim ab Aegyptiis et Persis magia, hodie vero a venerabili fraternitate roseae crucis pansophia recte vocatur, in piae ac studiosae juventutis gratiam conscripta a Josepho Stellato secretioris philosophiae alumno* losgelassen.

Auch andere mythische Persönlichkeiten bez.-w. solche, welche dem Kreise der Heroën-Sagen angehören, wurden dafür nicht verschmäht, mit den Namen derselben die Titel alchemistischer Schriften zu zieren.   Die Gattin des Epimetheus eignete sich dazu vor anderen: war doch die Alchemie wenigstens für Viele, die sich ihr ergeben hatten, eine wahre Pandora-Büchse.   Ihr begegnet man denn auch öfters; eines Ungenannten „*Pandora*, das ist Die Edleste Gab Gottes oder der Werde und Heilsame Stein der Weisen“ zeigte sich zuerst zu Basel 1582,   des Hieron. Reufsner aus Lemberg, Physicus zu Hof im Voigtland und dann zu Nördlingen, „*Epimethaei Pandora* oder Stein der Weisen, mit welchem die alten Philosophen, auch Theophrastus Paracelsus die unvollkommene Metalle durch Gewalt des Feuers verbessert“ gleichfalls zu Basel 1598,   des oft zu nennenden Bened. Figulus *Pandora magnalium naturalium aurea et benedicta, de benedicto lapidis philosophici mysterio* zu Strasburg 1608, des Joh. Mich. Faust, Arzt zu Frankfurt a. M. „*Pandora chimica* oder güldener Schatz“ zu Frankfurt und zu Nürnberg 1706.   Seltener der leichtfüfsigen Tochter des Schoeneus: des unermüdlich schreibenden Mich. Maier *Atalanta fugiens, hoc est: Emblemata nova de secretis naturae chimica* lief 1618 von Oppenheim aus.   Für den Titel einer über einen Gegenstand. der so viele Räthsel bot wie das Hermetische Wissen, handelnden Schrift war Sphinx ein gutes Wort: Eines. welcher sich Chr. Nigrinus nannte. „*Sphynx rosacea*, d. i. Der Entdeckung der Brüderschafft defs löblichen Ordens defs Rosen-Kreutzes vnnd deren *Famae* vnd Bekendtnufs Ohngefährliche Muthmafsung" erschien zu Frankfurt 1618. Aber später erschien auch der Räthseldeuter: Becher's *Oedipus chymicus aperiens mysteria obscuriorum chymicorum* zuerst zu Frankfurt 1664 (eine Deutsche Übersetzung daselbst 1680). In dem Labyrinth von Verlegenheiten, in welches jeden der Alchemie Obliegenden die bald hierhin bald dorthin weisenden Vorschriften der verschiedenen Autoritäten nothwendig brachten, einen leitenden Faden zu haben, mufste viel werth sein: Heinr. von Batsdorf's — der eigentlich Christoph Reibehand hiefs und Apotheker zu Gera war — zuerst zu Leipzig 1636 herausgekommener Tractat *„Filum Ariadnes, das ist, Newer Chymischer Discours* von den grawsamen verführerischen Irrwegen der Alchymisten, dadurch sie selbst und viel Leute neben ihnen verleitet werden, und dann, was doch endlich der rechte uralte Weg zu dem allerhöchsten *Secreto* sey, wie darinnen zu *procedi*ren, und welcher Gestalt auch *particularia* zur Hand gebracht werden können" wurde bis 1718 mehrmals wieder ausgegeben, und *Le Filet d'Ariadne, pour entrer arec sûreté dans le labyrinthe de la philosophie hermétique* wurde auch 1695 zu Paris dargeboten.   Den Irrfahrten des vielgeprüften Odysseus vergleichbar waren die Versuche der Hermetiker, sich bei dem Streben nach dem ersehnten Ziele zurechtzufinden: von dem noch nach seinem Tode als Schriftsteller wirkenden Mich. Maier erschien zu Frankfurt 1624 ein *Tractatus posthumus, sive Ulysses, hoc est, Sapientia seu intelligentia, tanquam coelestis scintilla beatitudinis, quod si in fortunae et corporis bonis naufragium faciant, ad partum mediationis et patientiae remigio feliciter se expediat.* Aber wie schätzenswerth Klugheit für die Aussicht, die Alchemie erfolgreich zu betreiben, sein mochte: Stärke und Energie und überhaupt was man unter anderen Umständen Tapferkeit nennt gaben doch auch ein Anrecht, auf guten Erfolg zu hoffen, und so mochte wohl ein von P. J. Fabre 1634 zu Toulouse veröffentlichter Tractat als *Hercules pio-chymicus*, ein von Joh. Ernst Burggraf 1612 zu Amsterdam veröffentlichter als *Achilles redivivus* betitelt werden.   Allen Anderen vorangegangen, was die Zahl derartiger Leistungen betrifft, ist jedoch der aus Amsterdam gebürtige Joh. Ludw. Hannemann, zuerst Arzt in Buxtehude, seit 1675 Professor der Physik in Kiel, wo er 1724 nach zurückgelegtem 84. Jahre starb, welcher (wie schon S. 352 erinnert wurde) selbst den von Gordios geknüpften Knoten, so fern die Alchemie einen solchen bot, zu lösen sich unterfing: seine *Horae subsecivae Fridrichstadenses, sive Nodus Gordii de lapidis philosophici elaboratione a sophisticis connexus, solutus* kamen zu Kiel 1715 heraus (*„Nodus sophicus enodatus,* das ist Erleuterung etlicher Schrifften vom Stein der Weisen" war schon 1692 zu Hamburg gezeigt worden); um diese Zeit wurden von Hannemann — aufser anderen, zum Theil an anderen Stellen dieses Buches angeführten Hermetischen Schriften — *Jason seu Catalogus testimoniorum veritatis metamorphosin metallorum ignobiliorum in aurum natiro praestantius asserens* (1709), *Tantalus chymicus* (zu Hamburg 1717), *De Icaro praecipitato, De furto Promethei* veröffentlicht.

Noch vieler Anderer Namen, namentlich Solcher deren Weisheit grofs war, liefsen die alchemistischen Schriftsteller auf den Titeln ihrer Werke paradiren.

Das Haupt der Magier kam erst spät zu dieser zweifelhaften Ehre: eine von
Joh. Heinr. Ursinus, Superintendenten zu Regensburg verfafste *Exercitatio
de Zoroastro et Sanchoniatone* wurde zugleich mit Dessen *Exercitatio de Hermete
Trismegisto ejusque scriptis* 1661 zu Nürnberg und des Zoroaster *Claris artis*
wurde in Deutscher Sprache 1738 zu Jena ausgegeben. Unter so berühmten
Namen wie Ostanes, Pythagoras, Aristoteles u. A. als denen der Verfasser gingen in früher Zeit alchemistische Schriftstücke (vgl. S. 371), und noch
spät wurden Hermetische Schriften gleichsam unter den Schutz solcher Namen
gestellt: die zuerst 1723 zu Frankfurt und Leipzig und dann mehrmals als *Aurea
catena Homeri* veröffentlichte z. B. (welche in diesem Theil namentlich S. 208 ff.
in Betracht gekommen ist) wurde zuletzt, 1781 zu Berlin, als *Annulus Platonis*
herausgegeben. S. 207 ff. im I. Theil war davon die Rede, dafs biblische Persönlichkeiten mehrfach mit der Alchemie in Beziehung gebracht worden sind. Das
geschah auch auf dem Titel des zuerst zu Frankfurt a. M. 1620 und noch einmal
1774 zu Hof herausgekommenen Buches „*Gloria mundi*, sonsten Paradies-Tafel:
das ist Beschreibung der Uralten Wissenschaft, welche Adam von Gott selbst
erlernet, Noe, Abraham und Salomon als eine der höchsten Gaben Gottes
gebraucht, alle Weisen zu jeder Zeit vor den Schatz der ganzen Welt gehalten
und dem Gottesfürchtigen allein nachgelassen haben, nemlich *de lapide philosophico, authore anonymo*". Zu diesen Persönlichkeiten gehörten, wie a. a. O.
erinnert wurde, auch Thubalkain und namentlich Moses und Mirjam o.
Maria. Zu den im Nächstvorhergehenden erwähnten Tractaten veröffentlichte
Hannemann auch einen *Tubalkain stans ad fornacem* betitelten; darüber, wie
auf Thubalkain als einen Meister der alchemistischen Kunst in einer angeblich von Abraham Eleazar verfafsten Schrift Bezug genommen ist, vgl. S. 314 ff.
Den Namen des Moses finden wir wieder auf den Titeln spät erschienener al-
chemistischer Tractate: des zu Nürnberg 1737 ausgegebenen „*Urim et Thummim
Mosis, des grosen Propheten und Heerführers Handleitung zu dem Weisenstein*"
(Urim und Thummim waren zwei mit dem Brustschild des Jüdischen Hohen-
priesters in Verbindung stehende Gegenstände, von welchen man nicht weifs
welcher Art sie waren, wefshalb der mehrerwähnte Hannemann einen Tractat
De analogo Urim et Thummim in mente humana schreiben konnte) oder des zu
Danzig 1755 veröffentlichten „Die Schlange *Mosis*, die alle andere verschlingt,
oder neuentdeckte chymische Geheimnisse", und dem Namen der Maria werden
wir auch noch in diesem Anhang begegnen. S. 209 im I. Theil wurde auch
besprochen, dafs der Name Salomo's als der eines Meisters der Kunst bei den
Alchemisten in Achtung stand, und mit ihm ist auch der eines diesem König
befreundeten Fürsten und eines der Meister bei dem Salomonischen Tempelbau:
der von den Freimaurern verehrte Name Hiram zur Ausschmückung des Titels
einer Hermetischen Schrift verwendet worden; unter den vielen Producten der
Feder Mich. Maier's ist auch ein zu Frankfurt 1620 als *Septimana philosophica,
qua aenigmata aureola de omni naturae genere a Salomone sapientissimo rege
Israelitarum, et Arabiae regina Sabae, nec non Hyramo Tyri principe sibi invicem
in modum colloquii proponuntur et enodantur* herausgekommenes. Die hier
gleichfalls vorgeführte Königin von Saba war übrigens nicht die einzige Fürstin,

welche für solchen Zweck dienen mufste; unter den in Griechischer Sprache verfafsten alchemistischen Aufsätzen, deren S. 3 im I. Theil erwähnt wurde, sind
auch einige, welche der Aegyptischen Königin Kleopatra zugeschrieben waren,
und daran, dafs die Assyrische Königin Semiramis noch im Grabe von einem
alchemistischen Bücherfabrikanten mifsbraucht wurde, war S. 360 zu erinnern. —
In dem I. Theil S. 202 wurde für Demokritos, im II. Theil S. 219 noch für
Andere erwähnt, dafs Philosophen des Alterthums später als Philosophen im
Hermetischen Sinn (I. Th., S. 9) betrachtet worden sind und als Verfasser alchemistischer Schriftstücke gegolten haben, und an dem letzteren Orte wurde
namentlich daran erinnert, dafs Solches dem Plato und dem Aristoteles zu
Theil geworden ist. Dem Letzteren sind u. A. ein im siebzehnten Jahrhundert
im V. Bd. des *Theatrum chemicum* (S. 342) veröffentlichter *Tractatus Aristo-
telis alchimistae ad Alexandrum Magnum, de lapide philosophico* und eine
Expositio epistolae Alexandri regis o. *Magni* zugeschrieben worden, welche
zuerst in *Artis auriferae etc.* (S. 343) 1572 gedruckt worden ist. Als der Leipziger Professor der Medicin Joachim Tancke (vgl. S. 347) 1608 zu Eisleben
mehrere alchemistische Tractate des Roger Bacon in Deutscher Sprache unter
dem Titel „*Medulla alchimiae Rogeri Baconis Angli*, Das ist: Vom Stein der
Weisen und von den vornembsten Tincturen des Goldes, Vitriols und Antimonij"
herausgab, erschien es ihm als ganz angemessen, in einen Anhang zu diesem
Buch „Epistel oder Sendbrieff des Keysers *Alexandri*, welcher der erst inn
Griechenland vnd Macedonia regiert hat: Auch ein Keyser der Persianer gewesen.
Darinn Der Stein der Weisen durch ein Gleichnüfs vnd Parabel sehr lustig vnd
wol beschrieben vnd erkleret wird" aufzunehmen. —   Wollte ein alchemistischer
Autor wissen lassen, dafs er es mit dem von ihm zu Bringenden sehr gewissenhaft nehme, so war der Name des strengen römischen Censors am Platz; zu
Hamburg erschien 1690 Hannemann's *Cato chemicus sire tractatus, quo verae
ac genuinae philosophiae Hermeticae et fucatae ac sophisticae pseudo-chemicae et
utriusque magistrorum characterismi accurate delineantur.*

Auch Gegenstände, welche einem oder dem anderen der verschiedenen
Naturreiche angehören, wurden öfters für die Titel alchemistischer Schriften
verwendet. Bemerken wir aber hier, dafs die von uns noch anerkannten drei
Naturreiche manchen Hermetikern nicht genug waren; „*J. G. Toeltii*, des
Welt-berühmten *Philosophi, Coelum reseratum chymicum* Oder Philosophischer
Tractat Worinne Nicht allein die *Materien* und Handgriffe, Woraus und wie Der
Lapis philosophorum in der Vor- und Nach-Arbeit zu bereiten, Sondern auch,
Wie aus allen vier Reichen der Natur, als *Astral-, Animal-, Vegetabil-* und
Mineralischen Reiche, Vortreffliche und unschätzbare *Tincturen* und *Medicamenta*,
Sowohl zur Erhaltung der Gesundheit und des Lebens, Als auch Verbesser- vnd
Transmutirung der unvollkommenen *Metallen* zu verfertigen, offenhertzig gezeiget
wird" wurde 1737 zu Frankfurt u. Leipzig „Denen Liebhabern der wahren
Hermetischen Philosophie zu Liebe ausgefertiget Von Einen Kenner derselben". —
Das Astralreich kam den Alchemisten nicht etwa blofs defshalb in Betracht,
weil die Stellung der Gestirne von Einflufs ist auf das Gelingen alchemistischer
Operationen (vgl. die Anmerkung zu S. 204 im I. Theil), oder wegen der Be-

ziehungen zwischen den Planeten und den Metallen (vgl. S. 364 f. in diesem Anhang) oder wegen der Betheiligung der rothen und der weifsen *astrorum* an der Entstehung der Metalle (vgl. S. 254 f. im II. Theil) oder wegen ähnlicher Umstände, sondern wesentlich auch deshalb, weil es vielleicht die richtige *Materia prima* liefert, welche dem richtig sie behandelnden Künstler den Stein der Weisen ergiebt. Mochte auch, was Seitens Mancher nicht geschah, für das Regenwasser — diese so oft (vgl. z. B. S. 33 o. 289 f.) als Ausgangspunkt für die Erreichung des hohen Zieles genommene Substanz — bestritten werden, dafs dasselbe astralischer Herkunft sei: als sicher galt Dies doch für den ja in ganz heiteren Nächten vom Himmel fallenden Thau, von welchem aus man gleichfalls zu wiederholten Malen zu diesem Ziel zu gelangen suchte, und nicht zu bezweifeln war es für den zu gleichem Zweck in Bearbeitung genommenen Sonnenstaub (vgl. S. 35); mit gleichem Recht sah man in diesem etwas von der Sonne der Erde Zugekommenes, wie nach der Entdeckung der Spectral-Analyse (1859) durch Kirchhoff und Bunsen und der Anwendung derselben auf die Untersuchung der Sonne Halbgebildete davon sprachen, Kirchhoff habe gefunden, dafs Natron, Eisen u. A. in den Sonnenstrahlen enthalten seien. Und astralischen Ursprungs war, wie schon der Name der Sternschnuppen-Materie besagt, auch diese Substanz, deren Bearbeitung für die Darstellung des Steins der Weisen S. 274 ff. in diesem Theil gedacht wurde.

Was eben erwähnt wurde trat allerdings auf Büchertiteln meiner Erinnerung nach nicht hervor. Auf die Sonne, deren Lateinischer Name *Sol* und deren Zeichen ⊙ dem Gold beigelegt waren, — sie ist bekanntlich bis in das sechzehnte Jahrhundert hinein den Planeten zugerechnet und darauf hin, so wie andere Planeten zu anderen Metallen, zu dem Gold in Beziehung gebracht worden, was sich dann auch noch in spätere Zeit hinein erstreckte — ist da als lichtspendendes Gestirn (vgl. S. 389 f.) sehr oft Bezug genommen worden. Auch figurirt da das Wort *Sol* als Benennung des Goldes. Das war namentlich der Fall für Schriften, welche zunächst die Bildung des Rubinglases: dafs das Gold, der König der Metalle, veranlafst werden kann, sich seines Purpurmantels zum Zweck der Färbung des Glases zu begeben, oder Streitfragen betrafen, die sich in Zusammenhang mit diesem Gegenstand erhoben hatten. Von Joh. Christian Orschall, welcher eine Zeit lang Hessischer Bergbeamter war, wurde 1684 zu Marburg veröffentlicht die bereits Th. I, S. 11 erwähnte Schrift *„Sol sine reste,* Oder dreyfsig *Experimenta,* dem Golde seinen Purpur auszuziehen, welches Theils die *Destructionem auri* vorstellet, mit angehängtem Unterricht, den schon längst verlangten Rubin-Flufs oder rothe Glafs in höchster *Perfection* zu bereiten ans Licht gegeben aus eigener Erfahrung". Darauf zur Entgegnung wurde 1685 zu Rotenburg ausgegeben eines Christoph Grummet, welcher in Dresden und Annaberg (vgl. Th. I, S. 58 f.) Kunckel's Gehülfe gewesen war und sich gegen seinen Principal häfslich betragen hatte, *Sol non sine reste,* nachdem schon 1684 zu Köln eines Ungenannten *„Apelles post tabulam observans maculas in sole sine reste:* ob J. C. O. die wahre Auffschliessung defs Goldes und den Rubinflufs genugsam erwiesen?" erschienen war. Aber 1725 trat, mehr auf die Darstellung des Steins der Weisen bezüglich, „Der sich aller Welt zeigende König in seinem

Purpur-Mantel, Das ist: Die ohnverfälschte Warheit unserer *Chymischen Opera-tion* in Bereitung der *Universal-Tinctur*, entdecket sich ohne eintzige dunckle Redens-Art aus zweyen uhr-alten *Manuscriptis*, und offenbaret sich in seinem herrlichen Geschmuck. Welches zu Dienste seines bedürfftigen Nächstens zum Druck befördern und an Tag geben wollen ein Liebhaber der *Philosophie"* in Frankfurt a. M. wieder hervor.   Gold war das Ziel, nach welchem die Alche-misten strebten und das erreichen zu lassen die alchemistischen Schriften An-weisung geben sollten und versprachen.   Man kann sich vorstellen, von welcher Unzahl solcher Schriften die Titel wenigstens, unter Verwendung des Substantivi *aurum* oder des Adjectivi *aureus, a, um* etwas Goldiges boten, aber bei dem Ar-beiten nach den in diesen Schriften enthaltenen Anweisungen kam wirkliches Gold nicht zum Vorschein und bei dem Studiren dieser Schriften höchstens eine äufserst unfruchtbare Betrachtung wie z. B. die schon S. 219 im I. Theil er-wähnte des Chr. Ad. Baldewein *Aurum superius et inferius aurae superioris et inferioris Hermeticum* (1673 u. 1674) oder die gleichzeitig (zu Köln 1674) von einem Ungenannten vorgebrachte *Aurum aurae vi magnetismi universalis at-tractum*.

      Mit dieser Erwähnung, wie Gold für die Verbrämung der Titel alchemisti-scher Schriften verwendet wurde, sind wir in die Besprechung eingetreten, wie Gegenstände des Mineralreiches ihre Namen für die Formung derartiger Bücher-titel leihen mufsten.   So fern die Bereitung des zum Goldmachen dienenden Steins der Weisen als der Mineralchemie zugehörig zu betrachten ist, wäre die Heranziehung von Bezeichnungen, die sich auf Gegenstände des Mineralreichs beziehen, häufiger zu erwarten als sie wirklich vorkommt. *Lapis philosophorum* oder die entsprechende Benennung des ersehnten Mittels zur Umwandlung un-edlen Metalles in das edelste findet sich zwar auf einer Unzahl von Büchertiteln, aber den Benennungen von Mineralien oder anderen zu denselben gerechneten Körpern begegnet man seltener.   Der Probirstein wurde manchmal in Anwen-dung gebracht: dafs der sich als Schriftsteller Pantaleon Nennende 1676 auf dieses Mineral für das von ihm angeblich gelehrte *Examen alchemisticum* Bezug nahm, wurde bereits S. 332 angeführt: eines Sertimonti Tractat *De lapide Lydio naturae aureae* war schon vorher, 1669 ausgegeben worden, und zu Dresden erschien zuerst 1740 (in dritter Auflage 1784) Dessen, der sich Hermann Fic-tuld nannte, „Längst gewünschter und versprochener chemisch-philosophischer Probierstein, auf welchem sowohl die Schriften der wahren *Adeptorum*, als auch der betrügerischen Sophisten seyn probiret worden, wodurch einem jeden Sucher der Weisheit der wahre Weg gezeiget, und hingegen alle Irrwege entdecket, so dafs er nunmehro gar nicht fehlen kann".   Perlen — diese wurden früher als eine Art von Edelsteinen betrachtet — und Edelgestein mochte wohl passend die Kenntnifs, wie der Stein der Weisen zu bereiten, und nicht minder dieser selbst zu vergleichen sein („*Gemma gemmarum alchimistarum*. Oder Erleuterung der Parabolischen vnd Philosophischen Schrifften *Fratris Basilij*, der zwölff Schlüssel, von dem Stein der vhralten Weisen, vnd desselben aufsdrücklichen vnnd war-hafften *praeparation*. Sampt etlichen feinen Particularen. Durch *Laurentium Meisnerum Chirurgum, Eschwegiensem Hassum*. Item, Aufslegung Rythmorum

Basilij, von der *Materia* des Steins der Philosophen, Gefertiget durch Conrad Schülern" wurde zu Eisleben 1608 ausgegeben). So war denn auch schon ein von dem S. 350 uns vorgekommenen Petrus Bonus o. Ferrariensis in den Jahren 1330 bis 1339 zu Pola in Istrien verfaßtes, zuerst zu Venedig 1546 veröffentlichtes Werk *Pretiosa margarita novella de thesauro ac pretiosissimo philosophorum lapide* betitelt, welches später noch mehrmals als *Margarita pretiosissima seu Introductio in divinam chemiae artem*, auch als *Margarita pretiosa novella exhibens introductionem in artem chemiae integram* gedruckt worden ist, und 1583 erschien zu Basel eine *Margarita philosophica*, noch 1714 zu Leipzig die „*Pretiosa Margarita* Oder Neu-erfundene köstliche Perle, von dem unvergleichlichen Schatz und höchst-kostbahren Stein der Weisen, in sich haltend den eigendlichen Grund-Riß und Lehr-Arth dieser Göttlichen Kunst: — — durch Janum Lacinium aus *Calabria* zum erstenmahl in Lateinischer Sprache — — Anno 1546 herausgegeben, anietzo aber um seiner Fürtrefflichkeit willen in das Teutsche übersetzet und ans Licht gestellt von Wolffgang Georg Stollen, Liebhaber der edlen Chymie" (es war eine ansehnliche Perle, von mehr als 500 Seiten in 4⁰).   Davon, daß der Stein der Weisen von Solchen, die ihn betrachtet haben wollten, als ähnlich wie Karfunkelstein oder Rubin aussehend beschrieben worden ist, war S. 82 im I. Theil die Rede; Dem gemäß konnte Bened. Figulus die S. 358 erwähnte, zuerst 1608 herausgekommene Schrift Desselben „Ein himmlisch güldenes Schatzkämmerlein, — — darinnen der uralte und grofse Carfunckelstein — — verborgen" benennen und von Philaletha *alias* Vaughan eine zuerst zu Amsterdam 1668 ans Licht gebrachte *Brevis manuductio ad rubinum caelestem* geschrieben werden, welche ins Deutsche übersetzt zu Hamburg 1675 herauskam, und noch 1746 wurde zu Berlin die „Kurze Handleitung zum himmlischen Rubin vom philosophischen Stein und seiner Heimlichkeit" ausgegeben.   Von anderen Edelsteinen kommt unter dem hier einzuhaltenden Gesichtspunkt noch der Smaragd in Betracht, nach dem Material, auf welches der Urtext der S. 218 f. im I. Theil und 359 f. in diesem Theil besprochenen *Tabula smaragdina* geschrieben gewesen sein sollte.

Ergiebiger als das Mineralreich war für die Betitelung alchemistischer Schriften das Pflanzenreich. Ganz besonders waren Viele von Denen, welche über die Goldmacherkunst schrieben, dem Gartenbau zugeneigt. Offen gestellt wurde von dem oft genannten Bened. Figulus zuerst 1600 zu Frankfurt a. M. *Paradisus aureolus Hermeticus, in cujus perlustratione ostenditur, quomodo aureola Hesperidum poma ab arbore benedicta philosophica sint decerpenda* (an den Paradiesgarten erinnerte auch die S. 370 erwähnte „*Gloria mundi*, sonsten Paradiestafel" u. s. w.) und von Demselben 1608 „*Hortulus olympicus aureolus*, das ist, Ein himmlisches, güldenes hermetisches Lust-Gärtlein, von alten und neuen *Philosophis* gepflantzet und gezielet, darinn zu finden, wie die Cölestivische, Edle, Hochgebenedeyte Schwelrofs und Scharlachbaum des Carfunckelsteins zu brechen sey". 1625 wurde zu Frankfurt ein „*Hermetico*-Spagyrisches Lustgärtlein" öffentlich; zu dieser Zeit, in welcher noch die Chemie auch in der Richtung als Alchemie mit der Heilkunde zu der s. g. Iatrochemie o. Chymiatrie verquickt war, erschien von Dan. Stolz von Stolzenberg aus Böhmen zu Frankfurt 1624 *Viridarium chymicum cum figuris multis* und 1627 *Hortulus Hermeticus e flosculis philosophorum cupro incisis conformatus et brevissimis versiculis explicatus; quo chymiatriae studiosi pro philotheca uti, fessique laboratoriorum ministri recreari possint.* Herausgegeben wurde zu Frankfurt 1688, lange nach dem Tode Mich. Maier's ein von Demselben angelegt gewesenes „*Viridarium chymicum,* das ist, Chymisches Lustgärtlein, in sich begreifend etlich und funfzig philosophische Sinnbilder"; ein *Topiarium chemicum* wurde in 3 Theilen durch einen Joh. Hummel 1738 zu Erfurt (wo also damals auch chemische Kunstgärtnerei betrieben wurde) angelegt. Allen eröffnet war 1625 in dem durch J. Rhenanus herausgegebenen Sammel-Werk *Harmoniae imperscrutabilis chymico-philosophicae Decades duae* (vgl. S. 343) eines Engländers John Dumbeley *Hortus amoris, in quo docetur creatio verissimae arboris philosophicae,* und S. 500 ff. der Ausgabe des S. 242 f. im I. Theil besprochenen s. g. Trismosin'schen *Aureum vellus* von 1708 war zu finden „*Hortus divitiarum,* Der Garten der Reichthumb aller Weisheit Gottes". Vorher schon kam ein *Hortus divitiarum* o. *Jardin des richesses* von einem Georg Aurach hergerichtet, welcher 1470 in Strasburg lebte, in Lateinischen und Französischen Handschriften vor (der 1755 im 81. Jahre gestorbene Abbé Nicolas Lenglet du Fresnoy, dessen *Histoire de la philosophie hermétique* 1742 zu Paris und im Haag auskam, besafs — wie er da sagt — das angebliche in beiden Sprachen abgefafste Original-Manuscript). Zu Kiel erschien 1715 Joh. Ludw. Hannemann's S. 244 im I. Theil bereits erwähnter *Xystus in hortum Hesperidum,* und noch 1747 zu Ludwigsburg ein „Chymisches Lustgärtlein, in welchem die Verborgenheit der Natur und Kunst gepflanzet, daneben die Materie und Weise zum *Lapide philosophico* zu würcken, entdecket zu befinden" (dieses Lustgärtlein ist eine Sammlung von fünf Deutschen alchemistischen Tractaten: 1. *Theophrasti Paracelsi Apocalypsis Hermetis,* 2. Das Geheimnifs der hermetischen Philosophie, anonym, 3. Joh. Arnd's *Judicium* über Henrici Khunrath's *Amphitheatrum,* 4. Sendschreiben Otto Hellwig's an P. Alexium Augustiner-Ordens in Wien, 5. Wahrhaffter und gerechter *Process* vom *Liquore Alcahest* und der *Tinctur,* anonym). Durch Nic. Barnaud wurde 1601 zu Leyden ein *Theosophiae palmarium, tractatulus chemicus anonymi cujusdam philosophi antiqui* Jedermann zugänglich gemacht, und aus dem Nachlafs der 1774 gestorbenen Fräulein Susanna Katharina von Klettenberg wird noch zu Frankfurt a. M. ein „Metallischer Baumgarten" conservirt (vgl. G. von Loeper's Anmerkungen zu Goethe's „Dichtung und Wahrheit" im XXI. Theil der Hempel'schen Ausgabe von Goethe's Werken S. 350), welcher vielleicht identisch ist mit dem als „Metallischer Baumgarten, in welchem das einzige wahre *Subjectum philosophiae* oder *primum ens metallorum* blofs und gantz offenbar vor Augen gelegt und beschrieben worden ist; Von einem Freunde, Deme die Wahrheit bewust ist, und der einen jeden vom falschen Weg gern ableiten, Hingegen zu dem wahren einzigen Brunnen der Metallen führen und bringen will" zu Frankfurt u. Leipzig 1753 offen gestellten Tractat. — Aber häufiger als andere Gärten eröffneten sich den auf Belehrung ausgehenden Jüngern des Hermes Rosengärten, vielleicht defshalb, dafs den Dornen, die sich Denselben auf ihren Pfaden so unangenehm bemerklich machten, ein Gegengewicht geboten sei durch die Verheifsung zu-

gehöriger Blüthen. Es war geschrieben von Arnald von Villanova im dreizehnten Jahrhundert ein bei den Alchemisten in besonderem Ansehen stehender
und in vielen Sammlungen alchemistischer Schriften zu findender *Rosarius philosophorum*, von Petrus von Toledo, welcher gleichfalls aus Villanova (in
Catalonien) gebürtig bis in das erste Viertel des vierzehnten Jahrhunderts in Toledo
gelebt haben soll, ein zuerst in einer 1550 zu Frankfurt herausgekommenen derartigen Sammlung: *De alchemia opuscula complura veterum philosophorum* veröffentlichter anderer *Rosarius philosophorum*, von einem Engländer, Richardus
Anglus — welcher nach Einigen kein Anderer als der gegen das Ende des
dreizehnten Jahrhunderts in Paris und dann in Oxford lebende, als *Doctor solidus
et copiosus*, auch *fundatissimus* und *auctoratus* gefeierte Minorite Richardus
de Mediavilla d. h. aus Middleton in England gewesen sein soll — ein zuerst
in dem 1541 zu Nürnberg erschienenen *Volumen tractatuum scriptorum rariorum
de alchymia* veröffentlichter *Rosarius minor de rerum metallicarum cognitione*,
von Johannes Dastyn o. Dausten u. a., welcher gleichfalls aus England gebürtig in dem Anfang des vierzehnten Jahrhunderts gelebt haben soll, ein zuerst
in den von Ludw. Combach 1647 zu Geismar herausgegebenen *Tractatus
aliquot chymici singulares* veröffentlichtes *Rosarium correctius, arcanum philosophorum secretissimum comprehendens*. Ein von dem S. 375 erwähnten Georg
Aurach gegen das Ende des fünfzehnten Jahrhunderts grofsentheils in Französischer Sprache aber mit Einmischung Deutscher Verse verfafster *Rosarius*
ist handschriftlich geblieben. Von Bened. Figulus erschien zu Basel 1608
„*Rosarium novum olympicum et benedictum*, das ist, Ein neuer gebenedeyter
und philosophischer Rosengarten, darinn vom allerweisesten König Salomone — —
gewiesen wird, wie der gebenedeyte guldene Zweig und Tinctur-Schatz vom un-
verwelcklichen Orientalischen Baum der *Hesperidum*, vermittels Göttlicher Gnaden
abzubrechen und zu erlangen sey“; in der ersten Hälfte des siebenzehnten Jahrhunderts cursirte als Manuscript *Rosa aurea sive Rosarius, tractatus excellentissimus
de philosophorum lapide, a doctissimis philosophis descriptus*, zu Nürnberg
u. Altdorf wurde zuerst 1717, lange nach Becher's Tod Dessen „Chymischer
Rosen-Garten, samt einer Vorrede hier beygefüget durch Friedr. Roth-
Scholtzen“ veröffentlicht. (In der Vorrede des Verfassers, welcher in vorausgegangenen Schriften, u. a. der S. 349 erwähnten eine grofse Zahl alchemistischer
Vorschriften mitgetheilt hatte, sagt Dieser dem günstigen Lehrer: „Indem ich
dich aus diesem grossen Irr-Garten so vieler 100 Processen heraus lasse, mufs
ich dich noch zum Beschlus in einen kleinen, aber sehr schönen und wohl-
riechenden Rosen-Garten führen, und etliche auserlesene Processe sehen lassen,
welche ich mit grosser Mühe auf meinen vielen Reisen und Conversation mit
allerhand Artisten, zusammen gebracht, jederzeit hoch gehalten, und nie etwas
draus probirt, so nicht angegangen wäre, und gut gethan hätte“. Aber wenn
schon Becher den Leser treulich davor warnt, „dafs er durch die Dörner des
Unverstands nicht gestochen werde“, äufsert sich der Herausgeber Rothscholtz
in der Vorrede zu der Ausgabe von 1719 etwas ausführlicher: „Es empfängt der
Kunst-begierige Liebhaber [mit diesem Buch] vor wenig Geld, ein Kleinod von
Tausend, ja mehr als tausend Reichsthalern; so er die schönsten Rosen N. B.

ohne sich zu verlezen, mit genugsamem Verstande, und darzu gehörigen Vor-
sichtigkeit, abzubrechen weifs, denn sonsten wolte ich rathen: Christum lieb
haben ist besser denn alles wissen. Es ist bekand dafs bey denen Rosen sich
auch Dörner finden; wordurch sich ein unvorsichtiger, bey Abbrechung derselben
gar leichtlich beschädigen kan. So anmuthig nun auch eine Rose anzusehen,
und so ergötzlich deren Geruch ist, so wird doch niemand so unwissend seyn, der
nicht wissen solte, dafs die Bienen süssen Honig, und die Spinnen Gifft daraus
saugen; welches insonderheit die Gold-begierigen gar wohl zu mercken haben,
dann sie werden nichts finden. So aber eine Gott-begierige Seele eine wohl-
riechende Rose ergreiffet, so wird sie dieselbe auch mit genungsamer Behutsamkeit
zu bewahren wissen".) Zuerst zu Leipzig 1717 kam heraus Hans Christian von
Ettner's „Rosetum chymicum oder chymischer Rosengarten, aus welchem der
vorsichtige Kunstbeflissene vollblühende Rosen, der unvorsichtige Laborant aber
Dornen und faule Knospen abbrechen wird" (von demselbigen Ettner giebt es
auch eine mir nicht zur Einsichtnahme gekommene, 1724 zu Frankfurt erschienene
Schrift, deren Titel „Vade et occide Cain; oder: Gehe und schlage den Cain
todt" Interessantes erwarten läfst), und im vorigen Jahrhundert war auch das
„Rosengärtlein Mariae, Prophetin, an den König Aros, so da handelt von dem
grofsen Geheimnifs der Natur" Liebhabern in Handschrift zugänglich (1786 war
in dem S. 223 f. besprochenen Wiener Manuscripten-Katalog eine Copie dieser
Deutschen Bearbeitung eines älteren Tractats, vgl. die Anmerkung zu S. 207 f.
im I. Theil, zu 15 Gulden angeboten).

Aber auch einzelne Blumen, einzelne Pflanzen wurden als geeignete Zierde
für die Titel alchemistischer Schriften abgebend beurtheilt. Von Blumen nicht
etwa nur eine oder die andere so schwer zu identificirende wie des Arnald
von Villanova Flos florum, an welcher Blume Annehmlichkeit man sich in
verschiedenen Sammlungen solcher Schriften (u. a. in Manget's Bibliotheca
chemica curiosa T. I, p. 679 ss.) erfreuen konnte, oder die bei aller Ausführlich-
keit der Beschreibung doch nicht zu erkennenden elf Blumen in dem 1629 zu
Paris von David de Planis Campy, Chirurgien du Roy dargebotenen Bouquet
composé des plus belles fleurs chimiques (dafür, dafs der Straufs aus so wenig
Blumen gebunden war, war er recht ansehnlich; über 1000 Octavseiten), oder
Eines, der sich Bloomfield nannte, 1652 in Ashmole's Theatrum Chemicum
Britannicum aufgenommene Blossom on the camp of philosophy, oder die Blume,
welche das zu Hamburg 1657 veröffentlichte „Mysterium occultae naturae das ist
von der sternflüssigen Blumen des kleinen Bawers oder Universal-Brunquels der
Metallen" in Betracht zog (bezüglich des kleinen Bauers vgl. S. 230 f.), sondern
auch ganz bestimmt benannte. So z. B. die bedeutungsvolle Rose: nur in Handschriften blühte zwar desselben Arnald's Rosa novella, prima et secunda, aber
zu Venedig wurde 1516 offen gestellt die Rosa anglicana, welche ein Johannes
Anglicus gezüchtet haben soll, der gleichfalls im dreizehnten Jahrhundert gelebt haben soll: von Einem, der sich zudem auch Rosemberg nannte, wurde
1628 zu Strasburg sowohl eine Rhodologia als auch eine Rosa nobilis sehen gelassen; wie oft von früher Zeit an goldene Rosen aufkamen, ist S. 206 in diesem
Theil angegeben worden, und S. 5 f. im I. Theil, dafs man lange daran glaubte,

Jean de Meun habe in den *Roman de la rose* auch auf Alchemie Bezügliches
eingefügt (dafs unter dem Titel „Hermetischer Rosenkranz" eine Sammlung alchemistischer Tractate herausgekommen ist, wurde S. 342 erinnert). Doch
auch die Lilie, mit deren Namen ja ohnehin mitunter eine für die Darstellung
des Steins der Weisen in Anwendung kommende Substanz bezeichnet wurde
(vgl. S. 6 im I. Theil): als von Albertus Magnus verfafst galt Vielen ein erst
spät zum Vorschein gekommener Tractat *Lilium de spinis evulsum*, als von
Thomas von Aquino verfafst einer noch gröfseren Zahl von Kunstbeflissenen
der zuerst 1613 in dem zu Strasburg ausgegebenen *Theatrum chemicum* (vgl.
S. 342) veröffentlichte *Liber lilii benedicti*; der uns auch sonst noch vorkommende
Stralsunder Syndicus Joh. Grasshoff schrieb im siebzehnten Jahrhundert eine
in dieses *Theatrum* gleichfalls aufgenommene Abhandlung *Lilium inter spinas*.
Dafs im Anfang des sechszehnten Jahrhunderts Johannes Trithemius seinen
Klosterbrüdern eine Anweisung, philosophische Lilien und Rosen abzubrechen,
hinterlassen haben sollte, wurde in der Anmerkung zu S. 227 im I. Theil erwähnt.   Durch Leona Constantia von Clermont gepflegt erschlofs sich
zuerst 1704 an unbekanntem Ort die „Sonnenblume der Weisen, das ist eine
helle Vorstellung der *praeparirung* des Philosophischen Steins. Neben der
Warnung. in was vor Materien man sich hierinnen zu hüten". — Nicht etwa
nur Pflanzen von hoher Statur sondern auch solche. welche bescheidener es nur
bis zu krautartiger Entwickelung bringen, wurden Dessen gewürdigt, die Titel
alchemistischer Schriften zu zieren. Von mehreren derartigen Pflanzen war vermuthet, dafs sie Etwas enthalten was für die Goldmacherei nützlich oder wichtig
sei: von Alchemilla-, Anagallis-, Chelidonium-, Lunaria-. Rhaponticum-, Rorella-
u. a. Arten, aber nur von Einer weifs ich zur Zeit mit Sicherheit einen Standort
in der alchemistischen Literatur anzugeben: zu Brieg kam 1681 heraus „Die
fruchtbare *Boriza* oder das heilsame Mondkraut, mit vielen Chymischen und
Lunarischen Früchten abgebildet" (eine von Linné angeführte Schrift *Isaacus*,
de Rorella tractatus. in quo de arcanis alchimistarum, ist mir unbekannt geblieben). Aber höher strebende Pflanzen imponirten doch mehr, und defshalb
finden sich in der alchemistischen Literatur Bäume in gröfserer Anzahl, von
welchen freilich keiner bis in den Hermetischen Himmel wuchs. Von des Christophorus Parisiensis *Arbor philosophiae secundum universalem scientiam* weifs
man allerdings nur, dafs frühere Bibliographen der Hermetischen Kunst eine so
betitelte Schrift unter denen anführen, welche der Genannte verfafst habe, und
des G. Ripley *Arbor* war, nur in Handschrift in der Bodleyanischen Bibliothek
zu Oxford befindlich, nicht Jedem zu betrachten gegönnt, aber viele andere alchemistische Bäume waren dem Publikum zur Anschauung gebracht: als von
Raymund Lull verfafst *Arbor scientiae* zu Lyon 1536, und an unbekanntem
Ort 1646 eines Unbekannten *Arbre ou abrégé des mystères de la grace et de la
nature.*   Friedr. Geisler's „Baum des Lebens, das ist Gründlicher Bericht
vom wahrhafftigen *auro potabili* wie vom wunderbahren Stein der Weisen" zuerst
zu Breslau 1682, nachdem schon vorher. 1660 im Haag Ludw. von Frundek
einen Tractat *de elixire arboris vitae* hatte ausgehen lassen, eines Ungenannten
Arboris aureae et argenteae theoria et practica in Deutscher Sprache *s. l.* 1624,

und zu Strasburg 1659 *Philosophus Gallus seu instructio patris ad filium de arbore solari.* Ein solcher Baum konnte einen ganz natürlichen Namen haben, wie z. B. ein von Mich. Crügner mehreren anderen in den 1650er Jahren zu Nürnberg veröffentlichten Hermetischen Schriften beigegebener „Chymischer Tannenbaum", aber auch einen ziemlich unnatürlichen, wie z. B. das von dem Leipziger Professor Joach. Tancke 1604 zu Leipzig herausgegebene „Alchemistisch Weitzen-Bäumlein, oder Tractat von dem Stein der Weisen" eines Ungenannten oder ein von der uns bereits S. 364 vorgekommenen Dorothea Juliane Wallich 1705 zu Leipzig der Welt geschenkter „Philosophischer Perlbaum, ein Gewächse der drey Principien in deutlicher Erklärung des Steins der Weisen".

Auch das Thierreich stellte dafür, Titel für alchemistische Schriften bilden zu lassen, seine Repräsentanten. J. Tak's „Kurtze Rede von der Goldgeburth, welche die Natur so den lebendigen Thieren, so denen Bergarten eingethan", welche sich 1668 zu Nürnberg vernehmlich machte, ist offenbar sehr allgemein gehalten, und wenn auch, strenge genommen, dem damaligen Stande der naturwissenschaftlichen Kenntnisse entsprechend das Ei nur als dem Thierreich zugehörig anerkannt war, hindert doch der Umstand, dafs die Alchemisten in einem gläsernen Ei (vgl. Th. I, S. 6) den Stein der Weisen ausbrüten wollten, daran, mit Sicherheit zu behaupten, dafs J. Ludw. Hannemann's *Ovum Hermeticum Paracelsico-Trismegisticum, cum appendice apologetica, sive Tractatus de auro,* welches 1694 zu Frankfurt zur Welt kam, hier an richtiger Stelle angeführt sei. Wir müssen nach Speciellerem und Unzweifelhafterem sehen. Namentlich der Löwe mufste oft als Titelthier herhalten, meistens unter Bezugnahme darauf, dafs gewisse für die Bereitung des Steins der Weisen wesentliche Substanzen als der grüne und der rothe Leu bezeichnet waren (vgl. S. 6 im I. Theil). So schrieb schon im dreizehnten Jahrhundert Roger Bacon *Verbum abbreviatum de leone viridi,* welches der S. 342 erwähnte *Thesaurus chemicus* zu verbreiteterer Kenntnifs brachte, und noch im siebzehnten Jahrhundert wurden (zu Frankfurt) 1619 die rosenkreuzerische „*Practica leonis viridis,* das ist der Rechte und wahre Fufssteig zu dem Königlichen Chymischen Hochzeit-Saal *Fratrum R. C.* nebst Anhang und *Explication* zweyer Tage der Chymischen Hochzeit", und zu Nürnberg 1678 Friedr. Geisler's *Excellens nostri viridis panacea leonis cabalistice desumta* veröffentlicht. In dem letzteren Jahrhundert ging überhaupt in der alchemistischen Literatur der Löwe stark um. Viel vor dasselbe zurückgehen mag wohl nicht die Abfassung eines *Tincturae Paracelsicae* betitelten Aufsatzes, welcher Seite 116 ff. der Ausgabe des S. 242 f. im I. Theil besprochenen s. g. Trismosin'schen *Aureum vellus* von 1708 steht und einen Abschnitt „Vom grünen Löwen" hat; in das 1652 herausgegebene *Theatrum Chemicum Britannicum* (vgl. S. 342) war ein Tractat: *The hunting of the green lion, written by the vicar of Malden* aufgenommen; der Löwe brüllte in beiderlei Farben auch Holländisch in Schriften, welche Goosen van Vreeswyk zu Amsterdam erscheinen liefs, 1672 als *De roode Leeuw of het Zout der Wijzen,* 1674 als *De groene Leeuw of het Licht der Wijzen,* und er mufs gut gebrüllt haben, denn 1675 kam auch noch aus *De goude Leeuw of het Azijn der Wijzen.* Es konnte

aber auch vorkommen, dafs ein Autor mit dem Löwen auf dem Titel seines
Buches keinen anderen meinte als sich selbst; so z. B. erschien ohne Angabe
eines Verlagsortes 1680 als Ergänzung zu jeder anderen alchemistischen Schrift
passend ein „Schlussführender Erläuterungs-Anhang, worinnen das gantze *Opus
philosophicum* sammt allen Manipulationen an Tag gegeben von dem Löwen
des rothen Creutzes". Gegen den Löwen stach das Kalb allerdings bemerklich
ab; doch gab Joh. Friedr. Helvetius im Haag dem von ihm zu Amsterdam
1667 veröffentlichten Buch, über dessen Inhalt S. 84 ff. im I. Theil Mittheilungen
gemacht wurden, den Titel *Vitulus aureus, quem mundus adorat et orat, in quo
tractatur de rarissimo naturae miraculo transmutandi metalla, nempe quomodo
tota plumbi substantia, vel intra momentum ex quavis minima lapidis veri philosophici particula in aurum obryzum commutata fuerit Hagae Comitis* (mit welchem
J. F. H. ein ganz gleichnamiger gleichzeitiger Arzt zu Köthen nicht zu verwechseln ist, der 1655 zu Leyden eine Hermetische Schrift „Ichts aus nichts"
erscheinen liefs), und unter Joach. Philander's Namen kam nochmals zu
Hamburg 1745 „Das goldene Kalb, ein Götzenbild der Anbetung, aus dem Englischen übersetzt" heraus. Wenn der *Chrysomallus:* der Widder mit dem
goldenen Vliefs nicht auf den Titeln alchemistischer Bücher zu sehen war, so
hatte Das seinen guten Grund, so fern die Alchemisten der Ansicht waren, das
s. g. goldene Vliefs, welches zu erlangen die Argonauten sich so viele Mühe
gaben, sei nichts Anderes gewesen als eine Thierhaut, auf welcher die Anweisung
zur künstlichen Hervorbringung von Gold geschrieben gewesen sei; sonst wäre
man auf den unverschnittenen Hammel, welcher selbiges Vliefs getragen habe,
gewifs sehr oft zurückgekommen. Zu wie vielen Büchertiteln das *Aureum vellus*
oder Güldene Vliefs verwendet worden ist, wurde bereits S. 243 f. im I. Theil
angegeben. Von Vierfüfslern mag noch Eines, aber eines in eine ganz andere
Abtheilung des Thierreichs gehörigen gedacht werden, welcher den Titel eines
alchemistischen Buches zierte. Carlo Lancilotti, von welchem vorher ein
Guida alla chimica zu Modena zuerst 1672 ausgegeben worden war, veröffentlichte 1677 zu Venedig einen *Nuovo guida alla chimica*, welcher ins Holländische
übersetzt 1680 zu Amsterdam als *De brandende salamander* erschien; die Deutsche Übersetzung aus dem Holländischen kam dann wiederholt, zuerst zu Frankfurt 1681 als „Der brennende Salamander, oder Zerlegung der zu der Chemie
gehörigen Materien, so da ist ein Wegweiser oder Unterricht, sich in allen Arten
der Scheidekunst zu üben: Benebenst dem aufgeweckten Chemisten, sammt beygefügter Anleitung von Erwehlung des Vitriols" heraus. Der Schlange Mosis
wurde S. 370 gedacht. Der Drache, welcher einigermafsen den Übergang zu
der nächstzubesprechenden Art von Thieren vermitteln könnte, ist schwerbegreif-
licher Weise meines Wissens nicht zu dem hier uns beschäftigenden Zweck in
Anspruch genommen worden. Schon bei den Aegypten zugehörigen, in Griechischer Sprache schreibenden Alchemisten spielt der Drache ὀυροβόρος oder mit
gedoppelter Schwanzbezeichnung κερκουροβόρος (auch vereinfacht als Schlange
abgebildet, die sich in den Schwanz beifst: war bekanntlich auch Symbol der
Ewigkeit) eine wichtige Rolle und in dem Text der in Lateinischer Sprache verfafsten Schriften, welche abendländische Alchemisten zu Verfassern haben, thut

es *Draco devorans, congelans, mortificans caudam suam* oder was für Epitheta er da sonst noch erhielt, wie denn auch eine für die Darstellung des Steins der Weisen ganz wesentliche Substanz manchmal als der Drache bezeichnet wurde (vgl. Th. I, S. 6). Aber ich erinnere mich keines alchemistischen Buches, auf dessen Titel der Drache sich breit machte; „Der wahrhaftige feurige Drache, oder Herrschaft über die Geister" u. s. w., welcher zu Köln — es ist nicht angegeben, in welchem Jahr — auskam, war nicht ein Hüter des Steins der Weisen und konnte bezüglich desselben Nichts verrathen. — Von den wirklich existirenden Vögeln war es namentlich der König derselben, der Adler, von welchem wiederholt Gebrauch gemacht wurde. So z. B. kam 1575 zu Basel G. Phaedro's *Aquila coelestis* zum Vorschein; es finden sich in dem S. 242 f. im I. Theil besprochenen, *Aureum vellus* betitelten Sammel-Werk S. 51 ff. u. 55 ff. der Ausgabe von 1708 als von Trismosin verfafst „Der rote Adler Salomonis Trifsmosini" und „Der schwartze Adler, Moratosan mit acht Tincturen", und S. 150 ff. unter den Korndörffer'schen Schriften „Tincturisch Gradieröl, mit dem schwartzen Adler, Herrn Hansen von Schellenburgk verkaufft". Wiederum konnte es sein, dafs das königliche Thier an den Verfasser eines Buches oder an Den, in dessen Geist das letztere geschrieben sei, erinnern sollte; so wird z. B. angegeben, dafs der von dem Gotha'schen Leibarzt Jac. Weitz 1683 zu Gotha veröffentlichte Tractat „*Aquila Thuringiae rediviva* oder kurtzer Entwurff von dem feuchten und trocknen Weg, wie auch von dem *Alcahesto*" unter die Auszüge aus oder die Commentare zu Schriften des Basilius Valentinus gehöre, und dann wäre wohl dieser nach Erfurt gesetzte angebliche Adept als wiedererstandener Adler Thüringens bezeichnet (diese Angabe macht Schmieder in seiner Geschichte der Alchemie S. 208 f., wo er auch einer neuen, 1685 zu Hamburg erschienenen Ausgabe von Lange gedenkt. Ich kenne nur diese unter dem eben angeführten Titel durch Joh. Lange zum Druck beförderte Ausgabe; der Verfasser ist da nicht genannt sondern verbirgt auf dem Titel und in der Unterschrift der Dedication an einen Herzog Friedrich von Sachsen seinen Namen hinter 15 Anfangsbuchstaben, in welchen ich Nichts auf Jac. Weitz deuten kann; weder der eigentliche Tractat noch die *Notae* noch die zwei Zugaben enthalten eine Beziehung auf Basilius Valentinus. So wie wenn die Bezeichnung des Verfassers gegeben werden solle, sind auch in eine von Ludw. Combach 1647 zu Geismar herausgegebene (vgl. S. 337) und in eine unter dem Titel *Taeda chymica trifida* zu Nürnberg 1674 erschienene (vgl. S. 338) Sammlung alchemistischer Tractate die Aufsätze *II. Aquilae Thuringi* aufgenommen). Aber der Vogel, welcher wohl am häufigsten auf Titel alchemistischer Schriften gesetzt wurde, war der Phönix, und dieser Wundervogel erschien da mit kürzeren Zwischenzeiten, als der ächte es eigentlich thun sollte. Der von früheren Bibliographen der Alchemie als dem Arnald von Villanova zugehörig angeführte, handschriftlich gebliebene *Phoenix ad regem Martinum Aragoniae anno* 1399 ist danach bedenklich, dafs in diesem Jahr Arnald schon lange todt war (Schmieder's Abänderung der Zahl zu 1299 ist nicht zulässig; der König Martin regierte in Aragonien 1399, aber 1299 Jayme II.). Mich. Maier liefs auf den Titeln zweier von seinen vielen Büchern den Phönix sich zeigen: des zu Frankfurt 1617 herausgegebenen *Jocus severus, hoc est, tribunale aequum, quo noctua regina arium, phoenice arbitro, agnoscitur* und des zuerst 1622 zu Rom gedruckten *Cantilenae intellectuales, in triades novem distinctae, de phoenice rediviro, id est medicinarum pretiosissima, quae mundi epitome et speculum est, et claris ternorum irreserabilium chymiae arcanorum.* Als von einem Liberius Benedictus losgelassen bez.-w. angehängt an Dessen *Liber aureus de principiis naturae et artis* erschien zu Frankfurt a. M. 1630 „*Phoenix,* von der Alchymie und Stein der alten Philosophen, wie derselbe zu bereiten", und zu Danzig kam aus, das erste Mal 1637, „Philosophischer Phönix, das ist, Kurtze jedoch gründliche und Sonnenklare Entdeckung der wahren und eigendlichen *Materiae* des alleredelsten Steins der Weisen" wie auch 1638 „Rettung und Vertheidigung des philosophischen Phönix" (als Verfasser der beiden letzteren Schriften nannte sich Joh. Rist, welcher nach Jöcher's Compendiösem Gelehrten-Lexicon II. Theil, S. 884 von seinen Aeltern schon im Mutterleibe dem Studio theologico gewidmet in Pinneberg 1607 zur Welt kam, Prediger zu Wedel an der Elbe und Meklenburgischer Kirchenrath wurde, 1667 starb, nachdem er sich namentlich auch als Poët bekannt gemacht hatte). 1680 zeigte sich zu Frankfurt a. M. (und in zweiter Ausgabe 1717 zu Leipzig) „*Candida phoenix philosophica* oder aufrichtige Beschreibung der *materiae lapidis* und *mercurii philosophorum,* durch das Geheimnifs des Regenwassers, worbey zugleich die *vera principia* der Hermetischen *philosophiae* treulich erkläret, und die Operationen gedachter Materie und des *subjecti artis* angezeigt und vorgetragen werden". Noch einmal flog auf „*Phoenix atropicus de morte redux.* Der Wiederum frisch belebte gebenedeyte Philosophische *Adrop,* Aus Dem Grab der Vergessenheit hervorgesucht, seinem Wesen, Eigenschafften und eigentlichen Zubereitung nach mit lebhafften Färben abgebildet, Und Allen hiernach verlangenden curiösen Gemütern — — Aus Arabisch-Chaldäisch-Frantzösich- und Lateinischer in Hoch-Teutsche Zungen beseelet und vorgestellet" zu Frankfurt u. Leipzig 1744. (*Adrop* bedeutet da eine zur Darstellung des Steins der Weisen in Anwendung kommende Substanz; nach dem im „*Donum Dei* Samuelis Baruch, des Juden *Rabbi*" — — (vgl. S. 314) stehenden worterklärenden Lexicon ist „*Adrop* Thau oder auch rothes Bley, aus welchem der ☿ [Mercurius] hervor gezogen wird, andre nennen es *Minium,* Mennige, Bergzinnober".)

In nicht seltenen Fällen erinnerten die Titel alchemistischer Bücher in mehr oder auch in weniger gelungener Weise an Vorkommnisse im menschlichen Leben. Die edelgeborene Jungfrau Alchymia — eines Ungenannten, vielleicht des Tübinger Professors der Chemie Joh. Conr. Creiling „Edelgebohrene Jungfrau Alchymia, oder Eine durch *Rationes,* viele *Exempla* und *Experimenta* abgehandelte Untersuchung, was von der *Alchymia* zu halten und vor Nutzen daraus zu schöpfen sey. Nebst einem Zusatz von der *Medicina universali,* Universal-Procefs und einigen Kunststücken aus der Alchymie" kam zu Tübingen 1730 zum Vorschein — war nicht blofs entlarvt — Joh. Hector von Klettenberg's 1713 herausgekommene Schrift: „Die Entlarffte *Alchymia*" wurde bereits S. 247 f. im I. Theil besprochen — sondern auch ganz enthüllt dem Publicum vorgeführt worden — zuerst zu Breslau, wo 1708 von Einem, der sich auf anderen literarischen Leistungen Ehrd von Naxagoras nannte, die *Alchymia denudata* öffentlich bekannt wurde, und dann noch mehrmals und an verschiedenen Orten durch die wiederholten Ausgaben dieser Schrift, über welche S. 211 ff. in diesem Theil berichtet ist. *De defloratione naturae in alchemia* soll, nach der Lateinischen Übersetzung des Titels, in einem die Hermetischen Arbeiten poëtisch schildernden Gedicht der bereits in der Anmerkung zu S. 100 im I. Theil erwähnte im Anfang des zwölften Jahrhunderts lebende Araber Al-Togbrâi gehandelt haben. (Nach Schmieder's Geschichte der Alchemie S. 101 f. Nach dem da Angegebenen wäre das betreffende Gedicht das zuerst von E. Pococke 1661 zu Oxford Arabisch mit Lateinischer Übersetzung herausgebene, Lamiato' l-Ajam betitelte, aber aus der Übersetzung läfst sich nicht ersehen, dafs der Dichter irgend specieller auf Hermetisches eingegangen sei.) Erst 1785 u. 1786 kam die „Ehrenrettung der Hermetischen Kunst, durch solche chymisch-physikalische Beweise dargethan, dafs Alchemie und Chrysopoeia keine Einbildung sei" in drei Stücken zu Erfurt an den Tag. 1616 wurde bekannt die als eine der Fundamental-Urkunden für den Rosenkreuzer-Bund betrachtete und defshalb S. 1 u. 5 f. in diesem Theil besprochene „Chymische Hochzeit Christiani Rosenkreutz"; 1619 kam zu Halle vor „*Abortus chymicus sive Valles arcanitatum dirae sapientiae*, das ist, ein Philosophischer *Discurs* vom Stein der Weisen und seiner Wunderbaren Geburt, *ad praxin Basilianam* gerichtet", und *s. l. e. a.* wurde gegen das Ende des siebzehnten oder im Anfang des achtzehnten Jahrhunderts von einem J. L. M. C. Nachricht gegeben über „Das Kinderbette des Steins der Weisen", nachdem 1692 zu Hamburg veröffentlicht war die „Beschreibung der uralten Wissenschaft vom Stein der Weisen; Erläuterung etlicher alchemistischer Schriften, und Kinderbette des Steins der Weisen, aus dem Französischen".

Auf kein Vorkommnifs des gewöhnlichen Lebens ist jedoch auf den Titeln alchemistischer Schriften häufiger Bezug genommen, als auf eine Reise, auf das Zurücklegen eines Weges. War doch Jedem, welcher sich der Hermetischen Kunst ergab, Das gewifs, dafs die da unternommene Reise zum Glück ihre Unbequemlichkeiten und wirkliche Schwierigkeiten habe, dafs der Weg zu dem ersehnten Ziel ein langwieriger, unsicherer und mühsamer sei. Es fehlte zwar nicht an Schriften, in welchen der zu wandelnde Pfad beschrieben sein sollte. Von Arnald von Villanova oder von Albertus Magnus sollte eine von dem sechszehnten Jahrhundert an in Sammlungen alchemistischer Tractate aufgenommene *Semita semitae* verfafst sein; als von dem Letzteren geschrieben galt auch Einigen eine 1641 zu Grenoble zugänglich gewordene *Semita rectitudinis, sive Tractatus de alchymia,* und dafs der Nämliche auch noch einen Richtsteig, *Tramitem* angezeigt habe, fand gleichfalls Gläubige. Anderseits wurde doch mehrfach bezweifelt, ob des Basilius Valentinus „Einiger Weg zur Wahrheit", 1718 zu Nürnberg als Deutsche Übersetzung einer in der Kloster-Bibliothek zu Thurnstein bei Krems befindlichen alten Handschrift ausgegeben, wirklich dem Genannten zugehöre. Als Abschlufs für das, dem 1619 zuerst veröffentlichten und vielgelesenen „Wasserstein der Weisen" angehängte *Summarium philosophicum* des Nic. Flamel steht ein, gerade hierdurch auch in Deutschland sehr verbreitet gewesener, *Via veritatis* betitelter Tractat. Des Johann von

Laaz aus Böhmen *Via universalis* ist bereits S. 160 im I. Theil besprochen worden. Von dem uns schon (S. 344 f.) vorgekommenen Heinr. Noll kamen *Via sapientiae triuna* und *Iter Philarethi ad montem Mercurii* zusammen mit Anderem 1636 zu Rostock heraus; unter dem Namen eines Barons Urbiger wurden 1691 zu Erfurt Regeln „Über die drey unfehlbaren Wege, das grofse Elixir der Philosophen zu bereiten" bekannt gegeben, und in demselben Jahr wurde zu Braunschweig „Des gereisten Pilgrims Leitungsfaden zu dem chymischen und alchymischen Labyrinth" den nach Auskunft Begierigen nicht vorenthalten.   Unter den Letzteren müssen aber doch Manche gewesen sein, die sich auf die ihnen von einem Anderen gegebenen Beschreibung des einzuhaltenden Weges hin nicht zurechtzufinden wufsten; 1625 erschien zu Hornbach unter der Chiffre J. H. C. v. H. und 1626 zu Strasburg unter Nennung des Verfassers Joh. Heinr. Cochheim von Hellrieden „Ein philosophisch und chymischer Tractat genannt *Errantium in rectam viam et planam reductio*, das ist, beständiger unwidersprechlicher und ganz gründlicher Bericht von der wahren *Universal-Materia* des grofsen Universalsteins der Weisen". Dieser Sachlage entsprach, dafs sich Wegweiser anboten: des Joh. Poppius 1627 zu Koburg erschienener „Chymischer Wegweiser", ein „Chymischer Zeig- und Wegweiser von der Möglichkeit der Metallverwandlung" zu Nürnberg zuerst 1679, zu Berlin 1701 eines Franz Clinge „Richtiger Wegweiser zu der einigen Wahrheit in Erforschung der verborgenen Heimlichkeiten der Natur", welche Schrift alsbald die Kritik eines Cluver — wohl des 1708 zu Hamburg gestorbenen Mathematikers Detlef Clüver aus Schleswig, welcher auch über Alchemistisches geschrieben hat — herausgefordert haben mufs, denn noch 1701 liefs Clinge eine „Antwort an Theodorum Candidum wegen des Cluvers *fameuse Charteque* wider den Wegweiser zur einigen Wahrheit in Erforschung der verborgenen Heimlichkeiten der Natur" von Berlin ausgehen, zu Nürnberg 1756 ein „Aufrichtiger Wegweiser zum Licht der Natur oder *ad tincturam physicam Paracelsi* und *lapidem philosophicum*"; den „Weg der Natur zu Verbesserung der Metalle" wollte 1704 von Nordhausen aus der dasige Arzt Dav. Kellner zeigen. (Selbst für den Vertrieb solcher chemischer Schriften, die nicht Hermetischen Inhalts waren, erschien die Wahl eines derartigen, nun einmal gangbaren Titels als fördernd; von den mehreren Deutschen Übersetzungen des zuerst zu Paris 1663 veröffentlichten *Traité de chimie, contenant une méthode claire et facile d'obtenir les préparations de cet art les plus nécessaires à la médecine* von Christoph Glaser, Demonstrator am *Jardin du Roi* in Paris und Hofapotheker Ludwig's XIV., also im Wesentlichen einer pharmaceutischen Chemie z. B. hatte eine von Menudier besorgte und — ich weifs nicht wo — 1677 veröffentlichte und eine von einem *Philochymico* gefertigte und zu Jena 1684 ausgegebene den Titel „Chymischer Wegweiser".) Für die Reise-Ausrüstung Eines, der den Weg zum Hermetischen Glück suchen wollte, sorgte auch mit gewohnter literarischer Liberalität Mich. Maier, dessen *Viatorium sive tractatus de montibus planetarum VII seu metallorum* 1618 zu Oppenheim Jedem zur Disposition gestellt wurde, und von einem H. Jamsthaler wurde (in Reimen) „*Viatorium spagyricum*, d. i. ein gebenedeyter spagyrischer Wegweiser in den Sonnengarten der *Hesperidum* zu kommen, und daselbst den

Lapis philosophorum zu erlangen" 1625 zu Frankfurt dargeboten. Und Solchen, welche auf diesem schwierigen Wege schliefslich ermatteten und zagten, wurde 1771 zu Berlin eine jedenfalls gut abgelagerte „Grosse Herzstärkung für die Chymisten, nebst einer Dose voll gutes Niesepulver für den unkundigen Widersprecher der Verwandlungskunst der Metalle, im Kloster zu Oderberg seit Anno 1426 aufbehalten" (was eine bei Aufhebung des Klosters vorgefundene alte Handschrift enthalte) durch Hans von Osten verabreicht.

Der Weg, welchen ein strebender Jünger des Hermes zurückzulegen hatte, war ein langer und nicht Jeder konnte ihn mit der Geschwindigkeit eines Couriers zurücklegen, wenn gleich Mich. Potier's *Veredarius hermetico-philosophicus, lactum et inauditum nuncium adferens, scilicet revelationem secreti de conficiendo lapide philosophico* 1622 von Frankfurt ausgeritten war. Er war aber zudem auch ein dunkeler, und wenn es ganz finster war, konnte auch „Das Philosophische Auge in der Chymie, den so lange von den allermeisten in Blindheit des Verstandes vergeblich gesuchten *Lapidem philosophorum* oder Stein der Weisen zu sehen, und so viel leichter zu finden, — — zur vernünftigen Prüfung und treuhertzigen Warnung bey müfsigen Stunden geschärffet von F. A. G." und in Jena 1751 jedem Käufer dieses Buches zur Disposition gestellt, besagtem Jünger Nichts nützen, selbst wenn er die von Kunckel an seine 1677 zu Wittenberg herausgegebenen „Chymische Anmerckungen, darinnen gehandelt wird von den *Principiis chymicis*" u. s. w. angehängte „Chymische Brille *contra Non-Entia chymica*" zu Hülfe nahm (*Perspicillum chymicum contra Non-Entia chymica* ist dieser nützliche Anhang überschrieben in der zu Amsterdam 1694 unter dem Titel *Philosophia chymica* veröffentlichten Lateinischen Übersetzung vorgedachten Werkes). Licht in dieses Dunkel zu bringen, mufste etwas von dem Jünger freudig Begrüfstes, dankbar Angenommenes sein. Solches ihm zu leisten, versprachen mehrere Schriften: Eins von „Vier chymische Tractätlein", welche 1679 in Budissin angeboten wurden und als deren Verfasser ein Barth. Kretschmar genannt wird, war überschrieben „Das hellscheinende Licht in Finsternis"; zu Paris erschien 1687 *La lumière sortant des ténèbres ou véritable théorie de la pierre des philosophes;* S. 636 ff. der 1708 veröffentlichten Ausgabe des S. 242 f. im I. Theil besprochenen s. g. Trismosin'schen *Aureum vellus* war zu finden *Lux lucens in tenebris;* zuerst 1715 kam zu Leipzig „Licht und Finsternifs, aus der Erleuchtung Gottes zu einem Wahrredenden hergeflossen, *mystice, theologice et chymice* entworffen von C. E. M." heraus, zu Frankfurt 1749 „*Lumen artis prudentiae, intelligentiae, sapientiae,* das ist Unterweisung, wie und auf was Weis das bishero so verborgene Geheimniss zu der Universal-Tinctur deren Alten auf menschliche und metallische Leiber zu gelangen" u. s. w., und zu Langensalza 1772 (in Versen) „Das aus der Finsternifs von sich selbst hervorbrechende Licht". Das Licht wurde dargeboten in Form einer Leuchte einer oder einer anderen Art, und sollen schon Arabische Schriftsteller ein solches Symbol in den Überschriften alchemistischer Darlegungen haben glänzen lassen, so fern angegeben wird, dafs die Pariser Bibliothek in einem Arabischen Manuscript eine solche Abhandlung eines in das zwölfte Jahrhundert zu setzenden Mohieddin besitze, deren Titel mit „Schlüssel des Erbarmens und Leuchte der Weisheit", und in

einem anderen eine eines gänzlich unbekannten Alchiabdachi, deren Titel mit
„Die Leuchte" wiederzugeben sei. Mit Lampen und Fackeln sollte auch im
Abendlande Licht in das Dunkel gebracht werden, in welchem die Alchemisten
tappten, ein Leuchtthurm den rechten Weg zu nehmen behülflich sein. Von
dem zu Tübingen 1610 geborenen Joh. Harprecht angezündet kam 1658 zu
Amsterdam, aus dem Deutschen Original in das Lateinische übersetzt und ohne
Nennung des Verfassers, *Lucerna salis philosophorum secundum mentem Sendivogii, Geberi et aliorum* zum Vorschein, welche nachher auch noch in Deutschen
Ausgaben weitere Verbreitung fand; „*Taeda trifida chymica*, das ist, dreyfach
chymische Fackel den wahren Weg zu der Edlen Chymie-Kunst bescheinend"
(eine Sammlung mehrerer alchemistischer Tractate; vgl. S. 338) wurde zu Nürnberg 1674 aufgesteckt; *Lampas vitae et mortis* (ich weifs nicht, ob sie dieselbe
ist wie Friedr. Geisler's 1682 zu Jena erschienene „Lebens- und Todeslampe")
wurde 1678 zu Leyden zum Brennen gebracht. Zum Anzünden eines solchen
Beleuchtungs-Apparates mochte wohl „Des aufrichtigen Hermogenis *Philosophischer* und *magischer* Feuer-Staab oder unvermeidlicher Kunst-Griff, zu dem
philosophischen Feuer zu gelangen" diensam sein, welcher zuerst 1709 an unbekanntem Ort, 1741 zu Leipzig aufleuchtete. Von dem oftgenannten Joh. Ludw.
Hannemann wurde erstmals zu Kiel 1712 errichtet *Pharus in oceano philosophorum instructissima, ostendens viam veram et tutam ad Ophir auriferum,
sive commentarius in anonymi Galli arcana philosophiae Hermeticae,* und 1752
kam zu Regensburg in Sicht „*Pharus chymiae* oder hellleuchtender Wegweiser
zur chymischen Wissenschafft, welcher von der Möglichkeit einer *Universal-
Medicin* und den dunckeln, fabulosen und allegorischen Redens-Arten der Philosophen nebst der Zubereitung solcher Medicin anzeiget". Aber am Häufigsten
wurde doch das Erhellen dunkeler alchemistischer Gegenstände einfach mit
elucidare bez.-w. einem verwandten Worte bezeichnet und, dafs eine Schrift
Solches leisten solle, Dem gemäfs schon auf dem Titel derselben angekündigt.
Von Arnald von Villanova gaben ältere Bibliographen der Hermetischen
Kunst an, er habe aufser seinen vielen anderen alchemistischen Tractaten auch ein
Lucidarium geschrieben; als von Raymund Lull verfafst war *Elucidatio testamenti, ad regem Odoardum* in mehrere Sammlungen auf die Goldmacherkunst
bezüglicher Schriften aufgenommen; als dem dreizehnten Jahrhundert entstammend
hatte man auch noch eines Christoph von Paris *Elucidarium chimicum s.
artis transmutatoriae,* welches Lateinisch zuerst zu Paris 1649 veröffentlicht
wurde, nachdem bereits 1608 zu Halle eine Deutsche Übersetzung („Von dem
rechten Grund der wahren Philosophie, oder von dem grosen Stein der alten
Weisen") herausgekommen war; noch 1772 erschien zu Frankfurt u. Leipzig
„*Christophori Parisiensis Elucidarius.* Das ist: Ein edles Büchlein vom rechten
Grund, Mittel und Ende der wahren uhralten philosophischen Universal-Medicin,
für etlich hundert Jahren von diesem Authore beschrieben, jetzo aber in einer
weit besseren teutschen Version in Druck verfertiget". Als im vierzehnten Jahrhundert von Nic. Flamel verfafst und in entsprechender Weise betitelt wurde
zu Paris 1628 *Le grand éclaircissement de la pierre philosophale, pour la transmutation de tous métaux,* im Wesentlichen eine Übersetzung eines Theiles der

letztgenannten Schrift, ausgegeben. Zu Leyden erschien 1599 Nic. Barnaud's *Brevis elucidatio arcani philosophorum*,　zu Frankfurt 1602 anonym „*Elucidatio secretorum*, das ist: Erklärung der Geheimnussen wie der *Lapis philosophorum* funden, und die *Universal-Medicin* erlanget wird — —, aus dem Lateinischen ins Teutsche übersetzt". In der Zeit der ersten Rosenkreuzer-Bewegung wurde zu Goslar, zuerst 1616, ausgegeben „*Elucidarius chymicus*, oder, Erleuchterung und deutliche Erklerung, was die *Fama fraternitatis* vom *R. C.* für Chymische *Secreta de lapide philosophorum*, in ihrer Reformation der Welt, mit verblümten Worten versteckt haben. Von Ratichs Brotoffer",　und 1617 zu Lüneburg (zu Wien noch einmal 1751; aus eigener Einsichtnahme kenne ich nur die letztere Ausgabe mit dem nachstehenden Titel) „*Elucidarius major*, oder Erleuchtung über die Reformation der ganzen weiten Welt, *F. R. C.* aus ihrer Chymischen Hochzeit. und sonst mit viel andern *Testimoniis Philosophorum* sonderlich *in appendice*, dermassen verbessert, dafs beydes *materia et praeparatio lapidis aurei*, deutlich genug darinn angezeiget werden, durch Ratichs Brotoffer Luxemb." (mit der gerade nicht seltenen Beanspruchung *Aut hic, aut nusquam* und mit dem Motto: „O wie glückselig das Creutz ich acht, das unter der Rosen blüht mit Macht" auf dem Titel). Eines Luc. Vorberg *Elucidarius purus philosophicus de universali arcano sive secreto naturae* wurde zu Brieg 1627 veröffentlicht.

Das Vorstehende läfst schon darauf schliefsen, dafs *Lumen* o. *Lux* oder äquivalente Worte aus anderen Sprachen nicht selten die Titel alchemistischer Schriften zierten; und so war es auch. Als von Arnald von Villanova verfafst waren in Sammlungen derartiger Schriften *Lumen novum* und *Lumen luminum seu Liber perfectionis magisterii* zu finden;　*Liber lucis* des Johannes de Rupescissa war 1579 zu Köln ausgegeben und eines Rases Castrensis *Liber luminum* in das durch J. Rhenanus 1625 zu Frankfurt herausgegebene Sammel-Werk (vgl. S. 343) aufgenommen worden;　als von Basilius Valentinus hergerichtet aber von Mehreren bezüglich seiner Ächtheit angezweifelt soll — wie J. Fr. Gmelin in seiner Gesch. d. Chem. Bd. I, S. 156 und nach ihm Schmieder in seiner Gesch. d. Alch. S. 203 angegeben hat — von H. Chr. Reichard herausgegeben 1608 zu Halle ein „Licht der Natur" zum Vorschein gekommen sein (die Angabe beruht wohl auf einer Mifsdeutung des Titels des zweiten von den nachstehenden beiden Büchern);　um dieselbe Zeit (s. a.) liefs von Hall aus ein H. C. Reinhart ein „Liecht der Natur, das ist der wahrhafftigen Kunst *Alchimiae* höchstes Geheimnifs" ausgehen (nach einer mir vorliegenden Notiz ist auch 1608 zu Darmstadt H. Gr. Reinhard's „Licht der Natur" u. s. w. aufgesteckt worden),　und gleichfalls von Hall aus 1608 eine Schrift „Über den Tractat der *arcanorum* Basilii Valentini zusammengesetzten Haupt-Schlufs-Punkten des Liechts der Natur". Als von dem S. 127 f. im I. Theil besprochenen Setonius verfafst wurde nach Dessen Tod durch den Befreier desselben: Sendivogius veröffentlicht *Cosmopolitae Novum lumen chemicum de lapide philosophorum*; dieses zuerst 1604 zu Prag herausgekommene Buch wurde wenigstens noch viermal an verschiedenen Orten ausgegeben (mit ihm ist auch wohl im Wesentlichen identisch das unter dem Titel *M. Sendivogii Lumen chymicum novum in 12 tractatus divisum et totidem antiquis figuris in Germania nuper repertis illustratum* zu Erfurt 1624 erschienene), aufserdem in mehrere Sammel-Werke aufgenommen, in Deutschen und Französischen Übersetzungen wiederholt aufgelegt, auch besonderer Commentirung durch J o h. O r t h e l i u s würdig befunden; 1682 wurde zu Frankfurt u. Leipzig ausgegeben „*Novum lumen chymicum Sendivogii novo lumine auctum* oder XII geheime chemische Tafeln und Beyschriften über die zwölf Tractate M i ch. S e n d i v o g i i, nebst Ortel's Commentar und Schlufsrede", und noch 1766 zu Wien „*Sendivogii Novum lumen chymicum* aus dem Brunnen der Natur durch Hand angelegte Erfahrung bewiesen; nebst dem Gespräch des *Mercurii*, Alchymisten und der Natur, dem Tractat vom Schwefel und denen 53 Briefen, mit des Authors accuraten Portrait". 1628 wurde zu Paris gewährt das *Eclaircissement de la pierre philosophale*. Von E t i e n n e d e C l a v e s erschienen um 1650 *Nouvelles lumières philosophiques*, von J o a c h. P o l e m a n n zuerst zu Frankfurt 1647 und dann noch wiederholt „*Novum lumen chymicum*, in welchem des Philosophen *Helmontii* Lehre von dem Geheimnis des *sulphuris philosophorum* erklärt wird". G l a u b e r nahm keinen Anstand, zu Amsterdam 1664 ausgehen zu lassen „*Novum lumen chimicum:* Oder eines neu-erfundenen und der Welt noch niemalen bekant gemachten hohen *Secreti* Offenbarung, Dardurch der blinden Welt ein klahres und unauslöschliches Licht vor Augen gestelt, und handgreifflich gezeiget wird, dafs in der gantzen Welt, so wohl in den kalten, als hitzigen Landen allenthalben gut Gold zu finden, und mit Nutzen herauf zu ziehen; Also dafs man an allen Orten, da nur Sand und Steine seyn, keinen Fufs setzen kan, da nicht nur Gold, sondern auch die warhafftige *Materia lapidis philosophorum* zu finden. Gott zu Ehren und vielen Tausenden Armen zu Trost beschrieben, und bekandt gemacht". Zu Frankfurt eröffnete sich 1690 „*Aula lucis*, Oder: Das Haufs des Liechts, Durch S. N. Einen der Kunst zu dieser Zeit Beflissenen in Englischer Sprache beschrieben, und nunmehr den Liebhabern derselbigen zu Gefallen in hochteutsche Sprache übersetzt durch J. L. M. C." Von C h r i s t i a n F r i e d r i c h S e n d i m i r v o n S i e b e n s t e r n, der auch unter dem Namen C h r y s o s t o m u s F e r d i n a n d v o n S a b o r eine „*Practica naturae vera* in wahrer Präparation des *Lapidis philosophorum*" zu Frankfurt u. Leipzig 1721 veröffentlicht hat, wurde zu Kassel 1723 „Helles Licht und gerader Weg zu denen Naturgeheimnissen gezeigt. Des A l o y s i u s W i e n n e r E d l e n v o n S o n n e n f e l s „*Splendor lucis* oder Glantz des Lichts, enthaltend eine physico-cabbalistische Auslegung des gröfsten Natur-Gebeimnuss, insgemein *Lapis philosophorum* genannt" leuchtete auf zu Wien 1747 und noch einmal, „aufs neue herausgegeben von A d a m a h B o o z", zu Frankfurt u. Leipzig 1785; zu Frankfurt 1749 das schon S. 385 erwähnte „*Lumen artis, prudentiae, intelligentiae, sapientiae*, das ist Unterweisung, wie und auf was Weis das bishero so verborgene Geheimniss zu der Universal-Tinctur deren Alten auf menschliche und metallische Leiber zu gelangen" u. s. w.; eines E u g e n i u s P h i l a l e t h a, als aus dem Englischen übersetzt gebotenes „*Lumen de lumine* Oder ein neues Magisches Licht, geoffenbahret und der Welt mitgetheilet durch E. P." zu Hof 1750, und 1763 zu Quedlinburg J. F. v o n F r y d a u's „Licht des Lichtes, das ist Beschreibung des Steins der Weisen". — Auf den Titeln aller dieser

Bücher war nur von dem Lichte die Rede, welches die letzteren spenden sollen: das Licht, durch welches aufgeklärt ein Jünger des Hermes das grofse Werk der Alchemie glücklich fertig bringe, von welchem am Schlufs des Brunnens der Weifsheit — des zweiten der 1757 zu Frankfurt u. Leipzig veröffentlichten Fünff Curieusen Chymischen Tractätlein — so schön gesagt wird:

„Die Fackeln, Licht und Brill in diesem Werck nicht taugen,
Wann du in deinem Kopff hast finst're Eulenaugen,
Wo nicht das wahre Licht erleuchtet deinen Sinn
Hast du vor deine Müh nur Schaden zum Gewinn".

Nur Licht wurde in den vorstehend aufgezählten Schriften versprochen. Dem gegenüber ist anzuerkennen, dafs ein, doch sich nicht nennender Schriftsteller 1738 zu Nordhausen „Philosophisches Licht und Schatten" dem Hermetischen Publicum anzubieten bescheiden genug war.

Das Licht, dessen Schein das Vorwärtskommen der Alchemisten begünstigen sollte, war in selteneren Fällen ein künstliches. So z. B. *Lux mercuriorum*, welches angeblich von Raymund Lull gebrachte Licht, auch als *Liber mercuriorum* bezeichnet, zuerst zu Cöln 1567 öffentlich und in Manget's *Bibliotheca chemica curiosa* (*T. I, p.* 824 *ss.*) aufgenommen in weiterem Kreise sichtbar wurde; dann erschien auch noch zu Augsburg 1680 ein „Neu-angezündt-hell-brennendes Feuer oder Mercurial-Liecht". Oder das 1717 zu Amsterdam ausgekommene *Lumen de phosphoris.* Sondern natürliches Licht war es meistens, was gebracht werden sollte, und von solchem Licht vorzugsweise das von der Sonne vor oder nach dem Aufgang derselben gespendete. Die Morgenröthe zeigte sich auf Titeln alchemistischer Schriften mehrmals und nicht etwa nur so nebenbei, wie auf dem Titel des S. 366 erwähnten von Gnosius herausgegebenen Buches, sondern als das Hauptsächliche. *Aurora sive aurea hora* war ein dem Thomas von Aquino beigelegter, durch die Aufnahme in das S. 343 erwähnte Sammel-Werk des Rhenanus bekannt gewordener Tractat überschrieben. Als von Paracelsus verfafst kam zu Basel zuerst 1575 *Aurora philosophorum* aus, welcher Schrift indessen spätere angebliche Sachverständige nur einen zweifelhaften Werth zugestanden, obgleich Gerh. Dorn's 1583 zu Frankfurt veröffentlichte *In Auroram Paracelsi, Philosophorum thesaurum et Mineralem oeconomiam commentaria* sich auch namentlich an der Deutung dieses Tractats versucht hatten. Von Einem, der sich Johannes de Monte Raphaim nannte, wurde 1716 zu Hamburg „Der Vorbothe der am Philosophischen Himmel hervor brechenden Morgen-Röthe" zum Anblick gebracht, von Joh. Ludw. Hannemann 1719 zu Plön *Aurora oriens.* Die Sonne selbst zeigte sich aber auch, manchmal an Orten oder von Orten aus scheinend, wo man Das gar nicht hätte erwarten sollen: *Solis e puteo emergentis, sive Dissertationis chymiotechnicae Libri III. in quibus totius operationis chymicae methodus practica: materia lapidis philosophici etc.* des Joh. Rhenanus kamen zu Frankfurt zuerst 1613 heraus; 1677 erschien zu Hanau „Splendor salis et solis oder *Discurs* von der wahren *Quinta essentia* und Artzeney-Krafft der *Vegetabil*ien und *Mineral*ien; Sonderlich vom *Auro potabili, Authoris Anonymi Eremitae*"; in der 1708 veröffentlichten Ausgabe des S. 242 f. im I. Theil besprochenen s. g. Trismosin'schen *Aureum vellus* steht S. 163 ff. „*Splendor solis* mit seinen Figuren, darinn alle Anzeigung von dem *lapide philosophorum* beschriben wirt" (in der Vorrede zu dieser Ausgabe wird doch bemerkt, es sei der da gebotene *splendor solis* „vielmehr als eine verdunckelte Sonne zu achten, weil die Beschreibung für diejenigen ist, so bereits Kentnifs der Sachen haben"); auf eine 1705 zu Nürnberg sichtbar gewordene „Hellscheinende Sonne am *Alchymist*ischen *Firmament* des hochteutschen *Horizonts*" ist gegen das Ende dieses Anhangs hin zurückzukommen; 1706 ging zu Hamburg auf die „Erwärmende und erquickende wohlgegründete *Medicinische Universal*-Sonne, Das ist: Ein Tractätlein, welches in sich hält den gründlichen Beweifs, dafs eine *Universal-Medicin* sey" u. s. w.; es zeigte sich zu Frankfurt u. Leipzig 1728 ein „Chymisch-unterirdischer Sonnen-Glantz, d. i. ausführlicher Unterricht von dem wahren philosophischen *subjecto*" u. s. w.; zu Frankfurt u. Leipzig strahlte 1740 „Die Neu-auffgehende Chymische Sonne, samt ihrem Glantz und Schein, Weiset alle Gott-ergebene Sucher auff den rechten Pfad, *subjectum ac primam materiam Lapidis Philosophorum et omnium rerum* zu suchen, zu finden, und zu *elaboriren*; wie dann das nöthigste aus wahrer *Philosophorum* Schrifften *extrahirt* beygefügt zu finden. Von einem Treu-meinenden Freunde zusammen getragen, und allen Bekümmerten zum Trost heraus gegeben". Doch wurde auch das Licht des Mondes nicht verschmäht, welcher entweder zugleich mit der Sonne oder auch für sich allein auf dem Titel eines Buches sichtbar sein konnte. Zu Rotterdam erschien 1678 *Het Licht der Maane of Glans der Zonne*. und zu Frankfurt u. Leipzig trat 1744 (am ersteren Orte noch einmal 1760) hervor „Chymischer Monden-Schein, Worinnen nicht allein angezeiget wird Das wahre *Subjectum philosophiae*, Sondern auch wo solches zu suchen sey, Und dann, Wie solches *praepariret* werden soll; Auf ansuchen und bitten eines sonderbaren guten Freundes treulich aufgezeichnet, der erbaren Welt bekannt zu machen und drucken zu lassen erlaubet, von einem, Der die Wahrheit nicht läugnet, verbergen will, noch kan". Aber einen seines Zieles bewufsten Hermetiker konte wohl nicht verführen das an unbekanntem Orte 1721 zum Vorschein gekommene „*Spectrum spagiricum*, das ist der Guldene Jrrwisch oder Spagirische Wauwau", welches Zweifel an der Wahrhaftigkeit der Alchemie anregen sollte (der Urheber dieser Erscheinung war, wie schon S. 355 bemerkt wurde, derselbe Unbekannte, welchem auch der *Adeptus fatalis* sein Dasein zu verdanken hatte).

Aus dem Vorhergehenden läfst sich wenigstens einigermafsen ersehen, in wie mannigfacher Weise die Titel Hermetischer Schriften geformt wurden. Erschöpft wurden natürlich alle Möglichkeiten nicht. Der Pactolus hätte z. B. wohl ganz gut auf dem Titel einer Anweisung, Gold zu machen, figuriren können, aber ich erinnere mich nicht, dafs eine so betitelte alchemistische Schrift mir vorgekommen wäre. Der Euphrat hingegen fand Verwendung: unter dem Namen Eugenius Philaletha veröffentlichte Einer 1655 zu London einen Tractat in Englischer Sprache unter dem Titel *Euphrates vel aquae orientis discursus de fonte secreto, cujus aqua ex igne fluens Solis et Lunae radios secum ducit.* Die sonst noch auf nassem Wege gebildeten Titel waren meistens bescheidener;

Mich. Potier's *Fons chimicus, id est vena auri et argenti conficiendi ex naturalis Philosophiae venis scaturiens* wurde zu Köln 1637, eines Anderen von den Mehreren. die unter dem Namen Philaletha schrieben: des Irenaeus Philaletha o. Thomas Vaughan (S. 200 im I. Theil) *Fons chymicae veritatis* zuerst zu Amsterdam 1668 zugänglich gemacht,   der „Brunnen der Weisheit und Erkänntnifs der Natur, aus welchem die, nach denen Geheimnissen der Natur dürstenden Liebhaber das wahre Wasser der Weisen nach Vergnügen schöpfen können" wurde zu Frankfurt u. Leipzig 1757 (wohl schon 1706, vgl. S. 337) „Von einem unvergleichlichen *Philosophus* gegraben und geöffnet durch Anonymum von Schwartzfufs", „Des aufrichtigen Hermogenis Spagirisches und Philosophisches Brünnlein oder Haupt-Werck der höchsten natürlichen *Philosophiae*" flofs zuerst an unbekanntem Ort 1709 und nochmals zu Leipzig 1741,   Sincerus Renatus (S. 345) liefs 1711, gleichfalls ohne Angabe des Ortes, „Die goldne Quelle der Natur und Kunst in lauter wahrhafften *Experimentis*" sprudeln, und ein C. P. Wassermann 1751 zu Erlangen eine „Philosophisch-güldene Quelle der Natur und Kunst",   wiederum an unbekanntem Orte liefs 1683 Einer unter dem Namen Chrysogonus de Puris sein „Pontisches oder Mercurial-Wasser der Weisen" fliefsen,   und S. 319 wurde bereits angeführt, dafs 1772 von Frankfurt u. Leipzig aus „Ein auserlesener herrlicher Tractat von dem philosophischen Wasser" sich ergofs.   Aber es wurde doch viel geleistet in der Ausdenkung von Gleichnissen oder Bildern für die Betitelung einzelner Hermetischer Schriften und zur Andeutung der Zusammengehörigkeit mehrerer als von dem nämlichen Autor verfafster (so wie es z. B. durch Mich. Crügner geschah, dessen „Neuvermehrter Chymischer Frühling" zu Nürnberg 1654 erschien um die Reihe von vier nach den vier Jahreszeiten entsprechend betitelten Hermetischen Büchern zu eröffnen). Eines J. P. Maul „Gold von Mitternacht, oder von der höchsten *Medicin*", welches zu Wesel 1709 angeboten wurde, steht für mich in so fern vereinzelt da, als mir nicht erinnerlich ist, dafs eine derartige Gabe auch von einer anderen Himmelsgegend her dargebracht worden sei.   Dieses aber nach allen Richtungen hin zu verfolgen würde räumlich die Grenzen weit überschreiten lassen, welche hier doch einzuhalten sind, und nur auf sehr Weniges darf ich überhaupt hier noch eingehen, diesen Versuch, eine Vorstellung von dem Aeufserlichen der alchemistischen Literatur zu vermitteln, abzuschliefsen.

Einiges dürfte nämlich doch darüber hier anzuführen bez.-w. in Erinnerung zu bringen sein, welche Verknüpfung der Alchemie mit anderen anerkannten und offen gelehrten Disciplinen auf Büchertiteln einen Ausdruck fand (in Betreff der Verknüpfung der Alchemie mit anderen Zweigen des Geheimwissens bot sich für die Astrologie S. 204 im I. Theil u. S. 364 f. im II., für die Kabbala S. 228 ff. und für die Magie S. 234 f. im II. Theil nähere Veranlassung zu einigen Angaben). Was die Beziehungen der Alchemie zur Philosophie und die unter den Jüngern des Hermes früher so verbreitet gewesene Ansicht betrifft, dafs das Goldmachen die eigentliche Philosophie sei, brauche ich dem S. 344 f. Mitgetheilten Nichts hinzuzufügen. Auch was die Beziehungen der Alchemie zu der Medicin betrifft, sind in diesem Anhang dem in früheren Partien des vorliegenden Buches, u. A. S. 41 ff. u. 95 ff. im I. Theil Berichteten entsprechende Büchertitel schon ziemlich viele angeführt, so dafs es als unnöthig erscheint, hier eine besondere Zusammenstellung derartiger Schriften zu geben, und dem über die Berührungen zwischen der Alchemie und der Jurisprudenz früher, namentlich S. 148 ff. im I. Theil Gebrachten wäre hier nur hinzuzufügen, dafs im siebzehnten Jahrhundert die Frage, ob die Alchemie eine rechtlich erlaubte Kunst sei, durch den Baseler Juristen Johannes Chrysippus Fanianus untersucht und bejaht wurde, von welchem zu Basel 1560 *Liber de metamorphosi metallica, et an sit* und 1576 *De arte metallicae metamorphoseos Liber singularis, quo omnia, quae ad philosophici lapidis opus pertinent, apertissime describuntur. Item De jure artis alchemiae veterum auctorum, et praesertim jurisconsultorum judicia et responsa ad quaestionem, an alchemia sit ars legitima,* herauskamen; dieses Buch, dessen Zueignung an Jo. Philoponus aus Paris und vom November 1559 datirt und welches aufserdem einem *Michaeli filio regis Bugiae* zugeschrieben ist, kommt in seinem II., von der Berechtigung der Alchemie handelnden Theil zu einem für diese Kunst günstigen Resultat. (Danach ist in *Mangeti Bibliotheca chemica curiosa T. I, p.* 210 *ss. De jure artis alchemiae, hoc est variorum autorum et praesertim jurisconsultorum judicia et responsa ad quaestionem, an alchemia sit ars legitima? Colligente Joh. Chrysippo Faniano* aufgenommen.) Aber über die Beziehungen der Alchemie zur Theologie, von welchen in dem Vorausgegangenen mehrmals zu bemerken war, dafs sie fast durchweg gute gewesen sind, und über die u. A. Th. I, S. 210 ff., 212 f. Anmerk. u. 252 ff. und Th. II, S. 181 Anmerk. Einiges zur Erwähnung kam, ist noch Etliches nachzutragen. Von Cyriac. Luc. de Claf war zu Ingolstadt 1582 veröffentlicht worden *Brevis de lithosophistica erronea quorundam de lapide philosophico disceptantium doctrina, religioni christianae incommoda, atque lapide Christosophico admonitio.* Darauf wurde durch P. J. Fabre 1632 zu Toulouse vorgestellt *Alchimista Christianus;* andererseits liefs Adam A. Lebenswaldt, Arzt zu Salzburg da zuerst 1680 ausgehen „Acht Tractätlein von des Teufels List und Betruge — — Viertes von des Teufels List und Betrug in der falschen Alchymisterei und Goldmacherkunst". 1696 konnte der Kieler Professor Joh. Lud. Hannemann zu Hamburg anbieten lassen *Pium philosophiae adeptae et theologiae orthodoxae osculum, hoc est, Analogia quorundam mysteriorum theologicorum cum lapidis philosophici arcano mysterio.*

Noch auf Eines dürfte zum Schlusse hinzuweisen sein: wie die Titel alchemistischer Bücher sich im Allgemeinen mit der Zeit geändert haben. Der Eindruck, welchen die Notiznahme von dem in dieser Beziehung sich bietenden Material hinterläfst, giebt freilich keine Charakteristik der verschiedenen Zeiten ab, welcher die Titel aller zu je einer oder einer anderen Zeit verfafsten Bücher entsprächen.

Bis in das siebzehnte Jahrhundert hinein sind die Titel der über Alchemie handelnden Bücher noch im Grofsen und Ganzen einfacher gehalten, wenn auch weniger einfach und weitläufiger, als in der älteren, so zu sagen der klassischen Zeit der Betreibung dieser Kunst. Theilweise sind sie fast allzu einfach. Der schlichte Titel des bei den Kunstverwandten und namentlich auch bei Jacob

Böhme in hoher Achtung stehenden Werkes „Wasserstein der Weisen, oder Chymisches Tractätlein, Darinn der Weg gezeiget, die *Materia* genennet, und der *Process* beschrieben wird, zu dem hohen Geheimniſs der *Universal-Tinctur* zu kommen", das zuerst zu Frankfurt 1619 und dann noch wiederholt, zuletzt an demselben Ort 1760 gedruckt wurde, könnte fast vermuthen lassen, daſs da ein gemeines Küchen-Accessorium zu Hermetischen Ehren gebracht werde, aber er bezieht sich auf einen Satz der Alchemisten: *Noster lapis coagulata aqua est.* (Das Miſsverständniſs ist vermieden in der Aufschrift der Lateinischen Ueber-setzung, welche in *Mangeti Bibliotheca chemica curiosa T.* II, *p.* 537 *ss.* steht und auch für sich zu Frankfurt u. Leipzig 1749 ausgegeben worden ist: *Hydro-lithus sophicus, seu aquarium sapientum, hoc est: Opusculum chymicum, in quo via monstratur, materia nominatur, et processus describitur, quomodo videlicet ad universalem tincturam perveniendum, etc.* Der Verfasser dieses in der alche-mistischen Literatur bedeutenden Deutschen Werkes hat sich in ihm nicht ge-nannt, aber man weiſs, daſs es ein zu Nürnberg und Augsburg lebender Ambros. Siebmacher geschrieben hat. Er selbst hat es angemessen betrachtet, seinem Werk „der Gleichförmigkeit und *Concordantz* wegen" noch zwei ältere Schriften als sehr nützliche anzuhängen: auſser der Deutschen Übersetzung eines Tractats des uns u. A. S. 94 im I. Theil vorgekommenen Nic. Flamel das in holperige Deutsche Prosa (vgl. S. 321 f. in diesem Anhang) übertragene angebliche Gedicht des im I. Theil S. 6 in der Anmerkung erwähnten Jean de Meun o. Mehun — des Johann von Mesung, wie wenigstens in der Frankfurter Ausgabe des Wassersteins von 1748 und der zu Frankfurt u. Leipzig 1760 erschienenen der Name heiſst, der in verschiedener Weise corrumpirt worden ist, denn er ist es auch in dem Joide Meun, auf welchen der dem Albertus Magnus zugeschrie-bene, in die grofse Lyoner Ausgabe der Schriften Desselben aufgenommene *Li-bellus de alchimia* Bezug nimmt.)   Deutlich ist da noch durch die Titel vieler Bücher angegeben, was in den letzteren gelehrt werden solle, so wie u. A. auf den Titelblättern der alchemistischen Tractate, welche um 1630 der Engländer Samuel Norton (über dessen Lebensverhältnisse ich nur erfahren konnte, daſs er Arzt war und eine Zeit lang in Brüssel lebte) in gröfserer Anzahl ausgehen liefs, beispielsweise für den Tractat *Venus vitriolata in Elixir conversa, nec non Mars victoriosus sive elixerizatus, i. e. modus conficiendi lapidem philosophorum, tam e Venere seu cupro, quam Marte seu chalybe.* Aber auch recht weit-schweifige Titel kommen da schon vor, namentlich für Bücher, welche angeblich vor falschen Alchemisten warnen und Dieselben zu erkennen lehren sollen. So z. B. für den S. 354 erwähnten, zuerst 1597 veröffentlichten „Alchymie-Spiegel", welcher in Beziehung hierauf dem S. 332 angeführten, 1676 erschienenen *Examen alchemisticum* des Pantaleon nahe kommt; so für die zu Magdeburg 1609 ausgegebene Schrift „*Alchymia vera Lapidis Philosophorum.* Von der Rechten wahren Kunst des Goldmachens" u. s. w. (der vollständige Titel ist S. 313 an-gegeben),   und von solchen Büchern war später verhältnifsmäfsig kurz betitelt Hannemanns 1690 erschiener *Cato chemicus* (vgl. S. 371), ausgiebiger das 1702 veröffentlichte *Kerenhapuch* (vgl. S. 395).

In Büchertiteln, welche nicht nur weitschweifig sondern auch bizarr und

barock waren, gefielen sich besonders alchemistische Schriftsteller des achtzehnten
Jahrhunderts. Ganz ohne Begabung für die Fassung auffallender Titel waren
allerdings auch die Fabrikanten der Titel alchemistischer Bücher im siebzehnten
Jahrhundert und namentlich in der zweiten Hälfte desselben nicht gewesen.
Eines Ungenannten *„Amor proximi*, geflossen aus dem Oehl der Göttlichen
Barmhertzigkeit, geschärffet mit dem Wein der Weisheit, bekräftiget mit dem
Saltz der Göttlichen und Natürlichen Wahrheit (Hage 1686, neu aufgelegt zu
Frankfurt 1746)", eines Honorius Philalethes Hermopolitanus „Philoso-
phische Jägerlust und Nymphenfang, d. i. Gründliche und ausführliche Beschrei-
bung des uralten Steins der Weisen" (Hamburg 1679) z. B. versprachen für
Alchemisten von verschiedener Gemüthsart Etwas.   Aber besser noch verstand
man sich im achtzehnten Jahrhundert auf das Ausdenken geeigneter Büchertitel.
Das Sendschreiben, das Pierre Jean Fabre (geboren gegen das Ende des
sechszehnten Jahrhunderts zu Castelnaudary in Languedoc, Arzt in seiner Vaterstadt und in Montpellier, gestorben um 1650, ein sehr fruchtbarer alchemistischer
Schriftsteller) dem von 1616 bis 1659 regierenden Herzog Friedrich III. von
Holstein-Gottorp hatte zugehen lassen und welches so wie es zu Nürnberg 1690
veröffentlicht wurde einfacher als *Manuscriptum ad Sereniss. Holsat. Ducem
Fridericum olim transmissum, res Alchymicorum obscuras extraordinaria per-
spicuitate explanans* bezeichnet war, erhielt, als es ebenda 1705 in Deutscher
Sprache herauskam, den voller klingenden Titel: „Die hellscheinende Sonne am
*Alchymist*ischen *Firmament* des hochteutschen *Horizonts*, das ist, *Manuscriptum*,
oder sonderbares noch niemahlen teutsch herausgegebenes Buch, welches — —
ehedessen an den Durchlauchtigen Fürsten und Herrn, Herrn Friederich, Hertzog
in Holstein, gesendet, und darinnen die dunckelste und schwerste Sachen der
Gold-machenden Kunst mit einer ungemeinen Deutlichkeit erkläret hat, durch
Conr. Horlachern mit sehr nützlichen und offtbewährten Anmerckungen, auch
andern dergleichen raren Schrifften vermehret, und zum Druck befördert".   Auch
die Gegner der Alchemie gegen das Ende des siebzehnten und im Anfang des
achtzehnten Jahrhunderts gaben ihren Schriften darauf, dafs sie Eindruck machen,
berechnete aber auch sehr lange Titel.   Joh. Christoph Ettner machte auf
die Betrügereien der Alchemisten, namentlich der dafür herumziehenden: Un-
erfahrenen Etwas von Metallveredlung vorzumachen und ihnen einen s. g. Procefs,
d. h. eine Anweisung dazu wie sie selbst sich die Mittel zur Ausführung einer solchen
Operation beschaffen können, zu verkaufen,   in einem 1696 zu Augsburg veröffentlichten Buch aufmerksam, von dessen ganzem Titel der nachstehend angegebene Theil: „Des getreuen Eckhards entlarffter *Chymicus*, in welchem vornemlich der *Laboranten* und Procefskrämer Bofsheit und Betrügerey, wie dieselben zu erkennen und zu fliehen, — — vorgestellet werden", noch nicht ein
Viertel ist. (Nicht nur dies Eine Mal liefs der genannte Ettner den treuen
Eckhard vor Gefahr warnen; schon vorher hatte er die Nachtheile, welche die
von Pfuschern erkauften Geheimmittel bringen, besprochen in seinem zu Frankfurt u. Leipzig 1694 erstmals erschienenen Buche, dessen Titel beginnt: „Des
getreuen Eckhards *Medicin*ischer Maul-Affe, oder der entlarffte Marktschreyer,
in welchem vornemlich der Marktschreyer und Quacksalber Bofsheit und Betrüge-

reyen, wie dieselben zu erkennen und zu meiden". Er ist nicht zu verwechseln mit Hans Christian v. Ettner o. Etner, dessen *Rosetum chymicum* S. 377 Erwähnung fand.) Kurz zu nennen ist auch nicht der im I. Theil S. 209 angegebene Titel des Buches, in welchem (doch nur unter den Anfangsbuchstaben seiner Namen) Joh. Georg Schmid 1706 die Wahrhaftigkeit der Alchemie läugnete. Geschmackvoll und zum Lesen anreizend betitelt war die zu Hamburg 1702 anonym veröffentlichte (von Dr. Söldner, einem Arzt in Hamburg verfaßte) scharfe Kritik der alchemistischen Schriften „*Kerenhapuch*" (d. i. Schminkbüchschen; so hieß Hiob's jüngste Tochter, welche mit ihren Schwestern zu den Schönsten in allen Landen gezählt wurde, Buch Hiob, 42, 14 u. 15): „Posaunen Eliae des Künstlers, oder deutsches Fegefeuer der Scheidekunst, worinnen nebst den neugierigsten und gröfsten Geheimnissen, die wahren Besitzer der Kunst, wie auch die Ketzer, Betrüger, Pfuscher, Stümpler, Bönhasen und Herren Gerngrose vor Augen gestellet werden, mit gar vielen Orten aus der Schrift und andern Urkunden erörtert, von einem Kind des Vizlipuzli, der ehrlicher Leute Ehre, und der Aufgeblasenen Schande entdecken will"; aber die Vertheidiger der Alchemie, so wie dieselbe damals gelehrt wurde, entgegneten sofort mit einer „*Erlösung der Philosophen* aus dem Fegefeuer der *Chymisten*, das ist, Rechtmäfsige *Recension* im Nahmen der *Philosophen* den ohnlängst ausgeflogenen drey Laster-Bogen entgegengesetzt durch Ihrer Herrlichkeit Fiscal" und einige Jahre später mit einer „*Demolirung und Eroberung* des durch den Schall einer thönernen Elias-Posaune, auf Befehl des Chymischen Pabsts angekündigten Fegefeuers der Scheide-Kunst, samt den übrigen auf der Insel Schmäheland aufgerichteten Schantzen. Oder kurtze Wiederlegung des von einem *Anonymo* ohne sattsamen Grund und *Raison* herausgegebenen schmähsichtigen Teutschen Fegefeuers der Scheide-Kunst aufgesetzet durch *Alethophilum*" (Nordhausen 1705). In den verschiedensten Formen waren die Titel der Bücher gehalten, welche als deutlichere Belehrung gewährend angeboten wurden. Einen Alchemisten, der den rechten Weg noch nicht gefunden hatte, konnte doch vielleicht zurechtweisen „Die wider Mosen, den theuren Propheten Gottes, und wahren *Adeptum lapidis benedicti*, murrende aussäzige Miriam" (Leipzig 1708; über Moses und Mirjam d. i. Maria, welche Letztere der angegebene Titel mit Bezugnahme auf das im 12. Capitel des 4. Buches Mose Stehende vorführt, als den Alchemisten Zugehörige vgl. S. 207 f. im I. Theil). Angenehmere Belehrung, als die aus dem Munde dieses keifenden und unappetitlichen Weibes kommende, mochte freilich wohl die sein, welche bot ein zu Frankfurt a. M. 1742 „Eröffnetes Philosophisches Vatter-Hertz, So Bey heutiger Ausbreitung (nach Theophrastischer Aussag) des Sternflüchtigen Blumengeruchs der hohen Göttl. Gnaden-Gab der *Universal-Medicin* nicht länger hat können verschlossen bleiben. Zu Göttlicher Werck-Wahrheit Beförderung: der Unwahrheit Beschämung: und der natürlichen Geheimnüssen Liebhabern nützlichen Nachricht, aus fremder Sprach übersetzet und ans Licht gebracht Durch Einen Liebhaber der Warheit" (das Buch giebt sich als ein neues, aus einem Französischen Manuscript übersetztes; ich weifs nicht, ob mit ihm identisch ist ein zu Strasburg schon 1676 „Eröffnetes Philosophisches Vaterherz" und in welcher Beziehung dazu steht

„Das eröffnete Philosophische Vater-Hertz an seinem Sohn, welches er, wegen seines hohen Alters, nicht länger wolte vor ihm verschlossen halten; sondern zeigete und erklärte demselben alle das, was zu der völligen *Composition* und Bereitung des Steins der Weisen vonnöthen war. Sonsten in Französischer, nun aber in Teutscher Sprache *publiciret* durch Benjamin Roth-Scholtzen" zu Nürnberg 1717).

Charakteristische Proben auch durch Weitschweifigkeit ausgezeichneter Büchertitel aus der zweiten Hälfte des siebzehnten und besonders aus der ersten Hälfte des achtzehnten Jahrhunderts enthält das in diesem Anhang Zusammengestellte vielfach; charakteristisch sind für die letztere Zeit namentlich auch noch die S. 208 ff. im II. Theil angeführten Titel der Bücher, welche als von einem Ehrd von Naxagoras verfaßt ausgegeben und sehr verbreitet waren.   In der zweiten Hälfte des achtzehnten Jahrhunderts werden im Ganzen die Titel alchemistischer Schriften wieder einfacher gehalten. Auch die Titel der in unserem Jahrhundert veröffentlichten, welche sich — so weit sie mir bekannt geworden sind — auf S. 184 bis 188 zusammenstellen ließen, sind im Allgemeinen einfach gehalten; eine Ausnahme macht das Buch von Cambriel, welches auch seinem Titel nach (vgl. die Anmerkung zu S. 184) an eine um etwa anderthalb Jahrhunderte hinter uns liegende Zeit erinnert.

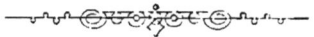

Register.

Die cursiv gedruckten Seitenzahlen zeigen an, wo etwas speciellere Angaben über Personen, deren Schriften o. A. zu finden sind. — Fürstliche Personen sind unter ihren Vornamen aufgeführt. — = bedeutet: identisch mit, s.: siehe, alchemist.: in der alchemistischen Ausdrucksweise, Bibliogr.: auf die Bibliographie Bezügliches, Frehm.: Freimaurerei, Kab.: Kabbala, Lit.: Literatur, Mag.: Magie, vgl.: vergleiche.

A.

Aachen I, 155.

Aaron (d. Hohepriester) II, 34.

Abbatia (Anton. de) II, 336.

Abbildungen s. Bilder.

A. B. C. (Bibliogr.) II, 332.

Aboali II, 319.

Abraham (d. Patriarch) I, 209. II, 233, 370.

Abraham (ein Alchemist) I, 206.

Abraham (ein Schriftsteller über Magie) II, 236.

Abraham Eleazar II, 314 ff., 370.

Abuzalemi I, 203, 248. II, 319, 322.

Achilles (Bibliogr.) II, 369.

Adalbert, Erzbischof v. Bremen u. Hamburg I, 141, 240.

Adam (der Menschenvater) I, 220. II, 353, 370.

Adam von Bremen I, 240.

Adam von St. Victor I, 208.

AdaMah Booz s. Booz.

Adept I, 9.

Adeptus (Bibliogr.) II, 355.

Adler (Bibliogr.) II, 381.

Adrop II, 382.

Aegypten, Alchemie dort betrieben I, 3, 105, 166.

Acneas Gazacos I, 211.

Aenigma (Bibliogr.) II, 351.

Aesch-Majim (Kab.) II, 245 f.

Aesch-Mezareph (Kab.) II, 233.

Agnostus (Irenaeus) II, 7.

Agricola (Georg) I, *40* f. 46 f.

Agricola (G., Alchemist) I, 41. II, 339.

Agricola (Joh.) I, 41.

Agrippa (Heinr. Corn. A. v. Nettesheim) I, 122 f., *235*. II, 230, 234, 344.

Akatholicus (Thomas) II, 151.

Akiba (Ben Joseph) II, 233.

Albertus Magnus I, *16* f., 141, 157, 159, 196, 248. II, 305, 326, 340, 378, 383, 393.

Albin (Constant.) II, 364.

Albineus (Nathan.) II, 312, 341.

Albrecht, Markgr. v. Brandenburg-Baireuth I, 109.

Albrecht Achilles, Markgr. v. Brandenburg I, 167, 191 f.

Albumazer II, 322.

Alcahest II, 312.

Reinhard (II. Gr.) II, 387.
Reinhart (II. C.) II, 387.
Reise (Bibliogr.) II, 383 ff.
Religiöses mit Alchemistischem verglichen I, 210 ff., 252 ff. II, 181 f., 297.
Remontrances de Nature etc. (Lit.) I, 5 f., 98. II, 312, 321.
Renatus (Sincerus) II, 205, 336, 345, 356, 391 (= Samuel Richter).
Resch (Joh. Ulr.) II, 329.
Rethwisch (Ernst) II, 248.
Retzel (Georg Friedr.) II, 363.
Reuchlin (Joh.) II, 232.
Reussing (Apotheker) I, 236.
Reufsner (Hieron.) II, 368.
Reuter (Christian) I, 259.
Reventklau (Graf v.) II, 9.
Reyher (Sam.) I, 93.
Rhamm (A.) I, 170, 189, 222. II, 180.
Rhases I, 169.
Rhenanus (Joh.) II, 343, 389.
Rhodigino (Coelio) II, 236.
Rhodologia (Bibliogr.) II, 377.
Rhodostaurotica (Bibliogr.) II, 7.
Richard, Pfalzgraf am Rhein I, 173.
Richardus Anglus II, 353, 376.
Richebourg (J. Mauguin de) II, 340.
Richers II, 17, 99 f.
Richter (Samuel) II, 205, 336, 345 (= Sincerus Renatus).
Richthausen (Joh. Conr.) I, 87, 89, 141, 195.
Riedel (A. F.) I, 223.
Riedt (Baron v.) II, 9.
Rieser (Franz; II, 230) s. Kieser.
Ring (Max) II, 249, 288.
Riolanus (Joh.) I, 47.
Ripley (Georg) I, 94, 210. II, 311, 331, 335, 347, 353, 362 f., 378.
Rist (Joh.) II, 382.
Ritter u. Brüder des Lichts II, 36, 221.
Ritterkrieg (Bibliogr. u. Lit.) II, 330.
Robert Bruce, König v. Schottland I, 24, 189.

Robert (Ch.) II, 279.
Robertus Castrensis II, 354.
Rodwell (G. F.) II, 183.
Röpert (Georg Christ. v.) II, 138 f., 141.
Rohan (Cardinal v.) II, 21.
Rohan (Prinz) II, 201 f.
Rolfinck (Werner) I, 68, 91, 230.
Rollenhagen (Georg) I, 116, 230, 237.
Rom I, 90 f., 148.
Roman: Vorführung von Chemikern u. von Alchemistischem in ihm I, 257 f. II, 246 ff.
Roman de la rose I, 6; vgl. *Remontrances de Nature etc.*
Rommel (Chr. v.) I, 121, 222. II, 83.
Roncho (Jo. Jac. de) II, 234.
Roquetaillade s. Rupescissa.
Rosa (Phil. Sam.) II, 17, 35.
Rosa (Bibliogr.) II, 377.
Rosarium o. Rosarius (Bibliogr.) II, 376.
Rose u. Gold zusammengestellt II, 204 ff.; goldene Rose (Bibliogr. u. Lit.) II, 206, 313, 322, 336 f., 377.
Rosemberg II, 377.
Rosengarten (Bibliogr.) II, 375 ff.
Rosenkranz (Bibliogr.) II, 342.
Rosenkreutzer (Marc. Friedr.) II, 365.
Rosenkreuz (Christian) II, 1 f., 5.
Rosenkreuzer: Aufkommen u. Verbreitung d. Glaubens an d. Existenz eines R.-C.-Bundes II, 1 ff.; Alchemie bei d. älteren 4 ff. (angebl. Erkennungszeichen Derselben 204 f.); Dieselben bildeten nicht einen organisirten Bund 14 f. Neuere o. Gold- u. Rosenkreuzer 9, 18, 22 ff.; Treiben der Letzteren 24 ff., 286 f.; Naturwissenschaftliches u. namentlich Chemisches bei ihnen 249 ff.; Beschäftigung mit Alchemie 28 ff., 276 ff.; Verfall u. Ende der Rosenkreuzerei 135 ff. Rosenkreuzerei in Romanen geschildert II, 248 f.